Wissenschaftliche Beiträge aus dem Tectum Verlag

Reihe Rechts[illegible]ft

Wissenschaftliche Beiträge
aus dem Tectum Verlag

Reihe Rechtswissenschaft
Band 166

Sandra Beck

Mobbing am Arbeitsplatz

Präventions- und Interventionsmaßnahmen

Eine kriminologisch-strafrechtliche Analyse

Tectum Verlag

Sandra Beck
Mobbing am Arbeitsplatz
Präventions- und Interventionsmaßnahmen
Eine kriminologisch-strafrechtliche Analyse

Wissenschaftliche Beiträge aus dem Tectum Verlag,
Reihe: Rechtswissenschaft; Bd. 166

Zugl. Diss. Julius-Maximilians-Universität Würzburg 2020

ISBN 978-3-8288-4707-1
ePDF 978-3-8288-7795-5
ISSN 1861-7875

Gesamtverantwortung für Druck und Herstellung:
Nomos Verlagsgesellschaft mbH & Co. KG
Printed in Germany

Besuchen Sie uns im Internet
www.tectum-verlag.de

Bibliografische Informationen der Deutschen Nationalbibliothek
Die Deutsche Nationalbibliothek verzeichnet diese Publikation in der
Deutschen Nationalbibliografie; detaillierte bibliografische Angaben
sind im Internet über http://dnb.d-nb.de abrufbar.

Meinen Eltern

Inhaltsübersicht

Abkürzungsverzeichnis XIX

Einleitung 1

Teil 1: Grundlagen der Mobbingproblematik 7

A. Kapitel 1: Der Mobbingbegriff 7

B. Kapitel 2: Ursachen für Mobbing 70

C. Kapitel 3: Folgen von Mobbing 105

Teil 2: Strafrechtliche Sanktionsmöglichkeiten nach geltendem Recht 133

A. Kapitel 1: Rahmen des Untersuchungsbereichs 133

B. Kapitel 2: Strafrechtliche Sanktionsmöglichkeiten 135

C. Kapitel 3: Verfahrensrechtliche Besonderheiten bei strafrechtlich relevanten Mobbingfällen 230

D. Kapitel 4: Besonderheiten der Strafzumessung bei einer Verurteilung 237

E. Kapitel 5: Gesamtergebnis der strafrechtlichen Beurteilung von Mobbing am Arbeitsplatz und Stellungnahme zur Notwendigkeit der Einführung eines deutschen Anti-Mobbing-Gesetzes sowie insbesondere eines mobbingspezifischen Tatbestandes 242

Teil 3: Präventions- und Interventionsmaßnahmen 255

A. Kapitel 1: (Kriminal-)Prävention im Strafrecht 255

B. Kapitel 2: Psychosoziale Lösungsansätze 256

C. Kapitel 3: Resümee 398

Literaturverzeichnis 401

Internetquellen 423

Inhaltsverzeichnis

Abkürzungsverzeichnis ... XIX

Einleitung ... 1

Teil 1: Grundlagen der Mobbingproblematik ... 7

A. Kapitel 1: Der Mobbingbegriff ... 7
I. Ursprung und Entwicklung ... 7
II. Konkretisierung ... 10
1. Beispielsfälle zur Veranschaulichung ... 10
a) „Sparkassenfall" ... 10
b) „Münchner Polizistinnenfall" ... 11
2. Die Rolle der Medien ... 13
3. Wissenschaftliche Mobbingdefinitionen ... 13
a) Divergenz der wissenschaftlichen Mobbingdefinitionen ... 14
b) (Arbeits-)psychologische, sozial- und wirtschaftswissenschaftliche Definitionen ... 15
aa. (Arbeits-)Psychologie Schweden: *Leymann* ... 15
bb. (Arbeits-)Psychologie Deutschland: *Zapf* ... 16
cc. Wirtschaftswissenschaften: *Niedl* ... 16
dd. Sozialwissenschaften: *Prosch* ... 17
ee. Weitere Definitionsansätze ... 17
c) Besonderheiten rechtswissenschaftlicher Mobbingdefinitionen ... 18
aa. Definitionen innerhalb der Rechtswissenschaft ... 18
(1) Definitionen aus der Rechtsprechung ... 18
(2) Definitionen aus der rechtswissenschaftlichen Literatur ... 21
bb. Gemeinsamkeiten und Unterschiede zu Definitionen außerhalb der Rechtswissenschaft ... 26
(1) Gemeinsamkeiten sämtlicher Mobbingdefinitionen ... 26
(2) Wesentliche Merkmale rechtswissenschaftlicher Definitionen ... 29
(a) Vorsatz und Absichten des Handelnden ... 29
(b) Notwendiger Erfolg ... 31
(c) Rechtswidrigkeit ... 31
d) Abgrenzung zu herkömmlichen Konflikten und Zusammenfassung ... 32
4. Mobbingvorkommen ... 35

5. Mobbinghandlungen ... 38
a) Vielfältigkeit und nicht abschließender Katalog potentieller Mobbinghandlungen mit unterschiedlichen Angriffsrichtungen ... 38
b) Überwiegend vorkommende Mobbinghandlungen ... 44
aa. Typische Mobbinghandlungen ... 44
bb. Arbeitsplatzspezifische personelle Mobbingsituationen ... 46
(1) Vertikales und horizontales Mobbing, Mobbing durch außenstehende Dritte ... 46
(a) Mobbing auf horizontaler Ebene gegen einen Kollegen ... 47
(b) Mobbing in vertikaler Richtung gegen einen unterstellten Mitarbeiter ... 48
(c) Mobbing in vertikaler Richtung gegen einen Vorgesetzten ... 48
(2) Einzelmobbing und Gruppenmobbing ... 49
(3) Despotisches Mobbing und generalisiertes Mobbing ... 50
(4) Rudelmobbing ... 52
c) Sonderfall Cybermobbing ... 53
6. Mobbingverlauf ... 55
a) Dreistufiges Verlaufsmodell nach *Björkqvist* ... 55
b) Vier- bzw. fünfstufiges Modell nach Leymann ... 56
c) Sieben-Phasen-Modell nach *Zuschlag* ... 58
d) Verlaufsmodell nach *Schlaugat* ... 59
e) Zusammenfassung ... 60
7. Abgrenzung zu verwandten Begrifflichkeiten und ähnlichen Verhaltensformen ... 61
a) Bullying, Harassment, Bossing, Abuse, Sandwich-Mobbing, Chairing, Staffing, Dissen, Shaming, Defaming ... 61
b) Sexuelle Belästigung ... 62
c) Stalking ... 65
d) Diskriminierung ... 67
e) Whistleblowing ... 68
f) Ijime ... 69

B. Kapitel 2: Ursachen für Mobbing ... 70
I. Diversität möglicher Ursachen ... 70
II. Mittelbare Gründe ... 71
1. Gesellschaftlicher Strukturwandel ... 71
2. Allgemeine Wirtschaftslage und herrschende Arbeitsmarktsituation ... 73
III. Unmittelbar das Mobbinggeschehen auslösende Gründe ... 75
1. Sich aus der Unternehmenspolitik ergebende Gründe und mobbingfördernde betriebliche Rahmenbedingungen ... 75
a) Unternehmenspolitische Gründe ... 75
b) Betriebliche Rahmenbedingungen ... 76
aa. Ursachen in der Organisationsstruktur ... 77
(1) Intransparente Arbeitsorganisation ... 77
(2) Mangelhafte Arbeitsorganisation mit der Folge von Über- oder Unterforderung ... 78

(3) Fehlende Aufstiegsmöglichkeiten ... 80
(4) Kontrolle, Fremdbestimmtheit und Machtlosigkeit ... 81
(5) Betriebs- und Gruppengröße ... 81
(6) Ungünstige Umgebungsbedingungen ... 82
(7) Ethischer Standard ... 82
bb. Ursachen in der Sozialstruktur ... 83
(1) Führungsstil und Führungsverhalten ... 83
(2) Kommunikationsstörungen ... 85
(3) Informationszurückhaltung ... 86
(4) Machtkämpfe, Konkurrenzdruck, Karrierestreben ... 86
(5) Vorurteile und Klischees ... 87
(6) Antipathien ... 87
c) Gruppendynamische Ursachen ... 88
2. Allgemeine persönlichkeitsbezogene Faktoren ... 89
a) Neid ... 89
b) Konkurrenzdenken ... 90
c) Ängste ... 90
d) Wertorientierungen ... 91
e) Frustrationen ... 91
f) Abweichendes Verhalten ... 93
3. Besondere psychodynamische Ursachen ... 94
a) In der Person des Mobbenden liegende Gründe ... 94
b) In der Person des von Mobbing Betroffenen liegende Gründe ... 99
IV. Zusammenfassung ... 103

C. Kapitel 3: Folgen von Mobbing ... 105
I. Folgen für die an einem Mobbinggeschehen unmittelbar beteiligten Personen ... 106
1. Folgen für den Betroffenen ... 106
a) Persönlichkeitsrecht und gesundheitliche Beeinträchtigungen ... 106
aa. Persönlichkeitsrechtsverletzung ... 107
bb. Mobbing als Stressor ... 108
cc. Auswirkungen auf die psychische Gesundheit ... 112
(1) Ängste und Phobien ... 113
(2) Depressionen und Obsessionen ... 114
(3) Posttraumatische Belastungsstörung ... 115
dd. Auswirkungen auf die physische Gesundheit ... 115
b) Auswirkungen auf den Arbeitsplatz und die Arbeitsleistung ... 116
c) Auswirkungen auf die Persönlichkeit und das soziale Umfeld ... 118
d) Suizid ... 121
2. Folgen für den Mobbenden ... 121
II. Folgen auf Ebene der betroffenen Arbeitsstelle ... 122
1. Krankheitsfehlzeiten ... 123
2. Betriebsklima, Image ... 124
3. Fluktuation ... 126

4. Auswirkungen auf das Betriebsergebnis 127
III. Folgen für die Gesellschaft 130
IV. Fazit 131

Teil 2: Strafrechtliche Sanktionsmöglichkeiten nach geltendem Recht 133

A. Kapitel 1: Rahmen des Untersuchungsbereichs 133

B. Kapitel 2: Strafrechtliche Sanktionsmöglichkeiten 135
I. Einführung 135
II. Straftaten gegen die Person 136
1. Körperverletzung gemäß §§ 223 ff., 229 StGB 137
a) Tatbestand der Körperverletzung 137
aa. Problematik der Gesundheitsschädigung 138
(1) Meinungsstand in Rechtsprechung und Literatur 140
(2) Einbeziehung der Psyche in den Gesundheitsbegriff des § 223 StGB 141
bb. Besonderheiten beim Mobbingkomplex 145
cc. Kumulative Kausalität 147
dd. Objektive Zurechnung 149
b) Versuchsstrafbarkeit 151
c) Abgrenzung vorsätzliche und fahrlässige Körperverletzung 152
d) Sonstige Körperverletzungsdelikte 154
aa. Gefährliche Körperverletzung gemäß § 224 StGB 154
bb. Misshandlung von Schutzbefohlenen gemäß § 225 StGB 155
cc. Körperverletzung im Amt gemäß § 340 StGB 156
e) Zusammenfassung 157
2. Nötigung gemäß § 240 StGB 158
a) Nötigungsmittel 159
aa. Gewalt 159
bb. Drohung mit Zufügung empfindlicher Übel 161
b) Verwerflichkeit gemäß § 240 Abs. 2 StGB 164
c) Fazit 165
3. Totschlag gemäß § 212 StGB und fahrlässige Tötung gemäß § 222 StGB 166
a) Ursächlichkeit von Mobbing für den Suizid des Betroffenen 166
b) Mittelbare Täterschaft oder straflose Teilnahme 167
c) Abgrenzung vorsätzliche Tötung bzw. Mord und fahrlässige Tötung 168
d) Fazit 170
III. Weitere Straftatbestände 170
1. Straftaten gegen die sexuelle Selbstbestimmung gemäß §§ 174 ff. StGB 170
a) Einführung 170
b) Reform des Sexualstrafrechts 2016 173
c) Sexuelle Belästigung gemäß § 184i StGB 174
aa. Systematik und Normzweck 175

bb. Tatbestand ... 175
(1) Objektiver Tatbestand ... 175
(2) Subjektiver Tatbestand ... 178
cc. Rechtswidrigkeit ... 179
dd. Täterschaft und Teilnahme ... 179
ee. Konkurrenzen ... 179
ff. Rechtsfolgen ... 180
gg. Prozessuales ... 180
hh. Fazit ... 181
2. Beleidigung, üble Nachrede und Verleumdung gemäß §§ 185 ff. StGB ... 181
a) Beleidigung gemäß § 185 StGB ... 182
aa. Schimpfworte und entwürdigende Äußerungen ... 183
bb. Vertragswidrige und verwehrte Aufgabenzuteilung ... 184
cc. Kritik ... 185
dd. Sticheleien und Scherze ... 186
ee. Unterlassene Höflichkeitsformen und das Meiden von sozialem Kontakt ... 186
ff. Sexuelle Belästigung und sexualbezogene Handlungen ... 188
gg. Zusammenfassung ... 189
b) Üble Nachrede und Verleumdung gemäß §§ 186, 187 StGB ... 189
c) Rechtfertigungsgrund gemäß § 193 StGB – Wahrnehmung berechtigter Interessen ... 192
d) Fazit ... 193
3. Eigentumsdelikte: Diebstahl gemäß § 242 StGB, Sachbeschädigung gemäß § 303 StGB und Datenveränderung gemäß § 303a StGB ... 193
a) Diebstahl gemäß § 242 StGB ... 193
b) Sachbeschädigung gemäß § 303 StGB ... 194
c) Datenveränderung gemäß § 303a StGB ... 195
4. Sonstige Straftatbestände nach dem Strafgesetzbuch ... 196
5. Straftaten gegen Betriebsverfassungsorgane und ihre Mitglieder gemäß § 119 Abs. 1 BetrVG ... 198
a) Wahlbehinderung und Wahlbeeinflussung gemäß § 119 Abs. 1 Nr. 1 BetrVG ... 198
b) Behinderung und Störung der Betriebsratsarbeit gemäß § 119 Abs. 1 Nr. 2 BetrVG ... 199
c) Benachteiligung und Begünstigung gemäß § 119 Abs. 1 Nr. 3 BetrVG ... 200
IV. Sozialadäquanz von Mobbinghandlungen? ... 200
1. Die Lehre von der Sozialadäquanz als normatives Korrektiv? ... 200
2. Anwendbarkeit auf Mobbingkonstellationen ... 201
3. Soziale Adäquanz versus objektive Zurechnung ... 204
4. Fazit ... 205
V. Weitere potentielle Begehungsformen ... 206
1. Mobbing im Mehrpersonenverhältnis ... 206
a) Mittäterschaft ... 206
b) Nebentäterschaft ... 210
c) Fazit ... 212

2. Mobbing durch Unterlassen (Nichtverhinderung und Duldung) gemäß § 13 StGB 212
a) Garantenstellung 213
aa. Garantenstellung des Betriebsinhabers 214
(1) Beschützergarantenstellung 214
(2) Überwachergarantenstellung 216
bb. Garantenstellung des (direkten) Vorgesetzten und die Folgen für den Betriebsinhaber 220
cc. Garantenstellung der Arbeitskollegen 221
dd. Garantenstellung der Betriebsratsmitglieder 223
b) Sonstige relevante Aspekte in Zusammenhang mit einer Begehung durch Unterlassen 226
c) Fazit 229

C. Kapitel 3: Verfahrensrechtliche Besonderheiten bei strafrechtlich relevanten Mobbingfällen 230
I. Privatklageverfahren 230
II. Strafantragsfrist 233
III. Verjährung 235
IV. Beweisschwierigkeiten 235
V. Zusammenfassung 237

D. Kapitel 4: Besonderheiten der Strafzumessung bei einer Verurteilung 237
I. Beweggründe des Mobbenden 238
II. Außertatbestandliche Folgen 239
III. Berufliche Konsequenzen für den Mobbenden 240
IV. Fazit 241

E. Kapitel 5: Gesamtergebnis der strafrechtlichen Beurteilung von Mobbing am Arbeitsplatz und Stellungnahme zur Notwendigkeit der Einführung eines deutschen Anti-Mobbing-Gesetzes sowie insbesondere eines mobbingspezifischen Tatbestandes 242
I. Gesamtergebnis der strafrechtlichen Beurteilung von Mobbing am Arbeitsplatz 242
II. Notwendigkeit der Einführung eines deutschen Anti-Mobbing-Gesetzes sowie insbesondere eines mobbingspezifischen Tatbestandes? 246

Teil 3: Präventions- und Interventionsmaßnahmen 255

A. Kapitel 1: (Kriminal-)Prävention im Strafrecht 255

B. Kapitel 2: Psychosoziale Lösungsansätze 256
I. Konflikteskalationsmodell von *Glasl* als denkbarer Lösungsansatz? 257
1. Konflikteskalationsmodell (*Glasl*) mit Methoden zur Konfliktbehandlung 258
2. Übertragbarkeit auf Mobbing? 262
II. Präventionsmaßnahmen 263
1. Institutionalisierung eines Problembewusstseins zum Thema Mobbing 264

2. Überprüfen der Ursachen ... 264
   a) Anzeichen für ein schlechtes Betriebsklima nach *Resch* ... 264
   b) Der „Stimmungs-Check" nach *Huber* ... 265
   c) Weitere mögliche Anhaltspunkte für Mobbing im Unternehmen ... 267
   d) Zusammenfassung ... 269
3. Personelle und strukturell-organisatorische Maßnahmen ... 270
   a) Aufklärung über Mobbing ... 271
   b) Beseitigung von Mobbinganlässen durch Verbesserung der kommunikativen Infrastruktur ... 272
      aa. Führung und Kommunikation ... 273
         (1) Führungsverhalten ... 273
         (2) Sensibilisierung und Qualifizierung von Führungskräften ... 275
         (3) Kommunikation ... 276
      bb. Beschwerde- bzw. Frühwarnsystem ... 278
      cc. Entwicklung von Konfliktlösungsstrategien ... 280
      dd. Betriebsvereinbarung ... 284
         (1) Rechtliche Einordnung ... 284
         (2) Zentrale Eckpunkte ... 287
         (3) Kritik und Durchsetzung ... 291
         (4) Die Anti-Mobbing-Betriebsvereinbarung von Volkswagen als wegweisendes Beispiel ... 292
      ee. Soziale Corporate Identity ... 296
      ff. Mobbingbeauftragter ... 301
      gg. Supervision ... 305
         (1) Ziel und Verfahren einer Supervision ... 306
         (2) Supervision in der Mobbingprävention? ... 307
   c) Vorgesetztenverhalten ... 308
      aa. Vorbildfunktion ... 308
      bb. Konflikt- und Angstmanagement ... 310
         (1) Konfliktmanagement ... 310
         (2) Angstmanagement ... 311
      cc. Mitarbeitergespräche ... 314
      dd. Weitere Verhaltensempfehlungen für Führungskräfte ... 317
         (1) Ernstnahme von Mitarbeiterbeschwerden ... 317
         (2) Keine Duldung von Intriganten- und Denunziantentum ... 318
         (3) Fehlerkultur ... 319
         (4) Umgang mit Lob und Kritik ... 320
      ee. Zusammenfassung ... 322
   d) Weitere strukturell-organisatorische Vorkehrungen: Mobbing-Prophylaxe ... 325
      aa. Maßnahmen im Bereich der Personalauswahl und Personalförderung ... 325
         (1) Personalauswahl ... 325
         (2) Einführung neuer Mitarbeiter ... 326
         (3) Personalentwicklung ... 327
         (4) Mitarbeiter-Coaching ... 328

bb. Arbeitsorganisation und Verantwortung in der Hierarchie ... 329
(1) Gestaltung der organisatorischen Arbeitsbedingungen ... 330
(a) Transparenz der Arbeitsorganisation ... 330
(b) Über- und Unterforderung ... 330
(c) Gesundheitszirkel ... 332
(2) Unterstützung produktiver sozialer Arbeitsbeziehungen ... 333
(a) Führungskräftetraining ... 334
(b) Konfliktfähigkeitstraining ... 334
(3) Entscheidungskompetenz und Verantwortung ... 335
(4) Klare Zuständigkeiten ... 335
(5) Klare, kurze Hierarchiestufen ... 336
cc. Veränderungsmanagement ... 336
dd. Information ... 337
ee. Motivation ... 340
ff. Sonstige Methoden ... 344
(1) Management of Diversity ... 344
(2) Das Prinzip der „Internen Kundenorientierung" ... 345
gg. Zusammenfassung ... 346
4. Gesamtfazit zu Präventionsmaßnahmen ... 347
III. Interventionsmaßnahmen ... 347
1. Handlungsmöglichkeiten der mit dem Mobbinggeschehen in Zusammenhang stehenden Parteien ... 348
a) Handlungsmöglichkeiten des Betroffenen ... 348
aa. Situationsanalyse ... 348
bb. Wahrnehmung der persönlichen Belastungsempfindung ... 349
cc. Maßnahmen zur eigenen Entlastung ... 351
(1) Gesundheitsfördernde Bewältigungsmethoden ... 351
(2) Unterstützung im sozialen Umfeld suchen ... 352
(3) Therapeutische Unterstützung ... 353
(4) Vermeidung untauglicher Mittel zum Stressmanagement ... 353
dd. Reaktionsmöglichkeiten des Betroffenen in den verschiedenen Stadien des Mobbingprozesses ... 354
(1) Frühes Stadium ... 355
(2) Mittleres Stadium ... 358
(3) Spätes Stadium ... 359
b) „Selbsthilfemaßnahmen" für Mobbende ... 359
c) Handlungsmöglichkeiten von Kollegen ... 361
d) Handlungsmöglichkeiten von Interessenvertretern ... 362
e) Handlungsmöglichkeiten von Führungskräften und des Arbeitgebers ... 362
aa. Führungskräfte ... 362
(1) Situationsanalyse ... 363
(2) Rolle des Konfliktmanagers ... 369
(a) Gespräche ... 369
(b) Grenzen setzen ... 372

(c) Einschaltung der Interessenvertreter ... 372
(d) Externe Unterstützung ... 372
(e) Arbeitsrechtliche Maßnahmen ... 373
(f) Nacharbeit ... 374
bb. Arbeitgeber ... 374
(1) Frühwarnsystem ... 374
(2) Situationsanalyse und Ursachenklärung ... 375
(3) Beseitigung von Mobbinganlässen ... 375
(4) Punktuelle Eingriffsmaßnahmen ... 376
(a) Externe Beratungsstellen kontaktieren ... 376
(b) Vertrauensperson, Mobbing-Sprechstunde, Ombudsperson ... 377
(c) Schlichtungsverfahren ... 377
(d) Supervision ... 378
(e) Mediation ... 378
(aa) Definition ... 378
(bb) Grundgedanken des Mediationsverfahrens ... 379
(cc) Erfolgsaussichten einer Mediation bei Mobbing ... 381
(f) Organisationsentwicklung ... 382
(g) Freisetzung ... 383
f) Handlungsmöglichkeiten des Gesetzgebers und der Gesellschaft ... 384
2. Medizinische und psychosoziale Rehabilitation ... 385
a) Umfangreiche Anamnese und Vorbereitung der Rehabilitation ... 386
b) Rehabilitation ... 386
c) Ärztliche Beratung und Behandlung ... 387
3. Fazit zu Interventionsmaßnahmen ... 388
IV. Soziales Management als Führungskonzept zur Mobbingvermeidung ... 389
V. Präventions- und Interventionsmaßnahmen für Klein(st)betriebe ... 393
VI. Schwachpunkte der vorgestellten Methoden ... 395
1. Keine empirische Erfolgsnachweisbarkeit ... 395
2. Verhältnis zum strafrechtlichen Rechtsgüterschutz ... 397

C. Kapitel 3: Resümee ... 398

Literaturverzeichnis ... 401

Internetquellen ... 423

Abkürzungsverzeichnis

a. A.	anderer Ansicht
Abb.	Abbildung
ABl.	Amtsblatt
Abs.	Absatz/Absätze
ADS	Antidiskriminierungsstelle
a. E.	am Ende
AG	Amtsgericht (mit Ortsangabe), Aktiengesellschaft
AGG	Allgemeines Gleichbehandlungsgesetz
AiB	Arbeitsrecht im Betrieb (Zs.)
Alt.	Alternative
Anl.	Anlage
Anm.	Anmerkung
ArbG	Arbeitsgericht
ArbSchG	Arbeitsschutzgesetz
Art.	Artikel
AT	Allgemeiner Teil
AuA	Arbeit und Arbeitsrecht (Zs.)
Aufl.	Auflage
AuR	Arbeit und Recht (Zs.)
Az.	Aktenzeichen

BAG	Bundesarbeitsgericht
BAGE	Entscheidungen des Bundesarbeitsgerichts
BAKEB-Informationen	Zeitschrift der Bundesarbeitsgemeinschaft für katholische Erwachsenenbildung in Österreich (Zs.)
BayObLG	Bayerisches Oberstes Landesgericht
BB	Der Betriebsberater (Zs.)
ber.	Berichtigung der Neufassung der Strafprozessordnung vom 27. April 1987
Beschl.	Beschluss
BeschSchG	Beschäftigungsschutzgesetz
BetrVG	Betriebsverfassungsgesetz
BVerfG	Bundesverfassungsgericht
BVerfGE	Entscheidungen des Bundesverfassungsgerichts
BGB	Bürgerliches Gestzbuch
BGBl.	Bundesgesetzblatt
BGH	Bundesgerichtshof
BGHR	Entscheidungen des Bundesgerichtshofs
BGHSt	Entscheidungen des Bundesgerichtshofs in Strafsachen
BImSchG	Bundes-Immissionsschutzgesetz
BKK	Betriebskrankenkasse, gesetzliche Krankenversicherung
Bl.	Blatt
BPersVG	Bundespersonalvertretungsrecht
BR-Drs.	Drucksachen des Deutschen Bundesrats
BSG	Bundessozialgericht
BT	Besonderer Teil

BT-Drs.	Bundestags-Drucksache (Legislaturperiode, Nummer)
Buchst.	Buchstabe
BVerfG	Bundesverfassungsgericht
BVerfGE	Entscheidungen des Bundesverfassungsgerichts
BVerfGG	Bundesverfassungsgerichtsgesetz
bzgl.	bezüglich
bzw.	beziehungsweise
ca.	circa
DAK-Gesundheit	Deutsche Angestellten Krankenkasse, gesetzliche Krankenversicherung
DB	Der Betrieb (Zs.)
ders.	derselbe
dgl.	dergleichen, desgleichen
DGSv	Deutsche Gesellschaft für Supervision e. V.
d. h.	das heißt
dies.	dieselbe(n)
Diss.	Dissertation
DÖD	Der öffentliche Dienst (Zs.)
EGMR	Europäischer Gerichtshof für Menschenrechte
etc.	et cetera
ETS	European Treaty Series
EU	Europäische Union
f.	folgende
ff.	fortfolgende
Fn.	Fußnote

FS	Festschrift
GA	Goltdammer´s Archiv für Strafrecht (Zs.)
gem.	gemäß
GewO	Gewerbeordnung
GfK-Verein	Gesellschaft für Konsum-, Markt- und Absatzforschung e. V.
GG	Grundgesetz für die Bundesrepublik Deutschland
ggf.	gegebenenfalls
Hrsg.	Herausgeber
hrsg. v.	herausgegeben von
IG Metall	Industriegewerkschaft Metall
insbes.	insbesondere
i. S. d.	im Sinne des/der
i. V. m.	in Verbindung mit
JArbSchG	Jugendarbeitsschutzgesetz
JR	Juristische Rundschau (Zs.)
JURA	Juristische Ausbildung (Zs.)
JuS	Juristische Schulung (Zs.)
JW	Juristische Wochenschrift (Zs.)
JZ	Juristenzeitung (Zs.)
KSchG	Kündigungsschutzgesetz
LAG	Landesarbeitsgericht
LG	Landgericht
LK	Leipziger Kommentar zum Strafgesetzbuch
LPK	Lehr- und Praxiskommentar

MDR	Monatsschrift für Deutsches Recht (Zs.)
Mio.	Million(en)
MK	Münchener Kommentar zum Strafgesetzbuch
MMVO	Marktmissbrauchsverordnung
MüKo	Münchener Kommentar zum Bürgerlichen Gesetzbuch
MuSchG	Mutterschutzgesetz
m. w. N.	mit weiteren Nachweisen
NATO	Das nordatlantische Verteidigungsbündnis der North Atlantic Treaty Organization
NJ	Neue Justiz (Zs.)
NJW	Neue Juristische Wochenschrift (Zs.)
NK	Neue Kriminalpolitik (Zs.)
Nr.	Nummer(n)
NStZ	Neue Zeitschrift für Strafrecht (Zs.)
NStZ-RR	Neue Zeitschrift für Strafrecht, Rechtsprechungs-Report (Zs.)
n. v.	nicht veröffentlicht
NVwZ-RR	Neue Zeitschrift für Verwaltungsrecht, Rechtsprechungs-Report (Zs.)
NZA	Neue Zeitschrift für Arbeits- und Sozialrecht (Zs.)
NZA-RR	Neue Zeitschrift für Arbeits- und Sozialrecht, Rechtsprechungs-Report (Zs.)
NZWiSt	Neue Zeitschrift für Wirtschafts-, Steuer- und Unternehmensstrafrecht
o.	oder
OEG	Opferentschädigungsgesetz
OLG	Oberlandesgericht
PdW	Prüfe dein Wissen

PersR	Der Personalrat (Zs.)
PersV	Die Personalvertretung (Zs.)
RG	Reichsgericht
RGBl.	Reichsgesetzblatt
RGSt	Entscheidungen des Reichsgerichts in Strafsachen
RiStBV	Richtlinien für das Straf- und Bußgeldverfahren
Rn.	Randnummer(n)
RReg.	Revisionsregister
S.	Seite(n), Satz/Sätze
Sch/Sch	Schönke-Schröder, Strafgesetzbuch
SEV	Sammlung der Europäischen Verträge
SK-StGB	Systematischer Kommentar zum Strafgesetzbuch
sog.	sogenannt(e)
StGB	Strafgesetzbuch
StPO	Strafprozessordnung
StrahlenschutzVO	Strahlenschutzverordnung
StV	Strafverteidiger (Zs.)
Tab.	Tabelle
u.	und
u. a.	unter anderem / unter anderen / und andernorts
Unterabs.	Unterabsatz
Urt.	Urteil
u. v. m.	und vieles mehr
usw.	und so weiter

v.	von/vom
v. a.	vor allem
VersR	Versicherungsrecht (Zs.)
vgl.	vergleiche
VO	Verordnung
Vor	Vorbemerkung
VPSM e. V.	Gesellschaft gegen psychosomatischen Stress und Mobbing e. V.
WHG	Wasserhaushaltsgesetz
wistra	Zeitschrift für Wirtschaft, Steuer und Strafrecht (Zs.)
WiVerw	Wirtschaft und Verwaltung (Zs.)
WStG	Wehrstrafgesetz
z. B.	zum Beispiel
ZBR	Zeitschrift für Beamtenrecht (Zs.)
ZfA	Zeitschrift für Arbeitsrecht (Zs.)
ZfAO	Zeitschrift für Arbeits- und Organisationspsychologie (Zs.)
ZIP	Zeitschrift für Wirtschaftsrecht (Zs.)
ZIS	Zeitschrift für internationale Strafrechtsdogmatik (Zs.)
ZRP	Zeitschrift für Rechtspolitik (Zs.)
Zs.	Zeitschrift
ZStW	Zeitschrift für die gesamte Strafrechtswissenschaft (Zs.)

Ein Mensch erlebt den krassen Fall,
es menschelt deutlich, überall –
und trotzdem merkt man, weit und breit,
oft nicht die Spur von Menschlichkeit.

Eugen Roth

Einleitung

Der Begriff Mobbing hat sich in den letzten Jahrzehnten weit über den wissenschaftlichen Diskurs hinaus populärwissenschaftlich manifestiert. Unter *Mobbing* wird im weiteren Sinne ein Verhalten verstanden, durch welches eine Person über einen längeren Zeitraum regelmäßig und wiederholt Schikane erfährt. Möglich sind mobbingspezifische Verhaltensweisen überall dort, wo Menschen dauerhaft aufeinandertreffen und sich aufgrund der äußeren Umstände nicht aus dem Weg gehen können, wie etwa in der Schule, im (Sport-)Verein, im (Alters-)Heim, im Gefängnis, am Arbeitsplatz oder im Internet. Die angegriffene Person gerät in eine Position der Unterlegenheit und es wird regelmäßig versucht, sie in die soziale Isolation zu drängen.[1] Allerdings muss dabei stets zwischen üblichen Streitigkeiten und tatsächlichem Mobbing unterschieden werden. Denn nicht selten dient das Wort Mobbing als Synonym für alle erdenklichen konfliktbeladenen Situationen sowohl im Arbeits- wie auch im Privatleben und wird damit teilweise schon inflationär verwendet.[2] Häufig wird der Mobbingbegriff also gebraucht, ohne überhaupt seine eigentliche Bedeutung zu kennen. Diese Unkenntnis ist vor allem auch darauf zurückzuführen, dass die begriffliche Definition dieses Sozialphänomens keineswegs klar eingegrenzt, sondern bestenfalls umrissen ist.[3] Die Begriffsbestimmung nimmt daher auch einen nicht unerheblichen Raum im ersten Kapitel des ersten Teils dieser Arbeit ein. Sobald dann allerdings eine Konflikteskalation tatsächlich als Mobbing klassifiziert werden kann, stellt dies jedenfalls keine bloße Modeerscheinung dar. Vielmehr besteht in der wissenschaftlichen Literatur Einigkeit darüber, dass Mobbing ein Phänomen ist, welches länger als der Begriff selbst und praktisch seit Menschen miteinander leben existiert. Zum Teil wird sogar die Hexenverbrennung im Mittelalter als die spektakulärste Form des Mobbings angesehen.[4] Auch besteht die Annahme, dass konkret Mobbing am Arbeitsplatz bereits seit Anbeginn abhängiger Beschäftigung auftreten dürfte, wobei es jedoch heutzutage eine erheblich größere Bedeutung hat, als dies in der Vergangenheit der Fall war.[5]

Die gestiegene Relevanz von Mobbing beruht nicht zuletzt auf der im Allgemeinen erhöhten Aufmerksamkeit für psychische Belastungen sowie für die gesamtgesundheitliche Konstitution der Menschen. Stand gerade im Arbeitskontext früher vor-

---

1 Vgl. etwa *Asbjørn*, S. 3 f.; *Dietl*, S. 3 ff.; *Eriksson*, S. 8 ff.; *Goffmann*, S. 11 ff., insbes. S. 15 ff.; *Jannan*, S. 22 ff.; *Leymann* (2006), S. 21; *Winterfeld*, S. 481.

2 LAG Thüringen, Urt. v. 10.04.2001 – 5 Sa 403/2000, NZA-RR 2001, 347 (357); *Nestler*, S. 5; *Wolmerath*, Rn. 2.

3 *Goldfuß*, S. 9 f.; *Nestler*, S. 5.

4 Dazu u. zum Voranstehenden *Goldfuß*, S. 9.

5 *Wolmerath*, S. 7 m. w. N.

nehmlich die körperliche Unversehrtheit des Arbeitnehmers[6] im Mittelpunkt, geht es aufgrund der messbaren Zunahme der psychischen Erkrankungen verstärkt auch um die Sicherung des psychischen und sozialen Wohlbefindens der Beschäftigten.[7] Denn psychische Belastungen am Arbeitsplatz – wovon Mobbing letztlich eine Extremform darstellt[8] – und die Stressfolgen für die Menschen sind eine wichtige Angelegenheit für alle Beteiligten: Für die Unternehmen aufgrund hoher Fehlzeiten und Arbeitsunzufriedenheit, für die Krankenkassen und Rentenversicherungsträger aufgrund enormer Kosten und in erster Linie freilich für die Betroffenen selbst aufgrund ihrer negativen körperlichen und seelischen Folgen.[9]

Das Unternehmen bzw. der Arbeitsplatz, an dem Personen mehr oder weniger freiwillig zusammenarbeiten, stellt – bedingt durch das dortige Zusammentreffen von unterschiedlichen menschlichen Charakteren und Ansichten – geradezu eine Quelle für zwischenmenschliche Spannungen dar. Denn Meinungsverschiedenheiten und Differenzen liegen in der Natur der menschlichen Beziehungen.[10] Allerdings bringen derartige herkömmliche Auseinandersetzungen in der Regel keine erheblichen Beeinträchtigungen mit sich und sind nur von kurzer Dauer. Demgegenüber nimmt Mobbing über einen längeren Zeitraum Einfluss auf die Psyche, geht häufig mit erheblichen Persönlichkeitsrechtsverletzungen einher und führt nicht selten zu physischen und psychischen Erkrankungen des Betroffenen.[11]

Darüber hinaus ist Mobbing am Arbeitsplatz gegenüber den sonstigen Zusammenhängen, in denen dieses Sozialphänomen eine Rolle spielen kann, auch deshalb eine besonders bedeutsame Thematik, weil der Mensch für gewöhnlich einen Großteil der Zeit seines täglichen Lebens am Arbeitsplatz verbringt. Zudem genießt heutzutage die Arbeit im Leben generell einen sehr hohen Stellenwert[12], da in ihr regelmäßig weit mehr gesehen wird als die Möglichkeit zum bloßen Broterwerb. Die Eingliederung in die Arbeitswelt ist häufig nicht nur die Basis für die finanzielle Lebensgrundlage, sondern vor allem auch die Chance auf Persönlichkeitsverwirklichung und auf die Umsetzung persönlichkeitsbezogener Interessen, wie das Bedürfnis nach sozialer Integration und persönlicher Selbstbestätigung.[13] Außerdem befindet sich die Arbeitswelt in einem Umbruch, der geprägt wird von Faktoren wie etwa dem demographischen Wandel, der Digitalisierung, dem zunehmenden globalen Wettbewerb, der Individualisierung, von neuen Kommunikations- und Produktionsprozessen, neuen Formen der Arbeitsorga-

---

6 Aus Gründen der Lesbarkeit wird im Folgenden ausschließlich die männliche Form verwendet. Sie bezieht sich jedoch auf Personen jeden Geschlechts und umfasst damit auch das nunmehr juristisch anerkannte dritte Geschlecht (BVerfG, Urt. v. 10.10.2017 – 1 BvR 2019/16, juris).

7 *Schlaugat*, S. 1 m. w. N.; vgl. ebenso *Resch*, S. 8 ff.

8 *Resch*, S. 10.

9 *Resch*, S. 9.

10 *Mühe*, S. 22.

11 *Mühe*, S. 22.

12 Eine Online-Umfrage, die Gegenstand eines Kooperationsprojektes des GfK-Vereins (Gesellschaft für Konsum-, Markt- und Absatzforschung e. V.) und der Bertelsmannstiftung ist, ergab, dass Arbeit und Beruf in ihrer Bedeutung für den Einzelnen direkt auf Platz zwei rangieren, nur übertroffen durch Familie und Partnerschaft: *Gaspar/Hollmann*, S. 3.

13 *Mühe*, S. 22 m. w. N.

nisation, zunehmender Arbeits- und Leistungsverdichtung, der Veränderung von Hierarchien und Führungsstilen sowie zeitlicher und räumlicher Entgrenzung der Arbeit. Diese Umstände verändern in der Folge auch die individuellen Ansprüche, die Erwerbstätige an ihre Arbeit stellen.[14] Dadurch wiederum steigt die Bedeutsamkeit des Arbeitslebens an sich für den Einzelnen, so dass unangenehme Einschnitte in selbiges, wie etwa durch Mobbing, enorme Auswirkungen auf das Selbstverständnis des betreffenden Beschäftigten entfalten. Mobbing am Arbeitsplatz berührt damit einen sensiblen Lebensbereich, der in unserer Gesellschaft einen immer höheren Stellenwert für die Existenz des einzelnen Menschen einnimmt.[15]

Diese Arbeit widmet sich aus kriminologischer Sicht dem Mobbingphänomen, was nach Ansicht der Verfasserin insbesondere aus zwei Gründen angezeigt ist: Zum einen ist eine solche Betrachtung in dieser Form deutschlandweit noch nicht erfolgt. Vorwiegend existieren bislang rein psychologische, sozialwissenschaftliche und insbesondere auch betriebswissenschaftliche Analysen, welche sich unter anderem mit Bekämpfungs- und Vermeidungsstrategien befassen. In juristischer Hinsicht gibt es zwar arbeits- und sozialrechtliche Untersuchungen, diese beschäftigen sich jedoch vorrangig mit zivil-, arbeits- und sozialrechtlichen Mobbingschutzansprüchen in Form von Schadensersatz-, Ausgleichs- oder Unterlassungsansprüchen des Mobbingbetroffenen. In den vorhandenen strafrechtlichen Arbeiten zu diesem Thema geht es dagegen lediglich um strafrechtliche Sanktionsmöglichkeiten oder Fragen zur Notwendigkeit eines mobbingspezifischen Straftatbestandes, allerdings werden hier keine wirksamen Strategien ermittelt, Mobbing vorzubeugen bzw. bei einem bereits aufgetretenen Mobbingfall erfolgreich zu intervenieren sowie dieses gesellschaftliche Fehlverhalten dauerhaft und für die Zukunft zu unterbinden. Gerade derartige Maßnahmen sind nicht zuletzt wegen des Umstandes, dass dem Betroffenen bei einer rein juristischen Auseinandersetzung häufig weitere Ausgrenzung und soziale Isolation am Arbeitsplatz droht, auch aus juristischer Sicht für sinnvoll zu erachten. Denn eine frühzeitige Lösung kann sowohl den Verwaltungsaufwand als auch nicht unerhebliche Kosten für alle Beteiligten vermeiden.

Zum anderen erscheint die Kriminologie als empirische, autonome und interdisziplinäre Wissenschaft dafür prädestiniert, sich der Mobbingthematik anzunehmen, bei der es im Besonderen darauf ankommt, das gesamte Geschehen im Zusammenhang zu betrachten. Um eine empirische Disziplin handelt es sich bei der Kriminologie, weil sie anders als normative Wissenschaften wie etwa das Strafrecht aufgrund von Beobachtungen Thesen über die Beschaffenheit von Phänomenen formuliert, die mit den Voraussetzungen für die Entwicklung und Verfolgung von als Kriminalität bewerteten Sachverhalten in Verbindung stehen.[16] Autonom ist diese Lehre, da sie keinen staatlicherseits definierten Kriminalitätsbegriff anerkennt, sondern prinzipiell erforscht, was Beeinträchtigungen der sozialen Ordnung verursacht und wie mit diesen als Krimina-

14 *Gaspar/Hollmann*, S. 2.
15 *Mühe*, S. 22.
16 *Von Danwitz*, Rn. 6 m. w. N.

lität umgegangen wird.[17] Damit erfüllt sie nicht bloß eine das Strafrecht legitimierende Funktion, sondern diese Herangehensweise verpflichtet dazu, die Wirksamkeit unterschiedlicher, auch außerstrafrechtlicher Alternativen der sozialen Kontrolle zu überprüfen.[18] Ferner kann die Kriminologie als interdisziplinär, das heißt fachübergreifend,[19] bezeichnet werden, weil sie aus den Bezugswissenschaften nicht lediglich theoretische Erkenntnisse gewinnt, sondern auch deren Methoden und Untersuchungsergebnisse einbezieht und in eigenständigen Forschungsarbeiten fundiert.[20] Grundlagen- und Bezugsfächer der Kriminologie sind dabei die Anthropologie, die Biologie – hier vor allem die vergleichende biologische Verhaltensforschung (Ethologie)[21] –, die Medizin, Politikwissenschaften, die Psychologie, die Psychiatrie, die Soziologie sowie Wirtschaftswissenschaften.[22]

Demzufolge vermag es nach Ansicht der Verfasserin gerade die Kriminologie, nicht lediglich – wie die meisten anderen Disziplinen – durch eine wissenschaftlich einseitige (Symptom-)Betrachtung nach Lösungen zu suchen, sondern ausgehend von den Ursachen und unter Einbeziehung sämtlicher für diese Problematik relevanter Lehren geeignete Bewältigungsstrategien zu ermitteln. Das Ziel dieser Arbeit ist es also, vor einem juristisch-kriminologischen Hintergrund bei einer ganzheitlichen Problembehandlung langfristig mögliche Präventions- und Interventionsmaßnahmen aufzuzeigen und zu erörtern. Obgleich die Erkenntnisse im Allgemeinen wohl übertragbar sein werden, liegt den Ausführungen vornehmlich Mobbing in der Privatwirtschaft, also im Unternehmen bzw. Betrieb, zu Grunde. Gleichwohl wird an entsprechender Stelle auf im jeweiligen Zusammenhang bestehende Besonderheiten für Mobbing in Dienststellen der öffentlichen Verwaltung verwiesen.

Im ersten Teil der Arbeit soll zunächst unter Zuhilfenahme zweier typischer Beispielsfälle veranschaulicht werden, was unter dem Sozialphänomen Mobbing zu verstehen ist. Der Mobbingbegriff wird in Abgrenzung zu ähnlichen aus der englischen in die deutsche Sprache übernommenen Begriffen wie beispielsweise Bullying, Bossing oder Stalking definiert. Anschließend erfolgt eine Erörterung der verschiedenen Erscheinungsformen, des Verlaufs sowie der Ursachen und Folgen vor dem Hintergrund einer Analyse des Täter- und Opferverhaltens.

Der zweite Teil der Arbeit ermöglicht einen Überblick über die strafrechtliche Relevanz von Mobbingverhalten nach den geltenden Normen des deutschen Strafrechts. Dabei werden sowohl die unterschiedlichen Erscheinungsformen wie auch die Stellung des Mobbenden im Unternehmen bei der Subsumtion unter einen Tatbestand berücksichtigt. Des Weiteren erfolgt hier eine knappe Stellungnahme zu der Frage

17 *Von Danwitz*, Rn. 7; vgl. auch *Kunz/Singelnstein*, § 1 Rn. 20.
18 *Von Danwitz*, Rn. 7; vgl. *Kunz/Singelnstein*, § 19 Rn. 1, § 22 Rn. 1.
19 Von Danwitz, Rn. 8; *Kürzinger*, Rn. 3.
20 *Von Danwitz*, Rn. 8 m. w. N.
21 Zu beachten ist die Differenzierung der Ethologie zur (Kriminal-)Ätiologie (Ursachenforschung, ursprünglich Lehre von den Krankheitsursachen).
22 *Von Danwitz*, Rn. 6.

des Bedarfs eines mobbingspezifischen Straftatbestandes und der Einführung eines deutschen Anti-Mobbing-Gesetzes. Schließlich wird am Ende dieses Teils noch auf verfahrensrechtliche Besonderheiten im Laufe eines solchen Prozesses sowie bei der Strafzumessung im Falle einer Verurteilung hingewiesen.

Der dritte Teil, der den Schwerpunkt dieser Arbeit bildet, befasst sich schließlich ausführlich mit Präventions- und Interventionsmöglichkeiten. Zunächst wird der Frage nachgegangen, inwiefern die herkömmliche Forschung zur Konflikteskalation möglicherweise auch zu einer Lösung der Mobbingproblematik beitragen kann. Anschließend erfolgt die Darstellung unterschiedlichster Methoden, welche nach Ansicht der Fachwissenschaft das Risiko eines Mobbingvorkommens verhindern bzw. weitestgehend minimieren sollen. An vorderster Stelle steht dabei die Schaffung eines Problembewusstseins für die Thematik bei allen potentiellen Mobbingbeteiligten innerhalb eines Unternehmens bzw. einer Organisation. Diese Sensibilisierung befördert letztlich die Früherkennung möglicher Konfliktherde und ermöglicht einen besseren Umgang mit ihnen. Die weiteren Ausführungen befassen sich sodann mit personellen und strukturell-organisatorischen Maßnahmen, welche der Entstehung von Mobbing entgegenwirken sollen. Inhaltlich geht es dabei unter anderem von der Implementierung einer guten kommunikativen Infrastruktur über den im Unternehmen praktizierten Führungsstil bis hin zu diversen organisatorischen Vorkehrungen für eine nachhaltige Mobbing-Prophylaxe. Sofern es bereits zu Mobbing gekommen ist, stellt sich die Frage nach geeigneten Abhilfemaßnahmen. Hier bilden die Handlungsmöglichkeiten des Betroffenen selbst, die der Kollegen und Interessensvertreter sowie insbesondere Gestaltungsoptionen von Führungskräften und des Arbeitgebers den Schwerpunkt der Untersuchung. Im Anschluss daran wird ein soziales Management als Führungskonzept zur Mobbingvermeidung betrachtet und auf Anti-Mobbing-Maßnahmen für Klein(st)betriebe eingegangen. Schließlich gilt es noch die Schwachpunkte sämtlicher vorgestellten Methoden aufzuzeigen und aus den gewonnenen Erkenntnissen ein Fazit zu ziehen.

Teil 1: Grundlagen der Mobbingproblematik

A. Kapitel 1: Der Mobbingbegriff

Um eine rechtliche Analyse des Phänomens Mobbing vornehmen und insbesondere Präventions- sowie Interventionsmöglichkeiten untersuchen bzw. die wirksamsten Anti-Mobbing-Strategien ermitteln zu können, muss zunächst präzisiert werden, was unter dem Begriff Mobbing überhaupt zu verstehen ist. In diesem Zuge ist auch eine Abgrenzung zu anderen Formen von Belästigungen unverzichtbar.

I. Ursprung und Entwicklung

Mobbing ist heutzutage den Menschen in Deutschland ein geläufiger Begriff, der sich vor allem auch in der Arbeitswelt als bekanntes Schlagwort etabliert hat. Er ist auf das englische Verb *to mob* zurückzuführen, was mit „lärmend herfallen über", „anpöbeln", „angreifen" oder „attackieren" übersetzt wird.[23] *To mob* wiederum lässt sich von der lateinischen Bezeichnung *mobile vulgus* ableiten, was mit „wankelmütige Masse", „aufgewiegelte Volksmenge", „soziale Massengruppierungen mit sehr geringem oder völlig fehlendem Organisationsgrad, in denen ein triebenthemmtes, zumeist zerstörerisch wirkendes Verhaltenspotenzial vorherrscht" übersetzt werden kann.[24]

Die Verwendung des Begriffs Mobbing stammt aus der massenpsychologischen Forschung, einem Teil der Sozialpsychologie, Anfang des letzten Jahrhunderts. Dort sah man den Mob auf der untersten Stufe der gesellschaftlichen Hierarchie angesiedelt, an deren Spitze die organisierte, strukturierte Gruppe steht.[25] In einer der heutigen Wortbedeutung entsprechenden Weise verwendete wohl erstmals der österreichische Verhaltensforscher und Nobelpreisträger Konrad *Lorenz* diesen Ausdruck.[26] Dieser umschrieb damit Angriffe eines Tierverbandes gegen einen Störenfried, um sich selbst zu schützen und den Eindringling zu verjagen.[27] Diese Terminologie übertrug der schwedische Chirurg Peter-Paul *Heinemann* in den 1960/1970er Jahren auf das menschliche Sozialverhalten und verstand darunter die Gruppengewalt von Kindern gegen Mitschüler auf dem Schulhof in der Weise, dass eine Gruppe von Kindern

---

23 *Esser/Wolmerath*, S. 22; *Kollmer*, Rn. 5; *Mühe*, S. 26; *Zuschlag*, S. 3.

24 *Esser/Wolmerath*, S. 22; *Fehr*, S. 19; *Kollmer*, Rn. 5 m. w. N.; *Mühe*, S. 26; *Schlaugat*, S. 4; *Wolmerath*, Rn. 3; *Zuschlag*, S. 3 m. w. N.

25 *Fehr*, S. 19; *Schlaugat*, S. 4.

26 *Brinkmann*, S. 11; *Fehr*, S. 19; *Niedl*, S. 12.

27 *Brinkmann*, S. 11 f.; *Leymann* (1995), S. 14; *Mühe*, S. 26.

auf einzelnes Kind losging und dieses dadurch aus der Gemeinschaft ausschloss.[28] Während der 1980er Jahre entstanden die ersten wissenschaftlichen Arbeiten zum Thema Mobbing am Arbeitsplatz in Skandinavien und hier vorrangig im Bereich der Arbeitspsychologie. Verantwortlich dafür war die damalige schwedische Politik, welche sich im Gegensatz zu anderen europäischen Ländern sehr früh für die Förderung der arbeitsmedizinischen Forschung und den Erlass arbeitsrechtlicher Gesetze zum Schutz der psychischen Gesundheit einsetzte.[29] In dieser Zeit übertrug der schwedische Arbeitspsychologe Heinz *Leymann*[30] den Begriff Mobbing[31] erstmalig auf Vorgänge in der Arbeitswelt und legte seine zahlreichen und umfangreichen Studien länderübergreifend an. Vornehmlich ihm ist es daher zuzuschreiben, dass das Thema *Mobbing am Arbeitsplatz* in seiner heutigen Bekanntheit überhaupt in die öffentliche Diskussion gelangt ist.[32]

In Deutschland gab es lange Zeit hinsichtlich der Verbreitung von Mobbing lediglich Hochrechnungen, die sich auf ausländische Studien stützen mussten. Seit 2002 existiert schließlich auch eine umfassende, von der Bundesanstalt für Arbeitsschutz und Arbeitsmedizin in Auftrag gegebene und von *Metschkutat/Stackelbeck/Langenhoff* durchgeführte Untersuchung für die Bundesrepublik Deutschland.[33] Mit dieser stieg die Aufmerksamkeit hinsichtlich der Mobbingproblematik stetig an. Einen weiteren Grund für die wachsende Bedeutung dieses Themas bildet wohl die vorherrschende Arbeitsmarktsituation, da hohe Arbeitslosenzahlen Konkurrenzdenken auch unter Arbeitnehmern fördern. Es ist nicht mehr so leicht wie früher möglich, Konflikten am Arbeitsplatz durch einen Arbeitsplatzwechsel auszuweichen.[34] Daneben genießen heute in fast allen beruflichen Zweigen soziale und kommunikative Kompetenzen von Mitarbeitern einen immer höheren Stellenwert, so dass damit einhergehend auch die Sensibilität für kommunikationsstörende Faktoren wie Mobbing angewachsen ist.[35] Einen großen Vorteil der Etablierung des Mobbingbegriffs stellt dabei vor allem die Überwindung der Sprachlosigkeit dar: Betroffene können benennen, was ihnen widerfahren ist, und gleichzeitig ermöglicht es die gesamtgesellschaftliche Dimension des Phänomens, dieses besser wahrzunehmen.[36]

Während sich andere Disziplinen wie insbesondere die Psychologie schon länger mit der Thematik beschäftigen, wurde die Mobbingproblematik nur zögernd in die rechtswissenschaftliche Diskussion aufgenommen. Möglicherweise beruht diese Zurückhaltung auf der Komplexität der Materie und der häufig schwierigen rechtlichen Erfassbarkeit. Denn für Mobbing ist gerade ein Handlungskonglomerat typisch, das

28 *Gockel*, S. 21; *Kollmer*, Rn. 4; *Mühe*, S. 26 f.; *Niedl*, S. 12; *Schlaugat*, S. 4.

29 *Fehr*, S. 20; *Gockel*, S. 22 f.; *Mühe*, S. 27.

30 Vgl. zum Leben Leymanns und seinen bedeutenden Arbeiten und Forschungen über Mobbing *Arentewicz*, in Arentewicz/Fleissner, S. 21 ff.

31 Im Schwedischen *mobbning*.

32 *Esser/Wolmerath*, S. 22; *Kollmer*, Rn. 4; *Leymann* (1995), S. 14; *Mühe*, S. 27; *Schlaugat*, S. 5 f.

33 *Metschkutat/Stackelbeck/Langenhoff*.

34 *Fehr*, S. 20.

35 *Fehr*, S. 20.

36 *Fehr*, S. 19.

sich erst aus einem länger andauernden Geschehensprozess ergibt. Sowohl auf Seiten der Mobbenden als auch auf Seiten der Betroffenen kommt es regelmäßig zu einer Vielzahl an unterschiedlichen Einzelaktionen, die erst in ihrer Gesamtheit zu den mobbingspezifischen Folgen führen.[37] Recht knüpft jedoch traditionell nicht an einen Handlungskomplex, sondern an Einzelhandlungen an.[38] Insbesondere im Zivilrecht beispielsweise steht ein in sich abgeschlossenes und einem Menschen zurechenbares Einzelverhalten im Mittelpunkt der Betrachtung.[39] Während es im Arbeitsrecht, etwa im Bereich der verhaltensbedingten Kündigung, durchaus zu einer Würdigung eines Geschehensprozesses kommt, wurde dagegen im Scheidungsrecht Mitte der 1970er Jahre auf das Kriterium der „schweren Ehrverletzung" verzichtet, weil die Gerichte vor erheblichen Schwierigkeiten standen, längerfristige soziale Beziehungen sachgerecht zu beurteilen.[40] Und auch im Strafrecht sind Gegenstand strafrechtlicher Wertungen nach traditioneller Sichtweise vielmehr einzelne Handlungen als ganze Handlungskomplexe. Zwar hat man etwa mit § 238 StGB[41], dem sogenannten Nachstellungsparagraphen, versucht, einen Handlungskomplex in umfassender Weise unter Strafe zu stellen, jedoch sieht sich gerade dieser Tatbestand nicht ungerechtfertigter Kritik ausgesetzt. Neben verfassungsrechtlichen Bedenken ist in erster Linie die dem § 238 StGB eigene Typik, die sich als ein Hauptargument für die Kriminalisierung aus der Kumulation und Kombination für sich isoliert betrachtet sozialadäquater Verhaltensweisen ergibt, in der praktischen Anwendung nicht unproblematisch. Darüber hinaus erfolgt im Strafrecht eine Einbeziehung von Einzelhandlungen in den Gesamtgeschehensprozess in der Regel allenfalls im Rahmen der Strafzumessung. Allerdings könnte gerade bei Mobbing eine Beschränkung auf die Untersuchung der rechtlichen Relevanz von sich aneinanderreihenden Einzelhandlungen leicht dazu führen, dass das Gesamtunrecht des Geschehens nicht angemessen gewürdigt wird.[42]

Schließlich wurde durch eine richtungsweisende Entscheidung des LAG Thüringen im April 2001[43] die lange dominierende Scheu bei der juristischen Auseinandersetzung mit Mobbing abgelegt. Im Rahmen der Entscheidungsgründe hat sich das Gericht hier in bisher nicht vorhandenem Ausmaß mit der Mobbingproblematik befasst. Auch wenn dies vorwiegend noch unter arbeitsrechtlichen Aspekten geschah, wurde damit dennoch der Impuls für weitergehende juristische Diskussionen um die Thematik gesetzt.[44]

---

37 *Fehr*, S. 21.

38 *Däubler*, BB 1995, 1347 (1347); ebenso *Fehr*, S. 21.

39 *Fehr*, S. 21 m. w. N.

40 *Däubler*, BB 1995, 1347 (1347); ebenso *Fehr*, S. 21.

41 Strafgesetzbuch (StGB): Ursprüngliche Fassung v. 15.05.1871, RGBl., S. 127; Neubekanntmachung v. 13.11.1998, BGBl. I, S. 3322; letzte Änderung durch Art. 1 G v. 22.03.2019, BGBl. I, S. 350.

42 Ebenso *Fehr*, S. 21.

43 LAG Thüringen, Urt. v. 10.04.2001 – 5 Sa 403/2000, NZA-RR 2001, S. 347 ff.

44 Ebenso *Fehr*, S. 21 f.

II. Konkretisierung

Um den Mobbingbegriff inhaltlich zu veranschaulichen, werden nachstehend zwei typische rechtsprechungsrelevante Beispielsfälle dargestellt. Im Anschluss daran soll Mobbing unter Zuhilfenahme der unterschiedlichen mit der Thematik befassten Wissenschaften definiert werden. Einer kurzen Betrachtung der Verbreitung von Mobbing nach dem Stand der Mobbingforschung folgt sodann die Darstellung von Mobbinghandlungen vor dem Hintergrund einer Analyse der spezifischen Mobbingsituationen am Arbeitsplatz. Hiernach wird der Mobbingverlauf anhand unterschiedlicher Verlaufsmodelle aus der Mobbingforschung verdeutlicht und am Ende dieses Kapitels findet schließlich noch die unerlässliche Abgrenzung zu verwandten Begrifflichkeiten und ähnlichen Verhaltensformen statt.

1. Beispielsfälle zur Veranschaulichung

Bevor Mobbing näher definiert wird, soll die Thematik zunächst an zwei praxisrelevanten Fällen verdeutlicht werden. Beide Beispiele waren Gegenstand von Gerichtsverfahren und in den Urteilen wurden die vorliegenden Verhaltensweisen vom Gericht jeweils als rechtlich relevantes Mobbing eingeordnet.

a) „Sparkassenfall"

Die erste Entscheidung, deren zugrundeliegender Sachverhalt im Folgenden kurz skizziert werden soll, war insofern für die deutsche Rechtsprechung wegweisend, als sich das Gericht in seinen Entscheidungsgründen erstmals ausführlich mit dem Sozialphänomen Mobbing auseinandergesetzt und wichtige, später vielzitierte Feststellungen hinsichtlich der Konkretisierung und rechtlichen Einordnung von Mobbing getroffen hat. Auf diese Ausführungen wurde von zahlreichen Gerichten, die zu einem späteren Zeitpunkt mit der Mobbingthematik befasst waren, zurückgegriffen. Über den Sachverhalt hatte das Landesarbeitsgericht (LAG) Thüringen[45] zu entscheiden. Dabei bestätigte das LAG eine einstweilige Verfügung der Vorinstanz zur Unterlassung von Mobbing in Form von Herabwürdigungen und drohte bei Fortsetzung der Mobbinghandlungen 50 000 DM Ordnungsgeld an. Ferner ermittelte das Gericht, dass der Betroffene durch die andauernden Erniedrigungen zur Aufgabe seines Arbeitsplatzes gebracht werden sollte.[46]

Folgender Sachverhalt lag diesen Entscheidungen zugrunde:

> „In den ersten Jahren seiner Beschäftigung bei der Sparkasse Gera/Greiz war Reinhard Möller ein hoch gelobter Mitarbeiter. Für den Vorstand galt er als mustergültig und wurde den Kollegen als Vorbild präsentiert. Bei den Kunden genoss er großes Ansehen. Aufgrund seiner Erfolge wurde er zum Marktbereichsleiter, Geschäftsstellenleiter und Hauptgeschäftsstellenleiter ernannt und übernahm damit die Verantwortung über 84 Mitarbeiter. Nach einem Wechsel des Vorstandes der Sparkasse im Jahr 2000 und einem aus

45 LAG Thüringen, Urt. v. 10.04.2001 – 5 Sa 403/2000, NZA-RR 2001, S. 347 ff.

46 Ebenso *Mühe*, S. 30.

Sicht des neuen Vorstandes nicht zufriedenstellenden Gesprächs [sic!] wurde Möller vom einstigen Abteilungsleiter zum kleinen Befehlsempfänger degradiert, indem er massiven Angriffen, die insbesondere seine Tätigkeit betrafen, ausgesetzt war. Begründet mit unsubstantiierten Vorwürfen und anonymen Beschwerden, denen der Vorstand nicht näher nachging und auch Möller keine Möglichkeit gab, sich den Vorwürfen zu stellen, wurde diesem sein Arbeitsplatz entzogen, indem ihm zunächst entgegen seiner damaligen Führungsposition ein unterhalb der Führungsebene und somit mehrere Stufen unter seiner bisherigen Position liegender Tätigkeitsbereich angeboten wurde. Als er dieses Angebot ablehnte und auch dem ohne weitere Einzelheiten konkretisierten Angebot eines Aufhebungsvertrages nicht zustimmte, wurde ihm mitgeteilt, dass er mit Führungsaufgaben nicht mehr betraut wird, dass sein Führungsverhalten und seine Aufgabenerfüllung nicht den Anforderungen, die an eine solche Position zu stellen sind, entsprächen und er daher als Marktbereichs- und Abteilungsleiter entbunden wird. Nach einmonatiger Ungewissheit und dem Fehlen konkreter Angaben bezüglich seiner weiteren Beschäftigung, wurde Möller mit einer Fülle unsinniger Aufgaben betraut. Zunächst erfolgte zur Abdeckung vorübergehenden Personalbedarfs eine Umsetzung in die Immobilienabteilung, deren Aufgabenbereich Möller nicht kannte. Dort wurde er mit einer Vergütung nach BAT II einer Kollegin unterstellt, die der Vergütungsgruppe BAT III angehörte. Er erhielt Aufgaben zugewiesen, die in ihrer Geringwertigkeit kaum noch zu übertreffen, mit Aufgaben der Vergütungsgruppe BAT VII zu vergleichen waren und die nicht seinen arbeitsvertraglichen Pflichten entsprachen. Reinhard Möller sollte zu Problemen und Strukturen Stellung nehmen, die ihm niemals erklärt wurden. Seine Schlüssel für die Sparkasse wurden ihm entzogen und Gespräche mit Kunden und Kollegen untersagt. Ohne Einarbeitung in den Geschäftsbereich erhielt er eine Kundenmappe, die er durch Anrufe bei den Kunden auf den neuesten Stand bringen sollte. Möller kam sich nach eigener Aussage – nachdem er als Marktbereichsleiter 84 Mitarbeiter geleitet hatte – wie ein ‚dummer, kleiner Junge' vor. Hinzu kam, dass er seit Beginn der Demütigungen sieben unrechtmäßige Abmahnungen erhielt. Der Mobbingprozess gipfelte in einer weiteren Degradierung, indem ihm gekündigt wurde und eine Weiterbeschäftigung als Sachbearbeiter in der Pfändungsabteilung nach BAT VIb, sechs Stufen unter seiner derzeitigen Eingruppierung, angeboten wurde. Nach sechs Monaten wurde Möller für drei Wochen aufgrund von Depressionen, Schlafstörungen und Magenbeschwerden arbeitsunfähig und begann mit einer psychotherapeutischen Behandlung".[47]

b) „Münchner Polizistinnenfall"

Der zweite Beispielsfall gehört hinsichtlich seiner Folgen zu den dramatischsten Mobbingfällen, da eine Polizistin (P) aus München wegen der über einen längeren Zeitraum andauernden Mobbingangriffen in Form von frauenfeindlichen, entwürdigenden, beleidigenden und ihre fachliche Qualifikation herabstufenden Angriffen seitens ihres Vorgesetzten schließlich Suizid beging. Dieser Vorfall ging seinerzeit als ein die Öffentlichkeit stark bewegendes Ereignis durch die Presse[48] und erfuhr dort so großen Zuspruch, dass er sogar als Vorlage für einen Spielfilm[49] diente.[50]

---

47 Sachverhaltszusammenfassung von *Mühe*, S. 30 f.

48 „Der Stern" 2000, Ausgabe Nr. 39, S. 84 f.; ebenso zu einem weiteren Mobbingfall mit der Folge des Suizids einer Polizistin: „Der Stern" 1997, Ausgabe Nr. 35; vgl. außerdem *Honsa*, Rn. 312 (ausführliche Darstellung des „Münchner Polizistinnenfalls" anhand ihrer persönlichen Aufzeichnungen) und zu weiteren Selbsttötungsfällen aufgrund von Mobbing *Honsa*, Rn. 311, 315, 316, 317.

49 „Der Tod ist kein Beweis" am 21.10.2002 im ZDF.

50 Ebenso *Mühe*, S. 21, 31.

In diesem Fall[51] hatte die Rechtsprechung über Schmerzensgeld und Beerdigungskosten zu entscheiden. Überdies wurde der Mobbingtäter mittels Strafbefehl wegen 15 sachlich zusammentreffenden Beleidigungen zu einer Gesamtgeldstrafe von 180 Tagessätzen zu je 70 DM verurteilt und die weiteren Ermittlungen wegen fahrlässiger Tötung und Körperverletzung im Amt wurden gemäß § 170 Abs. 2 StPO[52] eingestellt.[53]

Folgender Sachverhalt lag diesen Entscheidungen zugrunde:

> „Eine junge Polizistin war aufgrund frauenfeindlicher Motive seit Beginn ihres Dienstantritts in einer Münchner Polizeiinspektion, über längere Zeit und in kurzen Abständen mehreren schikanierenden, demütigenden, verachtenden, die dienstlichen Leistungen herabwürdigenden und obszönen Verhaltensweisen, welche vor allem von ihrem Vorgesetzten, dem Dienstgruppenleiter der A-Schicht, ausgingen, ausgesetzt. Aufgrund dieser Vorfälle hat die lebensfrohe und psychisch stabile Polizistin gravierende Verletzungen der Psyche mit der Folge von Depressionen erlitten, so dass sie arbeitsunfähig wurde, sich in stationäre ärztliche Behandlung begeben musste, ferner Schlafstörungen, Gewichtsabnahme, Durchfälle, Übelkeit erlitt und aus Angst vor weiteren Missachtungen und Angriffen als einzige Lösung den Suizid sah. In ihrem Abschiedsbrief hieß es u. a. dass sie nicht mehr nach München wolle und keine Lust mehr habe, sich von denen (der A-Schicht) quälen zu lassen‘.[54]
> Der Prozess, der die Polizistin letztendlich in den Freitod führte, begann bereits bei ihrem Dienstantritt, indem sie nicht eingearbeitet und ihr die Räumlichkeiten nicht gezeigt wurden. Er setzte sich fort durch schikanierendes Verhalten, welches vor allem von ihrem Vorgesetzten ausging. Dieser äußerte mehrmals, dass Frauen für den Polizeidienst untauglich seien, und setzte diese Ansicht mehrfach um, indem er versuchte, Polizistinnen durch eigenes Handeln und durch Weisung an andere Polizisten aus der Polizei zu drängen. Der Vorgesetzte erklärte seinen männlichen Kollegen gegenüber, dass die Zielvorgabe für die A-Schicht 1999 sei, wie man Frauen am besten aus der Schicht mobbt. Während ihrer Arbeitszeit ist P immer wieder schikaniert, geschnitten und beleidigt worden. Der Vorgesetzte äußerte sich der P gegenüber wiederholt wie folgt: ‚Flachzange‘; ‚Bauerntrampel‘; ‚Wie ist Dein Alter im Bett?‘; ‚Die Anstellungsprüfung kannst Du nur geschafft haben, indem Du mit jedem Prüfer im Bett warst, weil Du ansonsten zu dumm bist‘. Die von P abgefassten Anzeigen und Protokolle wurden grundsätzlich als ‚Mist‘ bezeichnet. Nach kurzer Zeit erhielt sie die Dienstanweisungen nicht mehr mündlich wie ihre Kollegen, sondern ausschließlich schriftlich. Darüber hinaus wurde der P für den Fall, dass Ereignisse innerhalb der Schicht nach außen gelangen würden, gedroht. Ferner wurde sie gezwungen, eine falsche Anzeige aufzunehmen, für die sie später die Konsequenzen tragen musste. Als sie krank war, wurde sie telefonisch terrorisiert und ihr der Vorwurf gemacht, dass sie nur simuliere“.[55]

---

51 BGH, Beschl. v. 01.08.2002 – III ZR 277/01, juris bzw. NJW 2002, S. 3172 ff.; Vorinstanz OLG München, Urt. v. 20.09.2001 – 1 U 2443/01 sowie LG München I, Urt. v. 08.02.2001 – 34 O 15317/00 und Strafbefehl v. 12.10.2000 des AG München, Az.: 123 Js 10953/99, zit. nach *Mühe*, S. 31.

52 Strafprozessordnung (StPO): Ursprüngliche Fassung v. 01.02.1877, RGBl., S. 253; Neubekanntmachung v. 07.04.1987, BGBl. I, S. 1074, ber. S. 1319; letzte Änderung durch Art. 3 G v. 18.04.2019, BGBl. I, S. 466, 471.

53 Strafbefehl v. 12.10.2000 des AG München, Az.: 123 Js 10953/99 (Dabei richteten sich die 15 Beleidigungen zwar zum Teil, aber nicht ausschließlich, gegen die verstorbene Polizistin, sondern auch gegen ihre Kolleginnen), zit. nach *Mühe*, S. 31 f.

54 LG München I, Urt. v. 08.02.2001 – 34 O 15317/00, zit. nach *Mühe*, S. 32.

55 Sachverhaltszusammenfassung von *Mühe*, S. 32.

2. Die Rolle der Medien

Durch die Medien ist Mobbing immer mehr in den Blickpunkt der Öffentlichkeit gerückt und dort zu einem (wiederholt) viel diskutierten Thema geworden. Auf diese Weise entwickelte sich der Begriff in den Köpfen der Menschen zunehmend zum Synonym für psychische Zermürbung und Ausgrenzung aus einer Gruppe. Allerdings ist nicht immer einfach zu ermitteln, welches Verhalten Mobbing tatsächlich zugerechnet werden kann. Denn nicht jedes mit der Arbeit verbundene Ärgernis ist Mobbing, und nicht jede mit Mobbing verbundene Belastung resultiert aus der Arbeitstätigkeit. Mittlerweile ist vor allem in der Arbeitswelt eine inflationäre Bezugnahme auf den Begriff Mobbing zu beobachten.[56] Die Vielzahl an sich auf das Thema Mobbing beziehenden Berichten, Vorträgen und Ratgebern hat zur Folge, dass alltägliche Spannungen, kleinere Auseinandersetzungen, notwendige Kritik oder Antipathien zu einem Problem hochgespielt werden, welches ohne diese Omnipräsenz nicht als ein solches wahrgenommen werden würde.[57] Dabei führte die erhöhte mediale Aufmerksamkeit bezüglich der Mobbingthematik insofern zu positiven Auswirkungen, als das Interesse der Öffentlichkeit und der Wissenschaft gegenüber zwischenmenschlichen Defiziten – insbesondere auch im Arbeitskontext – stieg. Als Kehrseite dieser Medaille besteht allerdings trotz der Aufnahme des Mobbingbegriffs in unser heutiges Alltagsrepertoire zunehmend Unklarheit darüber, was inhaltlich tatsächlich damit gemeint ist.[58] Nicht selten werden schon Verhaltensweisen wie der gelegentliche „schiefe Blick", vereinzelte Meinungsverschiedenheiten, kleinere Hänseleien, Neckereien, Scherze, Unhöflichkeiten oder Unaufmerksamkeiten leichtfertig dazu gezählt.[59] Auf der anderen Seite wiederum werden Verhaltensweisen, welche de facto Mobbing zugerechnet werden könnten, häufig als belanglose alltägliche, zu tolerierende Konflikte eingestuft und verharmlost.[60]

Richtigerweise ist deshalb immer die Gesamtsituation zu betrachten. Denn unter Einbeziehung aller Umstände, die in einem Zusammenhang stehen, kann so das Geschehen besser analysiert und gegebenenfalls korrekt unter den Mobbingbegriff subsumiert werden.

3. Wissenschaftliche Mobbingdefinitionen

Um eine präzise Antwort auf die Frage geben zu können, welches konkrete Verhalten sich hinter dem Begriff Mobbing verbirgt, bemühte sich die Wissenschaft nun im Laufe der Jahre, das Phänomen Mobbing begrifflich zu fassen und Definitionen dafür zu entwickeln. Mit *Definitionen* sind dabei Vorschläge gemeint, „sich auf eine bestimmte Sichtweise zu verständigen. Sie konstellieren Beschreibungen von Wirk-

56 LAG Thüringen, Urt. v. 10.04.2001 – 5 Sa 403/2000, NZA-RR 2001, 347 (357).
57 *Mühe*, S. 33.
58 *Gockel*, S. 11 f.
59 Dazu u. zum Voranstehenden *Mühe*, S. 33 m. w. N.
60 *Mühe*, S. 33.

lichkeitsausschnitten zu Gestalten, die andere überzeugen sollen, die Dinge genauso zu sehen."[61]

a) Divergenz der wissenschaftlichen Mobbingdefinitionen

Bei einer gründlichen Recherche nach der richtigen Begriffsbestimmung für Mobbing fällt jedoch schnell auf, dass es zwar eine Vielzahl an verschieden Umschreibungen für das Phänomen gibt, allerdings keine einheitliche und allgemeingültige Mobbingdefinition existiert.

In erster Linie erforschten (Arbeits-)Psychologen[62], daneben Sozialpädagogen[63], Betriebswirte[64] und (Arbeits-)Mediziner[65] das Mobbingphänomen und versuchten dabei jeweils den Begriff genauer zu konkretisieren. Auch Juristen[66] bemühten sich schließlich, nachdem das Thema in der Rechtswissenschaft zunehmend Beachtung erfuhr, Mobbing in der Arbeitswelt zu präzisieren. Ergebnis dieser Bestrebungen ist eine Vielzahl an Begriffsbestimmungen, deren Unterschiedlichkeit vor allem auf verschiedene Ausgangspunkte und Intentionen der jeweiligen Wissenschaften zurückzuführen ist. Selbst innerhalb der einzelnen Disziplinen gibt es keinen Konsens über eine exakte Definition von Mobbing.[67]

Abgesehen von den unterschiedlichen Herangehensweisen bei der Suche nach einer allgemeingültigen Definition ergeben sich auch Schwierigkeiten aus der Sache selbst. Mobbing kommt in endlosen Varianten und verschiedenartigsten Fallkonstellationen vor: Die Mobbingangriffe erstrecken sich vom lediglich ständigen Kritisieren oder Unterbrechen bis hin zu gewaltsamen Übergriffen und sexuellen Belästigungen. Daneben spielt Mobbing auch eine Rolle, wenn sich das Verhalten durch Unterlassen auszeichnet, beispielsweise bei Mobbingangriffen wie der Nichtbeachtung durch Kollegen oder dem Ausschluss aus der sozialen, kollegialen Gemeinschaft.[68]

Schließlich beruht die Schwierigkeit einer Mobbingdefinition auch auf dem Umstand, dass mit ihrer Hilfe die erforderliche Abgrenzung zwischen Mobbing und alltäglichen, hinzunehmenden Konflikten, Meinungsverschiedenheiten oder vom Betroffenen als unangenehm empfundenen Arbeitssituationen vorgenommen werden kann, denn nicht jeder, der sich Mobbingattacken ausgesetzt fühlt, ist diesen auch tatsächlich

61 *Neuberger*, S. 11.
62 Wie etwa *Brinkmann, Esser, Neuberger, Leymann, Zapf, Zuschlag.*
63 Beispielsweise *Schauer.*
64 Allen voran *Niedl.*
65 Hier insbes. *Hirigoyen.*
66 Insbes. *Wolmerath* u. *Spamer.*
67 Im Rahmen dieser Arbeit wird vorrangig auf Definitionen eingegangen, die sich auf Mobbing in der Arbeitswelt beziehen. Andere Bereiche wie beispielsweise Mobbing in der Justizvollzugsanstalt (etwa OLG Nürnberg, Beschl. v. 31.07.1997 – Ws 653/97, zit. nach *Mühe*, S. 34 Fn. 50), Mobbing in der Schule zwischen Schülern (z. B. *Blum/Beck*; *Gebauer*; *Kasper*; *Müller*; *Schubarth*) oder Mobbing in einer (psychatrischen) Einrichtung bzw. im Heim (*Goffmann*; *Dietl*) werden mit den Besonderheiten des jeweiligen Umfelds hier nicht näher behandelt; vgl. ebenso *Mühe*, S. 34.
68 *Mühe*, S. 34 f.

ausgeliefert.[69] Wann genau es sich also um eine hinnehmbare Unannehmlichkeit und wann tatsächlich um Mobbing handelt, lässt sich schwer differenzieren. Kaum einer Definition gelingt es, alle denkbaren Fallgestaltungen einzubeziehen und eine klare Grenze zwischen Mobbing und sonstigen Konflikten zu ziehen. Um Mobbing dennoch so gut wie möglich zu konkretisieren, werden im Folgenden zunächst (arbeits-)psychologische, sozial- und wirtschaftswissenschaftliche Definitionen näher betrachtet. Anschließend erfolgt der Vergleich mit rechtswissenschaftlichen Mobbingdefinitionen. Dabei soll auf Gemeinsamkeiten und Unterschiede, vor allem hinsichtlich juristischer Besonderheiten, aufmerksam gemacht werden.

b) (Arbeits-)psychologische, sozial- und wirtschaftswissenschaftliche Definitionen

Mit ihrer Mobbingforschung bzw. ihren mobbingspezifischen Abhandlungen in ihren jeweiligen Fachdisziplinen erlangten insbesondere der schwedische (Arbeits-)Psychologe *Leymann*, der deutsche (Arbeits-)Psychologe *Zapf*, der österreichische Wirtschaftswissenschaftler *Niedl* und die deutsche Sozialwissenschaftlerin *Prosch* große Bekanntheit.

aa. (Arbeits-)Psychologie Schweden: *Leymann*

Schon sehr früh befassten sich in erster Linie Psychologen ausführlich mit dem Mobbingphänomen und untersuchten dessen Verhaltensformen, Verläufe, Ursachen und Wirkungen.

Maßgeblich zur begrifflichen Erfassung von Mobbing trug in erster Linie der schwedische (Arbeits-)Psychologe Heinz *Leymann* bei. Der als Pionier der Mobbingforschung geltende *Leymann* war bestrebt, eine allgemeingültige Definition zu entwickeln, welche später wiederholt, auch innerhalb der Rechtswissenschaft, als Grundlage für die Erläuterung von Mobbing verwendet wird.

Leymann beschreibt Mobbing als

> „Negative kommunikative Handlungen, die gegen eine Person gerichtet sind (von einer oder mehreren anderen) und die sehr oft und über einen längeren Zeitraum hinaus vorkommen und damit die Beziehung zwischen Täter und Opfer kennzeichnen."[70]

Später ergänzte *Leymann* dies noch um die Intention der mobbenden Person, nämlich die Ausstoßung der angegriffenen Person aus dem Arbeitsverhältnis. Demgemäß charakterisiert er Mobbing als

> „konfliktbelastete Kommunikation am Arbeitsplatz unter Kollegen oder zwischen Vorgesetzten und Untergebenen, bei der die angegriffene Person unterlegen ist (1) und von einer oder einigen Personen systematisch, oft (2) und während längerer Zeit (3) mit dem

69 LAG Schleswig-Holstein, Urt. v. 19.03.2002 – 3 Sa 1/02, NZA-RR 2002, 457 (457 f.); LAG Hamm, Urt. v. 25.06.2002 – 18 (11) Sa 1295/01, NZA-RR 2003, 8 (9 f.); vgl. auch *Wittinger/Herrmann*, ZBR 2002, 337 (337 f.); ebenso *Mühe*, S. 35.

70 *Leymann* (2006), S. 21 f.

> Ziel und/oder Effekt des Ausstoßes aus dem Arbeitsverhältnis (4) direkt oder indirekt angegriffen wird und dies als Diskriminierung empfindet."[71]

Leymann sieht in Mobbing in erster Linie eine Störung der Kommunikation, welche zwangsläufig auch eine Störung der sozialen Beziehung nach sich ziehe, da Kommunikation den wesentlichen Bestandteil sozialer Beziehungen bilde.[72]

bb. (Arbeits-)Psychologie Deutschland: *Zapf*

In Deutschland machte sich unter den Psychologen insbesondere der Frankfurter (Arbeits-)Psychologe Prof. Dr. Dieter *Zapf* einen Namen in der Mobbingforschung. Nach diesem darf der Mobbingbegriff nicht nur im Zusammenhang mit kommunikativen Handlungen gesehen werden, da dies aus seiner (arbeits-psychologischen) Sicht eine unzweckmäßige Einschränkung bedeuten würde. Denn viele Mobbinghandlungen, die sich auf Arbeitsaufgaben beziehen, wie etwa das Ausführen unsinniger oder demütigender Verrichtungen, oder die – wenn auch bei Mobbing eher selten vorkommende – direkte Gewaltanwendung können nicht als Kommunikation im engeren Sinn verstanden werden und stellen gleichwohl mobbingspezifische Verhaltensweisen dar.[73]

Zapf folgt der Definition, nach welcher

> „Mobbing beinhaltet, dass jemand am Arbeitsplatz von Kollegen, Vorgesetzten oder Untergebenen schikaniert, belästigt, drangsaliert, beleidigt, ausgegrenzt oder beispielsweise mit kränkenden Arbeitsaufgaben bedacht wird und der oder die Mobbingbetroffene unterlegen ist. Wenn man etwas als Mobbing bezeichnen wolle, dann muss dies häufig und wiederholt auftreten (z. B. mindestens einmal pro Woche) und sich über einen längeren Zeitraum erstrecken (mindestens ein halbes Jahr)."[74]

Nicht um Mobbing handele es sich dagegen bei einmaligen Vorfällen, was gleichermaßen für Konstellationen gelte, in denen zwei etwa gleich starke Parteien in Konflikt geraten. Diese Auffassung von Mobbing schließt nach *Zapf* jedenfalls eine mehr oder weniger aktive Rolle des Opfers nicht aus.[75]

cc. Wirtschaftswissenschaften: *Niedl*

Große Aufmerksamkeit in der Mobbingforschung erlangte auch die personalwirtschaftliche Arbeit des österreichischen Diplomkaufmanns Dr. Klaus *Niedl*. Dieser bezieht sich, wie die meisten deutschsprachigen Arbeiten, auf die wissenschaftlichen Resultate von *Leymann*, mit welchem er im Rahmen eines Forschungsaufenthaltes in Stockholm zusammengearbeitet hat.[76]

---

71 *Leymann* (1995), S. 18. Diese Definition wird nach *Schauer*, S. 9, auch von der von *Leymann* mitbegründeten *„Gesellschaft gegen psychosomatischen Stress und Mobbing e. V."* (VPSM e. V.) verwendet.
72 *Leymann* (2006), S. 26.
73 *Zapf*, ZfAO 1999, 1 (3).
74 *Zapf*, ZfAO 1999, 1 (3).
75 *Zapf*, ZfAO 1999, 1 (3).
76 Vgl. *Niedl*, Vorwort u. *Leymann* (2006), S. 15; ebenso *Fehr*, S. 52.

Niedl stützt seine Definition jedoch mehr auf subjektive als auf objektive Aspekte:

> „Unter Mobbing am Arbeitsplatz werden Handlungen einer Gruppe oder eines Individuums verstanden, denen von einer Person, die diese Handlungen gegen sie gerichtet wahrnimmt, ein feindseliger, demütigender oder einschüchternder Charakter zugeschrieben wird. Die Handlungen müssen häufig auftreten und über einen längeren Zeitraum andauern. Die betroffene Person muss sich zudem aufgrund wahrgenommener sozialer, ökonomischer, physischer oder psychischer Charakteristika außerstande sehen, sich zu wehren oder dieser Situation zu entkommen.“[77]

dd. Sozialwissenschaften: *Prosch*

Eine weitere ausführliche Definition findet sich von der Sozialwissenschaftlerin *Prosch*, die Mobbing einordnet als

> „sozialen Konfliktprozeß [sic!], in dessen Verlauf mit zunehmender Eskalation eine Personifizierung von Streitpunkten stattfindet. Der Ursprung der Entstehung liegt primär in strukturellen und sozialen Faktoren, die sich auf das Verhaltensmuster der am Konfliktprozess Beteiligten auswirken. Die dabei gezeigten Konfliktverhaltensweisen sind gekennzeichnet durch systematische feindselige Handlungen, die von einem Individuum oder einer Gruppe nachteilig gegen eine bestimmte Person gerichtet werden, welche dem Konflikt auf Dauer deutlich unterliegt, und für diese Person wie auch für den Betrieb negative Folgen mit sich bringen.“[78]

ee. Weitere Definitionsansätze

Darüber hinaus treten gerade außerhalb der Rechtswissenschaft zahlreiche weitere Umschreibungen für das Mobbingphänomen[79] in Erscheinung. Neben kurzen Schlagworten wie „Psychoterror am Arbeitsplatz“[80] oder „Täglicher Kleinkrieg“[81] lassen sich hierbei auch knapp gehaltene Definitionen wie „Mobbing ist wiederholte psychische Gewalt gegen bestimmte Individuen in einer Arbeitsgruppe“[82] sowie eher unpräzise Konkretisierungsversuche wie „Jemand spielt einem übel mit und man spielt wohl oder übel mit“[83] finden.[84]

Eine nähere Befassung mit der Vielzahl dieser und weiterer existierender Umschreibungen würde hier zu weit führen, zumal es sich bei dieser Arbeit um eine rechtswissenschaftliche Untersuchung handelt. Deshalb wurde hier nur auf die signifikantesten außerrechtswissenschaftlichen Begriffsbestimmungen eingegangen.[85]

---

77 *Niedl*, S. 23.

78 *Prosch*, S. 20 f.

79 *Brinkmann*, S. 13; *Kratz*, S. 10 f.; *Metschkutat/Stackelbeck/Langenhoff*, S. 19; *Walter*, Mobbing, S. 38; *Waniorek/Waniorek*, S. 65; *Warschkow/Erdmann*, AiB 1995, 509 (510).

80 *Schimmelpfennig/Schimmelpfennig*, PersV 1998, 260 (260).

81 *Haller/Koch*, NZA 1995, 356 (356).

82 *Papaioannou, S./Sjöblom, L.* (1992), Arbetsplatstrakassering i kvinnodominerad vårdmiljö. Åbo: Åbo Akademi, humanistika fakulteten, psykologiska institutionen, S. 1 f., zit. nach *Niedl*, S. 18.

83 *Neuberger*, S. 18.

84 Ebenso *Mühe*, S. 36.

85 Weitere, nicht abschließende, aus dem wissenschaftlichen Schrifttum außerhalb der Rechtswissenschaft stammende Umschreibungen für Mobbing finden sich bei *Niedl*, S. 19 f., der neben *Leymann*

c) Besonderheiten rechtswissenschaftlicher Mobbingdefinitionen

Maßgebend für diese Arbeit ist aufgrund ihrer Thematik in erster Linie, welches Verhalten auch aus rechtswissenschaftlicher Sicht als rechtlich relevantes Mobbing bewertet werden kann.

aa. Definitionen innerhalb der Rechtswissenschaft

Im Gegensatz zu Finnland, Frankreich und Schweden hat Deutschland keine explizit gegen Mobbing gerichtete gesetzliche Regelung getroffen. Deshalb existiert im deutschen Recht auch keine gesetzlich normierte und damit rechtswirksame Definition von Mobbing. Folglich steht es im Ermessen der Gerichte und der rechtswissenschaftlichen Literatur, im Einzelfall darüber zu entscheiden, ob und wie Mobbing als rechtlich erheblich einzuordnen ist. Bei gegebener rechtlicher Relevanz ist sodann sorgfältig zu differenzieren, welches konkrete Verhalten aus einem Mobbinggeschehen unter welche Norm subsumiert werden kann und welche rechtlichen Folgen sich daraus im Rahmen der bestehenden Gesetze ergeben.[86]

Um jedoch zunächst bestimmte Verhaltensweisen als rechtlich erheblich oder unerheblich bewerten zu können, bedarf es aus juristischer Sicht notwendigerweise einer Konkretisierung des Mobbingbegriffs. Schon aus Gründen der Rechtssicherheit, insbesondere wegen der damit gewährten Rechtsklarheit und Verlässlichkeit, ist eine solche unumgänglich.[87] Zustimmung findet die Forderung nach einer Definition auch beim LAG Thüringen, da nach dessen Ansicht gerade durch die Zuweisung von Handlungen als rechtlich relevantes Mobbing der Rechtsanwendung Verhaltensweisen zugänglich gemacht werden, die aus dem Zusammenhang gelöst häufig mit keinen straf-, zivil-, arbeits-, sozial- oder verwaltungsrechtlichen Rechtsfolgen verbunden sind.[88]

Seit das Mobbingphänomen in der Rechtswissenschaft zunehmend mehr Beachtung erfahren hat, wurden sowohl von der Rechtsprechung als auch von der rechtswissenschaftlichen Literatur einige Definitionen entwickelt, die es ermöglichen sollen, Mobbing einer juristischen Beurteilung leichter zugänglich zu machen.

(1) Definitionen aus der Rechtsprechung

Eine einheitliche und allgemeingültige Mobbingdefinition ist auch innerhalb der Rechtsprechung bislang nicht zu finden. Das verwundert in Hinblick darauf nicht,

---

als weitere ambitionierte Forscher die Schwedin *Thylefors* (Syndabockar. Om utstötning och mobbing i arbetslivet, Stockholm: Natur och Kultur 1987), sowie die Norweger *Matthiesen/Raknes/Røkkum* (Mobbning på arbeidsplassen, Bergen 1989) und *Einarsen/Raknes* (Mobbning i arbeitdslivet, Bergen 1991) nennt. In diesem Zusammenhang ist darauf hinzuweisen, dass insbesondere in der engagierten Untersuchung des Mobbingphänomens in Skandinavien global anerkannte und grundlegende Definitionen entwickelt wurden.

86 *Mühe*, S. 36.

87 *Mühe*, S. 37.

88 LAG Thüringen, Urt. v. 10.04.2001 – 5 Sa 403/2000, NZA-RR 2001, 347 (357); ebenso *Mühe*, S. 37.

dass die Rechtswissenschaft sich in unterschiedliche Rechtsgebiete gliedert, die ihrerseits jeweils verschiedene Zwecke verfolgen. Dennoch haben alle Rechtsgebiete bei der Aufstellung von Regeln für das menschliche Zusammenleben das Hauptziel, die Rechtsprobleme, die sich in einer Gemeinschaft ergeben, gerecht zu lösen, Rechtssicherheit zu garantieren und eine zweckmäßige Interessenbefriedigung zu erreichen.[89] Schon aus diesem Grund und im Interesse der Einheitlichkeit der Rechtsordnung wäre eine derzeit noch fehlende, für die Rechtswissenschaft allgemeingültige Mobbingdefinition von Vorteil. Bislang waren in erster Linie die Arbeits- und Sozialgerichte mit dem Mobbingphänomen befasst. Strafgerichte hatten sich mit der Mobbingthematik – wenn überhaupt – nur marginal auseinanderzusetzen,[90] weshalb sich keine explizite strafgerichtliche Konkretisierung von Mobbing finden lässt.

Erstmalig in der Rechtsprechung definierte das **Bundesarbeitsgericht (BAG)** 1997 Mobbing als

> „das systematische Anfeinden, Schikanieren und Diskriminieren von Arbeitnehmern untereinander oder durch Vorgesetzte".[91]

Diese Definition des BAG wurde später vom **LAG Thüringen** praxistauglich erweitert. Dabei hob es zunächst hervor, dass es sich bei dem Begriff Mobbing um keinen juristischen Tatbestand handelt, sondern um einen Sammelbegriff für Verhaltensweisen, die „je nach Sachlage für den Betroffenen rechtliche, gesundheitliche und wirtschaftliche Auswirkungen haben können und mit wachsender Zunahme im gesellschaftlichen Leben auch soziologische Folgen nach sich ziehen"[92]. Insofern spiegeln die unterschiedlichen Definitionen von Mobbing auch die verschiedenen wissenschaftlichen Blickwinkel auf dieses Phänomen wider.[93]

Laut der vom LAG Thüringen weiterentwickelten BAG-Definition[94] fallen unter Mobbing

> „fortgesetzte, aufeinander aufbauende und ineinander greifende, der Anfeindung, Schikane oder Diskriminierung dienende Verhaltensweisen, die nach Art und Ablauf im Regelfall einer übergeordneten, von der Rechtsordnung nicht gedeckten Zielsetzung förderlich sind und jedenfalls in ihrer Gesamtheit das allgemeine Persönlichkeitsrecht oder andere ebenso geschützte Rechte, wie die Ehre oder die Gesundheit des Betroffenen verletzen".[95]

Das LAG führte zu seiner Konkretisierung von Mobbing weiter aus, dass kein vorgefasster Plan erforderlich sei, sondern bereits das Ausnutzen der Gelegenheit für ausrei-

89 *Mühe*, S. 38; *Zippelius*, S. 8.

90 So etwa BGH, Urt. v. 20.10.2011 – 4 StR 71/11, BGHSt 57, 42 ff.: Hier ging es in der Hauptsache um die Garantenpflicht eines Betriebsinhabers bzw. Vorgesetzten zur Verhinderung von Straftaten nachgeordneter Mitarbeiter, wobei Mobbing jedoch nicht eigens thematisiert wurde.

91 BAG, Beschl. v. 15.1.1997 – 7 ABR 14/96, NZA 1997, 781 (781).

92 LAG Thüringen, Urt. v. 10.04.2001 – 5 Sa 403/2000, NZA-RR 2001, 347 (357); ebenso LAG Thüringen, Urt. v. 15.02.2001 – 5 Sa 102/00, NZA-RR 2001, 577 (579).

93 LAG Thüringen, Urt. v. 10.04.2001 – 5 Sa 403/2000, NZA-RR 2001, 347 (357); ebenso LAG Thüringen, Urt. v. 15.02.2001 – 5 Sa 102/00, NZA-RR 2001, 577 (579).

94 BAG, Beschl. v. 15.1.1997 – 7 ABR 14/96, NZA 1997, 781 (781).

95 LAG Thüringen, Urt. v. 10.04.2001 – 5 Sa 403/2000, NZA-RR 2001, 347 (347 f.); ebenso LAG Thüringen, Urt. v. 15.02.2001 – 5 Sa 102/00, NZA-RR 2001, 577 (579 f.).

chend gehalten wird. Für die Beantwortung der Frage, ob es sich im konkreten Fall um Mobbing handelt, könne das Vorhandensein falltypischer Indizientatsachen, wie beispielsweise die mobbingtypische Motivation des Täters, ein mobbingtypischer Geschehensablauf sowie mobbingtypische gesundheitliche Beeinträchtigungen des Opfers, maßgeblich sein, sofern ein Zusammenhang mit den von dem Betroffenen formulierten Mobbinghandlungen gegeben ist.[96] Diesbezüglich wurde ausdrücklich darauf hingewiesen, dass wechselseitige Eskalationsprozesse, in denen keine klare Täter-Opfer-Beziehung erkennbar ist, der Annahme von Mobbing grundsätzlich zuwiderlaufen. Andererseits widersetzt sich das LAG ausdrücklich der von *Leymann*[97] aufgestellten Orientierungsgröße des Mindestzeitraums von sechs Monaten, indem es nicht für erforderlich erachtet, dass die Mobbinghandlungen über einen längeren Zeitraum andauern müssen. Vielmehr könne ein als Mobbing zu bezeichnendes Geschehen bereits innerhalb kürzester Zeit zu schwerwiegenden Konsequenzen führen.[98] Nicht notwendig sei zudem, dass sich das Mobbingopfer durch die entsprechenden Handlungen benachteiligt fühle, womit das subjektive Empfinden des Opfers gerade keine Rolle spiele, sondern ausschlaggebend sei allein eine objektive Verletzung der Opferrechte durch das Täterverhalten.[99]

Diese vom LAG Thüringen entwickelte Umschreibung für Mobbing diente fortan als Grundlage für die Urteile zahlreicher weiterer Gerichte.[100] Gleichermaßen griff im Jahr 2002 die Münchner Staatsanwaltschaft[101] auf sie zurück, als die Frage im Raum stand, was unter Mobbing zu verstehen ist.[102]

Das **LAG Schleswig-Holstein** dagegen übernahm die Definition der von *Leymann* mitbegründeten *Gesellschaft gegen psychosozialen Stress und Mobbing e. V. (VPSM e. V.)*[103] und beschreibt Mobbing als

> „konfliktbelastete Kommunikation am Arbeitsplatz unter Kollegen oder zwischen Vorgesetzten und Untergebenen, bei der die angegriffene Person unterlegen ist und von einer oder einigen Personen systematisch, oft und während einer längeren Zeit mit dem Ziel und/oder dem Effekt des Ausstoßes aus dem Arbeitsverhältnis direkt oder indirekt angegriffen wird und dies als Diskriminierung empfindet".[104]

---

96 LAG Thüringen, Urt. v. 10.04.2001 – 5 Sa 403/2000, NZA-RR 2001, 347 (358).
97 *Leymann* (1995), S. 22.
98 LAG Thüringen, Urt. v. 10.04.2001 – 5 Sa 403/2000, NZA-RR 2001, 347 (358); dazu u. zum Voranstehenden ebenso *Fehr*, S. 57.
99 LAG Thüringen, Urt. v. 10.04.2001 – 5 Sa 403/2000, NZA-RR 2001, 347 (358); ebenso *Fehr*, S. 57.
100 Etwa BAG Urt. v. 16.05.2007 – 8 AZR 709/06, BAGE 122, 304, juris, Rn. 58; LAG Berlin, Urt. v. 06.04.2003 – 18 Sa 2299/02, MDR 2003, 881 (882); LAG Bremen, Urt. v. 17.10.2002 – 3 Sa 78/02, NZA-RR 2003, 234 (235 f.); LAG Rheinland-Pfalz, Urt. v. 16.08.2001 – 6 Sa 415/01, NZA-RR 2002, 121 (122); LAG Hamm, Urt. v. 25.06.2002 – 18 (11) Sa 1295/01, NZA-RR 2003, 8 (9).
101 Generalstaatsanwalt beim OLG München, Geschäftszeichen IV Zs 755/2002, zit. nach Mühe, S. 37.
102 Ebenso *Mühe*, S. 37.
103 *Leymann* (1995), S. 18.
104 LAG Schleswig-Holstein, Urt. v. 19.03.2002 – 3 Sa 1/02, NZA-RR 2002, 457 (457).

Damit fordert das LAG Schleswig-Holstein für das Vorliegen von Mobbing sowohl eine Absicht des Mobbenden, den Betroffenen aus dem Arbeitsverhältnis zu stoßen, als auch den daraufhin folgenden Ausschluss seiner Person aus dem Arbeitsverhältnis.

Schließlich versteht das **Bundessozialgericht (BSG)** unter Mobbing

> „einen sich über längere Zeit hinziehenden Konflikt zwischen dem Opfer und Personen seines gesellschaftlichen Umfelds, in dessen Verlauf das Opfer verbal attackiert, in seinen Möglichkeiten zur Kommunikation eingeschränkt, in seinen sozialen Beziehungen angegriffen und in seinem Ansehen herabgesetzt wird".[105]

Ein Blick auf diese rechtswissenschaftlichen Umschreibungen von Mobbing, die von deutschen Gerichten stammen, zeigt, dass dabei untereinander zweifellos starke Parallelen zu erkennen sind. Inwieweit es darüber hinaus einer für die Rechtswissenschaft einheitlichen und allgemeingültigen Mobbingdefinition bedarf, die zudem durch den Gesetzgeber kodifiziert ist, soll an anderer Stelle[106] behandelt werden.

(2) Definitionen aus der rechtswissenschaftlichen Literatur

Während die Gerichte erstmals 1997 mit Mobbing befasst waren, setzte sich die rechtswissenschaftliche Literatur schon früher – und nach den ersten Mobbingurteilen[107] noch intensiver – mit der Thematik auseinander.

Als einer der ersten untersuchte *Grunewald* arbeitsrechtliche Folgen von Mobbing und gewann die Erkenntnis:

> „Im Bereich des Arbeitslebens bedeutet Mobbing, dass Arbeitnehmer von Kollegen oder Vorgesetzten durch vielfältige Maßnahmen, die vom schlichten Scherz über Drohungen, Intrigen oder Ignorieren bis zum Rufmord gehen können, systematisch schikaniert und unter Druck gesetzt werden."[108]

Däubler betont etwas später insbesondere die Absicht des Mobbenden, die hinter seinem Verhalten steckt, nämlich die systematische Benachteiligung und Ausgrenzung einzelner. Nach ihm kann von Mobbing dann die Rede sein,

> „wenn einzelne Personen systematisch ausgegrenzt und abschätzig behandelt werden – was sich u. a. in der Art der Kommunikation, aber auch darin äußern kann, dass ihnen die schlechteste Arbeit zugewiesen [sic!] oder über sie Gerüchte verbreitet werden, die das soziale Ansehen zerstören."[109]

Etwa zur gleichen Zeit deklarierten *Warschkow/Erdmann* Mobbing erstmals als Verletzung des allgemeinen Persönlichkeitsrechts. Ihrer Ansicht nach stelle Mobbing einen „systematisch gezielten, häufig wiederkehrenden Eingriff in das Persönlich-

105 BSG, Urt. v. 14.02.2001 – B 9 VG 4/00 R, NJW 2001, 3213 (3213 f.).
106 Teil 2, Kapitel 5, II. dieser Arbeit.
107 Vgl. etwa BAG, Beschl. v. 15.1.1997 – 7 ABR 14/96, NZA 1997, S. 781 ff.; LAG Thüringen, Urt. v. 10.04.2001 – 5 Sa 403/2000, NZA-RR 2001, S. 347 ff.; LAG Thüringen, Urt. v. 15.02.2001 – 5 Sa 102/00, NZA-RR 2001, S. 577 ff.; LAG Schleswig-Holstein, Urt. v. 19.03.2002 – 3 Sa 1/02, NZA-RR 2002, S. 457 ff.
108 *Grunewald*, NZA 1993, 1071 (1071).
109 *Däubler*, BB 1995, 1347 (1347).

keitsrecht" dar.[110] Ausgehend davon, dass Mobbing durch den Zusammenschluss mehrerer Personen ausgeübt werde, sei es jedoch nicht erforderlich, dass jeder der Täter vorsätzlich handele. Ausreichend sei bereits die Möglichkeit, dass zahlreiche „Mitläufer ohne weiteres Nachdenken am Mobbing teilnehmen".[111] Zudem beabsichtigen die Täter nach dieser Mobbingbeschreibung, in Übereinstimmung mit anderen Definitionen, insbesondere mit der von *Leymann*[112], auch ein bestimmtes Verhalten beim Mobbingopfer, welches sie nicht durch einmalige Einwirkung, wie Schläge, Erpressung, Freiheitsberaubung etc., erzielen können.[113]

Später charakterisiert *Wolmerath* Mobbing als einen Geschehensprozess, der sich aus einer Vielzahl von unterschiedlichen, über einen längeren Zeitraum hinweg vorgenommenen Handlungen zusammensetzt, welche von dem Betroffenen, der eine unterlegene Stellung innehat, als diskriminierend empfunden werden und regelmäßig den Ausstoß des Betroffenen aus seinem Wirkbereich zur Folge haben.[114]

Diese Definition wird bei *Esser/Wolmerath* modifiziert, indem Mobbing konkretisiert wird als

> „ein Geschehensprozess in der Arbeitswelt, in dem destruktive Handlungen unterschiedlicher Art wiederholt über einen längeren Zeitraum gegen Einzelne vorgenommen werden, welche von dem Betroffenen als eine Beeinträchtigung und Verletzung ihrer Person empfunden werden
> *und*
> dessen ungebremster Verlauf für die Betroffenen grundsätzlich dazu führt, dass ihre psychische Befindlichkeit und Gesundheit zunehmend beeinträchtigt werden, ihre Isolation und Ausgrenzung am Arbeitsplatz zunehmen, dagegen die Chancen auf eine zufriedenstellende Lösung schwinden, und der regelmäßig im Verlust ihres bisherigen beruflichen Wirkbereichs endet."[115]

Bei beiden Umschreibungen halten die Autoren einen Prozesscharakter von Mobbing für erforderlich, in dessen Verlauf der Mobbende objektiv destruktives Handeln zum Ausdruck bringen muss und das Mobbingopfer den Charakter dieses Handelns auch subjektiv als Anfeindung empfindet. Dabei wird insbesondere die Auswirkung von Mobbing hervorgehoben, nämlich die Ausgrenzung des Betroffenen bzw. im äußersten Fall der Verlust der Arbeitsstelle.[116]

Als sehr ausführliche Definition aus der rechtswissenschaftlichen Literatur hat die von *Spamer* entwickelte Mobbingbeschreibung Beachtung gefunden:

> „(1) Mobbing ist gleichbedeutend mit Psychoterror am Arbeitsplatz. Es stellt einen Prozeß [sic!] systematischer Druckausübung auf die Psyche des betroffenen Arbeitnehmers dar. Im Verlauf dieses Prozesses wird letzterer durch eine oder mehrere Person(en) in nicht unerheblichem Maße mit kommunikativen und

110 *Warschkow/Erdmann*, AiB 1995, 509 (510); *Warschkow*, PersR 1995, 365 (366).
111 *Warschkow/Erdmann*, AiB 1995, 509 (510).
112 *Leymann* (1995), S 13 ff.
113 *Warschkow/Erdmann*, AiB 1995, 509 (510); ebenso *Fehr*, S. 54.
114 Vgl. *Wolmerath*, Rn. 16 ff.
115 *Esser/Wolmerath*, S. 25.
116 Ebenso *Fehr*, S. 56.

als feindselig zu bewertenden Verhaltensweisen konfrontiert. Hierbei besteht zwischen den als feindselig zu bewertenden Verhaltensweisen ein gewisser zeitlicher Zusammenhang.

(2) Der als feindselig einzuordnende Charakter des jeweiligen Einzelverhaltens ist bei objektiver Würdigung entweder diesem selbst zu entnehmen oder läßt [sic!] sich in Ansehung weiterer Verhaltensweisen, die ebenfalls in den Prozeß [sic!] der systematischen Terrorisierung der Psyche des betroffenen Arbeitnehmers fallen, feststellen.

(3) Das systematische Einwirken impliziert das Bewußtsein [sic!] der Mobber, den Gemobbten nachhaltig und über einen längeren Zeitraum hinweg feindseligen und quälenden Verhaltensweisen auszusetzen und hierdurch (jedenfalls) Druck auf seine Psyche auszuüben. Der Eintritt einer konkreten Rechtsgutverletzung muss von diesem Bewußtsein [sic!] jedoch nicht zwangsläufig umfaßt [sic!] sein.“[117]

Damit betont *Spamer* also, ebenso wie *Warschkow/Erdmann*, insbesondere die prozesshafte Entwicklung des Mobbinggeschehens und die vom Mobbenden systematisch eingesetzte feindselige Kommunikation, mit welcher versucht wird, psychischen Druck auf das Opfer auszuüben. Auch wenn *Spamer* keinen Vorsatz in Bezug auf eine Rechtsgutverletzung verlangt, fordert er jedoch entgegen der Ansicht von *Warschkow/Erdmann* weiter ein bewusstes Handeln des Mobbenden, gerade mit seinem Verhalten systematischen Druck auf das Opfer ausüben zu wollen.[118]

Darüber hinaus werden von *Spamer* – wie schon zuvor von *Wolmerath* und von *Esser/Wolmerath* – auf der einen Seite vom Mobbingtäter ausgehende objektiv böswillige Handlungen und auf der anderen Seite vom Betroffenen auch das Erkennen dieser feindseligen Absichten vorausgesetzt.[119]

Schließlich stellt *Kollmer* zusammenfassend fest, dass nach herrschender Literaturmeinung Mobbing nur dann vorliege, wenn

„– **objektiv** jemand regelmäßig (z. B. zweimal wöchentlich) und über einen längeren Zeitraum hinweg innerhalb eines gewissen Kausalzusammenhangs systematisch angegriffen wird. Daneben muss

– **subjektiv** die Absicht (oder zumindest der direkte oder bedingte Vorsatz) bestehen, das Opfer auszugrenzen, wobei dazu gehört, dass sich die betroffene Person bedroht oder diskriminiert fühlt. Daneben muss Mobbing auch

– **rechtswidrig** begangen worden sein, damit es sich im Sinne des Arbeits-, Zivil- und Strafrechts auch im Sinne eines sanktionierbaren Handelns auswirken kann (str.).“[120]

An sämtlichen dieser dargestellten rechtswissenschaftlichen Mobbingumschreibungen wird von *Fehr* schließlich in ihrer Arbeit kritisiert, dass alle vor einem arbeitsrechtlichen Hintergrund entwickelt wurden. Das Arbeitsrecht ist jedoch vom Schutzgedanken der persönlich und wirtschaftlich abhängigen Arbeitnehmer geprägt.[121]

117 *Spamer*, S. 34.
118 Ebenso *Fehr*, S. 55.
119 Ebenso *Fehr*, S. 56.
120 *Kollmer*, Rn. 11.
121 Schaub-*Linck*, § 1 Rn. 4.

Aus diesem Grunde kann allenfalls arbeitsrechtlichen Erfordernissen entsprochen werden, wenn etwa *Warschow/Erdmann* es nicht für notwendig erachten, dass das Mobbinggeschehen von allen Mobbenden als solches wahrgenommen wird, solange objektiv ein Eingriff in das allgemeine Persönlichkeitsrecht des Mobbingbetroffenen erfolgt.[122]

Der Zweck des Strafrechts besteht demgegenüber darin, durch die Garantie von Normen und den Schutz von Rechtsgütern die Einhaltung der Grundwerte in unserer Gesellschaft und den Rechtsfrieden im Rahmen der sozialen Ordnung zu gewährleisten sowie das Recht im Konfliktfall gegenüber Unrecht durchzusetzen.[123] Mit dem Instrument des Strafrechts reagiert der Staat also auf Zuwiderhandlungen der Rechtsunterworfenen und die Störung des Rechtsfriedens wird durch die Inanspruchnahme des Täters als Störer beseitigt.[124] Damit steht im Zentrum der Betrachtung immer der straffällige Mensch, also der Straftäter und nicht das Strafopfer.[125] Deshalb müssen nach *Fehr* bei einer strafrechtlichen Definition von Mobbing insbesondere zwei Voraussetzungen erfüllt sein: Zum einen ist die Zuwiderhandlung des Mobbingtäters und die damit verknüpfte Gefährdung oder Verletzung von durch das Strafrecht zu schützenden Rechtsgütern hervorzuheben. Zum anderen darf ferner aber auch die subjektive Tatseite – nämlich die erforderlichen Kenntnisse, Eigenschaften, Absichten und Motive des Mobbingtäters – nicht vernachlässigt werden.[126] Unter diesen Bedingungen – und dem ausdrücklichen Hinweis auf den Verzicht begrenzender Kriterien, wie z. B. bestimmte Branchen, Berufe, innerbetriebliche Positionen oder Alter bzw. Geschlecht hinsichtlich möglicher Täter und Opfer[127] – entwickelte *Fehr* folgenden eigenen rechtswissenschaftlichen Definitionsansatz:

> „Unter Mobbing sind systematisch eingesetzte, wiederkehrende, schikanierende und drangsalierende Handlungen zu verstehen, die über eine erhebliche Dauer beibehalten und vom Opfer als feindselig empfunden werden. Das Opfer wird hierdurch regelmäßig sozial isoliert und das zwischen den Konfliktparteien bestehende Kräfteverhältnis dauerhaft zuungunsten des Opfers verschoben. Die Mobbinghandlungen zielen darauf ab, das Opfer psychisch zu zermürben und aus dem Arbeitsplatz oder dem Sozialgefüge am Arbeitsplatz zu drängen".[128]

Dabei meint *Drangsalieren* das Quälen oder Peinigen eines anderen Menschen.[129] Unter *Schikane* sind böswillig verbreitete Schwierigkeiten, kleinliche und böswilli-

---

122 *Fehr*, S. 59 f.

123 *Wessels/Beulke/Satzger*, Rn. 9 m. w. N.; vgl. insbes. BVerfG, Beschl. v. 19.06.1979 – 2 BvR 1060/78, BVerfGE 51, 324 (325); vgl. auch zur Notwendigkeit des Strafrechts als Sanktionsinstrument BVerfG, Beschl. v. 19.06.1979 – 2 BvR 1060/78, BVerfGE 51, 324 (343); vgl. ebenso *Eisele/Heinrich*, Rn. 9 ff.; *Hoffmann-Holland*, Rn. 10 m. w. N.; *Krey/Esser*, Rn. 5 m. w. N.

124 *Gropp*, § 1 Rn. 37.

125 *Gropp*, § 1 Rn. 38 m. w. N.

126 *Fehr*, S. 60.

127 *Fehr*, S. 60.

128 *Fehr*, S. 60.

129 *Duden*, Stichwort: Drangsalieren; *Fehr*, S. 61 m. w. N.

ge Quälereien, Rechtsverdrehung oder Spitzfindigkeit zu verstehen.[130] Genau diese Verhaltensweisen werden bei Mobbing angewandt, indem dort beispielsweise typischerweise kleinere, an sich folgenlose Fehler oder Missgeschicke des Mobbingopfers unnötig dramatisiert werden.[131] Während in einem intakten Arbeitsverhältnis solche belanglosen Geschehnisse übergangen oder ein klärendes Gespräch geführt würde, wird der Vorfall in einer von Mobbing geprägten Arbeitsatmosphäre zum Anlass genommen, Disziplinarmaßnahmen zu verhängen und etwa schon Nichtigkeiten mit Abmahnungen zu sanktionieren.[132]

Des Weiteren hält *Fehr* es – im Gegensatz zu *Spamer*[133] und dem LAG Thüringen[134], welche alleine auf eine objektive Rechtsverletzung abstellen, jedoch ebenso wie der Ökonom *Niedl*[135] – für erforderlich, dass auch das Opfer selbst die ihm gegenüber ausgeübte Feindseligkeit als solche wahrnimmt. Maßgeblichen Anteil am zermürbenden Charakter des Mobbings habe die Erkenntnis des Opfers, dass eine oder mehrere Personen nur deshalb bestimmte Verhaltensweisen an den Tag legen, um ihm damit in seinem Wohlbefinden oder in seiner sozialen Stellung zu schaden. Wenn jedoch die angegriffene Person der Handlung keinen gegen sie gerichteten feindseligen Charakter zuschreibt, weil sie ein solches Verhalten grundsätzlich nicht als herabsetzend empfindet oder weil sich ihr die mit dieser Handlung verbundene Botschaft nicht offenbart, wird dieses Verhalten in der Regel auch zu keinen psychischen Beeinträchtigung bei dem anvisierten Opfer führen.[136] Damit ist also automatisch mit einer objektiven Rechtsverletzung des Betroffenen bei diesem regelmäßig auch die subjektive Empfindung einer gegen sich gerichteten Feindseligkeit gegeben. Im Vorfeld reicht deshalb für die Feststellung, dass es sich um Mobbing handelt, die Bejahung objektiver Rechtsverletzungen des Opfers aus.

Zur offensichtlichen Unterlegenheit und letztlich auch zu einer Isolation des Mobbingbetroffenen kommt es darüber hinaus nach *Fehr* in der Regel, wenn die soziale Unterstützung, beispielsweise durch Arbeitskollegen, entweder von Anfang an nicht vorhanden war oder sukzessive wegfällt.[137] Über den Weg der sozialen Isolation soll schließlich als angestrebtes Ziel von Mobbing entweder der Ausstoß aus dem Arbeitsverhältnis erreicht werden oder das Hinausdrängen des Opfers aus einer bestimmten Position bzw. einem speziellen Wirkbereich, oder auch lediglich eine psychische Zermürbung und damit ein Ausschluss des Opfers aus der am Arbeitsplatz bestehenden Gemeinschaft.[138] Als Extremfall in diesem Zusammenhang wurde etwa einem

130 *Brockhaus*, Band 16, Stichwort „Schikane“; vgl. ebenso *Fehr*, S. 61 f.; *Kollmer*, Rn. 7 m. w. N.; *Zuschlag*, S. 3 m. w. N.

131 *Fehr*, S. 62.

132 *Fehr*, S. 62 m. w. N.; vgl. insbes. *Ruberg*, AuR 2002, 201 (206).

133 *Spamer*, S. 34.

134 LAG Thüringen, Urt. v. 10.04.2001 – 5 Sa 403/2000, NZA-RR 2001, 347 (357).

135 *Niedl*, S. 23 f.

136 *Fehr*, S. 66 f.

137 *Fehr*, S. 67.

138 *Fehr*, S. 68; *Wolmerath*, S. 20.

Betriebsratsvorsitzenden ein Büroplatz in einem Gebäudeflügel zugewiesen, an den man wegen zugemauerter Durchgänge nur sehr umständlich gelangt.[139]

Mit dieser aus der rechtswissenschaftlichen Literatur stammenden Auffassung von Mobbing wird neben der häufig dominierenden arbeitsrechtlichen Betrachtung des Phänomens auch der Blick auf strafrechtliche Aspekte erweitert. Auf darüber hinausgehende rechtswissenschaftliche – und dabei auch strafrechtliche – Besonderheiten von Mobbingbeschreibungen soll an anderer Stelle[140] ausführlicher eingegangen werden.

bb. Gemeinsamkeiten und Unterschiede zu Definitionen außerhalb der Rechtswissenschaft

Ein Vergleich der (arbeits-)psychologischen, sozial- und wirtschaftswissenschaftlichen Definitionen von Mobbing mit denen aus der Rechtsprechung bzw. der Rechtswissenschaft bringt sowohl signifikante Gemeinsamkeiten als auch nicht außer Acht zu lassende Unterschiede hervor.

(1) Gemeinsamkeiten sämtlicher Mobbingdefinitionen

Stellt man sämtliche Mobbingdefinitionen außerhalb und innerhalb der Jurisprudenz einander gegenüber, lassen sich ungeachtet aller Unterschiede – die im Anschluss auch einer näheren Betrachtung unterzogen werden – wesentliche Leitgedanken erkennen, welche in allen Definitionen enthalten sind. Darin kommt zum einen die dem Mobbing eigene Typik zum Ausdruck und zum anderen erfolgt damit gleichzeitig eine Abgrenzung zu unangenehmen, aber alltäglichen Handlungen.

In erster Linie ist Mobbing gekennzeichnet durch ein Handlungskonglomerat von mehreren für sich isoliert betrachtet meist unerheblichen Einzelhandlungen, die jedoch in ihrer Gesamtheit das Mobbingopfer nicht unwesentlich und zum Teil auch in unerträglicher Weise beeinträchtigen. Gerade die fortgesetzte Wiederholung einzelner solcher Verhaltensweisen wirkt in ihrem Zusammenspiel zermürbend auf den Betroffenen und zieht nicht selten (gesundheits-)schädigende Konsequenzen nach sich.[141] *Esser/Wolmerath* veranschaulichen diese Eigenschaft von Mobbing bildhaft beim Vergleich mit einer Perlenkette. Danach mag eine einzelne Perle relativ bedeutungslos sein, jedoch der Wert der Kette mit der wachsenden Zahl weiterer Perlen steigen, wobei der Kettenfaden ihre einzelnen Glieder, die Perlen, miteinander verbindet.[142] Bei dieser erforderlichen Mehrzahl an Handlungen müssen jedoch keine gleichen oder ähnlichen Handlungen vorgenommen werden, vielmehr kann sich Mobbing auch aus einer Reihe ungleichartiger Handlungen zusammensetzen.[143]

Als weitere Gemeinsamkeit der unterschiedlichen Beschreibungen von Mobbing und als wesentliches Abgrenzungsmerkmal zu alltäglichen zwischenmenschlichen Span-

---

139 *Fehr*, S. 68 m. w. N.

140 Teil 1, Kapitel 1, II. 3. c) bb. (2) dieser Arbeit.

141 Ebenso *Mühe*, S. 40.

142 *Esser/Wolmerath*, S. 25; *Wolmerath*, Rn. 6; ebenso *Mühe*, S. 40.

143 *Mühe*, S. 41 m. w. N.; vgl. insbes. Europäisches Parlament, SOCI 108 DE, S. 5 ff.; *Esser/Wolmerath*, AiB 1996, 540 (541); *Wickler*, DB 2002, 477 (481); *Wickler*, in Wickler, Rn. 1 m. w. N.

nungen spielt die Dauer eines Mobbinggeschehens eine bedeutende Rolle. Sowohl den juristischen als auch den nichtjuristischen Mobbingdefinitionen ist zu entnehmen, dass sich die Mobbinghandlungen über einen längeren Zeitraum erstrecken müssen.[144] Dabei ist ein Betroffener in Deutschland im Durchschnitt etwa 16 Monate der Belastung ausgesetzt.[145] Rund 24 Prozent der Betroffenen erleben Mobbingangriffe fast täglich, 32 Prozent mehrmals in der Woche, 26 Prozent mehrmals im Monat und in 17 Prozent der Fälle sind die Betroffenen seltener als einmal im Monat Mobbinghandlungen ausgesetzt.[146] Allerdings können sich selbst bei Angriffen, die weniger als einmal im Monat stattfinden, dieselben Folgen für den Betroffenen ergeben wie bei kleineren Intervallabständen.[147] In jedem Fall stellt Mobbing für die Betroffenen während dieser Zeit einen ständigen Begleiter dar und prägt wesentlich deren Arbeitsalltag.[148]

Eine verlässliche Aussage über die potentielle Länge eines solchen Zeitraums abschließend zu treffen ist nicht möglich. Die von *Leymann* angegebene Größenordnung von sechs Monaten[149] kann hier als Orientierungshilfe dienen. Dies ist jedoch lediglich als Richtgröße zu betrachten. Schon bei einer wesentlich kürzeren Dauer kann von Mobbing gesprochen werden.[150] *Metschkutat/Stackelbeck/Langenhoff* haben in ihrer Studie erfasst, dass systematische und kontinuierlich auftretende Mobbinghandlungen auch bei einer Dauer von weniger als sechs Monaten von den Betroffenen als „sehr belastend" bis „unerträglich" empfunden werden und es zudem auch bereits vor Ablauf dieser Sechs-Monats-Frist zu typischen gesundheitsbeeinträchtigenden Folgen gekommen ist.[151] Auch nach einer Entscheidung des LAG Thüringen wurde im „Fleischergesellenfall"[152] ein Geschehen als Mobbing eingeordnet, obwohl Mobbingopfer und Mobbingtäter nur etwa fünf Wochen zusammengearbeitet haben. Nach Feststellung des Gerichts waren die Mobbingangriffe so schwerwiegend, dass der betroffene Arbeitnehmer erstmals vier Tage nach Arbeitsantritt im Wirkungskreis des Mobbingtäters für einen Monat arbeitsunfähig krank wurde und nur wenige Tage

144 Rechtswissenschaftlich: BSG, Urt. v. 14.02.2001 – B 9 VG 4/00 R, NJW 2001, 3213 (3213 f.); LAG Thüringen, Urt. v. 10.04.2001 – 5 Sa 403/2000, NZA-RR 2001, 347 (357); LAG Thüringen, Urt. v. 15.02.2001 – 5 Sa 102/00, NZA-RR 2001, 577 (579 f.); LAG Rheinland-Pfalz, Urt. v. 16.08.2001 – 6 Sa 415/01, NZA-RR 2002, 121 (122); LAG Schleswig-Holstein, Urt. v. 19.03.2002 – 3 Sa 1/02, NZA-RR 2001, 457 (457); *Esser /Wolmerath*, AiB 1996, 540 (541); *Fehr*, S. 60; *Kollmer*, Rn. 11, 15; *Spamer*, S. 34; *Wolmerath*, Rn 18.
Nicht rechtswissenschaftlich: *Brinkmann*, S. 13; *Leymann* (2006), S. 21 f.; *Niedl*, S. 23; *Zapf*, ZfAO 1999, 1 (3); *Zuschlag*, S. 6. Vgl. zum Gesamten ebenso *Mühe*, S. 41 Fn. 79.

145 *Meschkutat/Stackelbeck/Langenhoff*, S. 51. Zu einem beinahe identischen Ergebnis für Schweden kommt *Leymann* mit einer durchschnittlichen Belastungszeit von 15 Monaten in *Leymann* (2006), S. 84.

146 *Knorz/Zapf*, ZfAO 1996, 12 (15); *Meschkutat/Stackelbeck/Langenhoff*, S. 49. *Volk* ermittelte sogar, dass in 60 Prozent der Fälle Mobbinghandlungen täglich bzw. fast täglich stattfinden, in *Volk*, S. 154; dazu u. zum Voranstehenden ebenso *Mühe*, S. 41.

147 *Meschkutat/Stackelbeck/Langenhoff*, S. 50; ebenso *Mühe*, S. 41.

148 *Meschkutat/Stackelbeck/Langenhoff*, S. 51.

149 *Leymann* (2006), S. 26.

150 *Fehr*, S. 62 f.

151 *Meschkutat/Stackelbeck/Langenhoff*, S. 22; ebenso *Fehr*, S. 63.

152 LAG Thüringen, Urt. v. 15.02.2001 – 5 Sa 102/00, NZA-RR 2001, S. 577 ff.

nach erneuter Arbeitsaufnahme versuchte, Suizid zu begehen.[153] Auf der anderen Seite kann aber auch genauso eine (weitaus) längere Zeitdauer als sechs Monate notwendig sein, wenn zwischen den einzelnen Mobbinghandlungen größere Abstände liegen. Diese können beispielsweise darauf beruhen, dass sich Täter und Opfer aus arbeitsorganisatorischen Gründen nicht andauernd begegnen. Denn die Psyche des Opfers wird bei vielen Handlungen gerade erst durch ihre stete Wiederholung oder ihre Kombination mit anderen Vorgängen beeinträchtigt.[154]

Übereinstimmung herrscht bei den Mobbingdefinitionen auch hinsichtlich eines geforderten systematischen Zusammenhangs der einzelnen Mobbinghandlungen.[155] Mehrere einzelne Verhaltensweisen, denen keinerlei Konnexität zu entnehmen ist, die zeitlich weit auseinanderliegen oder aus anderem Grund keinen Bezug zueinander aufweisen, bilden in ihrer Gesamtheit kein Mobbinggeschehen.[156] Bei lediglich vereinzelt auftretenden Konflikten und Feindseligkeiten, die es überall dort gibt, wo Menschen mit verschiedenen Charakteren, Lebenseinstellungen, Auffassungen zusammenkommen, handelt es sich nicht um systematische Angriffe. Von Mobbing kann vielmehr erst gesprochen werden, wenn die Verhaltensweisen nicht mehr als vorübergehende Einmaligkeit eingeordnet werden können und eine gewisse Regelmäßigkeit erkennbar ist.[157] Daher liegt kein Mobbing vor, wenn ein Arbeitskollege einen anderen einmal nicht grüßt oder ignoriert bzw. alle paar Monate nicht grüßt, weil er in diesen Abständen regelmäßig missgelaunt ist. Ebenso wenig handelt es sich um Mobbing, wenn der Vorgesetzte sich etwa aufgrund einer unrechtmäßigen Abmahnung oder des Ausspruchs einer betriebsbedingten Kündigung ungerecht verhält.[158]

Zu beachten bleibt jedoch stets, dass das Geschehen notwendigerweise in seiner Gesamtheit zu würdigen ist, um in den unterschiedlichen Fällen überhaupt jeweils eine Systematik erkennen und gegebenenfalls eine Einordnung als Mobbing vornehmen zu können.

Schließlich weisen sämtliche Mobbingdefinitionen als Abgrenzungskriterium zu lediglich schlechtem Betriebsklima und allgemein rauem Umgangston, der gegen alle Mitarbeiter gerichtet ist, die Gemeinsamkeit auf, dass sich die Mobbinghandlungen zumeist gezielt gegen eine Person richten.[159] Etwas anderes ist höchstens in der Konstellation vorstellbar, dass eine sehr große Gruppe eine sehr kleine Gruppe von zwei bis

---

153 LAG Thüringen, Urt. v. 15.02.2001 – 5 Sa 102/00, NZA-RR 2001, 577 (580), wonach ein wesentlich kürzerer Zeitraum als sechs Monate im Einzelfall genügen kann; ebenso LAG Thüringen, Urt. v. 10.04.2001 – 5 Sa 403/2000, NZA-RR 2001, 347 (357); *Fehr*, S. 63.

154 *Fehr*, S. 63.

155 LAG Thüringen, Urt. v. 10.04.2001 – 5 Sa 403/2000, NZA-RR 2001, 347 (357); LAG Schleswig-Holstein, Urt. v. 19.03.2002 – 3 Sa 1/02, NZA-RR 2002, 457 (457); *Brinkmann*, S. 13; *Däubler*, Rn. 691; *Esser/Wolmerath*, S. 22 ff.; *Grunewald*, NZA 1993, 1071 (1071); *Kratz*, S. 10 f.; *Leymann* (1995), S. 18; *Mühe*, S. 41; *Neuberger*, S. 17; *Spamer*, S. 34 f.; *Warschkow/Erdmann*, AiB 1995, 509 (510); *Wolmerath*, Rn. 17; *Zapf*, ZfAO 1999, 1 (2).

156 *Mühe*, S. 41 f. m. w. N.

157 *Mühe*, S. 42.

158 Dazu u. zum Voranstehenden *Mühe*, S. 42.

159 *Zapf*, ZfAO 1999, 1 (2); ebenso *Fehr*, S. 67; *Mühe*, S. 42

drei Personen schikaniert oder dass zwar mehrere Personen Opfer von Mobbinghandlungen werden, dies aber mangels Solidarität unabhängig voneinander geschieht.[160]

Nach alledem ist sämtlichen Mobbingdefinitionen also die Forderung nach einem aus mehreren Einzelhandlungen bestehenden Handlungskomplex gemeinsam, wobei sich die einzelnen Mobbinghandlungen zum einen über einen längeren Zeitraum erstrecken, zum anderen zueinander in einem systematischen Zusammenhang stehen und außerdem gezielt gegen eine Person gewandt sein müssen.

(2) Wesentliche Merkmale rechtswissenschaftlicher Definitionen

Rechtswissenschaftliche Mobbingbeschreibungen weisen einige Besonderheiten auf, da eine juristische Definition ermöglichen soll, das Verhalten eines Mobbinggeschehens als rechtlich relevant bzw. rechtlich nicht relevant einzuordnen. Gleichzeitig wird damit auch der richtige Weg für weitere dementsprechende juristische Schritte eingeschlagen.

(a) Vorsatz und Absichten des Handelnden

Inwiefern der Mobbende in Bezug auf die von ihm ausgeführten Mobbinghandlungen vorsätzlich handeln muss, wird nicht einheitlich beantwortet. Teilweise wird Vorsatz gefordert, indem etwa von „absichtsvollem" Psychoterror[161] gesprochen wird, während andere fahrlässiges Mobbing von nicht darüber reflektierenden „Mitläufern" für möglich und ausreichend erachten.[162] Die Rechtsprechung hat diese Frage bislang unbeantwortet gelassen. Das LAG Thüringen äußerte sich diesbezüglich nur insoweit, als ein vorgefasster Plan nicht erforderlich sei, sondern ein Fortsetzen des Verhaltens unter schlichter Ausnutzung der sich jeweils bietenden Gelegenheiten genüge.[163]

Allerdings wird nach überwiegender Ansicht ein systematischer Zusammenhang der Mobbinghandlungen vorausgesetzt. Damit ist nach genereller sprachlicher Auffassung eine planvolle, methodische Vorgehensweise gemeint.[164] Danach weiß der Mobbende, was er tut, und will dies auch, so dass beim Festhalten an dem Kriterium der systematischen Vorgehensweise der Mobbingtäter also kein fahrlässiges Mobbing möglich ist.[165] Erforderlich bleibt damit ein *Persönlichkeitsbekämpfungsvorsatz*,[166] das heißt das Wissen und Wollen eines persönlichkeitsfeindlichen Angriffs hinsichtlich der einzelnen Mobbingbestandteile selbst. Denn die für die Annahme von Mobbing erforderlichen feindlichen Angriffe zur psychischen und sozialen Destabilisierung der anvisierten Person können ihrem Wesen nach nicht durch versehentliche, also fahrlässige Tatbei-

160 *Fehr*, S. 67 m. w. N.
161 *Brinkmann*, S. 10.
162 *Fehr*, S. 69; *Zuschlag*, S. 6.
163 LAG Thüringen, Urt. v. 10.04.2001 – 5 Sa 403/2000, NZA-RR 2001, 347 (358).
164 *Spamer*, S. 31 f.
165 Dazu u. zum Voranstehenden *Fehr*, S. 69 m. w. N.
166 *Wickler*, in Wickler, Rn. 14.

träge begangen werden.[167] Vom Vorsatz umfasst wird dabei zudem die von der Summe der vorsätzlichen Angriffshandlungen hervorgerufene Persönlichkeitsverletzung, auch ohne Vorliegen eines vorgefassten Plans. Denn nur mit der Fortführung des Mobbingverhaltens unter Ausnutzung der sich ergebenden Gelegenheiten wird das für die vorsätzliche Begehung notwendige Wissen und Wollen der Persönlichkeitsbekämpfung auf die jeweils hinzukommenden Tatbeiträge ausgedehnt. Gleiches geschieht mit der sich dadurch verstärkenden persönlichkeitszersetzenden Wirkung. Aufgrund der ständigen Aktualisierung von beidem entsteht auf diese Weise ein *aktualisierter Gesamtvorsatz.*[168] Hierbei ist allerdings zu berücksichtigen, dass selbst wenn Fahrlässigkeit nicht in Bezug auf einzelne Mobbinghandlungen in Frage kommt, dennoch Fahrlässigkeit hinsichtlich des Eintritts unerwünschter Mobbingfolgen gegeben sein kann.[169]

Darüber hinaus wird innerhalb der Rechtswissenschaft meist noch eine besondere Absicht verlangt, die der Mobbende mit seinem Handeln verfolgen muss. Die unterschiedlichen Ansichten diesbezüglich reichen dabei von der Forderung nach einer sehr konkreten Absicht, wie dem Ziel, den Betroffenen aus dem Arbeitsverhältnis zu stoßen,[170] bis hin zum Genügen abstrakter Intentionen in Form von Verhaltensweisen, die nach ihrer Art und ihrem Ablauf im Regelfall einer übergeordneten, von der Rechtsordnung nicht gedeckten Zielsetzung förderlich sein müssen.[171]

Schließlich ist es notwendig, zwischen mobbingbedingten und mobbingausfüllenden Rechtsgutsverletzungen zu differenzieren. Denn nur bezogen auf eine Gesundheitsverletzung als mobbingbedingter Rechtsgutverletzung ist für die subjektive Zurechnung Fahrlässigkeit ausreichend.[172] Ungeachtet dessen rufen jedoch etwa bereits ein mit Mobbing zusammenhängender vorsätzlicher Angriff auf den Körper[173] oder eine mobbingbedingte vorsätzliche Beschädigung von im Eigentum des Mobbingopfers stehenden Sachen[174] für sich allein unmittelbar eine schadensersatzpflichtige Gesundheits- oder Eigentumsverletzung hervor.[175] Dies wiederum ändert nichts daran, dass diese durch einzelne Mobbingangriffe unmittelbar verursachten Rechtsgutsverletzungen im Zuge einer das Mobbingverhalten umfassenden rechtlichen Untersuchung gemeinsam mit anderen Mobbingangriffen auch erneut als Tatbeiträge zu der Verwirklichung einer Gesundheitsverletzung, die erst durch die als Mobbing zu bezeichnende

167 *Wickler*, in Wickler, Rn. 14 m. w. N.; vgl. insbes. BGH, Beschl. v. 01.08.2002 - III ZR 77/01, NJW 2002, 3172 (3173).

168 Grundsätzlich LAG Thüringen, Urt. v. 10.04.2001 - 5 Sa 403/2000, NZA-RR 2001, 347 (358); *Rieble/Klumpp*, ZIP 2002, 369 (371 ff.); *Wickler*, in Wickler, Rn. 14 m. w. N.

169 *Fehr*, S. 69 m. w. N.

170 LAG Schleswig-Holstein, Urt. v. 19.03.2002 - 3 Sa 1/02, NZA-RR 2002, 457 (457), mit der erstmals von *Leymann* (1995), S. 18, verwendeten Definition; vgl. auch *Däubler*, Rn. 691; *Zuschlag*, S. 6; ebenso *Mühe*, S. 43.

171 LAG Thüringen, Urt. v. 10.04.2001 - 5 Sa 403/2000, NZA-RR 2001, 347 (357).

172 *Wickler*, in Wickler, Rn 16 m. w. N.

173 Vgl. LAG Hamburg, Urt. v. 08.12.1999 - 3 Sa 17/97, juris, Rn. 68 ff. (durch Vorgesetzten in den Rücken gestoßene Türklinke).

174 Vgl. LAG Bremen, Urt. v. 17. 10. 2002 - 3 Sa 78/02, NZA-RR 2003, S. 234 ff. (durch Kolleginnen zerbrochene Lesebrille).

175 *Wickler*, in Wickler, Rn. 16.

Verhaltenssumme bedingt wird, heranzuziehen sind. Gleichermaßen genügt im Hinblick auf diese verhaltensumfassende Gesundheitsverletzung die Begründung des Fahrlässigkeitsvorwurfs.[176]

Auf den vorsatzbezogenen Ausnahmefall des sogenannten generalisierten Despotenmobbings sowie die Besonderheiten bezüglich des Vorsatzes beim sogenannten Rudelmobbing wird an entsprechender Stelle im Rahmen der unterschiedlichen Mobbinghandlungen gesondert eingegangen.[177]

(b) Notwendiger Erfolg

Im Gegensatz zu den meisten außerrechtswissenschaftlichen Definitionen[178] wird von der Rechtswissenschaft der Eintritt eines bestimmten Erfolgs gefordert, welcher gerade durch die Mobbinghandlungen hervorgerufen wurde. Kontrovers wird allerdings die Frage beantwortet, wie dieser Erfolg konkret auszusehen hat.[179] Wie oben bereits angesprochen muss laut einigen Auffassungen der Betroffene gänzlich aus dem Arbeitsverhältnis bzw. seinem beruflichen Wirkungskreis ausgeschlossen werden.[180] Andere wiederum stehen auf dem Standpunkt, dass Mobbing nur dann vorliege, wenn der Betroffene in seinem allgemeinen Persönlichkeitsrecht, seiner Ehre oder seiner Gesundheit beeinträchtigt wird.[181] Demgegenüber genügt es manchen Ansichten zufolge schon, wenn lediglich eine konkrete Gefährdung gewisser Rechtsgüter durch das Mobbingverhalten verursacht wird.[182]

(c) Rechtswidrigkeit

Im rechtswissenschaftlichen Zusammenhang stellt sich schließlich auch die aus juristischer Sicht essentielle Frage, ob die einzelnen Mobbinghandlungen rechtswidrig im zivil-, arbeits- oder strafrechtlichen Sinn sein müssen. Wenige Stimmen bejahen dies.[183] Dem steht jedoch gerade die dem Mobbing eigene Typik entgegen. Diese zeichnet sich nämlich dadurch aus, dass viele Verhaltensweisen isoliert betrachtet die Schwelle zur Rechtswidrigkeit nicht überschreiten, allerdings in ihrer Gesamtheit schwerwiegendere Folgen für den Betroffenen nach sich ziehen als eine einzelne

176 *Wickler*, in Wickler, Rn. 16; darüber hinaus verweist der Autor auch darauf, dass es dann nicht darauf ankommt, ob die Gesundheitsverletzung schuldhaft herbeigeführt wurde, wenn die mobbingbedingte Gesundheitsverletzung als die eine Schadensposition darstellende „Zweitfolge" einer Verletzung des allgemeinen Persönlichkeitsrechts geltend gemacht wird: *Wickler*, in Wickler, Rn. 88, 89. Zu beachten ist allerdings, dass es dort um haftungsrechtliche Ansprüche geht und „schuldhaft" nicht in strafrechtlichem Sinne gemeint ist.

177 Teil 1, Kapitel 1, II. 5. b) bb. (3), (4) dieser Arbeit.

178 Etwa *Niedl*, S. 23 f.; *Zuschlag*, S. 6.

179 *Mühe*, S. 43.

180 LAG Schleswig-Holstein, Urt. v. 19.03.2002 – 3 Sa 1/02, NZA-RR 2002, 457 (457); *Esser/Wolmerath*, S. 25; *Wolmerath*, Rn. 20; ebenso *Fehr*, S. 60; *Mühe*, S. 43.

181 Vgl. LAG Thüringen, Urt. v. 10.04.2001 – 5 Sa 403/2000, NZA-RR 2001, 347 (358); *Warschkow/Erdmann*, AiB 1995, 509 (510).

182 *Spamer*, S. 34; dazu u. zum Voranstehenden ebenso *Mühe*, S. 43.

183 *Kollmer*, Rn. 15; *Kratz*, S. 10 f.

rechtswidrige Mobbinghandlung.[184] Aus rechtlicher Perspektive ist es daher gerade Sinn und Zweck der inhaltlichen Konkretisierung von Mobbing, dass mittels Rechtsanwendung Verhaltensweisen untersucht werden, die bei separater Betrachtung die tatbestandlichen Voraussetzungen für Anspruchs-, Gestaltungs- und Abwehrrechte nicht oder nicht im erforderlichen Umfang erfüllen können.[185]

d) Abgrenzung zu herkömmlichen Konflikten und Zusammenfassung

Im Rahmen des Vergleichs der verschiedenen Mobbingdefinitionen bedarf es unbedingt auch noch der Abgrenzung von Mobbing zum alltäglichen Konflikt. Schließlich handelt es nicht bei jedem Streit, nicht jeder Uneinigkeit und nicht jedem Ärgernis gleich um Mobbing. So dient eine sorgfältige Unterscheidung von Mobbing und Konflikt zum einen dem Schutz vor unberechtigten Anschuldigungen. Denn die Aussage, dass zwei Personen einen Konflikt haben, ist zunächst weniger beunruhigend als die Mitteilung, dass eine Person eine andere gemobbt hat. Letzteres klingt viel dramatischer und insbesondere unsozial. Zum anderen soll der Betroffene vor dem drohenden beruflichen, gesundheitlichen und psychischen Desaster geschützt werden.[186] Nicht zuletzt bleibt eine Differenzierung zwischen Konflikt und Mobbing vor allem auch deshalb von Bedeutung, weil Konflikte als wichtige Bestandteile des Lebens angesehen werden können.[187] Sie ermöglichen es, Missstände, Stagnationen, Gegensätze, Ungerechtigkeiten und ähnliches aufzuspüren und einer Lösung zuzuführen.[188] Um ihre konstruktive, sinnstiftende Bedeutung entfalten zu können, benötigen Konflikte jedoch entsprechende Rahmenbedingungen. Denn eine adäquate Konfliktkultur kann verhindern, dass Konflikte in Mobbing eskalieren.[189]

Zunächst gilt es jedoch zu klären, was genau ein Konflikt überhaupt ist. Ein *Konflikt* entsteht, wenn entgegengesetzte Interessen und Bedürfnisse von Menschen aufeinandertreffen. Das Wort Konflikt bezeichnet also den Widerstreit von Bedürfnissen und Interessen innerhalb eines Menschen *(innerer Konflikt)* oder zwischen mindestens zwei Menschen *(sozialer Konflikt)*.[190] Letzterer spielt in Abgrenzung zu Mobbing die größere Rolle und wird von *Esser/Wolmerath* recht ausführlich wie folgt definiert:

> „Ein sozialer Konflikt entzündet sich, wenn Menschen oder Menschengruppen in eine Situation geraten, in der zumindest eine Partei eine Beeinträchtigung, Verletzung oder Gefährdung wesentlicher eigener Bedürfnisse, Interessen oder seines Status wahrnimmt:
>
> Der Konfliktanlass ist demzufolge ein **Schadenserleben.**

184 *Mühe*, S. 43.
185 LAG Thüringen, Urt. v. 10.04.2001 – 5 Sa 403/2000, NZA-RR 2001, 347 (357); *Mühe*, S. 43.
186 *Esser/Wolmerath*, S. 52 f.
187 *Kolodej*, Mobbingberatung, S. 37; *Schwarz*, S. 15 ff.
188 *Esser/Wolmerath*, S. 53.
189 *Kolodej*, Mobbingberatung, S. 38.
190 *Esser/Wolmerath*, S. 53.

Zu einem akuten Konflikt wird es dann, wenn die Ursache dieser Beeinträchtigung in der Existenz, dem Verhalten oder den Plänen und Vorhaben anderer Menschen (Gegenpartei) gesehen wird, den eigenen Zielen entgegenstehen.

Das Konflikterleben beruht auf einer **Schuldzuweisung**.

Der Konflikt wird praktisch ausgetragen, wenn eine oder beide Konfliktparteien die für sie negativ bewertete Situation zu eigenen Gunsten nachhaltig positiv verändern wollen und dabei mit **Durchsetzungswillen** versuchen, auftretende Widerstände der Gegenpartei auszuschalten oder unwirksam zu machen und/oder eigene Nachteile beim Gegenüber zu kompensieren.

Die Konfliktpraxis entsteht durch das **Durchsetzenwollen** einer Seite und den **Widerstand** des Kontrahenten."[191]

Dabei endet ein „guter" Konflikt in der Regel dann, wenn sich die eine Seite mit einem berechtigten Interesse behaupten konnte und die andere Seite nachgibt oder wenn es den Parteien gelang, einen Kompromiss zu finden, der beiden Parteien weitgehend gerecht wird.[192]

Als zwei wesentliche Konfliktformen sind dabei der Streit als *offener Konflikt* und der nicht offen ausgetragene *kalte Konflikt* zu unterscheiden. Bei ersterem steht die Auseinandersetzung um die strittige Sache im Vordergrund und – trotz der Verfolgung widerstreitender Interessen – erfolgt die Einhaltung bestimmter Regeln. Insbesondere werden hier die Integrität der anderen Seite und deren soziale Beziehungen nicht grundsätzlich in Frage gestellt. Im offenen Schlagabtausch versuchen die Konfliktparteien zu überzeugen, Druck auszuüben, Bündnispartner für die eigene Sache zu finden und letztlich den Gegner zum Einlenken zu bewegen, notfalls durch das Anrufen übergeordneter Stellen.[193] Ganz anders verhält es sich bei verdeckt schwelenden Krisenherden. Bei diesen wissen die Beteiligten zwar ebenfalls, dass sie gegensätzliche Interessen haben, allerdings wird ein Austausch darüber aus unterschiedlichen Gründen vermieden. Vielmehr ist hier die Atmosphäre geprägt von bösen Blicken, Abwertungen, Vorbehalten, Misstrauen und Reden hinter dem Rücken. Bei dieser Konfliktform sind die Grenzen zu Mobbing fließend.[194]

Es lässt sich danach festhalten, dass ein Konflikt zunächst also eine normale menschliche Lebensäußerung ist, bei der es jedoch von der Art der Handhabung bzw. vom Verhalten der Beteiligten abhängt, wie sich die Kontroverse weiterentwickelt.[195] In diesem Zusammenhang ist Mobbing als destruktiver Fortgang zu sehen. Obgleich es in der Praxis viele Mobbingfälle gibt, die ganz ohne konflikthaltige Vorgeschichte beginnen – etwa wenn ein neuer Arbeitskollege vom ersten Arbeitstag an von den übrigen Beschäftigten gemobbt wird – kann Mobbing dennoch nicht selten aus einem zunächst harmlosen Konflikt heraus entstehen.[196]

191 *Esser/Wolmerath*, S. 54, Abb. 8.
192 *Esser/Wolmerath*, S. 54.
193 Dazu u. zum Voranstehenden *Esser/Wolmerath*, S. 54.
194 *Esser/Wolmerath*, S. 55.
195 *Leymann* (2006), S. 60.
196 *Esser/Wolmerath*, S. 52.

In erster Linie unterscheiden sich der „normale“ Konflikt und Mobbing durch ihre grundverschiedenen Ziele voneinander. Bei einem herkömmlichen Konflikt geht es darum, einen Schaden oder Nachteil von sich abzuwenden und der Konflikt ist zu Ende, wenn dieses Ziel hinlänglich erreicht worden ist. Selbst wenn im Konflikt die Durchsetzung der eigenen Interessen verfolgt wird, ein solcher langwierig sein und unterschiedliche Erscheinungsformen haben kann, liegt ein Kompromiss im Rahmen der Möglichkeiten. Zudem sind sich beide Seiten zumindest über die Streitpunkte im Klaren.[197] Demgegenüber kennt bei Mobbing in der Regel nur der Mobbende die tatsächlichen Gründe und Motive für sein Tun. Die wirklichen Ursachen werden nicht mitgeteilt, weil nicht beabsichtigt wird, eine gemeinsame Lösung zu finden, sondern das Mobbingopfer stattdessen angegriffen und herabgewürdigt wird, um damit die eigenen feindseligen Aktivitäten zu rechtfertigen.[198]

Ein wichtiges Merkmal beim Übergang vom Konflikt zu Mobbing ist außerdem die Personifizierung des Konflikts. Es stehen nicht mehr die Sachinhalte im Vordergrund, sondern der Fokus wird auf die Person des Gegners gelegt, was im Falle von Mobbing dessen Ausgrenzung beinhaltet.[199] Bei Mobbing bleibt also die eigentliche Problematik meist im Hintergrund, während die angegriffene Person als „das Problem“ in den Vordergrund gestellt[200] und die Schwächung des Gegners zum Hauptziel gemacht wird.[201] Somit sind bei Mobbing feindselige Handlungen Selbstzweck, wohingegen im Konflikt aggressive Handlungen ein Mittel zum Zweck, nämlich die Durchsetzung eines konkreten Interesses, darstellen.[202]

Darüber hinaus ist, wie eingangs im Rahmen der Konfliktdefinition bereits angedeutet, ein maßgebliches Kriterium für die Unterscheidung von Konflikt und Mobbing auch die Form der Austragung. Während die meisten Konflikte in der Regel offen, wenn auch teilweise schonungslos, ausgefochten werden, dominiert bei Mobbing die indirekte, gezielte Schikane in Form von subtilen, häufig schwer aufzuspürenden Attacken.[203]

Ferner kommt es bei Mobbing regelmäßig auch zu einem spezifischen Machtungleichgewicht, das heißt ein vorhandenes oder ein entstehendes Machtgefälle zwischen Mobbenden und Betroffenen.[204] Es handelt sich also nicht um Mobbing, wenn ein Gleichgewichtsverhältnis zwischen den betroffenen Parteien besteht, was etwa der Fall ist, wenn der eine den anderen angreift und der andere, Ebenbürtige, sich mit ähnlichen Gegenangriffen wehrt und daher keine unterlegene Stellung innehat.[205] Die Unterlegenheit kann sowohl physischer als auch psychischer Art sein, wobei in den meisten Fällen letztere vorliegen wird. Sie kann von Beginn an gegeben sein

197 *Esser/Wolmerath*, S. 55 f.
198 *Esser/Wolmerath*, S. 56.
199 *Kolodej*, Mobbingberatung, S. 38.
200 *Kolodej*, Mobbingberatung, S. 38 m. w. N.
201 *Esser/Wolmerath*, S. 56.
202 *Esser/Wolmerath*, S. 57.
203 *Kolodej*, Mobbingberatung, S. 38.
204 *Mühe*, S. 44 m. w. N.; *Niedl*, S. 22; *Neuberger*, S. 19; *Zapf*, ZfAO 1999, 1 (2 f.).
205 *Mühe*, S. 44 m. w. N.; *Niedl*, S. 22 m. w. N.

und der Mobbende macht sie sich nur zu Nutze, oder sie entsteht erst durch das Verhalten des Mobbenden, indem sie sich allmählich – gegebenenfalls auch erst nach Abwehrhandlungen des Betroffenen – entwickelt.[206]

Zu beachten ist an dieser Stelle jedoch, dass beim Mobbing selbst – im Unterschied zu anderen Streitereien und Unverschämtheiten – keine Unterwerfung der angegriffenen Person beabsichtigt wird, sondern vielmehr die Demütigung und Ausgrenzung des Mobbingopfers. Ausgrenzung beinhaltet dabei die soziale Isolation des von Mobbing Betroffenen und die Aufkündigung des Respekts ihm gegenüber.[207] Dies zeigt sich vor allem daran, dass ungeachtet dessen, ob sich der Mobbingbetroffene widersetzt, anbiedert, entzieht oder Anpassungsversuche unternimmt, das Mobbing in der Regel unverändert weitergeht.[208]

Von zentraler Bedeutung für die Abgrenzung von Mobbing zu anderen (betrieblichen) Konflikten sind schließlich die oben herausgearbeiteten Kriterien der Mobbingdefinition selbst. Eine zentrale Rolle spielen dabei insbesondere die kontinuierlichen und systematischen Angriffe im Rahmen des Mobbinggeschehens sowie die Absicht der psychischen Zermürbung des Opfers.

Unter Beachtung dieser Differenzierungsmerkmale zu herkömmlichen Konflikten lässt sich als Kerngehalt sämtlicher Mobbingdefinitionen zusammenfassend festhalten, dass Mobbing eine psychosoziale Beeinträchtigung am Arbeitsplatz darstellt, bei der sich über längere Dauer anhaltende, prozesshaft wiederholte Angriffe planvoll gegen eine Person richten. Zusätzlich zu diesen Grundelementen stellen vor allem die rechtswissenschaftlichen Mobbingbeschreibungen einen höheren Maßstab an die Existenz von Mobbing, „indem zum einen ein bestimmter, durch das Mobbingverhalten eingetretener Erfolg, wie der Verlust des Arbeitsplatzes, die Verletzung bzw. Gefährdung der Gesundheit, der Ehre oder des allgemeinen Persönlichkeitsrechts, und/oder eine besondere vom Mobbenden verfolgte Absicht verlangt wird."[209]

4. Mobbingvorkommen

Bevor auf konkrete Mobbinghandlungen und den Mobbingverlauf eingegangen wird, sollen an dieser Stelle kurz die wesentlichen Ergebnisse aus der Mobbingforschung hinsichtlich des Mobbingvorkommens dargestellt werden.

Keinem Bereich der Arbeitswelt ist Mobbing fremd, vielmehr zieht es sich quer durch alle Branchen, Berufsgruppen, Betriebsgrößen, Tätigkeitsniveaus und Hierarchieebenen. Trotz der Vielschichtigkeit des Mobbingvorkommens ergaben sich aus den unterschiedlichen in- und ausländischen Studien, insbesondere auch aus der oben genannten deutschen Repräsentativstudie[210], erwähnenswerte Auffälligkeiten:[211] In der

206 *Mühe*, S. 44.
207 *Esser/Wolmerath*, S. 57 f.
208 *Esser/Wolmerath*, S. 57.
209 *Mühe*, S. 45.
210 Vgl. *Metschkutat/Stackelbeck/Langenhoff*.
211 Ebenso *Mühe*, S. 28.

öffentlichen Verwaltung, der Ausbildung, dem Erziehungswesen, dem Gesundheitswesen und dem Kreditgewerbe treten mehr Mobbingfälle auf als in anderen Bereichen,[212] wobei die Mobbingrate in Krankenhäusern besonders hoch ist.[213] Vor allem bei Menschen, die sozialen Berufe nachgehen, wie z. B. Sozialarbeiter, Erzieher oder Altenpfleger, ist die Anzahl der Mobbingfälle unverhältnismäßig hoch.[214] Zudem beeinflussen anscheinend Größe, Rechtsform und Organisation des Unternehmens das Mobbingaufkommen, da in globalen Konzernen, staatlichen oder kommunalen Behörden und Organisationen relativ mehr Mobbingfälle registriert werden als in Kleinst-, Privat- oder Familienbetrieben.[215] Ferner wurde ermittelt, dass Arbeiter im Vergleich zu Angestellten und Beamten seltener Mobbingangriffen ausgesetzt sind.[216] Dabei hat sich jedoch insofern ein Wandel im zwischenmenschlichen Umgang vollzogen, als sich im Laufe der Zeit das Mobbingrisiko in den Beschäftigtengruppen unterschiedlich entwickelt hat, denn während es für Beamte sank, nahm es für Arbeiter zu.[217]

In personeller Hinsicht lässt sich über das Mobbingverhalten feststellen, dass Mobbende fast ausschließlich die eigenen Arbeitskollegen oder der Vorgesetzte sind, wobei meistens die Mobbingangriffe allein auf den Vorgesetzten zurückgehen oder dieser am Mobbing mitwirkt.[218] Nach manchen Schätzungen beläuft sich der Anteil von Mobbing durch Vorgesetzte sogar auf bis zu 80 Prozent.[219] Mobbing von Untergebenen gegen Vorgesetzte tritt demgegenüber eher selten auf.[220] Männer nehmen unter den Mobbenden eine bedeutendere Rolle als Frauen ein,[221] wohingegen Frauen wohl öfter Mobbingangriffen ausgesetzt sind als Männer.[222] Zudem werden Männer überwiegend von Männern und Frauen sowohl von Frauen als auch von Männern ungefähr in dem selben Maße gemobbt.[223] Begründet wird dies zum einen damit, dass der Großteil der Vorgesetzten nach wie vor Männer sind, so dass diese

212 *Leymann* (1995), S. 20; *Meschkutat/Stackelbeck/Langenhoff*, S. 30 f.; *Niedl*, S. 49; *Zapf*, ZfAO 1999, 1 (8 f.).

213 *Knorz/Zapf*, ZfAO 1996, 12 (17); *Niedl*, S. 104 f.; Staatssekretariat der Schweiz, S. 13 f., das für den Gesundheitsbereich allgemein erhöhte Werte feststellte; ebenso *Mühe*, S. 28.

214 *Meschkutat/Stackelbeck/Langenhoff*, S. 30 f.

215 *Leymann/Niedl*, S. 107; *Leymann* (2006), S. 85 f.; *Zapf*, ZfAO 1999, 1 (9); dazu u. zum Voranstehenden ebenso *Mühe*, S. 28.

216 *Mühe*, S. 28; *Wolmerath*, Rn. 40; *Zapf*, ZfAO 1999, 1 (10).

217 *Meschkutat/Stackelbeck/Langenhoff*, S. 37; *Wolmerath*, Rn. 41 m. w. N.

218 *Meschkutat/Stackelbeck/Langenhoff*, S. 68; *Leymann* (2006), S. 47 f.; *Niedl*, S. 52; Staatssekretariat der Schweiz, S. 23, 50; *Zapf*, ZfAO 1999, 1 (10).

219 *Karsten*, S. 89; dazu u. zum Voranstehenden ebenso *Mühe*, S. 28 f.

220 *Halama*, S. 5; *Leymann* (2006), S. 47; *Meschkutat/Stackelbeck/Langenhoff*, S. 68; *Mühe*, S. 29; *Niedl*, S. 52; Staatssekretariat der Schweiz, S. 23; *Zapf*, ZfAO 1999, 1 (10).

221 *Meschkutat/Stackelbeck/Langenhoff*, S. 69; *Zapf*, ZfAO 1999, 1 (7); a. A. in Schweden: *Leymann* (2006), S. 87, der zu einem ausgeglichenen Geschlechtsverhältnis der Mobbenden kommt.

222 *Meschkutat/Stackelbeck/Langenhoff*, S. 26; *Zapf*, ZfAO 1999, 1 (6 f.); Europäisches Parlament, SOCI 108 DE, S. 11. Demgegenüber ergaben wissenschaftliche Studien in Skandinavien, dass Frauen und Männer in etwa gleich oft Mobbing erfahren, wobei das Risiko für Frauen etwas – wenn auch nur minimal – höher liegt (*Leymann* (2006), S. 85; *Niedl*, S. 47); dazu u. zum Voranstehenden ebenso *Mühe*, S. 29.

223 *Leymann* (2006), S. 87; *Meschkutat/Stackelbeck/Langenhoff*, S. 28, 37; *Niedl*, S. 105 f.

Art von Mobbing mehr rollenbedingt als geschlechtsbedingt ist. Zum anderen wird die Ursache dafür in der teilweise noch vorherrschenden Differenzierung zwischen Männern und Frauen am Arbeitsplatz gesehen.[224] Besonders bezüglich ersterem ist hier darauf hinzuweisen, dass, auch wenn mittlerweile durch die Diskussion um die Frauenquote ein Umdenken begonnen hat, Frauen in Chefetagen immer noch stark unterrepräsentiert bleiben.

Des Weiteren kann in Bezug auf die Personen-Konstellationen beim Mobbing allgemein festgestellt werden, dass Mobbing in der Mehrzahl der Fälle gegen eine Person gerichtet ist. Selten greift der Mobbende bzw. greifen die Mobbenden mehrere Personen oder die ganze Gruppe gleichzeitig an.[225] Keine Untersuchungsergebnisse existieren allerdings in Bezug auf die Zahl der mobbenden Personen. Insbesondere unterschiedlich beantwortet wird die Frage, ob der Betroffene häufiger mehreren Mobbenden ausgesetzt ist oder Mobbing vorwiegend im Ein-Personen-Verhältnis stattfindet, der Betroffene also nur von einem Mobbenden attackiert wird.[226] Diesbezüglich besteht ein enger Zusammenhang mit der Position bzw. der hierarchischen Stellung des Mobbenden gegenüber dem Betroffenen:[227] Beim Vorgesetztenmobbing, bei dem der Mobbende hierarchisch eine Position über dem Betroffenen innehat, ist der Vorgesetzte für gewöhnlich der einzige Mobbingtäter.[228] Anders verhält es sich beim Untergebenenmobbing, bei dem der Mobbende am Arbeitsplatz hierarchisch dem Betroffenen unterstellt ist, dort werden die Mobbingangriffe in der Regel von mehreren Personen verübt.[229]

Eine darüber hinausgehende ausführlichere Befassung mit arbeitsplatzspezifischen personellen Mobbingsituationen, insbesondere auch Sonderkonstellationen in diesem Bereich, erfolgt aufgrund des engen Zusammenhangs im Rahmen der überwiegend vorkommenden Mobbinghandlungen.[230]

Was schließlich die Altersstruktur der Betroffenen angeht, sind unter 25-Jährige, insbesondere Auszubildende, trotz ihres in der Regel geringen Anteils an der Beschäftigtenzahl eines Unternehmens, mit einem Anteil von 3,7 Prozent am stärksten von Mobbing betroffen, gefolgt von der Gruppe der 55-jährigen und älteren Erwerbstätigen, welche mit einem Anteil von 2,9 Prozent an der Betroffenenquote gemobbt werden.[231]

Überdies bleibt hinsichtlich des Mobbingvorkommens insgesamt zu beachten, dass unzählige Fälle auch in das sogenannte Dunkelfeld fallen, da den betroffenen Personen, etwa aus Angst vor dem Mobbingtäter oder schlicht aus Scham, zum „Opfer"

224 *Leymann* (2006), S. 87; dazu u. zum Voranstehenden *Mühe*, S. 29.
225 *Mühe*, S. 29.
226 *Mühe*, S. 29; *Wolmerath*, Rn. 45; *Zapf*, ZfAO 1999, 1 (8).
227 *Mühe*, S. 29; *Wolmerath*, Rn. 45.
228 *Wolmerath*, Rn. 45.
229 Dazu u. zum Voranstehenden *Mühe*, S. 29 f.
230 Teil 1, Kapitel 1, II. 5. b) bb. dieser Arbeit.
231 *Fehr*, S. 33 f.; *Meschkutat/Stackelbeck/Langenhoff*, S. 28, 37; *Mühe*, S. 29; *Niedl*, S. 105 f.

geworden zu sein, der Mut fehlt, sich – sei es auch in anonymen Befragungen – als Betroffener zu „outen".

5. Mobbinghandlungen

a) Vielfältigkeit und nicht abschließender Katalog potentieller Mobbinghandlungen mit unterschiedlichen Angriffsrichtungen

Im Folgenden soll es nun darum gehen, welche Formen Mobbing konkret annehmen kann bzw. welche einzelnen Aktionen einem Mobbingsachverhalt als Mobbinghandlung zugeordnet werden können. In diesem Zusammenhang gilt es zu beachten, dass ein einzelnes Verhalten erst durch die Würdigung des gesamten Geschehenskomplexes zu einer Mobbinghandlung wird. Dabei können potentielle Mobbinaktionen von anderen Taten lediglich insoweit abgegrenzt werden, als nach allgemeiner Auffassung Vorgänge, die für den Betroffenen objektiv von Vorteil sind oder sich für diesen vorteilhaft auswirken, keine Mobbinghandlungen sein können.[232] Aufgrund der unbeschränkten Phantasie der Mobbenden kommt es letztlich aber zu einer so großen Vielzahl und Unüberschaubarkeit an potentiellen Mobbinghandlungen, dass es unmöglich ist, alle möglichen mobbingspezifischen Verhaltensweisen abschließend aufzulisten.[233] In den Mobbingdefinitionen werden deshalb oft abstrakte Beschreibungen wie „negativ"[234], „schikanös"[235] oder „feindselig"/„demütigend"/„einschüchternd"[236], „destruktiv"[237] oder „der Diskriminierung dienend"[238] verwendet.[239]

Erste Anhaltspunkte dafür, bei welchem Verhalten Mobbinghandlungen vorliegen könnten, ergaben sich aus dem von *Leymann* erstellten und zunächst als abschließend bezeichneten Katalog der 45 Mobbinghandlungen.[240] Diese Aufzählung erntete jedoch vor allem innerhalb der Praxis enorme Kritik in Bezug auf ihre Unvollständigkeit, überflüssigen Wiederholungen und Unsystematik.[241] Daher haben *Esser/Wolmerath* die Zusammenstellung von Leymann aus ihrer Praxiserfahrung heraus und mit Unterstützung von Betriebs- und Personalräten fortentwickelt und daraus einen nicht abschließenden Katalog mit über hundert möglichen Mobbinghandlungen, eingeteilt in zehn unterschiedliche Kategorien, erarbeitet:[242]

1. Angriffe auf die Arbeitsleistung und das Leistungsvermögen
   „– Sabotage (z. B. Beschädigung von Arbeitsmitteln)
   – Unterschlagung von Arbeitsergebnissen

232 *Mühe*, S. 45.
233 *Esser/Wolmerath*, S. 31; *Wickler*, in Wickler, Rn. 9.
234 *Leymann* (2006), S. 21 f.; *Niedl*, S. 19 f.
235 *Zuschlag*, S. 6.
236 *Niedl*, S. 23 f.; *Spamer*, S. 27.
237 *Wolmerath*, 1. Auflage, S. 321, zit. nach *Mühe*, S. 45.
238 LAG Thüringen, Urt. v. 10.04.2001 – 5 Sa 403/2000, NZA-RR 2001, 347 (358).
239 *Mühe*, S. 45.
240 *Leymann* (2006), S. 22 f.
241 *Esser/Wolmerath*, S. 29 f.; *Mühe*, S. 46.
242 *Esser/Wolmerath*, S. 29 ff.

- Manipulation von Dokumenten sowie Dateien (z. B. gezielt Fehler einfügen)
- Erzeugung von Störungen (z. B. unsinnige Telefonate)
- Vorenthalten sowie Fälschen von arbeitsrelevanten Informationen
- Gezielte Unterdrückung von Informationen (z. B. über Besprechungen)
- Anordnung von sinnlosen Tätigkeiten (z. B. ausgemusterte Ordner sortieren)
- Anordnung, keine Tätigkeit während der Arbeitszeit auszuüben
- Anordnung von systematisch überfordernden Tätigkeiten
- Zuweisung von Arbeiten, die der Betroffene nicht gut kann
- Zuweisung von objektiv zu viel Arbeit
- Willkürlich auf liegengebliebener Arbeit sitzen lassen
- Ungünstige Lage des Arbeitsplatzes (z. B. lauter Verkehrslärm)
- Anordnung von systematisch unterfordernden Tätigkeiten
- Anordnungen so gestalten, dass unvermeidliche Fehler gemacht werden
- Manipulierte Arbeitszuweisung
- Kappen öffentlicher Informationskanäle (z. B. Entfernung des Telefons)
- Blockade von gemeinsamer Tätigkeit
- Verweigerung von Hilfe, Unterstützung und/oder Rat
- Überraschendes Zurückziehen einer verbindlich zugesagten Unterstützung
- Geistiger Diebstahl, unberechtigte Aneignung von Arbeitsergebnissen
- Gezieltes Unterdrücken von Verbesserungsvorschlägen
- Permanentes Anzweifeln der Kompetenz
- Beschneidung der Zuständigkeit
- Dienst nach Vorschrift
- Entscheidungen werden permanent angezweifelt
- Anweisungen werden (offen oder verdeckt) nicht ausgeführt oder sabotiert
- Anweisungen werden wortwörtlich ausgeführt
- Willkürlich erzeugter Zeitdruck
- Überraschungsangriffe (z. B. plötzliche Änderung von Arbeitsaufträgen)“[243]

Den Zweck dieser Übergriffe sehen *Esser/Wolmerath* darin, dass mit dieser Methodik versucht wird, den Betroffenen durch Manipulation, Sabotage oder Missbrauch des Weisungsrechts zu Schlechtleistung und Fehlern zu veranlassen und dadurch in die berufliche Frustration zu treiben. Mit dem Ziel, das Leistungsvermögen des Mobbingopfers insgesamt zu verringern, wird es bei seiner Arbeit behindert, verunsichert und überfordert. Auf diese Weise soll eine zweckdienliche Voraussetzung für spätere Abmahnungen, eine Versetzung oder Kündigung geschaffen werden, wobei gerade hier auch mittels absichtlichem Unterlassens, vor allem bei der Informationsweitergabe, agiert wird.[244]

2. Angriffe auf das Arbeitsverhältnis

„- Absichtlich (nicht real belegbare) schlechte berufliche Beurteilung
- Behaupten von arbeitsrechtlichem Fehlverhalten
- strafbare [sic!] Handlungen werden unterstellt
- Fort- und Weiterbildungsvorhaben werden gezielt behindert
- Ausgesuchte Fehler werden beim Vorgesetzten gemeldet (‚Anschwärzen‘)
- von anderen begangene Fehler werden dem Betroffenen in die Schuhe geschoben
- Willkürliche Abmahnungen, Umsetzungen, Versetzungen
- Willkürliche Kündigungsversuche

243 *Esser/Wolmerath*, S. 31 f.
244 *Esser/Wolmerath*, S. 31.

- Willkürliches Zurückbehalten von Entgelt
- Betriebsübliche Beförderungen werden selektiv blockiert“[245]

Diese Übergriffe bezwecken nach *Esser/Wolmerath* die Kündigung oder Entlassung des Betroffenen, obgleich es bei rationaler Prüfung dafür keinen Anlass geben würde. So wird sich bedeutungsloser Anlässe bedient oder diese werden durch Manipulationen erst geschaffen, um schwerwiegende arbeitsvertragliche bzw. dienstrechtliche oder strafrechtliche Verstöße behaupten zu können.[246]

3. Destruktive Kritik
   „- Demütigende, unsachliche, überzogene, harsche gnadenlose Kritik
   - Aufbauschen einzelner Vorfälle oder Fehler (‚Maus zum Elefanten machen‘)
   - Generalisierung von Fehlern sowie pauschale Kritik (z. B. ‚Sie machen aber auch alles falsch‘)
   - Unterdrückung von Verbesserungsvorschlägen und -bemühungen
   - Chronische Entmutigung (z. B. ‚Sie sind unfähig‘)
   - Fingierte Beschwerden durch Dritte (z. B. gefälschte Briefe)“[247]

In diesem Zusammenhang merken *Esser/Wolmerath* an, dass Kritik von Fehlern und Nachlässigkeiten primär deren Abhilfe und Verbesserung dienen soll. Dagegen werden bei destruktiver Kritik – wie im Falle von Mobbing – bewusst Fehler gesucht, dramatisiert oder auch durch Manipulation erst hervorgerufen, um sie dem Betroffenen als belastendes Material vorzuhalten. Statt der Verbesserung der Arbeitsleistung oder der Behebung von Missständen werden also vielmehr Mängel aufgespürt und zur Demontage einer Person verwendet.[248]

4. Angriffe auf die soziale Integration am Arbeitsplatz
   „- Räumliche Isolation (z. B. Zuweisung eines abgelegenen Arbeitsplatzes)
   - Soziale Isolation (z. B. Störung der Kontaktmöglichkeit mit freundlich gesinnten Arbeitskollegen)
   - Unterdrückung von Meinungsäußerungen des Betroffenen (z. B. den Mund verbieten)
   - Gespräche hinter dem Rücken der Person
   - Einschüchterung von (potentiellen) Bündnispartnern sowie Freunden des Betroffenen
   - Ausschließen aus der Alltagskommunikation und informellen Kontakten
   - Ausschließen aus üblichen gegenseitigen Freundlichkeiten im Kollegenkreis
   - Demonstratives Schweigen im Beisein des Betroffenen
   - Ignorieren von Fragen, Hilfeersuchen sowie Kooperationsangeboten des Betroffenen“[249]

Die Intention dieser Übergriffe liegt nach *Esser/Wolmerath* darin, das Bedürfnis nach sozialer Akzeptanz und das Recht auf respektvolles soziales Miteinander, das im

245 *Esser/Wolmerath*, S. 32.
246 *Esser/Wolmerath*, S. 32.
247 *Esser/Wolmerath*, S. 33.
248 *Esser/Wolmerath*, S. 33.
249 *Esser/Wolmerath*, S. 33.

Arbeitsleben gleichermaßen wie im Privatleben legitim ist, gezielt zu torpedieren, um dem Betroffenen jede Chance auf soziale Wertschätzung zu verbauen.[250]

5. Angriffe auf das soziale Ansehen im Beruf
„- Gezielte Verleumdung, Verbreiten von Gerüchten, Rufmord in der betrieblichen Öffentlichkeit
- Beleidigung und/oder Demütigung im Beisein Dritter
- Lächerlich machen (z. B. verbal, mit Mimik, mit Gestik, durch Karikatur)
- Verunsicherung durch Anspielungen sowie zweideutige Bemerkungen
- Unglaubwürdig machen, blamieren sowie bloßstellen
- Dem Betroffenen wider besseren Wissens Böswilligkeit, Fahrlässigkeit und/oder Egoismus unterstellen
- Provokation, um die emotionale Reaktion des Mobbingbetroffenen auszuschlachten
- Breittreten von sensiblen persönlichen Informationen in der Betriebsöffentlichkeit
- Gezielte negative Sonderbehandlung (d. h. der Betroffene wird so behandelt)
- Psychische Erkrankung unterstellen sowie Erkrankungen breittreten“[251]

Bei diesen Verhaltensweisen handelt es sich nach *Esser/Wolmerath* um anhaltende Demütigungen von Angesicht zu Angesicht oder Diffamierung hinter dem Rücken mit dem Ziel, den Betroffenen sowohl beruflich als auch menschlich substantiell auszugrenzen.[252]

6. Angriffe auf das Selbstwertgefühl
„- Gezieltes Attackieren unter Ausnutzen von persönlichen Unsicherheiten
- Persönliche Schwächen publik machen
- Aufbauschen und Herumreiten auf Fehlern und Unzulänglichkeiten
- Demütigende Sonderbehandlung durch anspruchslose Aufgaben und herablassendes Lob dafür
- Dauerkontrolle, übertriebene Kontrolle sowie berufliche Entmündigung
- Gezieltes Vorenthalten von Informationen, Know how [sic!] und Unterstützung zur Überwindung der beruflichen oder persönlichen Unsicherheit“[253]

Nach *Esser/Wolmerath* befördern solche Übergriffe systematisch und fortwährend persönliche und/oder berufliche Unsicherheiten z. B. von Auszubildenden, Berufsanfängern oder neuen Führungskräften. Dem Betroffenen wird anstelle von Motivation, Unterstützung oder Einarbeitung eine „Null-Fehlertoleranz“ entgegengebracht und auf diese Weise sein fehlendes Selbstwertgefühl als Waffe gegen ihn selbst verwendet.[254]

7. Angst, Schreck und Ekel erzeugen
„- Angst provozieren (z. B. Phobien ausnutzen: Einsperren, Spinnen laufen lassen)
- Schrecksituationen erzeugen (z. B. Erschrecken in der Tiefgarage, Kurzschluss herbeiführen)
- Ekel erzeugen (z. B. Ekel erregende [sic!] Materialien am Arbeitsplatz deponieren)

250 *Esser/Wolmerath*, S. 33.
251 *Esser/Wolmerath*, S. 34.
252 *Esser/Wolmerath*, S. 33.
253 *Esser/Wolmerath*, S. 34.
254 *Esser/Wolmerath*, S. 34.

- Einschüchtern, bedrohen, sowie nötigen
- Anordnung zum Arzt zu gehen, um die psychische Gesundheit prüfen zu lassen“[255]

Mithilfe dieser Handlungsweisen werden nach *Esser/Wolmerath* planvoll Gefühle der Unsicherheit, Schreck und Ekel provoziert, um den Betroffenen fundamental in Angst oder in Panik zu versetzen. Ziel ist es nämlich, dass sich der Betroffene zu keinem Zeitpunkt und in keiner Situation sicher fühlen können soll (psychologischer Terrorismus).[256]

8. Angriffe auf die Privatsphäre
„- (Nächtlicher) Telefonterror zu Hause
- Bedrängende Aufforderungen (z. B. aus dem Urlaub zurückzukommen)
- Familienangehörige ängstigen, angreifen, belästigen oder bei ihnen Rufmord betreiben
- Sachbeschädigung an privaten oder beruflich genutzten Gegenständen (z. B. Auto zerkratzen)
- Gezielte Manipulation und Schlechterstellung bei Urlaub und/oder Freizeitausgleich
- Ständiges Abwerten privater Vorlieben, Interessen und Tätigkeiten
- Ständiges Abwerten religiöser, politischer, weltanschaulicher Überzeugungen“[257]

Diese Übergriffe beabsichtigen nach *Esser/Wolmerath* nicht nur eine Bedrohung der beruflichen Situation, sondern stellen auch einen Angriff auf das Privatleben als Rückzugsgebiet und Ressource dar, um dem Betroffenen zu verdeutlichen, dass er in keinem Lebensbereich mehr geschützt ist, solange er nicht kapituliert hat.[258]

9. Angriffe auf die Gesundheit und körperliche Unversehrtheit
„- Offene oder als Missgeschicke getarnte körperliche Übergriffe und Gewaltanwendungen
- Unterlassene Hilfeleistung bei Verletzungen und Gefahrensituationen
- Gezielte Anordnung von gesundheitsschädlichen Tätigkeiten
- Sabotage von Sicherheitsvorrichtungen sowie Verschwinden lassen [sic!] von Schutzmitteln
- Sexuelle Belästigung
- Heimliche Gabe von Medikamenten, Drogen sowie Alkohol (bei trockenen Alkoholikern)
- Ungenießbarmachung sowie Verunreinigung von Lebensmitteln
- Herbeiführen von gesundheitlichen Beeinträchtigungen (z. B. Zugluft, Kälte, Hitze)
- Ausnutzen von gesundheitlichen Handikaps und Krankheiten gegen Betroffene
- Betroffene zum Selbstmord auffordern“[259]

Diese Verhaltensweisen bezwecken nach *Esser/Wolmerath* eine Bedrohung der körperlichen Unversehrtheit. Im Zuge dessen werden etwa eine Nötigung und Körper-

255 *Esser/Wolmerath*, S. 34 f.
256 *Esser/Wolmerath*, S. 34.
257 *Esser/Wolmerath*, S. 35.
258 *Esser/Wolmerath*, S. 35.
259 *Esser/Wolmerath*, S. 35.

verletzung begangen oder angedroht, um die Kapitulation des Betroffenen voranzutreiben.[260]

10. Versagen von Hilfe
    „- Ignorieren von Mobbingsituationen (z. B. Wegschauen, Weggehen)
    - Verharmlosen oder Lächerlichmachen von Beschwerden
    - Vorwürfe sowie Schuldzuweisung gegenüber dem Betroffenen
    - Duldung von Mobbingvorgängen durch Vorgesetzte
    - Unterlassene Hilfeleistung in Notsituationen“[261]

Hier wird der Betroffene nach *Esser/Wolmerath* bei seiner Suche nach Unterstützung abgewiesen oder trotz offenkundiger Vorfälle allein gelassen. Dabei rechtfertigen Vorgesetzte ihre Untätigkeit damit, dass sie dem Betroffenen die Mit- oder Hauptschuld an den Vorkommnissen zuweisen. Andere leisten aus Selbstschutzinteresse keine Hilfe oder weil sie das Mobbing stillschweigend akzeptieren, auch wenn sie nicht aktiv dazu beitragen wollen.[262]

Anhand dieses Katalogs zeigt sich die Varietät der potentiellen Mobbinghandlungen, die nach Grad und Intensität enorm hinsichtlich der Beeinträchtigung und Auswirkung auf den Betroffenen divergieren. Die Bandbreite erstreckt sich von harmlosen Unhöflichkeiten über grobe Unfreundlichkeiten und unfaires Verhalten bis hin zu vereinzelten Straftaten.[263] Eine Vielzahl an weiteren Mobbingformen ist natürlich denkbar. Der oben abgedruckte Katalog stellt lediglich einen Ausschnitt häufig vorkommender Mobbinghandlungen sowie deren Verschiedenheit in Bezug auf Art und Intensität dar.[264]

Außerdem spielt aufgrund der voranschreitenden Digitalisierung die moderne Technik eine immer wesentlichere Rolle, da Computer (zumindest vordergründig) eine gewisse Anonymität sicherstellen und auf diese Weise der Mobbende weniger schnell identifiziert werden kann. Dies wiederum unterstützt die häufig bezweckte Subtilität der mobbingspezifischen Vorgehensweise. Mobbinghandlungen in diesem Zusammenhang sind etwa das Löschen oder Hinzufügen von Daten im Computer, das Lesen und Verfälschen von E-Mails oder Veröffentlichungen und Verbreitung von Fotos des Betroffenen im Internet.[265] Auf das Phänomen Cybermobbing, also Mobbing, das vornehmlich über moderne Kommunikationsmittel stattfindet, wird an anderer Stelle gesondert eingegangen.[266]

Schließlich bleibt noch zu beachten, dass es im Rahmen der Feststellung von Mobbing am Arbeitsplatz in der Rechtspraxis im Einzelfall nicht immer einfach ist zu diffe-

---

260 *Esser/Wolmerath*, S. 35.
261 *Esser/Wolmerath*, S. 36.
262 *Esser/Wolmerath*, S. 36.
263 *Mühe*, S. 51.
264 *Mühe*, S. 46; außerdem zu weiteren Katalogen mit beispielhaften Mobbinghandlungen: *Knorz/Zapf*, ZfAO 1996, 12 (16); *Zuschlag*, S. 236. Bei *Meschkutat/Stackelbeck/Langenhoff*, S. 50 lässt sich eine prozentuale Darstellung der häufigsten Mobbinghandlungen finden.
265 *Mühe*, S. 51.
266 Teil 1, Kapitel 1, II. 5. c) dieser Arbeit.

renzieren, ob ein in einem systematischen Zusammenhang schikanösen Verhaltens stehender Mobbingangriff auf die Person oder eine zur Wahrung der unternehmerischen Interessen des Arbeitsgebers bzw. der öffentlich-rechtlichen Zweckbestimmung des Dienstherrn bestimmte und nach Form und Inhalt zulässige Rechtsmaßnahme gegeben ist. Das gilt gleichermaßen für alle die Bereiche, in denen Mobbing vorkommt, betreffende Frage, ob kommunikative Handlungen noch im Bereich des allgemeinen Lebensrisikos oder der sozialen Adäquanz liegen.[267]

b) Überwiegend vorkommende Mobbinghandlungen

Auch wenn es zahlreiche, nicht abschließend zu überblickende unterschiedliche Mobbinghandlungen gibt, kristallisieren sich dennoch einige bestimmte Handlungen heraus, welche von Mobbenden am häufigsten verwendet werden. Eine Darstellung dieser folgt nachstehend unter Bezugnahme auf das Ergebnis der ersten bundesweiten Repräsentativstudie. Anschließend werden noch verschiedene mögliche personelle Konstellationen von Mobbingformen aufgezeigt.

aa. Typische Mobbinghandlungen

Nach der ersten deutschen Repräsentativstudie, die 2002 im Auftrag der Bundesanstalt für Arbeitsschutz und Arbeitsmedizin erstellt wurde, tritt Mobbing überwiegend in einer Kombination von Angriffen auf das soziale Leben und die fachliche Qualifikation des Betroffenen auf.[268] Am häufigsten, nämlich in knapp 62 Prozent der Fälle, werden Gerüchte und Unwahrheiten verbreitet mit dem Ziel, das persönliche oder fachliche Ansehen herabzusetzen. Ein Beispiel dafür wäre, dass manchen Mobbingopfern unterstellt wird, psychisch krank oder alkoholabhängig zu sein. Besonders problematisch ist bei dieser Mobbinghandlung, dass sich die Verursacher von Gerüchten nur schwer identifizieren lassen und somit die Betroffenen kaum Möglichkeiten haben, dem Mobbing den Nährboden zu entziehen.[269] Knapp 56 Prozent der Mobbingbetroffenen haben unter Angriffen durch häufige Sticheleien und Hänseleien, weitere 36 Prozent unter Beleidigungen zu leiden.[270] Typischerweise wird das Mobbingopfer dabei ins Lächerliche gezogen, indem sich Kollegen oder Vorgesetzte über dessen angebliches fachliches Unvermögen, sein äußeres Erscheinungsbild oder persönliche Probleme lustig machen bzw. auch etwa seine Stimme, Gang, Gestik oder Mimik nachahmen und ihn somit der Lächerlichkeit preisgeben.[271]

Vielfach betreffen die Mobbinghandlungen die Arbeit im engeren Sinne und ziehen die Kompetenzen und Fähigkeiten einer Person, ihre Leistungs- und Einsatzbereitschaft in Zweifel: Bevorzugte Handlungen sind dabei mit 57 Prozent die falsche Bewertung der Arbeitsleistung, mit 48 Prozent massive und ungerechtfertigte Kritik

267 *Wickler*, in Wickler, Rn. 9.
268 *Meschkutat/Stackelbeck/Langenhoff*, S. 40; dazu u. zum Nachstehenden ebenso *Mühe*, S. 51 f.
269 *Meschkutat/Stackelbeck/Langenhoff*, S. 40; vgl. auch *Zapf*, 2000, S. 144.
270 *Meschkutat/Stackelbeck/Langenhoff*, S. 40; vgl. auch *Wolmerath*, Rn. 34.
271 *Meschkutat/Stackelbeck/Langenhoff*, S. 40.

an der Arbeit sowie mit 38 Prozent die Darstellung der betroffenen Person als unfähig. Beispiele hierfür sind, dass Kollegen hinter dem Rücken des Betroffenen den Vorgesetzten über eine (vermeintlich) fehlerhafte Ausführung der Arbeit informieren oder sämtliche Vorschläge und Anregungen der Betroffenen regelmäßig übergangen oder kritisiert werden. Letztlich soll die attackierte Person demontiert und als Versager dargestellt werden.[272] Gerade dadurch verliert der Betroffene häufig jegliches Vertrauen in seine fachlichen Fähigkeiten, indem er sich als Taugenichts und Belastung für die Kollegen empfindet.[273] Des Weiteren finden Mobbingangriffe oftmals auch in unmittelbarem Arbeitskontext statt: Es wird versucht, die Arbeit des Betroffenen zu sabotieren, etwa durch die Vorenthaltung notwendiger Informationen (62 Prozent), das Hindern am Durchführen der Arbeit (26 Prozent) oder durch Unterbelastung aufgrund von Arbeitsentzug (18 Prozent). So werden etwa erforderliche Arbeitsunterlagen nicht weitergeleitet, die Computertastatur mit Kaugummi verklebt oder Dateien auf dem Computer gelöscht.[274]

Als indirekte Folge bzw. Nachwirkung der eben aufgezeigten unterschiedlichen Mobbinghandlungen ergibt sich oft eine soziale Isolation des Mobbingopfers, etwa als Reaktion auf ein über ihn verbreitetes Gerücht.[275] In knapp 40 Prozent der Fälle jedoch wird der Betroffene aktiv und unmittelbar sozial ausgegrenzt, indem er nicht mehr persönlich angeredet, von Arbeitsbesprechungen oder sozialen Unternehmungen, wie Bürofeiern oder Ausflügen, systematisch ferngehalten wird bzw. keine Einladung zu solchen Aktivitäten erhält.[276]

Obwohl das Gesamtgeschehen Mobbing in der Regel eine Gefährdung bzw. Verletzung der Gesundheit oder des körperlichen Wohlbefindens mit sich bringt, haben die einzelnen Mobbinghandlungen kaum einmal solche gesundheitlichen Beeinträchtigungen zum Ziel.[277] Unmittelbare Gewalt gegenüber dem Betroffenen oder seinem Eigentum bzw. direkte Angriffe auf die Gesundheit bleiben daher Ausnahmefälle. Grund dafür ist nicht zuletzt, dass derartige Mobbinghandlungen auffälliger sind als andere, schwerer vorzunehmen und damit die oftmals vom Mobbenden beabsichtigte subtile Vorgehensweise vereitelt würde.[278]

Darüber hinaus sind schließlich auch merkmaltypische Mobbinghandlungen differenziert nach Geschlecht, Alter, beruflichem Status und Tätigkeitsniveau zu beobachten: Angriffe gegen Frauen finden überwiegend im sozialen, weniger im arbeitsbezogenen Kontext statt. Im Gegensatz dazu sind Männer häufiger von Mobbing betroffen, das im fachlichen Kontext abläuft, und weniger von feindseligen Handlungen, die sich auf der Ebene der sozialen Beziehungen bewegen.[279]

272 *Meschkutat/Stackelbeck/Langenhoff*, S. 40 f.
273 *Mühe*, S. 51.
274 *Meschkutat/Stackelbeck/Langenhoff*, S. 41.
275 *Meschkutat/Stackelbeck/Langenhoff*, S. 41; *Mühe*, S. 52.
276 *Meschkutat/Stackelbeck/Langenhoff*, S. 41; *Mühe*, S. 52.
277 *Mühe*, S. 52 m. w. N.; vgl. insbes. *Zapf*, 2000, S. 144.
278 *Mühe*, S. 52 m. w. N.
279 *Meschkutat/Stackelbeck/Langenhoff*, S. 47.

Bei der altersdifferenzierten Betrachtung zeigt sich, dass jüngere Beschäftigte hauptsächlich fachlich diskreditiert werden, während älteren oftmals einfach die Arbeit vorenthalten wird.[280]

Die Unterscheidung nach Statusgruppen veranschaulicht, dass Arbeiter zum einen Mobbing am häufigsten anhand von Gerüchten, Unwahrheiten, Sticheleien, Hänseleien und Beleidigungen erleben und zum anderen am seltensten bei der Arbeit beeinträchtigt werden. Konträr verhält es sich bei Beamten, bei welchen Gerüchte, Beleidigungen etc. prozentual am geringsten vorgenommen werden, während diese Statusgruppe von Arbeitsentzug am meisten tangiert wird.[281] Vergleichbare Ergebnisse lassen sich auch bei einer abgestuften Analyse des Tätigkeitsniveaus feststellen. Denn Betroffene, deren Tätigkeit auf einem niedrigen Level angesiedelt ist, haben am stärksten unter Mobbinghandlungen zu leiden, welche mit der unmittelbaren Kommunikation in Zusammenhang stehen (Sticheleien, Beleidigungen etc.), und am wenigsten unter dem Umstand, dass ihnen relevante Informationen zur Ausübung der Arbeit verschwiegen werden. Demgegenüber ist bei Mobbingopfern mit einem hohen Tätigkeitsniveau eine unterdurchschnittliche Betroffenheit in Bezug auf Sticheleien, Beleidigungen etc. zu verzeichnen und eine überproportionale Betroffenheit, wenn es um die Vorenthaltung wichtiger Informationen geht.[282] Zusammenfassend lässt sich aus diesen Ergebnissen die These aufstellen, dass wohl zielgruppenspezifische Besonderheiten der Wirksamkeit von Mobbinghandlungen existieren, welche der Mobbingtäter bewusst oder unbewusst für seine Zwecke nutzt.[283]

bb. Arbeitsplatzspezifische personelle Mobbingsituationen

Mobbing geschieht in verschiedenen sozialen Zusammenhängen. Im Folgenden werden typische personelle Konstellationen von Mobbingangriffen am Arbeitsplatz dargestellt.

(1) Vertikales und horizontales Mobbing, Mobbing durch außenstehende Dritte

Mobbing ist sowohl auf lateraler Ebene zwischen einzelnen Kollegen *(horizontales Mobbing)* als auch zwischen Vorgesetzten und unterstellten Mitarbeitern *(vertikales Mobbing)* möglich. Ferner tritt mitunter auch Mobbing durch Dritte[284] auf, beispielsweise Schikanehandlungen von Leiharbeitern, Lieferanten oder durch Familienmitglieder in Familienbetrieben.[285]

---

280 *Meschkutat/Stackelbeck/Langenhoff*, S. 47.

281 *Meschkutat/Stackelbeck/Langenhoff*, S. 47.

282 *Meschkutat/Stackelbeck/Langenhoff*, S. 47.

283 *Meschkutat/Stackelbeck/Langenhoff*, S. 48.

284 Zum Schutz vor Mobbinghandlungen Dritter durch den über eine entsprechende Möglichkeit verfügenden Schutzverpflichteten: LAG Thüringen, Urt. v. 10.04.2001 – 5 Sa 403/2000, NZA-RR 2001, 347 (354).

285 *Wickler*, in Wickler, Rn. 10; vgl. auch *Reiserer/Lemke*, MDR 2002, 249 (250), mit der Einschränkung, dass sich in der gerichtlichen Praxis das „Wegekeln" vom Arbeitsplatz im Rahmen von Mobbingsachverhalten nicht als Ausnahmefall darstellt.

Obgleich es bei der Betrachtungsebene „wer gegen wen?“ nicht um mit rechtlichen Auswirkungen auf die Feststellung des Mobbingtatbestandes verbundene Fragen geht,[286] sollen hier dennoch – vor allem im Hinblick auf den dritten Teil dieser Arbeit, die Analyse wirksamer Präventions- und Interventionsmöglichkeiten – horizontales und vertikales Mobbing in aller Kürze einer näheren Betrachtung unterzogen werden.

(a) Mobbing auf horizontaler Ebene gegen einen Kollegen

In der Regel findet Mobbing auf gleicher Ebene zwischen Kollegen innerhalb einer Arbeitsgruppe statt.[287] Eine *Gruppe* lässt sich dabei definieren als „ein soziales Gebilde aus einer Mehrzahl von Individuen, innerhalb dessen sich Rollen- und Statusstrukturen herausgebildet haben, dessen Mitglieder in wechselseitiger Beziehung und Interaktion zueinanderstehen, über einen bestimmten Grad an Zusammenhalt (Kohäsion) verfügen und in dem gemeinsame Normen und Werte existieren, die das Verhalten der Gruppenmitglieder steuern“.[288]

Ferner lassen sich beim Kollegenmobbing bestimmte Personengruppen identifizieren, die als besonders gefährdet gelten:

- *Der Einzige* (So sind Frauen in typischen „Männerberufen“ bzw. Männer in „Frauenberufen“ häufiger von Anfeindungen betroffen als vergleichsweise in Berufen, in denen das Verhältnis von männlichen und weiblichen Beschäftigten ausgewogen ist),
- *der Auffällige* (Arbeitnehmer, die sich durch ein bestimmtes Merkmal von den anderen abheben, z. B. aufgrund ihrer Nationalität, Glaubenszugehörigkeit, Behinderungen, Sprache etc.),
- *der Erfolgreiche* (Wenn etwa ein Kollege aus den eigenen Reihen befördert werden soll oder bestrebt ist, sich durch bessere Leistungen und Zusatzqualifikationen berufliches Weiterkommen zu sichern) sowie
- *der Neue* (So wird z. B. der neue Mitarbeiter an Maßstäben gemessen, die der beliebte Vorgänger geprägt hat oder insbesondere auch, wenn es ein Unterscheidungsmerkmal zu einzelnen Kollegen oder der ganzen Arbeitsgruppe gibt, beispielsweise bessere Qualifikationen, Alter, gute berufliche Perspektiven).[289]

---

286 *Wickler*, in Wickler, Rn. 10.

287 *Prosch*, S. 27.

288 *Daniel*, Alena Maria, Das Planspiel als Instrument der angewandten Gruppendynamik. Zur Bedeutung der Teamkompetenz in Führung und Zusammenarbeit des middle management im Handel, Dissertation, Göttingen 1996, S. 14, zit. nach *Glawe*, S. 36.

289 *Prosch*, S. 29 m. w. N.; vgl. ebenso *Huber*, S. 21 f.

(b) Mobbing in vertikaler Richtung gegen einen unterstellten Mitarbeiter

Bei Vorgesetzten als Verursacher von Mobbing, sogenanntes Bossing[290], kann zwischen aktiven und passiven Tätern differenziert werden. Aktive Mobbingtäter attackieren einen oder mehrere unterstellte Mitarbeiter direkt, wohingegen passive Verantwortliche durch ihr Verhalten Mobbing auf der Kollegenebene fördern können.[291] Hierzu werden in der Literatur teilweise unterschiedliche Cheftypen erörtert, die eine Neigung zu mobbingspezifischem Verhalten aufweisen bzw. Mobbing durch ihr Führungsverhalten fördern sollen,[292] wofür jedoch keine empirischen bzw. repräsentativen Aussagen vorliegen.

Darüber hinaus existieren beim Vorgesetztenmobbing einige Besonderheiten: Zum einen werden hier regelmäßig drei extrem belastende Faktoren für die Betroffenen kombiniert, nämlich der Missbrauch des Weisungsrechts, destruktive Kritik und der Missbrauch des Rechts zur beruflichen Beurteilung.[293] Zum anderen ist zu beachten, dass es sich bei den Akteuren von Mobbing durch Vorgesetzte nicht ausschließlich um Angstbeißer, gestörte Persönlichkeiten oder Karrieretypen handelt, sondern die Vorgesetzten oft selbst vor der Aufgabe stehen, abstrakte Zielvorgaben einzuhalten, welche zum Teil keine Realisierungschancen haben, und ihrerseits Druck von oben ausgesetzt sind, was nicht selten im Wege chronischer Selbstinstrumentalisierung geschieht.[294]

Schließlich belegen zahlreiche Praxisbeispiele, dass es sich hauptsächlich um unbequeme Mitarbeiter handelt, die von den Vorgesetzten schikaniert werden, um eine Eigenkündigung zu provozieren und sich auf diese Weise des betreffenden Angestellten zu entledigen.[295] Daran zeigt sich auch, dass der Mitarbeiter in Mobbingkonflikten mit dem Vorgesetzten kaum eine Möglichkeit hat, Widerstand zu leisten.[296]

(c) Mobbing in vertikaler Richtung gegen einen Vorgesetzten

Vereinzelt treten Übergriffe von Untergebenen gegen Vorgesetzte auf, wenn Mitglieder einer Arbeitsgruppe feindselige Angriff gegen den gemeinsamen Vorgesetzten verüben. Dabei handelt es sich in der Regel um Protestaktionen der Mitarbeiter.[297] Für diese Art der Übergriffe ist kennzeichnend, dass die Konflikte dann zu Mobbing eskalieren, wenn einzelne Personen oder die Belegschaft Gelegenheit bekommen, die Arbeit des Vorgesetzten zu boykottieren.[298] Daran zeigt sich auch der enge Zusammenhang von Mobbing mit Macht und Einfluss. So kommt es für den Erfolg von

290 Vgl. auch Teil 1, Kapitel 1, II. 7. a) dieser Arbeit.

291 *Prosch*, S. 31.

292 *Huber*, S. 118 ff.; *Prosch*, S. 31 f. insbes. Abb. 5, in welcher die unterschiedliche Vorgesetztentypen skizziert werden; *Thomas*, S. 47 f.

293 *Esser/Wolmerath*, S. 71.

294 *Esser/Wolmerath*, S. 72.

295 *Prosch*, S. 32 m. w. N.

296 *Prosch*, S. 32.

297 *Prosch*, S. 33.

298 *Prosch*, S. 33; vgl. *Leymann* (2006), S. 42.

Mobbing als Strategie zur Terrorisierung und zum Ausstoß unerwünschter Mitarbeiter aus dem Arbeitssystem maßgeblich auf die jeweilige Stellung und die zur Verfügung stehenden Mittel an.[299] Hierin dürfte wohl auch die Ursache für das geringe Auftreten von Übergriffen gegen Vorgesetzte liegen, denn die einzelnen unterstellten Mitarbeiter verfügen nicht über die entsprechenden Mittel und den Einfluss, den Vorgesetzten zu drangsalieren. Aufgrund mangelnder Machtressourcen bleibt somit die Möglichkeit der Mitarbeiter, ihre Situation zu verändern, in der Regel nur sehr gering. In diesem Kontext ist allerdings die Höhe der Hierarchieebene der Arbeitsgruppe entscheidend: Auf der untersten, ausführenden Ebene bieten die Arbeitsaufgaben regelmäßig kaum Mittel und Wege für jene effektivsten Mobbinghandlungen, die sich durch Manipulation der Arbeitsaufgaben und Tätigkeitsbereiche ergeben, wohingegen diese Chancen auf den höheren Ebenen steigen.[300]

(2) Einzelmobbing und Gruppenmobbing

Anknüpfungspunkt für eine rechtliche Bewertung ist zunächst eine Zwei-Personen-Konstellation mit einem Mobbingtäter und einem Mobbingopfer, das *Einzelmobbing*. In dieser Konstellation ergeben sich außer dem stets wichtigen Aspekt der Feststellung eines rechtserheblichen Verhaltens des Mobbenden und den die Rechtsfolgenseite betreffenden Fragen keine rechtsschutzrelevanten Besonderheiten.[301]

Anders verhält es sich dagegen beim *Gruppenmobbing*. Davon kann gesprochen werden, wenn sich das Mobbing nicht nur gegen einen einzigen, sondern bei gleichgelagerter Zielrichtung zur gleichen Zeit und in dem gleichen Unternehmen gegen mehrere Beschäftigte wendet. In dieser Konstellation kann es für die einzelnen betroffenen Mitglieder einer solchen Gruppe schwer sein, bei einer auf den Einzelfall reduzierten Betrachtung den Nachweis einer als Mobbing einzustufenden Rechtsverletzung zu erbringen. Dies geschieht vor allem dann, wenn durch die Aufteilung der Angriffshandlungen auf die unterschiedlichen Mitglieder der Gruppe die Prozesshaftigkeit der Vorgehensweise nicht mehr zu erkennen und die für die Ermittlung eines systematischen Zusammenhangs notwendige Angriffsdichte nicht erreicht ist.[302] Andererseits wiederum kann hier der Mobbingnachweis leichter gelingen, wenn bei der rechtlichen Beurteilung des Einzelfalls die bei den anderen Mitgliedern der Gruppe gezeigten Verhaltensweisen als Teil eines einheitlichen, als Mobbing zu kategorisierenden Verhaltenskomplexes berücksichtigt werden oder den bei den anderen gemobbten Gruppenmitgliedern festgestellten Mobbingtatsachen zumindest Indizwirkung im jeweils zu bewertenden Einzelfall beigemessen wird.[303]

299 *Prosch*, S. 33.
300 Dazu u. zum Voranstehenden *Prosch*, S. 33 f.
301 *Wickler*, in Wickler, Rn. 11.
302 *Wickler*, in Wickler, Rn. 11.
303 *Wickler*, in Wickler, Rn. 11.

(3) Despotisches Mobbing und generalisiertes Mobbing

Einen weiteren Sonderfall des Mobbings stellt vereinzelt auftretendes *despotisches Mobbing* dar.

Zunächst ist darauf hinzuweisen, dass auch „normales" Mobbingverhalten oftmals Verhaltensweisen mit despotischem Einschlag enthalten kann.[304] Darüber hinaus ist „richtiges" despotisches Mobbing eher in Ausnahmefällen anzutreffen und kommt wegen der beim Mobbingtäter ganz allgemein gestörten Menschenachtung[305] seltener in der Zweipersonenkonstellation als vielmehr im Kontext des Gruppenmobbings vor. In dieser Variante können prinzipiell alle dem Mobbenden machtunterworfenen Personen potentielle Opfer sein, weshalb Mobbing dann auch als *generalisiertes Mobbing* bezeichnet wird.[306]

Charakteristisch für diese Art von Mobbing ist ein cholerisch bis despotisch oder sadistisch geprägtes tyrannisierendes Mobbingverhalten bei ranghöheren Mobbingtätern in dem von ihnen beherrschten Machtbereich. In diesem Wirkungskreis spiegeln sich zum Teil menschenschinderische Verhaltensmuster wider, die nach ihrer Art an die Zeit der Sklavenhaltung denken lassen.[307] Dieses Verhalten kann freilich als Mobbing eingeordnet werden, weil es für die Feststellung von objektiv vorliegenden Rechtsverstößen, die für die systematische Zermürbung und Entwürdigung einer Person kennzeichnend sind, keinen Unterschied machen kann, ob diese auf zweckgebundene Isolation einzelner Personen oder ein generell quälerisches, gerade nicht auf personenbezogene Ausgrenzung gerichtetes, jedoch in Bezug auf die Persönlichkeitsbekämpfung anderer nicht weniger relevantes Täterverhalten zurückzuführen sind.[308] Denn für die Feststellung einer objektiven Rechtsverletzung ist es unerheblich, ob der durch das Mobbing ausgelöste psychosoziale Stress erst durch eine den einzelnen treffende Ausgrenzungssituation verursacht wird, da mit dem Begriff Mobbing[309] auch

304 Vgl. LAG Hamburg, Urt. v. 08.12.1999 - 3 Sa 17/97, juris, Rn. 51 ff. (Abverlangen persönlicher Dienste wie Kaffee kochen, Brötchen schmieren); ebenso *Wickler*, in Wickler Rn. 12.

305 Vgl. ArbG Berlin, Urt. v. 08.03.2002 - 40 Ca 5746/01 - n. v., zit. nach *Wickler*, in Wickler Rn. 12 (Allgemeines Verbot, Personaltoiletten zu benutzen und während des Arbeitstages Kaffee oder Tee zu kochen, regelmäßiges Anbrüllen und Betiteln der Mitarbeiter als „doof und blöd"); vgl. hierzu auch die im Parallelverfahren ergangene, in Bezug auf das Substantiierungserfordernis ständig wiederkehrender despotischer Verhaltensweisen sehr restriktive Berufungsentscheidung des LAG Berlin, Urt. v. 07.11.2002 - 16 Sa 938/02, juris; LAG Sachsen-Anhalt, Urt. v. 27.01.2000 - 9 Sa 473/99, juris, Rn. 36 (Regelmäßiges Anschreien und Beschimpfen als „dummes" bzw. „faules Schwein", Schlagen mit der Hand auf den Hinterkopf, Behandeln als Prellbock; ständiges Verwenden von Kraftausdrücken gegenüber den unterstellten Arbeitnehmern); ArbG Kassel, Urt. v. 24.11.1999 - 5 Ca 174/99 - n. v. (permanente Überwachung, Sprech- und Redeverbot), zit. nach *Wickler*, in Wickler, Rn. 12.

306 *Wickler*, in Wickler, Rn. 12.

307 *Wickler*, in Wickler, Rn. 12.

308 *Wickler*, in Wickler, Rn. 12; im Ergebnis so LAG Thüringen, Urt. v. 15.02.2001 - 5 Sa 102/00, NZA-RR 2001, S. 577 ff. (Fristlose Kündigung eines Mobbenden, der in seiner Vorgesetztenfunktion sämtliche ihm Untergebenen offensichtlich ständig in despotisch-beleidigender Weise behandelt hatte).

309 Teil 1, Kapitel 1, I. dieser Arbeit; vgl. dazu auch *Wolmerath*, Rn. 3.

das von generalisiertem Despotismus geleitete Schikanieren erfasst wird.[310] Demzufolge dürfen bei der rechtlichen Prüfung im Einzelfall despotische Verhaltensweisen nicht deshalb aus dem mobbingbegründenden Handlungszusammenhang gerissen werden, weil ein größerer Kreis von Personen, die selbst keine Adressaten eines Gruppenmobbings sind, sporadisch auch diesen oder ähnlichen Schikanen ausgeliefert waren. Ebenso wenig dürfen sie außen vor bleiben, weil die mobbende Person wegen ihrer generalisierten Handlungsweise ihren vereinzelt persönlichkeitsfeindlichen Angriff überhaupt nicht als Element eines der fortgesetzten Persönlichkeitsbekämpfung dienenden Gesamtverhaltens betrachtet.[311]

Darüber hinaus ergeben sich bei diesem *generalisierten Despotenmobbing* Besonderheiten beim Vorsatz:[312] Obschon der Mobbende hier bei jeder Tathandlung zwar vorsätzlich schikaniert, kann gleichwohl nicht ohne Weiteres angenommen werden, dass er einen vorgefassten Plan oder wenigstens einen mit jeder Mobbinghandlung aktualisierten, die vorhergehenden Handlungen umfassenden und auf eine einheitliche Verletzung der Persönlichkeitsrechte gerichteten (diese jedenfalls billigend in Kauf nehmenden) Gesamtvorsatz hat. Denn ihm ist bei jeder neuen Handlung seine gegenüber der jeweiligen Person frühere, charakterlich bedingt notorische, jedenfalls auf einzelne Beeinträchtigung der psychischen Stabilität oder der sozialen Geltung des Opfers gerichtete Schikane möglicherweise gar nicht mehr klar. Er macht sich also keine Gedanken darüber, ob sein generell zum Ausdruck gebrachtes Verhalten nicht nur im Einzelnen, sondern gerade in seiner Gesamtheit die Adressaten seiner Handlung in persönlichkeitsverletzender Weise entkräftet und demütigt.[313] Aus diesem Grund kann bei generalisiertem Despotenmobbing nur auf der Grundlage weiterer Anhaltspunkte[314] aus der systematischen Wiederholung persönlichkeitsfeindlicher Angriffshandlungen das Vorliegen eines verhaltensumfassenden Mobbingvorsatzes abgeleitet werden. Ohne derartige Indizien muss sich der generalisiert mobbende Despot jedoch im Hinblick auf die aus der persönlichkeitsfeindlichen Verhaltensgesamtheit resultierende Wirkung wegen einer fahrlässigen Verletzung persönlichkeitsschützender Rechte als *fahrlässiges Despotenmobbing* verantworten.[315] Erwähnenswert in diesem Zusammenhang bleibt außerdem, dass die Gefahr der psychosozialen Misshandlung unter despotischen Vorgesetzten auch nicht als ein von jedem hinzunehmenden Lebensrisikos gewertet werden kann. Es stellt dagegen vielmehr das rechtliche Risiko des grundsätzlich das Persönlichkeitsrecht anderer ignorierenden Despoten dar, dass nicht alle, die seiner Macht unterliegen, sein persönlichkeitsschädigendes Verhalten billigen.[316]

---

310 *Wickler*, in Wickler, Rn. 12 m. w. N.

311 *Wickler*, in Wickler, Rn. 12 m. w. N.

312 *Wickler*, in Wickler, Rn. 15.

313 *Wickler*, in Wickler, Rn. 15.

314 Vgl. insoweit LAG Thüringen, Urt. v. 15.02.2001 – 5 Sa 102/00, NZA-RR 2001, 577 (578): Hier unterzog der Mobbende zwar neben dem Kläger auch andere Beschäftigte einer persönlichkeitsfeindlichen Behandlung, kündigte dem Kläger jedoch am ersten Arbeitstag an, er werde schnellstens dessen Kotzgrenze finden, und setzte dies unverzüglich in die Tat um.

315 *Wickler*, in Wickler, Rn. 15.

316 *Wickler*, in Wickler, Rn. 15.

(4) Rudelmobbing

In rechtlicher Hinsicht nicht ganz unproblematisch ist schließlich die Konstellation des *Rudelmobbings*, bei dem sich mehrere Personen abgestimmt oder stillschweigend gegen unliebsame Dritte zusammenschließen und als Täter, Anstifter oder Gehilfen an den Mobbingangriffen mitwirken.[317] Dieses arbeitsteilige Handeln kann für das oder die betroffenen Opfer die Rechtschutzmöglichkeiten erheblich erschweren, weil dies regelmäßig mit der Problematik verbunden ist, den eine Allianz zur Persönlichkeitsbekämpfung bildenden Zusammenhang der einzelnen feindlichen Verhaltensweisen darzustellen. Außerdem verschlechtert sich in einem solchen Fall die Beweissituation für das Mobbingopfer: Es ist mit mehreren Gegnern konfrontiert, deren Handeln jedenfalls in Bezug auf das arbeitsteilig ausgeführte Mobbing von einer gemeinsamen Gesinnung geprägt ist und bei denen nicht uneingeschränkt angenommen werden kann, dass sie sich im Falle der rechtlichen Gegenwehr des Mobbingopfers aus ihrer verschworenen Einheit lösen.[318] Schließlich bergen diese Situationen zusätzlich das Risiko in sich, dass sich auch an den Angriffshandlungen unbeteiligte Zeugen bei ihrer Aussage an der gruppendynamischen Machtposition der mobbenden Personen ausrichten.[319]

Allerdings handelt es nicht bereits dann um Rudelmobbing, wenn das Mobbing von einem Arbeitgeber dadurch gesteuert wird, dass dieser Beschäftigte als Werkzeug zur Ausführung von Angriffshandlungen benutzt, die für sie als solche nicht erkennbar sind. Sollten hingegen offenkundig schikanöse oder drangsalierende Verhaltensweisen gegeben sein, die weisungs- und erwartungsgemäß durchgeführt werden, lässt es das Vorliegen gemeinschaftlichen Mobbings stark vermuten. Dies gilt um so mehr bei der Kenntnisnahme wiederholter Tatbeiträge eines Mitarbeiters.[320]

Was den Vorsatz betrifft, ist zu beachten, dass es im Falle von Rudelmobbing über die vorsätzliche Ausführung einer einzelnen oder mehrerer feindlich-schikanöser Angriffshandlungen hinaus eines weiteren Erfordernisses bedarf. Zusätzlich müssen nämlich die von jedem Mitglied der Tätergruppe ausgeübten Mobbingbeiträge Bestandteil eines bewussten und jedenfalls stillschweigend gewollten Zusammenwirkens sein, das den in der verhaltensumfassenden Verletzung des allgemeinen Persönlichkeitsrechts liegenden Verletzungserfolg herbeiführt (rudelspezifischer Vorsatz der Tatbegehung).[321] Nicht maßgeblich ist dabei Art und Umfang des objektiven Tatbeitrags sowie die Kenntnis aller Mittäter.[322] Es genügt eine intellektuelle, geistig bestimmende oder den unmittelbar handelnden Mobbingtäter lenkende oder ihn

---

317 *Wickler*, in Wickler, Rn. 13 m. w. N.

318 Dazu u. zum Voranstehenden *Wickler*, in Wickler, Rn. 13.

319 *Wickler*, in Wickler, Rn. 13.

320 Dazu u. zum Voranstehenden *Wickler*, in Wickler, Rn. 13.

321 *Wickler*, in Wickler, Rn. 14.

322 Vgl. LAG Thüringen, Urt. v. 10.04.2001 – 5 Sa 403/2000, NZA-RR 2001, 347 (362): Demütigende Anweisungen des Vorstands wurden durch die Abteilungsleiterin ohne Umschweife umgesetzt und sie bekräftigte die Richtigkeit ihres Vorgehens in der Beweisaufnahme mit dem Hinweis, dass es Zeit für die Absetzung des Klägers gewesen sei; zudem ging von den Vorständen zum Teil eigenhändig

bestärkende Tätigkeit.[323] Insofern sind die Grundsätze heranzuziehen, welche die Rechtsprechung für die unter Beteiligung mehrerer Personen begangenen unerlaubten Handlungen entwickelt hat,[324] was in entsprechender Anwendung auch dann gilt, wenn es sich nicht um deliktische, sondern auf Vertragsverletzung gestützte Mobbingschutzansprüche handelt.[325]

c) Sonderfall Cybermobbing

Bei Cybermobbing handelt es sich grundsätzlich um Mobbing nach den oben dargestellten Grundsätzen, welches jedoch vornehmlich mit Hilfe moderner Kommunikationsmittel geschieht.

Ebenso wenig wie für sonstiges Mobbing existiert auch hier keine klare und einheitliche Definition in der Literatur.[326] So wird unter *Cybermobbing* etwa „jedes Verhalten, das von Individuen oder Gruppen mittels elektronischer oder digitaler Medien ausgeführt wird und wiederholt feindselige oder aggressive Botschaften vermittelt, die die Absicht verfolgen, anderen Schaden oder Unbehagen zu bereiten"[327] verstanden. An anderer Stelle wird Cybermobbing bezeichnet als „aggressive, absichtlich schädigende Handlungen eines Einzelnen oder einer Gruppe, die über längere Zeit und unter Nutzung elektronischer Kommunikationsmittel gegenüber einem Opfer ausgeübt werden, das sich nicht mit einfachen Mitteln verteidigen kann".[328] Letztlich enthalten sämtliche Umschreibungen einen gemeinsamen Kern, der dem des traditionellen Mobbing entspricht und um die Zuhilfenahme der modernen Kommunikationsmittel erweitert wird. Besonders hervorgehoben werden die beiden Erfordernisse, dass das Geschehen sich über einen längeren Zeitraum erstrecken und zwischen Täter- und Opferseite ein asymmetrisches Kräfteverhältnis bestehen muss.[329] Bei den potentiellen Tatmitteln handelt es sich dabei um Mobiltelefone oder sonstige internetfähige Geräte wie Computer, Laptops, Tablets oder Smartphones, die genutzt werden, um auf Websites, sozialen Netzwerken, WhatsApp, Internetforen, Chatportalen usw. tätig zu werden.[330]

Die prägnantesten Unterschiede von Cybermobbing gegenüber dem Mobbing ohne moderne Kommunikationsmittel sind einmal der extrem hohe Öffentlichkeitsgrad,

---

durchgeführter, zum Teil durch deren Anweisungen gelenkter, durch Schikanen und Demütigungen auf Zerstörung der Persönlichkeit des Klägers gerichteter Psychoterror aus.

323 *Wickler*, in Wickler, Rn. 14.

324 Vgl. etwa BGH, Urt. v. 14.01.1953 – VI ZR 9/52, NJW 1953, 499 (500); BGH, Urt. v. 24.01.1984 – VI ZR 37/82; NJW 1984, 1226 (1228); BGH, Urt. v. 04.11.1997 – VI ZR 348/96, NJW 1998, 377 (381 f.); MüKo-*Wagner* § 830 Rn. 7 m. w. N.

325 *Wickler*, in Wickler, Rn. 14.

326 *Asbjørn*, S. 2 m. w. N.

327 *Tokunaga*, Robert S. (2010), Following you home from school: A critical review and synthesis of research on cyberbullying victimization, in Computers in Human Behavior, 26 (3), S. 277 ff., zit. nach *Katzer*, S. 60.

328 *Smith* et al., Journal of Child Psychology and Psychatry 2008, 376 (376), zit. nach *Asbjørn*, S. 3.

329 *Asbjørn*, S. 3.

330 *Asbjørn*, S. 3 f. m. w. N.

da sich Inhalte unkontrollierbar schnell vor einem großen Publikum verbreiten und oft nicht mehr vollständig zu entfernen sind.[331] Des Weiteren stellt Cybermobbing einen Eingriff rund um die Uhr in die Privatsphäre dar, der vor dem eigenen zu Hause nicht Halt macht und zu jeder Tages- und Nachtzeit vorgenommen werden kann – es sei denn man verwendet keine neuen Medien, was jedoch heutzutage im täglichen Leben kaum mehr möglich ist.[332] Handy oder Internet nicht mehr zu nutzen stellt im heutigen Zeitalter für die meisten Betroffenen keine Option dar. Außerdem droht bei Cybermobbing im Gegensatz zu traditionellem Mobbing insofern eine Endlosviktimisierung, als nichts, was einmal online veröffentlicht wurde, tatsächlich wieder gelöscht werden kann. Zum einen werden sich niemals alle Verteiler ausfindig machen lassen, um das entsprechende mobbingspezifische Material auf deren Festplatten zu löschen, und zum anderen werden Inhalte von vielen Servern direkt an andere, oftmals auch im Ausland befindliche, Server weitergeleitet, so dass in Deutschland darauf kein rechtlicher Zugriff mehr möglich ist.[333] Schließlich liegt der Hauptunterschied gegenüber klassischem Mobbing in einem sehr hohen (vermeintlichen) Anonymitätsgrad, da die Täter anfänglich physisch nicht sichtbar sind und sich gezielt hinter einer virtuellen Identität verbergen können.[334] Dies bringt nicht unerhebliche Folgen für die Beteiligten mit sich: Seitens des Täters verleiht die Anonymität eine größere Sicherheit und die Distanz zum Opfer fördert eine Herabsetzung seiner Hemmschwelle und seiner Fähigkeit zur Empathie.[335] Auf der Seite des Betroffenen wird das Gefühl der Angst, Hilflosigkeit und Ohnmacht verstärkt, da er seinen Peiniger nicht kennt, dieser für ihn nicht greifbar ist und er weder Möglichkeiten zur Gegenwehr noch sonstige Lösungsstrategien entwickeln kann.[336]

Darüber hinaus tritt Cybermobbing in unterschiedlichen Ausprägungen[337] auf, die sich wiederum in verschiedene Kategorien unterteilen lassen. Aufgrund der spezifischen Erscheinungsformen ergeben sich gegenüber dem klassischen Mobbing teilweise auch Unterschiede hinsichtlich der Folgen[338] und Auswirkungen. Eine weitergehende Befassung mit diesem Themenkomplex würde jedoch den Rahmen dieser Arbeit sprengen. Außerdem spielt Cybermobbing in erster Linie bei Kindern, Jugendlichen und jungen Erwachsenen, die mit modernen Kommunikationsmitteln aufgewachsen sind, – und dabei wiederum vorrangig im Schulumfeld – eine tragende Rolle.[339] In der Arbeitswelt tritt dies in der Regel lediglich vereinzelt bzw. in der Art, wie es im Rahmen des Katalogs potentieller Mobbinghandlungen bereits ange-

331 *Asbjørn*, S. 13 m. w. N.; *Katzer*, S. 61.
332 Dazu u. zum Voranstehenden *Asbjørn*, S. 13 m. w. N.; *Katzer*, S. 61.
333 *Katzer*, S. 61.
334 *Asbjørn*, S. 12 m. w. N.; *Katzer*, S. 61.
335 *Asbjørn*, S. 12 m. w. N.
336 *Asbjørn*, S. 12 f. m. w. N.; *Katzer*, S. 61.
337 *Asbjørn*, S. 4 m. w. N.; *Katzer*, S. 64, Tab.
338 Vgl. zu den unterschiedlichen Folgen für die Betroffenen etwa *Asbjørn*, S. 16 f. m. w. N.; *Katzer*, S. 101 ff. m. w. N.
339 Vgl. *Bock*, Rn. 1030; *Eisenberg/Kölbel*, § 45 Rn. 10 m. w. N.

sprochen wurde[340], auf und dann auch in abgewandelter Weise, nämlich lediglich das sonstige Mobbingverhalten unterstützend. Aus diesem Grund soll die Thematik im Rahmen dieser Arbeit nicht weiter vertieft werden.

6. Mobbingverlauf

Die obigen Ausführungen zeigen, dass Mobbing, sowohl in Bezug auf die Mobbinghandlungen als auch hinsichtlich der personellen Situation, in den unterschiedlichsten Konstellationen auftritt. Dennoch kristallisiert sich bei einer eingehenderen Betrachtung der einzelnen Mobbingfälle eine, bei allen Fällen ähnlich verlaufende, gleichartige Grundstruktur heraus. Diese wird auch von den Erläuterungen zur Mobbingdefinition belegt, nach welchen das Mobbinggeschehen einen sich allmählich entwickelnden und über einen längeren Zeitraum andauernden Prozess darstellt. In diesem Zusammenhang werden in der Mobbingliteratur grundsätzlich zwar ähnliche, im Detail jedoch mehr oder weniger voneinander abweichende Verlaufsmodelle diskutiert.

a) Dreistufiges Verlaufsmodell nach *Björkqvist*

Das Prozessmodell von *Björkqvist*[341] ist gekennzeichnet von einer handlungsorientierten Sichtweise und drei grundlegenden Phasen:

In der ersten Phase beginnt das Mobbing mit indirekten, schwer bemerkbaren Methoden. Handlungen wie beispielsweise „ständiges Unterbrechen", „Andeutungen, ohne etwas konkret auszusprechen" oder „böses Gerede hinter dem Rücken" prägen den Entstehungscharakter und tragen zu einer zunehmenden Entwertung des Betroffenen bei. Nach *Björkqvist* liegt der Grund dieser Entwicklung in der Persönlichkeit des Mobbingopfers. Wenn der Betroffene dann in seinem beruflichen Umfeld nicht mehr gleichwertig mit den übrigen Kollegen gesehen wird, intensivieren sich die Angriffe von bisher verdeckt aggressivem Verhalten zu offenen Feindseligkeiten.[342]

Damit erfolgt auch der Übergang zur zweiten Phase. Diese zeichnet sich vor allem durch direkte Aggression aus. Der Betroffene wird mit steigender Tendenz von der übrigen Arbeitsgruppe ausgegrenzt und unter anderem in ihrer Anwesenheit lächerlich gemacht. Dadurch erscheint der Außenseiter für die anderen nicht mehr gleichwertig und niemand empfindet ihm gegenüber mehr Schuldgefühle.[343]

In der dritten Phase treten schließlich extreme Arten von direkter Gewalt auf. Dem Betroffenen wird etwa unterstellt, an einer psychischen Erkrankung zu leiden, oder es werden sensible Details aus seinem persönlichen Lebensbereich als Druckmittel gebraucht. Derartiges Verhalten reicht mitunter bis hin zu körperlichen Übergriffen.[344]

340 Teil 1, Kapitel 1, II. 5. a) dieser Arbeit.
341 *Björkqvist*, Trakassering förekommer bland anstalldä vid, AA, in Meddelanden fran Abo Akademi, Nr. 9, 1992, S. 14 ff., zit. nach *Niedl*, S. 58 f. bzw. *Fehr*, S. 44.
342 *Fehr*, S. 44; *Niedl*, S. 58.
343 *Fehr*, S. 44; *Niedl*, S. 58.
344 Vgl. *Fehr*, S. 44; *Niedl*, S. 58 f.

b) Vier- bzw. fünfstufiges Modell nach Leymann

Leymann teilt den Mobbingprozess in vier bzw. fünf aufeinander aufbauende Phasen ein.[345] Zunächst handelte es sich bei dem Modell von *Leymann* um eines mit vier Stufen, später[346] fügte er zwischen der ursprünglich dritten und vierten Stufe eine weitere ein, um eine aus seiner Sicht verbesserte Darstellung des Mobbingverlaufs zu erreichen. Deshalb soll hier direkt das fortschrittlichere, um eine fünfte Stufe erweiterte Modell vorgestellt werden.

Die erste Phase des Mobbingprozesses zeichnet sich in der Regel durch einen zwischenmenschlichen, alltäglich vorkommenden Konflikt aus, der häufig in Gestalt von Differenzen, Kampf um Einfluss und Macht oder empfundene Ungerechtigkeiten in Erscheinung tritt. Daraus können dann persönliche Anschuldigungen sowie Bösartigkeiten entstehen und der Konflikt erfährt oft eine Personifizierung anstelle des Bestrebens, eine Lösung zu finden.[347]

In der zweiten Phase etabliert sich Mobbing, es beginnt das eigentliche Mobbingverhalten. Der Betroffene ist qualitativ und quantitativ verstärkt mit systematischen Schikanehandlungen und Anfeindungen, die über einen längeren Zeitraum gegen ihn gerichtet sind, konfrontiert. Als erste typische Mobbingfolgen verliert er sein Selbstwertgefühl, wird ängstlich, abweisend, seine Ausgrenzung schreitet immer mehr voran und es treten erste psychische und psychosomatische Störungen sowie mobbingbedingte Fehlzeiten auf. Dabei sind die Angriffe gegen das Ansehen des Betroffenen, seine sozialen Beziehungen, seine Arbeit sowie gegen die Handlungsfreiheit und körperliche Unversehrtheit gerichtet.[348]

Die dritte Phase, die Phase der „destruktiven Personalverwaltung", ist geprägt vom Handeln der Vorgesetzten bzw. Personalverantwortlichen. Denn die Geschehnisse wirken sich durch das veränderte Verhalten, wie der nachlassenden Arbeitsleistung und zunehmenden Fehltage, nachteilig auf das Unternehmen aus. Nicht selten wird der Betroffene hier unberechtigterweise vorverurteilt, indem er als Ursache für die betrieblichen Schwierigkeiten gilt. Vielmals sind die folgenden arbeitsrechtlichen Maßnahmen wie Versetzungen, Abmahnungen oder Kündigungsversuche auch bewusst gesetzeswidrig, weil mit aller Macht der Betroffene als vermeintlicher Sündenbock deklariert werden soll, um ihn aus dem Unternehmen zu entfernen. Das Befinden des Betroffenen verschlechtert sich zunehmend: Er hat zu diesem Zeitpunkt oftmals bereits eine innerliche Kündigung vollzogen, befindet sich in einem Erschöpfungszustand, kapselt sich zunehmend ab und leidet verstärkt an psychischen und psychosomatischen Beeinträchtigungen.[349]

345 *Leymann* (2006), S. 57 ff.; ders. (1995), S. 20 f.; vgl. dazu auch *Esser/Wolmerath*, S. 37 f.; *Fehr*, S. 45; *Mühe*, S. 53 f.; *Merk*, S. 171, Anl. 3.

346 *Leymann* (1995), S. 20 f.; *Fehr*, S. 45; *Esser/Wolmerath*, S. 37 f.; *Mühe*, S. 53; *Wolmerath*, Rn. 29.

347 *Leymann* (2006), S. 60; außerdem *Esser/Wolmerath*, S. 37 f.; *Fehr*, S. 45; *Mühe*, S. 53.

348 *Leymann* (2006), S. 60 ff.; außerdem *Esser/Wolmerath*, S. 38; *Fehr*, S. 45; *Mühe*, S. 53.

349 *Leymann* (2006), S. 62 f.; außerdem *Esser/Wolmerath*, S. 38; *Fehr*, S. 45; *Mühe*, S. 53 f.

In der – später von *Leymann* eingefügten – Phase vier kommt es zu ärztlichen und psychologischen Fehldiagnosen[350], indem die psychischen oder physischen Beeinträchtigungen nicht als Implikation eines Mobbinggeschehens erkannt werden, was in der Folge zu einem Verstärken des Leidens der Patienten führt. Zudem scheitern in dieser Phase oftmals Versuche, mit rechtlichen Schritten gegen den Mobbenden vorzugehen, mangels ausreichender Beweise. Dadurch wächst das Misstrauen des Betroffenen gegenüber der Außenwelt noch weiter an, was wiederum sein Seelenleid immer größer werden lässt.[351]

In Phase fünf kommt es schließlich am Ende eines Mobbingprozesses zum Ausschluss vom Arbeitsplatz. Der Betroffene verliert den konkreten Arbeitsplatz durch Versetzung, (Selbst-)Kündigung, Frühverrentung oder krankheitsbedingter Arbeitsunfähigkeit. In dieser Zeit leidet der Betroffene nicht selten an schweren gesundheitlichen Beeinträchtigungen wie Depressionen, Obsessionen oder psychosomatischen Störungen, es besteht das Risiko des Suchtmittelgebrauchs oder im Extremfall des Suizids.[352]

Einzelne Stimmen aus der Mobbingforschung kritisieren zwar dieses Verlaufsmodell als zu starr und nicht ausreichend vielschichtig,[353] jedoch bezieht sich *Leymann* mit seinem Modell in erster Linie auf Mobbingfälle, deren Entwicklung freien Lauf gelassen wurde, also bei denen der Vorgesetzte nicht eingegriffen oder der Mobbende keine Einsicht erlangt hat.[354] Außerdem hat *Leymann* mit seinem „Fünf-Phasen-Modell" keinen Anspruch auf Allgemeingültigkeit für jeden Mobbingprozess erhoben und misst dem nicht die Bedeutung zu, dass jeder Betroffene alle aufgezeigten Phasen durchlaufen muss. Vielmehr können Phasen übersprungen, der Mobbingprozess kann unterbrochen oder beendet werden.[355] So kommt in 14 Prozent der Fälle das Mobbing schon in Phase zwei zum Erliegen, in 20 Prozent in Phase drei und in etwa 59 Prozent erst in Phase fünf.[356] Auch kann es sein, dass Phase zwei ausgelassen wird und somit Phase eins direkt in Phase drei übergeht.[357] Ebenso wenig muss zwangsläufig Phase drei absolviert werden, nämlich, wenn die Führungskraft bzw. der Personalleiter von den Mobbingvorkommnissen nichts erfährt und somit auch keine Fehlentscheidungen getroffen werden.[358] Des Weiteren können aber auch die Phasen drei und vier übersprungen werden und das Geschehen kann direkt von Phase zwei in Phase fünf übergehen, wenn etwa der Betroffene ohne sich zu wehren sofort die

350 Allerdings ist darauf hinzuweisen, dass aufgrund der mittlerweile erreichten Popularisierung des Mobbingbegriffs Ärzte und Therapeuten, denen die möglichen Auswirkungen von Mobbing völlig unbekannt sind, eine Minderheit geworden sein dürften: *Esser/Wolmerath*, S. 38; *Mühe*, S. 54 Fn. 117.

351 *Esser/Wolmerath*, S. 38; *Fehr*, S. 45; *Mühe*, S. 54; vgl. *Leymann* (1995), S. 21.

352 *Leymann* (2006), S. 65 ff.; außerdem *Esser/Wolmerath*, S. 38; *Fehr*, S. 45; *Mühe*, S. 54.

353 *Knorz*, S. 8 f.; *Neuberger*, S. 84 f.

354 *Mühe*, S. 52 f.

355 *Mühe*, S. 54.

356 *Meschkutat/Stackelbeck/Langenhoff*, S. 55, 104 (wobei hier jedoch Phase vier außer Betracht gelassen wird); *Mühe*, S. 54.

357 *Leymann* (2006), S. 62; *Meschkutat/Stackelbeck/Langenhoff*, S. 53; *Mühe*, S. 54; *Wolmerath*, Rn. 29.

358 *Esser/Wolmerath*, S. 38.

Kündigung einreicht und nicht zuletzt kann Mobbing gerade auch mit einer personell falschen Entscheidung, wie sie für Phase drei bezeichnend ist, starten.[359]

Dabei sollen von rund 73 Prozent Phase eins, von etwa 89 Prozent Phase zwei, von ca. 61 Prozent Phase drei und noch ungefähr 59 Prozent der Betroffenen Phase fünf durchlebt haben.[360] Die sinkenden Prozentzahlen in den Phasen drei und fünf beruhen auf einer erfolgreichen Intervention oder sonstiger Erledigung des Konflikts. Beachtlich ist, dass dennoch über die Hälfte der Mobbingopfer die fünfte und damit letzte Phase des Mobbingprozesses erfahren.[361]

c) Sieben-Phasen-Modell nach *Zuschlag*

Im Vergleich zu den bereits dargestellten Modellen unterscheidet *Zuschlag*, insbesondere aus Gründen der Zweckmäßigkeit von Maßnahmen der Mobbing-Prophylaxe bzw. der optimalen Betreuung von Mobbingopfern, noch weitere Phasen in dem von ihm abgefassten Prozessverlauf:[362]

In Phase null, der „Vorphase" vor Beginn des Mobbings, herrschen noch unauffällige Arbeitsbedingungen. Allenfalls stehen zu diesem Zeitpunkt schon latente Konflikte im Raum. Bei dem Betroffenen liegen noch keine durch Mobbing induzierten Krankheitssymptome vor, gegebenenfalls besteht eine Disposition zu Gesundheitsstörungen. Der Betroffene zeigt hier auch noch keine bewussten Reaktionen zur Konfliktabwehr.

Phase eins beinhaltet das Konfliktbewusstsein, das heißt Konflikte entstehen bzw. werden den Beteiligten bewusst. Bei dem Mobbingopfer zeigen sich erste Krankheitssymptome in Form von stressinduzierten psychosomatischen Reaktionen, z. B. Schlafstörungen, Magen-/Darmstörungen, und/oder eine leicht depressive Verstimmung. Als Reaktion startet der Betroffene Versuche der vernünftigen Konfliktbewältigung.

Phase zwei beschreibt den Beginn des Mobbings. Es erfolgen erste Mobbingangriffe und der Konflikt eskaliert gezielt. Bei dem Betroffenen werden die schon in Phase eins aufgetretenen psychosomatischen Symptome verstärkt und er schätzt die hinter den Mobbingattacken stehende Intention falsch ein. Er versucht vernünftig zu argumentieren, zeigt aber gegebenenfalls auch aggressive Abwehrreaktionen.

Phase drei beginnt nach ungefähr einem halben Jahr Mobbing. In dieser Phase eskaliert der Konflikt weiter und es kommt zu einer Stigmatisierung des Opfers. Die psychosomatischen Beschwerden bei dem Betroffenen werden behandlungsbedürftig und rufen bei ihm hilflose bzw. aggressive Abwehrreaktionen mit zum Teil selbstdestruktiven Komponenten hervor.

In Phase vier, ca. ein bis zwei Jahre nachdem das Mobbing angefangen hat, schreitet der Arbeitgeber ein, es erfolgen disziplinarische und arbeitsrechtliche Maßnahmen.

359 *Esser/Wolmerath*, S. 38; dazu u. zum Voranstehenden ebenso *Mühe*, S. 55.
360 *Meschkutat/Stackelbeck/Langenhoff*, S. 54; *Mühe*, S. 55.
361 Dazu u. zum Voranstehenden *Mühe*, S. 55.
362 Dazu u. zum Nachfolgenden *Zuschlag*, S. 96 f.; vgl. dazu auch *Merk*, S. 172, Anl. 3.

Bei dem Betroffenen verschlimmert sich die psychosomatische Symptomatik. Eine Ausweitung zu einem „generellem Angstzustand“ ist die Folge. Der Betroffene reagiert mit Gegenangriffen zur Vermeidung des wirtschaftlichen Ruins und des sozialen Abstiegs. Existenzangst und Verzweiflung breiten sich zunehmend bei ihm aus und er sucht Berater bzw. Rechtsanwälte oder Fachärzte auf.

Phase fünf, in die das Geschehen etwa zwei bis vier Jahren nach Mobbingbeginn übergeht, ist geprägt von bis zum Psychoterror eskalierenden Mobbingangriffen. Hier kommt es auch zu Versetzungen oder Kündigungsversuchen. Bei dem Betroffenen chronifizieren sich die psychosomatischen Beschwerden. Er hat Suizidgedanken und unternimmt gegebenenfalls auch Suizidversuche. Nicht selten wird eine „andauernde Persönlichkeitsveränderung nach Extrembelastung“ diagnostiziert. Das Scheitern von Rehabilitationsmaßnahmen führt zu Berufs- und Arbeitsunfähigkeit. Als Resonanz erfolgt eine Notfallreaktion des Betroffenen, er versucht in querulatorischer Weise seine schon verloren gegangene Position zu verteidigen. Außerdem kommt es zunehmend zu Schwierigkeiten mit seinem Selbstwertgefühl sowie mit der Familie und in der Freizeit.

Die nachfolgende Phase sechs, die „Ausschluss-Phase“, wird dominiert von der Kündigung des Arbeitsverhältnisses und der Führung von Gerichtsstreitigkeiten in diesem Zusammenhang. Bei dem Betroffenen kommt es zu einer weiteren Verschlimmerung der psychosomatischen Beschwerden, die er mit einer erneuten Flucht in die Krankheit zu kompensieren versucht. In dieser Phase wird der Betroffene mit dem nicht mehr zu verdrängenden Ausscheiden aus dem Arbeitsleben und mit der Isolation in der Gesellschaft konfrontiert.

Schließlich mündet der Verlauf in Phase sieben, in der „Resignations-Phase“. Stressoren aus der Arbeitswelt sind hier die Zufriedenheit des Mobbenden über den von ihm erreichten Erfolg bis hin zur Schadenfreude. Der Betroffene hat sich zum Dauerpatienten entwickelt, der nach dem Scheitern im Berufsleben die Motivation zur Gesundung verloren hat und indessen nur noch mit Resignation reagiert.

d) Verlaufsmodell nach *Schlaugat*

Ein weiteres Verlaufsmodell stammt von *Schlaugat*.[363] Dieses gliedert sich in eine Vorphase und darauffolgende weitere fünf Phasen, die von einem schleichenden Mobbingbeginn über die Mobbingfortsetzung, eine Entspannungsphase bis hin zum Höhepunkt und der Beendigung des Mobbingprozesses in der Organisation reichen.[364]

Dem Modell liegt ebenfalls die Annahme zugrunde, dass der Mobbingprozess von einem sich zuspitzenden Konflikt dominiert wird. Deutlicher als die Autoren der zuvor dargestellten Prozessverläufe hebt *Schlaugat* jedoch hervor, dass Schwierigkeiten bereits in früheren Phasen ausgeräumt werden können und Mobbing nicht zwangsläufig zum Verlust des Arbeitsplatzes für den Betroffenen in Form von Kündigung,

363 *Schlaugat*, vgl. insbes. S. 63 ff., 125 ff.; vgl. dazu auch *Merk*, S. 173, Anl. 3.
364 *Schlaugat*, S. 63 ff., insbes. S. 104, Tab. 6.

Verrentung oder Krankschreibung führen muss.[365] Außerdem erfolgt bei *Schlaugat* eine Erweiterung der bereits vorgestellten Verlaufsmodelle um eine Phase der Entspannung. Diese kann in der Weise vorkommen, dass eine scheinbare Beruhigung des Konflikts eintritt und merklich weniger Mobbingangriffe gegen den Betroffenen stattfinden, obwohl er zuvor schon gravierenden Attacken ausgesetzt war.[366] Jedoch ist eine derartige Entspannungsphase stets nur von kurzer Dauer und das Geschehen fügt sich letztlich wieder in das obige Schema ein.[367]

e) Zusammenfassung

Zusammenfassend kann festgehalten werden, dass sich die dargestellten Verlaufsmodelle in ihren Grundsätzen ähneln und sich keine elementaren Unterschiede finden lassen. Insbesondere ist allen die grundlegende Struktur eines sich über mehrere Phasen erstreckenden und sukzessive verschärfenden Konflikts gemeinsam. Zudem bildet eine wesentliche Eigenschaft aller Modelle die dem Mobbinggeschehen anhaftende Dynamik:[368] Je länger sich das Mobbing hinzieht, umso heftiger steigert sich die Entwertung des Mobbingopfers und umso geringer wird die Empathie ihm gegenüber. Die abnehmende Empathie und die zunehmende Entwertung korreliert scheinbar mit einer sich selbst erteilten Erlaubnis des Mobbingtäters, auf den Betroffenen immer massivere Angriffe verüben zu dürfen. Soziale Werte, die der Mobbende in anderen Zusammenhängen anerkennt, werden in Bezug auf das Mobbingopfer missachtet. Dieses Phänomen stammt ursprünglich aus der Sozialpsychologie, ist aber auch in der Kriminologie nicht völlig unbekannt: Unter dem Stichwort *Makrokriminalität*[369] wird dort strafbares Verhalten diskutiert, das von mehreren zu einem Kollektiv verbündeten Personen ausgeht.[370]

Der große Vorteil derartiger Modelle ist in erster Linie die plastische Darstellung der zunehmenden Verschärfung des Mobbinggeschehens und die Regelhaftigkeit des Prozesses.[371] Darüber hinaus kann aufgrund der Ähnlichkeit der Modelle in ihren wesentlichen Grundstrukturen dahingestellt bleiben, welchem der Prozessverläufe der

---

365 *Schlaugat*, S. 64, 134; ebenso *Fehr*, S. 46.

366 *Fehr*, S. 46; vgl. *Schlaugat*, S. 101, 104.

367 *Fehr*, S. 46.

368 Dazu u. zum Nachstehenden *Fehr*, S. 46.

369 Dieser Begriff ist auf *Jäger* zurückzuführen, den bereits in Kindestagen die nationalsozialistischen Großverbrechen seiner Zeit bewegten: *Jäger* (1985); ders. (1989).
Vgl. etwa *Jäger* (1985), S. 13 ff.: Die einsetzende Gruppendynamik wird hier auf eine sich entwickelnden Gruppenemotion zurückgeführt, die von den Gefühlen, v. a. Ängsten und Solidaritätsbestrebungen des Einzelnen, mitbestimmt wird. Das entstandene Gruppengefühl vermittelt den Einzelnen zwar einerseits Halt, forciert andererseits aber auch den Konformitätsdruck. Auf diese Weise entstehen der Gruppe eigene Normen- und Wertestrukturen, die unter Umständen komplett gegensätzlich zu allgemeingültigen Werten der Gesellschaft sein können. Für die Gruppenmitglieder werden jedoch die neu erhaltenen Werte zur Normalität, was schließlich zu einer Destabilisierung oder völligen Negierung ansonsten geltender Normvorstellungen, Hemmungen und Schuldmechanismen führt. Ebenso *Fehr*, S. 46 Fn. 86 m. w. N.

370 *Fehr*, S. 46.

371 *Fehr*, S. 46.

Vorzug zu geben ist. Generell bleibt jedenfalls zu beachten, dass es nur Modelle sind. Mobbing kann also auch dann gegeben sein, wenn einzelne Phasen übersprungen werden oder der Vorgang vorzeitig beendet wird, etwa durch eine Eigenkündigung des Arbeitsverhältnisses seitens des Betroffenen.[372]

7. Abgrenzung zu verwandten Begrifflichkeiten und ähnlichen Verhaltensformen

Für ein eingehendes Verständnis von Mobbing ist es zwingend erforderlich, zu ähnlichen verwandten Begrifflichkeiten und weiteren Formen von Belästigungen abzugrenzen.

a) Bullying, Harassment, Bossing, Abuse, Sandwich-Mobbing, Chairing, Staffing, Dissen, Shaming, Defaming

Insbesondere bei Bullying, Harassment, Bossing, Sandwich-Mobbing, Staffing oder Chairing handelt es sich im Grund nach um oben beschriebenes Mobbing, für das lediglich andere Bezeichnungen verwendet werden.

Der Begriff Bullying wird dabei überwiegend im angelsächsischen Sprachraum anstelle von Mobbing benutzt, wobei im Zusammenhang mit dem Arbeitsleben hauptsächlich die Bezeichnungen *bullying at work* und *workplace bullying* gebraucht werden.[373] Ursprünglich bedeutet *Bullying* so viel wie tyrannisieren, einschüchtern oder schikanieren. Abgeleitet ist es vom Substantiv *bully*, das die Bedeutung „brutaler Mensch“ oder „Tyrann“ besitzt.[374] In der deutschen Kriminologie spricht man von Bullying auch und gerade in Zusammenhang mit Mobbing unter Schülern.[375]

In den USA wird zudem oft auch *(sexuell) Harassment* verwendet, um damit quälendes, fortgesetztes Belästigen oder Beunruhigen auszudrücken.[376] Der Amerikaner *Brodsky* versteht unter Harassment „die wiederholten und fortdauernden Versuche einer Person, eine andere Person zu quälen, zu zermürben, zu frustrieren oder sie zu einer Gegenreaktion zu provozieren, indem man sie unter Druck setzt, ihr Angst einjagt, sie einschüchtert oder ihr auf andere Weise Unannehmlichkeiten bereitet.“[377]

Der Begriff *Bossing* hat sich für die systematische Schikane durch Vorgesetzte herauskristallisiert und geht auf die Arbeit des Norwegers *Kile* zurück, der diese Variante des Mobbings als „gesundheitsgefährdende Führerschaft“ bezeichnet.[378] Ferner findet in den USA auch die Wortkombination *(Employee) Abuse* Verwendung, welche die

372 Ebenso *Fehr*, S. 46 m. w. N.

373 *Fehr*, S. 70; *Wolmerath*, Rn. 25.

374 Dazu u. zum Voranstehenden *Brinkmann*, S. 9; *Fehr*, S. 70; *Niedl*, S. 11.

375 Vgl. *Bock*, Rn. 1029 f.; *Eisenberg/Kölbel*, § 45 Rn. 10; *Meier*, § 10 Rn. 24.

376 *Brinkmann*, S. 9.

377 *Brodsky*, Caroll, The Harassed Worker, Toronto 1976, S. 2, zit. nach *Fehr*, S. 70 Fn. 70; ebenso *Niedl*, S. 18 bzw. *Schlaugat*, S. 7.

378 *Kile*, „Helsefarlege leiarskap. Ein eksplorerande studie“, Bergen 1990, zit. nach *Brinkmann*, S. 9; *Niedl*, S. 19; vgl. auch *Wolmerath*, Rn. 25; ebenso *Fehr*, S. 70.

grausame Behandlung von Mitarbeitern sowie deren Beschimpfung und Schmähung umfasst.[379]

Darüber hinaus werden unter *Sandwich-Mobbing* Schikanehandlungen verstanden, welche von Mitarbeitern gemeinsam mit dem höherrangigen Vorgesetzten ausgehen und gegen die Chefs gerichtet sind, während *Chairing* auf der Führungsebene ausgeübt wird und ein Verhalten zum Ausdruck bringt, mit welchem versucht wird, sich gegenseitig den (Chef-)Sessel wegzuziehen.[380] Unter dem Stichwort *Staffing* findet man schikanöses Mobbingverhalten von Mitarbeitern gegen ihre Vorgesetzten.[381]

Schließlich bezeichnet *Dissen* das Abstempeln und Erniedrigen eines anders Denkenden, *Shaming* die Attacken gegen Organisationen, um beispielsweise das Ansehen von Einrichtungen zu beschädigen, und *Defaming* beinhaltet „die Herabsetzung oder Diskriminierung von Einzelnen oder Gruppen durch erfundene oder verzerrte Behauptungen."[382]

b) Sexuelle Belästigung

Seit 2006 ist die sexuelle Belästigung im Allgemeinen Gleichbehandlungsgesetz gemäß § 3 Abs. 4 AGG[383] legal definiert als Benachteiligung in Bezug auf § 2 Abs. 1 Nr. 1 bis § 4 AGG, wenn ein unerwünschtes, sexuell bestimmtes Verhalten, wozu auch unerwünschte sexuelle Handlungen und Aufforderungen zu diesen, sexuell bestimmte körperliche Berührungen, Bemerkungen sexuellen Inhalts sowie unerwünschtes Zeigen und sichtbares Anbringen von pornografischen Darstellungen gehören, bezweckt oder bewirkt, dass die Würde der betreffenden Person verletzt wird, insbesondere, wenn ein von Einschüchterungen, Anfeindungen, Erniedrigungen, Entwürdigungen oder Beleidigungen gekennzeichnetes Umfeld geschaffen wird.

Die große Relevanz dieses Thematik verdeutlicht auch die im Jahr 2015 veröffentlichte, von der Antidiskriminierungsstelle des Bundes in Auftrag gegebene Studie, welche mit Hilfe einer repräsentativen Umfrage unter Beschäftigten und einer exemplarischen Befragung von Personalverantwortlichen und Personalvertretern bei privaten und öffentlichen Arbeitgebern in Deutschland untersuchen sollte, wie verbreitet sexuelle Belästigung im Arbeitsleben in Deutschland ist und wie mit solchen Vorfällen umgegangen wird.[384] Diese Studie stellte unter anderem fest, dass jeder zweite Befragte gesetzlich verbotene Belästigungen am Arbeitsplatz bereits einmal erfahren hat, wobei jede sechste Frau und jeder vierzehnte Mann das Erlebte explizit als „sexuelle Belästigung" einordnete.[385] Als Täter werden sowohl von den Männern als

---

379 *Brinkmann*, S. 9; *Fehr*, S. 70; *Wolmerath*, Rn. 25.

380 *Goldfuß*, S. 11.

381 *Wolmerath*, Rn. 25; vgl. *Braun*, DÖD 2002, 265 (267); ebenso *Fehr*, S. 70.

382 *Goldfuß*, S. 11.

383 Allgemeines Gleichbehandlungsgesetz (AGG): Erlassen am 14.08.2006, BGBL. I, S. 1897, 1910; letzte Änderung durch Art. 8 G v. 03.04.2013, BGBl. I, S. 610.

384 ADS des Bundes, Factsheet, S. 1.

385 ADS des Bundes, Umfrage unter Beschäftigten, S. 6.

auch von den Frauen am häufigsten Männer benannt.[386] Außerdem erleben danach Frauen vergleichsweise etwas öfter als Männer körperliche Belästigungen (ungewollte physische Annäherung, Umarmungen, Küsse), während Männer häufiger als Frauen visuelle oder verbale Formen wie E-Mails mit unerwünschtem Inhalt oder zweideutigen Kommentaren schildern.[387]

Nach einer vom Frauenbüro der Stadt Ulm herausgegebenen Broschüre[388] stellt die sexuelle Belästigung am Arbeitsplatz eine Überschreitung der Grenzen eines anderen Menschen dar. Es werden Gepflogenheiten für das zwischenmenschliche Miteinander missachtet und unerlaubt, gegebenenfalls sogar trotz offensichtlicher Zurückweisung, findet ein Eindringen in die Intimsphäre der betroffenen Person statt. Für diese kommt der Übergriff häufig unerwartet und erzeugt bei ihr ein Gefühl der Beleidigung, Bedrohung oder Erniedrigung. Unzweifelhaft wird dadurch die Würde des Opfers missachtet und auf diese Weise eine Art von Macht geltend gemacht.[389] Sexuelle Belästigungen werden hier definiert als einseitige und in der Regel unerwünschte Annäherungen sowie ungewollte Verhaltensweisen jeglicher Art in Form von Blicken, Gesten, Aussagen oder Körperkontakt mit Personen im Arbeitsumfeld, die vom Opfer als belästigend, erniedrigend oder bedrohlich wahrgenommen werden. Zur sexuellen Belästigung am Arbeitsplatz gehören somit anstößige oder herabsetzende Bemerkungen, obszöne und bloßstellende Aufforderungen sowie pornografische Bilder. Ebenso zählt dazu jedes unerwünschte Berühren und Befingern, die Aufforderung zu sexuellen Handlungen, eine (körperliche) Bedrohung bzw. Nötigung sowie jedes Missbrauchen eines Abhängigkeitsverhältnisses, vor allem wenn berufliche Vorteile in Aussicht gestellt oder Nachteile angekündigt werden.[390] Eine geringere Rolle in Zusammenhang mit Mobbing spielen dagegen Handlungen wie etwa der (erzwungene) Versuch des Beischlafs oder ähnliche Vorgehensweisen i. S. d. § 177 StGB.[391]

Bei wiederholtem zudringlichem Verhalten kann sexuelle Belästigung eine Komponente von Mobbing sein oder unter bestimmten Umständen den ganzen Mobbingsachverhalt dominieren. Jedoch ist nicht jede sexuelle Belästigung auch Bestandteil eines Mobbinggeschehens.[392] Allerdings kann eine von dem Betroffenen abgelehnte sexuelle Annäherung und die Ablehnung des sexuellen Begehrens der handelnden Person einen Grund für sich anschließendes Mobbingverhalten liefern: In 0,8 Prozent der Mobbingfälle führte nach einer Untersuchung die Ablehnung privater und sexueller Annäherungsversuche zu nachfolgendem Mobbing[393] bzw. war Mobbing signifikant oft eine Folgeerscheinung von einer vorherigen unfreiwilligen sexu-

386 ADS des Bundes, Factsheet, S. 2; ADS des Bundes, Umfrage unter Beschäftigten, S. 7.
387 ADS des Bundes, Factsheet, S. 2; ADS des Bundes, Umfrage unter Beschäftigten, S. 5.
388 *Bayer/Kern*, Broschüre des Frauenbüros der Stadt Ulm 2002.
389 *Bayer/Kern*, Broschüre des Frauenbüros der Stadt Ulm 2002, S. 10.
390 Dazu u. zum Voranstehenden *Bayer/Kern*, Broschüre des Frauenbüros der Stadt Ulm 2002, S. 10.
391 *Mühe*, S. 57.
392 *Mühe*, S. 56; *Wolmerath*, Rn. 27.
393 *Meschkutat/Stackelbeck/Langenhoff*, S. 118; ebenso *Mühe* S. 57.

ellen Beziehung.[394] Vielmehr noch in Verbindung mit Mobbing steht jedenfalls typischerweise die Sexualbeleidigung.[395] Dies belegt auch die Studie der Antidiskriminierungsstelle des Bundes, nach welcher die befragten Führungskräfte und Betriebsräte sexuelle Belästigung am Arbeitsplatz in den unterschiedlichen Ausprägungen beobachten, wobei am häufigsten verbale Formen wahrzunehmen seien.[396] Insbesondere geht es hier um Behauptungen, die darauf gerichtet sind, die sexuellen Fähigkeiten anzuzweifeln, dem Betroffenen sexuelle Beziehungen zu unterstellen bzw. ihn in dieser Hinsicht zu diffamieren oder ihm ein „reges und ausschweifendes" Sexualleben nachzusagen.[397]

Mitunter auch für diese Fälle enthält der neu eingeführte § 184i StGB einen neuen Straftatbestand der sexuellen Belästigung. Ziel dieser gesetzgeberischen Entscheidung war ausweislich der Beschlussempfehlung des Ausschusses, auch Fälle unter Strafe zu stellen, welche gegenwärtig nicht oder allenfalls im Einzelfall als Beleidigung nach § 185 StGB erfasst werden können. Weitere Einzelheiten hinsichtlich des neuen Straftatbestandes der sexuellen Belästigung bzw. der Reform des Sexualstrafrechts in diesem Zusammenhang werden im zweiten Teil dieser Arbeit im Rahmen der Sanktionsmöglichkeiten nach geltendem Recht behandelt.[398]

Eine Parallele von sexueller Belästigung und Mobbing ist zum einen, dass sich die Betroffenen in beiden Konstellationen häufig sorgen, ihrer Beschwerde könnte nicht geglaubt werden:[399] Im Fall von sexueller Belästigung existieren nämlich sowohl bei den betroffenen Personen als auch bei Dritten Verunsicherungen über die Grenzen zwischen üblichem kollegialem Miteinander und sexuellem Übergriff. Hinzu kommen Bedenken wegen der Reaktionen der Kolleginnen und Kollegen sowie die Besorgnis einer Parteinahme der (überwiegend männlichen) Führungskräfte zugunsten der hierarchisch höherrangigen Belästigenden. Denn ähnlich wie beim Mobbing sehen sich Opfer sexueller Belästigung nicht selten mit dem Vorwurf des Mitverschuldens konfrontiert. Außerdem gibt es, ebenfalls wie beim Mobbing, in vielen Unternehmen nach wie vor wenig Sensibilität für das Unrecht sexueller Belästigungen, häufig werden diese als allgemein üblich und deshalb als „noch sozialadäquat" bewertet.[400] Inwiefern durch die neuerdings (wieder) angestoßene Diskussion um den Grundsatz „Nein heißt Nein", der nun im Zuge der Reform des Sexualstrafrechts endlich im Gesetz verankert wurde, diesbezüglich ein Umdenken in den Betrieben stattfindet, bleibt abzuwarten.

Zum anderen findet durch sexuelle Belästigung, als weitere Parallele zum Mobbing, ein ungerechtfertigter Eingriff und damit eine Verletzung des allgemeinen Persönlich-

394 *Fehr*, S. 71; *Niedl*, S. 26 m. w. N.

395 *Mühe*, S. 57.

396 ADS des Bundes, Factsheet, S. 1; ADS des Bundes, Umfrage unter Beschäftigten, S. 5; ADS des Bundes, Umfrage unter Personalverantwortlichen und Betriebsräten, S. 7.

397 *Leymann* (2006), S. 90 f.; *Mühe*, S. 57.

398 Teil 2, Kapitel 2, III. 1. dieser Arbeit.

399 Dazu u. zum Nachstehenden *Fehr*, S. 71.

400 *Fehr*, S. 71; vgl. dazu auch *Bertelsmann* AiB 1987, 123 (125).

keitsrechts der (meist weiblichen) Opfer statt, das bedeutet es wird das Recht des Individuums auf Achtung seiner Person beschnitten.[401] Da statistisch gesehen überwiegend solche Frauen Opfer von sexueller Belästigung werden, die entweder noch recht jung sind und im Unternehmen eine untergeordnete und leicht austauschbare Position innehaben, oder solche, die sich auf mittlerer Hierarchieebene befinden und von ihren weiteren Karriereambitionen abgebracht werden sollen,[402] ist es insofern nicht überraschend, dass vornehmlich diese Mobbingopfer auch sexuelle Übergriffe durch die Mobbenden erleben.[403]

Demgegenüber ergibt sich ein wesentlicher Unterschied zwischen der sexuellen Belästigung und Mobbing hinsichtlich der jeweils vorrangig verfolgten Absichten: Bei der sexuellen Belästigung soll das Opfer in seiner Würde und seinem allgemeinen Persönlichkeitsrecht beeinträchtigt werden. Mobbingtäter beabsichtigen darüber hinaus noch, die betroffene Person psychisch zu entkräften und von ihrem Arbeitsplatz bzw. aus dem dortigen Sozialgefüge am Arbeitsplatz zu verstoßen. Dabei dient die sexuelle Belästigung lediglich dazu, den Achtungsanspruch des Opfers zu verletzen. Demnach ist es möglich, dass sexuelle Übergriffe entweder Anlass oder Mittel des Mobbings sind, sie können jedoch nicht mit Mobbing auf eine Stufe gestellt werden.[404]

c) Stalking

Unter *Stalking* wird das Verfolgen, Belästigen oder in sonstiger Weise Behelligen einer anderen Person verstanden, wobei dieses nicht selten mit dem Bestreben des Stalkers verbunden ist, eine (Art von) Liebesbeziehung mit seinem Opfer einzugehen.[405] Der Begriff leitet sich vom englischen Verb *to stalk* ab, welches mit „sich leise und langsam bewegen, um nahe zu kommen, ohne gesehen zu werden" übersetzt wird. In der Jägersprache hat Stalking die Bedeutung von „pirschen oder sich heranschleichen".[406] Inzwischen dient Stalking – nicht nur im englischsprachigen Raum – als generalisierende Umschreibung für sämtliche Formen eines Eindringens in den Lebensbereich einer anderen Person gegen deren Willen.[407] Eine allgemeingültige interdisziplinäre Definition des Stalking wurde bislang jedoch noch nicht gefunden.[408]

Aufgrund seiner Vielschichtigkeit lässt sich das Verhaltensmuster von Stalking nur sehr schwer erschließen. Vorgehensweisen, Ausmaße sowie Motivationen des Täters und die Konsequenzen für das jeweilige Opfer sind sehr unterschiedlich und die

401 *Fehr*, S. 71; vgl. ebenso *Rieble/Klumpp*, ZIP 2002, 369 (372); BT-Drs. 12/5717, S. 37 f.

402 *Bayer/Kern*, Broschüre des Frauenbüros der Stadt Ulm 2002, S. 14.

403 *Fehr*, S. 71; *Leymann* (2006), S. 34.

404 *Fehr*, S. 71 f.

405 *Kerbein/Pröbsting*, ZRP 2002, S. 76 ff.; sowie *Pechstaedt* grundlegend zur Stalking-Problematik; vgl. ebenso *Mühe*, S. 55.

406 LK-*Krehl*, § 238 Rn. 1; ebenso *Fehr*, S. 73.

407 LK-*Krehl*, § 238 Rn. 1; BT-Drs. 16/575, S. 7; BGH, Beschl. v. 19.11.2009 – 3 StR 244/09, BGHSt 54, 189, 193.

408 *Aul*, S. 38.

Phase der Aktivitäten eines Stalkers dürfen nicht verkannt werden. Dabei sind die bevorzugtesten Handlungen eines Stalkers insbesondere Telefonterror, Verfolgungen und Bedrohungen.[409] In der Folge hat Stalking für die Opfer sowohl in seelischer, körperlicher als auch in gesellschaftlich-sozialer Hinsicht gravierende Auswirkungen: Bei 17,7 Prozent bis 42,9 Prozent aller Stalkingfälle wird Gewalt des Stalkers gegen dessen Opfer angewendet, wobei sich vermutlich bei leichteren, lediglich belästigenden Ausprägungen des Stalkings die Geschlechter einander annähern, während schwere Gewalttaten meist von Männern vorgenommen werden.[410] Ferner kann Stalking jedem zustoßen, sei es wegen des früheren Partners nach Beendigung einer Beziehung, wegen des sich anbiedernden Nachbarn bzw. Kollegen oder wegen eines Täters, der aufgrund einer nicht einzuordnenden Fixierung seinem Opfer nachstellt.[411]

Mit dem am 31. März 2007 in Kraft getretenen Straftatbestand der Nachstellung gemäß § 238 StGB sollte das soziale Phänomen Stalking nach vorangegangenen langen Debatten in der Öffentlichkeit endlich strafrechtlich sanktioniert werden. Mit der Schaffung dieses Gesetzes verband die Bundesregierung die Hoffnung, einen besseren Opferschutz durch Schließung von Strafbarkeitslücken zu erreichen und dem Gesamtbild des Phänomens besser Rechnung tragen zu können.[412] Allerdings ist nicht unumstritten, ob mit der Norm tatsächlich eine effektive Stalking-Bekämpfung und gleichermaßen ein ausreichender Opferschutz erreicht wurden. Im Fokus dieser Diskussionen steht vor allem, ob bei dieser Zielverwirklichung verfassungsrechtliche Vorgaben eingehalten wurden.[413] Die Beantwortung dieser Fragen kann für die vorliegende Arbeit jedoch dahingestellt bleiben.

Gemeinsam ist Stalking und Mobbing, dass es sich bei beiden um Prozesse handelt, die jeweils einen Gesamtkomplex von Einzelhandlungen bilden und sich über einen längeren Zeitraum erstrecken. Erst diese Kombination aus dem Zusammenwirken der einzelnen Handlungen und die längere Dauer des Geschehens bewirken schließlich für den Betroffenen die nachteiligen Folgen, insbesondere für dessen (körperliches) Wohlbefinden und seine Gesundheit. Dabei setzt Stalking, ebenso wie Mobbing, das Vorliegen von mindestens zwei entsprechenden Handlungen des Stalkers ausgehen,

---

409 *Aul*, S. 216.

410 *Aul*, S. 216.

411 *Schlachter*, S. 6.

412 Vgl. BT-Drs. 16/575, S. 1.

413 Befürwortung von § 238 StGB: BT-Drs. 16/575, S. 1; BT-Drs. 16/3641, S. 14; *Mosbacher*, NStZ 2007, S. 665 ff.; *Sadtler*, S. 375; *Seiler*, S. 246 f.
Kritisch dagegen: Kritik des Bundesrates zum Entwurf der Bundesregierung in BT-Drs. 617/05, S. 8; Antrag Landtag Mecklenburg-Vorpommern, 6. Wahlperiode, Drs. 6/3330 v. 01.10.2014; *Aul*, S. 219 ff.; *Eiden*, ZIS 2008, S. 123 ff.; *Freudenberg*, NK 2005, S. 84 ff.; dies., NJ 2006, S. 535 ff.; *Kinzig*, ZRP 2006, S. 255 ff.; *Löhr*, S. 445; *Mitsch*, JURA 2007, S. 491 ff.; ders., NJW 2007, S. 1237 ff.; *Neubacher*, ZStW 2006, S. 855 ff.; *Neubacher/Seher*, JZ 2007, S. 1029 ff.; *Schlachter*, S. 323 ff.; *Sommerfeld/Voß*, Schleswig-Holsteinische Anzeigen, Justizministerialblatt für Schleswig-Holstein, Teil A (S. 1–428), 2005, S. 326 ff.; *Utsch*, S. 251 f.; *Vander*, Kritische Justiz 2006, S. 81 ff.; *Wagner*, Familie/Partnerschaft/Recht, Heft 5, 2006, S. 139 ff.; außerdem *Buß*, S. 259 f., welcher die Norm grundsätzlich befürwortet, jedoch verfassungsrechtliche Bedenken bzgl. der Auffangklausel in § 238 Abs. 1 Nr. 5 StGB äußert.

voraus.[414] Eine weitere Parallele ist, dass sowohl Stalking als auch Mobbing häufig aus Handlungen besteht, die einzeln die Grenze zur Strafbarkeit noch nicht überschreiten bzw. als (gerade noch) sozialadäquat angesehen werden.[415]

Dagegen unterscheiden sich Stalking und Mobbing voneinander primär dadurch, dass ersteres meistens unabhängig vom Arbeitsplatz stattfindet und auf das Privatleben des Betroffenen beschränkt ist. Ein Zusammenhang mit dem Arbeitsplatz kann sich allenfalls insofern ergeben, als es sich bei dem Stalker um einen Kollegen des Opfers handelt.[416] Weitere Unterschiede der beiden Sozialphänomene bestehen darin, dass zum einen der Mobbende den Betroffenen als Feind betrachtet, wohingegen der Stalker sein Opfer meist begehrt und mit diesem um jeden Preis in Kontakt treten möchte; zum anderen agiert bei Stalking vorwiegend ein Alleintäter, während bei Mobbing dem Betroffenen unter Umständen auch mehrere Mobbende gegenüberstehen können.[417] Darüber hinaus leidet im Gegensatz zu Mobbing die Mehrheit der Stalkingtäter offenbar an Persönlichkeitsstörungen, da sie auf tatsächliche oder eingebildete Misserfolge und Zurückweisungen hochsensibel reagieren und nicht selten einen Wahn entwickeln. Mittels Stalking wird dann die vom Täter als unerträglich empfundene Machtlosigkeit durch gegen das Opfer gerichtete Aggressivität kompensiert, um auf diese Weise das Selbstwertgefühl zu stärken.[418] Schließlich bezweckt der Stalker anders als beim Mobbing durch das Nachstellen in erster Linie, Kontrolle über sein Opfer auszuüben bzw. seine Macht ihm gegenüber zu verdeutlichen, und es gibt beim Stalking kein dem Mobbing vergleichbares Ziel, wie etwa die Ausgrenzung des Betroffenen aus seinem Sozialgefüge.[419]

d) Diskriminierung

Das Wort *Diskriminierung* bedeutet mit negativer Bewertung die Herabsetzung durch Benachteiligung. Im soziologischen Kontext ist dabei vor allem die Ungleichbehandlung von Menschengruppen gemeint. Diese Gruppen bzw. einzelne Gruppenzugehörige werden aus bestimmten Gründen, meist wegen bezeichnender Merkmale wie beispielsweise der ethischen Zugehörigkeit, der Hautfarbe, des Geschlechts etc., herabgewürdigt, indem sie schlechter als andere behandelt werden.[420] Ausgesucht wird das Diskriminierungsopfer dabei aufgrund bestehender Vorurteile oder Stereotypen. Damit stehen nicht persönliche Merkmale der diskriminierten Person, sondern die Zugehörigkeit zu einer Gruppe im Vordergrund. Dieser Mechanismus kann – muss aber nicht – eine mögliche Ursache von Mobbing sein. Personen wird dann aufgrund ihrer Zugehörigkeit zu einer bestimmten Gruppe systematisch feindselig

414 *Mühe*, S. 56; *Pechstaedt*, S. 29.
415 *Mühe*, S. 56.
416 *Mühe*, S. 56.
417 *Mühe*, S. 56; *Pechstaedt*, S. 30.
418 *Fehr*, S. 73 f. m. w. N.
419 *Fehr*, S. 74.
420 *Fehr*, S. 72; *Niedl*, S. 27.

begegnet.[421] Außerdem beabsichtigen Diskriminierende zwar den Ausschluss von Gruppen oder Gruppenzugehörigen aus dem jeweiligen sozialen System, jedoch erfolgt dieser Ausschluss nicht notwendig durch eine für Mobbingsachverhalte typische, meist subtile, psychische Entkräftung des Opfers.[422]

In arbeitsrechtlicher Hinsicht verbietet zum einen das Allgemeine Gleichbehandlungsgesetz jede unzulässige Benachteiligung von Beschäftigten wegen eines Diskriminierungsmerkmals aus § 7 Abs. 1 AGG. Zum anderen darf nach dem (arbeitsrechtlichen) Gleichbehandlungsgrundsatz ein Arbeitnehmer nicht aus willkürlichen Gründen oder aus sachfremden Erwägungen, wie z. B. Herkunft, Rasse, Geschlecht, Gewerkschaftszugehörigkeit oder Teilzeitarbeit, schlechter gestellt werden als andere mit ihm vergleichbare Arbeitnehmer.[423] Diskriminierung in diesem Sinn kann damit eine Komponente von Mobbing sein, wenn etwa mit dem Mobbingopfer bewusst schlechter verfahren wird als mit den übrigen Arbeitnehmern. Allerdings stellt die Rechtsordnung in erster Linie ausdrücklich auf Fälle von nicht gewährten Ansprüchen bzw. Leistungen gegenüber der diskriminierten Person ab.[424] Im Unterschied dazu ist der Mobbingbegriff einerseits weiter gefasst, da er nicht nur auf das Vorenthalten rechtlicher Ansprüche abstellt, und andererseits wird er aufgrund seines Prozesscharakters enger ausgelegt, da es sich bei vereinzelten Rechtsverstößen, denen keine Systematik zugrunde liegt, gerade nicht um Mobbing handelt.[425]

e) Whistleblowing

Whistleblowing ist ein organisatorisches Phänomen und bezeichnet im Wesentlichen das Aufmerksammachen auf Missstände im Unternehmen durch Mitarbeiter. Der Begriff stammt aus dem angelsächsischen Raum, womit hier insbesondere die USA, aber auch Großbritannien, Kanada, Australien, Neuseeland, Südafrika sowie Hongkong gemeint sind.[426]

In der deutschen Sprache ist etwa „Alarm geben" eine von zahlreichen, eher unbeholfenen Umschreibungen. Die Ursache für eine fehlende deutsche Übersetzung des Wortes beruht vor allem darauf, dass es in Deutschland schwerfällt, dem eigentlichen Akt des Whistleblowings eine positive Konnotation zu verleihen. „Verpfeifen" kommt dem Ausdruck im Wortsinn sehr nahe, was gerade auch die hohe Ambivalenz des Phänomens verdeutlicht, denn zwischen dem Aufmerksammachen auf Missstände und dem Denunzieren von Kollegen oder Führungskräften sind die Übergänge fließend.[427] Deshalb ist unter anderem zur Vermeidung der Förderung einer Denunziantenkultur eine genauere Begriffsbestimmung unerlässlich. Konkreter definiert wird Whistleblowing schließlich als Aufdeckung von illegalem, unmoralischem oder illegi-

421 *Niedl*, S. 27 f. m. w. N.; ebenso *Fehr*, S. 72.
422 *Fehr*, S. 72.
423 Vgl. Schaub-*Linck*, § 112 Rn. 1 ff.
424 *Niedl*, S. 27; vgl. dazu u. zum Voranstehenden ebenso *Fehr*, S. 72.
425 *Fehr*, S. 72.
426 *Fehr*, S. 74.
427 Dazu u. zum Voranstehenden *Schmidt*, in Geleitwort zu Pittroff, S. V.

timen Verhalten, das dem Kontrollbereich des Arbeitgebers unterfällt, wobei die Hinweise von derzeitigen oder ehemaligen Organisationsmitgliedern an Personen oder Organisationen weitergegeben werden, die auf diese Verhaltensweisen gegebenenfalls einwirken können.[428] Anhand dieser Merkmale lässt sich nun auch eine Abgrenzung gegenüber anderen Handlungsweisen von Mitarbeitern im Unternehmen vornehmen. Insbesondere ist Whistleblowing auf diese Weise von der Verbreitung von Gerüchten und Intrigen sowie von Mobbing und dem sogenannten Rufmord zu unterscheiden, da diese nicht zu schützenswertem Verhalten zählen.[429] Aufgrund ihres Handelns können Whistleblower[430] jedoch ihrerseits Opfer von Repressalien werden, welche den oben aufgezeigten Mobbinghandlungen nahekommen. Diese Vergeltungsmaßnahmen haben jedoch nicht zwingend das Bestreben, das Opfer unwiderruflich aus dem sozialen Gefüge auszuschließen, sondern beabsichtigen vielmehr, die betreffende Person zum Schweigen zu bringen.[431]

f) Ijime

Ijime ist ein sehr altes Phänomen in Japan, das vom japanischen Verb *ijimeru* für „quälen" abgeleitet wird und ursprünglich für Schikanen und Demütigungen von Kindern in der Schule oder Heranwachsenden in der Ausbildung stand, um Individuen in die Gruppe zu integrieren und dieser anzugleichen.[432] Heutzutage wird der Begriff als gezieltes Zufügen seelischen oder körperlichen Leids einem Schwächeren gegenüber bzw. als Quälen durch Misshandlung definiert.[433]

Im japanischen Schulalltag wurde Ijime lange als für die psychische Eingruppierung unerlässlicher Initiationsritus angesehen. Letztlich entwickelte es sich aber in den 1980er und 1990er Jahren aufgrund steigender Fehlzeiten und zahlreicher Suizide von Schülern zu einem erheblichen gesellschaftlichen Problem, das Gegenmaßnahmen erforderte.[434]

Das Phänomen *Ijime am Arbeitsplatz* gewann in Japan Anfang der 1970er Jahre, vorrangig als ein Werkzeug der sozialen Kontrolle, zunehmend an Bedeutung. Förderlich für dessen Verbreitung war das Bedürfnis der Industrie nach jungen Arbeitskräften, die sich, ohne Probleme zu bereiten, in einer standardisierten Arbeitswelt den an sie gestellten Anforderungen anzupassen wussten: Sie sollten keinen Individualismus an den Tag legen, keine auffälligen Persönlichkeiten sein und vor allem keine Kritik

428 *Pittroff*, S. 9 m. w. N.
429 *Pittroff*, S. 10.
430 Am 16.12.2019 ist die Richtlinie zum Schutz von Personen, die Verstöße gegen das Unionsrecht melden, in Kraft getreten. Diese sog. Whistleblowing-Richtlinie wurde im Amtsblatt der europäischen Union (EU) als Richtlinie 2019/1937 am 26.11.2019 veröffentlicht und soll den Schutz von Hinweisgebern auf ein EU-weit einheitliches Niveau heben. Sie ist von den Mitgliedstaaten grds. binnen zwei Jahren in nationales Recht umzusetzen.
431 *Fehr*, S. 74; vgl. *Hirigoyen*, S. 90.
432 *Fehr*, S. 74 m. w. N.
433 *Fehr*, S. 74 f. m. w. N.
434 *Hirigoyen*, S. 92; vgl. ebenso *Fehr*, S. 75 m. w. N.

üben.[435] Um den - bedingt durch das damalige Wirtschaftswachstum - vielfältigen auferlegten Reglementierungen gewachsen zu sein, waren Arbeitnehmer deshalb hohen Belastungsproben wie Zeitdruck und permanenter Selbstkontrolle ausgesetzt.[436]

Vergleichbar mit Mobbing wird durch Ijime Druck auf die menschliche Psyche ausgeübt. Verursacht wird dieser Druck auch hier durch schikanierendes Verhalten, wobei anders als bei Mobbing Ijime jedoch nicht bezweckt, den Betroffenen aus dem sozialen Gefüge am Arbeitsplatz zu drängen. Vielmehr soll das Opfer nach ertragener Schikane die vorgeschriebenen Regeln verinnerlicht haben, diese nicht (länger) anzweifeln und seine Position im System entsprechend der Vorgaben ausfüllen. Damit dient Ijime in erster Linie dazu, formelle oder auch informelle Gruppenregeln durchzusetzen.[437]

B. Kapitel 2: Ursachen für Mobbing

Für die im Rahmen dieser Arbeit im besonderen Interesse stehenden Lösungsansätze und Möglichkeiten einer effizienten sowie nachhaltigen Mobbingbekämpfung bzw. Mobbingprävention sind vor allem die Ursachen von Mobbing sowie die Ursachen der die Mobbingbereitschaft verstärkenden Faktoren von maßgeblicher Bedeutung.

I. Diversität möglicher Ursachen

Ebenso vielfältig und unterschiedlich wie die potentiellen Mobbinghandlungen[438] sind auch die möglichen Ursachen von Mobbing und die Umstände, die dazu führen. Eine abschließende Nennung aller erdenklichen Mobbinggründe kann daher nicht erfolgen.[439] So kommen als Mobbinganlass einerseits der allgemeine gesellschaftliche Wandel oder Veränderungen in der Berufswelt in Betracht. Andererseits kann Mobbing gleichermaßen durch unternehmenspolitische Faktoren bzw. regelbare Arbeitsbedingungen oder einzelfallspezifische Persönlichkeitsaspekte und individuelle Handlungsmotive des Mobbenden hervorgerufen werden. Dabei gilt für die Entstehung von Mobbing, dass selten ein einzelner Auslöser ausschlaggebend ist.[440] Vielmehr spielt in den meisten Fällen eine Kombination aus gesellschaftlichen, arbeitsplatzbezogenen und individuellen Faktoren in unterschiedlichem Maße eine Rolle.[441]

---

435 *Fehr*, S. 75 m. w. N.; *Hirigoyen*, S. 92 f. m. w. N.

436 *Hirigoyen*, S. 92 f. m. w. N.

437 *Fehr*, S. 75.

438 Teil 1, Kapitel 1, II. 5. a) dieser Arbeit.

439 Vgl. die Aufzählungen bei *Leymann* (2006), S. 131 ff.; *Meschkutat/Stackelbeck/Langenhoff*, S. 110 ff.; *Resch*, S. 132 ff.; *Schimmelpfennig/Schimmelpfennig*, PersV 1998, 260 (268 ff.); *Volk*, S. 153 ff.; *Zuschlag*, S. 41 f., 45 f., 50 f.; vgl. ebenso *Mühe*, S. 58.

440 *Mühe*, S. 58.

441 *Wickler*, in Wickler, Rn. 4.

Die Entwicklung bzw. der Verlauf eines Mobbinggeschehens wiederum hängt vom Charakter der am Mobbingprozess beteiligten Parteien, dem Führungsstil des Vorgesetzten und der Organisation der einzelnen Teams oder des gesamten Unternehmens ab. Als Beispiele dafür können die Gestaltungsspielräume der Mitarbeiter, die Art und Weise des Informationsstroms, Kompetenzverteilungen oder Kooperationserfordernisse genannt werden.[442] Auch die Konjunkturentwicklung in der jeweiligen Branche beeinflusst die Arbeitsplatzatmosphäre und eine angespannte Arbeitsmarktsituation verbunden mit der Angst vor Arbeitsplatzverlust. Wachsender Stress und Leistungsdruck begünstigen ein Klima, in dem Belastungen zunehmen.[443] In der Regel ist es gerade das Zusammenwirken von mehreren fallspezifischen Faktoren, die für Mobbing im Einzelfall ursächlich oder fördernd sind.[444] So kann etwa der gleiche Ursprungskonflikt unter günstigen Bedingungen – unter Umständen auch zügig – gelöst werden, während er unter ungünstigen Bedingungen zu Mobbing ausartet.[445] Zu beachten bleibt bei alledem, dass von Verallgemeinerungen stets abzusehen ist und stattdessen ausnahmslos eine individuelle und einzelfallbezogene Analyse der betreffenden Situation bzw. des Geschehens durchgeführt werden muss.[446]

II. Mittelbare Gründe

Im Folgenden sollen zunächst Gründe, die Mobbing indirekt bzw. mittelbar begünstigen oder intensivieren können, einer näheren Betrachtung unterzogen werden. Dabei spielen hauptsächlich der gesellschaftliche Strukturwandel und die allgemeine Wirtschaftslage im Zusammenhang mit der herrschenden Arbeitsmarktsituation eine tragende Rolle.

1. Gesellschaftlicher Strukturwandel

Als einer der mittelbaren Gründe für die Entstehung bzw. die Zunahme von Mobbing in der Arbeitswelt spielt der gesellschaftliche Strukturwandel eine nicht unwesentliche Rolle.[447] Mit Struktur wird in diesem Zusammenhang „der Aufbau, das Gefüge, die innere Gliederung einer Gesellschaft, ihrer Institutionen und Organisationen“ bezeichnet und der Strukturwandel beinhaltet demnach eine Änderung dieser inneren Anordnung.[448]

Der gesellschaftliche Wandel führt zum einen zu Veränderungen der Arbeitsbeziehungen und zum anderen auch zu Veränderungen privater Lebenszusammenhänge sowie zu einem allgemeinen Wertewandel: Was die Arbeitsverhältnisse betrifft, wird

442 *Meschkutat/Stackelbeck/Langenhoff*, S. 110.
443 *Meschkutat/Stackelbeck/Langenhoff*, S. 110.
444 *Meschkutat/Stackelbeck/Langenhoff*, S. 110; *Mühe*, S. 58; vgl. ebenso *Wickler*, in Wickler, Rn. 4.
445 *Meschkutat/Stackelbeck/Langenhoff*, S. 110.
446 *Mühe*, S. 58; *Wolmerath*, Rn. 49.
447 *Prosch*, S. 85 m. w. N.; vgl. dazu auch *Waniorek/Waniorek*, S. 36 f.; *Wickler*, in Wickler, Rn. 5 ff. m. w. N.
448 *Neumann*, S. 13, 30; *Prosch*, S. 86.

die Veränderung in bestimmten Strukturbeziehungen einerseits auf den technisch-organisatorischen Wandel durch Implementierung neuer Produktionsfaktoren und die Entwicklung innovativer Produkte zurückgeführt und andererseits aus der dadurch veränderten Nachfragestruktur nach Gütern und Dienstleistungen gefolgert.[449] Gerade durch den in sämtlichen Bereichen stattfindenen Einzug technischer Innovationen ergeben sich Kommunikationsprobleme am Arbeitsplatz, aus denen Missverständnisse resultieren, die letztlich mobbingfördernd sind.[450] Aufgrund der heutzutage global vorrangigen Kommunikation via Computer kommt den Menschen zunehmend die Fähigkeit zum zwischenmenschlichen, „echten" Kommunizieren abhanden. Das Umgehen konfrontierender Gespräche begünstigt die Entwicklung der Klischee- und Vorurteilsbildung. Auf diese Weise entstandene Vorbehalte können wegen der mangelnden Kommunikationsfähigkeit aller Beteiligten dann auch nicht ohne Weiteres wieder ausgeräumt werden.[451] Zudem bergen die Aufteilung und Verdichtung der Arbeitsprozesse sowie die Computerisierung und Individualisierung des Arbeitsplatzes ein großes Potential an Konfliktherden, welche die interpersonale Wahrnehmung und den Austausch zwischenmenschlicher Beziehungen beeinflussen. Der Aufbau echter Beziehungen wird durch Zeitstress und Hektik verhindert. Diese beiden Faktoren wiederum beruhen auf den Anforderungen der Leistungsgesellschaft in Form schneller, flexibler Entscheidungen, Urteile und Bewertungen, die aus Zeitmangel nicht mehr im direkten Kontakt überprüft werden können. Daher bestimmen informelle Systeme, Grüppchenbildung, Klatsch und Tratsch das soziale Klima, in welchem die soziale Beziehungsebene für die persönliche Machtausübung missbraucht wird, wobei häufig sämtliche moralische und ethische Grenzen missachtet werden.[452]

Darüber hinaus sind durch den gesellschaftlichen Wandel auch Veränderungen privater Lebenszusammenhänge und ein allgemeiner Wertewandel zu verzeichnen.[453] Mobbing wird als Ergebnis bestehender und zugleich als Indikator für die Fortentwicklung ernstzunehmender gesellschaftlicher Defizite gesehen. Die materialistisch-enthumanisierende Werteverschiebung, bemerkbare Verrohungstendenzen innerhalb der Gesellschaft, der Rückgang des Rechtsbewusstseins, der charakterbildenden Prägung, der Fairnesskultur, der Mitmenschlichkeit, des gegenseitigen Respekts und der Mangel an Regularien, um fortschrittsbedingte Überforderungen zu verhindern, bewirken letztlich eine Herabsetzung der Hemmschwelle gegenüber persönlichkeitsverletzendem und menschenunwürdigem Verhalten.[454]

Gleichzeitig wird in unserer Gesellschaft die soziale Anerkennung des Einzelnen zunehmend wichtiger. Dabei wird das gesellschaftliche Ansehen einer Person immer mehr von materiellen Werten bestimmt und ist direkt mit dem Erfolg im Erwerbsleben verknüpft.[455] Nicht zuletzt aufgrund des über die Medien hochgespielten und

449 *Prosch*, S. 86 f.
450 *Prosch*, S. 87; *Thomas*, S. 27.
451 *Prosch*, S. 87.
452 Dazu u. zum Voranstehenden *Prosch*, S. 87 m. w. N.
453 *Prosch*, S. 87 m. w. N.
454 *Wickler*, in Wickler, Rn. 8; ebenso *Mühe*, S. 58; vgl. auch *Wolmerath*, Rn. 51.
455 *Mühe*, S. 58.

weit verbreiteten Karrieredenkens kommt der Leistungsorientiertheit und Leistungsbereitschaft eine sehr hohe Bedeutung in unserer Gesellschaft zu. Arbeitnehmer ohne Karrierebestrebungen gelten schnell als nicht leistungsbereit. Diese Konditionierung auf Erfolg, die heutzutage nicht selten schon im Kindesalter beginnt, trägt wesentlich dazu bei, dass auf dem bevorzugten Lösungsweg, welcher beruflichen Erfolg verheißt, auch vor solchen Mitteln nicht zurückgeschreckt wird, die bei intensivem Einsatz als Mobbing einzuordnen sind.[456] Arbeit hat heute also mehr denn je an zentraler Bedeutung für gestiegene Bedürfnisse wie Selbstverwirklichung, Selbständigkeit, Entfaltung, Mitbestimmung und Stabilisierung der persönlichen Identität gewonnen. Dabei dient die Arbeitsbeziehung häufig der Selbstaufwertung, Leistung zählt nur noch scheinbar, Kollektivität ist zerbrochen und die eigene Person wird als relevanter Wert in den Vordergrund gerückt.[457]

Schließlich wird eine weitere Mobbingursache an dem zunehmend an Relevanz gewinnenden Stellenwert von Emotionen in unserer Gesellschaft gesehen.[458] Aufgrund des Trends in der öffentlichen Diskussion zu der Forderung, sich mehr als früher mit den eigenen Gefühlen zu befassen und diese auch auszuleben, steigt die Sensibilität für die persönlichen Emotionen, was wiederum zu einer voranschreitenden Individualisierung führt. Der dadurch zusätzlich erhöhte Individualisierungs- und Konkurrenzdruck bewirkt schließlich, dass auch Konflikte am Arbeitsplatz intensiver und härter in ihrer Austragung empfunden werden, als das früher der Fall gewesen wäre.[459]

2. Allgemeine Wirtschaftslage und herrschende Arbeitsmarktsituation

Neben den gesellschaftlichen Veränderungen wird auch eine schwierige Arbeitsmarktsituation für Mobbing verantwortlich gemacht.[460] Aufgrund des Wettbewerbsdrucks und einer angespannten Konjunkturlage finden häufig umfassende Rationalisierungsmaßnahmen und Kostenreduzierungen in Unternehmen statt, die sich wiederum in Entlassungen, permanenten Umstrukturierungen und einer größeren Fluktuationsrate in Führungspositionen niederschlagen.[461] Bei den Arbeitnehmern wächst so die Angst um ihren Arbeitsplatz, welcher für den Einzelnen über die finanzielle Erwerbstätigkeit hinaus auch für sein persönliches Wohlbefinden existentiell notwendig ist, um als respektiertes Mitglied der Berufswelt und damit der Gesellschaft gelten zu können.[462] So verstärkt die fortschreitende Bestimmung der sozialen Geltung über materielle Werte den Druck auf den einzelnen, insbesondere weil die Arbeitsplätze einerseits immer unsicherer werden und andererseits gleichzeitig meist

456 *Mühe*, S. 58 f.
457 *Prosch*, S. 87 f. m. w. N.
458 *Mittelstaedt*, S. 227 m. w. N.
459 *Mittelstaedt*, S. 227 f.; dazu u. zum Voranstehenden ebenso *Fehr*, S. 43 f.
460 *Meschkutat/Stackelbeck/Langenhoff*, S. 110; *Mühe*, S. 59; *Wolmerath*, Rn. 48.
461 *Leymann* (2006), S. 133; *Meschkutat/Stackelbeck/Langenhoff*, S. 110 ff., 124 ff.; *Mühe*, S. 59; *Resch*, S. 132 ff.; *Volk*, S. 153 ff., 161.
462 *Mühe*, S. 59; *Wickler*, in Wickler, Rn. 6.

die einzige Chance zur Teilhabe an Sozialprestige darstellen.[463] Bereits die potentielle Bedrohung des Arbeitsplatzes wird deshalb als starke psychische Belastung erlebt und die Bereitschaft zur Arbeitsplatzerhaltung ist dementsprechend groß. Aufgrund der Definition der eigenen Person über den Arbeitsplatz und der damit entstandenen hohen Bedeutung desselbigen für das Individuum ist aus Existenzangst häufig jedes Mittel recht und es wird unfaires Verhalten angewandt, um die eigene Position im Unternehmen zu sichern.[464] Die dabei in Bedrängnis geratenen Personen widersetzen sich den Angriffen ihrer Vorgesetzten oder Kollegen nicht, um keine unnötige Aufmerksamkeit auf sich zu ziehen und den Anschein eines funktionierenden Arbeitsumfelds zu erwecken. Häufiges Motiv für dieses passive Verhalten stellt dabei auch wieder die Angst vor dem Arbeitsplatzverlust dar.[465] Ungewollt wird dadurch letztlich das Mobbingverhalten begünstigt und die Möglichkeit geschaffen, dass Konflikte überhaupt erst zu einem langwierigen Mobbinggeschehen mit beträchtlichen Auswirkungen für die Gesundheit der Betroffenen eskalieren.[466]

Ähnlich nachvollziehbar wie in den Fällen, in denen eine Person sich in ihrer eigenen Existenz bedroht sieht,[467] sind die Beweggründe für mobbingspezifische Verhaltensweisen gegenüber neu eingestellten Mitarbeitern, während ältere Kollegen ihre Entlassung aufgrund von Umsatzeinbrüchen und Rationalisierungsmaßnahmen befürchten müssen.[468] Auch eine schlechte Konjunktur und fehlende Absatzmärkte können letztlich Sanktionen seitens der Geschäftsleitung wie beispielsweise Streichungen von Gehaltserhöhungen, Provisionen, Prämien oder Kürzungen der Sozialleistungen bedingen und Mobbing dadurch fördern, dass versucht wird, auf Kosten des Kollegen Umsatz zu generieren, um eben wiederum die eigene Position zu verbessern bzw. zu behalten.[469] In diesem Kontext besteht auch die Möglichkeit, dass mobbingspezifische Verhaltensweisen auf gesellschafts- und wirtschaftspolitische Fehlentscheidungen und Entwicklungstendenzen beruhen: So kann eine falsche Sparpolitik, die vor allem Kürzungen im Sozialsektor vorsieht, während der Unternehmenssektor davon weitgehend unberührt bleibt, den Einsatz von Ellenbogentaktik deutlich begünstigen.[470] Ebenso soll ein Bedeutungsverlust der betrieblichen Sozialpolitik zur bewussten Gestaltung der sozialen Beziehungen im Betrieb eine Verschlechterung des sozialen Klimas zur Folge haben. Denn der Betrieb als soziales Konstrukt wird von der Unternehmensleitung nicht selten auf eine rationale Kosten-Nutzen-Rechnung reduziert und die Erfüllung der Fürsorgepflicht gegenüber den Arbeitnehmern stellt lediglich eine an arbeitsmarkt- und wirtschaftspolitischen Daten orientierte Variable dar, die den Mitarbeiter als Menschen außer Acht lässt.[471]

---

463 *Wickler*, in Wickler, Rn. 6.
464 *Mühe*, S. 59; *Wickler*, in Wickler, Rn. 6.
465 *Gockel*, S. 255; *Mühe*, S. 59.
466 *Mühe*, S. 59.
467 Vgl. dazu auch *Waniorek/Waniorek*, S. 42 f.
468 *Prosch*, S. 85.
469 *Prosch*, S. 85; *Waniorek/Waniorek*, S. 36 f.
470 *Diergarten*, S. 17 f.; *Prosch*, S. 86.
471 *Diergarten*, S. 20 ff.; *Prosch*, S. 86.

Darüber hinaus können weitere Begünstigungsfaktoren für Mobbing gesundheitspolitische Versäumnisse und Defizite im Arbeitsschutz sein. Das gilt etwa für das Fehlen von Anreiz- und Motivationsinstrumenten, welche für eine aktiv betriebene Gesundheitspolitik in Unternehmen förderlich sind. Mit letzterer sollen die Arbeitsumwelt bzw. betrieblichen Arbeitsbedingungen menschengerecht und gesund gestaltet sowie die Leistungsfähigkeit und Zufriedenheit der Mitarbeiter sichergestellt werden.[472] Deshalb ist eine präventive Gesundheitspolitik von großer Bedeutung, da diese positiv die Partizipation und beruflichen Qualifikation der Beschäftigten sowie die Verbesserung der Betriebsorganisation mitgestaltet.[473] Demgegenüber bewirken die Bagatellisierung, das Ignorieren und die Rechtfertigung erkannter gesundheitlicher Beeinträchtigungen eine Chronifizierung von Krankheitsverläufen und stehen einer Verbesserung konkreter Belastungen im Unternehmen entgegen, was schließlich wieder förderlich für mobbingspezifisches Verhalten ist.[474]

III. Unmittelbar das Mobbinggeschehen auslösende Gründe

Gesellschaftliche Prozesse und die herrschende Arbeitsmarktsituation können Mobbing begünstigen oder fördern, jedoch nicht ausschließlich für die Entstehung bzw. Entwicklung eines Mobbinggeschehens verantwortlich sein. Eher entscheidend für die Entstehung und das Gedeihen von Mobbing sind Faktoren, die zum einen betrieblich bedingt sind, das heißt sich etwa aus der Unternehmenspolitik oder unternehmerischen Rahmenbedingungen ergeben, sowie zum anderen außerbetrieblicher Natur sind, also aus der zwischenmenschlichen Sphäre stammen und von bestimmten persönlichkeitsbezogenen Faktoren bzw. vom persönlichen Verhalten der Beteiligten abhängen.[475]

1. Sich aus der Unternehmenspolitik ergebende Gründe und mobbingfördernde betriebliche Rahmenbedingungen

Betriebliche Ursachen von Mobbing erwachsen aus der Diskrepanz zwischen Unternehmenspolitik und dem Kündigungsschutz oder entwickeln sich aus bestimmten betrieblichen Rahmenbedingungen, die für mobbingspezifische Verhaltensweisen förderlich sind.

a) Unternehmenspolitische Gründe

Einen möglichen Anstoß für die Entstehung von Mobbing stellt auch der Zwiespalt zwischen der Unternehmenspolitik und dem geltenden gesetzlichen oder tarifvertrag-

472 *Diergarten*, S. 30 ff.; *Prosch*, S. 86.
473 *Prosch*, S. 86 m. w. N.
474 *Prosch*, S. 86.
475 Vgl. ebenso *Mühe*, S. 60.

lich geregelten Kündigungsschutz dar.[476] Denn die Unternehmen sehen sich konfrontiert mit Fusionen oder Übernahmen, aber auch internen Umstrukturierungen, von denen sich das Management eine größere Wettbewerbsfähigkeit erhofft. Verbunden sind diese Veränderungen in der Regel mit der Forderung nach Kostenreduzierung, was zur Gewährleistung und Umsetzung der neuen Unternehmenspolitik oftmals Bestrebungen nach sich zieht, bestimmte Mitarbeiter nicht länger im Unternehmen zu beschäftigen. Diese vielmals auf finanziellen oder entwicklungstechnischen Ursachen beruhende Absicht, eine zügige personelle Umwälzung herbeizuführen, steht in Widerspruch zu dem aufgrund von Kündigungsfristen und notwendigen erheblichen Kündigungsgründen starren Kündigungsschutz, der gerade das Fortbestehen des Arbeitsverhältnisses zum Ziel hat.[477] Angesichts der existierenden gesetzlichen und kollektivrechtlichen Kündigungsbedingungen sowie zum Teil (kollektiv-)vertraglich vereinbarten Abfindungen bedienen sich manche Unternehmen mobbingähnlicher Methoden, um auf diesem Weg den Betroffenen zu einer Selbstkündigung zu bewegen und sich dadurch der Einhaltung rechtlicher Kündigungsvoraussetzungen oder der Zahlung von Abfindungen zu entziehen.[478] Zum Teil wird angenommen, dass genau dieser Interessenskonflikt zwischen Arbeitgeber und Arbeitnehmer durch die gegenwärtige Rechtsprechung verschärft werde, indem diese die Umsetzung berechtigter Kündigungserfordernisse blockiere und damit die Kündigung eines Mitarbeiters weiter erschwere.[479] Mobbing scheint also nicht selten das Mittel der Wahl zum Personalabbau und zur Umgehung existierender Kündigungshindernisse zu sein.[480]

b) Betriebliche Rahmenbedingungen

Darüber hinaus spielen bei der Entstehung und noch mehr bei der weiteren Entwicklung von Mobbing auch bestimmte betriebliche Rahmenbedingungen eine tragende Rolle. Erwiesenermaßen existieren Unternehmen, in denen es vermehrt zu Mobbing kommt.[481] Dabei konnte festgestellt werden, dass insbesondere ein schlechtes Betriebsklima mobbingförderlich ist.[482] In 60 Prozent aller Mobbingfälle dominiert ein solches den Arbeitsplatz.[483] Je besser also die Arbeitsatmosphäre in einem Unternehmen ist, desto seltener kommt es dort zu Mobbing.[484] In einem engen Zusammenhang dazu stehen auch Führungsstil und Führungsverhalten von Vorgesetzten[485], die

476 *Mühe*, S. 60.
477 *Mühe*, S. 60.
478 *Mühe*, S. 60; *Wickler*, in Wickler, Rn. 4 m. w. N.
479 *Wickler*, in Wickler, Rn. 4 m. w. N.
480 LAG Thüringen, Urt. v. 10.04.2001 – 5 Sa 403/2000, NZA-RR 2001, 347 (358); *Meschkutat/Stackelbeck/Langenhoff*, S. 118; dazu u. zum Voranstehenden ebenso *Mühe*, S. 60 f.
481 *Meschkutat/Stackelbeck/Langenhoff*, S. 122.
482 *Meschkutat/Stackelbeck/Langenhoff*, S. 124; *Volk*, S. 156 f.; *Zapf*, 2000, S. 146; dazu u. zum Voranstehenden ebenso *Mühe*, S. 61.
483 *Meschkutat/Stackelbeck/Langenhoff*, S. 124.
484 *Volk*, S. 156, 162; dazu u. zum Voranstehenden ebenso *Mühe*, S. 61.
485 Aufgrund ihrer großen Relevanz werden Führungsstil und Führungsverhalten im Rahmen der Ursachen, welche aus der betrieblichen Sozialstruktur stammen, noch eingehender behandelt: Teil 1, Kapitel 2, III. 1. b) bb. (1) dieser Arbeit.

auf das Betriebsklima und damit auf das Mobbingaufkommen einen großen Einfluss ausüben.[486] Demzufolge ist die Wahrscheinlichkeit von Mobbing am Arbeitsplatz am kleinsten, wenn sowohl das Betriebsklima allgemein als auch Führungsstil und Führungsverhalten der Vorgesetzten vorbildlich erscheinen.[487]

Die Qualität des Betriebsklimas hängt jedoch nicht ausschließlich vom Führungsverhalten der Vorgesetzten ab, sondern bildet das Ergebnis des Zusammenwirkens mehrerer verschiedener betriebsbedingter Faktoren, die im Folgenden einer näheren Betrachtung unterzogen werden. Diese Ausführungen sind aus Gründen der Übersichtlichkeit unterteilt in Mobbingursachen, die aus einer unzureichenden Organisationsstruktur eines Unternehmens hervorgehen, und solchen, die auf einer fehlerhaften Sozialstruktur beruhen.

aa. Ursachen in der Organisationsstruktur

Die in der betrieblichen Organisationsstruktur liegenden Ursachen können insbesondere von einer intransparenten oder auch mangelhaften Arbeitsorganisation, fehlenden Aufstiegsmöglichkeiten, einem von Kontrolle, Fremdbestimmtheit und Machtlosigkeit geprägten Arbeitsverhältnis, einer zu großen Betriebs- oder Gruppengröße, ungünstigen Umgebungsbedingungen und/oder von einem zu niedrigen ethischen Unternehmensstandard herrühren.[488]

(1) Intransparente Arbeitsorganisation

Eine der potentiellen Belastungs- und Konfliktquellen stellt eine intransparent gestaltete Arbeitsorganisation dar. Arbeitsorganisation meint dabei die zweckgerichtete Aufteilung von Arbeitsaufgaben, die Zuweisung von Arbeitsaufgaben zu den Ebenen einer Hierarchie im Unternehmen, die Grundsätze und Verfahrensweisen für die räumliche und zeitliche Verflechtung von Arbeitsaufgaben unter Beachtung der technologischen Reihenfolge sowie die Formen der Kollaboration von Arbeitnehmern.[489]

Zur Gewährleistung eines reibungslosen Arbeitsablaufes sind zahlreiche Strukturierungs- und Gestaltungsmaßnahmen erforderlich. Beispielsweise müssen die betrieblichen Arbeitsaufgaben auf die verschiedenen Stellen verteilt, die Zusammenarbeit zwischen den einzelnen Stellen geregelt und die Aufgaben-, Kompetenz- und Verantwortungsbereiche, die den einzelnen Stellen eingeräumt werden sollen, festgelegt werden.[490] Widersprüchliche, unvollständige und undurchsichtige Rollen- und Aufgabenbeschreibungen führen zu Störungen im Produktionsprozess und erhöhen die Wahrscheinlichkeit, dass es zu Konflikten kommt. So resultieren etwa aus unklaren Arbeitsplatzbeschreibungen Unsicherheiten darüber, welche Rechte, Pflichten und Verantwortlichkeiten zu der entsprechenden Position gehören, und für den Betrof-

486 *Mühe*, S. 61; *Volk*, S. 157 f., 161.
487 *Mühe*, S. 61; *Volk*, S. 162.
488 Vgl. *Prosch*, S. 67 ff.
489 *Heeg*, S. 17; *Prosch*, S. 67 m. w. N.
490 *Heeg*, S. 19; *Prosch*, S. 67.

fenen ist nicht mehr erkennbar, wann er selbst die Initiative für Entscheidungen ergreifen darf, ohne sich dabei in den Arbeitsbereich eines Kollegen einzumischen.[491] Unvermeidbare Folgen davon sind Rollen-, Ziel- und Entscheidungskonflikte, da sich der Mitarbeiter aufgrund der unklaren Erwartungen ständig in der misslichen Lage wiederfindet, zwischen mindestens zwei miteinander unvereinbaren Zielen oder Handlungsalternativen die richtige Entscheidung treffen zu müssen.[492] Langfristig haben die mit ungenauen Arbeitsplatzbeschreibungen verbundenen Unklarheiten hinsichtlich Kompetenzen und Weisungsbefugnissen, die den Handlungsrahmen der einzelnen Positionen festlegen, negativen Einfluss auf die Beziehungen zwischen den Kollegen: So werden Verärgerung und Misstrauen gegenüber demjenigen empfunden, der – wenn auch unbewusst – Machtbefugnisse eines anderen beschneidet. In der Konsequenz werden Konkurrenz- und Wettbewerbsdenken aus Angst um die eigene Machtposition angeheizt, was wiederum Anlass zu einem konfliktbeladenen Verhalten in Form von Intrigen gibt.[493]

(2) Mangelhafte Arbeitsorganisation mit der Folge von Über- oder Unterforderung

Mobbingfördernd ist neben einer intransparenten auch eine mangelnde Arbeitsorganisation. Diese zieht nämlich regelmäßig sämtliche Formen der Über- und Unterforderung der Arbeitnehmer nach sich, was für selbige besonders belastend und damit insgesamt sehr konfliktträchtig wirkt.

Mangelnde Arbeitsorganisation lässt sich insbesondere charakterisieren durch hohen Zeitdruck, Unterbesetzung trotz hoher Verantwortung, starren Hierarchien, mangelhaften äußeren Konditionen, widersprüchlichen, sinnlosen und unausführbaren Aufträgen, einer geringen Bewertung der Tätigkeit sowie die bereits bei der intransparenten Arbeitsorganisation behandelten unklaren Zuständigkeiten.[494] Die Konsequenz einer unzureichenden Arbeitsorganisation können entweder zu hohe Arbeitsanforderungen sein, die nicht oder nur durch einen besonders hohen Einsatz zu schaffen sind, oder zu geringe Arbeitsanforderungen, welche die Leistungsfähigkeit des Einzelnen durch eintönige und inhaltsarme Aufgaben nicht ausschöpfen.[495] Daneben findet aufgrund der sich immer rascher verändernden Arbeitstechnologien, der Effektivierung der Arbeitsleistung, der Arbeitsverdichtung, der Einführung von neuen technischen Systemen und der damit zwangsläufig einhergehenden Notwendigkeit neuer Kenntnisse und Fähigkeiten immer öfter und in kürzerer Zeit eine Überholung von Wissen und Fertigkeiten statt, so dass dem Einzelnen vielmals mehr und anspruchsvollere Arbeit in kürzerer Zeit abgefordert wird, als dieser tatsächlich zu leisten im Stande ist.[496]

---

491 *Naase*, S. 196; *Prosch*, S. 67

492 *Naase*, S. 107; *Prosch*, S. 67.

493 *Prosch*, S. 67 f. m. w. N.

494 *Gockel*, S. 250 f.; *Leymann* (2006), S. 133; *Meschkutat/Stackelbeck/Langenhoff*, S. 124 f.; *Mühe*, S. 61; *Resch*, S. 133.

495 *Mühe*, S. 61.

496 *Mühe*, S. 61 f.; *Wolmerath*, Rn. 48; vgl. dazu ebenfalls *Meschkutat/Stackelbeck/Langenhoff*, S. 127.

Eine Über- oder Unterforderung kann also entweder quantitativer (Arbeitsmenge im Verhältnis zu Zeit) oder qualitativer (Arbeitsinhalt bzw. Schwierigkeitsgrad der Arbeit) Art sein. Dabei sind jene Mitarbeiter quantitativ überfordert, die unter Zeitdruck stehen, während eine qualitative Überforderung gegeben ist, wenn das Anforderungsniveau der Arbeit über dem persönlichen Können liegt. Ferner sind solche Mitarbeiter quantitativ unterfordert, die montone, sich ständig wiederholende Arbeiten auszuführen haben, und qualitativ unterfordert sind diejenigen, die über höhere Qualifikationen und Fähigkeiten verfügen, als es die ihnen erteilte Arbeit abverlangt.[497]

Bei einer quantitativen Überforderung werden Zeitdruck, Hektik und Hetze am Arbeitsplatz zum Mobbingauslöser.[498] Im Gegensatz zum „Langeweile-Mobbing", wie es bei einer monotonen Arbeitssituation vorkommen kann, handelt es sich bei der Entstehung von Mobbing um keinen bloßen Zeitvertreib, sondern Mobbingverhalten stellt hier vielmehr den Abbau angestauter Ärger- oder Aggressionsgefühle dar, die auf einem extrem hohen Unzufriedenheitspotential beruhen. Darüber hinaus unterbindet ein hoher Zeitdruck auch Kollegialität, gegenseitige Rücksichtnahme, Hilfsbereitschaft und vor allem den kommunikativen Austausch, wodurch die Chance genommen wird, echte soziale Beziehungen aufzubauen. Die daraus resultierenden Vorurteile und Missverständnisse tun ihr Übriges, um Mobbing entstehen zu lassen.[499] Dagegen kann eine qualitative Überforderung zum einen bei der betreffenden Person intraindividuelle Konflikte zwischen Wollen und Können entstehen lassen, welche Unzufriedenheits- und vor allem Neidgefühle erwecken und dann in Form feindseliger Verhaltensweisen gegenüber dem besser qualifizierten Kollegen abgebaut werden. Zum anderen entstehen in dieser Situation möglicherweise auch feindselige Gefühle bei den übrigen Kollegen, die durch die Unzulänglichkeit eines Mitarbeiters dessen Aufgaben mit erledigen und deshalb Mehrarbeit leisten müssen. Auf lange Sicht sind in derartigen Konstellationen Konflikte innerhalb der Arbeitsgruppe vorprogrammiert.[500]

Im Unterschied dazu folgen aus einer monotonen Arbeitssituation auf Dauer ein vermindertes Wohlbefinden, ein niedriges Selbstwertgefühl, innere Unruhe sowie steigende Gereiztheit bei dem betroffenen Arbeitnehmer. In Kombination mit hoher Aufmerksamkeitsleistung oder Genauigkeitsanforderungen wird dies zu einer Extrembelastung.[501] Die dabei vermehrt auftretenden Konflikte stammen nicht von einer generell gewachsenen Unzufriedenheit, sondern beruhen relativ eindeutig auf einer erhöhten Streitbereitschaft unter dem Einfluss der hohen Aufmerksamkeitsanforderungen und der körperlich-geistigen Anspannung, so dass durch die gestiegenen Belastungen, die aus einer inhaltsleeren Arbeitstätigkeit resultieren, eine größere

497 *Martin/Ackermann/Udris/Oeggerli*, S. 51 f.; *Prosch*, S. 68.
498 *Naase*, S. 242 ff.; *Prosch*, S. 69; *Walter*, Kleinkrieg, S. 79 ff.
499 Dazu u. zum Voranstehenden *Prosch*, S. 69.
500 *Prosch*, S. 69.
501 *Dunckel/Zapf*, S. 32; *Prosch*, S. 68.

individuelle Konfliktbereitschaft hervorgerufen wird.[502] In solchen Fällen entsteht nicht selten das oben bereits erwähnte Mobbing aufgrund von Langeweile: Um seinen Geist in irgendeiner Weise zu beschäftigen, wird aus reiner Freude ein Kollege schikaniert.[503]

Es lässt sich also festhalten, dass sowohl Über- als auch Unterforderung bei dem Betroffenen zu einem der relevantesten mobbingfördernden Faktoren überhaupt führen, nämlich zu Stress. Mit *Stress* ist dabei ein vom Betroffenen als unangenehm empfundener Zustand der Disparität zwischen Anforderungen der Umwelt, also den Arbeitsanforderungen, und den persönlichen Leistungsvoraussetzungen gemeint.[504] Stress bewirkt unter anderem eine hohe Unzufriedenheit bei dem Einzelnen und dies bringt eine spürbare nachteilige Veränderung seines zwischenmenschlichen Benehmens mit sich. So können Unzufriedenheitsgefühle in aggressives, feindseliges Verhalten umschlagen, was regelmäßig auch negative Auswirkungen auf die Beziehungen innerhalb der Arbeitsgruppe und für das gesamte Arbeitsklima zur Folge hat.[505] Stressbeladene Arbeitszustände bergen ferner die Gefahr, dass die ohnehin vorherrschenden Belastungen um weitere persönlichkeitsbezogene Mobbingfaktoren[506] ergänzt werden und letztlich die Verantwortung für diese Gesamtsituation einer Person zugeschrieben wird, die aus irgendeinem Grund gerade Anlass für eine Schuldzuschreibung bietet.[507] Die sich auf diesen Wegen ergebende Zunahme von zwischenmenschlichen Auseinandersetzungen erhöht schließlich die Wahrscheinlichkeit, dass Mobbing entsteht, signifikant.[508]

Schließlich kommt es zu einer Über- oder Unterforderung überhaupt erst dadurch, dass die betreffenden Arbeitskräfte zur falschen Zeit am falschen Arbeitsplatz eingesetzt werden. Dies ist die Folge einer fehlerhaften Beurteilung durch diejenige Person, die den Mitarbeitern ihre jeweiligen Arbeitsaufgaben zuweist. Je unzulänglicher diese Beurteilung ausfällt, desto stärker erscheint die Konfliktanfälligkeit innerhalb der Arbeitsgruppe.[509] Darüber hinausgehendes mobbingbegünstigendes Fehlverhalten durch Vorgesetzte wird an anderer Stelle gesondert behandelt.[510]

(3) Fehlende Aufstiegsmöglichkeiten

Als weitere Belastungs- und Konfliktdeterminanten sind fehlende Aufstiegsmöglichkeiten nicht zu unterschätzen. So verhindert bei qualifizierten Mitarbeitern eine man-

502 *Prosch*, S. 68 m. w. N.

503 *Leymann* (2006), S. 136; ebenso *Prosch*, S. 68.

504 *Hage/Heilmann*, FS-Däubler, S. 672; *Mühe*, S. 62. Eine darüber hinausgehende Beschreibung von Stress sowie insbesondere der Beeinträchtigung, welche dieser für den einzelnen Betroffenen mit sich bringt, wird an entsprechender Stelle im Rahmen der Folgen für Mobbing vorgenommen: Teil 1, Kapitel 3, I. 1. a) bb. dieser Arbeit.

505 *Prosch*, S. 62.

506 Dazu mehr unter Teil 1, Kapitel 2, III. 2., 3. dieser Arbeit.

507 *Prosch*, S. 69 m. w. N.

508 *Gockel*, S. 250; *Leymann* (2006), S. 139 f.; *Mühe*, S. 62; *Resch*, S. 25 f.

509 *Naase*, S. 154; *Prosch*, S. 69.

510 Teil 1, Kapitel 2, III. 1. b) bb. (1) dieser Arbeit.

gelnde Beförderungsaussicht die Befriedigung des Bedürfnisses nach Erfolg, Selbstverwirklichung und sozialer Anerkennung, was nicht selten als Abwertung der eigenen Person erlebt wird. Derartige Herabsetzungen werden dabei vom Betroffenen als Verachtung seiner Leistungsfähigkeit, Zeichen der Wertlosigkeit, Ablehnung seiner eigenen Person und damit als Niederlage empfunden. Die Frustration darüber führt zu einer allgemeinen Arbeitsverdrossenheit, was letztlich wieder in Konfliktverhalten enden kann.[511]

(4) Kontrolle, Fremdbestimmtheit und Machtlosigkeit

Auch zu viel Kontrolle und Fremdbestimmtheit der Arbeit in einem Unternehmen können Mobbing begünstigen.[512] Der Zweck betrieblicher Kontrolle durch Vorgabe von Anweisungen, Vorschriften und Regeln liegt in der Sicherstellung des Umstandes, dass Beschäftigte ihre Arbeitsaufgaben erfüllen und damit zur Erreichung unternehmerischer Ziele beitragen. Dabei bedeuten Überwachung und Kontrolle je nach ihrer Intensität auch eine Beschneidung der persönlichen Autonomie, während sich Selbstständigkeit und ein gewisser eigens zu bestimmender Handlungsspielraum erwiesenermaßen positiv auf das individuelle Wohlbefinden und damit auf die Gesundheit, Zufriedenheit und das Arbeitsverhalten eines Menschen auswirken.[513] Begründet werden kann dies damit, dass der Mensch im Allgemeinen von Natur aus darum bemüht ist, seine Lebens- und Arbeitsbedingungen selbst festzulegen bzw. zumindest mitzubestimmen. Dagegen frustriert ihn die Machtlosigkeit, auf die eigene Arbeitssituation nicht oder kaum Einfluss nehmen zu können. Langfristig bewirkt Fremdbestimmung einen Sinnverlust der Arbeit durch fehlende Einblicke in Entscheidungen und mangelnde Mitbestimmung über die eigene Arbeitssituation.[514] Insbesondere zwei Reaktionen leisten dabei Mobbing besonders Vorschub: Einerseits Wut und Aggression, die sich in Ermangelung der eigentlich anvisierten Zielperson – nämlich dem obersten Entscheider – gegen (leichter greifbare) Ersatzpersonen richten, und andererseits Resignation und innerer Rückzug, was Menschen leicht zu bereitwilligen Opfern werden lassen kann.[515]

(5) Betriebs- und Gruppengröße

Aufgrund der generellen Ubiquität von Mobbing sind Mobbingfälle bereits in allen Unternehmensgrößen, vom Kleinst- über den Mittel- bis hin zum Großbetrieb, bekannt geworden. Dennoch wird teilweise angenommen, dass mit wachsender Betriebsgröße auch die Bereitschaft zu konfliktvollem Verhalten steigt.[516] Begründet wird dies mit einem analog zur Betriebsgröße zunehmenden Grad der Arbeitsteilung.

511 *Prosch*, S. 70 f.
512 *Prosch*, S. 69 f.; *Walter*, Kleinkrieg, S. 68 ff.
513 *Dunckel/Zapf*, S. 48; *Prosch*, S. 70.
514 *Prosch*, S. 70.
515 *Prosch*, S. 70.
516 *Naase*, S. 180; *Prosch*, S. 71.

Diese erfordert als wichtige Voraussetzung für die Erzielung von Effizienz Koordination hinsichtlich der Betriebsziele. Ein wesentliches Koordinationsmittel ist dabei die Hierarchie, die mit wachsender Betriebsgröße immer differenzierter wird. Mit steigendem Differenzierungsgrad treten vermehrt Konflikte auf, was dem Umstand zugeschrieben werden kann, dass für den im Unternehmen tätigen Arbeitnehmer die Überschaubarkeit und Transparenz immer schwieriger wird und er gewissermaßen einen Orientierungsverlust erleidet.[517] In diesem Zusammenhang wird das Auftreten zwischenmenschlicher Konflikte damit begründet, dass etwa der einzelne weniger berücksichtigt werden kann, Meinungsverschiedenheiten schwerer zu klären sind, ein Vertrauensklima nur langsam wächst und sozialen Bedürfnissen weniger entsprochen werden kann.[518]

Möglicherweise verhindern spezifische Strukturmerkmale größerer Betriebe den positiven, persönlichen Kontakt und fördern störende Auseinandersetzungen, die sich zu Interaktionsmustern des Mobbings ausdehnen können. Ebenfalls denkbar ist, dass in großen Arbeitsgruppen die Bereitwilligkeit zu feindseligem Verhalten gegenüber einer Person aufgrund fehlender Berührungspunkte höher ist als in kleineren Teams. Große Arbeitsabteilungen ermöglichen etwa weniger echte soziale Beziehungen und das einzelne Teammitglied bleibt weitestgehend anonym, wodurch die Hemmschwelle bei anderen Gruppenangehörigen für einen Angriff auf eine Person wesentlich niedriger sein kann, als wenn stärkere mitmenschliche Kontakte existieren.[519]

(6) Ungünstige Umgebungsbedingungen

Ferner kann individuelles Konfliktverhalten durch belastende Umgebungseinflüsse wie Lärm, Temperatur, Schmutz, Arbeitsstoffe und Unfallgefahren gefördert werden.[520] Ein Vergleich zwischen Gruppen mit hohen Umwelteinflüssen und denen mit niedrigeren ergab, dass an Arbeitsplätzen, die ungünstigen Umwelteinflüssen ausgesetzt waren, bei den Beschäftigten doppelt so oft konfliktträchtiges Verhalten verzeichnet werden konnte als bei Gruppenmitgliedern, die niedrigere Umwelteinflüsse auszuhalten hatten.[521] Demzufolge werden offenbar in bereits erschwerten Situationen weitere Belastungsfaktoren nicht mehr in der Weise akzeptiert, wie dies eventuell unter anderen Umständen der Fall wäre.[522]

(7) Ethischer Standard

Einen weiteren mobbingbegünstigenden Umstand kann auch ein niedriges ethisch-moralisches Niveau darstellen. Ein solches herrscht zumeist in jenen Betrieben vor, die weder Verhaltensrichtlinien etwa in Form einer Unternehmensphilosophie haben

517 *Naase*, S. 181; *Prosch*, S. 71.
518 *Delhees*, S. 24; *Prosch*, S. 71.
519 Dazu u. zum Voranstehenden *Prosch*, S. 71 f.
520 *Euler*, S. 175; *Prosch*, S. 70.
521 *Dunckel/Zapf*, S. 39 ff.; *Prosch*, S. 70.
522 *Euler*, S. 211; *Prosch*, S. 70.

noch dafür Sorge tragen, dass bestimmte Verhaltensweisen von Arbeitnehmern, die konflikt- bzw. mobbingfördernd sind, unterbunden werden. In diesen Fällen kann es deshalb leichter zu Mobbing kommen, da zum einen eine solche Entwicklung nicht verhindert wird und zum anderen Mobbinghandlungen durch das insgesamt vorherrschende niedrige moralische Niveau der Belegschaft nicht für besonders schwerwiegend gehalten werden.[523]

bb. Ursachen in der Sozialstruktur

Ursachen in der betrieblichen Sozialstruktur ergeben sich vor allem aus einem schlechten Führungsstil oder unzureichendem Führungsverhalten, Kommunikationsstörungen, Informationszurückhaltung, Machtkämpfen, Konkurrenzdruck, Karrierestreben, Vorurteilen und Klischees und/oder Antipathien.

(1) Führungsstil und Führungsverhalten

Vornehmlich verantwortlich dafür, dass aus alltäglichen Problemen am Arbeitsplatz Mobbingkonflikte entstehen, sind im Zusammenhang mit den betrieblichen Rahmenbedingungen ein ungenügender Führungsstil und mangelnde Führungsqualitäten der Vorgesetzten.[524] Denn bei nicht wenigen Führungskräften, die aufgrund ihres Fachwissens ihre Position erreicht haben, herrscht ein Mangel an jenen Fähigkeiten, die ihnen ermöglichen, arbeitsbezogene und zwischenmenschliche Konflikte in der Arbeitsgruppe zu erkennen und konstruktiv aufzulösen. Ferner wird auch durch das „Sich-nicht-darum-kümmern" oder zum Zweck des eigenen Vorteils, wie etwa Macht- und Statussicherung, die Mobbingentwicklung begünstigt.[525]

Definiert werden kann Führung im Allgemeinen zunächst als eine interaktive Beziehung, innerhalb deren der Führende als Träger des Führungsprozesses bewusst seine Absichten in einem bestimmten Verhalten darlegt. Dies bewirkt, dass andere Personen, wie etwa die ihm unterstellten Arbeitnehmer, freiwillig oder gezwungenermaßen ihr Handeln mit den Vorstellungen der Führungskraft in Einklang bringen müssen.[526] Wenn jedoch die Art und Weise der Einflussnahme nicht den Vorstellungen und Bedürfnissen der unterstellten Teammitglieder entspricht, sind Konflikte bereits vorprogrammiert. Dabei fördern vor allem der autoritäre und der sogenannte Laisser-faire-Führungsstil Konflikte am Arbeitsplatz:[527] Der *autoritäre Führungsstil* ist ein Führungsstil des Befehlens und Gehorchens. Die Macht bzw. Autorität liegt ausschließlich beim Führenden. Er schreibt die Regeln für die Handlungs- und Kommunikationsprozesse vor, er alleine bestimmt die Ziele für die Arbeitsgruppe, legt die Vorgehensweise zu deren Erreichung fest und kontrolliert die Tätigkeiten der unterstellten Mitarbeiter.

---

523 *Prosch*, S. 72 m. w. N.

524 *Mühe*, S. 62; vgl. ebenso *Gockel*, S. 253 ff., 288 ff.; *Leymann* (2006), S. 137 f.; *Meschkutat/Stackelbeck/Langenhoff*, S. 118, 124 f.; *Resch*, S. 134 ff.; *Volk*, S. 156 ff.

525 Dazu u. zum Voranstehenden *Leymann* (2006), S. 137 f., 146; *Prosch*, S. 72.

526 *Lattmann*, S. 49 ff.; *Prosch*, S. 73.

527 *Prosch*, S. 73 m. w. N.; vgl. insbes. *Leymann* (2006), S. 137 f.; *Naase*, S. 225; *Walter*, Kleinkrieg, S. 72.

Diese werden als Befehlsempfänger verstanden, denen lediglich ein Minimum an Handlungsspielraum zugebilligt wird, weshalb sie nur selten kreativ sind und ein indifferentes Verhältnis zum Vorgesetzten und zum Unternehmen besitzen. Überdies beruht die geringe Motivation der Mitarbeiter auf dem Umstand, dass der Vorgesetzte sich selbst die interessanten Aufgaben vorbehält.[528] Beim *Laisser-faire-Führungsstil* dagegen überlässt der Führende sämtliche Entscheidungen den unterstellten Kollegen, verzichtet auf jegliche sachliche Anweisung und macht auch nicht auf offensichtliche Fehlentwicklungen aufmerksam. Der Vorgesetzte betreut die Gruppe nur dann, wenn diese selbst die Initiative ergreift, so dass diese Führung auf einer bloßen Selbstbestimmung und Eigenständigkeit des betreffenden Arbeitsteams basiert.[529]

Im Allgemeinen zeichnet sich schlechtes Führungsverhalten dadurch aus, dass sich der Vorgesetzte nicht mit den ihm hierarchisch Unterstellten austauscht, deren Blickwinkel, Schwierigkeiten, Verbesserungsvorschläge ignoriert oder nicht versucht, arbeitsbezogene Probleme mit seinen unterstellten Mitarbeitern gemeinsam aufzuspüren, zu diskutieren und Lösungen dafür zu entwickeln, und nicht zuletzt dadurch, dass der Führende versäumt, wichtige Entscheidungen transparent zu machen.[530] Derartiges, häufig autoritäres Führungsverhalten, bei dem den Untergebenen kaum Handlungs- und Entscheidungsspielräume bleiben, mangelndes Würdigen des Geleisteten oder eine geringere Anerkennung für Leistung als für unterwürfiges Verhalten ziehen binnen kurzem Resignation, Frustration der Beschäftigten, fehlendes Selbstverantwortungsgefühl und daraus resultierendes Konfliktverhalten nach sich.[531] Überdies ist ein zu herrischer Führungsstil insofern konfliktfördernd, als sich dieser auf die Gruppe überträgt und die Teammitglieder in ähnlich autoritärer Weise mit ihren Kollegen umgehen.[532] Im Vergleich zu einer kooperativen bzw. partnerschaftlichen Führung, welche zu einem geringeren Mobbingaufkommen führt,[533] ist nämlich insbesondere beim autoritären Führungsstil ein konfliktverschärfender Effekt festzustellen:[534] Während es beim *kooperativen Führungsstil* zwar zu einer größeren Konflikthäufigkeit zwischen Vorgesetztem und Gruppe bzw. innerhalb der Arbeitsgruppe kommt, hat beim autoritären Führungsverhalten die Intensität ausbrechender Konflikte ein größeres Ausmaß. Die Ursache dafür liegt darin, dass durch das hohe Maß an Mitwirkung bei kooperativer Führung Konflikte im Arbeitsablauf „institutionalisiert" sind. Das bedeutet, dass aufgrund der Selbständigkeit der Mitarbeiter im Entscheidungsprozess notwendigerweise häufiger Meinungsverschiedenheiten auftreten, wobei jedoch die Möglichkeit zur offenen Diskussion die Austragung von Konflikten vereinfacht.[535] Dagegen werden von einem autoritären Vorgesetzten

528 Dazu u. zum Voranstehenden *Prosch*, S. 73 m. w. N.

529 *Prosch*, S. 73.

530 *Mühe*, S. 62; ebenso *Leymann* (2006), S. 137 f.; vgl. auch *Meschkutat/Stackelbeck/Langenhoff*, S. 124 f.; *Noelle-Neumann/Strümpel*, S. 71 ff.; *Resch*, S. 136; *Volk*, S. 156; *Zapf*, ZfAO 1999, 1 (13).

531 *Halama*, S. 7; *Mühe*, S. 62; *Volk*, S. 156 f.

532 *Ausfelder*, S. 123 f.; *Mühe*, S. 63.

533 *Mühe*, S. 62; *Volk*, S. 157 f.

534 Dazu u. zum Nachstehenden *Prosch*, S. 73 f. m. w. N.

535 *Prosch*, S. 74 m. w. N.

Konflikte als regelwidrig und störend für den Arbeitsprozess angesehen. Durch eine strikte Festlegung der Aufgaben und durch Machtausübung wird versucht, die offene Austragung von Konflikten von Anfang an zu unterbinden. Eine ständige Unterdrückung von Konflikten bewirkt jedoch, dass, sollte eine solche Kontroverse doch einmal auftreten, diese dann einen umso unangenehmeren und unter Umständen auch gewalttätigen Verlauf nimmt. Ferner können aufgrund der in einer autoritären Führung enthaltenen größeren Anzahl von Zwangselementen auch leichter Unzufriedenheit, Ressentiments und Aggressionen gegen den Vorgesetzten, also Widerstand der Teammitglieder gegen die eigene Führung, hervorgerufen werden.[536] Letztlich kommt es unter autoritärer Führung vor allem auch deshalb zu Mobbing, weil eine autoritär geführte Gruppe aufgrund eines nur sehr geringen Handlungsspielraums eher dazu neigt, die eng gesteckten Grenzen für die Arbeitsbedingungen so weit wie möglich auszudehnen. Neue Kollegen, die sich nicht reibungslos in die Gruppe einfügen, schneller oder langsamer als die übrigen Mitglieder arbeiten, werden als Außenseiter empfunden, ihr divergierendes Verhalten wird kritisiert und die Einhaltung der Gruppennorm streng eingefordert.[537]

Darüber hinaus bereitet aber auch inkonsequentes und unverantwortliches Führungsverhalten einen fruchtbaren Nährboden für Mobbing.[538] Gerade das passive Verhalten und die fehlende Unterstützung des Vorgesetzten befördern eine Eskalation des Konflikts.[539] Zudem bringt ein Laisser-faire-Führungsstil aufgrund von unklaren Führungsstrukturen und Kompetenzverteilung eine Art Machtvakuum mit sich. In solchen Konstellationen geraten die Mitarbeiter durch den Versuch, die Machtverhältnisse untereinander zu klären, vielmals in Streit und, um sich jeweils selbst attraktive Positionen zu sichern, werden Machtkämpfe ausgefochten, in denen sozial schwächere Kollegen früher oder später unterliegen.[540]

(2) Kommunikationsstörungen

Einen weiteren mobbingbegünstigenden Faktor können Störungen oder Mängel in der innerbetrieblichen Kommunikation darstellen. Beeinträchtigungen bei der Übertragung von Informationen führen zu bewusst gewollten oder auch unbewusst entstehenden Missverständnissen, die Konflikte auslösen oder vergrößern können.[541] Daneben kommt es aber auch dann zu Fehlinterpretationen und damit zu Konflikten, wenn Menschen schlicht aneinander vorbeireden, weil sie etwa auf unterschiedlichen Ebenen kommunizieren.[542]

Eine reibungslose Kommunikation ist dagegen möglich, wenn einerseits der Absender die Nachricht, die er übermitteln möchte, wie beabsichtigt abschickt und ande-

---

536 Dazu u. zum Voranstehenden *Naase*, S. 227; *Prosch*, S. 74.
537 *Naase*, S. 102; *Prosch*, S. 74 f.; *Walter*, Kleinkrieg, S. 74.
538 *Mühe*, S. 62; *Resch*, S. 136.
539 *Gockel*, S. 254, 281; *Mühe*, S. 62 f.
540 *Prosch*, S. 75; *Walter*, Kleinkrieg, S. 73 f.
541 *Naase*, S. 133; *Prosch*, S. 75 m. w. N.
542 *Prosch*, S. 75 m. w. N.; vgl. v. a. *Gamber*, S. 65 ff.

rerseits der Nachrichtenempfänger diese, wie vom Absender gemeint, richtig interpretiert. Dagegen bewirkt eine Abweichung zwischen gemeinter und interpretierter Nachricht Missverständnisse, die bei mangelnder Kommunikation bestehen bleiben und sich eben unter Umständen zu Konflikten ausweiten können.[543] Zusätzlich verstärkt wird dieser Mechanismus, wenn der Empfänger die Nachricht als persönlichen Angriff auffasst und dementsprechend negativ reagiert, worauf wieder eine ebenso unsachgemäße Gegenreaktion erfolgt. Auf diese Weise können sich Verhalten und Reaktionen immer weiter verschärfen.[544]

(3) Informationszurückhaltung

Ferner förderlich für Mobbingverhalten ist eine vorsätzliche Informationszurückhaltung innerhalb der Arbeitsgruppe. *Informationszurückhaltung* meint die bewusste Vorenthaltung von Informationen gegenüber Kollegen oder unterstellten Mitarbeitern, um sich selbst auf diese Weise einen Informationsvorsprung zu verschaffen und Vorteile bzw. die eigene Position zu erhalten.[545] Dabei ist anzunehmen, dass die anderen Mitarbeiter, sollten sie derartige Handlungsweisen bemerken, ebenfalls ein zurückhaltendes Kommunikationsverhalten an den Tag legen, womit eine offene und klare Kommunikation sowie ein unbefangener Umgang miteinander erschwert werden. Die Folge davon ist ein von gegenseitigem Misstrauen, Konkurrenz und Feindseligkeit geprägtes Arbeitsklima.[546]

(4) Machtkämpfe, Konkurrenzdruck, Karrierestreben

Als eine der wesentlichen Ursachen für hinterhältige und feindselige Verhaltensweisen am Arbeitsplatz wurde bereits Ende der 1960er Jahre auch der Kampf um Macht und Einfluss vorgebracht: Der pure Egoismus des Einzelnen soll diesen nach Macht und Karriere streben lassen, um die eigenen Grundbedürfnisse nach Wertschätzung, Erfolg und Einfluss zu stillen.[547] Zur Verwirklichung der Ziele wird dabei im Kampf um die eigene Karriere vor keinem Mittel zurückgeschreckt.[548] In der Regel entsteht der Konkurrenzdruck nicht von alleine, sondern resultiert aus einem unsicheren wirtschaftlichen Background, welcher von der allgemeinen Wirtschaftslage und der herrschenden Arbeitsmarktsituation geprägt ist.[549] Insbesondere die „Streber-Generation", die als „ehrgeizig, aalglatt und eiskalt" bezeichnet wird,[550] soll es sein, die um der eigenen Karriere willen mit Ellenbogentaktik, auch auf Kosten anderer, versucht, die

---

543 *Prosch*, S. 75; vgl. die beispielhafte Darstellung, wie ein Missverhältnis zwischen gemeinter und interpretierter Nachricht zu Missverständnissen und in der weiteren Folge zu Konflikten führen kann, bei *Walter*, Kleinkrieg, S. 28 ff.

544 *Prosch*, S. 75 m. w. N.

545 *Naase*, S. 131; *Prosch*, S. 76.

546 *Prosch*, S. 76.

547 *Maasch*, S. 84 ff.; *Prosch*, S. 77.

548 *Maasch*, S. 103; *Prosch*, S. 77.

549 Teil 1, Kapitel 2, II. 2. dieser Arbeit.

550 *Kirsch*, S. 121; *Prosch*, S. 77.

Karriereleiter emporzuklettern. Dabei sind vor allem die weniger gut ausgebildeten Arbeitnehmer bestrebt, durch Hinterhältigkeit und mit unfairen Mitteln qualifizierte Mitbewerber aus dem Weg zu räumen.[551]

(5) Vorurteile und Klischees

Ebenso tragen Vorurteile und Klischees zur Entstehung von Mobbing bei. Der Mensch nimmt, oft unbewusst, eine Bewertung seines Gegenübers mittels Klischeedenken, Vorurteilen oder anhand von Äußerlichkeiten vor. Obgleich dies zur Einschätzung mancher Situationen nützlich sein kann, haben diese Bewertungseinheiten Anteil an einem verstellten Blick auf die Realität. Dies kann zu einem sogenannten Überstrahlungseffekt führen, der vereinfacht ausgedrückt besagt, dass Konflikte entstehen, wenn Feindbilder von den Beurteilenden auf andere Personen übertragen werden. So hegen beispielsweise Mitarbeiter, die in der Vergangenheit schlechte Erfahrungen mit ausländischen Kollegen gemacht haben, gegen den neuen ausländischen Arbeitskollegen von Anfang an Bedenken oder Aversionen.[552] Der Grundgedanke des Überstrahlungseffekts beinhaltet, dass Eigenschaften oder Merkmale, die normalerweise unabhängig voneinander bestehen, sich in einer Beurteilungssituation aufeinander beziehen. Durch eine pauschalisierte Vorstellung wird auf diese Weise der Eindruck, den man von einer Sache oder einer Person gewinnt, zusätzlich (negativ) beeinflusst. Dem liegt ein logischer Irrtum zugrunde, wie z. B. dass das Merkmal „ausländisch“ mit den Eigenschaften „unehrlich“, „faul“ oder „verantwortungslos“ gleichgesetzt und auf den neuen Kollegen übertragen wird, obwohl diese Übertragung keineswegs gerechtfertigt ist. Ein solches kritiklose Verhalten zieht auf diese Weise (neue) Missverständnisse und Fehlentscheidungen nach sich.[553]

Kontaktmangel und Kommunikationslosigkeit lassen die negative Meinung über den anderen mittels weiterer Unterstellungen und Verleumdungen schließlich zu einem Feindbild werden. Die verzerrte – und meist völlig falsche – Bewertung wird dadurch zur allgemeinen Beurteilungsperspektive der gesamten Arbeitsgruppe und des Vorgesetzten. Von diesem Bild erfährt der Betroffene selbst allerdings kaum etwas, er nimmt es – wenn überhaupt – nur durch Andeutungen wahr, die jedoch so missverständlich sind, dass er immer, ohne selbst Einfluss nehmen zu können, vor vollendete Tatsachen gestellt wird.[554]

(6) Antipathien

Schließlich treten nicht selten auch schlicht Antipathien als betrieblich bedingte Ursachen in der Sozialstruktur auf.[555] In zwischenmenschlichen Beziehungen existieren schon seit jeher Sympathien und Antipathien und werden auch in Zukunft unterein-

551 *Prosch*, S. 77 f.; vgl. auch *Kirsch*, S. 121; *Maasch*, S. 97.
552 Dazu u. zum Voranstehenden *Esser*, S. 39; *Prosch*, S. 78.
553 *Esser*, S. 40; *Prosch*, S. 78.
554 *Prosch*, S. 78 m. w. N.
555 *Prosch*, S. 79; vgl. *Leymann* (2006), S. 35; *Walter*, Kleinkrieg, S. 75 f.

ander gehegt werden. Diese bedeuten per se zunächst keine Belastung für die beteiligten Personen, solange sie sich – im Falle von Antipathien – am Arbeitsplatz aus dem Weg gehen können.[556] Allerdings birgt es ein großes Konfliktpotential in sich, wenn einander sehr unsympathische Menschen täglich im Arbeitsprozess miteinander zusammenarbeiten müssen. Denn während man Personen, die einem sympathisch sind, eher bestimmte Verhaltensweisen oder Fehler verzeiht, reicht oft eine geringfügige Unzulänglichkeit der missliebigen Person aus, um Konfliktverhalten hervorzurufen, und es bricht ein Streit über Probleme aus, die unter anderen Umständen keinen Anlass für Diskussionen bieten würden.[557]

c) Gruppendynamische Ursachen

Unter bestimmten Umständen erwachsen aus dem sozialen Verhältnis von Mitgliedern einer Gruppe zueinander mobbingfördernde Bedingungen. Dabei ist eine Gruppe mehr als nur die Summe ihrer einzelnen Mitglieder, denn sie besitzt selbst bestimmte Eigenschaften und Fähigkeiten und ist durch eine bestimmte Atmosphäre, eine bestimmte Kultur sowie eine daraus resultierende Gruppendynamik geprägt.[558] Definiert werden kann eine *Gruppe* als „ein soziales Gebilde aus einer Mehrzahl von Individuen, innerhalb dessen sich Rollen- und Statusstrukturen herausgebildet haben, dessen Mitglieder in wechselseitiger Beziehung und Interaktion zueinanderstehen, über einen bestimmten Grad an Zusammenhalt (Kohäsion) verfügen und in dem gemeinsame Normen und Werte existieren, die das Verhalten der Gruppenmitglieder steuern."[559]

Die interne Struktur von Arbeitsteams bildet sich nicht nur durch deren formelle Organisation im Sinne eines Organigramms heraus, sondern ebenso durch die Entstehung von Rollen, die mit bestimmten Erwartungen verknüpft sind. So übernehmen einzelne Gruppenmitglieder etwa die Rolle des Kritikers, des Vermittlers, des Klassenclowns oder des Sündenbocks. Dabei können bestimmte Eigenarten eine Person für bestimmte Rollen besonders qualifizieren. Menschen, die sich durch eine auffallende Erscheinung, bestimmte Wesensmerkmale, schwache Leistungen auszeichnen oder die durch Neueinstellung zu der Gruppe hinzukommen, werden nicht selten zum Sündenbock abgestempelt.[560] Gerade bei unter hohem Druck stehenden Teams passiert es leicht, dass unbewusst existierende Emotionen in Bezug auf Angst vor Misserfolg, Unvermögen oder Arbeitsplatzverlust auf diese Rolle projiziert und negative Emotionen auf den Rolleninhaber entladen werden: Aufgrund der Isolation des Betroffenen wird er für die restliche Gruppe zum gemeinsamen Feind. Diese einheitliche Auffassung der übrigen Teammitglieder bringt ein inneres Gleichgewicht in

556 *Prosch*, S. 79.

557 *Prosch*, S. 79.

558 *Kolodej*, Mobbing, S. 83.

559 *Daniel*, Alena Maria, Das Planspiel als Instrument der angewandten Gruppendynamik. Zur Bedeutung der Teamkompetenz in Führung und Zusammenarbeit des middle management im Handel, Dissertation, Göttingen 1996, S. 14, zit. nach *Glawe*, S. 36.

560 Dazu u. zum Voranstehenden *Glawe*, S. 36.

die Gruppe, so dass der Part des Sündenbocks eine Stabilisierungsfunktion hat. Der Betroffene ist dabei nur Symptomträger, jedoch nicht notwendigerweise der Auslöser von Differenzen am Arbeitsplatz.[561] Dieser gruppendynamische Prozess zeigt sich beispielsweise daran, dass eine Person, die sich von den Schikanen einer übertragenen Sündenbockrolle durch Kündigung befreit hat, durch einen anderen Kollegen ersetzt wird. Damit sind Erwartungen an eine Rolle mehr durch ihre Funktion als durch Personen, die diese einnehmen, bestimmt. Das Verhalten der Teammitglieder richtet sich nach den jeweiligen Bedürfnissen, dem Leistungs- und Beziehungsstand der Gruppe oder aktuellen Schwierigkeiten.[562] Die geschilderten Rollenzuweisungen bilden immer dann eine Ursache für beabsichtigte Schikanen, wenn die Rolleninhaber nicht in der Lage oder bereit sind, den Erwartungen der Rollenverteiler zu entsprechen. Mit ihrem Verhalten setzen sich die Betroffenen dem meist intoleranten Zwang aus, den die Gruppe ausübt, und ernten dadurch (erneute) Feindseligkeiten.[563]

Allerdings ist zu beachten, dass die Gesetzmäßigkeiten gruppendynamischer Prozesse nicht uneingeschränkt auf Teams in der Berufswelt übertragen werden können. Diese Prinzipien gelten nämlich nur dann bedingungslos, wenn seitens des Managements keine Vorgaben und Rahmenbedingungen für den Ablauf und das Verhalten am Arbeitsplatz gemacht werden. Da es sich bei Arbeitsgruppen nicht um ideelle Gemeinschaften, sondern um Zweckgemeinschaften handelt, die von der Unternehmensleitung nach sachgemäßen und produktionsorientierten Merkmalen gebildet wurden, ist die Rollenentstehung stark von den jeweils existierenden Hierarchien, Arbeitsaufträgen und Vorgaben des Managements geprägt.[564]

2. Allgemeine persönlichkeitsbezogene Faktoren

Im Individualbereich existieren einige allgemeine persönlichkeitsbezogene Faktoren, die sich mobbingbegünstigend auswirken. Dazu gehören insbesondere Neid, Karrierestreben, Ängste, bestimmte Wertorientierungen, Frustrationen und ein generell von der restlichen Arbeitsgemeinschaft abweichendes Verhalten.

a) Neid

Eine sehr oft vorkommende Ursache von Mobbing aus dem Individualbereich ist Neid. Im Arbeitsumfeld bezieht sich dieser häufig auf die Qualifikation, die Kompetenz, die Anerkennung und das Leistungsvermögen des anderen.[565] Häufig sind es jedoch auch Gründe aus den privaten Lebensumständen, wie etwa ein größeres Auto oder Haus, ein attraktiverer Lebenspartner bzw. sonstige Vorzüge, die den innerlichen

561 Dazu u. zum Voranstehenden *Glawe*, S. 36 m. w. N.
562 *Glawe*, S. 36 m. w. N.
563 *Glawe*, S. 36 f. m. w. N.
564 *Glawe*, S. 37; *Leymann* (1995), S. 34 f.
565 *Meschkutat/Stackelbeck/Langenhoff*, S. 111, 118 f.; *Mühe*, S. 60; *Schimmelpfennig/Schimmelpfennig*, PersV 1998, 260 (272); *Zapf*, 2000, S. 146.

Drang hervorrufen, den anderen anzugreifen.[566] Aufgrund der schweren rationalen Erfassbarkeit von Neidgefühlen in der Realität sind diese als Mobbingursache jedoch häufig nicht erkennbar.[567] Definiert werden kann *Neid* als „die zehrende Empfindung des Abstandes zwischen dem eigenen Misserfolg und dem Erfolg des anderen. (…) Jeder Neid hat etwas von unfreiwilliger Bewunderung, von widerwilliger Anerkennung. Neid ist ein Resultat gehemmten Hasses, eine Reaktion auf die Unfähigkeit den anderen zu verachten, ungebrochen zu bewundern oder einfach zu ignorieren."[568] Ferner entwickelt sich Neid weniger aus einer Antipathie heraus, sondern mehr aus einer gewissen Sympathie für den Unsympathischen sowie für dessen Können und seinen Erfolg. Dabei strebt der Neidische nicht primär an, das zu bekommen, was der andere (mehr) hat, sondern zielt vielmehr darauf ab, dass der Beneidete das Erreichte bzw. das Neidobjekt (wieder) verliert. Es ist nämlich gerade die Freude über den Misserfolg des anderen, die dem Neidischen Befriedigung verschafft, da er allen anderen das missgönnt, was er selbst nicht zustande zu bringen scheint.[569] Bezeichnend ist außerdem, dass der Neidische nicht abwartet, bis ihm günstige Umstände die Gelegenheit zur Schadenfreude geben, sondern er aktiv aus seinem Neidgefühl heraus dazu beiträgt, dem anderen zu schaden, ohne dabei eigene Nachteile in Betracht zu ziehen.[570]

b) Konkurrenzdenken

Mobbingverhalten wird weiterhin dadurch begünstigt, dass Konkurrenzdenken häufig einen Bestandteil der eigenen Karrierestrategie bildet: So beabsichtigt der Mobbende etwa den Wirkungsbereich des Mobbingopfers zu erhalten oder konkurriert mit ihm um eine neu zu besetzende Position.[571] Aufgrund der gleichen zugrundeliegenden Kernaussage sei diesbezüglich auch auf die obigen Ausführungen zum Konkurrenzdruck im Rahmen der mobbingfördernden Ursachen in der Sozialstruktur verwiesen.[572]

c) Ängste

Berufliche Ängste oder Versagensängste bilden weitere wesentliche Faktoren für die Entstehung von Mobbing.[573] Grundsätzlich ist *Angst* lediglich „das Gefühl, das den Menschen darauf aufmerksam macht, dass ihn eine Gefahr bedroht, der er sich nicht gewachsen fühlt".[574] Um sich von dem belastenden Zustand der Angst zu

566 *Mühe*, S. 60.
567 *Prosch*, S. 81 m. w. N.
568 *Seemann*, Hans-Jürgen /*Meier*, Rainer, Das Prinzip Bosheit – Die Alltäglichkeit der Schikane, Weinheim/Basel 1988, S. 99 f., zit. nach *Prosch*, S. 81.
569 *Prosch*, S. 81 m. w. N.
570 *Prosch*, S. 81 m. w. N.
571 *Mühe*, S. 60.
572 Teil 1, Kapitel 2, III. 1. b) bb. (4) dieser Arbeit.
573 *Brommer*, S. 54; *Prosch*, S. 82; *Waniorek/Waniorek*, S. 42.
574 *Bosetzky/Heinrich/Schulz zur Wiesch*, S. 297.

befreien, neigt der Mensch dazu, sich davor zu schützen: Neben der Verdrängung, Rationalisierung und Regression spielen hier auch die Abwehrmechanismen der Projektion oder Verschiebung insofern eine Rolle, als der Ängstliche die eigenen Gefühle und Probleme auf eine andere Person überträgt.[575] Insbesondere die Angst vor Aufdeckung begangener Fehler veranlasst ängstliche Personen dazu, sich darum zu bemühen, diese zu verheimlichen. Dabei entsteht Mobbing vor allem dann, wenn die gemachten Fehler immer wieder einem anderen Kollegen angelastet werden, was bei diesem zu beruflichen und/oder persönlichen Schwierigkeiten führt.[576]

Eine darüber hinausgehende Befassung mit Ängsten als Mobbingursache anhand konkreter Beispiele, welche die verschiedenen Mobbingrichtungen und Personenkonstellationen am Arbeitsplatz berücksichtigen, erfolgt im Rahmen der besonderen psychodynamischen Ursachen bei der mobbenden Person.[577]

d) Wertorientierungen

Zu Wertkonflikten kommt es, wenn in einem Unternehmen einzelne Mitarbeiter einander widersprechende ästhetische, wirtschaftliche, religiöse, soziale und politische Werte vertreten und auf diese Weise nicht selten gesamtgesellschaftliche Konflikte mit in die Organisation hineintragen. Dieser Umstand ermöglicht unzählige Auseinandersetzungen zwischen den verschiedenen persönlichen Belangen, woraus Konflikte entstehen können.[578] Persönliche Werte als Ziele stellen Anhaltspunkte dar, die dem konkreten Verhalten eines Menschen eine Richtung aufzeigen und Halt geben. Dadurch wird der individuelle Handlungsrahmen festgelegt und bestimmt, welche Interessen hoch und welche niedrig bewertet werden.[579] Besonders konfliktfördernd wirkt sich in diesem Zusammenhang aus, wenn eine Person nichts anderes außer dem eigenen bestimmten – hoch bewerteten – Belang gelten lässt und kompromisslos darauf abzielt, andere, die diesen Wert nicht teilen, mit aller Macht davon zu überzeugen.[580] Derartige unversöhnliche Konflikte können zwar in jeglichen Wertebereichen auftreten, insbesondere jedoch im Zusammenhang mit Sittlichkeit, Glauben und Weltanschauungen, bei denen teilweise mit Fanatismus, Intoleranz und Radikalität versucht wird, andere zu den vermeintlich „einzig wahren" Werten zu bekehren.[581]

e) Frustrationen

Nach den psychodynamischen Triebtheorien soll feindseliges Konfliktverhalten auf den, allen Menschen angeborenen, Aggressionstrieb zurückgehen. Danach bringen langanhaltende Störungen der Befriedigung individueller Bedürfnisse Spannungen im Inneren

575 *Bosetzky/Heinrich/Schulz zur Wiesch*, S. 305 f.; vgl. dazu u. zum Voranstehenden ebenso *Prosch*, S. 82.
576 *Prosch*, S. 82; *Waniorek/Waniorek*, S. 44 f.
577 Teil 1, Kapitel 2, III. 3. a) dieser Arbeit.
578 *Bosetzky/Heinrich/Schulz zur Wiesch*, S. 257 f.; *Esser*, S. 54; *Prosch*, S. 82.
579 *Prosch*, S. 82 m. w. N.
580 *Esser*, S. 59; *Prosch*, S. 82 f.
581 *Prosch*, S. 83 m. w. N.

des Menschen mit sich, die vereinfacht ausgedrückt nur durch entsprechend aggressives Verhalten abgebaut werden können. Zur Erklärung sozialer Phänomene wie Mobbing wäre dieser Ansatz jedoch insofern unzulänglich, als hier situative Bedingungen und Umgebungseinflüsse keine Beachtung finden.[582] Somit würde es also nicht genügen, Mobbingverhalten alleine auf die Natur und damit auf die dem Menschen innewohnenden Triebkräfte zurückzuführen.[583]

Einen weitaus besseren Ansatz liefert demgegenüber die Frustrations-Aggressions-Hypothese.[584] Danach kann *Aggression* als eine Verhaltensweise begriffen werden, „die zur persönlichen Schädigung und zur Zerstörung von Eigentum führt", wobei die Schädigung sowohl psychischer Natur – etwa in Form von Abwertung und Erniedrigung – als auch physischer Art sein kann.[585]

Im Wesentlichen geht die *Frustrations-Aggressions-Hypothese* von folgenden drei Haupt-Thesen aus: Einmal soll Aggression immer eine Folge von Frustration sein;[586] zum zweiten soll Frustration zu Aggression führen können und zum dritten soll die Stärke der Aggression immer vom Grad der Frustration abhängig sein, welcher durch die Dimension der Störung individueller Bedürfnisse, die Anzahl der beeinträchtigten Verhaltenssequenzen und die Möglichkeit von zu befriedigenden Ersatzreaktionen festgelegt wird.[587] Danach stellt soziales Konfliktverhalten die Reaktion auf einen bestimmten Anlass dar. Diese lebt nicht von selbst wieder auf, sondern wird ausschließlich durch erneute Frustration und situative Umweltreize intensiviert.[588] Zu mobbingspezifischem Konfliktverhalten, das aggressive, schädigende Handlungen enthält, kommt es demnach immer dann, wenn der Mensch frustriert ist, also die Befriedigung seiner Bedürfnisse bedroht sieht oder bei deren Erfüllung behindert wird. Dabei wird die Befriedigung von Bedürfnissen als dynamischer und lebensnotwendiger Vorgang betrachtet, in welchem jeder Mensch nach unterschiedlichen, aber stets mit Werten versehenen Zielen strebt.[589]

Dem Unternehmen als sozialem System obliegt es neben anderen Aufgaben insbesondere auch sicherzustellen, dass die Bedürfnisse der einzelnen Mitarbeiter gestillt werden, was jedoch naturgemäß längst nicht immer gelingt und Frustrationen nach sich

582 Dazu u. zum Voranstehenden *Prosch*, S. 83 m. w. N.

583 *Prosch*, S. 83 m. w. N.

584 Vgl. *Schwind*, § 6 Rn. 46 ff. m. w. N. der u. a. darauf aufmerksam macht, dass diese Hypothese an Vorüberlegungen von Sigmund *Freud* anknüpft, welcher bereits in einer seiner frühen Arbeiten auf einen Frustrations-Aggressions-Mechanismus verwiesen hat. Danach entsteht immer, wenn lustsuchendes oder schmerzmeidendes Verhalten gehemmt wird, reaktiv Frustration, die zur Aggression gegen jene für diese Versagung als verantwortlich angesehenen Personen oder Gegenstände führt. Vgl. darüber hinaus im Zusammenhang mit Gewaltkriminalität und Massenmedien *Göppinger/Bock-Brettel*, S. 489 f. und bzgl. der Wirkung von Gewaltdarstellungen *Bock*, Rn. 1033.

585 *Verres*, Rolf / *Sobez*, Ingrid, Ärger, Aggressionen und soziale Kompetenz, Stuttgart 1980, S. 49, zit. nach *Prosch*, S. 83 f.

586 Vgl. auch *Schwind*, § 6 Rn. 46 m. w. N.

587 *Dollard/Miller/Doob/Mowrer/Sears*, S. 9, 36; *Prosch*, S. 84.

588 *Prosch*, S. 84; *Scherer*, S. 58.

589 *Heckhausen*, S. 24 ff.; *Prosch*, S. 84; *Staehle*, S. 147 ff.

zieht.[590] Zumal gerade auch Perspektivlosigkeit, etwa in Form von Arbeitslosigkeit, Frust und Aggressionen hervorrufen kann.[591] Daneben wird es auch dem eigenen Unvermögen zugeschrieben, dass sich Unzufriedenheitsgefühle entwickeln, die in Form von Mobbingverhalten auf andere Personen entladen werden. Die Ursache dafür wird in persönlichen Lebensumständen und der eigenen Erfolglosigkeit im Berufsleben gesehen, was letztlich für das Auftreten von aggressivem Verhalten entscheidend sein kann.[592]

f) Abweichendes Verhalten

Schließlich ist eine der Hauptursachen für Mobbing, insbesondere für Kollegenmobbing, ein von der Norm – die jeweils von der Gruppe vorgegeben wird – abweichendes Verhalten *(Devianz)* einer bestimmten Person.[593] Gründe für abweichendes Verhalten im betrieblichen Alltag sind dabei unter anderem beispielsweise Sozialisationsdefizite, ungerechte und anomische Zustände im Unternehmen, Gruppeneinflüsse sowie Stigmatisierungen.[594] Von der restlichen Gruppe divergierendes Verhalten kann für die betreffende Gemeinschaft ein „Im-Stich-Lassen" jener Gruppenmaßstäbe bedeuten, die als existentiell für ihr Fortkommen oder sogar für ihren Bestand erachtet werden. Die Teammitglieder meinen sich mit aller Gewalt gegen das abweichende Verhalten auflehnen zu müssen, um die Einheit ihrer etablierten Gemeinschaft aufrechtzuerhalten, die sie durch den Abtrünnigen bedroht sehen, selbst wenn dies die Abspaltung des abweichenden Individuums beinhaltet. Diese Konstellationen begünstigen Mobbing vor allem dann, wenn von einzelnen Gruppenmitgliedern oder vom gesamten Team versucht wird, das abweichende Verhalten mit Handlungen zu bestrafen, die mobbingspezifische Züge aufweisen.[595] Darüber hinaus soll bei Menschen, die aufgrund abweichenden – sei es bewussten oder unbewussten – Verhaltens zu Mobbingopfern wurden, ein ähnlicher Prozess ablaufen, wie es der *Etikettierungsansatz*[596] aus der Soziologie beschreibt. Denn diese – auch als *Labeling-Theorie* bezeichnete – These erklärt abweichendes Verhalten damit, dass die Abweichung sozial zugeschrieben und nicht objektiv vorhanden sei.[597] Zudem führt die Identifikation des Betroffenen mit dem Umstand,

590 *Gamber*, S. 89; *Prosch*, S. 84.

591 *Schwind*, § 6 Rn. 49a.

592 *Brommer*, S. 54; *Prosch*, S. 84 f.; *Walter*, Kleinkrieg, S. 64 ff.

593 *Bosetzky/Heinrich/Schulz zur Wiesch*, S. 269; *Wisede*, S. 16 ff.

594 *Bosetzky/Heinrich/Schulz zur Wiesch*, S. 274 ff. m. w. N.; vgl. dazu u. zum Voranstehenden auch *Prosch*, S. 80 f.

595 Dazu u. zum Voranstehenden *Prosch*, S. 80 f. m. w. N.; vgl. insbes. *Coser*, S. 82 ff.

596 In der Kriminologie wird versucht, mit dieser soziologischen Denkrichtung abweichendes *(delinquentes)* Verhalten zu erklären: vgl. *Albrecht*, S. 36 f.; *Bock*, Rn. 200 ff.; *von Danwitz*, Rn. 55 ff.; *Eisenberg/Kölbel*, § 8 Rn. 1 ff.; Göppinger/Bock-*Bock*, S. 158 ff.; Kaiser/Schöch/Kinzig-*Schöch*, S. 20 ff. m. w. N.; *Killias/Kuhn/Aebi*, Rn. 838 ff.; *Kürzinger*, Rn. 127 ff.; *Meier*, § 3 Rn. 91 ff.; *Neubacher*, S. 111 ff.; *Schwind*, § 8 Rn. 2 ff.

597 Fritz *Sack*, welcher in den 1960er Jahren den *labeling approach* in die deutsche kriminologische und sozialwissenschaftliche Diskussion eingebracht hatte, vereinseitigte und radikalisierte den Ansatz jedoch, indem er annahm, dass Kriminalität ausschließlich aufgrund von Selektion durch die Strafverfolgungsbehörden entstehe (*Sack*, Neue Perspektiven in der Kriminologie, in *Sack/König*,

anders zu sein als die restliche Gruppe, zu einer Absonderung seiner Person. Ihm wird ein sogenanntes *Label* wie etwa „Faulpelz" oder „Homosexueller" aufgestempelt, woraufhin er weitere stereotypische Eigenschaften verliehen bekommt und damit eine Herabwürdigung seiner Person erfährt. Dadurch wird der Betroffene in den Augen der anderen weniger wert und kann entsprechend gedemütigt werden.[598] Maßgeblich bei dieser Entwicklung ist die Opfer-Mentalität: Wenn Menschen nämlich Probleme haben, selbstständig zu handeln, Akzeptanz zu gewinnen und Grenzen zu ziehen, vermitteln sie das auch unbewusst durch ihre Ausdrucksweise und Körpersprache nach außen und werden dadurch zu bevorzugten Mobbingopfern.[599]

Daraus folgt, dass Personen mit einer hohen Sozialkompetenz und mit einer stark entwickelten Befähigung zur Konfliktanalyse und Konfliktbewältigung grundsätzlich bessere Chancen haben, den Mobbingprozess zu unterbrechen und das Mobbing zu beenden. Dabei sind es weniger spezifische Charaktereigenschaften als vielmehr konkrete Verhaltensweisen, um Auseinandersetzungen am Arbeitsplatz konstruktiv bewältigen zu können.[600]

3. Besondere psychodynamische Ursachen

Bei Ursachen, die aus der besonderen Psychodynamik der Beteiligten stammen, handelt es sich zum einen um Persönlichkeitsfaktoren und Motive der mobbenden Person und zum anderen um persönlichkeitsbedingte Merkmale des von Mobbing Betroffenen.

a) In der Person des Mobbenden liegende Gründe

Es gibt kein typisches Profil, das eine mobbende Person charakterisiert, jedoch existieren einige Persönlichkeitsfaktoren, die den Einzelnen schneller zu Mobbingangriffen veranlassen, als es bei anderen Menschen in der gleichen Situation der Fall wäre.[601] So beeinflussen das familiäre und sonstige Umfeld in der Kindheit sowie Erlebnisse in dieser Zeit die Konflikt- und Mobbingbereitschaft eines Menschen.[602] Eine Person, die zu Intrigen und Schikanen tendiert, wird eher Mobbingangriffe verüben

---

S. 431 ff.). In der Folge erfuhr der Ansatz einerseits Zuspruch, v. a. aufgrund der dadurch ausgelösten Verstärkung der Sanktionsforschung, andererseits aber auch heftige Kritik, vgl. etwa *Bock*, Rn. 208 ff.; *Schwind*, § 8 Rn. 11 ff. m. w. N.

598 *Glawe*, S. 38 m. w. N.; *Neuberger*, S. 178.

599 *Glawe*, S. 38 m. w. N.; damit vergleichbar erklärt der prozesshaft zu verstehende Vorgang des *Labeling* in der Kriminologie die (Weiter-)Entwicklung strafrechtlich relevanten Verhaltens als ein Wechselspiel zwischen dem Benehmen und darauf bezogenen Reaktionen einschließlich strafrechtlicher Rechtsfolgenauswahl und Rechtsfolgenbemessung, wobei diesen zunehmend ein für die Person des Abweichlers vorgesehener Stigmatisierungscharakter zukomme, und mit der Akzeptanz der Zuschreibung „kriminell" als Persönlichkeitseigenschaft beginne für den auf diese Weise Etikettierten erst der eigentliche straffällige Verlauf (*Eisenberg/Kölbel*, § 8 Rn. 2).

600 *Brinkmann*, S. 91 f.; *Glawe*, S. 38 f.

601 *Mühe*, S. 65.

602 *Mühe*, S. 65; *Zuschlag*, S. 48 f.

als jemand, dem an einem friedlichen Miteinander gelegen ist.[603] Daneben besitzen Mobbende auf der einen Seite häufig nur wenig Selbstachtung und Selbstvertrauen, wodurch sie eher aggressiv auftreten, um ihre Verunsicherung zu kaschieren.[604] In diesem Zusammenhang ebenfalls von Belang für die Mobbingbereitschaft des Einzelnen ist dessen Selbstwerterhaltungsbedürfnis: Wenn nämlich jemand mit objektiv besserer Eignung, also höherer Leistungsfähigkeit oder größerem Ansehen am Arbeitsplatz, sich in den Aufgabenbereich eines anderen einmischt, droht dessen Achtung und Beliebtheit gegenüber Kollegen sowie die ihm zugesprochene Befähigung abqualifiziert und auf diese Weise sein Selbstwertgefühl beeinträchtigt zu werden; daraufhin verteidigt sich derjenige gegen den „Eindringling", indem er bestrebt ist, den besser Qualifizierten aus seinem „Herrschaftsbereich" wieder hinaus zu stoßen oder dessen Leistung zu verleugnen.[605] Sofern dagegen Eigenschaften wie Selbstkritik, Toleranz und eine Akzeptanz des Gegenübers bei den Beteiligten gegeben sind, wird es selten zu Spannungen kommen, die Mobbing zur Folge haben. So ist anzunehmen, dass sich das Risiko für die Entstehung von Mobbing erhöht, wenn unsouveräne Vorgesetzte einem leistungsstarken Mitarbeiter begegnen.[606] Andererseits kann aber auch der sehr selbstsichere oder schon narzisstisch veranlagte Mensch leichter zum Mobbingtäter werden, da ein derartiger Mensch häufigt nicht selbstkritisch und reflektiert ist, Fehler aus seiner Sicht nur anderen unterlaufen, er ungern Aufgaben delegiert, nicht empathisch ist und selbst oft perfektionistisch vorgeht.[607] Überdies konnte festgestellt werden, dass Menschen, die psychopathische Züge besitzen, zwar grundsätzlich auch Mobbingtäter sein können, aber nur ausnahmsweise unter diesen vorzufinden sind.[608]

Eine genauere Betrachtung der obigen Ausführungen lässt erkennen, dass sich die Motive der mobbenden Personen letztlich vorwiegend aus erfolgsorientierten, positiven Absichten und aus Ängsten vor einem möglichen Versagen sowie vor dem Erleiden von Verlusten und Schäden zusammensetzen.[609]

Aus beiden Bereichen veranschaulicht *Zuschlag* im Folgenden einige der möglichen Motive von mobbenden Personen anhand von Beispielen, wobei keinerlei Anspruch auf Vollständigkeit erhoben, sondern vielmehr eine Anregung zur Ergänzung gegeben werden soll:[610]

> „Möglicherweise von Mobbing-Tätern angestrebte Ziele (und dabei beschrittene Wege):
>
> Mögliche Ziele von Führungskräften in bezug [sic!] auf Mitarbeiter:

603 *Mühe*, S. 65; *Schimmelpfennig/Schimmelpfennig*, PersV 1998, 260 (271).
604 *Mühe*, S. 65 m. w. N.; vgl. insbes. *Zapf*, ZfAO 1999, 1 (17) m. w. N.
605 *Mühe*, S. 65.
606 *Mühe*, S. 65 f. m. w. N.
607 *Mühe*, S. 66 m. w. N.
608 *Zapf*, ZfAO 1999, 1 (17); ebenso *Mühe*, S. 65.
609 *Zuschlag*, S. 35.
610 *Zuschlag*, S. 35.

- Mitarbeiter/innen disziplinieren und gefügig machen.
- Freude an der Machtausübung haben.
- Sich autoritär gegen andere Interessen durchsetzen.
- Anderen Informationen vorenthalten, um Informationsvorsprung zu behalten oder zu erreichen.
- Durch arrogantes Auftreten wichtig erscheinen wollen.
- Durch ständiges Kritisieren und Befehlen die eigene Kompetenz demonstrieren wollen.
- Bestrafung von Mitarbeitern durch Nichtbeachtung mit pädagogischen Absichten (d. h. als Strafe für Fehlverhalten).
- Ausschluss von Mitarbeitern von betriebsüblichen Privilegien als Strafmaßnahme, um sie zu ‚Wohlverhalten' zu nötigen.
- ‚Abwimmeln' von Mitarbeitern wegen Arbeitsüberlastung.
- Isolierung von Mitarbeitern, um diesen das Integrieren zu erschweren.
- Erschwerung der Arbeit durch kostensenkende Maßnahmen, ohne explizite Schikane-Absicht.
- Maximale Ausnutzung der Arbeitskraft von Arbeitnehmern zur Profitoptimierung (z. B. durch den ständigen Hinweis darauf, dass die Abteilung nicht kostendeckend arbeite), jedoch ohne bewusste Schikane-Absicht.
- Mitarbeiter von ihrem Arbeitsplatz wegekeln (aus Antipathie, wegen mangelhafter Leistung oder zur Personaleinsparung aus Kostengründen).
- Überlastung von Mitarbeitern zur eigenen Entlastung und persönlichen Bequemlichkeit.
- Sich am Ärger und an der Wut anderer ergötzen (Sadismus).
- Schikane von Mitarbeitern aus Rache für tatsächlich oder vermeintlich von diesen verursachten Ärger.
- Mitarbeiter hinausekeln, um deren attraktiven Posten Freunden oder Verwandten zuzuschieben und diese finanziell abzusichern.
- Mitarbeiter von wichtigen Positionen entfernen, um sie mit persönlichen Freunden oder Familienmitgliedern zur Stärkung der eigenen Machtposition zu besetzen.
- Die Macht der eigenen Stellung gegenüber Abhängigen zu sexuellen Übergriffen nutzen.

Mögliche Ziele von Mitarbeitern/Mitarbeiterinnen in bezug [sic!] auf andere Mitarbeiter/innen:

- Kolleginnen/Kollegen wichtige Informationen vorenthalten, um durch diesen Informationsvorsprung den eigenen Arbeitsplatz zu sichern.
- Durch schlechtes Reden über bestimmte Mitarbeiter deren Intrigen entgegenzutreten versuchen.
- Attacken gegen andere Mitarbeiter aus Rache für tatsächlich oder vermeintlich von diesen verursachten eigenen Ärger.
- Attacken gegen Mitbewerber/innen um die Gunst des Chefs/der Chefin, die als vermögende Heiratskandidaten ins Auge gefasst werden.
- Ärgerliche Reaktionen gegen ‚Drückeberger', deren Arbeit andere dann zwangsläufig miterledigen müssen.
- Attacken gegen Akkord-Verderber.
- Neutralisationsaktionen gegen ungerechtfertigt bevorzugte ‚Günstlinge'.
- Ablehnung anderer Mitarbeiter/innen aus objektiven Gründen (z. B. wegen mangelhafter Körperpflege: ‚der/die stinkt').
- Attacken gegen Ausländer infolge negativer Erfahrungen oder sachlich unbegründeter Vorurteile.

- Verweigerung der Kooperation mit Mitarbeitern, die bekanntermaßen Aufträge zu umständlich oder verzögert bearbeiten und dadurch die Arbeitseffizienz anderer beeinträchtigen.
- Umgehung der Kooperation mit Mitarbeitern, die Aufträge erfahrungsgemäß schlampig und fehlerhaft erledigen und die dadurch Probleme bei der Projektabwicklung insgesamt verursachen.

Mögliche Ziele von Mitarbeitern/Mitarbeiterinnen (ggf. auch Führungskräften) in bezug [sic!] auf (andere) Führungskräfte:
- Missliebige Führungskräfte diskreditieren, um ihre Ersetzung durch angenehmere Führungskräfte zu bewirken.
- Führungskräfte durch irgendwelche Attacken beschäftigen, um sie von für den Mitarbeiter unangenehmen Aufsichtspflichten abzulenken.
- Führungskräfte unter Druck setzen, um sie für die Durchsetzung eigener Ziele bereitwilliger zu machen (zu nötigen).
- Führungskräfte demonstrativ nicht beachten, um auf sich selbst und ein eventuelles Problem aufmerksam zu machen.
- Führungskräften so viel Ärger bereiten, dass sie selbst kündigen.
- Führungskräften möglichst viel Ärger verursachen, damit sie dem Mitarbeiter kündigen (damit er Arbeitslosengeld in Anspruch nehmen kann) oder damit sie ihn vorzeitig mit einer guten Abfindung in Pension schicken.
- Führungskräfte einer höheren Hierarchiestufe in Misskredit bringen, um dann selbst ihre Stellung einnehmen zu können.
- Führungskräfte aus wichtigen Positionen entfernen, um sie mit persönlichen Freunden oder Familienmitgliedern zur Stärkung der eigenen Machtposition im Unternehmen zu besetzen.
- Führungskräfte finanziell unter Druck setzen (z. B. durch Vorhalten angeblich erwirtschafteter ‚roter Zahlen'), um sie besser für zweifelhafte eigene Ziele manipulieren zu können."[611]

Die Bandbreite der hier aufgelisteten potentiellen Ziele verdeutlicht sehr gut, dass alle sich im Gesamtsystem beteiligenden Personen, unabhängig von ihrer jeweiligen Hierarchieebene, sehr voneinander divergierende Ziele mit ihren Handlungen anstreben können. Dabei ist möglicherweise auch dann objektiv Schikane oder Mobbing gegeben, wenn diesbezüglich keinerlei Absichten vom Handelnden verfolgt wurden.[612]

611 *Zuschlag*, S. 35 ff., Tab. 11.
612 *Zuschlag*, S. 37.

„Mögliche Ängste von Mobbing-Tätern:

Mögliche Ängste von Führungskräften in bezug [sic!] auf Mitarbeiter/innen:
- Angst vor Autoritätsverlust und Machteinbuße im Unternehmen.
- Angst davor, dass ihnen Mitarbeiter ‚auf der Nase herumtanzen' könnten.
- Angst davor, dass sich Mitarbeiter/innen über offenkundige Schwächen der Führungskraft lustig machen und das womöglich noch für ihre Karriereentwicklung wichtigen Führungskräften zutragen.
- Angst vor der Informationsweitergabe, weil sie fürchten, durch Verlust des Wissensvorsprungs in eine existenzbedrohende Defensive zu geraten.
- Angst davor, von anderen für nicht ausreichend informiert, unfähig oder sogar dumm gehalten zu werden.
- Angst davor, dass andere den Eindruck gewinnen könnten, sie seien ihrer (Arbeits- oder Führungs-) Aufgabe nicht gewachsen.
- Angst davor, dass ihr pädagogisches Geschick zur sachgerechten Anleitung, Kontrolle und Führung der ihnen zugeordneten Mitarbeiter/innen nicht ausreicht.
- Angst davor, dass unzureichend angetriebene Mitarbeiter faulenzen.
- Angst vor Intrigen der Mitarbeiter, denen sie sich nicht gewachsen fühlen.
- Angst davor, dass ihnen die Kosten der Abteilung ‚über den Kopf wachsen', wenn sie nicht ganz dirigistisch und restriktiv vorgehen.
- Angst davor, dass Mitarbeiter/innen die Führungskraft aus ihrer Position verdrängen.
- Angst vor Imageverlust gegenüber Mitarbeitern und Vorgesetzten.
- Sie befürchten zu intime, ggf. sogar sexuelle Ansinnen anderer, die ihnen unangenehm wären oder die Schwierigkeiten mit ihrer Familie verursachen könnten.

Mögliche Ängste von Betroffenen in bezug [sic!] auf andere Mitarbeiter/innen:
- Mitarbeiter/innen haben Angst davor, zugunsten anderer an einen unattraktiven Arbeitsplatz umgesetzt, abgeordnet, versetzt oder gar gekündigt zu werden.
- Sie fürchten, dass andere über sie ‚tratschen' und dabei unangenehme Tatsachen über sie ausplaudern oder peinliche Gerüchte in Umlauf setzen.
- Sie fürchten, dass andere ihnen ihren Arbeitsplatz streitig machen wollen.
- Sie fürchten, dass andere sie aus der Gunst des Chefs vertreiben wollen.
- Sie haben Angst, von anderen Mitarbeitern (oder Vorgesetzten) nicht ausreichend über wichtige Vorgänge informiert zu werden und dadurch Fehler zu machen.
- Sie haben Angst vor hinter ihrem Rücken gesponnenen Intrigen.
- Sie haben Angst, einen möglichen Lebenspartner an andere Interessent/innen zu verlieren.

Mögliche Ängste von Mitarbeitern/Mitarbeiterinnen in bezug [sic!] auf Führungskräfte:
- Angst, dass sie von Vorgesetzten wegen mangelnder Qualität der Arbeitsleistung getadelt werden.
- Angst, dass sie von Vorgesetzten zur Rechenschaft gezogen werden, weil ihre Abteilung nicht kostendeckend arbeitet.
- Angst vor Intrigen, die das Image nachhaltig schädigen oder sogar die Stellung kosten können.
- Angst davor, zu unangenehmen Arbeiten herangezogen zu werden.
- Angst vor Unter- oder Überforderung.
- Angst, die selbst gesetzten oder vorgegebenen Leistungsziele nicht zu erreichen.
- Angst vor Versetzung, Entlassung oder Frühpensionierung.

- Angst vor Entmachtung.
- Angst vor Verlust mühsam erkämpfter Privilegien.“[613]

Darüber hinaus kann auch die Angst vor unbeteiligten Dritten von Bedeutung sein: Beispielsweise fühlt sich ein Arbeitnehmer möglicherweise von Freunden und Verwandten bzw. Kameraden aus dem Sportverein unter Druck gesetzt, wenn er ihnen im Unternehmen keine geeignete Arbeitsstelle verschaffen kann, auch wenn sie sich gegebenenfalls nur arbeits- oder einkommensmäßig verbessern möchten. Ähnlich stellt sich die Situation dar, wenn Verbände oder politische Parteien die Vergabe von bestimmten Schlüsselpositionen steuern wollen und diesbezüglich Druck auf Beschäftigte oder Führungskräfte bestimmter Betriebe ausüben.[614]

Schließlich werden Mobbingtäter auch bestärkt ihre Mobbingaktivitäten fortzusetzen oder zu intensivieren, wenn sie nicht aufgehalten werden. Ängste der Mobbingopfer und die Befürchtung von bislang Unbeteiligten, eventuell in die Problematik verwickelt und selbst auch zum Betroffenen zu werden, befördern die Respektlosigkeit der Mobbingtäter ebenso wie ein unkritischer blinder Gehorsam und fehlende Zivilcourage. Aus diesem Grund ist bei einer Ursachenforschung nicht nur der Blick auf den Mobbingtäter, sondern auch auf das Mobbingopfer zu werfen, ob von diesem möglicherweise (vor allem unbewusst) Signale ausgesendet werden, die den Mobbenden zu seinem Handeln ermutigen bzw. in seinem Tun bestärken.[615]

b) In der Person des von Mobbing Betroffenen liegende Gründe

Grundsätzlich kann fast jeder aufgrund seiner Persönlichkeit, seines Aussehens, Charakters oder Verhaltens unerwartet zum Opfer in einem Mobbinggeschehen werden.[616] Demnach reichen willkürliche Merkmale der eben genannten Art unter bestimmten gesellschaftlichen Rahmenbedingungen aus, um Personen zu stigmatisieren, aus dem sozialen Gefüge auszugrenzen und zu schikanieren.[617] So wie kein eindeutiges Täterprofil existiert, gibt es also auch kein bestimmtes Opferpersönlichkeitsprofil für Mobbing. Ein solches würde ohnehin das Risiko in sich bergen, jeden, der gemobbt wird, aufgrund seiner Persönlichkeit zu verurteilen oder Personen leichtfertig als mögliche Mobbingopfer zu deklarieren und anderen, die nicht dieses Profil erfüllen, fälschlicherweise die Sicherheit vermitteln, dass sie davon nicht tangiert werden.[618] Dennoch ist die Wahrscheinlichkeit, von Mobbing betroffen zu werden, nicht für alle Menschen gleich, denn trotz eines fehlenden typischen und ausschließlichen Mobbingopferprofils sind Personen mit bestimmten Charaktereigenschaften und Handlungsweisen prädestinierter, zum Mobbingopfer zu werden, als andere.[619] Vor allem in Bezug auf abweichendes Verhalten, konträren Einstellungen, Gewissenhaftigkeit, Zielstrebigkeit, extreme

613 *Zuschlag*, S. 37 f., Tab. 12.
614 Dazu u. zum Voranstehenden *Zuschlag*, S. 38.
615 Dazu u. zum Voranstehenden *Zuschlag*, S. 38 f.
616 *Mühe*, S. 63.
617 *Zuschlag*, S. 40.
618 *Mühe*, S. 63.
619 *Mühe*, S. 63; *Zuschlag*, S. 40; vgl. dazu auch *Meschkutat/Stackelbeck/Langenhoff*, S. 111, 118.

Pünktlichkeit und Leistungsbereitschaft sind Unterschiede zwischen betroffenen Personen und denjenigen, die nicht Mobbing ausgesetzt sind, zu verzeichnen.[620] So können einerseits Menschen betroffen sein, die aufrichtiger, gewissenhafter, leistungsbereiter, leistungsfähiger, kritischer und kreativer als andere Beschäftigte sind.[621] Andererseits besteht aber auch bei Personen, die nicht leistungsbereit sind, denen viele Fehler unterlaufen oder denen es an bestimmten Kenntnissen mangelt, ein gleichermaßen gesteigertes Risiko, Opfer von Mobbingangriffen zu werden.[622] Auch Arroganz, Unzuverlässigkeit, Hilflosigkeit oder das Schmieden von Intrigen und Lügen provozieren mobbingspezifische Verhaltensweisen.[623] Ferner stellen soziale Anpassungsprobleme, wie beispielsweise große Schüchternheit oder eine Absonderung von den Kollegen, eine beliebte Angriffsfläche für Mobbingverhalten dar.[624] In gleicher Weise können sich sowohl ein zu geringes als auch ein besonders hohes Selbstbewusstsein mobbingfördernd auswirken: Bei geringem Selbstbewusstsein können Kritik, Tadel oder Kränkung nicht gut bewältigt werden, weshalb darauf mit negativem und aggressivem Verhalten reagiert wird. Im zweiten Fall, also bei sehr hohem Selbstbewusstsein, weist der Betroffene eine größere Leistungsbereitschaft und eine moralische Überlegenheit auf, welche er dann auch zu erkennen gibt und auf diese Weise unbewusst Sympathien verliert.[625] Weitere Auslöser von Mobbing sind häufig das äußere Erscheinungsbild, das Geschlecht, das (fortgeschrittene) Alter, die sexuelle Orientierung, die persönliche Lebensweise sowie die Nationalität des Betroffenen.[626] Nicht selten werden darüber hinaus behinderte Menschen zu Mobbingopfern, die ein fünf Mal höheres Risiko tragen, gemobbt zu werden, als nicht behinderte Menschen.[627] In demselben Maße können auffälliges Benehmen bzw. besondere Eigenschaften, wie etwa lautes Sprechen, Körpergeruch, Anbiederung oder etwa auch ein schwerfälliger oder in sonstiger Weise markanter Gang, Mobbingverhalten provozieren.[628] Schließlich kann aber auch das berufliche Verhalten des Opfers Anstoß für Mobbingangriffe gegen ihn sein, zum Beispiel, wenn das Benehmen des Betroffenen nicht ausreichend unterwürfig ist, er ungebetene Kritik äußert, sich Anweisungen widersetzt oder sich neuen Vorschlägen bzw. Dingen gegenüber ablehnend verhält.[629]

Im Folgenden wurden von *Zuschlag* neben den teilweise bereits angesprochenen Merkmalen noch einige weitere viktimologische Anreize zusammengestellt, die bei einer Mehrzahl von Mobbingopfern in der Vergangenheit aufzufinden waren. Bei dieser Liste muss jedoch berücksichtigt werden, dass die dort angeführten Besonderheiten nicht automatisch Mobbing gegen die betreffende Person nach sich ziehen. Es

---

620 *Meschkutat/Stackelbeck/Langenhoff*, S. 118; *Mühe*, S. 63; *Zapf*, ZfAO 1999, 1 (16 f.).
621 *Zapf*, ZfAO 1999, 1 (16); *Meschkutat/Stackelbeck/Langenhoff*, S. 111, 118; ebenso *Mühe*, S. 63 f.
622 *Mühe*, S. 64.
623 *Zuschlag*, S. 41; ebenso *Mühe*, S. 64.
624 *Mühe*, S. 64.
625 *Mühe*, S. 64; *Zapf*, ZfAO 1999, 1 (15); *Zuschlag*, S. 41.
626 *Meschkutat/Stackelbeck/Langenhoff*, S. 111, 118; *Mühe*, S. 64.
627 *Kratz*, S. 17; *Leymann* (2006), S. 88, 98 ff.
628 *Zuschlag*, S. 42; dazu u. zum Voranstehenden ebenso *Mühe*, S. 64.
629 *Meschkutat/Stackelbeck/Langenhoff*, S. 118 f.; ebenso *Mühe*, S. 64 f.

bedarf dazu vielmehr zum einen dafür geeignete innerbetriebliche Interaktionsbedingungen und zum anderen mindestens eines zum Mobbing bereiten Akteurs.[630]

Vom potentiellen Opfer ausgehende *viktimologische Anreize* sind also:

„(1) Leistungsprobleme
- Erforderliche Kenntnisse und Fertigkeiten fehlen.
- Keine ausreichende Leistungsbereitschaft vorhanden.
- Hohe Fehlerquote bei der Arbeit infolge mangelhafter Konzentration.
- Überaktivität: verdirbt den Akkord.

(2) Gestörte Persönlichkeit
- Ist arrogant gegenüber Kollegen und Vorgesetzten.
- Verhält sich distanzlos und geht dadurch anderen auf die Nerven.
- Ist nervös und unkonzentriert.
- Intrigiert gegen Kollegen und Führungskräfte.
- Verhält sich anderen gegenüber hinterhältig und gemein.
- Belügt und betrügt Arbeitskollegen und Führungskräfte.
- Bestiehlt Kollegen und/oder das Unternehmen.
- ‚Kriecht anderen (besonders Vorgesetzten) in den Hintern'.
- Reagiert unangemessen cholerisch bei unbedeutenden Anlässen.
- Ist oft unpünktlich und unzuverlässig.
- Unterliegt starken Stimmungsschwankungen (mal freundlich, mal abweisend oder aggressiv).
- Verhält sich oft selbstunsicher und hilflos.

(3) Soziale Anpassungsprobleme
- Sondert sich selbst von den Arbeitskollegen ab.
- Nimmt nicht an gemeinsamen Aktivitäten teil.
- Schüchternes Auftreten.
- Reißt die Arbeit anderer Kollegen an sich.
- Greift unerlaubt in die Kompetenz des Vorgesetzten ein.
- Baut heimlich Fehler ein in die Arbeiten anderer Mitarbeiter bzw. fälscht Unterlagen.
- Unterschlägt Gelder.
- Hetzt Mitarbeiter gegeneinander auf.
- Hetzt Mitarbeiter gegen Führungskräfte auf.
- Diffamiert Mitarbeiter bei Führungskräften.
- Diffamiert Mitarbeiter und/oder Führungskräfte bei Betriebsfremden (z. B. Kunden).
- Hält sich nicht an die betriebsüblichen Arbeitszeiten.
- Verführt andere zu Verstößen gegen die betriebliche Ordnung.
- Enthält anderen Mitarbeitern und Führungskräften wichtige Informationen vor.

(4) Auffälligkeiten der äußeren Erscheinung
- Zu groß gewachsen oder kleinwüchsig.
- Zu fettleibig oder klapperdürr.
- Bucklig, mit Klumpfuß, fehlende Extremitäten oder deutlich sichtbare und störende Unfall- oder Kriegsverletzungen am Kopf.
- Dunkelhäutig oder durch Gestalt, Gesichtsform, Haarfarbe deutlich als Ausländer identifizierbar (oder zu Unrecht als Ausländer eingeschätzt).

630 *Zuschlag*, S. 41.

- Auffällige Fortbewegung (z. B. affektierter Gang, Hinken).
- Auffällig modern oder völlig unmodern gekleidet.

(5) Krankheiten
- Epilepsie mit plötzlichen Anfällen.
- Pubertäts-Akne.
- Hautausschlag (z. B. Schuppenflechte).
- Körperbehinderung (die Gehen am Stock, Sitzen im Rollstuhl erfordert).
- Alkoholismus (mit Trunkenheitsauffälligkeiten am Arbeitsplatz, häufigen Krankfehlzeiten, Führerscheinverlust).
- Drogenabhängigkeit.
- Medikamentenabhängigkeit.
- Herz-, Kreislauferkrankungen.
- Tics.
- Diabetes (mit besonderen Diätvorschriften).
- Penetranter Mund- oder Körpergeruch."[631]

Eine kritische Überprüfung dieser nicht abschließenden und lediglich beispielhaften Zusammenstellung ermöglicht eine Unterteilung potentieller Mobbingopfer nach dem Grad des Anlasses, der von ihnen ausgeht. Eine solche Kategorisierung erscheint vor allem im Hinblick auf die Frage nach sachgerechten Präventions- und Interventionsmaßnahmen gegen Mobbing, welche den Gegenstand des dritten Teils dieser Arbeit bilden, sinnvoll. Nach *Zuschlag* lassen sich insbesondere drei Gruppen von Mobbingopfern unterscheiden:

Die erste Gruppe liefert berechtigten Anlass zur Kritik bzw. zu Ablehnung und Aggression, beispielsweise indem die betreffenden Personen die Unwahrheit sagen, betrügen, stehlen, intrigieren oder aufgrund von Unpünktlichkeit, unentschuldigter Abwesenheit, Arbeitsscheue, ungenügender Arbeitsleistung oder Sabotage in Erscheinung treten. Zwar werden Angehörige dieser Gruppe berechtigterweise zu korrektem und sozialverträglichem Benehmen oder zum Erbringen einer vertragsgemäßen und akzeptablen Arbeitsleistung angehalten, jedoch ist eine Gegenreaktion in Form von schikanösem Verhalten in keinem Fall gerechtfertigt.[632] Mobbing ist in diesem Zusammenhang eine methodisch und moralisch fragwürdige Maßnahme von Mitarbeitern oder Führungskräften, die ein tatsächlich bestehendes und vom Opfer hervorgerufenes Problem nicht auf andere Weise und mit Methoden aus dem Konfliktmanagement integer und sachgerecht lösen können.[633]

Davon abzugrenzen ist eine zweite Gruppe potentieller Mobbingopfer. Hier handelt es sich um Personen, die nicht sozialschädliches Verhalten an den Tag legen, sondern nur durch ihre Erscheinung, ihre Kleidung, die Art ihrer Arbeitsausübung oder bestimmte Verhaltensweisen auffallen, also unbeabsichtigt Anlass zu unberechtigter Kritik geben. Angehörige dieser Gruppe haben gegebenenfalls bestimmte personengebundene Besonderheiten (z. B. kleinwüchsig, dunkelhäutig, körperbehindert, eine besonders muskulöse oder schmächtige Figur). Ebenso gehören Menschen hierzu, die

631 *Zuschlag*, S. 41 f., Tab. 14.
632 Dazu u. zum Voranstehenden *Zuschlag*, S. 42, 43 Abb. 5.
633 *Zuschlag*, S. 43.

in einer bestimmten (z. B. „vornehmen" oder auch gerade „heruntergekommenen") Region wohnen. Ferner sind dieser Gruppe auch Personen mit bestimmten, per se nicht anstößigen Handlungsweisen (wie die schon erwähnten Beispiele markanter Gang, leises oder lautes Sprechen, Schüchternheit, Anbiederung, Alkoholabstinenz) zuzuordnen.[634]

Von diesen beiden Hauptgruppen lässt sich schließlich noch eine dritte Kategorie abgrenzen, nämlich diejenigen, die an sich „völlig normal und unauffällig" sind. Hier können Menschen betroffen sein, die lediglich jung, alt, männlich bzw. weiblich oder nur größer bzw. kleiner als die Kollegen oder der Vorgesetzte sind. In diesem Fall stammen die Ursachen für Mobbing nicht (in erster Linie) aus der Sphäre des Mobbingopfers, sondern vielmehr aus der des Mobbingtäters, der seine eigenen unberechtigten Neigungen, schlechte Laune, Minderwertigkeitskomplexe oder sadistischen Impulse zu Lasten des von ihm ausgewählten Opfers befriedigen möchte.[635]

Darüber hinaus ist bei der Suche nach persönlichkeitsbedingten Merkmalen, die Mobbing begünstigen können, generell der Aspekt zu berücksichtigen, dass Mobbing auch nicht unerhebliche individuelle Folgen mit sich bringt[636], welche zu einer nachhaltigen Persönlichkeitsveränderung des Betroffenen führen können. Somit müssen Nervosität, Gereiztheit und eine hohe Fehlerquote in der Arbeitsdurchführung nicht unbedingt persönlichkeitsbedingte Ursachen sein, sondern stellen möglicherweise schon die Folge bereits stattgefundener Angriffe auf diese Person dar.[637]

Abschließend lässt sich die Antwort auf die Frage, welche Rolle die Persönlichkeit als ausschlaggebender oder mitursächlicher Faktor für Mobbing spielt, so zusammenfassen, dass es zwar kein typisches Opferprofil gibt, aber das Risiko, Mobbingattacken erleiden zu müssen, umso höher ist, desto mehr sich ein Beschäftigter von seinen Kollegen unterscheidet.[638]

IV. Zusammenfassung

Schon im Rahmen des vorangegangenen Kapitels über den Mobbingbegriff hat sich angedeutet, dass es sich bei Mobbing um ein sehr komplexes Phänomen handelt. Dieses zeichnet sich, wie nun die Ausführungen zu den Gründen für die Entstehung und Entwicklung eines Mobbinggeschehens erkennen lassen, auch durch ein mehrdimensionales Ursachensystem aus.[639] Wie eingangs dieses Kapitels bereits angesprochen wurde, können sehr viele unterschiedliche Gründe für die Entstehung von Mobbing verantwortlich sein, so dass keine eindeutige und abschließende Antwort auf die

634 *Zuschlag*, S. 42.
635 *Zuschlag*, S. 43.
636 Teil 1, Kapitel 3, I. 1. dieser Arbeit.
637 *Meschkutat/Stackelbeck/Langenhoff*, S. 121.
638 Ebenso *Mühe*, S. 65; *Zapf*, 2000, S. 145.
639 *Prosch*, S. 88.

Frage nach der Verursachung gegeben werden kann. In der Regel ist es jedenfalls nicht ein einziger Faktor alleine, sondern stets das Zusammenwirken verschiedener belastender Umstände am Arbeitsplatz und aus dem Umfeld der Beteiligten, die Mobbing auslösen. Maßgeblich sind dabei neben betrieblichen Rahmenbedingungen und situativen Gegebenheiten auch bestimmte persönliche Dispositionen, die für sich genommen zwar wichtige, aber nicht ausreichende Voraussetzungen für die Entstehung von Mobbing bilden.[640]

Mittelbar tragen zunächst der gesellschaftliche Strukturwandel, wirtschaftspolitische Fehlentscheidungen und Versäumnisse sowie eine problematische Arbeitsmarktsituation zur Entwicklung von Mobbing am Arbeitsplatz bei. Beispielsweise unterstützen technische Innovationen, wie die weitgehende Computerisierung und Aufteilung der Arbeitsprozesse, insofern Mobbingverhalten, als sie zu Kommunikationsproblemen und damit zu Missverständnissen zwischen den Beteiligten führen. Gleichermaßen mobbingfördernd sind schließlich eine fortschreitende Entwicklung ernstzunehmender gesellschaftlicher Defizite, wie die materialistisch-enthumanisierende Werteverschiebung oder bemerkbare Verrohungstendenzen in der Gesellschaft. Ebenso begünstigen Arbeitsplatzunsicherheit aufgrund einer rezessiven Wirtschaftslage sowie gesellschafts- und wirtschaftspolitische Fehlentscheidungen den Einsatz von Ellenbogentaktik am Arbeitsplatz, um die eigene Existenz zu sichern.

Unmittelbare Auswirkungen entfalten daneben zum einen die sich aus dem oben beschriebenen Zwiespalt von Unternehmenspolitik und Kündigungsschutz ergebenden Konsequenzen sowie insbesondere betriebliche Belastungssituationen am Arbeitsplatz. Zum anderen bereiten nicht zuletzt bestimmte persönlichkeitsbezogene Faktoren einen reichhaltigen Nährboden für Mobbingverhalten. Eine tragende Rolle bei den aus dem Unternehmensbereich stammenden Belastungssituationen spielt ein schlechtes Betriebsklima. Dieses ist letztlich das Resultat einer unzureichenden Organisationsstruktur und einer fehlerhaften Sozialstruktur. Derartigen Schwierigkeiten begegnen die Mitarbeiter insbesondere mit zwei unterschiedlichen Bewältigungsstrategien, die Mobbing am Arbeitsplatz fördern: Entweder sie entwickeln Unzufriedenheit und Aggression, die sich in Ermangelung der „richtigen" Zielperson gegen Ersatzpersonen, meist sozial schwächere Gruppenmitglieder richten, oder sie reagieren mit Resignation und ziehen sich innerlich zurück, was den Betreffenden zu einem leichten Opfer werden lässt.

Eine unzureichende Organisationsstruktur ist die Folge von einer intransparenten oder auch mangelhaften Arbeitsorganisation, fehlenden Aufstiegsmöglichkeiten, einem von Kontrolle, Fremdbestimmtheit und Machtlosigkeit geprägten Arbeitsverhältnis, einer zu großen Betriebs- und Gruppengröße mit einer unzureichenden Ordnung, ungünstigen Umgebungsbedingungen und/oder einem zu niedrigen ethischen Unternehmensstandard.

640 *Prosch*, S. 88.

Eine fehlerhafte Sozialstruktur resultiert aus einem schlechten Führungsstil oder unzulänglichem Führungsverhalten, Kommunikationsstörungen, Informationszurückhaltung, Machtkämpfen, Konkurrenzdruck, Vorurteilen und Klischees, Antipathien, bestimmten gruppendynamischen Faktoren und vor allem aus bedingungslosem Macht- und Karrierestreben einzelner Mitarbeiter. An dieser Stelle besonders hervorzuheben sind die beiden vorwiegend Mobbing fördernden Führungsstile: Das autoritäre Führungsverhalten, bei welchem die für den Arbeitsprozess notwendigen Auseinandersetzungen unterdrückt werden und die Gefahr einer starken Intensität einmal ausbrechender Konflikte wächst, und der dazu gegensätzliche Laisser-faire-Führungsstil, der ein Machtvakuum zur Folge hat, welches Macht- und Intrigenspiele innerhalb der Arbeitsgruppe begünstigt.

Nicht zuletzt können auch bestimmte persönlichkeitsbezogene Elemente für die Entstehung von Mobbing mit in die Verantwortung genommen werden. Im Allgemeinen tragen etwa Neid, Intoleranz, verschiedene Ängste, gewisse Wertorientierungen und Faktoren wie Konkurrenzdenken bzw. Karrierestreben, Frustrationen oder insbesondere von der Gruppennorm abweichendes Verhalten dazu bei, dass sich mobbingspezifisches Konfliktverhalten entfalten kann. Daneben existiert zwar weder ein bestimmtes Opferpersönlichkeitsprofil für Mobbing noch ein typisches Profil, das eine mobbende Person kennzeichnet. Dennoch gibt es auf beiden Seiten der an einem Mobbinggeschehen Beteiligten bestimmte Persönlichkeitsfaktoren, die den Einzelnen schneller zum Mobbingopfer bzw. zum Mobbingtäter werden lassen: Auf Seiten der mobbenden Personen können Handlungsantriebe bzw. Motive angeführt werden, die im Wesentlichen zum einen aus erfolgsorientierten Zielsetzungen und zum anderen aus Versagens-, Existenz- oder Verlustängsten bestehen. Bezüglich der unter Mobbing leidenden Person stellt vor dem Hintergrund der vorbenannten beispielhaften Aufzählung bestimmter viktimologischer Anreize regelmäßig die Andersartigkeit einen ausschlaggebenden Faktor dar. Daher ist die Gefahr, Mobbingangriffen ausgesetzt zu sein, umso höher, desto mehr sich eine Person von ihren Arbeitskollegen unterscheidet.

C. Kapitel 3: Folgen von Mobbing

Die hohe Relevanz der dieser Arbeit zugrundeliegenden Suche nach wirksamen und nachhaltigen Mobbingpräventions- und Interventionsmaßnahmen erschließt sich bei einem Blick auf die erheblichen mobbingspezifischen Folgen. Diese machen sich nicht nur bei den unmittelbar am Geschehen beteiligten Personen bemerkbar, sondern sind auf insgesamt drei verschiedenen Ebenen zu verorten. Neben der Beteiligtenebene, die auch das Umfeld der involvierten Personen umfasst, sind auch die Ebene der Organisation, das heißt des Unternehmens oder der Behörde, wo Mobbing stattfindet sowie die gesellschaftliche Ebene von den Auswirkungen betroffen.

I. Folgen für die an einem Mobbinggeschehen unmittelbar beteiligten Personen

Direkt und am deutlichsten fühlbar sind die Konsequenzen für die unmittelbar in den Mobbingprozess involvierten Beteiligten. Im Folgenden werden zunächst die Auswirkungen für den gemobbten Mitarbeiter einer näheren Betrachtung unterzogen. Anschließend stellt sich die Frage danach, ob und inwiefern die mobbende Person selbst auch das Ausmaß ihres Handelns zu spüren bekommt.

1. Folgen für den Betroffenen

In erster Linie bringt ein Mobbinggeschehen nicht unerhebliche und meist weitreichende Konsequenzen für die betroffene Person mit sich. Insbesondere wurde herausgefunden, dass Mobbing einen krankmachenden Stressor darstellt, der für den Betroffenen neben schwerwiegenden gesundheitlichen auch soziale, finanzielle, berufliche sowie rechtliche negative Auswirkungen mit sich bringt.[641]

a) Persönlichkeitsrecht und gesundheitliche Beeinträchtigungen

Neben einer Missachtung seines allgemeinen Persönlichkeitsrechts[642] erleidet der Betroffene meist einen nicht unerheblichen Schaden an seiner psychischen und physischen Gesundheit sowie an seinem gesamten Wohlbefinden.[643] So machen sich bei 87 Prozent der von Mobbing Betroffenen Beeinträchtigungen der physischen oder psychischen Gesundheit bemerkbar.[644] 44 Prozent der gemobbten Personen erkranken und von diesen die Hälfte länger als sechs Wochen.[645] Dabei existiert eine große Bandbreite an Krankheitsbildern: Aus anfangs leichtem und unspezifischem Unwohlsein werden mit fortschreitendem Mobbingverlauf manifeste Krankheitsbilder, die zu schwerwiegenden, chronifizierten und zuletzt teilweise auch unumkehrbaren Gesundheitsschäden führen.[646] Bei 18 Prozent der Opfer ist im Anschluss eine Kur erforderlich und ein Drittel muss sich therapeutisch behandeln lassen, wobei die Erkrankten oft auch versuchen, Linderung durch Medikamente oder Alkohol zu erreichen, und dadurch nicht selten in eine Medikamenten- oder Alkoholabhängigkeit gelangen.[647] Besonders problematisch im Rahmen der gesundheitlichen Folgen ist, dass die körperlichen und seelischen Beschwerden häufig nicht nur temporärer Natur

---

641 *Leymann* (2006), S. 107 ff.; *Prosch*, S. 101; *Zuschlag*, S. 97 ff.

642 LAG Thüringen, Urt. v. 10.04.2001 – 5 Sa 403/2000, NZA-RR 2001, 347 (354 ff.); LAG Thüringen, Urt. v. 15.02.2001 – 5 Sa 102/00, NZA-RR 2001, 577 (580); LAG Rheinland-Pfalz, Urt. v. 16.08.2001 – 6 Sa 415/01, NZA-RR 2002, 121 (122).

643 *Mühe*, S. 66.

644 *Meschkutat/Stackelbeck/Langenhoff*, S. 78 ff.; *Mühe*, S. 67.

645 *Mühe*, S. 67 m. w. N.; vgl. insbes. Staatsekretariat der Schweiz, S. 27, 50 f.; *Zapf*, ZfAO 1999, 1 (19).

646 *Leymann* (2006), S. 110 ff.; *Meschkutat/Stackelbeck/Langenhoff*, S. 78 ff.; *Mühe*, S. 67; *Zuschlag*, S. 102 ff.

647 *Ausfelder*, S. 137 f., wonach 52 Prozent aller Berufstätigen gelegentlich Alkohol am Arbeitsplatz trinken, 11 Prozent sogar (fast) täglich und 37 Prozent davon trinken, um den Stress bei der Arbeit besser bewältigen zu können; ebenso *Mühe*, S. 67; vgl. dazu auch Europäisches Parlament, SOCI 108 DE, S. 13; *Resch*, S. 80 f.

sind, sondern regelmäßig ohne Erholungsphase bis zum Ende des Mobbingprozesses, welcher sich im Mittel über etwa 16 Monate erstreckt, oder sogar noch darüber hinaus fortdauern.[648]

aa. Persönlichkeitsrechtsverletzung

Obgleich hier aufgrund der kriminologischen Ausrichtung dieser Arbeit keine ausführliche Grundrechtsprüfung stattfinden soll, sei dennoch darauf hingewiesen, dass Mobbing regelmäßig eine Verletzung des allgemeinen Persönlichkeitsrechts des Betroffenen darstellt.[649] Dieses Grundrecht mit einem umfassenden Persönlichkeitsschutz wird aus Art. 1 Abs. 1 GG[650] (Menschenwürde) i. V. m. Art. 2 Abs. 2 GG (Freie Entfaltung der Persönlichkeit) abgeleitet und ist gewohnheitsrechtlich anerkannt.[651] Damit geschützt werden soll gerade die Achtung und Entfaltung der Persönlichkeit in der sozialen Umgebung, die durch das Mobbing herabzusetzen versucht wird.[652] Verletzt ist das allgemeine Persönlichkeitsrecht des Betroffenen bei einer systematischen, zermürbenden Behandlung durch Kollegen, Vorgesetzte oder den Arbeitgeber, dann, wenn objektiv ein schikanöses Verhalten verzeichnet werden kann, wobei stets der Gesamtzusammenhang und nicht jede einzelne Handlung zu beurteilen ist.[653] Denn erst die Gesamtschau der einzelnen Handlungen oder Verhaltensweisen führt zur Annahme einer Rechtsgutsverletzung, weil deren Konzentration aufgrund der ihnen zugrundeliegenden Systematik und Zielrichtung eine Beeinträchtigung eines geschützten Rechts des Arbeitnehmers mit sich bringt.[654] Dies bestätigt auch § 3 Abs. 3 AGG. Danach ist eine Belästigung eine Benachteiligung, wenn unerwünschte Verhaltensweisen, die mit einem in § 1 AGG genannten Grund in Zusammenhang stehen, bezwecken oder bewirken, dass die Würde der betreffenden Person verletzt und ein von Einschüchterungen, Anfeindungen, Erniedrigungen, Entwürdigungen oder Beleidigungen gekennzeichnetes Umfeld geschaffen wird. Mit dieser Definition hat der Gesetzgeber letztlich auch Mobbing umschrieben, was sich auf sämtliche Fälle der Benachteiligung eines Arbeitnehmers – nicht nur aus einem der in § 1 AGG genannten Gründe – übertragen lässt.[655]

---

648 *Mühe*, S. 67.

649 LAG Thüringen, Urt. v. 10.04.2001 – 5 Sa 403/2000, NZA-RR 2001, 347 (354 ff.); LAG Thüringen, Urt. v. 15.02.2001 – 5 Sa 102/00, NZA-RR 2001, 577 (580); LAG Rheinland-Pfalz, Urt. v. 16.08.2001 – 6 Sa 415/01, NZA-RR 2002, 121 (122).

650 Grundgesetz für die Bundesrepublik Deutschland (GG): Erlassen am 25.05.1949, BGBl., S. 1; letzte Änderung durch Art. 1 G v. 13.07.2017, BGBl. I, S. 2347.

651 Jarass/Pieroth-*Jarass*, Art. 2 Rn. 36; vgl. ebenso Sachs-*Murswiek/Rixen*, Art. 2 Rn. 60; Sodan-*Sodan*, Art. 2 Rn. 5; vgl. dazu insbes. auch BVerfG, Beschl. v. 03.06.1980 – 1 BvR 185/77, BVerfGE 54, 148 (153); BVerfG, Beschl. v. 16.07.1969 – 1 BvL 19/63, BVerfGE 27, 1 (6); BVerfG, Urt. v. 05.06.1973 – 1 BvR 536/72, BVerfGE 35, 202 (220); BVerfG, Urt. v. 15.12.1999 – 1 BvR 653/96, BVerfGE 101, 361 (380); BVerfG, Beschl. v. 25.10.2005 – 1 BvR 1696/98, BVerfGE 114, 339 (346).

652 *Rieble/Klumpp*, ZIP 2002, 369 (371); vgl. dazu auch BAG, Urt. v. 28.10.2010 – 8 AZR 546/09, juris, Rn. 19.

653 *Rieble/Klumpp*, ZIP 2002, 369 (375) m. w. N.; vgl. dazu auch LAG Niedersachsen, Urt. v. 09.03.2009 – 9 Sa 378/08, juris, Rn. 25; BAG, Urt. v. 16.05.2007 – 8 AZR 709/06, NZA 2007, 1154 (1159 f.); BAG, Urt. v. 25.10.2007 – 8 AZR 593/06, NZA 2008, 223 (225).

654 BAG, Urt. v. 24.04.2008 – 8 AZR 347/07, juris, Rn. 29; BAG, Urt. v. 25.10.2007 – 8 AZR 593/06, juris, Rn. 56; LAG Rheinland-Pfalz, Urt. v. 16.02.2018 – 1 Sa 41/17, juris, Rn. 92.

655 BAG, Urt. v. 25.10.2007 – 8 AZR 593/06, NZA 2008, 223 (225).

Die Norm verdeutlicht gerade, dass es grundsätzlich auf die Zusammenschau der einzelnen unerwünschten Verhaltensweisen ankommt, um zu beurteilen, ob Mobbing gegeben ist. Denn es wird darauf abgestellt, dass das dort näher bezeichnete Umfeld geschaffen wird, welches aber grundsätzlich nicht durch einmaliges, sondern erst durch ein fortdauerndes Verhalten entsteht.[656] Daher sind alle Handlungen bzw. Verhaltensweisen, welche dem systematischen Prozess der Schaffung eines bestimmten Umfeldes zuzuordnen sind, in die Betrachtung mit einzubeziehen und einzelne zurückliegende Handlungen oder Verhaltensweisen dürfen bei der Beurteilung nicht unberücksichtigt gelassen werden.[657] Allerdings genügen bloße subjektiv empfundene Beeinträchtigungen nicht.[658] Viele subjektiv beeinträchtigende Maßnahmen bewegen sich nämlich im Bereich dessen, was noch zu tolerieren ist. Ein Arbeitnehmer kann sich also nicht vor jeder für ihn negativen Maßnahme mit dem Hinweis auf sein allgemeines Persönlichkeitsrecht schützen. Vielmehr muss sich aus den im Zusammenhang zu betrachtenden Einzelmaßnahmen eine schikanöse Systematik ergeben, die gerade darauf abzielt, den Arbeitnehmer in seinem sozialen Geltungsanspruch abzuwerten.[659] So ist selbst bei einer Reihe aufeinanderfolgender rechtswidriger Handlungen nicht automatisch das allgemeine Persönlichkeitsrecht verletzt, denn dahinter könnte auch ein Interesse des Arbeitgebers verborgen sein, das bei einer vorzunehmenden Interessenabwägung keinen grundrechtsrelevanten Eingriff vorliegen lässt. Sofern jedoch kein derartiges Interesse die Beeinträchtigungen rechtfertigt und aus dem Verhalten ein Fortsetzungszusammenhang der negativen Schritte gegenüber dem Arbeitnehmer resultiert, ist dessen allgemeines Persönlichkeitsrecht verletzt, wenn er auf diese Weise objektiv in seinem Achtungsanspruch herabgewürdigt wird.[660]

Mangels eines besonderen überwiegenden Interesses für die vorgenommenen Mobbinghandlungen und aufgrund der nach den oben dargestellten Mobbingdefinitionen ohnehin geforderten Voraussetzung eines sich über einen längeren Zeitraum erstreckenden schikanösen Prozesses kann in den meisten Mobbingfällen eine Verletzung des allgemeinenen Persönlichkeitsrechts bejaht werden.

bb. Mobbing als Stressor

Schon sehr früh in der Mobbingforschung wurde Mobbing als eine extreme Form des negativen, eher psychisch geprägten Stresses identifiziert.[661] Im Allgemeinen lässt sich zunächst zwischen gutem, motivierenden Stress *(Eustress)* und negativem, den Körper belastenden Stress *(Distress)* unterscheiden.[662] Dabei können die stressverur-

656 BAG, Urt. v. 25.10.2007 – 8 AZR 593/06, NZA 2008, 223 (225).

657 BAG, Urt. v. 15.09.2016 – 8 AZR 351/15, juris, Rn. 38; BAG, Urt. v. 28.10.2010 – 8 AZR 546/09, juris, Rn. 17; BAG, Urt. v. 24.04.2008 – 8 AZR 347/07, juris, Rn. 29; LAG Köln, Urt. v. 07.05.2018 – 4 Sa 482/13, juris, Rn. 145.

658 Vgl. dazu auch BAG, Urt. v. 15.09.2016 – 8 AZR 351/15, juris, Rn. 36; BAG, Urt. v. 22.10.2015 – 2 AZR 569/14, juris, Rn. 30; LAG Köln, Urt. v. 07.05.2018 – 4 Sa 482/13, juris, Rn. 144.

659 Dazu u. zum Voranstehenden *Rieble/Klumpp*, ZIP 2002, 369 (375) m. w. N.

660 *Rieble/Klumpp*, ZIP 2002, 369 (375 f.).

661 *Leymann* (2006), S. 108 ff.

662 *Taddicken*, S. 39.

sachenden Belastungen sehr differieren etwa in Gestalt von physikalischen Strapazen wie Kälte, Hitze oder Lärm, chemische Beeinträchtigungen durch Schadstoffe oder Drogen, allgemeine physiologische Belastungen, wie z. B. durch Sauerstoffmangel in der Luft, Nahrungsmittelmangel, körperliche Beschwerlichkeiten durch Krankheiten, schwerer Sport, aber auch psychischer Ballast wie Prüfungen, Leistungsdruck, drohendes Unheil, Ängste und eben Mobbing.[663]

Der biologische Sinn und Zweck von Stress liegt in der Überlebenssicherung, so dass ungeachtet dessen, ob es sich um positiven oder negativen Stress handelt, stets die gleiche Reaktionskette im Körper des Betroffenen in Gang gebracht wird. Vereinfacht gesagt findet eine Hormonausschüttung statt, die den Körper bei den typischen Stressreaktionen Flucht oder Kampf dabei unterstützt, auf das Niveau der maximalen Leistungsfähigkeit zu gelangen.[664] Konkret wird das Nebennierenhormon Adrenalin ins Blut abgegeben, was zur Freisetzung von Energien in Muskeln und Gehirn führt. Auf diese Weise versetzt Stress in Bruchteilen von Sekunden das im Alarmzustand befindliche Individuum in die Lage, mit guten Erfolgsaussichten wahlweise die Konfrontation im Angriff oder das Heil in der Flucht zu suchen. Dabei vollzieht sich dieser Reflex automatisch auf ausnahmslos jede Art möglicher Bedrohung.[665] Findet nun jedoch – wie z. B. am Arbeitsplatz – keine der beiden genannten Reaktionen statt, werden die ausgeschütteten Hormone in den Körperzellen gespeichert, was langfristig negative Auswirkungen nach sich zieht.[666]

Eine umfassende Darstellung des komplexen medizinischen Vorgangs im menschlichen Körper bei Stress kann diese Arbeit nicht leisten. Dennoch sollen im Folgenden zum besseren Verständnis von menschlichen Stressreaktionen zwei bekannte Modelle aus der Stressforschung mit unterschiedlichen Ansatzpunkten in knapper Form erläutert werden:

Das ältere der beiden Modelle von *Selye*[667], der die beschriebene Körperreaktion als *Allgemeines Anpassungssyndrom (AAS)* oder synonym als das *Generalisierte Anpassungssyndrom (GAS)* bezeichnet, ist vornehmlich physiologisch geprägt. Hier werden drei zu durchlaufende Stadien voneinander abgegrenzt:[668] Im ersten Stadium, dem „Alarmstadium", kommt es aufgrund der Adrenalinausschüttung zu einer Beschleunigung der Atmung, einem Ansteigen des Blutdrucks, Herzrasen und einer Anspannung der Muskeln.[669] Zudem erfolgt ein Abbau der Immunabwehr, welche im Falle eines Angriffs zweitrangig ist, und die Gerinnungsfähigkeit (Thrombozytose) des Blutes steigt, damit beim Kampf der Blutverlust im Falle der Verwundung gering bleibt.[670] Im zweiten Stadium, dem „Widerstands- oder Anpassungsstadium",

---

663 *Zuschlag*, S. 98.
664 *Deuschle*, S. 22; vgl. dazu auch *Taddicken*, S. 39 m. w. N.
665 *Taddicken*, S. 39 m. w. N.
666 *Deuschle*, S. 22.
667 Vgl. *Selye*, S. 45 ff.; *Selye*, Stress, S. 45 ff., insbes. S. 47 Abb. 3.
668 Zur Darstellung dieses Modells im Folgenden *Taddicken*, S. 40 f.; vgl. ebenso *Brinkmann*, S. 17.
669 *Lüder*, S. 10; *Taddicken*, S. 40 m. w. N.
670 *Lüder*, S. 8; *Taddicken*, S. 40.

bleibt der Körper in Alarmbereitschaft, solange der Stressor fortdauert. Dabei steigt der Widerstand gegenüber dem stressauslösenden Reiz und so kann die Alarmreaktion schneller umgesetzt werden.[671] Außerdem wird das Nebennierenhormon Cortisol ausgeschüttet, das entzündungshemmend wirkt und, wie das Adrenalin, das Immunsystem belastet, was zu einer Blutzuckererhöhung mit potentieller diabetischer Stoffwechsellage führt. Ferner hat die Cortisolausschüttung auch eine Gerinnungshemmung des Blutes zur Folge.[672] Vor allem wenn es nicht möglich ist, die bereitgestellten Energiereserven durch körperliche Betätigung, wie in der Urzeit mittels Flucht oder Angriff, zu reduzieren, wird von den Nebennierenhormonen das zentrale Steuerungsorgan des Immunsystems, die Thymusdrüse, in ihrer Funktion herabgesetzt. Eine derartige Störung soll auch die Entstehung und das Wachstum von Krebs verursachen.[673] Zudem droht eine weitere Beeinträchtigung durch nicht abgebaute Fettsäuren im Blut, die das Arterioskleroserisiko und in der Folge das Herz- und Hirninfarktrisiko erhöhen.[674] Das dritte Stadium, das „Erschöpfungsstadium", beinhaltet die Entkräftung des Körpers. Bleibt dieser nämlich durch Dauerstress über längere Zeit in der Widerstandsphase, versiegt irgendwann die Hormonproduktion. Sollte spätestens zu diesem Zeitpunkt keine Erholung für den Körper möglich sein, droht ein funktioneller Zusammenbruch (Adaptionskrankheit) oder sogar der Tod.[675] Der Betroffene bekommt keine Möglichkeit mehr, sich zu regenerieren, da er ständig mit neuen Stresssituationen konfrontiert ist.[676] Zusätzlich verschlechtert wird die Situation durch vom Opfer selbst geschaffene Stressreize aufgrund der gedanklichen Weiterbeschäftigung mit den demütigenden und verletzenden Vorgängen und nicht zuletzt entfalten Emotionen wie Wut, Enttäuschung oder Entsetzen über das Verhalten von Vorgesetzten oder Kollegen die gleiche Wirkung wie Stressauslöser.[677]

Demgegenüber ist das jüngere, kognitiv-transaktionale Modell von *Lazarus*[678] in erster Linie psychologisch geprägt. Dieses Stressmodell geht davon aus, dass nicht die Eigenschaften der Reize oder Situationen für die Stressreaktion relevant sind, sondern die individuelle kognitive – das heißt erkenntnismäßige – Verarbeitung des Betroffenen, also dessen Bewertung und Bewältigung der Stresssituation.[679] Nach diesem Modell wird jede neue oder unbekannte Situation in zwei Phasen einer kognitiven Bewertung unterzogen: Zunächst schätzt der Betroffene mit einer primären Bewertung ein, ob die Situation eine Gefahr birgt. In einem zweiten Schritt, der sekundären Bewertung, wird ermittelt, ob die Situation mit den verfügbaren Ressourcen bewältigt werden kann. Nur wenn die Ressourcen als ungenügend erachtet werden, kommt es zu einer Stressreaktion. Mit Ressourcen sind dabei sowohl die persönliche Leistungsfähigkeit als auch sozialer

671 *Burisch*, S. 46 f.; *Taddicken*, S. 40.
672 Dazu u. zum Voranstehenden *Lüder*, S. 31; *Taddicken*, S. 40.
673 *Burisch*, S. 47; *Taddicken*, S. 40.
674 *Burisch*, S. 47; *Taddicken*, S. 40.
675 *Lüder*, S. 41; *Taddicken*, S. 41.
676 *Brinkmann*, S. 17; *Taddicken*, S. 42.
677 *Brinkmann*, S. 18; *Taddicken*, S. 42.
678 Vgl. *Lazarus*, insbes. S. 49 ff. *u. Lazarus/Folkman*, insbes. S. 11 ff.; ebenso *Schild/Heeren*, S. 74 f. m. w. N.
679 *Taddicken*, S. 42; *Schild/Heeren*, S. 75.

Beistand von außen gemeint.[680] Folglich wirkt danach ein Reiz nicht deshalb stressend, weil er, wovon *Selye* ausging, eine bestimmte Intensität überschreitet; vielmehr wird er erst durch das subjektive Empfinden und Bewertungen seitens der Person, die ihn erlebt, zu einem Stressreiz.[681] Damit entsteht Stress, wenn der Betroffene eine Situation als bedrohlich für sein Wohlbefinden bewertet und meint, nicht über ausreichende Anpassungs- und Bewältigungsfähigkeiten zu verfügen. Daher muss ermittelt werden, ob das Individuum denkt, Kontrolle über die Situation zu haben, und ob die Gefahr für größer als die eigenen Kräfte gehalten wird.[682] In Bezug auf Mobbingopfer lässt sich ableiten, dass von diesen jede Situation als bedrohlich eingeordnet wird, da sie ein Mobbinggeschehen niemals beherrschen können. Deshalb sind sie nach diesem Modell einem ständigen Stressreiz ausgesetzt.[683]

Einer Entscheidung, welchem Modell letztlich der Vorzug zu geben ist, bedarf es an dieser Stelle nicht, da beide Varianten lediglich einen Einblick in die Herangehensweise der Stressforschung ermöglichen und einem besseren Verständnis für die im Anschluss dargestellten gesundheitlichen Auswirkungen dienen sollen.

Diese resultieren aus den unmittelbaren körperlichen Folgen von Stress, welche in Form der unterschiedlichsten Überforderungsreaktionen auftreten können. In Betracht kommen beispielsweise als

„1. Kognitive Überforderungsreaktionen:
Konzentrationsstörungen, Gedächtnisstörungen, Realitätsflucht, Wahrnehmungsverschiebung, Albträume, u. a.

2. Emotionale Überforderungsreaktionen:
Angstgefühle, Nervosität, Gereiztheit, Depressionen, Gefühl des Ausgebranntseins (Burnout), u. a.

3. Vegetative Überforderungsreaktionen:
Herz-Kreislauf-Beschwerden, steigendes Herzinfarktrisiko, Magen-Darm-Beschwerden, Magengeschwür, Schlafstörungen, Infektionsanfälligkeit, Verschiebung des Hormonhaushaltes, Hautveränderungen, Migräne, u. a.

4. Muskuläre Überforderungsreaktionen:
Rückenschmerzen, Krampfneigung, Kopfschmerzen, leichte Ermüdbarkeit, u. a.“[684]

Der typische Ablauf von Stressfolgen gestaltet sich in der Weise, dass sich anfangs lediglich vereinzelt Symptome zeigen, wie etwa Schlafstörungen, Nervosität oder eine niedergeschlagene Stimmung. Später, wenn der Druck bis zu regelrechtem Terror angestiegen ist, kann dies posttraumatische Störungen nach sich ziehen, die sich letztlich möglicherweise in einer allgemeinen Angststörung niederschlagen.[685] Demzufolge versetzt die andauernde psychische Belastung den Körper in einen Alarmzustand,

680 *Taddicken*, S. 42 m. w. N.
681 *Taddicken*, S. 42 m. w. N.
682 *Taddicken*, S. 43 m. w. N.; *Schild/Heeren*, S. 75.
683 *Taddicken*, S. 43.
684 *Taddicken*, S. 43; *Wagner-Link*, S. 51 f.
685 *Leymann* (2006), S. 108 ff.; *Taddicken*, S. 44.

dem dieser langfristig nicht gewachsen ist.[686] Häufig drehen sich die Gedanken des Betroffenen nach einer gewissen Weile nur noch um die Mobbingangriffe, wodurch er nicht zur Ruhe kommt, und die von den einzelnen Attacken verursachten Stresssituationen werden permanent wiederholt, was seine psychische Gesamtkonstitution zusätzlich belastet.[687] Aus dem andauernden Stresszustand ergibt sich daher in zahlreichen Mobbingsachverhalten ein als „kumulative Traumatisierung" bezeichneter, psychodynamischer Verlauf, der regelmäßig erhebliche psychische und psychosomatische Störungen zur Folge hat.[688] Elementar sind in diesen Fällen vor allem die möglichst rechtzeitige Diagnose „durch Mobbing verursachter Stresssymptomatik" und die Einleitung einer darauf ausgerichteten ursachenspezifischen Behandlung. Denn bei einer lediglich symptomatischen Behandlung durch Stress verursachter Leiden ist kein Behandlungserfolg möglich bzw. die Rückfallwahrscheinlichkeit groß. Für eine maximale Effizienz sollte daher nach der richtigen Diagnose gezielt an den Ursachen der gesundheitlichen Beschwerden, den Stressoren und ihrer sachgerechten Verarbeitung angesetzt werden.[689] Darauf wird unter anderem auch im dritten Teil dieser Arbeit nochmals eingegangen.[690]

cc. Auswirkungen auf die psychische Gesundheit

Meist sind die Beeinträchtigungen auf psychischer Ebene am tiefgreifendsten. Auch die Stresssymptome sind nicht vorrangig körperlicher Herkunft, sondern werden oftmals erst durch die psychischen Belastungen verursacht.[691] Die psychischen Auswirkungen machen sich dabei zunächst sehr unspezifisch bemerkbar, etwa mit leichten Aufmerksamkeits- und Konzentrationsstörungen, gestiegener Angespanntheit, Reizbarkeit bzw. Nervosität, aggressiver Stimmung und depressiven Verstimmungen.[692] Gedächtnis-, Merkfähigkeitsstörungen und Alpträume verstärken sich und später kommen noch Wahrnehmungsveränderungen und -beeinträchtigungen hinzu.[693]

Die längere Dauer des Mobbingprozesses, in welcher der Betroffene immer wieder Angriffen ausgesetzt ist, bewirkt eine permanente Aufrechterhaltung der psychischen Belastungen ohne Erholungspause für das Mobbingopfer. Auf diese Weise entsteht aus den zu Beginn vereinzelten und vagen Stresssymptomen häufig ein eklatantes psychisches Problem.[694] Die psychischen Gesundheitsbeeinträchtigungen von Mobbing erstrecken sich dabei von irreversiblen und (chronischen) Depressionen meist in Form depressiver Erschöpfungs- und Versagenszustände über Zwangsstörungen,

---

686 *Leymann* (2006), S. 109; *Mühe*, S. 66.

687 *Mühe*, S. 66.

688 *Mühe*, S. 66 f.; vgl. auch *Brinkmann*, S. 21 f.

689 Dazu u. zum Voranstehenden *Zuschlag*, S. 104.

690 Teil 3, Kapitel 2, III. 1. a) cc. sowie Teil 3, Kapitel 2, III. 2. dieser Arbeit.

691 *Taddicken*, S. 44.

692 *Mühe*, S. 67 m. w. N.; vgl. insbes. *Hirigoyen*, S. 170; *Leymann* (2006), S. 111; *Leymann/Niedl*, S. 76; *Resch*, S. 121.

693 *Mühe*, S. 67; ebenso Europäisches Parlament, SOCI 108 DE, S. 13; *Niedl*, S. 203 ff.; *Zapf*, ZfAO 1999, 1 (19).

694 *Leymann* (2006), S. 112 ff.; *Mühe*, S. 67 f.

Phobien, Existenzsorgen, Angstzustände wie etwa Verfolgungswahn, Obsessionen bis hin zu bedrohlichen Identitätskrisen und schlimmstenfalls zur posttraumatischen Belastungsstörung.[695]

Die davon am häufigsten auftretenden Beschwerden sollen im Folgenden kurz näher erläutert werden.

(1) Ängste und Phobien

Unter *Angst* wird ein „mit Beklemmung, Bedrückung, Erregung, oft auch mit quälender Verzweiflung einhergehender Gefühlszustand" verstanden, der existentiell ist, also reaktiv auf jede tatsächlich erlebte oder auch nur vorgestellte, oft nicht einmal gänzlich bewusste Lebensbeeinträchtigung oder -bedrohung entsteht.[696]

Bei Mobbing ist es die Angst vor realen Gefahren, z. B. die Sorge vor Arbeitsplatzverlust, zu dem es kommen kann, wenn die Führungsebene nichts über die tatsächlichen Vorgänge weiß. Je länger ein Opfer Mobbinghandlungen ausgesetzt ist, desto größer werden die Ängste, was in der Folge zu einer generalisierenden Angststörung führen kann.[697] Charakteristisch dafür ist zum einen eine übersteigerte, anhaltende und vor allem grundlose Angst um beliebige Dinge, wie beispielsweise die Sorge um das (tatsächlich nicht bedrohte) Leben von Familienangehörigen, und zum anderen der Umstand, dass diese Personen langfristig an Anzeichen von Angst wie Unruhe, Ermüdung, Schlafstörungen, Reizbarkeit und ähnlichen Symptomen leiden.[698] Teilweise trägt der Umstand, dass ein Mobbingtäter von der Angst seines Opfers erfährt, dazu bei, dass dieser davon sogar animiert wird und seine Quälereien noch intensiviert. So gerät der Betroffene in einen Teufelskreis: Appelle an Mitleid oder Anstand bleiben wirkungslos, da in einem solchen Fall die mobbende Person gerade quälen sowie Ängste und Unsicherheiten verbreiten möchte.[699]

Als Intensivierung dieser „einfachen" Ängste stellt eine *Phobie* als eine Form der Angstneurose eine übersteigerte, unangemessen starke Angstreaktion dar, wobei sich die Angst auf eindeutig definierte (obkektiv gesehen meist ungefährliche) Objekte oder Situationen bezieht. Sämtlichen Phobien gemeinsam ist zum einen ein Vermeidungsverhalten und zum anderen das Element des Kontrollverlustes, da die Handlungsebene des Betroffenen nicht mehr dem Verstand gehorcht und sich die Wahrnehmung der Realität der Ratio ebenso entzieht wie die Handlungsbene.[700] Nicht selten bringen Phobien eine Isolation des Betroffenen mit sich, indem sich

695 *Mühe*, S. 68 m. w. N; vgl. insbes. Europäisches Parlament, SOCI 108 DE, S. 13; *Groeblinghoff*, in Arentewicz/Fleissner, S. 164; *Hirigoyen*, S. 176 ff.; *Meschkutat/Stackelbeck/Langenhoff*, S. 79; *Niedl*, S. 203 ff.; *Resch*, S. 123; *Zapf*, ZfAO 1999, 1 (19); zu weiteren psychischen und physischen Beeinträchtigungen findet sich eine Aufzählung bei *Zuschlag*, S. 106 f.

696 *Taddicken*, S. 44 m. w. N.

697 Dazu u. zum Voranstehenden *Taddicken*, S. 44 m. w. N.

698 *Taddicken*, S. 44 f. m. w. N.

699 *Kellner*, S. 80; *Taddicken* S. 45.

700 Online-Lexikon für Psychologie und Pädagogik, Stichwort: Phobie.

dieser in eine Zwangslage begibt, wodurch er menschenscheu wird und sich von seinem sozialen Umfeld mehr und mehr abschottet.[701]

(2) Depressionen und Obsessionen

Depressionen können beschrieben werden als ein vorherrschendes Gefühl der Leere und Hoffnungslosigkeit, fehlender Freude an kleinen Alltagsbegebenheiten und mit der drohenden Gefahr, in eine Medikamentenabhängigkeit zu geraten.[702] Neben einer traurigen Grundstimmung weisen Betroffene in der Regel auch fehlende Motivation und kaum Energie auf, sind häufig nicht im Stande, kleinste Entscheidungen zu treffen, können keine Freude mehr empfinden, leiden an Konzentrationsstörungen, Schuld- und Minderwertigkeitsgefühlen oder unter Ängsten. Daneben sind auch körperliche Beschwerden wie Schlafstörungen oder Appetitmangel häufige Begleiterscheinungen.[703]

Im Gegensatz zu der schwermütigen Gefühlslage von an einer Depression erkrankten Menschen ist die obsessive Verlaufsform grundsätzlich gekennzeichnet von einer andauernden Hyperaktivität, suchthaftem Reden über das eigene Schicksal und die erlittenen Kränkungen sowie Überempfindlichkeit gegenüber Unrecht.[704] Des Weiteren hat eine *Obsession* wegen des am Arbeitsplatz erlittenen Vertrauensverlustes in zwischenmenschlichen Beziehungen oftmals eine feindliche und misstrauische Haltung gegenüber der Welt sowie zum Teil sogar gegenüber der Familie und Freunden zur Folge.[705] Dabei halten die Betroffenen hartnäckig an Ideen fest, die ihr Schicksal erklären sollen, und unterstellen den Mobbingtätern die schlimmsten Motive.[706]

Gemeinsam ist beiden durch Mobbing ausgelösten Krankheitsbildern, der Depression wie auch der Obsession, ein meist ähnlich gelagerter Krankheitsverlauf, der sich in mehreren Phasen vollzieht und nach *Merk* folgendermaßen beschrieben werden kann: Die Anfangsphase beginnt bald nach den ersten Mobbingvorfällen mit psychosomatisch bedingten Beschwerden wie Schlafstörungen, Magenproblemen und/oder Kopfschmerzen. In der darauf folgenden zweiten Phase, nach durchschnittlich etwa einem halben bis einem Jahr, gerät der Betroffene in ein seelisches Ungleichgewicht, welches z. B. zu Reizbarkeit, Müdigkeit, Konzentrationsstörungen führt. In der dritten Phase, nach ungefähr ein bis zwei Jahren, zeigen sich allgemeine Angstzustände, die unter anderem eine permanente Nervosität oder situative und objektbezogene Ängste hervorrufen können. In der vierten Phase, nach rund zwei bis vier Jahren, verstärken sich die psychosomatischen und psychischen Beschwerden zunehmend und können chronisch werden. Schließlich hat der Betroffene in der fünften und letzten Phase bereits pathologische, psychische Zustände etwa in Form von Depressionen oder

701 *Leymann* (2006), S. 114; *Mühe*, S. 68.
702 *Mühe*, S. 68; *Leymann/Niedl*, S. 79.
703 *Taddicken*, S. 48 m. w. N.
704 *Wickler*, in Wickler, Rn. 18.
705 *Wickler*, in Wickler, Rn. 18.
706 *Leymann* (2006), S. 114 f.

Obsessionen entwickelt und es herrscht ein gestiegenes Risiko für Alkoholkonsum, Persönlichkeitsveränderungen bis hin zur Suizidgefahr.[707]

Sowohl bei einer Depression als auch einer Obsession verliert der Betroffene nicht selten das Vertrauen in die Gesellschaft und gegenüber anderen Menschen.[708] Überdies ist bei beiden Krankheitsbildern kaum eine vollständige Genesung mehr möglich, selbst wenn die Stress verursachenden Mobbinghandlungen, sei es durch Kündigung oder Arbeitsunfähigkeit, beendet worden sind. Wenn es nämlich zu einer solchen psychischen Erkrankung gekommen ist, dauerte der Mobbingprozess meist eine längere Zeit an und der Betroffene ist bereits chronisch erkrankt.[709]

(3) Posttraumatische Belastungsstörung

Eine der extremsten Mobbingfolgen bildet schließlich die posttraumatische Belastungsstörung, im Englischen *PTSD (post traumatic stress disorder)*. Diese bezeichnet „fortdauernde, massive Angstzustände mit psychovegetativer Begleitsymptomatik in der Folge von traumatischen Ereignissen, wie Unfällen, Katastrophen, Kriegsgeschehen, Entführungen, Vergewaltigungen, Misshandlungen usw."[710] Obgleich Mobbingopfer danach mangels eines solchen Unglücksfalls grundsätzlich nicht zu den typischen PTSD-Patienten zählen, kann Mobbing eine derartige Störung bei den Betroffenen auslösen.[711] Kennzeichnend für PTSD sind insbesondere sogenannte *Flashbacks* bzw. Rückblenden, wodurch das Opfer die Gefühle von Furcht und Schrecken immer wieder aufs Neue durchlebt.[712]

Über die dargestellten Erkrankungen hinaus greifen – wie eingangs dieses Kapitels bereits angesprochen – neben bzw. zum Teil auch gerade wegen der genannten psychischen Auswirkungen viele der Mobbingbetroffenen zu Alkohol oder Medikamenten, was nicht selten sämtliche körperlichen und psychischen Konsequenzen einer möglichen Abhängigkeit von diesen Substanzen mit sich bringt.[713]

dd. Auswirkungen auf die physische Gesundheit

Regelmäßig ziehen die psychischen Belastungen psychosomatische Beschwerden nach sich, so dass sich schon bald nach Mobbingbeginn seelische und körperliche Beschwerden miteinander vermischen.

Frühsymptome sind bei Mobbing vielfach Kopfschmerzen, Schlafstörungen, Übelkeit, Schwindelgefühl, Magen- und Herzschmerzen, Atemnot, Gliederschmerzen, Appetitlosigkeit sowie Zittern und im späteren Verlauf lassen sich häufig Atemwegs-, Herz-Kreislauf-Erkrankungen, Asthma, Hauterkrankungen, Schweißausbrüche und/oder

---

707 *Merk*, S. 33 f., Tab.
708 *Deuschle*, S. 25.
709 *Deuschle*, S. 25; *Leymann* (2006), S. 114 f.
710 *Taddicken*, S. 45 m. w. N.
711 *Taddicken*, S. 45.
712 *Lüder*, S. 98; *Taddicken*, S. 46.
713 *Brinkmann*, S. 32; vgl. auch Fn. 647.

Erkrankungen im Magen-Darmbereich und bei anderen Organen feststellen.[714] Außerdem kann aufgrund der stressbedingten chronischen Unterdrückung des Immunsystems die Anfälligkeit für Infektionen und Allergien zunehmen und auf Dauer auch das Risiko der Entstehung bösartiger Tumore wie Krebs.[715] Letztlich stellen sowohl die physischen als auch die psychischen Beschwerden von Mobbingopfern die bereits oben beschriebenen körperlichen Folgen von Mobbingstress dar. Diese Störungen sind primär auf sympathisch/parasympathische Aktivierungen und die vermehrt in die Blutbahn abgegebenen Hormone Adrenalin und Noradrenalin mit ihren jeweiligen Folgen zurückzuführen.[716]

b) Auswirkungen auf den Arbeitsplatz und die Arbeitsleistung

Ähnlich einschneidend wie die gesundheitlichen Beeinträchtigungen wirken sich für den Betroffenen auch die durch Mobbing bedingten Veränderungen in seinem beruflichen Lebensbereich aus, insbesondere weil er sich damit in seiner wirtschaftlichen Existenz bedroht sieht.[717]

Hinsichtlich des Anstellungsverhältnisses entfaltet Mobbing nach der bundesweiten Repräsentativstudie[718] nur für 20 Prozent der Betroffenen keine unmittelbaren Konsequenzen. Dagegen enden 50 Prozent aller Fälle mit dem Ausscheiden aus dem Arbeitsverhältnis oder sogar aus der kompletten Arbeitswelt aufgrund Berufs- und Arbeitsunfähigkeit, mit zwangsweiser Versetzung (5,6 Prozent), mit einem freiwilligen Wechsel des Arbeitsplatzes innerhalb des Unternehmens (knapp 31 Prozent), mit Eigenkündigung (22,5 Prozent), mit Fremdkündigung (rund 15 Prozent), mit dem Abschluss eines Aufhebungsvertrags oder mit Erwerbsunfähigkeit oder Frührente (knapp 7 Prozent). In rund 11 Prozent der Fälle hat Mobbing sogar kurz- oder längerfristig Arbeitslosigkeit zur Folge.[719] Kommt es dagegen nicht zum Verlust des Arbeitsplatzes, erfährt der Betroffene oftmals eine Ausgrenzung aus der sozialen Gemeinschaft am Arbeitsplatz und fühlt sich nicht mehr als gleichwertiges Mitglied des Arbeitsteams bzw. wird nicht mehr wie ein solches behandelt, entweder aufgrund von Benachteiligungen oder schlicht durch Einstellung des üblichen zwischenmenschlichen Miteinanders.[720]

Nicht weniger tiefgreifend sind daneben auch die Auswirkungen auf die Arbeitsleistung des Betroffenen. Mobbing am Arbeitsplatz führt häufig zu einem Verlust seiner Arbeitsmotivation und auch einer rasanten Verschlechterung seiner Arbeits-

---

714 *Mühe*, S. 68 f.; ebenso Europäisches Parlament, SOCI 108 DE, S. 13; *Groeblinghoff*, in Arentewicz/Fleissner, S. 164; *Hirigoyen*, S. 171 ff.; *Kollmer*, Rn 49; *Leymann* (2006), S. 109 ff.; *Leymann* (1995), S. 43 ff.; *Meschkutat/Stackelbeck/Langenhoff*, S. 79; *Leymann/Niedl*, S. 74 ff.; *Resch*, S. 121; *Zuschlag*, S. 102 ff.

715 *Mühe*, S. 69 m. w. N.

716 *Zuschlag*, S. 106; vgl. auch Teil 1, Kapitel 3, I. a) bb. dieser Arbeit.

717 *Mühe*, S. 69.

718 *Meschkutat/Stackelbeck/Langenhoff*.

719 *Meschkutat/Stackelbeck/Langenhoff*, S. 78 ff.; ebenso *Mühe*, S. 69; *Zapf*, ZfAO 1999, 1 (20); vgl. auch *Hirigoyen*, S. 129.

720 *Mühe*, S. 69 m. w. N.

leistung.[721] Zum einen ist dies darauf zurückzuführen, dass der Betroffene keinen Sinn darin sieht sich anzustrengen: Wenn er eine schlechte Arbeitsleistung erbringt oder überhaupt nichts tut, resultieren daraus nicht mehr Nachteile als bei einer mit großem persönlichen Einsatz verrichteten Höchstleistung. Zudem erscheint der Arbeitsplatz des Mobbingopfers bei reduzierter Arbeitsleistung auch nicht stärker bedroht, da die Mobbingangriffe ja bereits bezwecken, das Opfer von seiner Position zu verdrängen. Auf diese Weise verschafft sich der Betroffene zumindest insofern für sich günstige Bedingungen, als er mehr Zeit gewinnt, um sich mit dem Mobbenden aktiv zu befassen und diesen gegebenenfalls nach Möglichkeit seinerseits in Bedrängnis zu bringen.[722] Zum anderen ist aber auch ohne absichtliches Zutun des Mobbingopfers eine erhebliche Verringerung seiner Arbeitsleistung zu verzeichnen. Der Betroffene wird nämlich durch die Mobbingangriffe zu sehr an der Verrichtung seiner Arbeit gehindert, da er permanent und immer mehr mit der Abwehr dieser Attacken und der Sicherung seiner eigenen beruflichen Existenz beschäftigt ist. Infolge dessen und der daraus resultierenden mangelhaften Konzentration kommt es zwangsläufig zu einer höheren Fehlerquote bei seiner Arbeitstätigkeit.[723]

So litten nach der bundesweiten Repräsentativstudie[724] über 50 Prozent der Betroffenen an Konzentrationsstörungen, Verunsicherungen, Selbstzweifeln, Leistungs- und Denkblockaden und in 33 Prozent der Mobbingfälle kam es vermehrt zu Fehlern bei der Ausführung der Arbeit. Lediglich 1,3 Prozent der Mobbingopfer fühlten sich dagegen durch das Mobbinggeschehen nicht in ihrem persönlichen Verhalten am Arbeitsplatz bzw. in ihrer Arbeitsleistung beeinträchtigt.[725] Letztlich demotivierte das Mobbinggeschehen aber mehr als zwei Drittel der Betroffenen, welche im Berufsleben mit gesteigertem Misstrauen reagierten. 57 Prozent resignierten sogar in Form einer innerlichen Kündigung. Dabei machen sich die meisten Auswirkungen auf die Leistungsfähigkeit bereits in der Anfangsphase des Mobbings bemerkbar und ziehen sich anschließend über das gesamte Mobbinggeschehen hin.[726] Überdies resultieren aus Fehlerzunahme, Unkonzentriertheit, Arbeitsblockaden und Unzufriedenheit mit der eigenen Arbeitsleistung in etwa 41 Prozent der Fälle eine deutlich wahrnehmbare Gereiztheit und Aggressivität des Betroffenen. Dies bringt wiederum Kritik an seinem Verhalten mit sich und so kann sich die Mobbingsituation noch weiter verschärfen.[727]

Obgleich nach Beendigung des Mobbingprozesses – etwa durch Austritt aus dem Arbeitsverhältnis – meist eine Verbesserung des psychischen und physischen Zustandes des Mobbingopfers zu verzeichnen ist, haben die Betroffenen häufig noch Jahre nach ihrem Ausstieg aus dem Berufsleben mit den Nachwirkungen zu kämpfen, müssen

721 *Zuschlag*, S. 109.
722 Dazu u. zum Voranstehenden *Zuschlag*, S. 109.
723 *Zuschlag*, S. 109.
724 Vgl. *Meschkutat/Stackelbeck/Langenhoff*.
725 *Meschkutat/Stackelbeck/Langenhoff*, S. 77.
726 *Meschkutat/Stackelbeck/Langenhoff*, S. 77.
727 *Meschkutat/Stackelbeck/Langenhoff*, S. 77; dazu u. zum Voranstehenden ebenso *Mühe*, S. 70.

sich psychotherapeutisch behandeln lassen und ihr Selbstwertgefühl sowie ihre Persönlichkeit bleiben nachhaltig belastet.[728]

c) Auswirkungen auf die Persönlichkeit und das soziale Umfeld

Zu den eben angesprochenen nachhaltigen Veränderungen der Persönlichkeit kommt es gerade aufgrund der längeren Dauer des Mobbingprozesses und der daraus folgenden Intensität der psychischen und physischen Belastungen.[729] In solchen Spannungssituationen ist die emotionale Verfassung des Betroffenen bestimmt von Verzweiflung, Hoffnungs- und Hilflosigkeit. Diese Gefühle bilden das Ergebnis eines längeren misslungenen *Copings*[730], dem verhaltensorientierten und psychischen Bestreben, umweltbedingte und interne Anforderungen und Schwierigkeiten zu meistern.[731] Solche Emotionen als Folge vergeblicher Bewältigungsversuche können auf den Umstand zurückgeführt werden, dass es Mobbingbetroffenen an bestimmten Ressourcen mangelt, die eine Bewältigung der Situation zulassen, ohne dabei zu Schaden zu kommen.[732] Bei Faktoren, die dazu beitragen, dass belastende Zustände besser bewältigt werden können, soll es sich insbesondere um eine gute physische und psychische Konstitution, Selbstbewusstsein, soziales Ansehen, finanzielle Unabhängigkeit und berufliche Gestaltungsmöglichkeiten sowie Kommunikations- und Konfliktlösungsfähigkeit handeln.[733] Als Bewältigungshindernisse gelten dagegen der typische Mobbingverlauf im Sinne der Deutungsmacht des Umfelds, eine Unkenntnis von der Situation (etwa die Unvorhersehbarkeit, schwierige Interpretation und Einschätzung zeitlicher Faktoren, Verunsicherung im Umgang etc.) sowie auch persönliche Hindernisse und Schwächen.[734] Aus diesem Grund sollen nur das Verändern, Verlassen oder Ertragen der Situation und das Ändern der eigenen Identität, Empfindungen und Verhaltensweisen ein Überwinden von Mobbing ermöglichen. Dies wird allerdings in der Regel wohl deshalb misslingen, weil gerade das als Bewältigungsleistung erforderlich ist, was während des Mobbingprozesses systematisch abgebaut wird, nämlich Ressourcen und die eigene Identität.[735] Über je weniger Ressourcen also der einzelne verfügt, desto weniger wird er die Mobbingerfahrung ohne größere Folgeschäden überwinden können und je länger die Mobbingsituation andauert, umso größer wird das Risiko negativer Nachwirkungen.[736] Oftmals ist der Betroffene kaum noch in der Lage, seinen Alltag zu meistern, da die Situation am Arbeitsplatz, familiäre und persönliche Probleme sowie finanzielle Schwierigkeiten in ihrer gegenseitigen

---

728 *Leymann* (2006), S. 115; *Mühe*, S. 70; *Leymann/Niedl*, S. 77.

729 *Mühe*, S. 70; *Wickler*, in Wickler, Rn. 18.

730 Vgl. zu *Coping*, Begriff und Konzeption, *Lazarus/Launier*, in Nitsch, S. 244; die Thematik zusammenfassend: *Filipp*, S. 56 ff.; *Marstedt/Mergner*, S. 145 ff.; *Katz/Schmidt*, S. 10 ff.; vgl. außerdem zu den *Coping-Strategien* nach Lazarus: *Schild/Heeren*, S. 75 ff. m. w. N.

731 Dazu u. zum Voranstehenden *Prosch*, S. 104; *Semmer*, S. 30.

732 *Leymann* (2006), S. 69 ff.; *Prosch*, S. 104.

733 *Brommer*, S. 42; *Leymann* (2006), S. 70; *Prosch*, S. 104.

734 *Leymann* (2006), S. 73 f.; *Prosch*, S. 104.

735 *Prosch*, S. 104 m. w. N.

736 *Prosch*, S. 104 m. w. N.

Wechselwirkung eine immense Belastung darstellen. Weitere Folgeerscheinungen von Mobbing können außerdem der Verlust des gesellschaftlichen Ansehens, sozialer Kontakte, der Würde und Wertschätzung sein.[737] Ferner kommt auch einem möglichen Sinn-, Wert- und Identitätsverlust eine große Bedeutung zu. Soziale Identität bildet sich vornehmlich durch das Wissen um die Mitgliedschaft in bestimmten Gruppen und aus dem Wert sowie der emotionalen Bedeutung, mit denen diese Mitgliedschaft verbunden ist. Dabei wird sie als Orientierungshilfe für den Einzelnen angesehen, sich in der Gesellschaft zu behaupten und damit seine Position im sozialen Gefüge zu finden und zu bestimmen.[738] Wenn nun dieser Platz durch Zuschreibung einer fremden Identität und Manipulation seitens des Vorgesetzten und/oder der Kollegen mittels psychischer Gewalt, Macht, Vertuschung und Betrug gefährdet oder angezweifelt wird, führt das zum Verlust der persönlichen Identität. Dieser wird umso größer ausfallen, je stärker die Bindung an die Gruppe durch Identifizierung mit deren Normen, Werten und Zielen empfunden wird.[739] Bei zu großen Strapazen reagiert das Mobbingopfer häufig mit Resignation und setzt sich aus Kraftmangel nicht mehr gegen die Mobbingangriffe zur Wehr. Dieses Verhalten birgt ebenfalls die Gefahr einer Veränderung der Persönlichkeit oder der Einstellung des Betroffenen dahingehend, dass er sich anpasst, um die entsprechende Situation überstehen zu können.[740]

Schließlich hinterlässt Mobbing regelmäßig auch im privaten Umfeld des Betroffenen Spuren, da es ihm kaum gelingen wird, seine Sorgen und Ängste vor seiner Familie und seinen Freunden zu verbergen und sich ihnen gegenüber unbekümmert zu verhalten. Vielmehr werden die Schwierigkeiten am Arbeitsplatz häufig bei Freunden und der Familie thematisiert, um sich das Belastende von der Seele zu reden.[741] Oftmals drehen sich private Gespräche irgendwann nur noch um das Mobbinggeschehen, weil der Betroffene nicht mehr zur Ruhe kommt und sein ganzes Denken permanent mit der Thematik befasst ist.[742] Das führt dazu, dass sich seine Sorgen und (Existenz-)Ängste auch auf sein privates Umfeld erstrecken.[743] Nicht selten wenden sich nach einiger Zeit nahe stehende Menschen von dem Betroffenen ab, weil sie seine ständigen und ausführlichen Schilderungen der Mobbingvorfälle nicht länger ertragen können.[744] Dies ist umso tragischer, als festgestellt wurde, dass soziale Unterstützung das Erleben und Wahrnehmen von Belastungen vermindert, das Mobbingopfer zur Bewältigung kritischer Situationen stabilisiert und zudem positive Wirkung auf die psychische Gesundheit und das Selbstsicherheitsgefühl hat.[745] Somit empfindet ein Mensch, der in Problemsituationen von Kollegen, Vorgesetzten, dem

737 Dazu u. zum Voranstehenden *Prosch*, S. 106 m. w. N.
738 *Prosch*, S. 106; *Tajfel*, S. 102.
739 *Prosch*, S. 106.
740 *Mühe*, S. 70; vgl. ebenso *Hirigoyen*, S. 187 ff.; *Leymann/Niedl*, S. 77.
741 *Mühe*, S. 70 f.; vgl. dazu insbes. auch *Meschkutat/Stackelbeck/Langenhoff*, S. 98 f.
742 *Ausfelder*, S. 81; *Groeblinghoff*, in Arentewicz/Fleissner S. 164; *Meschkutat/Stackelbeck/Langenhoff*, S. 98 f.; *Mühe*, S. 71; *Resch*, S. 102 f., 124; *Zapf*, ZfAO 1999, 1 (20); *Zuschlag*, S. 108.
743 *Meschkutat/Stackelbeck/Langenhoff*, S. 89 ff.; *Zuschlag*, S. 108; *Resch*, S. 124 f.
744 *Groeblinghoff*, in Arentewicz/Fleissner S. 164; dazu u. zum Voranstehenden ebenso *Mühe*, S. 71.
745 *Prosch*, S. 105; zu den Wirkungsmechanismen sozialer Unterstützung vgl. auch *Katz/Schmidt*, S. 25 f.

Ehepartner, Freunden und/oder Bekannten Unterstützung erfährt, potentielle Stressoren im Beruf und im Privatleben seltener als Belastung. Er fühlt sich in seinem psychischen Befinden weniger von kritischen oder bedrohenden Ereignissen gestört, es gelingt ihm besser damit umzugehen und er leidet auf Dauer weniger unter den gesundheitlichen Auswirkungen von Strapazen. Außerdem bewirkt sozialer Beistand langfristig eine Reduzierung objektiver Stressoren und lässt Stressbedingungen weniger einschneidend oder unüberwindbar erscheinen.[746] Der Mangel an sozialer Unterstützung resultiert dabei weiter aus dem gravierenden Belastungsdruck, die Mobbingsituationen auch für das soziale Umfeld (Partner und Freundschaften) des Betroffenen entfalten, welchem langfristig nicht standgehalten werden kann. Oftmals beherrschen die Probleme am Arbeitsplatz den freizeitlichen Alltag so sehr, dass es nicht selten zur Trennung vom Partner oder zum Zerbrechen von Freundschaften kommt.[747] Zurückzuführen ist dieser Umstand darauf, dass schlechte Laune, Unlust zu Aktivitäten, eine allgemeine „Null-Bock-Einstellung", Überempfindlichkeit oder Streitbarkeit des Betroffenen dessen Beziehungen zu seinem sozialen Umfeld, die Erziehung der Kinder und die Ehe oder Partnerschaft negativ beeinflussen und schwer belasten können.[748] Folgen davon können die Entfremdung gegenüber Mitmenschen und der soziale Rückzug bis hin zu einer totalen Isolation sein.[749] Überdies kann im Falle einer Obsession neben dem völligen Wegbrechen des sozialen Umfelds das bei dem Betroffenen wahrnehmbare querulatorische Element im Verhalten eine Stigmatisierung nach sich ziehen, bei der Ursache und Wirkung vertauscht wurden. Auf Arbeitgeberseite provoziert die Wahrnehmung solcher querulatorischen Verhaltensweisen Macht- und Rechtsübergriffe, die letztlich darauf abzielen, die betroffene Person aus dem Arbeitsumfeld auszuschließen.[750] Nicht zuletzt besteht bei einer von Misstrauen, Hyperaktivität und streitsüchtigen Erscheinungsweisen geprägten Außenwahrnehmung des Betroffenen in einer über den Mobbingsachverhalt eventuell stattfindenden gerichtlichen Auseinandersetzung die Gefahr, dass der vordergründige Eindruck der Querulanz einer Person die Verhandlungsführung und Entscheidungsfindung beeinflusst und damit diese Stigmatisierung auch noch von der Justiz gefestigt wird.[751] Sollte sich diese Gefahr realisieren, wird das Gerichtsverfahren nicht nur ein Element der Vertrauenskrise bilden, welche der Auslöser für die krankhafte Persönlichkeitsveränderung ist, sondern kann aufgrund fehlender weiterer Möglichkeiten der Rehabilitation sogar zu einem Abrutschen in depressive und suizidanfällige Zustände führen.[752] Diese Variablen sowie die generell stets drohende Isolation und Vereinsamung des Betroffenen fördern wiederum weitere Gesundheitsbeeinträchtigungen und psychopathologische Diskrepanzen, insbesondere Suchtverhalten und

---

746 Dazu u. zum Voranstehenden *Prosch*, S. 105 m. w. N.

747 *Huber*, S. 14 f.; *Prosch*, S. 105.

748 *Meschkutat/Stackelbeck/Langenhoff*, S. 90; *Mühe*, S. 71; vgl. auch *Wickler*, in Wickler, Rn. 17 ff.

749 Europäisches Parlament, SOCI 108 DE, S. 13; *Meschkutat/Stackelbeck/Langenhoff*, S. 90; *Mühe*, S. 71; *Leymann/Niedl*, S. 79; *Resch*, S. 84 ff.

750 *Wickler*, in Wickler, Rn. 18 m. w. N.

751 *Wickler*, in Wickler, Rn. 18.

752 *Wickler*, in Wickler, Rn. 18.

Suizidgefährdung. Zudem werden einsame Menschen als depressiv, interesselos, selbstbezogen, gefühlsblockiert, gehemmt, ängstlich und schwermütig wahrgenommen und im sozialen Umfeld wird ihre Gesellschaft als unangenehm empfunden.[753] Die Flucht in eine Medikamenten- oder Alkoholabhängigkeit sowie suizidales Handeln gelten als Versuche, unbefriedigende Sozialbeziehungen zu ersetzen und so dem Schicksal zu entgehen.[754] In der Regel lässt sich ein Ausweg aus diesem Teufelskreis nur mit Hilfe von außen finden.

d) Suizid

Im schlimmsten Fall kann das Mobbinggeschehen, wie bereits angedeutet, seinen Höhepunkt in einem Suizid erreichen. Bei ca. 10 bis 20 Prozent aller Suizidfälle liegt der Beweggrund bei den Verhältnissen am Arbeitsplatz bzw. besteht zumindest auch ein Zusammenhang mit arbeitsplatzspezifischen Umständen.[755] Dabei resultiert die Gefahr eines Suizides meist aus vorangegangenen mobbingbedingten schweren Depressionen. Fast alle schwer depressiven Patienten haben zumindest Suizidgedanken. Bis zu 15 Prozent der Patienten mit depressiven Störungen versterben durch Selbstötung und etwa die Hälfte begeht in ihrem Leben einen Suizidversuch.[756]

2. Folgen für den Mobbenden

Beim Blick auf die weitreichenden Beeinträchtigungen, denen das Mobbingopfer ausgesetzt ist, drängt sich die Frage auf, ob und inwieweit demgegenüber auch die mobbende Person Auswirkungen ihres Handelns wahrnimmt. Dabei dürfte derjenige, von dem die Mobbingattacken ausgehen, von gesundheitlichen Beschwerden nur dann betroffen sein, wenn er etwa als „Angst-Mobber" gemäß der Devise „Angriff ist die beste Verteidigung" bzw. „lieber selbst mobben als gemobbt zu werden" handelt.[757] Mobbingtäter sind nämlich nicht zwangsläufig die starken und selbstsicheren Menschen, wie sie sich möglicherweise nach außen hin darstellen, sondern sie sind oft selbst unsicher und ängstlich. So können die Planung der Mobbingangriffe und die Absicherung gegen mögliche Gegenangriffe eine nicht zu unterschätzende emotionale Belastung für den Mobbenden bedeuten. Spätestens wenn es im extremsten Fall zu einem gerichtlichen Prozess kommt, steht der Täter zweifellos unter einer großen Spannung. Infolge dessen können Mobbende in vergleichbarer Weise psychosomatisch erkranken wie ihre Opfer.[758]

Sofern mobbende Personen nicht sozial ausgegrenzt sind, sondern zum Teil mit (stillschweigender) Einwilligung oder sogar dem Hinzuziehen Dritter (z. B. Geschäftsführer, Vorgesetzte) agieren, werden sie in sozialer wie beruflicher Hinsicht in der

---

753 Dazu u. zum Voranstehenden *Prosch*, S. 105 f. m. w. N.
754 *Prosch*, S. 106 m. w. N.
755 *Leymann* (2006), S. 123; *Mühe*, S. 71; *Leymann/Niedl*, S. 77 f.
756 *Taddicken*, S. 47 f. m. w. N.
757 *Esser/Wolmerath*, S. 51; *Zuschlag*, S. 114.
758 *Esser/Wolmerath*, S. 51; *Zuschlag*, S. 114.

Regel nicht mit negativen Folgen zu rechnen haben. Sie verlieren sehr selten ihre Arbeitsstelle und können ihre Karriere meist ungestört oder sogar beschleunigt fortsetzen, wohingegen zwei Drittel der Mobbingopfer im Verlauf des Geschehens den Verlust ihres Arbeitsplatzes zu verzeichnen haben.[759] Demnach können Mobbingtäter in den meisten Fällen lediglich rechtlich belangt werden und müssen die dementsprechenden Konsequenzen tragen,[760] sofern dafür die gesetzlichen Voraussetzungen, welche im zweiten Teil dieser Arbeit behandelt werden, gegeben sind.

II. Folgen auf Ebene der betroffenen Arbeitsstelle

Spannungen am Arbeitsplatz, die das Ergebnis emotionaler Austragungen von Meinungsverschiedenheiten und privater Konflikte zwischen Mitarbeitern sind, können den Betriebsfrieden massiv stören und für das gesamte Unternehmen kontraproduktive Auswirkungen entfalten.[761] Mobbing löst für den Arbeitgeber immense direkte und indirekte Kosten aus. So kann ein Unternehmen für einen von Mobbing Betroffenen pro Jahr schätzungsweise ca. 20.000 bis 50.000 Euro veranschlagen.[762] Unter Einbeziehung der indirekten Folgekosten belaufen sich die Gesamtkosten auf etwa 50.000 bis 150.000 Euro pro Jahr und Mobbingopfer.[763] Mit indirekten Folgekosten sind dabei solche gemeint, die mit Mobbing in Zusammenhang stehen, jedoch nicht dem Betroffenen direkt zugerechnet werden können, wie beispielsweise ein Imageverlust des Unternehmens infolge von Mobbing.[764] Die Gesamtausgaben eines unerkannt gebliebenen Mobbingsachverhalts summieren sich jedenfalls zu einer beachtlichen Summe und können sich bestimmt auf einen Betrag von mehr als 600.000 Euro belaufen.[765]

Neben der hohen Kostenbelastung können als weitere relevante unternehmensschädigende Auswirkungen Produktionsverluste und die damit verbundenen Wettbewerbs- und Rentabilitätsnachteile angeführt werden, welche aus mobbingbedingten Arbeitsverhaltens-, Arbeitsablaufs- und Betriebsverbundenheitsstörungen resultieren. Wesentliche Faktoren bilden dabei die Beeinträchtigung der betrieblich erforderlichen Kommunikation, Ablenkung von Arbeitsaufgaben, Demotivation, Abnehmen von Konzentration, Kreativität, Flexibilität, Initiative und Verantwortung, gestiegene krankheitsbedingte Fehlzeiten und Fluktuationsraten, Abwanderung von Wissens- und

---

759 *Esser/Wolmerath*, S. 51.

760 Ebenso *Esser/Wolmerath*, S. 51.

761 *Mühe*, S. 71 f.

762 *Merk*, S. 60; nach *Mühe*, S. 72, sollen sich die Kosten, die durch Mobbing in einem Unternehmen verursacht werden, auf 15.000 bis 50.000 Euro pro Jahr belaufen; vgl. dazu ebenso *Ausfelder*, S. 139; *Resch*, S. 125 ff.

763 *Merk*, S. 60.

764 *Fehlau*, S. 43 f.

765 *Merk*, S. 60; vgl. dazu auch die Zusammenstellung von möglichen Kostenwirkungen für ein Unternehmen bei *Merk*, S. 60 ff.

Leistungsträgern, welche insgesamt zu einer gesunkenen oder gänzlich blockierten Produktivität der Mobbingopfer führen.[766]

Einige dieser Kriterien sollen im Folgenden einer näheren Betrachtung unterzogen werden.

1. Krankheitsfehlzeiten

Ein wesentlicher Teil der Kosten stammt dabei von den zahlreichen Krankheitstagen, die aus einem Mobbinggeschehen resultieren.[767] Bei 27 Prozent aller von Mobbing Betroffenen kommt es zu langfristigen Fehlzeiten.[768] Im ersten Jahr ist der Betroffene durchschnittlich 10 Prozent und im dritten Jahr bereits 50 Prozent seiner Arbeitszeit krankgeschrieben.[769] Während ein Arbeitnehmer, der sich mit seinem Unternehmen verbunden fühlt, trotz leichter Erkrankungen zur Arbeit erscheint, sei es aus Rücksicht gegenüber seinen Kollegen, denen bei seinem Ausfall Mehrarbeit droht, oder aus Pflichtgefühl seinem Vorgesetzten gegenüber, hat ein von Mobbing Betroffener dagegen keinen Anreiz mehr, seine Kollegen in seinem Krankheitsfall zu berücksichtigen, und es fällt ihm leichter, sich bereits bei den geringsten Anzeichen von Unwohlsein krank zu melden. Das gilt umso mehr, als er in einer Krankschreibung eine Möglichkeit sieht, den ständigen Mobbingangriffen entfliehen zu können.[770] Daneben löst Mobbing, wie oben dargestellt,[771] infolge von Stress tatsächliche Erkrankungen aus, die zum berechtigten Ausfall des Mitarbeiters führen, so dass Opfer von Mobbing in der Regel häufiger Fehltage aufweisen als andere Arbeitnehmer.[772] Diese an sich überflüssigen krankheitsbedingten Fehlzeiten bedeuten für den Arbeitgeber enorme Herausforderungen bei der Arbeitsorganisation und dem zweckmäßigen Personaleinsatz. Dies kann dazu führen, dass Arbeit nicht erledigt wird, andere Mitarbeiter unter höherer Arbeitsbelastung Mehrarbeit leisten müssen oder für sehr dringende Aufgaben Aushilfen eingestellt werden, welche als nicht komplett eingearbeitete Beschäftigte erfahrungsgemäß längere Bearbeitungszeiten benötigen und eine höhere Fehlerquote zu verzeichnen haben.[773]

---

766 *Wickler*, in Wickler, Rn. 22 m. w. N.

767 *Mühe*, S. 72; vgl zu den immensen Einbußen und Auswirkungen von Krankheitsfehltagen auf das Unternehmen *Eckardstein/Lueger/Niedl/Schuster*, S. 245 ff.; *Zuschlag*, S. 109; ebenso Europäisches Parlament, SOCI 108 DE, S. 14; *Kollmer*, Rn. 51; *Zapf*, ZfAO 1999, 1 (20).

768 *Mühe*, S. 72 m. w. N.; vgl. insbes. *Zapf*, ZfAO 1999, 1 (20); ebenso *Hirigoyen*, S. 127; Europäisches Parlament, SOCI 108 DE, S. 12.

769 *Mühe*, S. 72 m. w. N.

770 *Zuschlag*, S. 112; ebenso *Merk*, S. 40.

771 Teil 1, Kapitel 3, I. 1. a) bb., cc., dd. dieser Arbeit.

772 *Merk*, S. 40.

773 *Zuschlag*, S. 112; ebenso *Merk*, S. 40.

2. Betriebsklima, Image

Nicht zu unterschätzen sind ferner die Auswirkungen von Mobbing auf das Betriebsklima in einem Unternehmen und das sich daran anschließende Folgeproblem eines drohenden Imageverlustes.

Unter *Betriebsklima* wird in der betrieblichen Praxis zunächst vereinfacht ausgedrückt die Atmosphäre oder Stimmung im Betrieb, das Verhältnis zu den Kollegen oder allgemein alles, was sich auf das Wohlbefinden am Arbeitsplatz auswirkt, verstanden.[774]

Ein gutes Betriebsklima sorgt für eine höhere Wahrscheinlichkeit von freiwilligen Überstunden, generell besserer Arbeitsleistung und einer guten Zusammenarbeit der Mitarbeiter.[775] Eine gute Arbeitsatmosphäre entsteht jedoch nicht von alleine, sondern erfordert ein Einbringen aller für das Unternehmen tätigen Personen, insbesondere des Managements und der Führungsriege. Dabei können die Gestaltung des Arbeitsplatzes, die Unterstützung, der Führungsstil sowie die Personalpolitik innerhalb eines Unternehmens auf das Betriebsklima großen Einfluss ausüben. Demgegenüber lässt sich ein schlechtes Betriebsklima oftmals an einer Grüppchenbildung, an der Höhe der durchschnittlichen Krankheitsquote, der Zahl der Kündigungen seitens des Arbeitnehmers im Verhältnis zu allen Kündigungen und an dem Verhalten der Beschäftigten, ob dies berechnend oder kollegial ist, erkennen.[776]

Im Fall von Mobbing – auf welcher Hierarchieebene es auch stattfinden mag – beeinträchtigen die Stressbelastungen aufgrund von Defiziten in der Arbeitsorganisation, fehlender Sozialkompetenz des Vorgesetzten und konfliktbehafteter Beziehungen sowie aufgrund von Konkurrenz- und Machtkämpfen, Sorge um den eigenen Arbeitsplatz und zunehmend unsozialem, ichbezogenem Verhalten in den eigenen Reihen langfristig das sozioemotionale Klima innerhalb von Arbeitsteams.[777] Weitere Folgeeffekte von Mobbing, die regelmäßig dazu beitragen, das Betriebsklima zu verderben, sind das Sinken der Arbeitsmoral und des allgemeinen ethisch-moralischen Niveaus. Moralisch bzw. sittlich agiert derjenige, der sein Handeln an den in einer Gesellschaft bestehenden Normen und Maximen, das heißt ethischen Grundsätzen orientiert. Demzufolge ist die Ethik Maßstab zur Beurteilung von „richtig“ oder „falsch“ und Grundlage für menschenorientiertes Verhalten oder Handeln innerhalb der und für die Gemeinschaft. Somit handelt derjenige arbeitsmoralisch, der mehr im Sinne der Gemeinschaft handelt als im eigenen Interesse.[778] Vor allem Führungskräften kommt dabei eine Maßstabsfunktion zu, denn eigennütziges Verhalten infolge von Machtgier bewirkt beim unterstellten Mitarbeiter und in seinem Umfeld, dass die Arbeitsmoral schwindet und die Grundeinstellung zur Arbeit und zu anderen Personen entweder in Resignation oder aber in moralischem Fehlverhalten gegenüber anderen Menschen,

---

774 *Prosch*, S. 93.

775 *Kraus/Kraus*, S. 37; vgl. ebenso *Prosch*, S. 94 m. w. N.

776 Dazu u. zum Voranstehenden *Kraus/Kraus*, S. 37 ff.

777 *Prosch*, S. 92.

778 *Prosch*, S. 96 m. w. N.

dem Betrieb und der Gesellschaft mündet.[779] Die sich daraus ergebende Arbeitsatmosphäre ist gekennzeichnet von einem Gegeneinander statt einem Miteinander, von egoistischen und unpersönlichen Verhaltenszügen, welche wiederum weniger Kooperation und soziale Kontakte zwischen den Mitarbeitern sowie mehr schädliche Auswirkungen für den Betrieb nach sich ziehen.[780] Vor allem bei bereits von Arbeitslosigkeit betroffenen Unternehmen kann mangelnde Zusammenarbeit eine Abwärtsspirale auslösen, wenn Innovationen und Leistungsfähigkeit, für deren Wirkungsgrad ein breiter Konsens elementar ist, gehemmt werden.[781] Ohne Kooperation ist in arbeitsteiligen Betrieben die Verwirklichung gemeinsamer, übergeordneter Ziele nicht möglich und die Kooperationsbereitschaft der Mitarbeiter beeinflusst wechselseitig die wirtschaftliche Situation eines Betriebes in hohem Maße, weshalb Kooperation die Basis der Arbeitsteilung in Unternehmen bildet.[782] Demgegenüber verhindert Mobbing als Mittel zur Durchsetzung der eigenen Interessen freiwilliges, kooperatives und innovatorisches Arbeitsverhalten, führt zu Störungen im Arbeitsablauf und bewirkt damit langfristig eine Verminderung der Effektivität und Leistungsfähigkeit eines Unternehmens.[783] In der Folge werden vor allem besser qualifizierte Mitarbeiter einer schlechten Arbeitsatmosphäre durch einen Arbeitsplatzwechsel zu entkommen versuchen.[784] Daneben bringt ein schlechtes Betriebsklima auch eine nachhaltige Schädigung des Unternehmensimages mit sich, welches im Hinblick auf den Mangel an qualifizierten Arbeitnehmern von hoher Relevanz ist.[785] Die Größe eines mit Mobbing verbundenen potentiellen Imageschadens darf nicht verkannt werden. So haben ein schlechtes Betriebsklima und unzulängliche Arbeitsergebnisse natürlich auch eine Außenwirkung, etwa auf Kunden und Geschäftspartner.[786] Zudem sprechen die Beschäftigten eines Betriebes auch in ihrem privaten Umfeld über die Begebenheiten und Zuständen an ihrem Arbeitsplatz. Auf diese Weise kann sich der schlechte Ruf einer Institution wie ein Lauffeuer verbreiten und zu finanziellen Einbußen bei dieser führen, indem sich beispielsweise Kunden oder Geschäftspartner abwenden.[787]

Demzufolge ist ein gutes Betriebsklima für ein Unternehmen in hohem Maße erfolgsversprechend, weil es entscheidend zur Steigerung der Leistung und einer grundsätzlich guten Arbeitsmoral der Beschäftigten sowie zu einer Reduzierung des Krankenstandes, der Fehlzeiten und der Fluktuation beiträgt. Nicht zuletzt fördert eine angenehme Arbeitsatmosphäre echte soziale Beziehungen und das Image des Unternehmens bei Kunden und Lieferanten und als Folge dessen insgesamt die Wirtschaftlichkeit eines Betriebes.[788]

---

779 *Prosch*, S. 96 m. w. N.
780 *Brommer*, S. 46; *Prosch*, S. 96 m. w. N.
781 *Prosch*, S. 96 f. m. w. N.
782 *Prosch*, S. 97 m. w. N.
783 *Brommer*, S. 19; *Prosch*, S. 97.
784 *Grünwald/Hille*, S. 57.
785 *Deuschle*, S. 28; vgl. auch *Esser/Wolmerath*, S. 50; *Wickler*, in Wickler, Rn. 22.
786 *Esser/Wolmerath*, S. 50.
787 *Esser/Wolmerath*, S. 50.
788 *Prosch*, S. 94 m. w. N.

3. Fluktuation

Wie bereits angesprochen kann eine hohe Fluktuation eine weitere Mobbingfolge in einem Unternehmen sein. Mit Personalfluktuation sind das Ausscheiden und die Neueinstellung von Personal gemeint, was ein erforderlicher und sich aus sachlichen Gründen permanent vollziehender Prozess in einem Unternehmen ist.[789]

Eine geringe Fluktuationsrate stellt dabei ein Indiz für eine hohe Zufriedenheit der Mitarbeiter dar.[790] Demgegenüber erscheint eine hohe Fluktuationsrate bedenklich, zumal eine durch Mobbing ausgelöste Fluktuation in der Regel mit einem schlechten Arbeitsklima verbunden ist.[791] Die Folge davon ist eine Abwanderung qualifizierter Mitarbeiter, weil sie sich persönlich einer solchen konfliktträchtigen Atmosphäre sowie der Gefahr, später eventuell selbst zum Mobbingopfer zu werden, nicht mehr aussetzen möchten.[792] Daneben wird sich aber auch der Betroffene, sofern er die Möglichkeit hat, also bei gegebenen strukturellen Voraussetzungen wie etwa einem offenen Arbeitsmarkt, finanziellen Reserven oder der Nachfrage nach der angebotenen Arbeitskraft, der für ihn sehr belastenden Situation durch Kündigung entziehen.[793] Dies wiederum treibt – wie oben beschrieben – die Personalkosten in die Höhe (z. B. Rekrutierung und Einarbeitung neuer Mitarbeiter aufgrund mobbingbedingter Kündigungen oder Versetzungen).[794]

Sofern das Mobbing von der Unternehmensleitung ausgeht, um den Mitarbeiter – aus welchen Gründen auch immer – zur Kündigung zu bewegen, mag das im Einzelfall eine gewollte, scheinbar kostengünstige, gleichermaßen aber sehr fragwürdige und weder sachgerechte noch ethisch verantwortungsvolle Maßnahme zum Personalabbau sein. Bei einer hierarchischen Toleranz gegenüber Mobbing stellt dieses Vorgehen gewissermaßen eine destruktive Art von abteilungsinterner Personalpolitik dar.[795] Wenn dem aber nicht so ist, Mobbing also ohne Zutun bzw. Billigung der Unternehmensleitung stattfindet, ist dies in der Regel nicht mehr vereinbar mit den Unternehmenszielen und dem Unternehmen kann dadurch ein unerwarteter und nicht einkalkulierter Schaden entstehen. Daraus lässt sich schließen: Je geringer die Fluktuation ist, desto geringer sind auch die daraus resultierender Kosten.[796]

---

789 *Zuschlag*, S. 113.

790 *Grünwald/Hille*, S. 59.

791 *Zuschlag*, S. 113.

792 *Esser/Wolmerath*, S. 50.

793 *Prosch*, S. 100 f. m. w. N.

794 *Mühe*, S. 72 m. w. N.; vgl. insbes. Europäisches Parlament, SOCI 108 DE, S. 14; *Kollmer*, Rn. 51; *Zapf*, ZfAO 1999, 1 (20); *Zuschlag*, S. 113; nach *Eckardstein/Lueger/Niedl/Schuster*, S. 262 f. betragen dabei etwa Fluktuationskosten für einen Lagerarbeiter rund 8.000 Euro und für eine Führungskraft ca. 200.000 Euro.

795 *Esser/Wolmerath*, S. 50.

796 *Zuschlag*, S. 113.

4. Auswirkungen auf das Betriebsergebnis

Die obigen Ausführungen lassen bereits erkennen, dass es infolge von Mobbing letztlich auch zu erheblichen Auswirkungen auf das Betriebsergebnis kommen muss. So soll der gesamtdeutsche Produktionsausfall jährlich 12,5 Milliarden Euro betragen.[797] Dabei kommt es zunächst primär auf Seiten des Betroffenen zu Leistungs- und Motivationseinbußen, was sich zwangsläufig auf das Betriebsergebnis auswirkt: Der Betroffene arbeitet weniger als früher und hat zum Teil bereits für sich selbst die *innere Kündigung* vollzogen, da er permanent mit seiner gegenwärtigen Situation befasst ist und diese zu lösen versucht.[798] Es kommt nicht mehr zu Innovationen und Vorschlägen zur Optimierung von Arbeitsabläufen oder die Vorfälle haben das Mobbingopfer so sehr verunsichert, dass es Aufgaben, die es früher zügig erledigte, nun wiederholt kontrolliert, um Fehler mit aller Macht zu verhindern.[799] Zudem können Konzentrationsschwierigkeiten zu Qualitätseinbußen führen und schlimmstenfalls ist der Betroffene aufgrund körperlicher Beschwerden überhaupt nicht mehr in der Lage zu arbeiten, was zu der angesprochenen Problematik der Krankheitsfehltage führt.[800] Folglich nehmen aufgrund sinkender Arbeitsmotivation, mangelnder Konzentrationsfähigkeit, nachlassender Kreativität, erhöhter Nervosität und Verunsicherungen sowohl Quantität als auch Qualität der Arbeitsleistung des Betroffenen ab.[801] Daneben kann jedoch auch eine sinkende Leistungsfähigkeit der Person, von der die Mobbingangriffe ausgehen, festgestellt werden: Oftmals vernachlässigt auch diese ihre Arbeit oder macht dabei Fehler, da sie permanent damit beschäftigt ist, nach neuen Möglichkeiten zu suchen, dem Mobbingopfer noch weiteren Schaden zuzufügen. Die dafür aufgebrachte Zeit und Energie fehlen bei der Erfüllung der eigentlichen Arbeitsaufgabe.[802] Es wurde ermittelt, dass der Mobbende für Vorbereitung und Ausführung seiner Mobbinghandlung rund 5 Prozent seiner jährlichen Arbeitszeit aufwendet.[803] Des Weiteren verschlechtert sich durch Mobbing in einem Unternehmen nicht nur die Arbeitsleistung der unmittelbar beteiligten Personen, sondern auch die Arbeitsleistung anderer (unbeteiligter) Mitarbeiter. Dies beruht darauf, dass Mobbing das Betriebsklima beeinträchtigt, die Motivation der einzelnen Beschäftigten verringert sowie sich nachteilig auf die psychosoziale Sicherheit und das Wohlgefühl im Unternehmen auswirkt.[804] Darüber hinaus ergeben sich – das Betriebsergebnis zusätzlich vermindernde – Sonderausgaben aus arbeitsorganisatorischen Schwierigkeiten, indem beispielsweise wichtige Informationen nicht übermittelt oder Arbeitsergebnisse zerstört werden, und Kosten, die für die inhaltliche Auf-

797 *Wickler*, in Wickler, Rn. 24; ebenso *Mühe*, S. 72.

798 *Fehr*, S. 49; vgl. auch *Leymann* (2006), S. 107; ähnlich auch *Zapf*, ZfAO 1999, 1 (20) m. w. N.

799 *Fehr*, S. 50.

800 *Deuschle*, S. 28 f.

801 *Leymann* (2006), S. 107; *Meschkutat/Stackelbeck/Langenhoff*, S. 77 f.; *Mühe*, S. 72; *Wickler*, in Wickler, Rn. 22; *Zapf*, ZfAO 1999, 1 (20); *Zuschlag*, S. 109.

802 *Deuschle*, S. 29.

803 *Mühe*, S. 72 Fn. 226 m. w. N.

804 *Mühe*, S. 72 m. w. N.; vgl. insbes. *Kerst-Würkner*, AuR 2001, 251 (252); *Wickler*, in Wickler, Rn. 22; *Zuschlag*, S. 110 ff.

arbeitung mit der Mobbingproblematik entstehen, wie z. B. Mitarbeitergespräche.[805] Außerdem fordern Mobbingfälle, denen erst in einem späten Stadium zu begegnen versucht wird, einen bedeutend höheren Aufwand an Einsatz in Form von Besprechungen, Coaching, Mediation, externer Beratung etc.[806]

Zu den bereits dargestellten Faktoren, die das Betriebsergebnis beeinträchtigen, sind schließlich noch die Folgeprobleme einer höheren ungeplanten Personalfluktuation zu zählen: Zum einen hat dies insofern ein kostenmäßiges Gewicht und wirkt sich desinvestierend aus, als das in die betroffenen Mitarbeiter investierte Kapital in Gestalt von Aufwendungen für Rekrutierung, Informationen bzw. Aus- und Weiterbildung noch vor Ablauf der kalkulierten Nutzungsdauer aus dem Unternehmen wieder entfernt wird. Zum anderen entstehen durch eine mobbingbedingte Fluktuation unmittelbare Kosten, die mit der Einstellung von neuen Mitarbeitern in Zusammenhang stehen, wie z. B. Zeitungsinserate, Gutachten, Vorstellungsgespräche etc. und, sofern die Position nicht sofort wieder neu besetzt werden kann, sind gleichermaßen Aufwendungen für die Besorgung von interimistischem Ersatz, Überbrückungsgehälter für Aushilfen bis zur Wiederbesetzung sowie anteilige Kosten der betroffenen Abteilungen dazu zu summieren.[807] Schließlich spielen im Rahmen der Kostenentstehung ebenso jene Auswirkungen eine entscheidende Rolle, die als mittelbare Fluktuationsfolge eingeordnet werden können, wie z. B. Produktionsstörungen, zunehmender Maschinen- und Werkzeugverschleiß, gestiegene Unfallquote bei der Einarbeitung oder Opportunitätskosten durch entgangene mögliche Projekte.[808]

Obgleich vorstehend in erster Linie von Wirtschaftsunternehmen gesprochen wurde, da anhand deren (verringerter) Produktivität der mobbingbedingte finanzielle Schaden am besten verdeutlicht werden kann, existiert jedoch freilich das oben beschriebene Schädigungspotential den dortigen Besonderheiten entsprechend auch im öffentlichen Dienst. Dort kommt vor allem den aus Fehlzeiten und Fluktuation entstandenen Kostenbelastungen sowie den mit Ablenkung, gestörter Kommunikation, Demotivation, Flucht vor Verantwortung oder allzu bereitwilliger Anpassung an die in einem Mobberregime herrschenden Erwartungen an das Verhalten eine wesentliche Bedeutung zu. In der Konsequenz beinhaltet dies eine auf Kosten der Bürger gehende verminderte Effizienz und Handlungsfähigkeit bei der Wahrnehmung von Aufgaben der öffentlichen Verwaltung.[809] Auf dem Gebiet der Streitkräfte[810] oder etwa in einem freiwilligen Feuerwehrverein[811] kann Mobbing in der Folge auch zu

805 *Fehr*, S. 50.

806 *Esser/Wolmerath*, S. 50.

807 Dazu u. zum Voranstehenden *Prosch*, S. 100 m. w. N.

808 *Prosch*, S. 100 m. w. N.

809 *Wickler*, in Wickler, Rn. 23; ausführlich zu Mobbing im öffentlichen Dienst *Bochmann*, ZBR 2003, S. 257 ff., der Mobbing eine den Wertewandel im öffentlichen Dienst fördernde, mit Ämterpatronage und Korruption vergleichbare systemzersetzende Bedeutung beimisst und als Gefahrenquelle für die hergebrachten Grundsätze des Berufsbeamtentums sieht.

810 Vgl. BVerwG, Urt. v. 11.06.2002 – 2 WD 38.01, NVwZ-RR 2002, S. 851 ff.

811 Vgl. BSG, Urt. v. 14.02.2001 – B 9 VG 4/00 R, NJW 2001, S. 3213 f. (hier ging es jedoch um die Frage, ob Mobbing als tätlicher Angriff i. S. d. Opferentschädigungsgesetzes anzusehen ist). [Opferentschä-

einer Herabsetzung der Einsatzbereitschaft der betroffenen Einheit und damit zu einer verminderten Wehrkraft führen.[812]

Eine Rückschau auf die zahlreichen Folgen von Mobbing zeigt, dass viele der oben beschriebenen Aspekte zusammenhängen und sich gegenseitig bedingen. Für den Betrieb bzw. die Organisation entscheidend ist dabei letztlich der finanzielle Schaden, der durch Mobbing verursacht wird und den es im Sinne und zur Erhaltung der Wirtschaftlichkeit des jeweiligen Unternehmens einzudämmen gilt.

Abschließend soll eine beispielhafte, keinerlei Anspruch auf Vollständigkeit erhebende Zusammenstellung betriebswirtschaftlich relevante Kosten infolge von Mobbing veranschaulichen.

Unmittelbar anfallende Kostenfaktoren:[813]

- Kosten der Ausfallzeiten aufgrund von Hänseleien und Schikane durch die Mobbenden
- Kosten der Fehlzeiten für bezahlte Krankheitstage (Lohnfortzahlung)
- Anteilige Aufwendungen aufgrund von Ausfallzeiten für unbezahlte Krankheitstage (z. B. Sonderzulagen wie Urlaubsgeld oder Weihnachtsgeld, anteiliges 13. Monatsgehalt, Krankengeldzuschuss bei Arbeitsunfähigkeit über sechs Wochen, Kontoführungsgebühren)
- Kosten infolge sonstiger Fehlzeiten des Mobbingbetroffenen am Arbeitsplatz (z. B. wegen Konsultieren des Betriebs- oder Personalrats, Rücksprache mit Vorgesetzten, Arztbesuche, Wahrnehmung von Gerichtsterminen)
- Zusatzkosten für Arbeitskraftreserve

Mittelbar anfallende Kostenfaktoren:[814]

- Produktionseinbußen durch verringerte Leistung des Opfers infolge von Mobbingangriffen bzw. Kosten infolge schlechterer und/oder reduzierte Arbeitsergebnisse (z. B. hoher Ausschuss, Vertragskündigungen durch Kunden, Konventionalstrafen, Gewährleistungen)
- Arbeitgeberanteil bei den Sozialversicherungsbeiträgen (Kranken-, Renten-, Arbeitslosenversicherung)
- Beiträge zur gesetzlichen Unfallversicherung
- Anteilige Kosten des Personal- und Sozialwesens zur Dokumentation bzw. Verwaltung der Fehlzeiten
- Kapital- und Sachkosten aufgrund nicht genutzter Kapazitäten
- Sachkosten infolge von Terminüberschreitungen
- Freiwillige Krankenversicherungsbeiträge
- Personal- und Sachaufwand für die Betriebskrankenkasse

---

digungsgesetz (OEG): Ursprüngliche Fassung v. 11.05.1976, BGBl. I, S. 1181; Neubekanntmachung v. 07.01.1985, BGBl. I, S. 1; letzte Änderung durch Art. 28 G v. 17.07.2017, BGBl. I, S. 2541, 2572.]

812 *Wickler*, in Wickler, Rn. 23.

813 *Prosch*, S. 98 m. w. N.; *Esser/Wolmerath*, S. 49 f.

814 *Prosch*, S. 98 m. w. N.; *Esser/Wolmerath*, S. 49 f.

- Betriebliches Gesundheitswesen
- Ausgaben für Mehrarbeit (Überstunden und Überstundenzuschläge)
- Personal- und Sachaufwand verschiedener betrieblicher Instanzen (Vorgesetzter, Betriebsrat, Personalabteilung, Geschäftsleitung,) zur Klärung der Mobbingsituation
- Kosten aufgrund des Arbeitsplatzwechsels des Mobbingbetroffenen bzw. des Mobbenden (z. B. Schulung der versetzten Person, reduzierte Leistung während der Einarbeitungsphase, Nachbesetzung der frei gewordenen Position)
- Personal- und Sachaufwand zum einen für eine Vertretung/Aushilfe und zum anderen für die Einstellung eines neuen Mitarbeiters durch Ersatzsuche, Einstellungsaufwand, Einarbeitungszeit (z. B. Inserate für die Nachbesetzung der frei gewordenen Stelle, Personalauswahlgespräche), Schulungs- und Einarbeitungszeit bzw. sonstige Kosten infolge der Kündigung des Mobbingbetroffenen bzw. des Mobbenden (z. B. Zahlung einer Abfindung, Beratung durch einen Rechtsanwalt, Prozesskosten)
- Kosten für die Indienstnahme externer Personen (z. B. Unternehmensberater, Rechtsanwalt, Headhunter, sofern noch nicht an anderer Stelle einkalkuliert).

III. Folgen für die Gesellschaft

Obgleich die Mobbingproblematik hier vornehmlich im Zusammenhang mit der Arbeitswelt im Mittelpunkt der Betrachtungen steht, resultieren gerade aus diesem Kontext auch nicht unerhebliche Auswirkungen auf die Gesellschaft. Angesichts des Ausmaßes von Mobbing in der Gesellschaft ist anzunehmen, dass die Fähigkeit zur offenen, fairen und konstruktiven Austragung von Konflikten verloren geht. Dies zieht wiederum einen Anstieg verbaler und nonverbaler Gewaltbereitschaft sowie die Einbuße der Kommunikationsfähigkeit nach sich.[815] Außerdem stellen der gesellschaftliche Werteverlust und Tendenzen der Verrohung im zwischenmenschlichen Umgang nicht lediglich Ursachenanteile von Mobbing dar, sondern alltäglich erlebbares Mobbing bewirkt seinerseits wiederum eine Verbreitung und Beschleunigung solcher Entwicklungen.[816] Auf diese Weise werden die allmähliche Verschiebung gesellschaftlicher Toleranzen und die Entstehung einer nicht mehr mit dem Menschenwürdeverständnis zu vereinbarenden Ellenbogengesellschaft gefördert. Dabei kann eine solche Entwicklung zusätzlich durch die Wahrnehmung ihrer rechtsstaatlichen Folgenlosigkeit verstärkt werden. Denn die Erfahrung einer rechtsstaatlichen Schutzlosigkeit der Opfer einerseits und einer rechtsstaatlichen Sanktionslosigkeit der Täter andererseits beeinträchtigt die an einem Mobbinggeschehen beteiligten Personen

---

815 *Esser/Wolmerath*, S. 51 m. w. N.; ebenso *Fehr*, S. 50; *Groeblinghoff*, AuA 1999, 162 (164); *Wolmerath*, Rn. 61.

816 *Wickler*, in Wickler Rn. 25.

auch insoweit, als sie sich nicht mehr mit den rechtsstaatlichen Grundprinzipien identifizieren können und wollen.[817]

Darüber hinaus fallen infolge von Mobbing beträchtliche Leistungen an, die im Einzelfall von der Gemeinschaft finanziert werden müssen. Der gesamtwirtschaftliche Schaden beläuft sich dabei jährlich auf schätzungsweise 15 bis 50 Milliarden Euro.[818] Vor allem das Sozialversicherungssystem wird stark belastet durch hohe Kosten, die sich vorrangig aus den größeren Leistungen der Krankenversicherungsträger (Krankengeld, höheren Behandlungskosten, Medikamente, Psychotherapien, Rehabilitationsmaßnahmen), der Rentenversicherungsträger (Frührente) und anderer Sozialversicherungsträger (Arbeitslosigkeit, Erwerbsunfähigkeit) zusammensetzen.[819] Der überschlägige Kostenaufwand für drei bis vier Behandlungsjahre eines Betroffenen betragen rund 50.000 bis 70.000 Euro.[820] Wenn es infolge von Mobbing zur Frühverrentung kommt, was bei jährlich etwa 12.000 bis 25.000 Personen der Fall ist, entstehen Ausgaben zwischen rund 1,5 und 3 Milliarden Euro pro Jahr.[821] In der Folge müssen die Rentenversicherungsträger fünf bis zehn Jahre länger Rente zahlen, wohingegen auf der anderen Seite jedoch nicht mehr mit Beitrags- und Steuerleistungen von den Betroffenen zu rechnen ist.[822]

IV. Fazit

Zusammenfassend lässt sich feststellen, dass Mobbing schwerwiegende Folgen sowohl für die am Geschehen unmittelbar beteiligten Personen, und hierbei in erster Linie für das Mobbingopfer, als auch auf der Ebene der betroffenen Arbeitsstelle sowie in gesellschaftlicher Hinsicht nach sich zieht.

Der Betroffene erlebt in hohem Maße Stress, was bei diesem ernstzunehmende Erkrankungen und weitere gravierende soziale, finanzielle sowie berufliche Negativfolgen auslösen kann. Er ist, gerade in Hinblick darauf, dass die Zufriedenheit mit der Arbeitssituation eine Schlüsselfunktion für die allgemeine Lebensfreude und das allgemeine Lebensglück darstellt,[823] von sämtlichen Beeinträchtigungen am direktesten und persönlichsten betroffen. Demgegenüber hat der Mobbingtäter weitaus weniger mit den Auswirkungen seines Handelns zu kämpfen. Je nach der Beschaffenheit seiner Persönlichkeit kann es sein, dass er aufgrund seines Vorgehens gegebenenfalls auch unter Stress mit entsprechenden Folgeproblemen leidet, meistens jedoch steht für diesen allenfalls die Frage nach einer rechtlichen Sanktionierung im Raum.

817 Dazu u. zum Voranstehenden *Wickler*, in Wickler, Rn. 25 m. w. N.
818 *Ausfelder*, S. 139; Europäisches Parlament, SOCI 108 DE, S. 14; *Halama*, S. 15; *Mühe*, S. 73; *Resch*, S. 126 f.
819 *Halama*, S. 15; *Mühe*, S. 73; *Wickler*, in Wickler, Rn. 24.
820 *Mühe*, S. 73 m. w. N.
821 *Esser/Wolmerath*, S. 51 m. w. N.
822 *Mühe*, S. 73 m. w. N.
823 Vgl. dazu die Untersuchungen von *Noelle-Neumann/Strümpel*.

Auf der Ebene der Arbeitsstelle, bei der Mobbing stattfindet, spielt der Kostenfaktor die größte Rolle. Mobbing verursacht den betroffenen Unternehmen immense direkte und indirekte Kosten. Unmittelbare Ausgaben stammen etwa von den Fehlzeiten, der Personalfluktuation oder dem Produktivitätsverlust. Daneben ergeben sich mittelbare finanzielle Belastungen beispielsweise aus einer sinkenden Leistungsmotivation, einer abnehmenden Arbeitsmoral, dem Nichtausschöpfen von Synergieeffekten zwischenmenschlicher Zusammenarbeit und von einem möglichen Imageschaden. Infolgedessen hat Mobbing auf das Leistungsergebnis eines Unternehmens letztlich gravierende produktivitätsmindernde und kostentreibende Auswirkungen.

Nicht zuletzt bringt Mobbing am Arbeitsplatz neben der Gefahr einer immer weniger konflikt- und kommunikationsfähigen Gesellschaft auch eine enorme finanzielle Belastung für das von der Gemeinschaft getragene Sozialsystem mit sich.

Teil 2: Strafrechtliche Sanktionsmöglichkeiten nach geltendem Recht

A. Kapitel 1: Rahmen des Untersuchungsbereichs

Der erste Teil dieser Arbeit lässt bereits darauf schließen, dass Mobbing regelmäßig auch erhebliche Rechtsgutsverletzungen mit sich bringt. Aufgrund dessen erscheint die Frage nach dem Schutz vor Mobbingangriffen durch das Strafrecht, dessen Aufgabe es ist, „die elementaren Grundwerte des Gemeinschaftslebens zu sichern, die Erhaltung des Rechtsfriedens im Rahmen der sozialen Ordnung zu gewährleisten und das Recht im Konfliktfall gegenüber dem Unrecht durchzusetzen"[824], nicht nur gerechtfertigt, sondern sogar dringend erforderlich. Und obgleich in Deutschland kein spezieller Straftatbestand für Mobbing existiert, bedeutet dies jedoch nicht, dass Mobbingtätern keine strafrechtlichen Sanktionen drohen. Neben den durch Mobbing gefährdeten Interessen des Einzelnen, wie dem allgemeinen Persönlichkeitsrecht gemäß Art. 2 Abs. 1 GG i. V. m. Art. 1 Abs. 1 GG und der Arbeitskraft, die ihren unmittelbaren Schutz etwa in § 58 JArbSchG[825] und § 21 Abs. 3 MuSchG[826] findet, stehen unter anderem die körperliche Unversehrtheit[827] und das Leben[828], die Ehre[829], die Willensbildungs- und Willensbetätigungsfreiheit[830], die freie sexuelle Selbstbestimmung[831], das Eigentum und der Gewahrsam[832] im Mittelpunkt der Betrachtungen über Rechtsgüter, welche durch die in vielfältiger Weise möglichen Mobbinghandlungen verletzt werden können und in verschiedenen Normen des deutschen Strafrechts geschützt werden.[833]

Darüber hinaus beeinträchtigt Mobbing auch mit dem Arbeitsplatz verbundene Belange, die nicht dem strafrechtlichen Schutz unterstehen, obgleich sie für den Einzelnen von großer Wichtigkeit sind. Insbesondere das Bedürfnis nach Erhaltung der konkreten Arbeitsstelle und die Förderung der beruflichen Zukunft fallen etwa

---

824 *Wessels/Beulke/Satzger*, AT, Rn. 9 m. w. N.

825 Jugendarbeitsschutzgesetz (JArbSchG): Ursprüngliche Fassung v. 09.08.1960, BGBl. I, S. 665; letzte Neufassung v. 12.04.1976, BGBl. I, S. 965; letzte Änderung durch Art. 13 G v. 10.03.2017, BGBl. I, S. 420, 422.

826 Mutterschutzgesetz (MuSchG): Ursprüngliche Fassung v. 24.01.1952, BGBl. I, S. 69; Neubekanntmachung v. 20.06.2002, BGBl. I, S. 2318; letzte Neufassung v. 23.05.2017, BGBl. I, S. 1228.

827 Insbesondere geschützt in §§ 223 ff. StGB.

828 Insbesondere geschützt in §§ 212, 222 StGB.

829 Insbesondere geschützt in §§ 185 ff. StGB.

830 Geschützt in § 240 StGB.

831 Geschützt in §§ 177 ff. StGB.

832 Geschützt in § 242 StGB.

833 Vgl. auch *Mühe*, S. 74.

darunter. Jedoch können derartige Interessen nur auf der Ebene der Strafzumessung Beachtung finden und bleiben ansonsten zunächst bei der Strafbarkeitsprüfung nach dem geltenden deutschen Strafrecht außen vor.[834]

In der Justiz waren in der Vergangenheit vornehmlich Zivil-, Arbeits- und Sozialgerichte mit der rechtlichen Bewertung von Mobbingsachverhalten befasst, wobei in deren Urteilen die einzelnen Mobbinghandlungen isoliert vom gesamten Mobbinggeschehen betrachtet wurden. Strafgerichte hatten sich demgegenüber bislang nicht explizit mit der Thematik befasst: Sofern Mobbing in strafrechtlichen Ermittlungsverfahren eine Rolle spielte, wurden diese regelmäßig abgeschlossen, ohne dass es danach zu einem Gerichtsverfahren kommen konnte.[835] Darüber hinaus spielte Mobbing – ohne eigens thematisiert zu werden – höchstens am Rande eine Rolle, wie etwa bei der rechtlichen Bewertung einer Garantenpflicht des Betriebsinhabers bzw. Vorgesetzten zur Verhinderung von Straftaten nachgeordneter Mitarbeiter.[836]

Auch in der rechtswissenschaftlichen Literatur wurde Mobbing vornehmlich aus arbeits-, zivil-, beamten- und sozialrechtlicher Sicht beurteilt. Ungeachtet der Tatsache, dass mit Mobbing stets gravierende Rechtsgutsverletzungen einhergehen, lassen sich kaum Ausführungen zu den strafrechtlichen Folgen eines Mobbinggeschehens finden.[837] Zudem werden meist einzelne Handlungen aus dem Gesamtzusammenhang isoliert und auch so strafrechtlich bewertet.[838] Selten thematisiert wird demgegenüber die Bedeutung des Gesamtgeschehens, die sich insbesondere aus dem systematisch wiederholten und über einen längeren Zeitraum andauernden Vorgehen ergibt. Auch wenn man sich hier generell darüber einig ist, dass eine strafrechtliche Verantwortlichkeit aufgrund einzelner, separat begutachteter Mobbinghandlungen in Ausnahmefällen möglich ist, lässt sich dennoch auch Resignation in Bezug auf die Sanktionsmöglichkeiten vernehmen: Eine Sanktionierung des Täters komme trotz gravierender Rechtsverletzungen kaum in Frage, da die einzelnen Handlungen, die Mobbing in seiner Gesamtheit darstellen, einzeln betrachtet zwar menschlich zu beanstandene Verhaltensweisen sind, sich jedoch unterhalb der Schwelle sozialschädlichen Verhaltens vollziehen und damit strafrechtlich nicht relevant seien.[839]

Als Ausnahme zu sämtlichen strafrechtlichen Abhandlungen, die regelmäßig die einzelnen Verhaltensweisen von Mobbing isoliert rechtlich beurteilten, hat insbesondere

834 Dazu u. zum Voranstehenden *Mühe*, S. 74 f.

835 *Mühe*, S. 75: So wurde etwa im Zusammenhang mit dem „Münchner Polizistinnenfall" (Teil 1, Kapitel 1, II. 1. b) dieser Arbeit) gegen den Vorgesetzten wegen mehrerer sachlich zusammentreffender Fälle der Beleidigung ein rechtskräftiger Strafbefehl erlassen (vgl. den Hinweis des OLG München v. 20.09.2001 – 1 U 2443/01) und das Ermittlungsverfahren wegen des von der Mutter der Polizistin erhobenen Vorwurfs der fahrlässigen Tötung und Körperverletzung im Amt wurde gem. § 170 Abs. 2 StPO eingestellt (Einstellungsvermerk der Staatsanwaltschaft München v. 09.12.1999, Geschäftsnr.: 123 Js 10953/99, zit. nach *Mühe*, S. 75 Fn. 15).

836 BGH, Urt. v. 20.10.2011 – 4 StR 71/11, BGHSt 57, S. 42 ff.

837 Eine Ausnahme bilden insbes. die Dissertationen von *Fehr*, S. 77 ff. u. *Mühe*, S. 74 ff.

838 *Kollmer*, Rn. 164 ff.; *Wolmerath*, Rn. 71 ff.; *Zuschlag*, S. 26 f.

839 *Däubler*, BB 1995, 1347 (1348); *Gralka*, BB 1995, 2651 (2654); *Wolmerath*, Rn. 68 f.; vgl. dazu u. zum Voranstehenden ebenso *Mühe*, S. 75 f.

Mühe ein besonderes Augenmerk auf die Einbeziehung des Gesamtzusammenhangs gelegt.[840] Richtigerweise muss schließlich, um die Frage, ob und welche Möglichkeiten das Strafrecht gegenwärtig zur Verfügung stellt, Mobbing entsprechend zu sanktionieren, korrekt beantworten zu können, vor allem auch dem Umstand Rechnung getragen werden, dass es sich bei Mobbing gerade um einen Verhaltenskomplex handelt, der aus verschiedenen Verhaltensweisen besteht und bei dem häufig erst die systematische und andauernde Wiederholung der Angriffe dem Betroffenen die Gesamtsituation unerträglich und wie psychische Folter vorkommen lässt.[841]

Da sich die vorliegende Arbeit aus kriminologischer Sicht dem Mobbingphänomen nähert und ihr Schwerpunkt auf den im dritten Teil dargestellten Präventions- und Interventionsmaßnahmen liegt, soll im Folgenden vor allem eine Übersicht über die strafrechtlichen Sanktionsmöglichkeiten nach geltendem Recht gegeben werden. Näher betrachtet werden innerhalb dessen lediglich besondere Problemkreise. Sofern sich *Mühe* oder *Fehr* in ihren Dissertationen mit den jeweiligen strafrechtlichen Aspekten bereits erschöpfend auseinandergesetzt haben, wird an entsprechender Stelle auf deren Ausführungen verwiesen. Im Übrigen erfolgt in strafrechtlicher Hinsicht vor allem eine Ergänzung neuer gesetzlicher Regelungen, die für Mobbing eine Rolle spielen, wie insbesondere der im Zuge der Reform des Sexualstrafrechts neu eingeführte Tatbestand der sexuellen Belästigung gemäß § 184i StGB.

B. Kapitel 2: Strafrechtliche Sanktionsmöglichkeiten

In diesem Abschnitt sollen die strafrechtlichen Sanktionsmöglichkeiten Gegenstand der Untersuchung sein, welche nach aktueller Rechtslage für einen Mobbingtäter in Deutschland bestehen.

I. Einführung

Am Anfang eines Mobbinggeschehens vollziehen sich die vorgenommenen Mobbinghandlungen vorwiegend noch im Bereich des rechtlich Erlaubten. Mobbing beginnt mit einem normalen zwischenmenschlichen Konflikt, der sich durch Ablehnung des anderen Menschen bzw. seines Verhaltens äußert. Dabei stellt die Austragung solcher Kontroversen einen alltäglichen Vorgang dar. Auch ist zu diesem Zeitpunkt in der Regel noch nicht beabsichtigt, den anderen nachhaltig zu schädigen, was bedeutet, dass der Ursprungskonflikt in den meisten Fällen (noch) keine strafrechtliche Relevanz besitzt. Insbesondere können die bloße Bereitwilligkeit zur Kommunikation und ein korrektes Sozialverhalten nicht gesetzlich eingefordert werden.[842] Mit weitergehender

840 *Mühe*, S. 74 ff.
841 *Mühe*, S. 76.
842 Dazu u. zum Voranstehenden *Fehr*, S. 77; ebenso *Braun*, DÖD 2002, 265 (267); *Kube*, Kriminalistik 1999, 161 (162).

Eskalation des Konflikts und anhaltender Mobbingdauer ändert sich die Sachlage. In nachfolgenden Phasen des Mobbings ist keine sachgerechte Konfliktlösung mehr gewollt, vielmehr hat der Konflikt meist ein Eigenleben entwickelt und wird um seiner selbst willen fortgesetzt. Die gegnerische Person soll geschwächt, das Opfer damit psychisch zermürbt und aus dem sozialen Gefüge am Arbeitsplatz verstoßen werden.[843] Umso intensiver und länger anhaltend ein Mobbinggeschehen ist, desto größer wird die Wahrscheinlichkeit, dass es zur Verwirklichung von Straftatbeständen kommt. Das Opfer soll dann geschädigt werden und dieses Vorhaben wird durch den systematischen Einsatz von zunehmend schwerwiegenderen Mobbinghandlungen forciert.[844]

Die breite Palette an Ausprägungen von Mobbing, insbesondere die zahlreichen unterschiedlichen potentiellen Mobbinghandlungen,[845] ziehen eine ebenso mannigfaltige und unbeschränkte Anzahl an möglichen Fallgestaltungen, und damit an verschiedenen Straftatbeständen nach sich, die von einem Mobbingtäter erfüllt werden können.[846] Bereits ein Blick auf die nicht abschließende Aufzählung der möglichen Mobbinghandlungen[847] lässt den Schluss zu, dass sämtliche im Strafgesetzbuch enthaltenen Delikten, die auf den Schutz von Individualrechtsgütern gerichtet sind, erfüllt werden können.[848]

Jedoch würde eine strafrechtliche Beurteilung aller denkbaren Mobbinghandlungen ebenso wie deren abschließende Aufzählung den Rahmen dieser Arbeit sprengen, zumal ihr Schwerpunkt nicht in der strafrechtlichen Deliktsprüfung, sondern in der Entwicklung der wirksamsten Präventions- und Interventionsmaßnahmen liegt. Deshalb beschränken sich die Ausführungen im Folgenden auf typische Mobbingkonstellationen am Arbeitsplatz und die dabei am häufigsten verwirklichten Delikte unter Einbeziehung der strafrechtlichen Relevanz des Gesamtgeschehens. Zur besseren Übersichtlichkeit werden die maßgeblichen Straftatbestände in solche gegen die Person und sonstige unterteilt.

Zudem soll Grundlage dieser strafrechtlichen Untersuchung das Zwei-Personen-Verhältnis sein, bei welchem ein Betroffener nur einem Mobbenden begegnet, da so die strafrechtliche Beurteilung von Mobbing besser vornehmen lässt. Mobbing im Mehrpersonenverhältnis wird im Anschluss daran noch kurz gesondert behandelt.[849]

II. Straftaten gegen die Person

Zunächst werden die Delikte, die sich bei Mobbing am Arbeitsplatz gegen die Person des Betroffenen richten können, einer eingehenderen Betrachtung unterzogen.

843 *Fehr*, S. 77.

844 *Fehr*, S. 77; vgl. hierzu auch *Braun*, DÖD 2002, 265 (267).

845 Vgl. die Übersicht der Mobbinghandlungen bei *Leymann* (2006), S. 33 f.; *Zuschlag*, S. 236; *Esser/ Wolmerath*, S. 29 ff.; *Knorz/Zapf*, ZfAO 1996, 12 (16).

846 *Fehr*, S. 77; *Mühe*, S. 77.

847 Vgl. insbes. *Esser/Wolmerath*, S. 29 ff.

848 *Mühe*, S. 77; vgl. auch *Kollmer*, Rn. 179; *Wolmerath*, Rn. 70; *Zuschlag*, S. 26 f.

849 Dazu u. zum Voranstehenden ebenso *Mühe*, S. 78.

1. Körperverletzung gemäß §§ 223 ff., 229 StGB

Eine zentrale Rolle bei den Straftatbeständen, die durch Mobbing verwirklicht werden können, kommt den Körperverletzungsdelikten zu. Diese stehen vor allem hinsichtlich der durch Mobbing beeinträchtigten Interessen an vorderster Stelle. Daher spielen sie auch bei der strafrechtlichen Bewertung eine zentrale Rolle, insbesondere da sie das körperliche Wohlbefinden und die Gesundheit schützen.[850]

Selten zielen die einzelnen Mobbinghandlungen direkt auf eine gesundheitliche Schädigung des Betroffenen ab. Dennoch birgt Mobbing auf längere Sicht das Risiko in sich, erhebliche Beeinträchtigungen für die Gesundheit und das körperliche Wohlbefinden nach sich zu ziehen.[851] So wird in etwa 87 Prozent aller Mobbingfälle das physische und psychische Wohlbefinden der Betroffenen mehr oder weniger massiv beeinträchtigt und ungefähr 44 Prozent aller Betroffenen erkranken, wovon ca. 20 Prozent auch länger als sechs Wochen krank sind.[852] Die gesundheitlichen Folgen sind dabei sehr unterschiedlich: Sie erstrecken sich von leichtem und unspezifischem Unwohlsein über eindeutige Krankheitssymptome, vielschichtige psychosomatische bzw. psychische Krankheitsbilder im Sinne schwerwiegender, chronifizierter Erkrankungen bis hin zu teilweise unumkehrbaren Gesundheitsschädigungen.[853]

a) Tatbestand der Körperverletzung

Die §§ 223 ff. StGB schützen das körperliche Wohl eines Menschen, wovon sowohl dessen körperliche Integrität als auch seine Gesundheit umfasst sind.[854] Dabei wird nicht bezweifelt, dass das menschliche Wohlbefinden sowohl durch körperliche als auch durch seelische Einflussnahme verletzt werden kann.[855] Umstritten ist jedoch, ob Rechtsgut der §§ 223 ff. StGB lediglich der Körper im physiologischen Sinne[856] oder auch die Psyche des Menschen sein kann.[857]

Zur Verwirklichung eines Körperverletzungsdelikts i. S. d. §§ 223 ff. StGB muss zumindest eines der beiden Tatbestandsmerkmale „körperliche Misshandlung“ gemäß § 223 Abs. 1 Alt. 1 StGB oder „Gesundheitsschädigung“ gemäß § 223 Abs. 1 Alt. 2 StGB gegeben sein. Definiert wird die körperliche Misshandlung als üble unangemessene Behandlung, durch die das körperliche Wohlbefinden des Betroffenen

850 *Mühe*, S. 78 f. m. w. N.; vgl. insbes. *Fischer*, § 223 Rn. 2 m. w. N.

851 Teil 1, Kapitel 3, I. 1. a) cc., dd. dieser Arbeit; vgl. ebenso *Mühe*, S. 78 m. w. N.

852 *Meschkutat/Stackelbeck/Langenhoff*, S. 79; ebenso *Mühe*, S. 78.

853 *Leymann* (2006), S. 110 ff.; *Meschkutat/Stackelbeck/Langenhoff*, S. 78 ff.; *Mühe*, S. 78; *Wolmerath*, Rn. 54 ff.; *Zuschlag*, S. 102 ff.

854 *Joecks/Jäger*, § 223 Rn. 1; Kindhäuser/Neumann/Paeffgen-*Paeffgen/Böse*, § 223 Rn. 2 m. w. N.; Sch/Sch-*Sternberg-Lieben*, § 223 Rn. 1.

855 *Fehr*, S. 78; vgl. *Fischer*, § 22 Rn. 12; *Wolfslast*, S. 5.

856 So etwa Lackner/Kühl-*Kühl*, § 223 Rn. 5; Kindhäuser/Neumann/Paeffgen-*Paeffgen/Böse*, § 223 Rn. 3 m. w. N.; *Schroeder*, Hirsch-FS, S. 725 ff.; *Fischer*, § 223 Rn. 12.

857 So etwa Sch/Sch-*Sternberg-Lieben*, § 223 Rn. 1; *Wolfslast*, S. 10 ff.; vgl. ferner vermittelnd Kindhäuser/Neumann/Paeffgen-*Paeffgen/Böse*, § 223 Rn. 11b m. w. N.

nicht nur unerheblich beeinträchtigt wird.[858] Unter Gesundheitsschädigung ist jedes Hervorrufen oder Steigern eines vom Normalzustand der körperlichen Funktionen nachteilig abweichenden (pathologischen) Zustandes zu verstehen,[859] wobei jedoch nicht die Dauer der Störung maßgeblich sein soll.[860]

aa. Problematik der Gesundheitsschädigung

Keine Schwierigkeiten bereitet es zunächst, wenn Mobbing erhebliche Beeinträchtigungen des physischen Wohlbefindens oder eine Schädigung der physischen Gesundheit mit sich bringt, da die körperliche Unversehrtheit des Menschen unter Einbeziehung des körperlichen und gesundheitlichen Wohlbefindens von den Körperverletzungsdelikten geschützt wird.[861] Unwesentlich ist dabei, auf welche Art und Weise die somatischen Auswirkungen verursacht werden, so dass diese auch aufgrund von psychischen Störungen, wie sie für Mobbing kennzeichnend sind, ausgelöst werden können.[862] Demnach fallen typische psychosomatische Mobbingfolgen wie Schlafstörungen, Kopf- und Gliederschmerzen, die sich im Lauf der Zeit entwickelnden gravierenden Erkrankungen der Atemwege, des Herz-Kreislauf-Systems und weiterer Organe grundsätzlich in den Schutzbereich der Körperverletzungsdelikte, da sie mit einer tatsächlichen körperlichen Veränderung einhergehen. Je nach dem Maß ihrer Auswirkungen auf den Körper können sie dann entsprechend der obigen Definitionen unter die Tatbestandsalternative „körperliche Misshandlung“ i. S. d. § 223 Abs. 1 Alt. 1 StGB und/oder „Gesundheitsschädigung“ i. S. d. § 223 Abs. 1 Alt. 2 StGB subsumiert werden.[863]

Nicht so eindeutig wie bei physischen Beschwerden stellt sich dagegen die Sachlage bei seelisch-psychischen Leiden, die durch Mobbing ausgelöst werden, dar. Denn es ist umstritten, ob auch rein seelische Beeinträchtigungen ohne körperliche Auswirkungen von den Körperverletzungsdelikten geschützt werden. Dies ist vor allem deshalb von großer Relevanz, weil durch Mobbing stets das psychische Wohlbefinden und häufig auch die psychische Gesundheit erheblich in Mitleidenschaft gezogen werden: So sind psychosomatische Beschwerden, neurotische und affektive Störungen in Gestalt von Angststörungen und Depressionen bzw. depressiven Verstimmungen schließlich die häufigsten gesundheitlichen Auswirkungen von Mobbing.[864] Nicht selten leiden die Betroffenen sogar mehr unter den psychischen Folgen als unter den oftmals damit verbundenen körperlichen Beeinträchtigungen. Unter bestimmten

858 Stellvertretend Lackner/Kühl-*Kühl*, § 223 Rn. 4 m. w. N.
859 Stellvertretend Lackner/Kühl-*Kühl*, § 223 Rn. 5 m. w. N.
860 *Fehr*, S. 79 m. w. N.; vgl. insbes. BGH, Urt. v. 21.06.1960 – 1 StR 186/60, NJW 1960, 2253 (2253 f.); *Wolfslast*, S. 6.
861 Stellvertretend Sch/Sch-*Sternberg-Lieben*, § 223 Rn. 1 m. w. N.; vgl. dazu BGH, Urt. v. 04.11.1988 – 1 StR 262/88, BGHSt 36, 1 (6); BGH, Beschl. v. 05.11.1996 – 4 StR 490/96, NStZ 1997, 123 (123 f.) bzw. StV 1998, 76 (76 f.); ebenso *Mühe*, S. 79 m. w. N.
862 *Mühe*, S. 79 m. w. N.
863 *Mühe*, S. 79; vgl. ebenso Arzt/Weber/Heinrich/Hilgendorf-*Hilgendorf*, § 6 Rn. 21 f. m. w. N.
864 *Mühe*, S. 80 m. w. N.; vgl. insbes. auch *Meschkutat/Stackelbeck/Langenhoff*, S. 78 ff.

Umständen können psychisch wirkende Belastungen für das Leben eines Menschen schwerwiegendere Auswirkungen entfalten als somatische Leiden. Denn psychische Beschwerden können den Menschen in seiner Persönlichkeit in hohem Maße negativ beeinflussen, zu Veränderungen seines gesamten Wesens führen, ihm die Lebensfreude nehmen, seine Leistungsfähigkeit stark herabsetzen und dadurch die Beziehung zu seinem sozialen Umfeld sehr belasten oder sogar komplett ruinieren.[865]

Die oben definierte Tatbestandsalternative der „körperlichen Misshandlung"[866] ist bereits ihrem Wortlaut nach auf die Körpersphäre begrenzt, womit die Einbeziehung rein seelischer Beeinträchtigungen hinsichtlich des in Art. 103 Abs. 2 GG verankerten verfassungsrechtlichen Analogieverbots[867] grundsätzlich ausgeklammert ist, da mit körperlich gerade nicht psychisch gemeint ist.[868] Demzufolge verlangt die Tatbestandsalternative „körperliche Misshandlung" stets einen Körperlichkeitsbezug.[869] So genügen alleine die Erzeugung eines Ekelgefühls oder das Auslösen eines Angstzustandes ohne jegliche sich nach außen abzeichnende körperliche Reaktion nicht,[870] wohingegen das Auftreten von somatischen Folgen beim Opfer wie etwa Zittern, Schweißausbruch, Ohnmacht, Kreislaufzusammenbruch oder sogenannte Schrecklähmungen ausreichend sind.[871] Folglich gewinnen mobbingbedingte psychische Beeinträchtigungen erst an Bedeutung, wenn sie wegen ihrer Intensität und Dauer körperliche Auswirkungen verursachen. Die Rechtsprechung erhebt dabei jedoch keine großen Ansprüche an den erforderlichen Körperlichkeitsbezug, sondern lässt es ausreichen, wenn die Erschütterung des seelischen Gleichgewichts eine Störung der Empfindungsnerven oder des Zentralnervensystems bewirkt.[872] Das bedeutet, dass auch psychosomatische Störungen unter das Tatbestandsmerkmal „körperliche Misshandlung" subsumiert werden können, da hier eine durch Stress verursachte Reizung des zentralen Nervensystems gegeben ist.[873]

Was das Merkmal der Gesundheitsschädigung betrifft, aus dessen Wortlaut sich keine ausdrückliche Beschränkung auf die Körpersphäre ergibt, ist zunächst festzuhalten,

---

865 *Mühe*, S. 80 m. w. N.; vgl. insbes. die Erfahrungsberichte von Menschen, die unter Depressionen litten, in „Der Stern", Sonderausgabe „Gesund Leben" 2/2005, S. 11 ff.; vgl. ebenso die Beispiele bei *Leymann* (2006), S. 115 f.

866 Teil 2, Kapitel 2, II 1. a) dieser Arbeit.

867 BVerfG, Urt. v. 05.07.1983 – 2 BvR 200/81, BVerfGE 64, 389 (393 f.); BVerfG, Urt. v. 11.11.1986 – 1 BvR 713/83, 1 BvR 921/84, 1 BvR 1190/84, 1 BvR 333/85, 1 BvR 248/85, BVerfGE 73, 206 (234 f.); BVerfG, Beschl. v. 10.01.1995 – 1 BvR 718/89, 1 BvR 719/89, 1 BvR 722/89, 1 BvR 723/89, NJW 1995, 1141 (1141 f.); Bonner Kommentar-*Rüping*, Art. 103 Abs. 2 Rn. 44 ff.

868 *Mühe*, S. 81; vgl. auch *Tag*, S. 46 ff. m. w. N. zur Auslegung des Begriffs Körper.

869 Arzt/Weber/Heinrich/Hilgendorf-*Hilgendorf*, § 6 Rn. 21; vgl. insbes. OLG Hamm, Urt. v. 21.05.1974 – 4 U 22/74, MDR 1958, 939 (939).

870 Arzt/Weber/Heinrich/Hilgendorf-*Hilgendorf*, § 6 Rn. 22; ebenso *Fehr*, S. 79 m. w. N.; vgl. insbes. auch *Wolfslast*, S. 5.

871 *Fehr*, S. 79 m. w. N.; *Wolfslast*, S. 5 f. m. w. N.

872 *Mühe*, S. 82 m. w. N.; vgl. insbes. BGH, Urt. v. 23.01.1974 – 3 StR 324/73, BGHSt 25, 277 (278); OLG Hamm, Urt. v. 21.05.1974 – 4 U 22/74, MDR 1958, 939 (939).

873 Kindhäuser/Neumann/Paeffgen-*Paeffgen/Böse*, § 223 Rn. 11a m. w. N.; vgl. Sch/Sch-*Sternberg-Lieben*, § 223 Rn. 4 m. w. N.; ebenso *Fehr*, S. 79.

dass eine Diskussion um die Einbeziehung seelischer Beeinträchtigungen in den Schutzbereich des Tatbestandsmerkmals „Gesundheitsschädigung“ grundsätzlich nur auf solche mit Krankheitswert begrenzt ist.[874] Ein darüber hinausgehendes weites Gesundheitsverständnis, wie das der Weltgesundheitsorganisation, welches auch seelische Leiden ohne Krankheitswert umfasst,[875] stünde dagegen sowohl mit dem historischen und dem teleologischen Gesundheitsverständnis des Gesetzgebers in Widerspruch als auch mit der Systematik der Körperverletzungsdelikte.[876] Somit werden die aufgrund von Mobbing gewöhnlich auftretenden Stimmungsschwankungen und seelischen Erschütterungen, die zur üblichen Gemütsverfassung des Menschen zählen und bei welchen es sich ausschließlich um Beeinträchtigungen des seelischen Wohlbefindens oder des seelischen Gleichgewichts handelt, ohne dass sie an das Ausmaß einer Gesundheitsschädigung heranreichen, nicht von den Körperverletzungsdelikten gemäß §§ 223 ff. StGB umfasst, und zwar ungeachtet dessen, ob man die Psyche des Menschen von der Tatbestandsalternative der Gesundheitsschädigung als geschützt erachtet oder nicht.[877]

Aufgrund dieser Beschränkung auf gesundheitliche Beeinträchtigungen mit Krankheitswert können also bereits vorweg Bedenken hinsichtlich einer möglichen Ausuferung des Körperverletzungstatbestandes bzw. einer potentiellen Rechtsunsicherheit bei einer Einbeziehung der Psyche in dessen Gesundheitsbegriff ausgeräumt werden. Das gilt insbesondere, da es heutzutage möglich ist, psychische Krankheiten weitgehend eindeutig zu diagnostizieren und mit klinischen Symptomen zu begründen. Denn aus medizinischer Sicht lassen sich mittlerweile auch im psychischen Bereich bloße seelische Beeinträchtigungen, die unterhalb der für die Gesundheitsschädigung geltenden Erheblichkeitsschwelle liegen, wie etwa Traurigkeit oder Ärger, von psychischen Beeinträchtigungen mit Krankheitswert abgrenzen.[878]

(1) Meinungsstand in Rechtsprechung und Literatur

Die Frage, ob seelische Leiden mit Krankheitswert, wie es auch ernstzunehmende Angstzustände, Burnout, Depression, soziale Phobien etc. sind, welche sehr häufig Folgen länger anhaltenden Mobbings sind und teilweise noch als rein psychische Beeinträchtigungen qualifiziert werden, unter das Tatbestandsmerkmal der Gesundheitsschädigung subsumiert werden können, wird in Rechtsprechung und Literatur unterschiedlich beantwortet.

---

874 *Mühe*, S. 84 m. w. N.; vgl. insbes. *Hoffmann*, GA 2002, 385 (397) m. w. N.; *Wolfslast*, S. 20 f.

875 WHO: Die Weltgesundheitsorganisation versteht unter Gesundheit nicht nur das Freisein von Krankheiten und Gebrechen, sondern auch das psychische und soziale Wohlbefinden (Übersetzte Verfassung bzw. Satzung der Weltgesundheitsorganisation (WHO) v. 22.07.1946).

876 Kindhäuser/Neumann/Paeffgen-*Paeffgen/Böse*, § 223 Rn. 3; *Mühe*, S. 84 m. w. N., mit ausführlicher Begründung ab S. 82 ff. m. w. N.

877 *Mühe*, S. 84 m. w. N.

878 Ausführlicher dazu *Mühe*, S. 86 ff. m. w. N.; ebenso *Fehr*, S. 82; *Hoffmann*, GA 2002, 385 (396 f.); *Wolfslast*, S. 20 mit Beispielen.

Die Rechtsprechung möchte den Gesundheitsbegriff des § 223 StGB grundsätzlich auf die physische Gesundheit begrenzen. Danach müsse, um das Tatbestandsmerkmal der Gesundheitsschädigung bejahen zu können, der Körper im weitesten Sinne in einen pathologischen, somatisch objektivierbaren Zustand gebracht werden.[879] Dabei gilt der geforderte physische Bezug bereits dann als hergestellt, wenn – wie bei dem Merkmal der „körperlichen Misshandlung“ – das Nervensystem nicht unerheblich beeinträchtigt ist, was bereits bei Zittern, Schlafstörungen und Angstzuständen von einem nicht unbedeutendem Ausmaß bejaht wurde.[880]

Demgegenüber existieren innerhalb der rechtswissenschaftlichen Literatur unterschiedliche Ansichten in Bezug auf die Berücksichtigung der psychischen Gesundheit für den Gesundheitsbegriff der Körperverletzungsdelikte: Ein großer Teil der Literatur schließt sich der Rechtsprechung an und stellt auf einen somatischen Krankheitsbegriff ab, erklärt also den Körperlichkeitsbezug für das Vorliegen einer Gesundheitsschädigung für unerlässlich und bejaht das Vorliegen eines pathologischen Zustandes nur dann, wenn dieser (zumindest) nervlicher Art ist.[881] Im Gegensatz dazu wird aber auch zunehmend ein nicht-somatischer Krankheitsbegriff vertreten sowie die Einbeziehung der psychischen Gesundheit in den Gesundheitsbegriff der Körperverletzungsdelikte verlangt und damit ein einseitig somatologisches Rechtsgutsverständnis mit zum Teil unterschiedlichen Argumenten zurückgewiesen.[882]

(2) Einbeziehung der Psyche in den Gesundheitsbegriff des § 223 StGB

Für eine Einbeziehung der Psyche in den Gesundheitsbegriffs des § 223 StGB sprechen zunächst reine Praktikabilitätserwägungen. Denn problematisch an dem bisherigen Gesundheitsverständnis der Rechtsprechung erscheint vor allem, dass das Beharren auf dem somatologischen Krankheitsverständnis insofern erhebliche Schwierigkeiten in der Praxis nach sich zieht, als psychische und physische Beeinträchtigungen kaum voneinander gelöst werden können, da es zwischen beiden zu nur schwer abgrenzbaren Wechselwirkungen kommt.[883] Daher begibt sich die Rechtsprechung häufig auf eine akribische und beinahe obsessive Suche nach somatischen Folgen und nimmt deren Vorliegen bereits regelmäßig dann an, wenn etwa Schlafstö-

879 Vgl. etwa BGH, Beschl. v. 05.11.1996 – 4 StR 490/96, NStZ 1997, 123 (123 f.).

880 RG, Urt. v. 02.12.1929 – II 369/28, RGSt 64, 113 (119); nach OLG Hamm, Urt. v. 21.05.1974 – 4 U 22/74, MDR 1958, 939 (939) handelt es sich nicht um eine Körperverletzung bei einer bloßen psychischen Einwirkung, durch welche das seelische Wohlbefinden beeinträchtigt wird; vgl. dazu auch BGHSt 48, 34 (36 f.); *Joecks/Jäger*, § 223 Rn. 6; Sch/Sch-*Sternberg-Lieben*, § 223 Rn. 1, 4 m. w. N.; dazu u. zum Voranstehenden ebenso *Mühe*, S. 84 f. m. w. N.

881 *Mühe*, S. 85 m. w. N.; vgl. insbes. *Gössel/Dölling*, § 11 Rn. 3, § 12 Rn. 23; *Hartmann*, S. 55; Lackner/Kühl-*Kühl*, § 223 Rn. 5; *Fischer*, § 223 Rn. 12, welcher zumindest einen somatisch-objektivierbaren pathologischen Zustand *infolge* psychischer Belastungen fordert; vgl. ebenso *Wessels/Hettinger/Engländer*, Rn. 282 m. w. N.; BGH, Urt. v. 09.10.2002 – 5 StR 42/02 (1), BGHSt 48, 34 (36 f.); vgl. dazu auch Kindhäuser/Neumann/Paeffgen-*Paeffgen/Böse*, § 223 Rn. 15 m. w. N.

882 *Mühe*, S. 85 m. w. N.; vgl. insbes. *Hoffmann*, GA 2002, 385 (396 f.); *Joecks/Jäger*, § 223 Rn. 5; *Kohlrausch/Lange*, S. 495 f.; *Wolfslast*, S. 19 f.

883 *Mühe*, S. 86 m. w. N.; ebenso insbes. *Fehr*, S. 81; *Hoffmann*, GA 2002, 385 (397); *Wolfslast*, S. 6.

rungen, Zittern oder Angstzustände *infolge* psychischer Belastungen auftreten.[884] Sie hält also den Körperlichkeitsbezug bereits dann für gegeben, sobald sich neben der seelischen Betroffenheit zugleich eine Reizung der die sinnlichen Eindrücke vermittelnden Empfindungsnerven des Zentralnervensystems entwickelt.[885] Solche, häufig in der Praxis vorkommenden Abgrenzungsschwierigkeiten, welche aus der Korrelation von Körper und Psyche hervorgehen, würden jedoch durch die Einbeziehung der Psyche in den Schutzbereich der Körperverletzungsdelikte beseitigt.[886] Außerdem sollen beispielsweise bei Depressiven nach neueren wissenschaftlichen Erkenntnissen ausgeprägte Veränderungen wichtiger Hirnfunktionen sowie der Gehirnstruktur im Vergleich zu gesunden Menschen nachgewiesen werden können, was, wenn diese Feststellungen allgemein anerkannt werden, zu einer unumgänglichen Einbeziehung von Depressionen in den Gesundheitsbegriff der heutigen Rechtsprechung führen muss.[887] Schließlich wird die von der Rechtsprechung geforderte psychovegetative Störung auch in einem vielen Mobbingkonstellationen sehr ähnlichen Fall bejaht, in dem der Täter dem Opfer über einen längeren Zeitraum aufgelauert, es belästigt und bedroht hat und daraufhin bei diesem massive depressive Verstimmungen aufgetreten sind, die mit Schlaf- und Konzentrationsstörungen sowie Suizidgedanken verbunden waren.[888]

Darüber hinaus umfasst der Gesundheitsbegriff nach dem heutigen Sprachgebrauch nicht mehr nur den Körper als greifbares Objekt, sondern auch das Seelenleben des Menschen. Von daher hat der Wortsinn des Gesetzes im Vergleich zu seinem Entstehungszeitpunkt im Jahre 1871 eine enorme Veränderung vollzogen.[889] Dieser Bedeutungswandel resultiert vor allem aus dem zunehmenden Wissen über physische und psychische Abläufe sowie aus der Erkenntnis, dass Körper und Psyche nur sehr schwer voneinander abzugrenzen sind. Dabei spielt die Psyche nicht selten auch bei organischen Krankheitsbildern eine größere Rolle als zunächst angenommen bzw. lassen auch organische Krankheitsbilder regelmäßig ein psychisches Element erkennen. Insofern hat sich heute also in den Humanwissenschaften eine ganzheitliche Anschauungsweise etabliert.[890] Diese Auffassung hat sich auch die Weltgesundheitsorganisation zu eigen gemacht, die, wie oben bereits erwähnt, *Gesundheit* als „Zustand vollständigen physischen, geistigen und sozialen Wohlbefindens und nicht nur das Freisein von Krankheiten und Gebrechen“ definiert.[891] Nicht zuletzt wird

884 *Mühe*, S. 86 m. w. N.; zu weiteren Beispielen ebenso *Wolfslast*, S. 6.

885 RG, Urt. v. 02.12.1929 – II 369/28, RGSt 64, 113 (119); vgl. auch *Wolfslast*, S. 5; ebenso *Mühe*, S. 86.

886 *Mühe*, S. 86; *Hoffmann*, GA 2002, 385 (397); *Wolfslast*, S. 6.

887 *Mühe*, S. 85 m. w. N.

888 Dazu Sch/Sch-*Sternberg-Lieben*, § 223 Rn. 6 m. w. N; vgl. insbes. BGH, Beschl. v. 22.09.1999 – 3 StR 393/99, NStZ 2000, 25 (25).

889 *Fehr*, S. 81 m. w. N.; vgl. insbes. *Wolfslast*, S. 12.

890 *Fehr*, S. 81 m. w. N.; vgl. insbes. die herrschende Ansicht in Medizin u. Psychologie, stellvertretend: *Grawe*, S. 173 ff.; von juristischer Seite: *Wolfslast*, S. 12 sowie nunmehr Sch/Sch-*Sternberg-Lieben*, § 223 Rn. 1 m. w. N.

891 WHO: Übersetzte Verfassung bzw. Satzung der Weltgesundheitsorganisation (WHO) v. 22.07.1946; vgl. dazu auch Kindhäuser/Neumann/Paeffgen-*Paeffgen/Böse*, § 223 Rn. 3; ebenso *Fehr*, S. 81 m. w. N.; *Richter*, AuR 2001, 46 (47).

eine ganzheitliche Anschauung dadurch bestätigt, dass mittlerweile Krankenversicherungen psychische Erkrankungen vorbehaltlos als Krankheit einordnen.[892]

Auch eine systematische Auslegung des Gesundheitsbegriffs[893] ergibt, dass ein nichtsomatisches Rechtsgutsverständnis keinen Widerspruch zur Gesamtstruktur des Strafgesetzbuches darstellt. Festzuhalten ist dafür zunächst, dass die amtliche Überschrift der §§ 223, 229 StGB „Körperverletzung" kein Argument für einen lediglich somatischen Krankheitsbegriff bildet, da der Gesetzgeber die Tatbestandsalternative der „Misshandlung" nicht explizit auf die Körpersphäre hätte begrenzen müssen, wenn die Bezeichnung des Delikts als Körperverletzung sich auf den Tatbestand erstrecken sollte. Daher ist nicht anzunehmen, dass die Überschrift des § 223 StGB die Funktion einer Auslegungshilfe erfüllen soll.[894] Des Weiteren offenbart der Vergleich mit über- und gleichrangigen gesetzlichen Bestimmungen ein nicht auf die Physis begrenztes Gesundheitsverständnis. Sowohl in anderen Strafrechtsnormen als auch in außerstrafrechtlichen Rechtsvorschriften bezieht sich das Gesundheitsverständnis nicht nur auf den rein körperlich-biologischen Bereich, sondern gleichermaßen auf die psychische Gesundheit: So besteht Einigkeit darüber, dass das Tatbestandsmerkmal der „schweren Gesundheitsschädigung" in § 113 Abs. 2 Nr. 2, § 239 Abs. 3 Nr. 2, § 250 Abs. 1 Nr. 1c StGB auch psychische Beeinträchtigungen beinhaltet.[895] Außerdem schützt insbesondere das Verfassungsrecht mit Art. 2 Abs. 2 S. 1, Art. 104 GG die psychische Gesundheit, was eine Bestätigung dafür ist, dass die psychische Verfassung des Menschen in unserem heutigen Werteverständnis eine bedeutende Rolle spielt.[896]

Schließlich sprechen für die Einbeziehung der Psyche in den Gesundheitsbegriff des § 223 StGB auch der Wandel des Gesundheitsverständnisses und das damit einhergehende veränderte gegenwärtige gesellschaftliche und medizinische Verständnis von Gesundheit. Heutzutage herrscht nämlich sowohl in Gesellschaft, (Medizin-)Wissenschaft als auch (Gesundheits-)Politik ein Gesundheitsverständnis vor, das neben der physischen auch die psychische Gesundheit in gleichem Maße anerkennt. Psychische Erkrankungen können für den Betroffenen ebenso schwerwiegende oder zum Teil auch schwerwiegendere Auswirkungen auf sein Leben haben wie physische Erkrankungen. Nicht selten ziehen sie starke psychosoziale Einschränkungen, vor allem in Bezug auf die Arbeitsproduktivität und Lebensgestaltung, nach sich und gehen mit merklich gestiegenen Arbeitsunfähigkeitszahlen einher.[897] Auch die Gesundheitsreporte der Krankenkassen sprechen für sich: So gehören psychische Erkrankungen bei rund 9,3 Millionen Versicherten der Betriebskrankenkasse (BKK) weiterhin zu den häufigsten Erkrankungen und 2013 wurde bei über 30 Prozent der BKK-Versi-

---

892 *Fehr*, S. 81.

893 Vgl. *Mühe*, S. 88 ff., die sich darüber hinaus in ihrer Dissertation einer sehr ausführlichen Auslegung (grammatikalischer, systematischer, historischer und teleologischer Art) des Gesundheitsbegriffs i. S. d. § 223 StGB gewidmet hat.

894 *Mühe*, S. 89; vgl. auch *Hoffmann*, GA 2002, 385 (397).

895 *Mühe*, S. 93 m. w. N.

896 Vgl. *Mühe*, S. 93 ff. m. w. N., S. 96; außerdem *Fehr*, S. 81 f. m. w. N.

897 Dazu u. zum Voranstehenden *Mühe*, S. 105; *Wittchen/Müller/Pfister/Winter/Schmidtkunz*, Gesundheitswesen 61 (1999), Sonderheft 2, S. 217, 220 m. w. N., zit. nach *Mühe*, S. 105.

cherten eine psychische Störung diagnostiziert.[898] Im Jahr 2015 lagen psychische Erkrankungen mit einem Anteil von rund 16,2 Prozent hinsichtlich ihrer Bedeutung für den Krankenstand an dritter Stelle, wobei es im Vergleich zum Vorjahr hier einen leichten Anstieg gab und zwar sowohl was die Fallhäufigkeit (von 6,8 auf 6,9 Fälle pro 100 Versichertenjahre) als auch die Anzahl der Arbeitsunfähigkeitstage betraf (von 237,3 auf 243,7 Tage pro 100 Versichertenjahre).[899] Im Jahr 2014 verursachten psychische Erkrankungen allein bei DAK-Versicherten knapp 17 Prozent aller Fehltage und es konnte festgestellt werden, dass sich seit 1997 die Anzahl der durch psychische Erkrankungen verursachten Fehltage verdreifacht (209 Prozent) hat.[900] Gerade diese Zunahme der psychisch erkrankten Personen verdeutlicht eine erhöhte Schutzbedürftigkeit der menschlichen Psyche. Die Aufrechterhaltung eines somatologischen Gesundheitsbegriffs steht damit dem heutigen medizinischen Verständnis von Gesundheit, den steigenden Zahlen psychischer Erkrankungen und der Relevanz der Gesundheit innerhalb der Gesellschaft entgegen.[901]

Außerdem bildet der Mensch nach dem Bundesverfassungsgericht eine Einheit von Leib, Geist und Seele,[902] als welche er auch im Strafrecht berücksichtigt werden sollte.[903] Ferner nimmt die Psyche eine dem Körper vergleichbare bedeutende Rolle für den Menschen ein, da Körper und Seele aufgrund ihrer Wechselwirkung nur schwer voneinander gelöst betrachtet werden können. Bei der Frage nach dem Schutz der Gesundheit eines Menschen darf diese daher keinesfalls ausschließlich auf dessen biologischen Organismus und seine Funktionsfähigkeit begrenzt werden; vielmehr muss die dem Körper gleichrangige Psyche in den Schutzbereich der Körperverletzungsdelikte einbezogen werden, zumal aus allgemeiner und medizinwissenschaftlicher Perspektive nur derjenige Mensch gesund ist, der auch psychisch unverletzt ist.[904] Um also den heutigen herrschenden sozialethischen Vorstellungen gerecht zu werden, bedarf der Gesundheitsbegriff einer aktualisierten Auslegung dergestalt, dass die Körperverletzungsdelikte über das Tatbestandsmerkmal der Gesundheitsschädigung die psychische Gesundheit des Menschen schützen, sofern es sich um psychische Beeinträchtigungen mit Krankheitswert handelt. Bloße seelische Störungen der Befindlichkeit ohne Krankheitswert bleiben weiterhin vom strafrechtlichen Schutz der §§ 223, 229 StGB ausgenommen. Daraus folgt für die strafrechtliche Bewertung von Mobbing, dass die regelmäßig auftretenden seelischen Folgen bei den Betroffenen dann strafrechtlich von Bedeutung sind, wenn sie zu einer pathologisch greifbaren psychischen Erkrankung, wie etwa einer Depression, Phobie oder Angststörung,

898 BKK, Gesundheitsatlas 2015 – Blickpunkt Psyche, S. 13.
899 DAK-Gesundheit, Gesundheitsreport 2016, S. XI.
900 DAK-Gesundheit, Psychoreport 2015, S. 5.
901 *Mühe*, S. 105; ebenso *Hoffmann*, GA 2002, 385 (397); *Kohlrausch-Lange*, S. 496; *Wolfslast*, S. 10 ff.
902 BVerfG, Beschl. v. 14.01.1981 – 1 BvR 612/72, BVerfGE 56, 54 (74 f.).
903 *Mühe*, S. 105.
904 *Mühe*, S. 105 f. m. w. N.; vgl. insbes. *Joecks/Jäger*, § 223 Rn. 9 m. w. N., der sich auf psychische Störungen mit Krankheitswert bezieht; *Wolfslast*, S. 9; *Kohlrausch-Lange*, S. 496.

geworden sind, was insbesondere bei länger fortbestehendem Mobbing der Fall sein kann.[905]

Nicht außer Acht gelassen werden darf allerdings in diesem Zusammenhang die Problematik, die sich in der Praxis bezüglich der Nachweisbarkeit der Kausalität ergibt, da es sich bei psychischen Leiden um sogenannte innere Tatsachen handelt, die für die richterliche Feststellung nur in geringem Umfang überprüfbar sind.[906] In solchen Fällen ist das Gericht auf Gutachter angewiesen, welche verdeutlichen und begründen müssen, dass die psychischen Erkrankungen auf dem Verhalten des Mobbenden beruhen. Im Vergleich zu anderen medizinischen Gutachten erfordern solche über mobbingbedingte gesundheitliche Folgen neben einer speziellen fachlichen Eignung auch einen besonders hohen Aufwand, sowohl in inhaltlicher als auch in zeitlicher Hinsicht.[907]

Eine Beweiserleichterung stellt jedoch regelmäßig der Umstand dar, dass relevante seelische Störungen mit Krankheitswert, wie sie auch bei Mobbing auftreten, aufgrund der unmittelbaren Wechselwirkung von Psyche und Körper nicht selten auch zu körperlichen Reaktionen oder organische Veränderungen führen.[908] Darüber hinaus zeigt sich an der Einbeziehung der psychischen Gesundheit in das Gesundheitsverständnis außerstrafrechtlicher Rechtsvorschriften, dass diese zwar aufwendiger, aber dennoch nicht impraktikabel ist. So erscheint es unter Umständen auch überlegenswert, Nachweisbarkeitsprobleme hinsichtlich der Kausalität anhand eines „Negativschlussverfahrens“[909] zu lösen, indem die Kausalität hergeleitet wird, wenn andere Erklärungsalternativen nicht möglich sind.[910]

bb. Besonderheiten beim Mobbingkomplex

Wie zu Beginn dieser Arbeit im Rahmen der Begriffsdefinition beschrieben, entsteht Mobbing durch mehrere Einzelaktionen, die einen Gesamtkomplex bilden und sich über einen längeren Zeitraum erstrecken. Erst das Zusammenwirken der einzelnen Handlungen und die längere Dauer des Geschehens führen zu den nachteiligen gesundheitlichen Folgen für den Betroffenen. Anknüpfungspunkt für die strafrechtliche Beurteilung können daher mehrere Handlungen sein, die vom Mobbenden in diesem Zusammenhang jeweils vorgenommen werden.

Mobbing kommt aufgrund der unüberschaubar großen Anzahl unterschiedlicher möglicher Mobbinghandlungen in den diversesten Fallgestaltungen vor. Auch wenn nach der hier vertretenen Ansicht die Art der Mobbinghandlung für die strafrechtliche Beurteilung eines Mobbinggeschehens keine Rolle spielt, so dass die Handlung mittelbar, unmittelbar, psychisch oder physisch wirkend sein und beispielsweise auch

905 *Mühe*, S. 106; vgl. auch *Fehr*, S. 81 f.; Sch/Sch-*Sternberg-Lieben*, § 223 Rn. 6.
906 *Mühe*, S. 106 m. w. N.; *Wolfslast*, S. 21.
907 *Groeblinghoff*, in Arentewicz/Fleissner, S. 171; *Mühe*, S. 106.
908 *Mühe*, S. 106 f.
909 So geschehen in der „Lederspray-Entscheidung“, BGH, Urt. v. 06.07.1990 – 2 StR 549/89, BGHSt 37, 106 (111 ff.).
910 *Mühe*, S. 107; vgl. dazu allgemein *Wohlers*, JuS 1995, 1019 (1021).

eine Beleidigung eine Körperverletzung darstellen kann,[911] ist das strafrechtliche Bagatellprinzip[912] zu berücksichtigen. Danach werden mittels Tatbestandsauslegung minimale Beeinträchtigungen bei den Körperverletzungsdelikten außer Acht gelassen, um eine zu starke Kriminalisierung zu verhindern.[913] Dieser Grundsatz ergibt sich aus dem Verhältnismäßigkeitsprinzip, da das Strafrecht für den Einzelnen als stärkster und schwerwiegendster Eingriff des Staates gilt.[914] Nicht jede kleine Unannehmlichkeit, die dem physischen Wohlergehen zugefügt wird, stellt daher eine deliktstypische Rechtsgutsverletzung dar.[915] Vielmehr kann erst dann von einer körperlichen Misshandlung und/oder einer Gesundheitsschädigung i. S. d. § 223 StGB gesprochen werden, wenn das körperliche Wohlbefinden nicht nur unerheblich beeinträchtigt bzw. wenn die Abweichung vom Normalzustand eine wesentliche ist.[916]

Daraus folgt, dass in vielen Fällen die zu Beginn eines Mobbinggeschehens stattfindenden Mobbinghandlungen anfänglich nicht tatbestandsmäßig sind, weil sie das körperliche Wohlbefinden nicht oder nicht in der notwendigen Intensität unmittelbar beeinträchtigen bzw. keinen vom Normalzustand nicht nur unerheblich abweichenden Zustand hervorrufen oder steigern. Bei Mobbing kommt es nämlich typischerweise erst durch die längere Dauer und stetige Wiederholung der Mobbingangriffe zu den psychischen Gesundheitsschäden und psychosomatischen Erkrankungen. Aufgrund dessen kommt in der Anfangsphase eines Mobbingprozesses bei entsprechendem Vorsatz lediglich eine mehrfache Versuchsstrafbarkeit in Frage oder nicht selten sogar die Straflosigkeit, da der Mobbende in diesem Stadium noch keinen Körperverletzungsvorsatz hat bzw. ein solcher nicht nachgewiesen werden kann.[917] Der Frage, wann die Versuchsstrafbarkeit darüber hinaus relevant ist, wird zu einem späteren Zeitpunkt nachgegangen.[918]

Zusammenfassend lässt sich festhalten, dass Mobbinghandlungen erst dann strafrechtliche Bedeutung in Bezug auf die Körperverletzungsdelikte erlangen, wenn das Geschehen über die Anfangsphase hinaus länger andauert. Wie den Phasenmodellen eines Mobbingverlaufs[919] zu entnehmen ist, kommt es nach einer gewissen Dauer nämlich zu einem Zeitpunkt, an dem die durch die vorausgehenden Mobbingangriffe ausgelöste psychische Instabilität in eine ernstzunehmende psychische und physische Erkrankung und in erhebliche Beeinträchtigungen des körperlichen Wohlbefindens

911 Ebenso *Mühe*, S. 108 f. m. w. N.; vgl. insbes. BGH, Urt. v. 03.02.1976 – VI ZR 235/74, NJW 1976, S. 1143 ff.

912 Vgl. dazu die Ausführungen von *Krümpelmann* u. *Kunz*, Bagatellprinzip; herangezogen auch von *Mühe*, S. 109 Fn. 182.

913 *Mühe*, S. 109 m. w. N.

914 BVerfG, Urt. v. 28.05.1993 – 2 BvF 2/90, 2 BvF 4/90, 2 BvF 5/92, BVerfGE 88, 203 (258); BVerfG, Beschl. v. 09.03.1994 – 2 BvL 43/92, 2 BvL 51/92, 2 BvL 63/92, 2 BvL 64/92, 2 BvL 70/92, 2 BvL 80/92, 2 BvR 2031/92, BVerfGE 90, 145 (172); ebenso *Mühe*, S. 109.

915 BGH, Urt. v. 03.05.1960 – 1 StR 131/60, BGHSt 14, 269 (271); ebenso *Mühe*, S. 109.

916 *Mühe*, S. 109 m. w. N.

917 Dazu u. zum Voranstehenden *Mühe*, S. 109.

918 Teil 2, Kapitel 2, II. 1. b) dieser Arbeit.

919 Teil 1, Kapitel 1, II. 6. dieser Arbeit.

umschlägt.[920] Möglicherweise ist dieser Augenblick an eine bestimmte Handlung als auslösender Faktor gekoppelt, welche die Situation gewissermaßen zum Eskalieren bringt. Ab diesem Stadium können auch die Handlungen der Anfangsphase des Mobbings bereits Vollendungshandlungen sein, sofern sie für den tatbestandlichen Erfolg mit verantwortlich sind.[921]

Darüber hinaus müssen die das Mobbing ausmachenden einzelnen Verhaltensweisen nach Zeit, Ort, beteiligten Personen und sonstigen Umständen konkret dargelegt werden und unter Beweis gestellt werden.[922]

cc. Kumulative Kausalität

Nach allgemeiner Auffassung muss das Mobbingverhalten für den eingetretenen Erfolg auch ursächlich gewesen sein, um den Mobbenden strafrechtlich zur Verantwortung ziehen zu können. Zur Feststellung des Kausalzusammenhangs verwenden Rechtsprechung[923] und herrschende Meinung in der Literatur[924] die *Äquivalenztheorie*. Nach dieser ist eine Handlung für den Erfolg ursächlich, wenn sie nicht hinweggedacht werden kann, ohne dass der Erfolg in seiner konkreten Gestalt entfiele.[925]

Handlungen, die unabhängig vom Gesamtgeschehen Mobbing und anderen Mobbinghandlungen zum Erfolg führen, wie beispielsweise direkte körperliche Gewalt, unverholene körperliche Übergriffe (z. B. Ohrfeigen, Beinstellen, Stoßen), Anweisungen von gesundheitsschädlichen Arbeiten, Sabotage von Sicherheitsmaßnahmen oder Zuteilung eines Arbeitsplatzes, an dem extreme Kälte oder Zugluft vorherrscht usw., bereiten in Bezug auf die Kausalitätsfrage und deren Beweisbarkeit grundsätzlich keine Probleme.[926] Allerdings sind direkte Angriffe auf den Körper des Opfers im Sinne von unmittelbarer Substanzverletzung und direkter Gewalt, die vereinzelt stattfinden und für sich genommen zweifellos als Körperverletzungshandlungen zu qualifizieren wären, für das Mobbinggeschehen eher untypisch.[927] Dagegen führt der Mobbende grundsätzlich mehrere psychisch wirkende, oft verbale[928] und nach außen unauffällige Handlungen aus, die nicht direkt den Körperverletzungserfolg verursachen. Erst deren Zusammenwirken lässt die psychischen Gesundheitsschäden oder psychoso-

920 *Mühe*, S. 110.
921 *Mühe*, S. 110.
922 OLG Celle, Beschl. v. 17.03.2008 – 1 Ws 105/08, NJW 2008, 2202 (2203).
923 BGH, Urt. v. 28.09.1951 – 2 StR 391/51, BGHSt 1, 332 (333); BGH, Urt. v. 27.11.1951 – 1 StR 303/51, BGHSt 2, 20 (24); BGH, Urt. v. 25.01.1955 – 2 StR 366/54, BGHSt 7, 112 (114); BGH, Urt. v. 30.03.1993 – 5 StR 720/92, BGHSt 39, 195 (197); BGH, Urt. 08.11.1999 – 5 StR 632/98, BGHSt 45, 270 (294 f.); BGH, Urt. v. 13.11.2003 – 5 StR 327/03, BGHSt 49, 1 (3); vgl. auch Lackner/Kühl-*Kühl*, Vor § 13 Rn. 9 m. w. N.
924 Beispielsweise *Eisele/Heinrich*, Rn. 142; *Hoffmann-Holland*, Rn. 99; *Kindhäuser*, LPK, Vor § 13 Rn. 67 m. w. N.; *Krey/Esser*, Rn. 306; *Wessels/Beulke/Satzger* Rn. 228; sowie kritisch dagegen *Puppe*, S. 71, welche die Handlung als hinreichende Mindestbedingung für den Eintritt des Erfolgs ausreichen lässt; vgl. dazu auch *Mühe*, S. 112.
925 Stellvertretend *Wessels/Beulke/Satzger* Rn. 228 m. w. N.
926 Ebenso *Mühe*, S. 112.
927 *Leymann* (2006), S. 31 f.; *Meschkutat/Stackelbeck/Langenhoff*, S. 39 f.; *Mühe*, S. 112; *Niedl*, S. 54; *Wolmerath*, Rn. 34.
928 *Wolmerath*, Rn. 34.

matischen Erkrankungen entstehen.[929] Nicht selten bringt eine bestimmte sogenannte Auslöserhandlung „das Fass zum Überlaufen", welcher allerdings regelmäßig weitere Mobbingangriffe vorausgegangen sind, da jene alleine den eingetretenen Erfolg meist nicht hätte herbeiführen können.[930]

Keine relevante Rolle für die rechtliche Bewertung der Strafbarkeit des Mobbenden spielt auf Ebene der Kausalität der Umstand, dass der Körperverletzungserfolg während eines Mobbingprozesses durch kumulativ wirkende Verhaltensweisen hervorgerufen wird. Nach der Äquivalenztheorie ist nämlich jede einzelne Handlung, auch wenn sie den Erfolg nur im Zusammenspiel mit anderen Handlungen herbeiführt und daher nicht alleinursächlich, sondern nur mitverantwortlich ist, als Ursache für den Körperverletzungserfolg zu sehen. Denn maßgeblich ist nicht die Summe aller Handlungen, die den Erfolg herbeiführen, sondern es kommt stets nur auf den Zusammenhang einer Handlung mit dem Erfolg an.[931] Ebenso unbedeutend für die Frage der Kausalität ist die zum Teil große Unterschiedlichkeit der Mobbinghandlungen hinsichtlich des Grades der Beeinträchtigung des Betroffenen und des ihnen anhaftenden Unrechts, weil nach der Äquivalenztheorie alle ursächlichen Handlungen gleichwertig sind und nicht zwischen strafrechtlich irrelevanter und relevanter Kausalität unterschieden wird.[932] Erst im Rahmen der objektiven Zurechnung können die beiden angesprochenen Aspekte entscheidend sein. Darauf wird anschließend noch näher eingegangen.

In der Praxis ergeben sich allerdings Beweisprobleme bei der Frage nach der konkreten Handlung des Gesamtkomplexes, die den Körperverletzungserfolg tatsächlich mitherbeigeführt hat. Das trifft insbesondere dann zu, wenn das Mobbinggeschehen – wie zumeist – aus zahlreichen, sich über einen längeren Zeitraum erstreckenden Mobbinghandlungen besteht und wenn beispielsweise erwiesen ist, dass das Verhalten des Mobbenden Gesundheitsschäden bei dem Betroffenen, also den Erfolg, herbeigeführt hat, aber unklar ist, ob alle der unzähligen Mobbinghandlungen, die vorgenommen wurden, für diese Gesundheitsschäden kausal waren oder ob einige von ihnen, und falls ja welche, nicht für den eingetretenen Erfolg verantwortlich sind.[933] Um die Kausalität bejahen zu können, bedarf es des Ausschlusses jeglicher vernünftiger Alternativen eines anderen Bedingungszusammenhangs. Sollte das nicht möglich sein, ist die Kausalität zu verneinen und im Zweifel der Grundsatz *in dubio pro reo* heranzuziehen. Sofern der Betroffene nur einem Mobbingtäter ausgesetzt ist, können die Beweisschwierigkeiten über das Rechtsinstitut der gleichartigen Wahlfeststellung gelöst werden, so dass die Beweisschwierigkeiten im Rahmen der Kausalität vorwiegend bei der Beteiligung mehrerer Täter auftreten.[934] Außerdem gibt es bei Mobbing nicht selten eine bereits

929 *Meschkutat/Stackelbeck/Langenhoff*, S. 39 ff.; *Mühe*, S. 112 f.; *Wolmerath*, Rn. 34; *Zapf*, ZfAO 1999, 1 (11 f., 21); ferner auch *Leymann* (2006), S. 33 f.; *Knorz/Zapf*, S. 16; *Zuschlag*, S. 236.

930 *Mühe*, S. 113.

931 *Mühe*, S. 113 m. w. N.; *Wessels/Beulke/Satzger*, Rn. 240.

932 *Mühe*, S. 113 f. m. w. N.; vgl. insbes. BGH, Urt. v. 28.09.1951 – 2 StR 391/51, BGHSt 1, 332 (333).

933 *Mühe*, S. 114 mit einem entsprechenden Beispiel.

934 *Mühe*, S. 114 m. w. N.

erwähnte Auslöserhandlung, aufgrund deren sich die durch vorherigen Mobbingangriffe bereits erzeugte psychische Angeschlagenheit des Betroffenen in Gesundheitsschäden oder psychosomatische Erkrankungen wandelt, so dass in schwierigen Fällen zumindest die Kausalität einer Handlung nachgewiesen werden kann.[935]

Nicht relevant auf Kausalitätsebene ist schließlich der zum Teil mit Mobbing einhergehende, oftmals unberechtigte Vorwurf, der Betroffene sei aufgrund seiner instabilen psychischen Verfassung und geringen Widerstandsfähigkeit gegenüber den Angriffen mitverantwortlich, dass gegen ihn Mobbing betrieben wird. Denn das Kausalitätserfordernis ist auch dann erfüllt, wenn der Erfolg nur wegen der speziellen Konstitution des Betroffenen eintritt.[936]

dd. Objektive Zurechnung

Da nach der Äquivalenztheorie alle Bedingungen ursächlich sind, die mit dem tatbestandsmäßigen Unrechtserfolg in einem ursächlichen Zusammenhang stehen, werden die Grenzen, innerhalb deren eine strafrechtliche Verantwortlichkeit für einen bestimmten eingetretenen Erfolg möglich ist, sehr weit gezogen. In der Rechtswissenschaft besteht Einigkeit darüber, dass die Grenzenlosigkeit der Äquivalenztheorie eine haftungseinschränkende Korrektur erfordert, wobei jedoch die Meinungen darüber voneinander abweichen, wie konkret die gebotene Haftungsbegrenzung vorzunehmen ist.[937]

Die herrschende Ansicht in der Literatur schränkt anhand der *Lehre von der objektiven Zurechnung* die strafrechtliche Verantwortlichkeit auf objektiver Ebene des Tatbestandes ein, indem sie zusätzlich verlangt, dass dem Täter der Erfolg auch „objektiv zurechenbar" sein muss: Durch menschliches Verhalten muss eine rechtlich relevante Gefahr geschaffen worden sein, die sich im tatbestandlichen Erfolg verwirklicht hat.[938] Die Lehre von der objektiven Zurechnung begrenzt damit ausgehend von der *Condicio-sine-qua-non-Formel* als Indikator für die Kausalität und als Zurechnungs*regel* diese anschließend mittels objektiver Zurechnungs*ausnahmen* wieder. Dabei werden Fallgruppen gebildet, innerhalb deren die Zurechnung in der Außenwelt trotz eines bestehenden Kausalitätszusammenhangs nach Plausibilitätsgesichtspunkten abgelehnt wird.[939] Als weiteres ungeschriebenes Tatbestandsmerkmal eines jeden Erfolgsdelikts ist somit im Anschluss an die naturwissenschaftlich zu beurteilende Kausalität zu prüfen, ob der Erfolg dem Täter strafrechtlich auch als „sein Werk" zugerechnet werden kann.[940]

---

935 *Mühe*, S. 114.

936 *Mühe*, S. 114 f. m. w. N.; vgl. insbes. RG, Urt. v. 31.05.1920 – I 211/20, RGSt 54, 349 (349 ff.).

937 *Mühe*, S. 115 f.; *Wessels/Beulke/Satzger*, Rn. 231, 237.

938 *Wessels/Beulke/Satzger*, Rn. 261; vgl. ebenso *Eisele/Heinrich*, Rn. 156; *Hoffmann-Holland*, Rn. 129; *Kühl*, § 4 Rn. 43.

939 *Eisele/Heinrich*, Rn. 157 ff.; *Hoffmann-Holland*, Rn. 129 ff.; vgl. auch *Frister*, S. 127 ff.

940 *Eisele/Heinrich*, Rn. 141; *Frister*, S. 126; *Hoffmann-Holland*, Rn. 128; vgl. ebenso *Kühl*, § 4 Rn. 4.

Die sehr ausführliche Auseinandersetzung von *Mühe* mit dieser Thematik in Zusammenhang mit Mobbing[941] kommt zu dem zutreffenden Ergebnis, dass sowohl bei Mobbinghandlungen wie Drohungen oder direkte Gewalt, die sich zweifelsfrei außerhalb gesellschaftlich akzeptabler Verhaltensweisen bewegen, als auch bei Mobbingfällen, bei denen keine unmittelbaren Angriffe auf die körperliche Unversehrtheit oder Gesundheit stattfinden und die zusätzlich ein erhöhtes Unrecht aufweisen, eine rechtlich relevante Gefahr für die Gesundheit oder das körperliche Wohlbefinden unschwer bejaht werden kann. Als Beispiel dafür ist der eingangs dieser Arbeit geschilderte „Münchner Polizistinnenfall“[942] zu nennen, in dem das fortgesetzte Beleidigen, Formulieren von entwürdigenden Ausdrücken sowie unberechtigter und maßloser Kritik die rechtlich relevante Gefahr für die Gesundheit und das körperliche Wohlbefinden der Polizistin verursacht haben. Diese Handlungen bewegen sich gerade nicht mehr im Bereich dessen, was als sozial normales Handeln angesehen werden kann und fallen somit auch nicht in den Schutzbereich der verfassungsrechtlichen Handlungsfreiheit, so dass sie von vornherein als strafrechtlich bedenklich erscheinen.[943]

Schwieriger sieht es demgegenüber bei Konstellationen aus, bei denen Unhöflichkeiten und die gesellschaftliche Ausgrenzung im Vordergrund stehen. In diesen Fällen verwendet der Mobbende vorwiegend Mobbinghandlungen aus der vierten Gruppe „Angriffe auf die soziale Integration am Arbeitsplatz“ des Katalogs der potentiellen Mobbinghandlungen von *Esser/Wolmerath*,[944] wie absichtliches Nichtgrüßen, Ignorieren, Nichteinhalten üblicher zwischenmenschlicher Höflichkeiten, Ausgrenzung aus der Arbeitsgruppe usw. Außerhalb des Mobbingkontexts sind diese Verhaltensweisen grundsätzlich nicht tatbestandsmäßig, weil sie zwar nicht den gesellschaftlichen und sittlichen Anforderungen entsprechen, sich jedoch im Rahmen der unbedingt zu gewährleistenden Handlungsfreiheit bewegen und deshalb keine rechtlich relevante Gefahr schaffen.[945] Aufgrund der mobbingspezifischen Besonderheiten kann jedoch im Einzelfall die systematische soziale Ausgrenzung eines Menschen am Arbeitsplatz und die Aufkündigung zwischenmenschlichen Respekts dazu führen, dass ein solches Verhalten, das über das sozial erträgliche, grundsätzlich ungefährliche Maß überschreitet, als rechtlich erheblich zu bewerten ist.[946] Dies ist der Fall, wenn es sich unter Einbeziehung der Gesamtumstände, wie des sozialen Lebensumfelds, des Arbeitsplatzes, der Wiederholungsabstände und einer vorhandenen objektiven Überlegenheit, objektiv nicht mehr lediglich um übliches zwischenmenschliches Miteinander handelt, sondern als Bestandteil einer gezielten Abneigung, die in ihrer andauernden Weiterführung dem Betroffenen das unumgängliche Miteinander im Arbeitsumfeld abspricht und sich als systematisch ausgeübte Schikane charakterisiert, ein kaum auszuhaltendes Arbeitsklima mit sich bringt und daher nicht mehr als

941 *Mühe*, S. 115 ff. m. w. N., insbes. S. 125.
942 Teil 1, Kapitel 1, II. 1. b) dieser Arbeit.
943 *Mühe*, S. 125.
944 *Esser/Wolmerath*, S. 29 ff.; vgl. auch Teil 1, Kapitel 1, II. 5. a) dieser Arbeit.
945 *Mühe*, S. 126 f. m. w. N.
946 *Mühe*, S. 137.

allgemeines Lebensrisiko der Ungewissheit menschlicher Sympathien oder des mangelnden Respekts bezeichnet werden kann. Dennoch dürfte eine Klassifizierung als nicht mehr sozial normal, sondern als rechtlich erheblich aufgrund der unbedingt zu gewährleistenden allgemeinen Handlungsfreiheit sehr bedacht und nur in Ausnahmefällen erfolgen.[947]

Zu verneinen schließlich ist das Schaffen einer rechtlich relevanten Gefahr bei sachlich gerechtfertigter und formell korrekt ausgeübter Kritik seitens des Arbeitgebers oder des Vorgesetzten, der diesbezüglich im Interesse des Unternehmens bzw. einer öffentlich-rechtlichen Körperschaft handelt. Insbesondere ermöglicht die Ausübung des Direktionsrechts[948] des Arbeitgebers diesem, die Leistung des Arbeitnehmers zu kritisieren. Das ist darauf zurückzuführen, dass der Arbeitgeber bzw. die Führungskraft die Tätigkeit seiner Mitarbeiter überwacht und koordiniert. Ihm obliegt es auch, seinen Zuständigkeitsbereich zu beaufsichtigen und eine gute Qualität der Arbeit sicherzustellen. Um im Unternehmensinteresse das optimale Arbeitsergebnis zu erzielen, muss es ihm daher auch möglich sein, seine Mitarbeiter (berechtigterweise) zu kritisieren.[949] Damit eine ausgeübte Kritik nicht die Grenze des rechtlich relevanten Risikos übertritt, muss sie jedoch stets angemessen, das heißt geeignet und erforderlich sein, um den angestrebten Zweck, wie das Verhindern zukünftiger Fehler, die Erhöhung der Arbeitsproduktivität oder die Wiederherstellung des Betriebsfriedens, zu erfüllen. Deshalb ist es unerlässlich, dass bei der strafrechtlichen Beurteilung der Kritik alle Umstände des Gesamtzusammenhangs Berücksichtigung finden. So wird Kritik, die im Zusammenhang mit einem vom Arbeitgeber oder Vorgesetzten betriebenen Mobbinggeschehen steht, regelmäßig unbegründet, unsachlich oder unverhältnismäßig bzw. eine in diesem Rahmen ausgesprochene Abmahnung rechtswidrig sein.[950] Alle vorstehenden Überlegungen gelten gleichermaßen für gegenüber seinen Mitarbeitern ausgeübte Kritik des Dienstvorgesetzten im öffentlichen Dienst.[951]

b) Versuchsstrafbarkeit

Eine Versuchsstrafbarkeit ist insbesondere dann in Betracht zu ziehen, wenn, wie oben beschrieben, die erhöhten Anforderungen an die tatbestandsmäßige Handlung nicht erfüllt werden können, was vor allem in der Anfangsphase eines Mobbinggeschehens bei entsprechendem Vorsatz der Fall ist.[952]

Außerdem kommt eine Strafbarkeit wegen einer versuchten Körperverletzung auch häufig dann in Frage, wenn der Täter bereits mit dem Mobbingverhalten angefangen hat und es wieder beendet, entweder, weil etwa die Führungskraft mit Erfolg interveniert oder der Mobbende selbst aufgrund eigener Besinnung die Angriffe unterlässt,

947 Dazu u. zum Voranstehenden *Mühe*, S. 137.
948 Stellvertretend *Schaub*, § 45 Rn. 13a ff.
949 Dazu u. zum Voranstehenden *Mühe*, S. 138.
950 Dazu u. zum Voranstehenden *Mühe*, S. 138.
951 Ebenso *Mühe*, S. 138.
952 Teil 2, Kapitel 2, II. 1. a) bb. dieser Arbeit.

bevor sich der tatbestandliche Körperverletzungserfolg realisiert hat.[953] Maßgeblich für die Versuchsstrafbarkeit ist aber in allen Fällen, dass bei dem Mobbenden Körperverletzungsvorsatz vorliegt, er also erwartet, dass er sein Bestreben, beispielsweise eine Eigenkündigung des Opfers, erst nachdem körperliche oder gesundheitliche Schäden eingetreten sind, erreicht und sich damit auch abfindet. Problematisch daran wird jedoch bleiben, diesen Vorsatz, selbst wenn er besteht, in der Praxis nachzuweisen.[954]

c) Abgrenzung vorsätzliche und fahrlässige Körperverletzung

Bei Mobbing macht sich der Handelnde nur dann wegen vorsätzlicher Körperverletzung gemäß § 223 StGB strafbar, wenn ihm nachgewiesen werden kann, dass er sich neben seinen meist außertatbestandlichen Zielen auf gesundheitliche Beeinträchtigungen des körperlichen Wohlbefindens als Auswirkung seines Handelns zumindest eingestellt und diese billigend in Kauf genommen hat.[955] Problematisch daran ist insbesondere, dass Mobbende häufig außertatbestandliche Ziele anstreben, wie die Ausgrenzung des Betroffenen am Arbeitsplatz, seine Schädigung in der beruflichen Existenz, seine gesellschaftliche Isolation, oder sie handeln völlig ohne konkreten Plan aus Neid oder Antipathie.[956] Vielmals erfassen die Handelnden dabei nicht von Anfang an die Auswirkungen ihres Verhaltens auf die Gesundheit und das körperliche Wohlbefinden des Betroffenen. Kaum einmal bezweckt ein Mobbingtäter zur Erreichung seiner außertatbestandlichen Ziele von Beginn an die gravierenden Gesundheitsschädigungen bzw. nimmt diese billigend in Kauf. Oftmals wird der Körperverletzungsvorsatz, wenn überhaupt – und dann meistens in Form von *dolus eventualis* – im Laufe des Mobbingprozesses gebildet, wenn der Mobbende selbst oder über Dritte Kenntnis von den eingetretenen Gesundheitsschäden erlangt und auf sein Verhalten zurückführt.[957] Sofern der Mobbingtäter gleichwohl mit seinen Angriffen fortfährt, ist sorgfältig zu prüfen, ob Vorsatz oder Fahrlässigkeit vorliegt und in den Konstellationen, in denen das Gesamtgeschehen für die rechtliche Beurteilung relevant ist, muss der Mobbende zumindest auch darüber informiert sein.[958] Auch wenn er von vornherein mit Vorsatz handelt, werden sich in der Praxis große Probleme ergeben, diesen nachzuweisen, da sich Mobbing gewöhnlich aus Handlungen zusammensetzt, die psychisch wirken, mittelbar die Nachteile für den Betroffenen verursachen und einzeln nicht zu den typischen Folgen der Beeinträchtigung des körperlichen Wohlbefindens oder der Gesundheit zählen. Somit wird eine Verurteilung des Mobbingtäters wegen vorsätzlicher Körperverletzung sehr häufig aufgrund des fehlenden Körperverletzungsvorsatzes oder dessen Nachweisbarkeit ausscheiden.[959]

---

953 *Mühe*, S. 115 m. w. N.
954 *Mühe*, S. 115.
955 *Mühe*, S. 145.
956 *Meschkutat/Stackelbeck/Langenhoff*, S. 111 ff., 118 f.; ebenso *Mühe*, S. 145.
957 *Mühe*, S. 145; *Wolmerath*, Rn. 66.
958 Ausführlich mit Beispiel dazu *Mühe*, S. 145 f.
959 *Mühe*, S. 146; ebenso *Stock*, in Arentewicz/Fleissner, S. 186; *Wolmerath*, Rn. 98.

In der Praxis ist daher eine Verurteilung des Mobbingtäters wegen fahrlässiger Körperverletzung gemäß § 229 StGB wahrscheinlicher.[960] Erforderlich dafür ist, dass der Mobbende bemerkte oder absehen konnte, dass sein Handeln eine Beeinträchtigung des körperlichen Wohlbefindens oder der Gesundheit des Mobbingopfers mit sich bringen würde. Der Täter muss also in der Lage sein, unter den konkreten Umständen mit seinen persönlichen Kenntnissen und Fähigkeiten den Eintritt des konkreten Erfolgs vorauszusehen,[961] wobei nicht erforderlich ist, dass der Kausalverlauf im Detail vorraussehbar war, allerdings schon das Zusammenwirken mehrerer Faktoren zu dem Erfolg.[962]

Ob der eingetroffene Körperverletzungserfolg tatsächlich vorhersehbar war, ist von der Art und Weise der Mobbinghandlungen in der konkreten Situation abhängig. Schwierigkeiten, die bei einer Beurteilung der Vorhersehbarkeit häufig auftreten, sind zum einen die fehlende Möglichkeit des Mobbenden, im Zeitpunkt des Mobbingangriffs zu überblicken, dass die einzelne Mobbingaktion Teil eines Gesamtgeschehens sein wird, welches aus zukünftigen Angriffshandlungen besteht, und/oder zum anderen, dass das Zusammenwirken dieser Handlungen eine Beeinträchtigung des körperlichen Wohlbefindens oder eine Gesundheitsschädigung nach sich zieht.[963] Häufig verfolgt der Mobbingtäter nämlich zu Beginn keine Mobbingstrategie. Eine solche entwickelt sich vielmehr erst im weiteren Verlauf oder die Angriffe entspringen der Situation ohne anfängliche Planung, zumal die zu Beginn vorgenommenen Mobbinghandlungen, wie etwa das Nichtgrüßen oder Ignorieren, für sich betrachtet einen geringen Unwertgehalt besitzen.[964] So kann etwa auch erst im Laufe des fortgeschrittenen Mobbingprozesses für den Mobbenden erkennbar werden, dass eine Krankschreibung des Betroffenen auf seinem Handeln beruht; alleine die Kenntnis von der Krankschreibung bzw. der gesundheitlichen Instabilität des Betroffenen, welche dieser nicht selten zunächst noch zu verbergen versucht, ist nicht ausreichend.[965]

Noch komplexer gestaltet sich die Vorhersehbarkeit des Kumulationseffekts sowie des darauf zurückzuführenden Körperverletzungserfolgs, wenn mehrere Beteiligte, die in keiner Verbindung zueinander stehen, in ein Mobbinggeschehen involviert sind: Wenn beispielsweise derjenige, der eine sogenannte Auslöserhandlung vornahm, keine Kenntnis von dem gegen den Betroffenen bereits stattfindenden Mobbing sowie von der psychisch labilen Verfassung des Mobbingopfers hat, ist der aus seinem Verhalten resultierende Körperverletzungserfolg für ihn nicht vorraussehbar; anders stellt sich die Sachlage dagegen dar, wenn derjenige handelt, der unmittelbar die gesundheitlichen Folgen auslöst, obwohl für ihn erkennbar war – was aufgrund der häufig gegebenen arbeitsplatzbedingten Verbundenheit mit dem Ort des Geschehens

960 *Mühe*, S. 146.

961 *Fischer*, § 222 Rn. 25 m. w. N.; vgl. ebenso *Hoffmann-Holland*, Rn. 819 m. w. N; *Frister*, S. 166.

962 *Fischer*, § 15 Rn. 12a m. w. N.; Lackner/Kühl-*Kühl*, § 15 Rn. 11; vgl. insbes. auch BGH, Urt. v. 22.11.2000 – 3 StR 331/00, NStZ 2001, 143 (145); vgl. dazu u. zum Voranstehenden ebenso *Mühe*, S. 146 f. m. w. N.

963 Dazu u. zum Voranstehenden *Mühe*, S. 147.

964 *Mühe*, S. 147.

965 *Mühe*, S. 148.

nicht unwahrscheinlich ist –, dass der Betroffene (auch) von anderen gemobbt wird und eine psychische Instabilität aufweist.[966]

Letztlich ist der Körperverletzungserfolg für den Mobbenden in vielen Fällen nicht voraussehbar, so dass sich für den Fahrlässigkeitsvorwurf kaum Gründe finden lassen. Vereinzelt sind dennoch Konstellationen vorstellbar, in denen dem Mobbingtäter die Vorhersehbarkeit des Körperverletzungserfolges und damit fahrlässiges Handeln vorgeworfen werden kann.[967] Obwohl die Vorhersehbarkeit des Geschehensablaufs regelmäßig nicht von Anfang an zu bejahen sein wird, kann sie sich bei Weiterentwicklung des Mobbingprozesses ab einem bestimmten Moment herausbilden. Dies ist dann der Fall, wenn bei der rechtlichen Beurteilung der einzelnen Handlung – unter Berücksichtigung der erworbenen Kenntnisse zur Mobbingthematik[968] – das bisherige sie umschließende Gesamtgeschehen, auffällige Besonderheiten wie die Veränderung der Person und der psychischen Verfassung des Mobbingopfers und die gestiegenen, im Rahmen der Körperverletzungsdelikte an die Vorhersehbarkeit zu stellenden Anforderungen einbezogen werden.[969] Das Thema der Vorhersehbarkeit wird somit stets eine Tatfrage bleiben, die im Einzelfall zu beurteilen und einem großen Beurteilungsspielraum des Gerichts unterworfen ist.[970]

d) Sonstige Körperverletzungsdelikte

aa. Gefährliche Körperverletzung gemäß § 224 StGB

Bei § 224 StGB handelt es sich um eine Qualifikation zu § 223 StGB und wie bei diesem ist Rechtsgut die körperliche Unversehrtheit.[971] Die Vorschrift verlangt, dass eine andere Person durch eine Handlung des Täters körperlich misshandelt oder an ihrer Gesundheit geschädigt wird, was unter den Umständen geschehen muss, an die § 224 Abs. 1 StGB die Qualifikation knüpft.[972]

In Anbetracht der unüberschaubar großen Anzahl unterschiedlicher potentieller Mobbinghandlungen[973] kann theoretisch jede der in § 224 Abs. 1 StGB aufgeführten Nummern auch im Rahmen eines Mobbinggeschehens verwirklicht werden. Da für Mobbing jedoch weniger direkte Angriffe auf den Körper des Betroffenen in Form von Substanzverletzung oder unmittelbarer Gewalt typisch sind, sondern der

966 *Mühe*, S. 148 f.; ebenso Teil 2, Kapitel 2, V. 1. dieser Arbeit.

967 Dazu u. zum Voranstehenden *Mühe*, S. 148.

968 Aufgrund des in der Bevölkerung gewachsenen Wissens über das Thema Mobbing und dessen Gefährdungspotentials kann wohl angenommen werden, dass die Vorhersehbarkeit der Risiken für die Gesundheit und das körperliche Wohlbefinden eher gegeben sein wird als es noch vor einigen Jahren der Fall war (vgl. *Mühe*, S. 148; *Wolmerath*, Rn. 98, 160; zustimmend auch *Stock*, in Arentewicz/Fleissner, S. 186).

969 *Mühe*, S. 149.

970 *Mühe*, S. 149 f.

971 *Joecks/Jäger*, § 224 Rn. 1; *Kindhäuser*, LPK, § 224 Rn. 1; Kindhäuser/Neumann/Paeffgen-*Paeffgen/Böse*, § 224 Rn. 2.

972 *Joecks/Jäger*, § 224 Rn. 4; vgl. auch *Fischer*, § 224 Rn. 2 m. w. N; *Kindhäuser*, LPK, § 224 Rn. 1 m. w. N.

973 Teil 1, Kapitel 1, II. 5. dieser Arbeit.

Mobbende vielmehr psychisch wirkende Handlungen vornimmt, die erst durch ihr Zusammenwirken zu den psychosomatischen Störungen oder psychischen Gesundheitsschäden führen,[974] ergeben sich diesbezüglich die gleichen Probleme wie bei § 223 StGB, so dass insoweit nach oben zu verweisen ist. Auch hinsichtlich der sonstigen Fragestellungen im Zusammenhang mit dem Körperverletzungstatbestand kann auf die im Rahmen von § 223 StGB getätigten Ausführungen Bezug genommen werden.

bb. Misshandlung von Schutzbefohlenen gemäß § 225 StGB

§ 225 StGB ist ein Sonderdelikt, dessen Täter nur sein kann, wer in einem der tatbestandlich genannten Pflichtverhältnisse steht.[975] Außerdem handelt es sich nach gefestigter herrschender Ansicht nicht (nur) um eine Qualifikation des § 223 StGB, sondern um einen selbständigen Tatbestand,[976] der anders als die §§ 223, 229 StGB auch psychische Beeinträchtigungen ohne Krankheitswert als tatbestandlichen Erfolg genügen lässt und einen umfassenderen Schutz für Personen bietet, die in einem bestimmten Abhängigkeitsverhältnis stehen, sowie diejenigen, die ein solches ausnutzen, stärker zur Verantwortung zieht.[977]

Wenn das Mobbingopfer also unter 18 Jahre ist, kann sich der Mobbende auch wegen Misshandlung Schutzbefohlener gemäß § 225 StGB und dabei insbesondere gemäß § 225 Abs. 1 Nr. 4 StGB strafbar machen. Diese Norm setzt voraus, dass der Betroffene im Rahmen eines Dienst- oder Arbeitsverhältnisses untergeordnet ist, wobei in Bezug darauf auch sogenannte arbeitnehmerähnliche Verhältnisse ausreichend sein sollen.[978] Ferner kann nicht nur der Arbeitgeber selbst, sondern auch ein direkter Vorgesetzter Täter sein, wie etwa der Abteilungsleiter oder Werkmeister. Erforderlich für die Tatbestandsverwirklichung ist das Zufügen der Verletzung im Kontext des Beschäftigungsverhältnisses, so dass zu § 225 StGB demnach keine Misshandlungen zählen, die von der Führungskraft nicht unter Missbrauch dieses Abhängigkeitsverhältnisses beigebracht werden.[979]

---

974 *Meschkutat/Stackelbeck/Langenhoff*, S. 39 ff.; *Mühe*, S. 112 f. m. w. N.; *Wolmerath*, Rn. 34; *Zapf*, ZfAO 1999, 1 (11 f., 21); ferner *Leymann* (2006), S. 33 f.; *Zuschlag*, S. 236; *Knorz/Zapf*, ZfAO 1996, 12 (16).

975 *Kindhäuser*, LPK, § 225 Rn. 1; Kindhäuser/Neumann/Paeffgen-*Paeffgen/Böse*, § 225 Rn. 4; vgl. ebenso *Joecks/Jäger*, § 225 Rn. 4 m. w. N.

976 BGH, Urt. v. 30.03.1995 – 4 StR 768/94, BGHSt 41, 113 (115 f.); BayObLG, Urt. v. 16.06.1998 – 2St RR 86/98, NJW 1999, 72 (72); *Hirsch*, NStZ 1996, 35 (37); *Wolfslast/Schmeisser*, JR 1996, 335 (338); vgl. auch Fischer, § 225 Rn. 2; Kindhäuser/Neumann/Paeffgen-*Paeffgen/Böse*, § 225 Rn. 3 m. w. N.; *Wessels/Hettinger/Engländer*, Rn. 345.

977 *Fischer*, § 225 Rn. 2.

978 *Fischer*, § 225 Rn. 3, 7; *Kindhäuser*, LPK, § 225 Rn. 3, 8; Sch/Sch-*Sternberg-Lieben*, § 225 Rn. 1/2, 4/5, 10; vgl. auch *Fehr*, S. 82 m. w. N.

979 Dazu u. zum Voransstehenden *Fehr*, S. 82 m. w. N.; vgl. auch Fischer, § 224 Rn. 7.

cc. Körperverletzung im Amt gemäß § 340 StGB

Obgleich sich diese Arbeit vornehmlich auf Mobbing im Betrieb bezieht, soll § 340 StGB in Anbetracht statistischer Erhebungen, nach denen Mobbing gegenüber anderen Bereichen des Berufslebens innerhalb der öffentlichen Verwaltung häufiger vorkommt[980] und Beamte im Unterschied zu Arbeitern ein höheres Risiko tragen, Opfer von Mobbingaktivitäten zu werden,[981] nicht unerwähnt bleiben.[982]

An § 340 StGB ist zu denken, wenn der Mobbingtäter ein Amtsträger i. S. d. § 11 Abs. 1 Nr. 2 StGB ist, wie beispielsweise im „Münchner Polizistinnenfall"[983], oder gemäß § 48 WStG[984] Offizier bzw. Unteroffizier der Bundeswehr.[985] Neben der Amtsträgereigenschaft muss die Körperverletzung gemäß § 340 Alt. 1 StGB während der Ausübung des Dienstes begangen worden sein, wofür nicht nur ein zeitlicher, sondern auch ein sachlicher Zusammenhang mit der Dienstausübung erforderlich ist. Allein privat motivierte Körperverletzungen während der Dienstzeit fallen nicht unter § 340 StGB.[986] Bei Mobbing liegt dieser geforderte sachliche Zusammenhang insbesondere dann häufig vor, wenn der Vorgesetzte einen Untergebenen mobbt, weil aufgrund seiner vorgesetzten Position ein gewisses Abhängigkeitsverhältnis existiert, welches dann innerhalb eines Mobbinggeschehens als Mittel zum Zweck missbraucht werden kann.[987] „In Beziehung auf den Dienst" gemäß § 340 Abs. 1 S. 1 Alt. 2 StGB ist die Körperverletzungshandlung begangen, wenn zwar kein zeitlicher Zusammenhang gegeben ist, die Körperverletzungshandlung folglich nicht während der Dienstzeit ausgeführt wurde, jedoch ein sachlicher Zusammenhang mit der Dienstausübung besteht.[988] Dies wird insbesondere dann der Fall sein, wenn die Mobbingangriffe nicht nur in der Dienstzeit stattfinden, sondern auch außerhalb der Dienstzeit vorgenommen werden. Beispielsweise können dies (nächtlicher) Telefonterror oder Drohbriefe sein, welche sich unter anderem in dem nicht abschließenden Katalog potentieller Mobbingangriffe[989] in Gruppe acht „Angriffe auf die Privatsphäre" finden lassen. Allerdings muss auch hier der sachliche Zusammenhang verneint werden, wenn den Mobbingtäter rein private Motive zu seinem Handeln veranlasst haben und er durch sein Vorgehen dem anderen gegenüber seine Dienststellung nicht angibt.[990] Darüber hinaus kann der Amtsträger gegen § 340 Abs. 1 S. 1 Alt. 3 StGB verstoßen, wenn er es unterlässt, eine Körperverletzung eines Dritten zu verhindern, obwohl es ihm aufgrund seiner Amtspflicht obliegt,

---

980 *Meschkutat/Stackelbeck/Langenhoff*, S. 30 f.; *Mühe*, S. 151; vgl. ebenso *Leymann* (2006), S. 48; ders. (1995), S. 20; *Niedl*, S. 49; *Zapf*, ZfAO 1999, 1 (8 f.).

981 *Meschkutat/Stackelbeck/Langenhoff*, S. 36; *Wolmerath*, Rn. 40; *Zapf*, ZfAO 1999, 1 (9).

982 Ebenso *Mühe*, S. 151 m. w. N.

983 Teil 1, Kapitel 1, II. 1. b) dieser Arbeit.

984 Wehrstrafgesetz (WStG): Ursprüngliche Fasssung v. 30.03.1957, BGBl. I, S. 298; Neubekanntmachung v. 24.05.1974, BGBl. I, S. 1213; letzte Änderung durch Art. 10 G v. 30.10.2017, BGBl. I, S. 3618, 3623.

985 Zu Mobbing innerhalb der Bundeswehr: BVerwG, Urt. v. 11.06.2002 – 2 WD 38.01, NVwZ-RR 2002, S. 851 ff.; dazu *Mühe*, S. 152.

986 *Fischer*, § 340 Rn. 2 m. w. N.; *Joecks/Jäger*, § 340 Rn. 2; vgl. auch Sch/Sch-*Hecker*, § 340 Rn. 4 f. m. w. N.

987 *Mühe*, S. 153 f.

988 *Fischer*, § 340 Rn. 2a; *Mühe*, S. 154; Sch/Sch-*Hecker*, § 340 Rn. 5.

989 *Esser/Wolmerath*, S. 29 ff.; vgl. ebenso Teil 1, Kapitel 1, II. 5. a) dieser Arbeit.

990 *Mühe*, S. 154.

einzuschreiten. Dazu sind insbesondere solche Mobbingkonstellationen zu zählen, in denen der Amtsträger bemerkt, dass einer seiner Kollegen oder Untergebenen entweder durch einzelne Mobbinghandlungen, die bereits für sich eine Körperverletzung sind, oder in Form des Gesamtgeschehens Mobbing die körperliche Unversehrtheit eines Dritten verletzt.[991]

Demzufolge wird § 340 StGB bei Mobbing auf gleicher personaler Ebene in der Regel mangels sachlichen Zusammenhangs mit der Dienstausübung ausscheiden oder deshalb nicht realisiert, weil dem Verletzten gegenüber die Amtsträgereigenschaft im Rahmen des Mobbings nicht vorgebracht wird bzw. der Mobbingtäter seine Position als Amtsträger für das Mobbingverhalten nicht ausnutzt. Demgegenüber wird die Strafbarkeit vermehrt dann zu bejahen sein, wenn es sich bei dem Mobbingtäter um den amtlichen Vorgesetzten des Opfers handelt, weil das zwischen den Beteiligten bestehende Abhängigkeitsverhältnis als Tatmittel innerhalb des Mobbinggeschehens missbraucht werden kann.[992]

e) Zusammenfassung

Die Körperverletzungsdelikte spielen bei der strafrechtlichen Beurteilung von Mobbing insofern eine nicht unbedeutende Rolle, als die Betroffenen in den meisten Mobbingfällen nicht unerhebliche Beeinträchtigungen ihres körperlichen Wohlbefindens oder ihrer Gesundheit erleiden. Wie aufgezeigt sind dabei meist ernstliche psychische Erkrankungen oder über die Psyche ausgelöste somatische Störungen die Folge der vorwiegend auf die Psyche des Menschen verübten Mobbingangriffe. Nach hier vertretener Auffassung hat der Mobbende entgegen der Rechtsprechung nicht nur die strafrechtliche Verantwortung für (psycho-)somatische Folgen, sondern auch für psychische Beeinträchtigungen des Betroffenen zu tragen, sofern diesen ein Krankheitswert zukommt.[993]

Ferner besteht ein Mobbinggeschehen in der Regel nicht aus unmittelbar den Körperverletzungserfolg verursachenden Handlungen, sondern aus mehreren sich über einen längeren Zeitraum erstreckenden einzelnen Verhaltensweisen, deren Zusammenwirken erst zu den nachteiligen Konsequenzen für das Mobbingopfer führt. Aus diesem Grund darf bei der rechtlichen Bewertung eines Mobbingverhaltens im Rahmen der Körperverletzungsdelikte die einzelne Aktion, deren strafrechtliche Relevanz untersucht werden soll, nicht losgelöst vom Gesamtgeschehen betrachtet werden. Diese ist vielmehr im Kontext des gesamten Mobbingkomplexes, in das sie sich eingliedert, strafrechtlich zu bewerten. Auf diese Weise kann ein Verhalten, das eigentlich den Schutz der allgemeinen Handlungsfreiheit genießt, selbigen verlieren und (straf-)rechtliche Relevanz gewinnen. Eine Handlung, die für sich genommen noch keine rechtlich erhebliche Gefahr begründet, weil sie als sozial normal gilt und sich im Rahmen der verfassungsrechtlich garantierten Handlungsfreiheit bewegt,

991 *Mühe*, S. 154.
992 Dazu u. zum Voranstehenden *Mühe*, S. 155.
993 Ebenso *Mühe*, S. 150.

kann daher als Teil eines bereits begonnenen Mobbingprozesses ein solches rechtlich erhebliches Risiko hervorrufen, wenn sich das Geschehen als systematisch vorgenommenes Ausgrenzungs- und Schikaneverhalten am Arbeitsplatz gestaltet. Dabei begründet eine gegenüber dem Betroffenen geäußerte Kritik erst dann eine rechtlich relevante Gefahr, wenn sie unberechtigt oder unsachgemäß ist oder außer Verhältnis steht.[994]

In der Praxis spielt die fahrlässige Körperverletzung gemäß § 229 StGB bei Mobbing wohl eine größere Rolle als die vorsätzliche Körperverletzung, weil der Mobbende in den meisten Fällen hinsichtlich des Körperverletzungserfolges nicht mit Vorsatz agiert bzw. ihm der Körperverletzungsvorsatz nicht nachzuweisen sein wird. In der Regel verfolgt er nämlich außertatbestandliche Ziele und rechnet nicht mit der Möglichkeit der Auswirkungen seines Verhaltens auf die Gesundheit und das körperliche Wohlbefinden des Betroffenen. Doch trotz der größeren Praxisrelevanz der fahrlässigen Körperverletzung gegenüber der vorsätzlichen wird auch wegen ersterer oftmals keine Strafbarkeit bejaht werden können, weil der Mobbende im Zeitpunkt seines Handelns, insbesondere am Anfang eines Mobbinggeschehens, nicht vorhersehen konnte, dass dieses den eingetretenen Körperverletzungserfolg bewirken würde. Je mehr ein Mobbingprozess jedoch fortschreitet, desto häufiger lässt sich die Vorhersehbarkeit des Körperverletzungserfolgs wohl bejahen.[995]

Darüber hinaus ergeben sich in der Praxis auch Schwierigkeiten in Bezug auf die Beweisbarkeit der Kausalität der konkreten Handlung für den eingetretenen Körperverletzungserfolg, welche zunehmen, wenn mehrere Mobbingtäter agieren.[996] Was die §§ 224, 225, 340 StGB und eventuelle diesbezügliche Besonderheiten betrifft, wird auf die dortigen Ausführungen verwiesen.

Letztendlich nehmen also die Körperverletzungsdelikte im Rahmen der Strafbarkeit des Mobbenden trotz der regelmäßig durch das Mobbing ausgelösten Beeinträchtigung der Gesundheit und des körperlichen Wohlbefindens keinen so hohen Stellenwert ein wie zunächst angenommen.[997]

2. Nötigung gemäß § 240 StGB

Die Strafbarkeit des Mobbenden wegen (versuchter) Nötigung ist stets dann in Betracht zu ziehen, wenn durch Mobbing nicht in erster Linie eine eindeutige Schädigung beabsichtigt wird, sondern – wie häufig – der Betroffene zu einem bestimmten Verhalten veranlasst werden soll.[998] Auf diese Weise wird etwa versucht, die Niederlegung eines speziellen Amtes wie das Betriebsratsamt oder ein bestimmtes Unterlassen wie die Nichtbewerbung auf eine ausgeschriebene Position im Unternehmen zu erreichen.[999]

---

994 Ebenso dazu u. zum Voranstehenden *Mühe*, S. 150.

995 Ebenso dazu u. zum Voranstehenden *Mühe*, S. 150 f.

996 *Mühe*, S. 151.

997 Ebenso *Mühe*, S. 151.

998 *Mühe*, S. 184; zu den unterschiedlichen Motiven der Mobbenden z. B. *Meschkutat/Stackelbeck/Langenhoff*, S. 118.

999 *Mühe*, S. 184 m. w. N.

Nicht selten wird Mobbing, meist in Form von sogenanntem Bossing[1000], vom Arbeitgeber oder einer Führungskraft ausgehend, als probates Mittel zum Personalabbau genutzt, um den Betroffenen zur Selbstkündigung zu bewegen und dadurch etwaige Abfindungskosten oder Kündigungsprozesse zu verhindern, welche erhebliche finanzielle Aufwendungen nach sich ziehen können.[1001] Daneben gibt es aber auch immer wieder Kollegen, die aus Konkurrenzdenken heraus mittels Mobbing die Aufgabe der Arbeitsstelle durch das Mobbingopfer anstreben, z. B. um zu verhindern, dass sie bei Arbeitsplatzeinsparungen selbst gekündigt werden, oder um das Freiwerden der Position des Betroffenen zu erreichen, damit sie diese einnehmen können.[1002] Derartige Vorhaben sind auch durchaus realisierbar, was sich daran zeigt, dass in ca. 22 Prozent der Fälle die Belastungen von den Betroffenen als so schwer erträglich empfunden werden, dass sie selbst kündigen, um den permanenten Angriffen zu entkommen.[1003]

a) Nötigungsmittel

Bei Mobbing handelt es sich um ein Konstrukt, das sich aus mehreren Einzelhandlungen zusammensetzt, weshalb bei der Frage nach dem Einsatz des Zwangsmittels auf Tatbestandsebene zwischen der einzelnen Mobbinghandlung und dem Gesamtkomplex Mobbing unterschieden werden muss.[1004] Eine einzelne Mobbinghandlung genügt in aller Regel nicht, den etwa in der Selbstkündigung liegenden Nötigungserfolg zu erreichen. Vielmehr ist es gerade die Summe an systematisch ausgeführten Handlungen, durch welche sich der Betroffene meist aus Verzweiflung zu dem vom Mobbenden angestrebten Verhalten gezwungen sieht. Für die Bewertung von Mobbing in strafrechtlicher Hinsicht ist daher besonders bedeutsam, ob es sich um Gewalt oder eine Drohung handelt, wenn der Mobbende von dem Betroffenen nicht mittels einer einzelnen Handlung, sondern gerade durch das Gesamtgeschehen Mobbing ein bestimmtes Verhalten erreichen möchte. Das spielt vor allem dann eine nicht unerhebliche Rolle, wenn er das Opfer mental und körperlich so sehr schikaniert, dass es sich so verhält, wie es der Mobbingtäter von ihm erwartet.[1005]

aa. Gewalt

Der im Strafrecht sehr umstrittene Gewaltbegriff wird mit zahlreichen Unterscheidungen im Einzelnen nach vorzugswürdiger Ansicht im Allgemeinen definiert als

1000 Teil 1, Kapitel 1, II. 7. a) dieser Arbeit.

1001 *Mühe*, S. 184 m. w. N.; ebenso *Wickler*, in Wickler, Rn. 28; *Wolmerath*, Rn. 20; als Beispielsfall vgl. LAG Thüringen, Urt. v. 10.04.2001 – 5 Sa 403/2000, NZA-RR 2001, 347 (362); vgl. außerdem *Meschkutat/Stackelbeck/Langenhoff*, S. 118, wo 3,4 Prozent der Betroffenen als Grund für gegen sie gerichtete Mobbingangriffe den Abbau von Arbeitsplätzen nannten; 3,2 Prozent gaben an, dass man sie „los haben" wollte.

1002 *Mühe*, S. 184.

1003 *Meschkutat/Stackelbeck/Langenhoff*, S. 78 f.; ebenso *Mühe*, S. 184.

1004 *Mühe*, S. 185.

1005 *Mühe*, S. 185.

(zumindest auch) körperlich vermittelter Zwang zur Überwindung eines geleisteten oder erwarteten Widerstandes.[1006]

Losgelöst vom Gesamtkontext können einzelne Mobbinghandlungen einen Gewaltakt in diesem Sinne darstellen. So handelt es sich unzweifelhaft um Gewaltanwendung, wenn der Mobbende unmittelbare Körperverletzungen, wie Ohrfeigen, eine tätliche Auseinandersetzung, oder Überlegenheit vermittelnder Körperkontakt, wie Fesseln, Festhalten, Zurück- bzw. Aus-dem-Weg-Stoßen, vornimmt, um dem Betroffenen ein bestimmtes Verhalten abzunötigen.[1007] Ebenso ist von Gewalt zu sprechen, wenn dem Mobbingopfer der Weg versperrt,[1008] er eingeschlossen[1009] oder der Zutritt zu seinem Arbeitsplatz verwehrt wird, um etwa zu verhindern, dass er pünktlich an die Stechuhr oder zu einem wichtigen Termin gelangt oder er seine Arbeit termingerecht erledigen kann.[1010] Weiterhin kann eine Gewaltanwendung bejaht werden, wenn der Betroffene niedergeschrien oder eine so laute Geräuschkulisse verursacht wird, dass er aufgrund der Lärmbelästigung keinen Vortrag halten kann.[1011] Je nach Situation kann Gewalt auch dann vorliegen, wenn die äußeren Gegebenheiten, unter denen der Betroffene seine Arbeit verrichtet, vom Mobbingtäter mit Absicht so gestaltet werden, dass sie kaum auszuhalten sind, wenn also zum Beispiel die Heizung im Büro bei großer Kälte abgestellt[1012] oder ein Arbeitsplatz mit erheblichem Lärm zugewiesen wird.[1013] Solche und ähnliche Handlungen sind durchaus in einem Mobbinggeschehen vorzufinden, sie sind jedoch nach der bundesweiten Repräsentativstudie nicht zu den am meisten vorkommenden und typischsten Mobbinghandlungen zu zählen.[1014]

Problematischer im Hinblick auf eine mögliche Gewaltanwendung erscheinen demgegenüber die häufiger anzutreffenden Mobbingsachverhalte, die Handlungen wie Ignorieren, Tabuisieren und gesellschaftliche Isolation oder Verlautbarungen, wie Beleidigungen, Verleumdungen, Anweisungen zu minderwertigen Tätigkeiten, unrichtige Bewertung von Arbeitsleistungen oder verbale Hänseleien beinhalten und welche zunächst nur psychisch wirkende Angriffe darstellen.[1015] Denn das Bundesverfassungsgericht stellte mit Bindungswirkung gemäß § 31 Abs. 1 BVerfGG[1016] klar, dass eine bloß psychische Zwangswirkung für das Bejahen von Gewalt nicht ausreichend

1006 *Fischer*, § 240 Rn. 8 m. w. N.; *Joecks/Jäger*, § 240 Rn. 12; vgl. auch *Maurach/Schroeder/Maiwald*, S. 150 ff., insbes. S. 153 m. w. N.; *Mühe*, S. 185.

1007 *Mühe*, S. 186 m. w. N.

1008 RG, Urt. v. 30.06.1911 – IV 479/11, RGSt 45, 153 (156 f.); *Fischer*, § 240 Rn. 23; *Mühe*, S. 186.

1009 *Fischer*, § 240 Rn. 23 m. w. N.; *Mühe*, S. 186.

1010 *Mühe*, S. 186 m. w. N.

1011 BGH, Beschl. v. 08.10.1981 – 3 StR 449, 450/81, NJW 1982, 189 (189 f.) mit Anm. *Dingeldey*, NStZ 1982, 160 (161); *Schroeder*, JuS 1982, 491 (493); ebenso *Mühe*, S. 186 m. w. N.

1012 Vgl. OLG Hamm, Urt. v. 16.03.1983 – 2 Ss 2026/82, NJW 1983, 1505 (1506 f.).

1013 Dazu u. zum Voranstehenden ebenso *Mühe*, S. 186 m. w. N.

1014 *Meschkutat/Stackelbeck/Langenhoff*, S. 39 ff.; ebenso *Mühe*, S. 186.

1015 *Mühe*, S. 186 f.

1016 Bundesverfassungsgerichtsgesetz (BVerfGG): Ursprüngliche Fassung v. 12.03.1951, BGBl. I, S. 243; Neubekanntmachung v. 11.08.1993, BGBl. I, S. 1473; letzte Änderung durch Art. 2 G v. 08.10.2017, BGBl. I, S. 3546.

ist,[1017] so dass die psychisch-seelische Zwangslage des Betroffenen, die häufig dem gesamten – aus den oben genannten, zunächst psychisch wirkenden Handlungen bestehenden – Mobbingverhalten entstammt, für das Vorliegen von Gewalt nicht genügt.[1018]

Anders verhält es sich dagegen, wenn die psychischen Belastungen – wie oftmals – aufgrund des fortgesetzten systematischen Vorgehens psychosomatische Erkrankungen, wie Kopf- und Magenschmerzen oder andere noch gravierendere Konsequenzen für das körperliche Wohlbefinden oder die physische Gesundheit, nach sich ziehen.[1019] Bei solchen Sachverhalten ist die von dem Gewaltbegriff geforderte körperliche Zwangslage gegeben, weil die durch das Nervensystem übertragenen Zwangseinwirkungen auch somatischer Natur sind.[1020] Allerdings muss der Mobbingtäter vor allem auch hinsichtlich der körperlichen Zwangseinwirkung als Mittel zur Erreichung des bezweckten, abgenötigten Verhaltens vorsätzlich gehandelt haben, was in der Regel wohl nicht der Fall bzw. ihm nicht nachzuweisen sein wird.[1021]

bb. Drohung mit Zufügung empfindlicher Übel

Unter Drohung wird das – ausdrückliche oder schlüssige – Inaussichtstellen eines zukünftigen Übels verstanden, bei dessen Realisierung es darauf ankommen soll, ob der Betroffene nach dem Willen des Täters vorgeht.[1022] Mit Übel ist jede vom Betroffenen als nachteilig empfundene Veränderung der Außenwelt gemeint, wobei dieses nicht ökonomischer oder phyischer Natur sein muss, sondern auch seelischer Art sein kann.[1023] Empfindlich ist das Übel, „wenn der in Aussicht gestellte Nachteil von einiger Erheblichkeit ist, so dass seine Ankündigung geeignet erscheint, den Bedrohten im Sinne des Täterverlangens zu motivieren",[1024] mit der Ausnahme, dass „*gerade von diesem Bedrohten* in seiner Lage erwartet werden kann, dass er der Drohung in besonnener Selbstbehauptung standhält".[1025]

1017 BVerfG, Beschl. v. 10.01.1995 – 1 BvR 718/89, 1 BvR 719/89, 1 BvR 722/89, 1 BvR 723/89, BVerfGE 92, 1 (18).

1018 *Mühe*, S. 187 m. w. N.; vgl. insbes. BGH, Urt. v. 04.03.1981 – 2 StR 742/80, NStZ 1981, 218 (218); ebenso OLG Hamm, Urt. v. 16.03.1983 – 2 Ss 2026/82, NJW 1983, 1505 (1506).

1019 *Mühe*, S. 187 f.

1020 *Mühe*, S. 188 m. w. N.; vgl. insbes. BGH, Urt. v. 27.08.1969 – 4 StR 268/69, BGHSt 23, 126 (127); BGH, Urt. v. 03.02.1993 – 3 StR 356/92, BGHSt 39, 133 (136); BGH, Urt. v. 30.03.1995 – 4 StR 725/94, NJW 1995, 3131 (3133); außerdem *Dingeldey*, NStZ 1982, 160 (161).

1021 *Mühe*, S. 188.

1022 *Fischer*, § 240 Rn. 31 m. w. N.; vgl. insbes. BGH, Urt. v. 19.12.1961 – 1 StR 288/61, BGHSt 16, 386 (387 f.); BGH, Urt. v. 27.08.1969 – 4 StR 268/69, BGHSt 23, 126 (127); außerdem Lackner/Kühl-*Kühl*, § 240 Rn. 12 m. w. N.; Sch/Sch-*Eisele*, § 240 Rn. 9 m. w. N.; ebenso *Mühe*, S. 189.

1023 *Fischer*, § 240 Rn. 32; *Joecks/Jäger*, § 240 Rn. 21 m. w. N.; ebenso *Mühe*, S. 189.

1024 *Fischer*, § 240 Rn. 32a m. w. N.; vgl. insbes. BVerfG, Urt. v. 11.11.1986 – 1 BvR 713/83, 1 BvR 921/84, 1 BvR 1190/84, 1 BvR 333/85, 1 BvR 248/85, NStZ 1987, 222 (223).

1025 *Fischer*, § 240 Rn. 32a m. w. N.; vgl. insbes. BGH, Beschl. v. 13.01.1983 – 1 StR 737/81, BGHSt 31, 195 (201); BGH, Urt. v. 23.11.1983 – 3 StR 256/83 (S), BGHSt 32, 165 (174); BGH, Urt. v. 11.11.1998 – 5 StR 325/98, BGHSt 44, 251 (252); vgl. ebenso Lackner/Kühl-*Kühl*, § 240 Rn. 13 m. w. N.; *Wessels/Hettinger/Engländer*, Rn. 454 m. w. N.

Einzelne Mobbingsverhaltensweisen können an dieser Stelle eine Rolle spielen, da sich in den Auflistungen potentieller Mobbinghandlungen[1026] verbale oder schriftliche Drohungen und Androhungen körperlicher Gewalt finden. Dabei handelt es sich bei letzteren zweifelsfrei um eine Drohung mit einem empfindlichen Übel.[1027] Inwiefern sonstige mündliche oder schriftliche Drohungen, wie sie allgemein als Mobbinghandlungen aufgelistet werden, dieser Tatbestandsalternative zugeordnet werden können, hängt jedoch davon ab, was dem Betroffenen konkret angedroht wird.[1028] Beispielsweise sind die Voraussetzungen unproblematisch gegeben bei möglichen Mobbinghandlungen wie Morddrohungen, Drohungen mit der Veröffentlichung unwahrer Tatsachen oder der Beschädigung von Eigentum des Opfers.[1029] Darüber hinaus handelt es sich insbesondere bei der Drohung mit der Kündigung des Arbeitsverhältnisses,[1030] der Versetzung oder der Einleitung disziplinarischer Maßnahmen in der Regel um empfindliche Übel, da den wenigsten Arbeitnehmern definitiv direkt nach Beendigung des alten Arbeitsverhältnisses ein von den äußeren Bedingungen[1031] her vergleichbar attraktiver Arbeitsplatz zur Verfügung steht. Daher birgt der Verlust der Arbeitsstelle das Risiko enormer finanzieller, aber auch persönlicher Unwägbarkeiten.[1032] Als Täter einer derartigen Nötigung kommen dabei nicht nur die Vorgesetzten des Betroffenen in Betracht, sondern auch formell gleichgestellte Beschäftigte oder auf der Hierarchieebene niedriger angesiedelte Mitarbeiter, die wiederum die Entscheidung der Personalverantwortlichen beeinflussen bzw. vorgeben, darauf Einfluss ausüben zu können.[1033] Keine Drohung mit einem empfindlichen Übel wird demgegenüber die bloße Androhung von „Schwierigkeiten" darstellen, wenn sich diese aus den Begleitumständen nicht konkretisieren lassen.[1034]

Daneben kann eine Drohung nicht nur das Ergebnis eindeutiger Worte oder Gesten sein, sondern sich auch aus konkludentem Handeln ergeben.[1035] Daher darf in einem zugefügten Übel eine Drohung gesehen werden, wenn damit die Weiterverfolgung des Nötigungsverhaltens vorangekündigt wird und gerade die Angst des Betroffenen vor diesem Fortgang nützlich ist und für ihn motivierend sein soll, das vom Täter gewünschte Verhalten zu erwirken.[1036] In diesem Zusammenhang kann auch das Gesamtgeschehen Mobbing insofern Bedeutung erlangen, als durch das bereits stattgefundene Mobbingverhalten, je nach den Gegebenheiten des Einzelfalls, konkludent ver-

1026 *Esser/Wolmerath*, S. 29 ff.; *Leymann* (2006), S. 33 f.
1027 Vgl. *Fischer*, § 240 Rn. 33.
1028 Dazu u. zum Voranstehenden *Mühe*, S. 190.
1029 *Fischer*, § 240 Rn. 33; *Mühe*, S. 190 m. w. N.
1030 Sch/Sch-*Eisele*, § 240 Rn. 9 m. w. N.; ebenso *Fehr*, S. 86; *Mühe*, S. 190 m. w. N.
1031 Worunter etwa das Gehalt, die inhaltliche Ausgestaltung der Arbeit, die Wohnortnähe, der verminderte Kündigungsschutz bei Antritt einer neuen Arbeitsstelle usw. zu verstehen sind (*Fehr*, S. 86 Fn. 55).
1032 Dazu u. zum Voranstehenden *Fehr*, S. 86.
1033 *Fehr*, S. 86.
1034 *Mühe*, S. 190 f. m. w. N.
1035 *Fischer*, § 240 Rn. 31 m. w. N.; vgl. insbes. BGH, Urt. v. 17.03.1955 – 4 StR 8/55, BGHSt 7, 252 (253).
1036 *Fischer*, § 240 Rn. 35 m. w. N.; *Mühe*, S. 191 m. w. N.; vgl. insbes. OLG Hamm, Urt. v. 16.03.1983 – 2 Ss 2026/82, NJW 1983, 1505 (1506).

mittelt wird, mit den Mobbingattacken gegen den Betroffenen fortzufahren. Bereits vorgenommenes Mobbing wird jedoch die Ankündigung, Mobbingangriffe auch zukünftig zu tätigen, erst dann enthalten, wenn der Mobbingprozess vorangeschritten ist und die Mobbingattacken in einem bestimmten Turnus stattfinden. Denn erst ab diesem Moment lassen sich die Systematik und die Regelmäßigkeit der Handlungen objektiv erkennen und den Schluss zu, dass sie für den Betroffenen nicht nur Teil eines kurzlebigen Konflikts sind, sondern die Vorzeichen eines andauernden, in Zukunft weiterzuführenden Angriffsverhaltens bilden.[1037]

Allerdings muss das Mobbinggeschehen, mit dessen Fortdauer gedroht wird, für den Betroffenen weiterhin noch ein empfindliches Übel darstellen. Dies ist einzelfallbezogen zu beurteilen,[1038] da die Empfindlichkeit auf einer den Opferhorizont beachtenden Perspektive basiert.[1039] In der Regel wird jedoch ein Mobbinggeschehen, das aus den typischen und am häufigsten vorkommenden Handlungen, wie dem Verbreiten von Gerüchten, Diskreditierungen, ungerechtfertigter massiver Kritik, unrichtige Bewertung der Arbeitsleistung, Vorenthaltung relevanter Informationen, Arbeitsbehinderung oder Entzug der Aufgaben usw. besteht, für den Betroffenen ein empfindliches Übel verkörpern, vor allem dann, wenn die Handlungen mehrmalig und systematisch zusammenhängend gegen eine Person ausgeführt werden.[1040]

Demgegenüber wird die Drohung mit mobbingtypischen Verhaltensweisen wie Ignorieren, Tabuisieren, Unterlassen von üblichen Höflichkeitsfloskeln für sich genommen noch kein empfindliches Übel darstellen,[1041] da es sich bei bloßen Unannehmlichkeiten noch nicht zwangsläufig um ein Übel handelt.[1042] Auch bei der Aufkündigung einer freundschaftlichen Beziehung wird grundsätzlich kein empfindliches Übel gegeben sein.[1043] Anders verhält es sich nur, wenn die an sich leichten persönlichen Angriffe Bestandteil eines Mobbingprozesses sind, da ein Verhalten unter Berücksichtigung sämtlicher Umstände, unter denen es stattfindet, zu würdigen ist.[1044] So können die – für sich die Willensfreiheit noch nicht behindernden – Aktivitäten insbesondere aufgrund ihrer stetigen Wiederholung und der systematischen Vorgehensweise allmählich eine Intensität und Relevanz für das Mobbingopfer erreichen, welche dessen Willensfreiheit beeinträchtigen und für ihn auch bei einer erforderlichen Objektivierung eine Drohung mit einem empfindlichen Übel verkörpern können. Dabei stellt nicht das bloße Nichtgrüßen oder Ignorieren das empfindliche Übel dar,

---

1037 Dazu u. zum Voranstehenden *Mühe*, S. 191.

1038 Vgl. dazu insbes. BGH, Beschl. v. 13.01.1983 – 1 StR 737/81, BGHSt 31, 195 (201); BGH, Urt. v. 23.11.1983 – 3 StR 256/83 (S), BGHSt 32, 165 (174); BGH, Urt. v. 11.11.1998 – 5 StR 325/98, BGHSt 44, 251 (252); *Fischer*, § 240 Rn. 32a f.

1039 *Mühe*, S. 192 m. w. N.

1040 *Mühe*, S. 193.

1041 *Mühe*, S. 193 f. m. w. N.

1042 BGH, Urt. v. 11.02.1982 – 4 StR 689/81, NStZ 1982, 287 (287).

1043 BGH, Urt. v. 11.02.1982 – 4 StR 689/81, NStZ 1982, 287 (287); *Fischer*, § 240 Rn. 32a; dazu u. zum Voranstehenden ebenso *Mühe*, S. 193 m. w. N.

1044 *Mühe*, S. 194.

sondern dieses ist dagegen in der zielgerichteten Schaffung eines vom Betroffenen als unerträglich empfundenen Arbeitsplatzklimas zu sehen.[1045]

b) Verwerflichkeit gemäß § 240 Abs. 2 StGB

Verwerflich ist die Anwendung des Nötigungsmittels zu dem angestrebten Zweck, „wenn die Gesamtwürdigung des Verhältnisses von Mittel und Zweck – unter Berücksichtigung von Umfang und Intensität der Zwangswirkung – im konkreten Fall zu dem Ergebnis führt, dass die Tat sozialethisch in hohem Maße missbilligenswert und deshalb *‚sozial unerträglich'* ist."[1046] Dabei kann sich die Verwerflichkeit bereits aus der Bewertung des Zwecks oder des Mittels allein ergeben. Ebenso zu bejahen ist die Verwerflichkeit in der Regel bei der Erzwingung eines strafbaren oder sonst rechtswidrigen Verhaltens – auch mit an sich erlaubten Mitteln – und in den Fällen, in denen das Nötigungsmittel selbst schon eine rechtswidrige bzw. strafbare Handlung enthält oder es in deren Ankündigung besteht, was auch unabhängig vom verfolgten Zweck gilt. Regelmäßig nicht verwerflich sind dagegen lediglich geringfügige Zwangseinwirkungen.[1047]

An dieser Stelle kann nicht auf jede denkbare Konstellation in einem Mobbinggeschehen eingegangen werden,[1048] da dies den Rahmen dieser Arbeit sprengen würde. Hinzuweisen ist allerdings darauf, dass oftmals auch die bereits im Kontext mit dem empfindlichen Übel angesprochene Problematik der Androhung von Mobbingverhalten in Form einer systematischen Isolation durch Ignorieren, Tabuisieren und gesellschaftliches Ausgrenzen innerhalb von § 240 StGB Schwierigkeiten bereitet, da das Zwangsmittel in solchen Konstellationen in der Drohung liegt, die schädliche und unerträgliche Arbeitsatmosphäre aufrechtzuerhalten oder noch weiter negativ zu beeinflussen.[1049]

Zu verneinen ist die Verwerflichkeit – auch wenn daran ohnehin schon zuvor das Vorliegen eines empfindlichen Übels scheitern wird – wenn die Handlungen nur Ausdruck zwischenmenschlicher unvermeidbarer Antipathien oder mangelnden Respekts sind, da in solchen Konstellationen das verwendete Zwangsmittel nicht als ethisch zu missbilligend aufzufassen ist.[1050]

Anders verhält es sich aber, wenn es um eine systematische Ausgrenzung geht, vor allem, wenn sich sämtliche Kollegen nach planmäßiger Absprache mit isolierendem Verhalten absichtlich gegen das Mobbingopfer stellen, weil dann nicht mehr von sozial zu billigendem Verhalten gesprochen werden kann. Es handelt sich dann vielmehr um eine gezielte Zurückweisung des Betroffenen, die ihm in ihrer andauernden Fortsetzung das unverzichtbare übliche Miteinander im Arbeitsumfeld entzieht. Dieses

1045 Dazu u. zum Voranstehenden *Mühe*, S. 194.

1046 *Küper/Zopfs*, BT, Rn. 415 m. w. N.

1047 Dazu u. zum Voranstehenden *Küper/Zopfs*, BT, Rn. 415 m. w. N.

1048 Diverse Beispiele lassen sich bei *Mühe*, S. 198 ff. finden.

1049 *Mühe*, S. 198 f.

1050 *Mühe*, S. 199.

Verhalten lässt sich als systematisch betriebene Schikane bezeichnen, erzeugt eine unerträgliche Arbeitsatmosphäre und kann deshalb nicht mehr als allgemeines Lebensrisiko der Unsicherheit menschlicher Sympathien oder des mangelnden Respekts kategorisiert werden.[1051] Danach ist in aller Regel das tatbestandliche Verhalten des Mobbenden auch als verwerflich i. S. d. § 240 Abs. 2 StGB anzusehen.[1052]

c) Fazit

Im Ergebnis kann der Mobbende also mit den zur Verfolgung des Mobbingziels eingesetzten Mitteln durchaus eine (versuchte) Nötigung gemäß § 240 StGB verwirklichen. Dabei können einzelne Mobbinghandlungen, ungeachtet dessen, ob sie den Bestandteil eines Mobbingprozesses bilden, den Nötigungstatbestand erfüllen. Ebenso ist das beim Gesamtgeschehen Mobbing möglich, sofern sich daraus die konkludente Drohung folgern lässt, mit den Mobbingangriffen fortzufahren. Bei Vorliegen der objektiven Tatbestandsvoraussetzungen wird im Rahmen der Rechtswidrigkeitsprüfung auch in aller Regel die Verwerflichkeit der Zweck-Mittel-Relation von § 240 Abs. 2 StGB gegeben sein.[1053]

Unproblematisch als Nötigung einzuordnen sind Handlungen, die per se Gewaltakte sind und direkte Drohungen abgeben, jedoch handelt es sich dabei um die selteneren und nicht charakteristischsten Mobbingverhaltensweisen. Schwieriger zu beurteilen sind dagegen die Konstellationen, in denen fraglich ist, ob dem bereits stattgefundenen Mobbing die konkludente Drohung entnommen werden kann, die Mobbingangriffe auch zukünftig fortzusetzen, und der Mobbingtäter die Angst des Opfers davor als Motivationsfaktor für ein bestimmtes Verhalten missbrauchen möchte. Dies ist stets einzelfallbezogen zu entscheiden. Wie oben dargestellt, kann eine solche konkludente Drohung gegeben, aber zum Teil je nach Sachlage auch zu verneinen sein bzw. an Beweisschwierigkeiten scheitern. Letzteres ist etwa der Fall, wenn sich eine Regelmäßigkeit und Systematik der Mobbingangriffe, die auf eine konkludente Drohung, das Mobbingverhalten fortzusetzen, hindeuten könnten, nicht nachweisen lassen. Ferner ist Gewalt als Nötigungsmittel zwar stets in Erwägung zu ziehen, wenn bei dem Betroffenen zunehmend psychosomatische Beschwerden auftreten, allerdings wird der Mobbende in Bezug auf die körperliche Zwangswirkung ohne Vorsatz handeln bzw. wird sich dieser kaum nachweisen lassen.[1054] Aufgrund der mangelnden Nachweisbarkeit kann es im Ausnahmefall dazu kommen, dass dem Mobbingtäter keine Strafbarkeit droht, obwohl er mit seinen Handlungen etwa die Selbstkündigung des Arbeitsverhältnisses oder die Aufgabe einer bestimmten Arbeitsstelle bezweckt und er deshalb den Betroffenen so sehr psychisch schikaniert, dass dieser für sich keinen anderen Ausweg aus der Situation mehr sieht, als dem Ansinnen des Mobbenden zu entsprechen. In solchen Konstellationen ist es dem Täter also möglich, in

1051 *Mühe*, S. 199.
1052 Ebenso *Fehr*, S. 90.
1053 Dazu u. zum Voranstehenden ebenso *Mühe*, S. 200.
1054 Dazu u. zum Voranstehenden ebenso *Mühe*, S. 200 f.

negativer Weise auf das Leben des Betroffenen massiv Einfluss zu nehmen, ohne mit strafrechtlichen Konsequenzen hinsichtlich der Nötigung, welche die Willensbildungs- und Willensbetätigungsfreiheit schützt, rechnen zu müssen.[1055]

3. Totschlag gemäß § 212 StGB und fahrlässige Tötung gemäß § 222 StGB

Innerhalb eines Mobbinggeschehens spielen die Tötungsdelikte eher eine untergeordnete Rolle. Dennoch sollen diese aufgrund der hohen Wertigkeit des Rechtsguts Leben nicht völlig außer Acht gelassen werden, insbesondere im Hinblick darauf, dass nach der bundesweiten Repräsentativstudie 1,6 Prozent der Mobbingsachverhalte durch Suizid beendet werden.[1056] Innerhalb der Mobbingliteratur wird zudem davon ausgegangen, dass die alleinige oder mitverantwortliche Ursache in 10 bis 20 Prozent der Suizidfälle auf Mobbing beruhen.[1057]

a) Ursächlichkeit von Mobbing für den Suizid des Betroffenen

Vor allem wenn der Betroffene aufgrund des sich länger hinziehenden Mobbinggeschehens und der permanenten Mobbingangriffe in den Zustand einer schwerwiegenden psychischen Zerrüttung gebracht wird, in welchem er Hoffnungslosigkeit, Hilflosigkeit und Einsamkeit empfindet und an schwerwiegenden Existenzängsten leidet, kommt Mobbing als ausschließlicher Grund für seinen Suizidentschluss in Betracht.[1058] Mitursächlich kann Mobbing daneben auch in Konstellationen sein, in denen der Betroffene beispielsweise nicht nur mit den Mobbingattacken konfrontiert wird, sondern auch tiefgreifende Zäsuren in seinem Leben, wie eine Scheidung oder einen Todesfall einer ihm nahestehenden Person überwinden muss, so dass ihm sein Leben sowohl auf privater als auch auf beruflicher Ebene als aussichts- und sinnlos erscheint und er deshalb Selbstmord verübt oder wenn durch das Mobbing ein bereits bestehender oder unabhängig vom Mobbinggeschehen getroffener Entschluss zum Suizid manifestiert wird.[1059]

Allerdings ist für die Strafbarkeit des Mobbingtäters nicht von Bedeutung, ob die Mobbingangriffe ausschließlicher Grund oder nur Mitursache für den Suizid sind, solange der Mobbende aufgrund seines Verhaltens gegenüber dem Mobbingopfer

1055 Ebenso *Mühe*, S. 201.

1056 *Meschkutat/Stackelbeck/Langenhoff*, S. 104.

1057 *Honsa*, Rn. 310 m. w. N.; *Leymann* (2006), S. 123; *Leymann/Niedl*, S. 77 f.; vgl. insbes. auch den eingangs dieser Arbeit als dramatisch endendes Mobbingbeispiel dargestellten „Münchner Polizistinnenfall“: Dieser war bzgl. des Vorwurfs der fahrlässigen Tötung Gegenstand staatsanwaltschaftlicher Ermittlungen, welche jedoch gem. § 170 Abs. 2 StPO eingestellt wurden, mit der Begründung, es sei kein ausreichender Anlass zur Erhebung der öffentlichen Klage vorhanden, da der Mobbingtäter die Suizidabsichten der Polizistin nicht habe erkennen können (Einstellungsvermerk der Staatsanwaltschaft München v. 09.12.1999, Geschäftsnr. 123 Js 10953/99, S. 2, zit. nach *Mühe*, S. 202 Fn. 620; OLG München v. 20.09.2001 - 1 U 2443/01, S. 4); dazu u. zum Voranstehenden ebenso *Mühe*, S. 201 f. Vgl. außerdem weitere Beispiele mobbingbedingter Suizidfälle *Honsa*, Rn. 311 ff.

1058 *Leymann* (2006), S. 22; *Mühe*, S. 202; *Wolmerath*, Rn. 72.

1059 *Mühe*, S. 202.

dessen Suizidentschluss jedenfalls (mit-)verursacht oder dessen psychische Konstitution, die schließlich den Suizid nach sich zieht, jedenfalls mitbeherrscht hat.[1060]

b) Mittelbare Täterschaft oder straflose Teilnahme

Da die Tötungsdelikte nur die Tötung eines anderen Menschen unter Strafe stellen, kommt eine aktive Teilnahme, also Anstiftung und psychische bzw. physische Beihilfe, am Suizid wegen der fehlenden tatbestandsmäßigen Haupttat i. S. d. §§ 26, 27 i. V. m. § 11 Abs. 1 Nr. 5 StGB von vornherein nicht in Betracht.[1061] Deshalb ist eine offenkundige Mitverantwortung am Suizid des Betroffenen in Form des Veranlassens oder Förderns nur dann strafrechtlich von Belang, wenn der Veranlasser oder Förderer die Rolle eines mittelbaren Täters gemäß § 25 Abs. 1 Alt. 2 StGB einnimmt, was voraussetzt, dass sich das Gesamtgeschehen als Werk des steuernden Hintermannes darstellt, dieser also den Suizidenten in der Hand hat.[1062] Zur Erfüllung dieser Voraussetzung darf der Suizident nicht freiverantwortlich handeln, er muss also nicht fähig gewesen sein, einen freien und eigenverantwortlichen Willensentschluss für oder gegen den Suizid zu fassen.[1063]

Nach der vorzugswürdigen *Einwilligungstheorie*[1064] zur Bestimmung des Maßstabes der Freiverantwortlichkeit des Selbsttötungsentschlusses müssen für eine freiverantwortliche Willensentscheidung die Voraussetzungen der rechtfertigenden Einwilligung entsprechend gegeben sein und der Entschluss zum Suizid muss das ernstliche Verlangen nach dem eigenen Tod zu erkennen geben.[1065]

Im Falle von Mobbing, das in einer Selbsttötung des Betroffenen zum Erliegen kommt, wird häufig keine freiverantwortliche Willensbildung des Suizidenten angenommen werden können, weil die Betroffenen vielmals aus großer Verzweiflung, tiefer Traurigkeit, Hoffnungslosigkeit oder aufgrund fehlenden Selbstvertrauens handeln.[1066] Innerhalb eines Mobbinggeschehens erscheint der Freitod dem Betroffenen dann als Befreiung aus einer als ausweglos empfundenen Lage.[1067] Nicht selten verzweifelt der Suizi-

1060 *Mühe*, S. 202 f.; vgl. demgegenüber Fälle strafrechtlicher Unerheblichkeit, wenn der Suizidentschluss durch das Mobbing weder herbeigeführt noch bekräftigt, sondern unbeschadet des Mobbingprozesses, etwa allein aus rein persönlich-privaten Gründen, gefasst wurde: *Mühe*, S. 203 m. w. N.

1061 BGH, Urt. v. 12.02.1952 - 1 StR 59/50, BGHSt 2, 150 (152); BGH, Urt. v. 16.05.1972 - 5 StR 56/72, BGHSt 24, 342 (43 f.); BGH, Urt. v. 04.07.1984 - 3 StR 96/84, BGHSt 32, 367 (371); BGH, Urt. v. 07.02.2001 - 5 StR 474/00, NJW 2001, 1802 (1803).

1062 Lackner/Kühl-*Kühl*, Vor § 211 Rn. 13.

1063 *Mühe*, S. 203 f. m. w. N.; vgl. v. a. Lackner/Kühl-*Kühl*, Vor § 211 Rn. 13a m. w. N.; BGH, Urt. v. 05.07.1983 - 1 StR 168/83, BGHSt 32, 38 (41).

1064 Eine ausführliche Streitdarstellung in diesem Zusammenhang zwischen Exkulpationstheorie und Einwilligungstheorie findet sich bei *Mühe*, S. 204 ff. m. w. N.

1065 *Mühe*, S. 209 m. w. N.; Lackner/Kühl-*Kühl*, Vor § 211 Rn. 13a; vgl. auch *Geilen*, JZ 1974, 145 (151 ff.); *Herzberg*, JuS 1974, 374 (378 f.).

1066 *Mühe*, S. 210 f.; vgl. insbes. auch *Groeblinghoff*, in Arentewicz/Fleissner, S. 176; *Leymann* (2006), S. 122; *Wolmerath*, Rn. 72.

1067 Ausführlich dazu *Mühe*, S. 211; vgl. auch *Honsa*, Rn. 310.

dent an dem Glauben, zu nichts mehr zu gebrauchen zu sein.[1068] Häufig kommen noch starke Existenzängste hinzu, wenn durch Mobbing der Wegfall des Arbeitsplatzes und der damit in der Regel zusammenhängende Verlust der gesellschaftlichen Anerkennung und der Existenzgrundlage drohen bzw. dieser bereits eingetreten ist.[1069] Die Betroffenen möchten in erster Linie der für sie oft subjektiv empfundenen Hilflosigkeit, seelischen Erschöpfung und allgemeinen Lebensaussichtslosigkeit sowie der Sorge, noch länger die Arbeitsatmosphäre ertragen zu müssen, entkommen.[1070] Häufig verspürt der Betroffene in dieser Lage einen dem § 35 StGB ähnlichem Nötigungsdruck.[1071] In dem Moment, in dem er den Suizidentschluss trifft, beherrscht ihn häufig eine zwanghafte Verzweiflung, die sich aus einer als hoffnungslos empfundenen Lebenslage ergibt und ihm eine verzerrte Wirklichkeitswahrnehmung beschert.[1072] Wenn sich das Mobbingopfer in einer solchen Situation befindet, kann sein suizidales Verhalten nach der Einwilligungstheorie keinesfalls mehr als frei- und selbstverantwortlich eingeordnet werden. Ebenso ausgeschlossen ist die Freiverantwortlichkeit des Suizidentschlusses in den Mobbingfällen, in denen der Betroffene die beschriebene psychische Zwangslage verspürt und aus einer Kurzschlussreaktion oder Augenblicksstimmung, die auf eine temporäre Krise zurückzuführen ist, heraus handelt.[1073] Demzufolge muss die Freiverantwortlichkeit der Suizidentscheidung in zahlreichen Mobbingsachverhalten aufgrund des seelisch-psychischen Verfassung und der Zwangslage, die der Betroffene empfindet, abgelehnt werden. In solchen Konstellationen hat der Mobbende eine täterschaftliche Stellung inne, wenn er mit seinen Mobbinghandlungen die ausweglose Situation des Betroffenen herbeigeführt hat, die diesen dazu zwingt aus seinem Leben zu entfliehen.[1074] Denn aufgrund der allmählichen mentalen Zermürbung des Mobbingopfers, der Schaffung einer psychischen Zwangslage und dem Verursachen von Angst vor weiteren Mobbingangriffen, deren Auswirkungen und der unerträglichen Arbeitsatmosphäre beherrscht der Mobbende die Entscheidung des Suizidenten mit.[1075]

c) Abgrenzung vorsätzliche Tötung bzw. Mord und fahrlässige Tötung

Der Suizid des Betroffenen stellt kein typisches Mobbingziel dar. Vielmehr geht es dem Mobbenden in erster Linie um das Hinausdrängen des Betroffenen aus seinem Arbeitsverhältnis.[1076] Ferner wird aus Neid oder Eifersucht gemobbt und im Weiteren mittels Mobbing eine Erniedrigung oder Bestrafung des Betroffenen bezweckt.[1077]

1068 *Leymann* (2006), S. 122; *Mühe*, S. 211.

1069 *Wolmerath*, Rn. 72; dazu u. zum Voranstehenden ebenso *Mühe*, S. 211.

1070 *Leymann* (2006), S. 22; *Wolmerath*, Rn. 72; ebenso *Mühe*, S. 211.

1071 *Mühe*, S. 211 m. w. N.; insbes. sinngemäß auch *Schroeder*, S. 124 mit weiteren Beispielen.

1072 *Leymann* (2006), S. 121 f.; *Mühe*, S. 211.

1073 *Mühe*, S. 212 m. w. N.

1074 *Mühe*, S. 212; a. A. *Wolmerath*, Rn. 72, welcher grundsätzlich die Freiverantwortlichkeit des Suizidentschlusses des Betroffenen bejaht.

1075 *Mühe*, S. 212.

1076 *Mühe*, S. 213; als Beispiel für Mobbing mit dem Ziel, den Betroffenen von seinem Arbeitsplatz zu verdrängen: LAG Thüringen, Urt. v. 10.04.2001 – 5 Sa 403/2000, NZA-RR 2001, S. 347 ff.; ebenso *Meschkutat/Stackelbeck/Langenhoff*, S. 118 f.; *Wolmerath*, Rn. 20.

1077 *Mühe*, S. 213 m. w. N.

Mobbende Vorgesetzte beabsichtigen vorwiegend, dass das Mobbingopfer seine Arbeitsstelle von sich aus aufgibt oder ihm der konkrete Arbeitsplatz durch Dritte gekündigt wird.[1078] Nur vereinzelt werden die Mobbenden überhaupt bemerken, dass der Betroffene darüber nachdenkt, einen Suizid zu begehen. Denn zum einen wird sich der Suizident nicht bloßstellen und seine Suizidabsichten offenbaren wollen, welche ohnehin dann nicht für Außenstehende zu erkennen sind, wenn er, wie häufig, aus einer Kurzschlussreaktion heraus agiert, und zum anderen hat der Mobbingtäter zumeist nur einen Tunnelblick hinsichtlich seines eigentlichen Ziels.[1079] Daher ist der Vorsatz in Bezug auf den Suizid des Betroffenen vor allem angesichts der hohen Tötungshemmschwelle und des regelmäßig fehlenden Wissens um die Suizidgefährdung oft nur im absoluten Ausnahmefall gegeben. Eine Strafbarkeit des Mobbenden wegen vorsätzlicher Tötung bzw. Mord wird damit im Fall der Selbsttötung des Betroffenen – wenn überhaupt – nur sehr selten bejaht werden können.[1080] Dies betrifft letztlich eine zu erwägende strafrechtliche Verantwortlichkeit wegen versuchter Tötung (bzw. versuchten Mordes) auch dann, wenn der Suizidversuch nicht gelingt.[1081]

Daneben dürfte jedoch auch die fahrlässige Tötung gemäß § 222 StGB in der Regel mangels objektiver Vorhersehbarkeit und/oder mangels der geforderten Sorgfaltspflichtverletzung scheitern: Was die objektive Vorhersehbarkeit betrifft, wird zum einen der mobbingbedingte Suizidwille erst nach einiger Dauer des Mobbings entstehen, so dass die Suizidgefährdung für den Mobbingtäter frühestens im fortgeschrittenen Mobbingstadium absehbar sein wird. Zum anderen sind die suizidalen Gedanken oftmals schon deshalb nicht zu erwarten, weil die Betroffenen nach außen ihre psychisch labile Verfassung verbergen, um dem Handelnden keine noch größere Verwundbarkeit zu offenbaren und Genugtuung zu verschaffen.[1082] Problematisch gestaltet sich überdies auch die Beurteilung der Sorgfaltspflichtverletzung in den Mobbingfällen, die aus Handlungen bestehen, welche die gesellschaftliche und soziale Ausgrenzung des Betroffenen am Arbeitsplatz beabsichtigen, wie beispielsweise bewusstes Nichtgrüßen, Ignorieren, Nichteinhalten üblicher zwischenmenschlicher Höflichkeiten oder Ausgrenzung des Betroffenen aus dem Arbeitsteam, indem dieser bei Arbeitsgesprächen und außerbetrieblichen Unternehmungen übergangen wird.[1083] In diesem Zusammenhang ist stark zu bezweifeln, ob der Mobbingtäter das Maß an Sorgfalt missachtet, das üblicherweise erforderlich ist, wenn er mit seinem ignorierenden Verhalten fortfährt. Freundliches, höfliches Benehmen sowie die Berücksichtigung von üblichen Gepflogenheiten sollten nämlich angesichts des Verhältnismäßigkeitsgrundsatzes in Verbindung mit der erforderlichen Gewährleis-

1078 *Mühe*, S. 213; *Wolmerath*, Rn. 20.
1079 *Mühe*, S. 213 f.
1080 *Mühe*, S. 214 m. w. N.; ebenso *Wolmerath*, Rn. 72.
1081 *Mühe*, S. 214.
1082 Dazu u. zum Voranstehenden *Mühe*, S. 215.
1083 *Mühe*, S. 217 f.

tung des Handlungsfreiraumes mit strafrechtlichen Mitteln allenfalls sehr restriktiv durchgesetzt werden.[1084]

d) Fazit

Nach dem oben Dargelegten handelt also der Betroffene, der eine mobbingbedingte Selbsttötung begeht, häufig nicht freiverantwortlich. Vielmehr beherrscht der Mobbende das im Suizid mündende Geschehen. Aus diesem Grund scheidet eine Strafbarkeit des Mobbingtäters nicht von Anfang an aus, sondern jeder Einzelfall muss stets einer exakten Beurteilung unterzogen werden. Allerdings wird sich der Mobbende regelmäßig nicht wegen fahrlässiger Tötung und in noch weniger Fällen wegen vorsätzlicher Tötung bzw. Mordes strafbar machen: Zum einen weil er generell nach etwas anderem strebt als nach dem Suizid des Betroffenen und zum anderen für ihn die Suizidalität des Betroffenen oftmals nicht vorhersehbar sein wird.[1085]

III. Weitere Straftatbestände

1. Straftaten gegen die sexuelle Selbstbestimmung gemäß §§ 174 ff. StGB

Potentielle Mobbinghandlungen können auch einen Sexualbezug aufweisen,[1086] so dass sich die Frage nach einer diesbezüglichen strafrechtlichen Verantwortlichkeit des Handelnden stellt.

Innerhalb der Straftaten gegen die sexuelle Selbstbestimmung spielen im Allgemeinen wohl der sexuelle Übergriff, die sexuelle Nötigung bzw. die Vergewaltigung gemäß § 177 StGB die herausragendste Rolle. Allerdings kommt dieser Norm im Zusammenhang mit Mobbing keine besonders große Relevanz zu. Vielmehr stehen in einem Mobbinggeschehen die sexuelle Annäherung sowie verbale sexuelle Offerten und Äußerungen sexuellen Inhalts bzw. verbale Anzüglichkeiten im Vordergrund.[1087]

a) Einführung

Kern des Schutzbereichs des 13. Abschnitts des Strafgesetzbuches ist die sexuelle Selbstbestimmung, also die Freiheit der Person, über Ort, Zeit, Form und Partner sexueller Betätigung frei zu bestimmen. Hierin ist die Freiheit, sich *gegen* konkrete sexuelle Betätigung zu entscheiden, notwendig enthalten.[1088] Diese Selbstbestimmung bildet einen Teil des allgemeinen, der Menschenwürde entstammenden Persönlich-

---

1084 *Mühe*, S. 218.

1085 Ebenso dazu u. zum Voranstehenden *Mühe*, S. 218 f.

1086 *Leymann* (2006), S. 34, 90 f.; *Mühe*, S. 56; *Niedl*, S. 26 m. w. N.; Staatsekretariat der Schweiz, S. 29; *Wolmerath*, Rn. 27; ebenso *Kube*, Kriminalistik 1999, 161 (162).

1087 *Mühe*, S. 173; ebenso Teil 1, Kapitel 1, II. 7. b) dieser Arbeit; vgl. insbes. auch die Umfrage der ADS des Bundes unter 667 Personalverantwortlichen und Betriebsräten v. 09.04.2018.

1088 *Fischer*, Vor §§ 174 ff. Rn. 5 m. w. N.

keitsrechts, welches von Art. 2 Abs. 1 GG i. V. m. Art. 1 Abs. 1 GG geschützt wird,[1089] und bleibt in vielfältiger Hinsicht mit der intellektuellen, moralischen und sozialen Identität der Person verbunden, so dass Verletzungen der Grenzen dieses Selbstbestimmungsrechts nachhaltige schädliche Folgen für die seelische und soziale Integration des Betroffenen verursachen können.[1090]

Die meisten Delikte gegen die sexuelle Selbstbestimmung setzen sexuelle Handlungen voraus, welche zudem gemäß § 184h Nr. 1 StGB in Bezug auf das jeweilige geschützte Rechtsgut von einiger Erheblichkeit sein müssen.

Der Begriff der sexuellen Handlung i. S. d. §§ 174 ff. StGB ist gesetzlich nicht festgelegt. Nach ganz herrschender Ansicht in Rechtsprechung und Literatur ist der sexuelle Charakter einer Handlung zu bejahen, wenn diese bereits durch ihr äußeres Erscheinungsbild eine Sexualbezogenheit des Täterverhaltens, das heißt eine Beziehung zum Bereich des Geschlechtlichen offenbart.[1091] Aufgrund der ausschließlich objektiven Interpretation des Begriffs der sexuellen Handlung spielt die weitere Willensrichtung des Täters keine maßgebliche Rolle für das Vorliegen dieses Tatbestandmerkmals, wenn die jeweilige sexuelle Handlung vom bedingten Vorsatz getragen wird.[1092] Nicht um sexuelle Handlungen handelt es sich bei rein verbalen sexuellen Anspielungen bzw. sexualbezogenen Reden und dem Vorzeigen oder Betrachten sexualbezogener Darstellungen.[1093]

Gemäß § 184h Nr. 1 StGB muss die Handlung zudem von einiger Erheblichkeit sein. Dieses Tatbestandsmerkmal ist sowohl normativ, das heißt nach der Bedeutung, als auch quantitativ, also nach Intensität und Dauer, zu verstehen. Außerdem muss eine sozial nicht mehr akzeptable Rechtsgutsbeeinträchtigung vorgenommen worden sein.[1094] Durch diese Einschränkung sollen unerhebliche Beeinträchtigungen der Freiheit der sexuellen Selbstbestimmung als tatbestandslos ausgeschlossen werden. Dies ist jedoch bereits das Ergebnis einer Auslegung des einzelnen Tatbestands der §§ 174 ff. StGB hinsichtlich des jeweils geschützten Rechtsguts unter Berücksichtigung des Verhältnismäßigkeitsgrundsatzes.[1095]

Als erheblich gilt dabei etwa das Entblößen oder Betasten des Geschlechtsteils auch beim bekleideten Opfer,[1096] wohingegen als nicht erheblich „lediglich ungehörige handgreifliche Zudringlichkeiten"[1097], wie beispielsweise das Streicheln der bekleide-

1089 BT-Drs. 18/8210, S. 7.
1090 *Fischer*, Vor §§ 174 ff. Rn. 5.
1091 *Laubenthal*, Rn. 102 f. m. w. N.
1092 *Laubenthal*, Rn. 105 ff. m. w. N.
1093 *Fischer*, § 184h StGB Rn. 2.
1094 BGH, Urt. v. 24.09.1980 – 3 StR 255/80, BGHSt 29, 336 (339); *Fischer*, § 184h Rn. 2.
1095 *Laubenthal*, Rn. 111; vgl. dazu auch *Fischer*, § 184h Rn. 5.
1096 BGH, Urt. v. 15.10.1987 – 4 StR 420/87, BGHSt 35, 76 (78); BGH, Beschl. v. 30.01.2001 – 4 StR 569/00, NStZ 2001, 370 (371).
1097 BGH, Urt. 18.12.1962 – 5 StR 522/62, BGHSt 18, 169 (170).

ten Oberschenkel[1098] oder der flüchtige Griff an die Genitalien einer bekleideten Person[1099], eingestuft werden.

Problematisch nach alter Rechtslage war in diesem Zusammenhang insbesondere, dass „ungehörige handgreifliche Zudringlichkeiten" („Begrapschen"), wie sie als potentielle Mobbinghandlungen vorkommen können, regelmäßig nur dann die Grenze der Erheblichkeit i. S. d. §§ 174 ff. StGB überschritten haben, sofern diese gewaltsam ausgeführt wurden, was zur Entstehung nicht gewollter Strafbarkeitslücken führen konnte.[1100] Außerdem erschien fraglich, ob durch solche „handgreifliche Zudringlichkeiten" das Recht auf sexuelle Selbstbestimmung tatsächlich nicht wesentlich tangiert wurde, da dieses Recht zum Inhalt hat, dass jede Person selbst entscheiden können soll, ob, wie und mit wem sie in sexueller Art und Weise Umgang hat.[1101] Schließlich wird durch das Selbstbestimmungsrecht als Teil des allgemeinen Persönlichkeitsrechts gemäß Art. 2 Abs. 1 GG die engere persönliche Lebenssphäre des Grundrechtsträgers gewährleistet, was auch einschließt, im weitesten Sinne „in Ruhe gelassen zu werden".[1102] Somit steht das Recht auf sexuelle Selbstbestimmung als Konkretisierung des persönlichen Selbsbestimmungsrechts unter dem Schutz des allgemeinen Persönlichkeitsrechts.[1103]

Hinsichtlich des Eingriffs in das Selbstbestimmungsrecht einer Person wurde schließlich vor der Reform des Sexualstrafrechts auch der objektive Maßstab, der bei der Erheblichkeit einer sexuellen Handlung angelegt wurde, stark kritisiert: Selbstbestimmung bedeutet nämlich, gerade auch eigene Grenzen zu setzen, die von der Umwelt anzuerkennen sind und die bekanntermaßen unterschiedlich ausfallen. Ferner orientiert sich das persönliche Limit auch daran, welche Bedeutung man der Selbstbestimmung hinsichtlich der eigenen Persönlichkeitsentfaltung zukommen lässt.[1104]

Nach alter Rechtslage zählten jedenfalls viele Mobbinghandlungen mit sexuellem Charakter nicht zu den §§ 174 ff. StGB, sondern konnten höchstens aufgrund des Beleidigungstatbestands gemäß § 185 StGB[1105] und/oder unter der zusätzlichen Voraussetzung, dass ein Nötigungsmittel verwendet worden ist, mit § 240 StGB strafrechtlich

1098 BGH, Beschl. v. 30.01.2001 – 4 StR 569/00, NStZ 2001, 370 (371).

1099 BGH, Urt. v. 13.07.1951 – 2 StR 275/51, BGHSt 1, 293 (298).

1100 Vgl. *Fehr*, S. 92 m. w. N.

1101 *Beck*, S. 62; *Fehr*, S. 93 m. w. N.

1102 BVerfG, Urt. v. 16.07.1969 – 1 BvL 19/63, BVerfGE 27, 1 (6); BVerfG, Beschl. v. 02.03.1977 – 2 BvR 1319/76, BVerfGE 44, 197 (203); vgl. auch Sachs-*Murswiek/Rixen*, Art. 2 Rn. 70; ebenso *Fehr*, S. 93 m. w. N.

1103 Vgl. BVerfG, Beschl. v. 21.12.1977 – 1 BvL 1/75, 1 BvR 147/75, BVerfGE 47, 46 (73); BVerfG, Beschl. v. 26.02.2008 – 2 BvR 392/07 (1), BVerfGE 120, 224 (238 f.); BVerfG, Beschl. v. 11.01.2011 – 1 BvR 3295/07, BVerfGE 128, 109 (124); Sodan-*Sodan*, Art. 2 Rn. 6.

1104 *Fehr*, S. 93 m. w. N.

1105 Zu beachten war dabei jedoch stets, dass ein Verhalten, das den Tatbestand eines Sexualdelikts wegen fehlender Erheblichkeit nicht erfüllte, nicht automatisch unter § 185 StGB fiel, sondern als weitere Voraussetzung nach den gesamten Umständen dem Täterverhalten eine herabsetzende Bewertung beigemessen werden musste. Damit schieden die Beleidigungsdelikte als „kleines Sexualstrafrecht" aus, da eine Beeinträchtigung des sexuellen Selbstbestimmungsrechts gerade nicht notwendig einen Angriff auf die Ehre enthält, obwohl beide Rechtspositionen unterschiedliche verfolgt werden.[1106] Inwiefern diesen Aspekten durch die Reform des Sexualstrafrechts Rechnung getragen wurde, soll anschließend erörtert werden.

b) Reform des Sexualstrafrechts 2016

Am 06. Juli 2016 wurde nach langen Diskussionen der Entwurf des Gesetzes zur Verbesserung des Schutzes der sexuellen Selbstbestimmung[1107] verabschiedet, am 07. Juli 2016 wurde dieses Gesetz vom Bundestag beschlossen und seit 10. November 2016 ist es in Kraft getreten. Ausweislich der Beschlussempfehlung des Ausschusses haben die vorgenommenen Änderungen den Zweck, die „Nein-heißt-Nein"-Lösung zu implementieren. Maßgeblich wird nun sein, dass der Wille des Opfers ersichtlich ist und der Täter sich über diesen hinwegsetzt. Es kommt damit also auf den erkennbaren Willen des Opfers an.[1108] Das bedeutet, dass alle sexuellen Handlungen, die gegen den erkennbaren Willen einer anderen Person stattfinden, unter Strafe stehen sollen. Dabei muss der „erkennbare Wille" laut Gesetzesbegründung entweder ausdrücklich verbal oder konkludent, beispielsweise durch Weinen oder Abwehrhandlungen, zum Ausdruck gebracht werden.[1109] Ausschlaggebend ist demnach, dass das Opfer nachvollziehbar darlegen kann, der Handlung ausdrücklich widersprochen zu haben. Grundsätzlich liegt eine Straftat schon dann vor, wenn der Täter dem Willen des Opfers zuwiderhandelt, ohne ihn dabei notwendigerweise aktiv überwinden zu müssen. Das Opfer trägt also nach wie vor das Risiko, dass die Beschuldigungen nicht bewiesen werden können.[1110]

Diese Änderungen entsprechen auch Art. 36 der Istanbul-Konvention[1111] des Europarats,[1112] womit nun auch in Deutschland die Anforderung der Istanbul-Konvention umgesetzt wird. Nach Art. 36 der Istanbul-Konvention haben die Staaten alle nicht einvernehmlichen sexuellen Handlungen unter Strafe zu stellen sowie effektiv zu verfolgen. Es soll nach einer richtungsweisenden Entscheidung des Europäischen Gerichtshofs für Menschenrechte aus dem Jahr 2003[1113], auf welche sich der erläuternde Bericht zur Istanbul-Konvention ausdrücklich bezieht, genügen, wenn eine Sanktionierung wegen nicht einvernehmlicher sexueller Handlungen unter anderem durch Ausle-

---

Aspekte der Personenwürde darstellen: MK-*Renzikowski*, Vor § 174 Rn. 35 m. w. N.; vgl. dazu ebenso *Fehr*, S. 94 Fn. 20.

1106 *Fehr*, S. 94 m. w. N.

1107 BT-Drs. 18/9097.

1108 *Papathanasiou*, JurisPR-StrafR 17/2016 Anm. 1, A; vgl. dazu auch *Hörnle*, NStZ 2017, 13 (14); Lackner/Kühl-*Heger*, Vor § 174 Rn. 14.

1109 Deutscher Bundestag, „Nein heißt Nein" im Sexualstrafrecht, Recht und Verbraucherschutz/Ausschuss v. 06.07.2016.

1110 *Abdi-Herrle*, ZEIT ONLINE v. 07.07.2016, S. 2.

1111 Übereinkommen des Europarats zur Verhütung und Bekämpfung von Gewalt gegen Frauen und häusliche Gewalt (Council of Europe Convention on preventing and combating violence against women and domestic violence) v. 11.05.2011, SEV 210, BGBl. 2017 II, S. 1026 f.; Ratifikation in Deutschland am 12.10.2017.

1112 Lackner/Kühl-*Heger*, Vor § 174 Rn. 14.

1113 EGMR, Urt. v. 04.12.2003 – 39272/98, Rn. 161.

gung der nationalen Vorschriften prinzipiell möglich ist, obgleich die Mitgliedstaaten in ihrer nationalen Gesetzgebung Begriffe wie Gewalt, Bedrohung usw. gebrauchen.[1114]

Daneben hatte die Klassifikation aller Tathandlungen des sexuellen Übergriffs auf Menschen mit und ohne Behinderung in einem neu gefassten § 177 StGB die Abschaffung der Vorschrift des sexuellen Missbrauchs widerstandsunfähiger Personen gemäß § 179 StGB zur Folge.[1115] Zudem wurde der Begriff der Vergewaltigung dahingehend erweitert, dass nunmehr auch Tathandlungen dazu zählen, die nicht zugleich eine Nötigung des Opfers beinhalten.[1116]

Als weitere wesentliche Änderung der Reform wurden die (jedoch nur subsidiär eingreifenden) §§ 184i, 184j StGB neu eingeführt, welche die Verbesserung des Schutzes der sexuellen Selbstbestimmung beabsichtigen.[1117] So enthält § 184i StGB einen neuen Straftatbestand der sexuellen Belästigung. Intention dieser gesetzgeberischen Entscheidung war ausweislich der Beschlussempfehlung des Ausschusses, auch Fälle unter Strafe zu stellen, welche zuvor nicht oder höchstens ausnahmsweise als Beleidigung gemäß § 185 StGB erfasst werden konnten. Daneben sind mit § 184i StGB künftig solche Übergriffe strafbar, die bislang nicht als rechtlich erheblich bewertet wurden.[1118] Der ebenfalls neu eingeführte § 184j StGB stellt Fälle unter Strafe, in denen Personen in einer Gruppe zusammen eine andere Person bedrängen, um an ihr die Begehung einer Straftat zu ermöglichen, wenn es zu einer Straftat gemäß § 177 StGB oder § 184i StGB kommt.[1119]

Mit Ausnahme von § 184i StGB, der in einem Mobbinggeschehen wohl die größte Rolle spielen dürfte und der nachstehend noch näher betrachtet wird, soll hier auf die sonstigen Regelungsgegenstände im Einzelnen mangels Relevanz für diese Arbeit nicht näher eingegangen werden.

c) Sexuelle Belästigung gemäß § 184i StGB

Gemäß § 184i Abs. 1 StGB macht sich strafbar, wer eine andere Person in sexuell bestimmter Weise körperlich berührt und dadurch belästigt.

Im Katalog der potentiellen Mobbinghandlungen[1120] sind ausdrücklich sexuelle Belästigungen sowie offene oder als Missgeschick getarnte körperliche Übergriffe ge-

1114 *Papathanasiou*, JurisPR-StrafR 17/2016 Anm. 1, A; dabei vertritt *Deckers*, StV 2017, 410 (410 ff.) m. w. N. – der die Reform ohnehin als misslungen beurteilt – die umstrittene Ansicht, dass die Konvention die Bundesrepublik jedoch nicht verpflichtet habe, eine Norm zu schaffen, die ausdrücklich die Vornahme nicht einverständlicher sexueller Handlungen unter Strafe stellt, auch wenn das Opfer keinen physichen Widerstand leistet.

1115 BT-Drs. 18/9097, S. 2.

1116 BT-Drs. 18/9097, S. 2.

1117 BT-Drs. 18/9097, S. 30.

1118 Dazu u. zum Voranstehenden *Papathanasiou*, JurisPR-StrafR 17/2016 Anm. 1, A; vgl. ebenso Lackner/Kühl-*Heger*, Vor § 174 Rn. 15; ders., § 184i Rn. 1.

1119 BT-Drs. 18/9097, S. 3.

1120 Teil 1, Kapitel 1, II. 5. a) dieser Arbeit bzw. vgl. *Esser/Wolmerath*, S. 29 ff.

nannt,[1121] so dass in diesen Fällen bei Vorliegen der Tatbestandsvoraussetzung eine Strafbarkeit des Mobbenden gemäß § 184i Abs. 1 StGB in Betracht zu ziehen ist.

aa. Systematik und Normzweck

Systematisch wurde die Vorschrift hinter § 184h StGB eingeordnet, weil sie nach ihrem Wortlaut keine „sexuelle Handlung" voraussetzt.[1122] Schließlich war es erklärtes Ziel des Gesetzgebers, die Strafbarkeitsschwelle unter die Grenze der „Erheblichkeit" i. S. d. § 184h StGB herabzusetzen, um zu gewährleisten, dass Handlungen, welche die Schwelle der Erheblichkeit nicht erreichen, zukünftig zweifelsfrei erfasst werden können.[1123]

Rechtsgut des § 184i StGB ist die sexuelle Selbstbestimmung – also das Recht, frei über das „Ob", das „Wann" und das „Wie" einer sexuellen Interaktion zu entscheiden – und Normzweck ist wie bei allen Straftatbetsänden im 13. Abschnitt des StGB deren Schutz.[1124] § 184i StGB soll dabei nur solche Handlungen erfassen, die einen Eingriff in das sexuelle Selbstbestimmungsrecht des Opfers darstellen. Der Täter muss also die Selbständigkeit der Person vermittelt über ihren Körper schädigen und das Opfer quasi „zum Objekt seiner Begierde" machen; allein unsittliche Verhaltensweisen, die das Opfer mühelos abwehren kann, sind nicht ausreichend.[1125]

bb. Tatbestand

(1) Objektiver Tatbestand

Tathandlung des § 184i StGB ist eine körperliche Berührung in sexuell bestimmter Weise. Erforderlich ist also ein Körperkontakt mit dem Opfer, wobei es unerheblich ist, ob die Körperstellen bekleidet sind oder nicht.[1126] Der Täter muss die Berührung nicht notwendig unmittelbar mit einem Körperteil ausführen, sondern kann auch einen Gegenstand verwenden.[1127] Allerdings muss die Berührung in unmittelbarem Kontakt zwischen Täter und Opfer stattfinden, so dass durch Maschinen oder Dritte

1121 *Esser/Wolmerath*, S. 35.

1122 *Fischer*, § 184i Rn. 2; Sch-Sch-*Eisele*, § 184i Rn. 3.

1123 BT-Drs. 18/9097, 30; SK-StGB-*Noltenius*, § 184i Rn. 1 m. w. N.; dies wird zum Teil stark kritisiert (etwa von *Fischer*, § 184i Rn. 2; *Deckers*, StV 2017, 410 (412), der das verfassungsrechtlich verankerte Prinzip der Verhältnismäßigkeit berührt sieht und die Frage aufwirft, ob nicht eine Ordnungswidrigkeit die richtige Lösung gewesen wäre), während nach Lackner/Kühl-*Heger*, § 184i Rn. 1 der Einsatz des Strafrechts hier nicht per se verfehlt erscheint und eine Parallele zur Einfügung des Graffiti-Tatbestandes in § 303 Abs. 2 StGB gezogen wird, welcher auch dann eingreift, wenn zwar das Eigentum geschädigt, die Substanzverletzung aber nicht gegeben ist.

1124 MK-*Renzikowski*, § 184i Rn. 1; SK-StGB-*Noltenius*, § 184i Rn. 2.

1125 SK-StGB-*Noltenius*, § 184i Rn. 2 m. w. N.

1126 *Fischer*, § 184i Rn. 3; MK-*Renzikowski*, § 184i Rn. 7; SK-StGB-*Noltenius*, § 184i Rn. 4 m. w. N.; vgl. dazu auch *Hörnle*, NStZ 2017, 13 (20).

1127 *Fischer*, § 184i Rn. 3; MK-*Renzikowski*, § 184i Rn. 7; SK-StGB-*Noltenius*, § 184i Rn. 4 m. w. N.

ausgeführte Handlungen nicht genügen, da es sich bei § 184i StGB um ein eigenhändiges Delikt handelt.[1128]

Des Weiteren muss die Berührung (objektiv) „in sexuell bestimmter Weise" vorgenommen werden. Dies ist der Fall, wenn die Annäherung schon dem äußeren Erscheinungsbild nach einen sexuellen Bezug erkennen lässt, womit vor allem Berührungen von primären und sekundären Geschlechtsmerkmalen - auch oberhalb der Kleidung - gemeint sind.[1129] Ausnahmen davon im Rahmen alltäglicher Abläufe können etwa physische Untersuchungen, Anproben von Kleidungsstücken oder körperliche Hilfestellungen sein.[1130]

Uneinigkeit besteht darüber, ob auch die Motivation des Täters über den sexuellen Charakter der Handlung entscheiden kann. Nach einer Ansicht soll dies nicht der Fall sein, maßgeblich sei hiernach vielmehr das allgemeine Verständnis, insbesondere die sozio-kulturell bestimmte Bedeutung der berührten Körperstelle und damit eine objektive Betrachtungsweise.[1131] Die Handlung müsse sexuell relevant sein, womit solche Annäherungen gemeint sind, denen üblicherweise eine bestehende intime (sexuelle) Beziehung zugrunde liegt. Dazu zählen etwa Berührungen des Genitalbereichs oder der Brust, während ein bloßer Kuss auf die Wange oder die Stirn oder ein kurzes Berühren des Gesäßes nicht genügen.[1132] Nach dieser Auffassung hätte die Kombination aus der Zugrundelegung der Motive des Täters für „sexuell bestimmt" und des subjektiven Empfindens des Opfers für „belästigt" einen sehr weiten Anwendungsbereich zur Folge. Erfasst würden sozialübliche, jedoch erfolglose körperliche Annäherungen, etwa wenn jemand mit dem Ziel „einverständlichen Sexualkontakts" einer anderen Person den Arm um die Schulter oder die Hand auf das Bein legt, dann aber erkennen muss, dass das Interesse nur einseitig ist. Konsequenz der weiten Auslegung wäre eine Gesellschaft mit strikter körperlicher Distanz, in der sexuelles Interesse ausschließlich verbal bekundet werden dürfte. Ob dies wünschenswert ist, scheint fraglich, allerdings würde mit solchen erzieherischen Vorgaben die Aufgabe des Strafrechts unzweifelhaft überstrapaziert.[1133]

Nach anderer Ansicht werden demgegenüber auch Berührungen erfasst, die subjektiv sexuell bestimmt sind, also nach den Umständen des Einzelfalls ein „sexuelles" Gepräge haben, insbesondere solche, mit denen der Täter ein sexuelles Interesse an einer Person kundtun oder sexuell werbend auf diese einwirken möchte. Beispiele dafür sind Küsse auf den Mund oder Hals, das Anfassen von Brust oder Gesäß oberhalb der Kleidung sowie das Herandrängen an eine Person.[1134] Doch auch nach dieser Mei-

1128 *Fischer*, § 184i Rn. 3.

1129 *Fischer*, § 184i Rn. 4; Sch/Sch-Eisele, § 184i Rn. 6.

1130 *Fischer*, § 184i Rn. 4.

1131 MK-*Renzikowski*, § 184i Rn. 8, 10 m. w. N.; Sch/Sch-*Eisele*, § 184i Rn. 5; SK-StGB-*Noltenius*, § 184i Rn. 5; ebenso *Hörnle*, NStZ 2017, 13 (29).

1132 SK-StGB-*Noltenius*, § 184i Rn. 5 m. w. N.; vgl. auch Lackner/Kühl-*Heger*, § 184i Rn. 2; ebenso *Hörnle*, NStZ 2017, 13 (29).

1133 *Hörnle*, NStZ 2017, 13 (29).

1134 *Fischer*, § 184i Rn. 5.

nung sollten Verhaltensweisen mit allenfalls schwachem sexuellem Bezug, z. B. das Streicheln von Arm oder Wange oder das sprichwörtliche „Hand-aufs-Knie-Legen" nach den üblichen Kriterien für eine Strafbarkeit nicht ausreichen.[1135]

Obgleich die Grenzziehung für die Praxis zahlreiche Probleme aufwirft,[1136] sollte man sich grundsätzlich wohl an dem vom Gesetzgeber mit dieser Vorschrift verfolgten Zweck orientieren: Ausweislich der Begründung der Beschlussempfehlung ist das Merkmal „in sexuell bestimmter Weise" als „sexuell motiviert" zu verstehen, was der Fall sein sollte, „wenn der Täter das Opfer an den Geschlechtsorganen berührt oder Handlungen vornimmt, die typischerweise eine sexuelle Intimität zwischen den Beteiligten voraussetzen (z. B. Küssen des Mundes oder des Halses, ‚Begrapschen' des Gesäßes)."[1137] Dennoch wird wohl ein nicht unerheblicher Beurteilungsspielraum für den Tatrichter verbleiben, in welchem konkrete Feststellungen zur fraglichen Handlung zu treffen sind.[1138] Keine große Relevanz sollte es jedenfalls haben, wenn der Täter – wie bei Mobbing denkbar – über die Belästigung hinaus gerade keinen Erfolg erzielen möchte, etwa in Wirklichkeit nicht beabsichtigt, in eine (engere) sexuelle Beziehung zum Opfer zu treten. Insoweit dürfte in Mobbingkonstellationen die Fallgruppe der primär subjektiv sexuell bestimmten Berührung höchstens geringe Bedeutung erlangen.

Als Taterfolg muss der Täter das Opfer schließlich durch die Berührung belästigen. Nach der Gesetzesbegründung ist Maßstab für die Belästigung, ob das Opfer durch die Handlung des Täters in seinem Empfinden nicht unerheblich beeinträchtigt wurde. Keine Belästigung liege vor, wenn die betroffene Person eingewilligt habe oder der Vorgang bei ihr lediglich „Interesse, Verwunderung oder Vergnügen" hervorrufe.[1139] Erforderlich soll also sein, dass es bei dem Belästigten zu einer unangenehmen, nicht erwünschten, jedenfalls mehr als bloß augenblicks- und zufallsmäßig eintretenden Beeinträchtigung des Wohlbefindens, des Autonomiegefühls und/oder der Ungestörtheit kommt.[1140] Die Belästigung kennzeichnet die Missachtung der sexuellen Selbstbestimmung der betroffenen Person, wobei für die Unerwünschtheit der Berührung der erkennbar fehlende Wille des Opfers maßgebend ist.[1141]

Darüber hinaus ist die Berührung „sexuell", wenn sie die sexuelle Selbstbestimmung des Opfers tangiert. Es ist nämlich gerade Ausdruck der sexuellen Selbstbestimmung, derartige Handlungen zuzulassen oder abzulehnen. Wenn der Täter solche Handlungen vornimmt, ohne dass das Opfer eine diesbezügliche Entscheidung treffen kann, bzw. er sich über eine ablehnende Entscheidung des Opfers hinwegsetzt, verletzt er die sexuelle

1135 *Fischer*, § 184i Rn. 5a.
1136 Vgl. *Renzikowski*, NJW 2016, 3553 (3557).
1137 BT-Drs. 18/9097, S. 31.
1138 MK-*Renzikoski*, § 184i Rn. 8 m. w. N.
1139 BT-Drs. 18/9097, S. 30; ebenso SK-StGB-*Noltenius*, § 184i Rn. 6 m. w. N.; Lackner/Kühl-*Heger*, § 184i Rn. 3.
1140 *Fischer*, § 184i Rn. 6.
1141 MK-*Renzikowski*, § 184i Rn. 9.

Selbstbestimmung des Opfers.[1142] Demgegenüber sind bloße Ärgernisse, Ungehörigkeiten oder Distanzlosigkeiten wie z. B. das einfache „In-den-Arm-Nehmen" oder der schlichte Kuss auf die Wange nicht ohne Weiteres dazu geeignet, die sexuelle Selbstbestimmung zu beeinträchtigen. Insoweit sind andere Bereiche des allgemeinen Persönlichkeitsrechts aus Art. 2 Abs. 1 GG i. V. m. Art. 1 Abs. 1 GG betroffen, die nicht dem engeren Kern der sexuellen Selbstbestimmung angehören.[1143]

Nach überwiegender Ansicht soll eine rein subjektive Betrachtung kein Kriterium dafür sein können, ob ein strafrechtsrelevanter Freiheitseingriff gegeben ist oder nicht, da es für die Überschreitung der Strafbarkeitsgrenze nicht auf die Befindlichkeiten bzw. die Konstitution des Opfers ankommen dürfe, ob sich dieses belästigt fühlt oder nicht. Hinsichtlich der Bewertung der Körperberührung als sexuelle Handlung ist daher von einem objektiven Maßstab auszugehen.[1144]

Darüber hinaus scheidet ein Tatbestandsausschluss wegen Sozialadäquanz aus, da der Gesetzgeber bewusst auf die Erheblichkeit der mit dieser Norm umschriebenen sexuellen Handlungen verzichtet hat.[1145]

Von den befragten Beschäftigten der im Auftrag der Antidiskriminierungsstelle (ADS) des Bundes durchgeführten Studie erlebten 19 Prozent der Frauen sowie 12 Prozent der Männer unerwünschte körperliche Annäherungen und Berührungen.[1146] Als Ort der sexuellen Belästigungen wurden in erster Linie das Büro und gesellschaftliche Veranstaltungen wie etwa Betriebsfeiern genannt.[1147] Da es sich bei diesen beschriebenen körperlichen Annäherungen um den von § 184i Abs. 1 StGB geforderten „Körperkontakt in sexuelle bestimmter Weise" handelt und die Berührungen nach Aussagen der Befragten gerade nicht gewollt waren, somit also auch der notwendige Taterfolg, „das (sexuelle) Belästigen", vorliegt, können in diesen Fällen Mobbinghandlungen auch eine sexuelle Belästigung i. S. d. § 184i StGB darstellen.

(2) Subjektiver Tatbestand

Für den subjektiven Tatbestand genügt bedingter Vorsatz, so dass dem Täter also die sexuelle Bedeutung seines Verhaltens bewusst sein muss.[1148] Es ist erforderlich, dass sich der Vorsatz auf die körperliche Berührung, deren sexuelle Bestimmung sowie den Taterfolg der Belästigung bezieht, womit alle Handlungen ausscheiden, die der Täter in der irrigen Annahme vornimmt, die andere Person sei mit der Berührung einverstanden, werde sie als Kompliment oder willkommenen Ausdruck der

1142 BT-Drs. 18/9097, S. 30.

1143 BT-Drs. 18/9097, S. 30.

1144 MK-*Renzikowski*, § 184i Rn. 10; SK-StGB-*Noltenius*, § 184i Rn. 6 m. w. N.; kritisch dagegen BGH, Beschl. v. 13.03.2018 – 4 StR 570/17, NJW 2018, 2655 (2656), der eine gemischt objektiv-subjektive Auslegung vornimmt, sowie *Fischer*, § 184i Rn. 7 m. w. N. und Sch/Sch-*Eisele*, § 184i Rn. 8, die ein subjektives Empfinden als Maßstab befürworten.

1145 Lackner/Kühl-*Heger*, § 184i Rn. 2; vgl. dazu auch *Fischer*, § 184i Rn. 12.

1146 ADS des Bundes, Umfrage unter Beschäftigten, S. 5.

1147 ADS des Bundes, Umfrage unter Beschäftigten, S. 9.

1148 MK-*Renzikowski*, § 184i Rn. 11 m. w. N.; SK-StGB-*Noltenius*, § 184i Rn. 7.

Wertschätzung auffassen.[1149] Entsprechenden Behauptungen ist dennoch nicht ohne Weiteres Glauben zu schenken, da es durchaus einen gewissen sozialen Standard für Flirts oder den Umgang in Beziehungen gibt, wozu es definitiv nicht gehört, Personen oder Arbeitskolleginnen in den Hintern zu kneifen.[1150] Gerade letzteres kann bei Mobbing eine nicht unwesentliche Rolle spielen, so dass diesbezügliche Unterstellungen in einem konkreten Mobbingfall besonders gut überprüft werden müssen.

cc. Rechtswidrigkeit

Ein Einverständnis schließt bereits den Tatbestand aus, es findet dann nämlich keine Missachtung der sexuellen Selbstbestimmung statt. Ebenso tatbestandslos sind daneben Berührungen im Rahmen hoheitlicher Eingriffe, wie etwa bei einer körperlichen Durchsuchung (gemäß §§ 102, 103 StPO bzw. nach Polizeirecht), da in diesen Fällen alle Berührungen, die aufgrund des Durchsuchungszwecks veranlasst sind, nicht in „sexuell bestimmter Weise" vorgenommen werden.[1151] Letzteres hat jedoch in einem Mobbinggeschehen keine Bedeutung. Darüber hinaus berichteten die befragten Beschäftigten gerade von unerwünschten Handlungen,[1152] weshalb in der Regel auch ein Einverständnis des Betroffenen ausgeschlossen werden kann.

dd. Täterschaft und Teilnahme

Bei der Tat des § 184i StGB handelt es sich um ein eigenhändiges Delikt. Bei einem solchen macht sich nur derjenige strafbar, der die körperliche Berührung persönlich tätigt. Darüber hinaus gelten für die Teilnahme die allgemeinen Regeln.[1153] Der Mobbende muss das Mobbingopfer also selbst sexuell belästigen, so dass als Täter hier nur ein Einzeltäter in Betracht kommt. Insbesondere mittelbare Täterschaft ist ausgeschlossen. Sofern mehrere Beteiligte derartige Mobbinghandlungen vornehmen, bleibt neben Mittäterschaft[1154] jedoch eine Teilnahme durch Anstifter bzw. Gehilfen möglich, was je nach Konstellation im Einzelfall zu prüfen ist.

ee. Konkurrenzen

Gemäß § 184i Abs. 1 StGB ist der Tatbestand subsidiär gegenüber anderen Straftatbeständen, die eine schwerere Strafe vorsehen. Demnach wird § 184i StGB nicht nur von §§ 176, 176a, 177 StGB, sondern auch von §§ 223 ff., 240 StGB verdrängt.[1155] Bei

---

1149 *Fischer*, § 184i Rn. 8; Lackner/Kühl-*Heger*, § 184i Rn. 4.

1150 MK-*Renzikowski*, § 184i Rn. 11; anders *Fischer*, § 184i Rn. 9.

1151 MK-*Renzikowski*, § 184i Rn. 12; SK-StGB-*Noltenius*, § 184i Rn. 8; abweichend *Fischer*, § 184i Rn. 13, wonach eine Rechtfertigung denkbar sei.

1152 Vgl. ADS des Bundes, Factsheet, S. 2; ADS des Bundes, Umfrage unter Beschäftigten, S. 5.

1153 MK-*Renzikowski*, § 184i Rn 13; SK-StGB-*Noltenius*, § 184i Rn. 9.

1154 Deren Möglichkeit bejahend *Fischer*, § 184i Rn. 15; Lackner/Kühl-*Heger*, § 184i Rn. 5; verneinend Sch/Sch-*Eisele*, § 184i Rn. 13.

1155 BGH, Beschl. v. 13.03.2018 – 4 StR 570/17, NJW 2018, 2655 (2657 f.); *Fischer*, § 184i Rn 16; MK-*Renzikowski*, § 184i Rn. 14; SK-StGB-*Noltenius*, § 184i Rn. 13; a. A. Sch/Sch-*Eisele*, § 184i Rn. 14.

Vorliegen einer Strafbarkeit wegen Körperverletzung aufgrund von Mobbinghandlungen,[1156] tritt dahinter also der Tatbestand der sexuellen Belästigung zurück. Darüber hinaus können §§ 185, 184i StGB in Tateinheit gemäß § 52 StGB stehen, soweit mit dem Verhalten des Mobbenden zugleich eine nach den gesamten Umständen über eine Schamverletzung hinausgehende, selbständige herabsetzende Bewertung des Opfers verbunden ist und damit also auch die Voraussetzungen einer Beleidigung gemäß § 185 StGB erfüllt sind.

ff. Rechtsfolgen

Der Strafrahmen sieht bei § 184i Abs. 1 StGB eine Freiheitsstrafe bis zu zwei Jahren oder eine Geldstrafe vor. Dabei ist in aller Regel eine Geldstrafe zu verhängen, eine Freiheitsstrafe kommt nur unter den Voraussetzungen von § 47 Abs. 1 StGB in Betracht. Innerhalb der Strafzumessung sind insbesondere die psychischen und sozialen Folgen der Tat für das Opfer zu berücksichtigen. Des Weiteren erhöht sich der Handlungsunwert der Tat, wenn der Täter eine Vertrauensstellung ausnutzt oder gegenüber dem Opfer eine übergeordnete Stellung innehat.[1157] Hieran ist insbesondere bei Mobbing durch einen Vorgesetzten[1158] zu denken. Ferner sieht § 184i Abs. 2 StGB einen Strafrahmen bis zu fünf Jahren vor, wenn ein besonders schwerer Fall gegeben ist, wobei als Regelbeispiel die gemeinschaftliche Begehung besonders hervorgehoben wird.[1159] Diese Möglichkeit ist beim sogenannten Gruppen- sowie Rudelmobbing[1160] zu beachten.

gg. Prozessuales

Gemäß § 77 Abs. 2 Nr. 4 StGB verjährt die Tat in fünf Jahren. Nach § 184i Abs. 3 StGB setzt die Strafverfolgung einen Antrag voraus, der gemäß § 77b StGB innerhalb von drei Monaten nach der Tat gestellt werden muss. Damit handelt es sich bei § 184i StGB um ein relatives Antragsdelikt, bei welchem das Strafantragserfordernis entfällt, wenn ein besonderes öffentliches Interesse die Strafverfolgung gebietet. Die Entscheidung darüber liegt im Ermessen der zuständigen Strafverfolgungsbehörde.[1161]

1156 Teil 2, Kapitel 2, II. 1. dieser Arbeit.
1157 MK-*Renzikowski*, § 184i Rn. 15; vgl. auch *Fischer*, § 184i Rn. 14.
1158 Teil 1, Kapitel 1, II. 5. b) bb. (1) dieser Arbeit.
1159 *Fischer*, § 184i Rn. 15; vgl. auch MK-*Renzikowski*, § 184i Rn. 15.
1160 Teil 1, Kapitel 1, II. 5. b) bb. (2), (4) dieser Arbeit.
1161 MK-*Renzikowski*, § 184i Rn. 17 f.; kritisch dazu SK-StGB-*Noltenius*, § 184i Rn. 12, wonach in erster Linie das Opfer über die Strafverfolgung entscheiden sollte, da die Tat allein dessen Intimsphäre berührt.

hh. Fazit

Da bei Mobbing mitunter auch Handlungen mit Sexualbezug vorkommen,[1162] können diese unter den oben genannten Voraussetzungen durchaus den Tatbestand der sexuellen Belästigung nach § 184i StGB erfüllen. Aufgrund der Neugestaltung des Sexualstrafrechts, namentlich des neuen Tatbestands der sexuellen Belästigung gemäß § 184i StGB, welcher insbesondere Taten erfasst, die nicht die Erheblichkeitsschwelle für „sexuelle Handlungen" des § 184h StGB überschreiten,[1163] ist es somit im Gegensatz zu früher möglich, solche Handlungen mit Sexualbezug strafrechtlich zu sanktionieren, die weder den Straftatbestand der Beleidigung nach § 185 StGB erfüllen noch die Erheblichkeitsschwelle des § 184h StGB erreichen.

2. Beleidigung, üble Nachrede und Verleumdung gemäß §§ 185 ff. StGB

Sehr viele Mobbinghandlungen bezwecken eine nachteilige Beeinträchtigung des persönlichen Ehrgefühls oder des sozialen und fachlichen Ansehens des Betroffenen.[1164] Derartige Mobbingangriffe kommen dabei in verbaler oder nonverbaler Form vor: So verbreiten die Mobbenden zum einen Gerüchte und Unwahrheiten, gehen mit Sticheleien, Hänseleien oder Schimpfworten[1165] gegen den Betroffenen vor und zweifeln dessen Kompetenzen, Leistungs- und Einsatzbereitschaft an, indem Arbeitsleistungen nicht richtig beurteilt werden, die Arbeit oft ungerechtfertigt kritisiert und der Betroffene häufig als inkompetent abgestempelt wird.[1166] Daneben agieren Mobbende nonverbal mit Handlungen, die sich gegen das übliche soziale Miteinander richten, wie das Ignorieren des Betroffenen, demonstratives Nichtgrüßen, Ausweichen, Außenvorlassen bei gewöhnlichen gegenseitigen Freundlichkeiten im Kollegenkreis oder die Tabuisierung des Mobbingopfers.[1167] Überdies verwirklichen häufig einzelne Mobbinghandlungen unabhängig von dem Gesamtgeschehen für sich schon einen der Tatbestände der §§ 185 ff. StGB, so dass sich diesbezüglich weniger Beweisprobleme ergeben als etwa bei den Körperverletzungsdelikten.[1168]

Schutzgut der Beleidigungsdelikte gemäß §§ 185 ff. StGB ist die Ehre eines Menschen.[1169] Die Ehre ist nach herrschender Ansicht der sich aus einem sozialen

---

1162 *Esser/Wolmerath*, S. 35; *Kube*, Kriminalistik 1999, 161 (162); *Leymann* (2006), S. 34, 90 f.; *Niedel*, S. 26 m. w. N.; Staatsekretariat der Schweiz, S. 29; *Wolmerath*, Rn. 27; ebenso *Fehr*, S. 91 ff.; *Mühe*, S. 56 f., 172 f.

1163 Deutscher Bundestag, „Nein heißt Nein" im Sexualstrafrecht, Recht und Verbraucherschutz/Ausschuss v. 06.07.2016.

1164 *Leymann* (2006), S. 33 f.; *Meschkutat/Stackelbeck/Langenhoff*, S. 39 f; *Mühe*, S. 155; *Wolmerath*, Rn. 83; *Zapf*, ZfAO 1999, 1 (11).

1165 Bei den Ergebnissen von Umfragen und statistischen Erhebungen ist zu beachten, dass dort wohl nicht vom strafrechtlichen Beleidigungsverständnis i. S. d. § 185 StGB ausgegangen wurde, sondern von dem Begriff der Beleidigung, wie er im allgemeinen Sprachgebrauch genutzt wird, also vorwiegend im Sinne von Schimpfworten; *Mühe*, S. 155 Fn. 368.

1166 *Leymann* (2006), S. 33 f.; *Meschkutat/Stackelbeck/Langenhoff*, S. 39 f.; *Mühe*, S. 155 f.

1167 *Leymann* (2006), S. 33 f.; *Meschkutat/Stackelbeck/Langenhoff*, S. 41; *Mühe*, S. 156.

1168 *Mühe*, S. 156.

1169 *Fischer*, Vor § 185 Rn. 1; *Joecks/Jäger*, Vor § 185 Rn. 1; Lackner/Kühl-*Kühl*, Vor § 185 Rn. 1.

Zuschreibungs- und Anerkennungsverhältnis ergebende Anspruch auf Achtung des Werts einer Person und der dem Menschen berechtigterweise gebührende soziale Geltungswert bzw. der daraus folgenden Achtungswürdigkeit eines Menschen.[1170]

a) Beleidigung gemäß § 185 StGB

Laut der bundesweiten Repräsentativstudie mussten 36 Prozent der Befragten während eines Mobbingprozesses Beleidigungen über sich ergehen lassen.[1171] Als Mobbinghandlungen sind Beleidigungen häufiger bei Arbeitern und Personen mit niedrigem Tätigkeitsniveau zu finden als bei Beamten oder Beschäftigten mit einem hohen Tätigkeitsniveau.[1172] Außerdem werden Mobbinghandlungen in Form von Beleidigungen mit steigendem Alter des Betroffenen weniger und Frauen gaben an, während eines Mobbinggeschehens eher mit Beleidigungen konfrontiert gewesen zu sein als Männer.[1173]

Die Beleidigung gemäß § 185 StGB setzt einen rechtswidrigen Angriff auf die Ehre eines anderen durch vorsätzliche Kundgabe von Miss-, Gering- oder Nichtachtung voraus.[1174] Ein solcher Angriff ist dann gegeben, wenn dem Betroffenen der sittliche, personale oder soziale Geltungswert durch das Zuschreiben von negativen Eigenarten vollständig oder zum Teil aberkannt und ihm diesbezüglich eine Minderwertigkeit beigemessen wird.[1175] Die äußerste Grenze hinzunehmender Angriffe auf den Achtungsanspruch bildet die in Art. 1 GG festgeschriebene Menschenwürde,[1176] unterhalb deren der ehrverletzende Charakter der Kundgabe einzelfallbezogen und unter Berücksichtigung der gesamten Begleitumstände umfassend zu begutachten ist.[1177] Für die Beurteilung des ehrverletzenden Charakters ist maßgeblich, wie ein verständiger Dritte die Äußerung auffasst.[1178] Dieser objektive Maßstab ist vor allem bei potentiellen Beleidigungshandlungen innerhalb eines Mobbinggeschehens unverzichtbar, da der

---

1170 *Fischer*, Vor § 185 Rn. 4 m. w. N.; Sch/Sch-*Eisele/Schittenhelm*, Vor §§ 185 ff. Rn. 1 m. w. N.; vgl. auch *Wessels/Hettinger/Engländer*, Rn. 520.

1171 *Meschkutat/Stackelbeck/Langenhoff*, S. 39, wobei jedoch zu bedenken ist, dass die Befragten rein subjektive Angaben machten und schon aus strafrechtlicher Unkenntnis heraus nicht vom strafrechtlichen Beleidigungsbegriff ausgingen.

1172 *Meschkutat/Stackelbeck/Langenhoff*, S. 44 ff.; dazu u. zum Voranstehenden ebenso *Mühe*, S. 157.

1173 *Meschkutat/Stackelbeck/Langenhoff*, S. 42 f., wobei jedoch weiterhin zu beachten ist, dass die Statistik auf Befragungen der Betroffenen beruht und Frauen Äußerungen zum Teil schneller als Beleidigung empfinden als Männer; ebenso *Mühe*, S. 157.

1174 BGH, Urt. v. 29.05.1951 – 2 StR 153/51, BGHSt 1, 288 (289); *Fischer*, § 185 Rn. 2, 4; *Kindhäuser*, LPK, § 185 Rn. 4; Lackner/Kühl-*Kühl*, § 185 Rn. 3 m. w. N.; Sch/Sch-*Eisele/Schittenhelm*, § 185 Rn. 2 m. w. N.

1175 BGH, Urt. v. 15.03.1989 – 2 StR 662/88, BGHSt 36, 145 (148); OLG Düsseldorf, Beschl. v. 07.07.1989 – 5 Ss 250/89 – 101/89 I, NJW 1989, 3030 (3030); Lackner/Kühl-*Kühl*, Vor § 185 Rn. 1, § 185 Rn. 4; *Tenckhoff*, JuS 1988, 199 (201 f.); zu anderen vertretenen Ehrbegriffen *Fischer*, Vor § 185 Rn. 3; außerdem zum Ehrbegriff *Amelung*; ebenso *Mühe*, S. 158 m. w. N.

1176 Vgl. *Fischer*, Vor § 185 Rn. 5, § 185 Rn. 3 m. w. N.

1177 *Joecks/Jäger*, § 185 Rn. 6 m. w. N.; OLG Köln, Urt. v. 18.11.1980 – Ss 824/80, NStZ 1981, 183 (184); OLG Düsseldorf, Beschl. v. 04.03.1998 – 5 Ss 47–98 – 25–98 II, NJW 1998, 3214 (3215); ebenso *Mühe*, S. 158 m. w. N.

1178 BGH, Urt. v. 18.02.1964 – 1 StR 572/63, BGHSt 19, 235 (237); *Fischer*, § 185 Rn. 8; ebenso *Mühe*, S. 158 m. w. N.

Betroffene durch den Mobbingprozess häufig insofern sensibilisiert wird, als er möglicherweise jedes Verhalten als einen weiteren (Mobbing-)Angriff interpretiert.[1179] Im Folgenden werden daher die relevantesten Beleidigungshandlungen im Zusammenhang mit Mobbing sowie deren Problemschwerpunkte behandelt.[1180]

aa. Schimpfworte und entwürdigende Äußerungen

In einem Mobbinggeschehen lassen sich als ehrenrührige Werturteile häufig Mobbinghandlungen in Form von Schimpfworten oder anderen demütigenden Bezeichnungen finden. Beispielsweise nannte der Vorgesetzte im „Münchner Polizistinnenfall"[1181] die Polizistin unter anderem „Flachzange" und „Bauerntrampel". In weiteren Mobbingsachverhalten wurde der Betroffene von seinem mobbenden Vorgesetzten permanent als „Dussel", „faules Schwein" und „dummes Schwein" bezeichnet[1182] oder mit Ausdrücken wie „Sie lahmes Arschloch", „Können Sie denn überhaupt nichts richtig machen?" und „Sie Erfurter Puffbohne" angefahren.[1183] Solche Bemerkungen sind regelmäßig als Beleidigung i. S. d. § 185 StGB zu werten, weil damit der Vorwurf fundamentaler menschlicher Unzulänglichkeit erhoben wird, indem das Denkvermögen oder die Befähigung zum verantwortungsvollen Handeln in Abrede gestellt oder der Betroffene beschuldigt wird, sozialethische Pflichtverletzungen begangen zu haben.[1184]

Daneben kommt es innerhalb eines Mobbinggeschehens auch zu Verlautbarungen, die darauf abzielen, dem Betroffenen die Kompetenz abzuerkennen, seinen Beruf richtig auszuüben.[1185] Beispielhaft sei hier wieder auf den eingangs dargestellten „Münchner Polizistinnenfall"[1186] verwiesen: In diesem bekundete der Vorgesetzte wiederholt, dass Frauen für den Polizeidienst nicht geeignet seien.[1187] Außerdem hielt er der Polizistin vor, sie habe die Anstellungsprüfung ohnehin nur bestanden, indem sie mit jedem Prüfer im Bett war, weil sie ansonsten ohnehin zu dumm sei.[1188] Solche

1179 *Mühe*, S. 158 f.

1180 Eine ausführliche Auseinandersetzung mit dieser Thematik findet sich bei *Mühe*, S. 159 ff.

1181 Teil 1, Kapitel 1, II. 1. b) dieser Arbeit.

1182 Dieser Fall war Gegenstand des arbeitsgerichtlichen Verfahrens des LAG Sachsen-Anhalt, Urt. v. 27.01.2000 – 9 Sa 473/99, juris: Dabei kam das Gericht zu der Auffassung, dass der Vorgesetzte mit den Äußerungen den „rauen Ton unter den Kollegen" weit überschritten und damit den Tatbestand der Beleidigung verwirklicht hat.

1183 Der Fall war Gegenstand des arbeitsgerichtlichen Verfahrens vor dem LAG Thüringen, Urt. v. 15.02.2001 – 5 Sa 102/00, NZA-RR 2001, S. 577 ff.; vgl. ebenso als Beispielsfall LAG Berlin, Urt. v. 07.11.2002 – 16 Sa 938/02, juris, Rn. 41; dazu u. zum Voranstehenden ebenso *Mühe*, S. 159 f.

1184 *Mühe*, S. 160 m. w. N.; vgl. insbes. zum Vorliegen einer Beleidigung im „Münchner Polizistinnenfall" aufgrund der Bezeichnung der Polizistin als „Flachzange" und „Bauerntrampel" OLG München v. 20.09.2001 – 1 U 2443/01, S. 4; außerdem OLG Koblenz, Beschl. v. 29.07. 1998 – 1 Ss 165/99, NStZ-RR 2000, 44 (44 f.): „Beschimpfung mit: zu blöd, das zu lesen".

1185 *Mühe*, S. 160.

1186 Teil 1, Kapitel 1, II 1. b) dieser Arbeit.

1187 Dies hier unter Vorbehalt der Problematik einer Einzelbeleidigung unter Kollektivbezeichnung, dazu etwa LG Hamburg, Urt. v. 26.07.1978 – 74 O 235/78, NJW 1980, S. 56 ff.; Sch/Sch-*Eisele/Schittenhelm*, Vor §§ 185 ff. Rn. 7 ff.

1188 OLG München v. 20.09.2001 – 1 U 2443/01 sowie Strafbefehl v. 23.12.1999 des AG München Geschäftsnr. 123 Js 10953/99, zit. nach *Mühe*, S. 160.

Aussagen setzen sich über den sozialen Geltungswert des Einzelnen hinweg und sind daher als Beleidigung zu bewerten.[1189]

Allerdings ist bei der Beurteilung von Kraftausdrücken bezüglich ihrer beleidigenden Eigenart zu beachten, dass insbesondere am Arbeitsplatz Schimpfworten nicht immer der objektive Erklärungswert von Miss-, Gering- oder Nichtachtung zu entnehmen ist, weil etwa die Branche, die gesellschaftliche Schicht, die jeweiligen Gepflogenheiten und der übliche Umgangston einer Kundgabe den ehrverletzenden Charakter absprechen können.[1190] Soweit einzelnen Schimpfwörtern die ehrverletzende Eigenart aufgrund der entsprechenden Gepflogenheiten am Arbeitsplatz und des dort dominierenden sozialen Niveaus aberkannt wird, muss dies jedoch mit großer Vorsicht geschehen. Denn der Achtungs- und Ehranspruch jedes Menschen ist der gleiche und besteht unabhängig von der Gesellschaftsschicht, der er angehört.[1191]

bb. Vertragswidrige und verwehrte Aufgabenzuteilung

Weitere häufige Verhaltensweisen innerhalb eines Mobbinggeschehens sind solche, die darauf abzielen, die berufliche Anerkennung, die Kompetenzen des Betroffenen, seine Leistungs- und Einsatzbereitschaft und seine Position im Arbeitsumfeld anzuzweifeln.[1192] Vor allem Führungskräfte nutzen diese Art von Mobbinghandlungen, da sie aufgrund ihrer Position und Befugnisse dazu besonders gut in der Lage sind. So handelt es sich etwa um Mobbing bei der Erteilung von kränkenden, unsinnigen oder solchen Aufgaben, für die der Betroffene überqualifiziert ist sowie bei komplettem Arbeitsentzug, bei dem überhaupt keine Zuweisung von Aufgaben mehr stattfindet.[1193] Die zuletzt genannten Mobbingaktivitäten werden nach der bundesweiten Repräsentativstudie in 18 Prozent der Fälle vorgenommen.[1194] Solche Verhaltensweisen können regelmäßig nicht als beleidigend angesehen werden, weil allein aus der Erteilung von Aufgaben, die sich unterhalb der Qualifikation des Betroffenen bzw. außerhalb des Direktionsrechts[1195] des Arbeitgebers bewegen, noch keine Kundgabe von Missachtung resultiert; dem Betroffenen wird nämlich der Achtungsanspruch, der ihm aufgrund seines Daseins als Mensch zusteht, nicht aberkannt.[1196]

1189 *Mühe*, S. 160 m. w. N.; vgl. ebenso Sch/Sch-*Eisele/Schittenhelm*, § 185 Rn. 2.

1190 OLG Düsseldorf, Urt. v. 02.03.1960 – (2) Ss 934/59 (1047), NJW 1960, 1072 (1072 f.); *Fischer*, § 185 Rn. 8; *Mühe*, S. 160; vgl. dazu auch im Arbeitsrecht *Hoyningen-Huene*, BB 1991, 2215 (2215 f.).

1191 *Mühe*, S. 161.

1192 *Meschkutat/Stackelbeck/Langenhoff*, S. 40 f.; *Mühe*, S. 161.

1193 Vgl. Teil 1, Kapitel 1, II. 1. a) dieser Arbeit, „Sparkassenfall", bzw. LAG Thüringen, Urt. v. 10.04.2001 – 5 Sa 403/2000, NZA-RR 2001, S. 347 ff.: Hier wurde der erfolgreiche Bereichsleiter einer Sparkasse nach einem Wechsel des Vorstandes aufgrund nicht ausreichend begründeter Vorwürfe und anonymer Beschwerden von seinen ursprünglichen Aufgaben entbunden und erhielt das Angebot für eine Tätigkeit, die weit unter seiner bisherigen Position lag; nach deren Ablehnung wurde dem Betroffenen sein Wirkbereich entzogen, er erhielt zunächst keine konkreten Arbeitsanweisungen und sollte schließlich zahlreiche unsinnige Aufgaben erledigen. Ebenso *Mühe*, S. 161 f.

1194 *Meschkutat/Stackelbeck/Langenhoff*, S. 39; *Mühe*, S. 162.

1195 Zum Umfang des Direktionsrechts des Arbeitgebers, welches sich durch Auslegung des Arbeitsvertrages ergibt: *Schaub*, § 45 Rn. 13 ff.

1196 *Mühe*, S. 162.

Im Ausnahmefall kann eine Zuweisung von unterqualifizierten und sinnlosen Tätigkeiten oder der Entzug von Arbeitsaufgaben dann ehrverletzend sein, wenn aus den Umständen der objektive Erklärungswert folgt, dass der Betroffene nicht die Kompetenz besitze, seinen erlernten oder ausgeführten Beruf richtig auszuüben, weil darin die Verletzung seines sozialen Geltungswertes zu sehen ist.[1197]

Nach dem Bundesarbeitsgericht, das eine grundsätzliche Beschäftigungspflicht des Arbeitgebers anerkennt,[1198] bilde es für den Arbeitnehmer eine seine Persönlichkeit beeinträchtigende und seine Ehre verletzende Zumutung, wenn ihm trotz des weiterhin andauernden Arbeitsverhältnisses für längere Dauer die Ausübung seines Berufs vorenthalten werde. Die Achtung und Anerkennung des Arbeitnehmers als Mensch ergebe sich nicht bloß aus dem wirtschaftlichen Wert seiner Leistung, sondern vorwiegend daher, wie er die ihm übertragenen Aufgaben erledige, da ihm das im Berufsleben maßgeblich seine Würde als Mensch verleihe. Dagegen sei der betreffende Arbeitnehmer durch den Zwang zum Nichtstun nicht mehr als vollwertiges Mitglied der Berufsgemeinschaft und der Gesellschaft generell anzusehen und es würde der Eindruck erweckt, die bisherigen Leistungen seien so mangelhaft, dass der Arbeitgeber lieber noch Kosten aufbringe, als die Leistung des Arbeitnehmers entgegenzunehmen.[1199] Außerdem erlangt die Nichtzuweisung von Arbeiten im Rahmen der Beleidigungsdelikte erst dann strafrechtliche Relevanz, wenn sie über längere Zeit andauert und sachlich ungerechtfertigt ist.[1200]

cc. Kritik

Kritik stellt eine der oft ausgeübten Mobbingverhaltensweisen dar, denn unberechtigtes, starkes oder permanentes Kritisieren der Arbeit oder von Vorschlägen kommt in 48 Prozent und das Infragestellen oder unrichtige Bewerten von Leistungen und Entscheidungen des Betroffenen in 57 Prozent der Mobbingfälle vor.[1201] Durch derartige Mobbingangriffe kann der Betroffene als Versager abgestempelt werden, dem es an den fachlichen Kompetenzen mangelt und dessen Art und Weise des Arbeitens letzten Endes eine weitere Belastung für die anderen Beschäftigten bedeutet.[1202]

Zwar ist Kritik an der Arbeit, die sachlich (noch) akzeptabel ist, für den Betroffenen nicht erfreulich, verwirklicht jedoch selbst bei regelmäßiger Vornahme noch nicht den Tatbestand der Beleidigung, weil dadurch nur das von ihm Geleistete und nicht sein persönlicher Achtungsanspruch betroffen wird.[1203] Damit erfüllen nachteilige subjektive Einschätzungen einer Führungskraft dann nicht den Beleidigungstatbe-

1197 *Mühe*, S. 163 m. w. N.; vgl. ebenso Sch/Sch-*Eisele/Schittenhelm*, § 185 Rn. 2 m. w. N.

1198 BAG, Urt. v. 10.11.1955 – 2 AZR 591/54, BAGE 2, 221 (224 f.); BAG, Urt. v. 19.08.1976 – 3 AZR 173/75, BAGE 28, 168 (172 ff.); BAG, Beschl. v. 27.02.1985 – GS 1/84, BB 1985, 1978 (1979 f.).

1199 Ebenso *Mühe*, S. 163 m. w. N.

1200 *Mühe*, S. 163 m. w. N.; vgl. insbes. *Hueck/Nipperdey*, S. 383.

1201 *Leymann* (2006), S. 33 f.; *Meschkutat/Stackelbeck/Langenhoff*, S. 39 f.; *Mühe*, S. 164 m. w. N.

1202 *Meschkutat/Stackelbeck/Langenhoff*, S. 41.

1203 *Mühe*, S. 165 m. w. N.

stand, soweit sie nur die Arbeitsleistung einer ihr unterstellten Person betreffen.[1204] Kritik wird also erst Relevanz für die Beleidigungsdelikte erlangen, wenn sie den persönlichen Geltungsanspruch des Opfers verletzt. So verhält es sich, wenn der Betroffene in seiner Person angegriffen wird, indem ihm zu Unrecht schuldhaftes Scheitern an einer ethischen oder rechtlichen Pflicht oder eine fundamentale Unzulänglichkeit vorgehalten wird. Das ist beispielsweise der Fall, wenn sich der Untergebene die begründeten Vorwürfe des Vorgesetzten in einer entwürdigenden Position, auf eine übertriebene Art und Weise oder in Verbindung mit Schimpfworten gefallen lassen muss.[1205]

dd. Sticheleien und Scherze

Mobbinghandlungen in Form von Sticheleien und Hänseleien, wie beispielsweise das Scherzen über eine Behinderung, die Erscheinung, persönliche Krisen oder das Imitieren von Gang, Stimme, Mimik oder Gesten, um den Betroffenen zu verspotten, kommen zwar mit einem Auftreten in 55 Prozent aller Fälle sehr oft vor,[1206] stellen aber in der Regel keine Beleidigungen dar.[1207] Denn Scherze oder Spott gelten erst dann als ehrverletzend, wenn sich insbesondere aus ihrer Form oder den Rahmenbedingungen, unter denen sie stattfinden, der objektive Sinngehalt entnehmen lässt, der Betroffene könne in einer solchen Art und Weise behandelt werden, weil er minderwertig ist, oder wenn diese Verhaltensweisen den Vorwurf menschlicher Unzulänglichkeit oder sozialethischer Pflichtverletzungen zum Ausdruck bringen.[1208]

ee. Unterlassene Höflichkeitsformen und das Meiden von sozialem Kontakt

An dieser Stelle geht es um Handlungen wie das demonstrative Ignorieren (Weghören, Wegsehen, Übergehen), Nichterwidern eines Grußes, generelles Tabuisieren, Ausschlagen der dargebotenen Hand zum Gruß, der Verzicht auf die Worte „Herr", „Frau" oder des Titels auf der Anschrift oder in einem Dokument.[1209] Weiterhin gehören dazu mögliche Mobbingverhaltensweisen wie das Ausgrenzen von der Alltagskommunikation und das Aussparen gewöhnlicher gegenseitiger Nettigkeiten im Kollegenkreis, Missachten von Fragen, Gesprächswünschen und Hilfeersuchen, das absichtliche Wegsetzen vom Tisch, wenn der Betroffene sich dazugesellen möchte, oder das Nichteinladen zu Betriebsfeiern bzw. zu außerbetrieblichen Aktivitäten.[1210]

Überdies sind Äußerungen nicht nur aktive Vorgänge, wie das Verlassen des Tisches bei Ankunft des Betroffenen, das Wegdrehen des Kopfes, das Versenden eines Briefes

---

1204 *Mühe*, S. 165.

1205 Mit weiteren Beispielen *Mühe*, S. 165 f. m. w. N.

1206 *Meschkutat/Stackelbeck/Langenhoff*, S. 39.

1207 *Mühe*, S. 166 m. w. N.; vgl. ebenso Sch/Sch-*Eisele/Schittenhelm*, § 185 Rn. 2 m. w. N.

1208 *Mühe*, S. 166 m. w. N.; *Fischer*, § 185 Rn. 8a; Sch/Sch-*Eisele/Schittenhelm*, § 185 Rn. 2 m. w. N.

1209 *Leymann* (2006), S. 33 f.; *Meschkutat/Stackelbeck/Langenhoff*, S. 41; *Mühe*, S. 167; vgl. als Beispielsfälle die Mobbingurteile des LAG Baden-Württemberg, Urt. v. 27.07.2001 – 5 Sa 72/0, juris sowie des LAG Hamm, Urt. v. 27.09.2000 – 14 Sa 1163/00, juris.

1210 *Mühe*, S. 167.

ohne korrekte Anrede etc., sondern vielmehr können auch Handlungen wie das Nichterwidern des Grußes, das Nichtergreifen der angebotenen Hand und das generelle Ignorieren einer Äußerung oder Erklärung in Form konkludenten Verhaltens darstellen.[1211] Denn meistens wird durch das Aussparen von anerkannten Höflichkeitsformen und das Meiden von sozialem Kontakt nicht bloß einem bereits initiierten Geschehen einfach der Lauf gelassen, sondern zusätzlich wird eine neue Sachlage im Hinblick auf das zwischenmenschliche Miteinander erzeugt, indem aus den Nicht-Handlungen ein eigener Erklärungswert herausgelesen wird.[1212] Unter Einbeziehung des situativen Kontexts und der das Verhalten begleitenden Umstände ist dann der objektive Sinn bzw. der objektive Erklärungswert dieser nonverbalen Handlungen zu bestimmen.[1213] Dieser muss ehrverletzend sein, um den Beleidigungstatbestand zu erfüllen.[1214]

Obgleich es sich bei dem demonstrativen Ignorieren, Nichtgrüßen und ähnlichen nonverbalen Verhaltensweisen, die nur das Missbilligen des anderen oder die Vermeidung von Umgang mit ihm ausdrücken, unzweifelhaft um unhöfliches und verwerfliches Benehmen handelt, ist darin prinzipiell jedoch noch kein Vorwurf menschlicher Unzulänglichkeit zu sehen, weil Antipathien auch Inhalt des zwischenmenschlichen Miteinanders sind.[1215] Sofern aus der Bewertung derartiger Verhaltensweisen und der Umstände, unter denen sie stattfanden, folgt, dass der objektive Sinngehalt dieser Aktivitäten einzig darin begründet ist, den sozialen Kontakt aufgrund der normalen zwischenmenschlichen Ablehnung des anderen zu vermeiden, liegt damit noch keine ehrverletzende Äußerung vor.[1216] Der objektive Erklärungswert solcher nonverbaler Aktionen beruht zumeist lediglich in der Nichtanerkennung zwischenmenschlicher Konventionen und in der fehlenden Bereitschaft sich respektvoll zu verhalten.[1217] Folglich kann bei Mobbing, dessen Handlungen von der Missachtung konventioneller Höflichkeitsformen und dem Meiden von sozialem Kontakt gekennzeichnet sind, nur ausnahmsweise dann eine Ehrverletzung bejaht werden,[1218] wenn aus den Gegebenheiten der objektive Sinngehalt der Aussage folgt, dass dem Betroffenen menschliche Unzulänglichkeit vorgeworfen wird und dieser es moralisch nicht wert ist, sich ihm gegenüber höflich zu verhalten, beispielsweise, wenn jemand mit Gesten des Abscheus auf einen anderen reagiert.[1219]

1211 *Mühe*, S. 168 f. m. w. N.; vgl. insbes. *Hirsch*, S. 239; a. A. *Gralka*, BB 1995, 2651 (2652), welcher das Wegsetzen vom Tisch als Unterlassen einordnet.

1212 *Mühe*, S. 168 f. m. w. N.; vgl. insbes. *Dieball*, BB 1996, 483 (484); *Fischer*, § 185 Rn. 7; *Hirsch*, S. 239; *Kern*, S. 70; *Stock*, in Arentewicz/Fleissner, S. 184; a. A. *Gralka*, BB 1995, 2651 (2652), welcher das bewusste Ignorieren als Unterlassen einordnet.

1213 *Hirsch*, S. 240; *Kern*, S. 70; *Mühe*, S. 169.

1214 *Mühe*, S. 169 m. w. N.

1215 *Mühe*, S. 171.

1216 *Mühe*, S. 171.

1217 *Hirsch*, S. 239; *Mühe*, S. 171.

1218 *Hirsch*, S. 239 ff.; *Kern*, S. 70; ebenso *Tenckhoff*, JuS 1988, 199 (204).

1219 *Mühe*, S. 171 f. m. w. N.

ff. Sexuelle Belästigung und sexualbezogene Handlungen

Mobbing kann auch in Form von sexueller Belästigung bzw. sexualbezogenen Handlungen auftreten. Dabei sind hier vornehmlich die sexuelle Annäherung sowie verbale sexuelle Angebote und Äußerungen sexuellen Inhalts von Bedeutung.[1220]

Zu beachten ist, dass sexuelle oder sexualbezogene Handlungen in der Regel keine Beleidigungen darstellen. Das Schamgefühl wird nämlich nicht vom Ehrbegriff umfasst,[1221] weil dem Einzelnen durch die Verletzung des Schamgefühls keine Minderwertigkeit zugeschrieben wird.[1222] Versuche der sexuellen Annäherung bekunden vielmehr, dass der Täter die Person begehrt oder ihre körperlichen bzw. charakterlichen Vorzüge wertschätzt. Damit genügen sexuelle und sexualbezogene Handlungen, wie das Ansinnen von sexuellem Kontakt, zur Erfüllung des Beleidigungstatbestandes nur dann, wenn spezielle Begleitumstände einen über die bloße Schamverletzung hinausreichenden beleidigenden Charakter zum Audruck bringen.[1223] Das trifft etwa zu, wenn aus dem Verhalten des Mobbenden der objektive Sinngehalt hervorgeht, dass dieser das Opfer für ein „Flittchen“ oder für eine unzulängliche Person hält, mit der so umgegangen werden kann. Ein Beispiel dafür wäre das demonstrative Anbieten von Geld für sexuelle Handlungen.[1224]

Eine weitaus größere Bedeutung als das Ansinnen von sexuellem Kontakt werden in einem Mobbinggeschehen sexualbezogene Äußerungen haben, die darauf gerichtet sind, die sexuellen Fähigkeiten des Betroffenen anzuzweifeln, jemandem sexuelle Beziehungen zu unterstellen bzw. ihn diesbezüglich zu diffamieren und Behauptungen aufzustellen, dass jemand ein „reges und ausschweifendes“ Sexualleben führe.[1225] Hierzu kann wieder der „Münchner Polizistinnenfall“[1226] angeführt werden, in dem der Vorgesetzte die Polizistin beschuldigte, dass sie die Anstellungsprüfung nur dadurch geschafft habe, indem sie mit jedem Prüfer im Bett gewesen sei. Bei derartigen Äußerungen mit sexuellem Bezug liegt eine Beleidigung vor, da sie bei tatsächlicher Existenz den Geltungswert des Betroffenen herabsetzen würden.[1227] Um keine Beleidigung handelt es sich demgegenüber, wenn der Betroffene am Arbeitsplatz „nur“ mit sexualbezogenen Äußerungen, mit unerwünschtem, distanzlosem und anstößigem „Humor“ sowie sexualbezogenen Abbildungen konfrontiert wird.[1228]

1220 Teil 1, Kapitel 1, II. 7. b) dieser Arbeit.

1221 Sch/Sch-*Eisele/Schittenhelm*, § 185 Rn. 4.

1222 BGH, Urt. v. 15.03.1989 - 2 StR 662/88, BGHSt 36, 145 (150) mit Anm. *Hillenkamp*, JR 1987, 126 (127); BGH, Beschl. v. 12.08.1992 - 3 StR 318/92, NStZ 1993, 182 (182); *Fischer*, § 185 Rn. 11 f.; *Küper*, S. 72; vgl. auch Kindhäuser/Neumann/Paeffgen-*Zaczyk*, Vor §§ 185 ff. Rn. 25; a. A. BGH, Urt. v. 29.05.1951 - 2 StR 153/51, BGHSt 1, 288 (289); ebenso *Mühe*, S. 172 m. w. N.

1223 BGH, Urt. v. 15.03.1989 - 2 StR 662/88, BGHSt 36, 145 (150); BGH, Beschl. v. 12.08.1992 - 3 StR 318/92, NStZ 1993, 182 (182); BayObLG, Urt. v. 16.06.1998 - 2 St RR 86-98, NJW 1999, 72 (73); *Fischer*, § 185 Rn. 11 f.; *Küper*, S. 72; kritisch *Hillenkamp*, JR 1987, 126 (127); ebenso *Mühe*, S. 172 m. w. N.

1224 *Mühe*, S. 172 m. w. N.; vgl. insbes. *Fischer*, § 185 Rn. 11d.

1225 *Leymann* (2006), S. 90 f.; *Mühe*, S. 172 f.

1226 Teil 1, Kapitel 1, II. 1. b) dieser Arbeit.

1227 BGH, Urt. v. 15.03.1989 - 2 StR 662/88, BGHSt 36, 145 (150); *Mühe*, S. 173.

1228 *Fischer*, § 185 Rn. 11c; *Mühe*, S. 173.

In Fällen, in denen nach den gesamten Umständen gerade keine über eine Schamverletzung hinausgehende, selbständige herabsetzende Bewertung des Opfers erfolgt, ist an § 184i StGB[1229] zu denken und die vorgenommene Handlung unter dessen Tatbestand zu subsumieren. Sollte durch das Mobbingverhalten sowohl eine Ehrverletzung als auch eine sexuelle Belästigung bejaht werden können, ist zwischen beiden Tatbeständen Tateinheit gemäß § 52 StGB möglich.[1230]

gg. Zusammenfassung

Obgleich viele Mobbinghandlungen häufig zu einer Verletzung des Persönlichkeitsrechts des Opfers führen, verwirklichen diese aber nicht immer auch gleichzeitig den Beleidigungstatbestand gemäß § 185 StGB. Verwendet der Mobbende vorsätzlich Schimpfworte, tätigt vorsätzlich entwürdigende Äußerungen und/oder erkennt er dem Betroffenen vorsätzlich die Fähigkeit ab, einem bestimmten Beruf nachgehen zu können, hat er sich grundsätzlich wegen Beleidigung strafrechtlich zu verantworten.[1231] Dagegen handelt es sich bei Kritik erst dann um eine Beleidigung, wenn sie sich nicht nur auf die vom Betroffenen erbrachte Leistung bezieht, sondern auch dessen persönlichen Geltungsanspruch angreift. Darüber hinaus enthalten andere persönlichkeitsverletzende Mobbingverhaltensweisen, wie die vertragswidrige Aufgabenzuteilung, die Nichtzuweisung von Aufgaben, sachliche Kritik an der erbrachten Leistung, das Meiden von sozialem Kontakt und sonstige Mobbinghandlungen, die den üblichen sozialen Höflichkeitsformen des menschlichen Miteinanders zuwiderlaufen, weniger einen beleidigenden Charakter. Ein solcher wird sich bei diesen häufig erst durch die sie begleitenden Umstände ergeben.[1232] Schließlich kann in einem Mobbingprozess auch die Sexualbeleidigung eine Rolle spielen, die aber angesichts des kleineren Anteils an sexualbezogenen Mobbinghandlungen im Vergleich zu anderen möglichen Mobbingverhaltensweisen bei der strafrechtlichen Bewertung von Mobbing einen niedrigeren Stellenwert aufweist.[1233] Zumindest hat sie aufgrund des neu eingeführten Straftatbestandes der sexuellen Belästigung in § 184i StGB insofern an Bedeutung verloren, als dessen Voraussetzungen bei Mobbinghandlungen mit Sexualbezug wohl eher bejaht werden können.

b) Üble Nachrede und Verleumdung gemäß §§ 186, 187 StGB

Nach der bundesweiten Repräsentativstudie über Mobbing in Deutschland werden in etwa 69 Prozent der Mobbingfälle Handlungen vorgenommen, die das Verbreiten von Gerüchten und Unwahrheiten zum Gegenstand haben.[1234] Dabei verwenden innerhalb eines Mobbinggeschehens Arbeiter öfter solche Verhaltensweisen, als es

1229 Teil 2, Kapitel 2, III. 1. c) bb. dieser Arbeit.
1230 Teil 2, Kapitel 2, III. 1. c) ee. dieser Arbeit.
1231 Ebenso *Mühe*, S. 173.
1232 Dazu u. zum Voranstehenden ebenso *Mühe*, S. 173.
1233 Ebenso *Mühe*, S. 174.
1234 *Meschkutat/Stackelbeck/Langenhoff*, S. 39 f.; ebenso *Leymann* (2006), S. 33 f.; *Mühe*, S. 174.

Angestellte und Beamte tun.[1235] Ferner ist das Verbreiten von Gerüchten oder Unwahrheiten darauf gerichtet, das persönliche und eventuell auch fachliche Ansehen des Betroffenen infrage zu stellen oder zu schädigen bzw. ihn persönlich durch das Verbreiten von vagen Verdächtigungen oder gezielten Falschaussagen in Misskredit zu bringen.[1236] Beispielsweise wurde über die Betroffenen verbreitet, sie seien psychisch krank, Alkoholiker, hätten im Unternehmen etwas entwendet oder führten ein ausschweifendes Sexualleben.[1237]

Wegen Verleumdung oder übler Nachrede gemäß § 186 bzw. § 187 StGB macht sich der Mobbende strafbar, wenn die Vorwürfe und Unterstellungen als Tatsachenbehauptungen den Betroffenen verächtlich machen oder ihn in der öffentlichen Meinung herabwürdigen können. Unter Tatsachen versteht man konkrete Vorgänge oder Zustände der Vergangenheit oder Gegenwart, die sinnlich wahrnehmbar und infolgedessen dem Beweis zugänglich sind.[1238] Werturteile bilden dagegen Äußerungen, die durch Elemente der subjektiven Stellungnahme oder des Dafürhaltens geprägt sind und sich aus diesem Grund dem Wahrheitsbeweis entziehen; je nach persönlicher Überzeugung können diese nur falsch oder richtig sein.[1239] Behaupten einer Tatsache heißt, etwas als nach eigener Überzeugung geschehen, vorhanden bzw. richtig hinstellen,[1240] wohingegen Verbreiten die Weitergabe einer Tatsachenbehauptung an Dritte als Gegenstand fremder Äußerung ist.[1241] Bei letzterem macht sich der Täter im Vergleich zur Behauptung die fremde Tatsachenäußerung nicht zu eigen und steht nicht für ihre Richtigkeit ein, weshalb ein Verbreiten auch schon in der Weitergabe eines Gerüchts liegen kann, selbst wenn dieses unglaubwürdig oder nicht verifiziert ist und der Täter es selbst nicht für wahr hält.[1242] Schließlich muss die Tatsache geeignet sein, den anderen verächtlich zu machen oder in der öffentlichen Meinung herabzuwürdigen. Dafür ist erforderlich, dass die behauptete oder verbreitete Tatsache Umstände beinhaltet, die objektiv grundsätzlich negativ zu beurteilen sind und wofür der Betroffene nicht nur tatsächlich, sondern auch in Verbindung mit einem nachteiligen Werturteil verantwortlich gemacht wird.[1243]

1235 *Meschkutat/Stackelbeck/Langenhoff*, S. 45.

1236 *Meschkutat/Stackelbeck/Langenhoff*, S. 40.

1237 *Leymann* (2006), S. 33 f.; *Meschkutat/Stackelbeck/Langenhoff*, S. 40; dazu auch die Beispiele bei *Wolmerath*, Rn. 88; dazu u. zum Voranstehenden ebenso *Mühe*, S. 174.

1238 BGH, Urt. v. 20.01.1959 – 1 StR 518/58, BGHSt 12, 287 (291); *Fischer*, § 186 Rn. 2; Lackner/Kühl-*Kühl*, § 186 Rn. 3; *Wessels/Hettinger/Engländer*, Rn. 548.

1239 *Fischer*, § 186 Rn. 2; Lackner/Kühl-*Kühl*, § 186 Rn. 3; vgl. auch Arzt/Weber/Heinrich/Hilgendorf-*Hilgendorf*, § 7 Rn. 13; dazu u. zum Voranstehenden ebenso *Mühe*, S. 174 f. m. w. N.

1240 *Fischer*, § 186 Rn. 8; vgl. auch Azt/Weber/Heinrich/Hilgendorf-*Hilgendorf*, § 7 Rn. 16.

1241 Lackner/Kühl-*Kühl*, § 186 Rn. 5; vgl. auch Azt/Weber/Heinrich/Hilgendorf-*Hilgendorf*, § 7 Rn. 16; ebenso *Mühe*, S. 175 m. w. N.

1242 BGH, Urt. v. 15.01.1963 – 1 StR 478/62, BGHSt 18, 182 (183); *Fischer*, § 186 Rn. 9; *Mühe*, S. 175 f. m. w. N.

1243 *Fischer*, § 186 Rn. 4; *Joecks/Jäger*, § 186 Rn. 8; Kindhäuser/Neumann/Paeffgen-*Zaczyk*, § 186 Rn. 5; Sch/Sch-*Eisele/Schittenhelm*, § 186 Rn. 5; ebenso *Mühe*, S. 176 m. w. N.

Eine beleidigungsfreie Sphäre, bei deren Vorliegen die Einlassungen keine Strafbarkeit nach sich ziehen, ist bezüglich des Arbeitsplatzes in der Regel zu verneinen.[1244] Eine solche wird angenommen bei ehrverletzenden Äußerungen über abwesende Dritte in besonders engen Lebenskreisen unter der Voraussetzung, dass die Verlautbarung Ausdruck besonderen Vertrauens ist und als vertraulich behandelt wird.[1245] Die kollegiale Verbundenheit durch die Arbeitsstelle bzw. den Arbeitsvertrag begründet keine besondere menschliche Beziehung, die eine solche Sphäre rechtfertigen könnte.[1246] Schließlich tritt derjenige, der sich an den Arbeitsplatz begibt, damit gleichzeitig aus seinem engsten Vertrautenkreis heraus und muss sich daher gegenüber den anderen Kollegen rücksichtsvoll verhalten.[1247] Im Ausnahmefall kann eine beleidigungsfreie Sphäre am Arbeitsplatz gegeben sein, wenn zwischen Kollegen eine familiäre Verbindung besteht oder – sofern man entgegen der Rechtsprechung auch eine beleidigungsfreie Sphäre zwischen Freunden genügen lässt – wenn über das gewöhnliche Kollegenverhältnis hinaus eine sehr enge Freundschaft gewachsen ist.[1248]

Obgleich zumeist schon die Behauptung einer einzelnen unwahren Tatsache dazu geeignet ist, den Betroffenen verächtlich zu machen, kann diese Eignung dafür auch erst durch die mehrmalige Vornahme der Behauptung herbeigeführt werden. Beispielsweise, wenn ein Arbeitskollege über einen anderen wiederholt und bezogen auf verschiedene Tage behauptet, dass dieser jeweils früher den Arbeitsplatz verlassen habe, so dass dadurch die anderen Beschäftigten den Eindruck gewinnen, der vermeintlich früher gehende Kollege wäre ein fauler Mensch, der seine vertraglichen Pflichten nicht erfüllt.[1249] Eine Gesamtwürdigung dieser Handlungen, die im Rahmen der Beleidigungsdelikte vorgenommen werden kann, ermöglicht deren Einordnung als üble Nachrede oder Verleumdung.[1250]

Schließlich lassen sich sporadisch auch Konstellationen finden, in denen die Mobbenden wahre, aber für den Betroffenen unangenehme Tatsachen verbreiten und behaupten. In diesen Fällen macht sich der Mobbingtäter nur dann strafbar, wenn aus der Form und den Umständen der Behauptung eine Ehrverletzung resultiert.[1251] Ein Beispiel dafür ist, dass leichte Verfehlungen oder für den Betroffenen unangenehme Tatsachen aus dem Vorleben bzw. außerbetrieblichen Lebensbereich in der Werkszeitschrift oder am Schwarzen Brett veröffentlicht werden und damit eine Prangerwirkung bezweckt wird.[1252]

1244 *Mühe*, S. 176 f. m. w. N.

1245 *Fischer*, § 185 Rn. 12b; *Hillenkamp*, FS-Hirsch, S. 571; ders., JuS 1997, 821 (825); Lackner/Kühl-*Kühl*, § 185 Rn. 9; Sch/Sch-*Eisele/Schittenhelm*, Vor §§ 185 ff. Rn. 9 ff.

1246 *Mühe*, S. 177; *Schendzielorz*, S. 260; *Wolmerath*, Rn. 85.

1247 *Mühe*, S. 177.

1248 *Mühe*, S. 177.

1249 *Mühe*, S. 177 f.

1250 *Mühe*, S. 178; *Schröder*, JZ 1972, 651 (652).

1251 *Mühe*, S. 178.

1252 *Mühe*, S. 178 m. w. N.; vgl. insbes. *Fischer*, § 192 Rn. 2; Lackner/Kühl-*Kühl*, § 192 Rn. 2.

c) Rechtfertigungsgrund gemäß § 193 StGB – Wahrnehmung berechtigter Interessen

Anders als die Verleumdung können die Beleidigung und die üble Nachrede über den zusätzlichen Rechtfertigungsgrund des § 193 StGB gerechtfertigt sein, wenn mit ihr berechtigte Interessen wahrgenommen werden.[1253]

In Verbindung mit dem Arbeitsverhältnis wird ein berechtigtes Interesse bejaht, wenn eine Ehrverletzung zum Zwecke der Erhaltung des Betriebsfriedens getätigt wird oder materielle Interessen wie die Sicherung der wirtschaftlichen Existenz im Vordergrund stehen.[1254] Außerdem kann gegebenenfalls ein überwiegendes schutzwürdiges Interesse an freier, harter Aussprache unter Kollegen aufgrund ihrer Zugehörigkeit zur Arbeitsgemeinschaft und – wie ausdrücklich in § 193 StGB genannt – auch im Vorgesetzten-Untergebenen-Verhältnis innerhalb der Güterabwägung von § 193 StGB zugesprochen werden und so das Handeln gemäß § 193 StGB rechtfertigen.[1255] Ebenso ist die Revanche auf einen ehrverletzenden Angriff oder auf eine überzogene Kritik als ein berechtigter Zweck anzuerkennen, solange diese Erwiderung noch eine angemessene Reaktion auf das vorherige Geschehen ist, die mit dem Angriffsstil übereinstimmt.[1256] Ein Zweck, der den guten Sitten widerspricht, ist von vornherein nicht in Betracht zu ziehen und kommt in Verbindung mit Mobbing insbesondere dann vor, wenn durch das Mobbing die Kündigung durch den Arbeitgeber oder die Selbstkündigung des Betroffenen beabsichtigt ist.[1257]

Der Sinn der Rechtfertigung von (angemessenen) Rügen und Vorhaltungen in Bezug auf den Arbeitsplatz liegt in der Gewährleistung, das Direktionsrecht des Arbeitgebers und des vorgesetzten Beamten, auf welchen es übertragen wurde, ausüben zu können. Dem Vorgesetzten obliegt es, die Arbeit seiner Mitarbeiter zu koordinieren und zu beaufsichtigen sowie in seinem zuständigen Bereich auf Ordnung und gute Arbeitsqualität zu achten. Deshalb muss es ihm auch möglich sein, seine Mitarbeiter zu kritisieren und offen seine Meinung zu äußern, um im Interesse des Arbeitgebers das optimale Arbeitsergebnis erreichen zu können, ohne sofort strafrechtliche Sanktionen zu erwarten.[1258] Zu beachten ist jedoch, dass § 193 StGB nur Verlautbarungen in Form von Rügen und Vorhaltungen erfasst, bei denen es sich um Kritik an der Sache handelt. Das ist dann der Fall, wenn die Kritik dienstliche, vor allem berufliche Leistungen oder das damit zusammenhängende persönliche Verhalten betrifft[1259] und wenn die Rüge oder Vorhaltung des Vorgesetzten angemessen, also geeignet und erforderlich gewesen ist, um den angestrebten Zweck, namentlich die Vermeidung künftiger Fehler, die Steigerung der Arbeitsproduktivität oder die Wiederherstellung des Betriebsfriedens, zu erfüllen.[1260] Letztlich bleibt damit, was § 193 StGB betrifft,

---

1253 *Fischer*, § 193 Rn. 3; ebenso *Mühe*, S. 179 m. w. N.
1254 *Mühe*, S. 180 m. w. N.
1255 *Mühe*, S. 180.
1256 BVerfG, Beschl. v. 25.01.1961 – 1 BvR 9/57, BVerfGE 12, 113 (132).
1257 Dazu u. zum Voranstehenden *Mühe*, S. 180 m. w. N.
1258 Dazu u. zum Voranstehenden *Mühe*, S. 180 f. m. w. N.
1259 *Fischer*, § 193 Rn. 40.
1260 *Mühe*, S. 181 m. w. N.

in jedem Einzelfall genau zu prüfen, ob die getätigte Kritik als Wahrnehmung berechtigter Interessen gerechtfertigt ist oder ob sie nur die Schikane des Arbeitnehmers bezweckt, also mit ihr gerade keine berechtigten Interessen wahrgenommen werden.[1261]

d) Fazit

Neben der Beleidigung, die häufig aufgrund der vom Mobbenden gegen den Betroffenen gerichteten Schimpfworte in Betracht kommt, spielen die Verleumdung und üble Nachrede, für welche das Verbreiten von Gerüchten verschiedensten Inhalts charakteristisch ist, eine große Rolle in einem Mobbinggeschehen,[1262] da sich diese Tatbestände für den Mobbenden als sehr effektive Mobbingmittel erweisen.

Bemerkenswert ist, dass etliche Mobbinghandlungen, für welche die Beleidigungsdelikte in Erwägung zu ziehen sind, zwar eine Persönlichkeitsrechtsverletzung beinhalten, sie aber nicht immer zugleich auch einen ehrverletzenden Charakter aufweisen. Daher wird oftmals das mit Mobbing verbundene Unrecht, das in vielen Fällen auf der wiederholten Vornahme von Persönlichkeitsrechtsverletzungen beruht, nicht erfasst. So handelt es sich bei typischen Mobbingverhaltensweisen wie unbegründeter Kritik, unhöflichem Verhalten, Meiden von sozialem Kontakt, Zuweisung nichtvertragsgemäßer Arbeit und der Nichtbeschäftigung prinzipiell noch nicht um Ehrverletzungen bzw. werden diese, sofern der Mobbende zur Wahrnehmung betrieblicher Interessen handelt, durch § 193 StGB gerechtfertigt.[1263]

3. Eigentumsdelikte: Diebstahl gemäß § 242 StGB, Sachbeschädigung gemäß § 303 StGB und Datenveränderung gemäß § 303a StGB

Im Folgenden soll noch ein kurzer Blick auf Mobbing in Zusammenhang mit den Eigentumsdelikten geworfen werden. Im Mittelpunkt der Betrachtung stehen dabei insbesondere der Diebstahl gemäß § 242 StGB, die Sachbeschädigung gemäß § 303 StGB und die Datenveränderung gemäß § 303a StGB.

a) Diebstahl gemäß § 242 StGB

Auch die Wegnahme persönlicher Gegenstände, die von den Mobbingopfern am Arbeitsplatz gelassen werden, sowie die Wegnahme von Sachen, die im Eigentum des Arbeitgebers stehen, auf welche der Betroffene jedoch zur Ausübung seiner Tätigkeit angewiesen ist, können potentielle Mobbinghandlungen sein.[1264]

Zur Verwirklichung eines Diebstahls muss der Mobbende die Sache insbesondere mit der „Absicht rechtswidriger Zueignung" weggenommen haben, was eine Anmaßung einer eigentümerähnlichen Verfügungsgewalt über die Sache in der Weise vor-

1261 *Fehr*, S. 95; kritisch zur Anwendungspraxis des § 193 StGB in Mobbingfällen *Wilhelm*, AuA 1995, 234 (236).

1262 Vgl. dazu auch *Mühe*, S. 183.

1263 *Mühe*, S. 183.

1264 *Fehr*, S. 95 f.

aussetzt, dass der Täter die Sache selbst oder den in ihr verkörperten Sachwert dem Eigentümer auf Dauer ganz oder teilweise entziehen und gleichzeitig dem eigenen Vermögen hinzufügen möchte.[1265] Daher scheiden aufgrund des fehlenden Elements der dauerhaften Enteignung solche Fälle aus, in denen der Mobbende die Sache ohne erhebliche Substanzverletzung oder Wertminderung lediglich ohne oder gegen den Willen des Berechtigten vorübergehend in Gebrauch nimmt oder versteckt.[1266] So handelt es sich um keinen Diebstahl, wenn der Täter dem Geschädigten etwa eine Akte entwendet, um diese einzusehen und danach zurückzugeben.[1267] Ebenso liegt – ungeachtet einer eventuellen Strafbarkeit nach § 202a StGB – kein Diebstahl vor, wenn unbefugt fremde Datenspeicher kopiert werden.[1268] Dagegen ist die Zueignungsabsicht des § 242 StGB gegeben, wenn die Sache nach dem Gebrauch zerstört oder weggeworfen wird, wie z. B. bei der Vernichtung eines Briefes nach dessen Lektüre[1269] oder bei Wegwerfen eines Schlüssels an einer für den Geschädigten nicht auffindbaren Stelle.[1270] Ferner ist eine Enteignung zu bejahen, wenn die Sache nach der Nutzung ihrer Substanz für den Berechtigten wieder verfügbar gemacht wird, jedoch durch die Verwendung ihr Wert teilweise oder ganz entzogen, also der Gebrauch zum Verbrauch wird.[1271]

Handlungen, die lediglich eine reine Sachentziehung beinhalten, sind mangels der für die Zueignung notwendigen vorübergehenden Aneignung nicht geeignet, den Tatbestand des Diebstahls zu verwirklichen.[1272] Insofern ist § 242 StGB nicht erfüllt, wenn der Mobbende den entwendeten Gegenstand direkt nach der Wegnahme fortwirft[1273] oder ihn umgehend vernichtet[1274] oder es ihm lediglich darum geht, den Betroffenen durch die Wegnahme der Sache zu ärgern.[1275]

b) Sachbeschädigung gemäß § 303 StGB

Tatobjekt des § 303 StGB ist eine „fremde Sache", also ein beweglicher oder unbeweglicher[1276] körperlicher Gegenstand, der wenigstens auch im Eigentum eines anderen

1265 *Fischer*, § 242 Rn. 32, 35; Lackner/Kühl-*Kühl*, § 242 Rn. 21 jeweils m. w. N.; *Küper/Zopfs*, Rn. 826; ebenso *Fehr*, S. 96 m. w. N.

1266 BGH, Urt. v. 17.03.1987 – 1 StR 693/86, BGHSt 34, 309 (312); BGH, Beschl. v. 28.11.1984 – 2 StR 696/84, NJW 1985, 1564 (1565); *Fehr*, S. 96; *Fischer*, § 242 Rn. 38 m. w. N.

1267 OLG Köln, Urt. v. 19.05.1950 – Ss 21/50, NJW 1950, 959 (959); *Fehr*, S. 96.

1268 BayObLG, Beschl. v. 12.12.1991 – RReg. 4 St 158/91, NJW 1992, 1777 (1778); *Fehr*, S. 96; *Vogt/Vogt*, JuS 1980, 860 (861).

1269 Sch/Sch-*Eser/Bosch*, § 242 Rn. 52 m. w. N.; ebenso *Fehr*, S. 96.

1270 *Fischer*, § 242 Rn. 37.

1271 *Fehr*, S. 96; Sch/Sch-*Eser/Bosch*, § 242 Rn. 53.

1272 Sch/Sch-*Eser/Bosch*, § 242 Rn. 55 m. w. N.; vgl. auch *Fischer*, § 242 Rn. 35a; Lackner/Kühl-*Kühl*, § 242 Rn. 21; ebenso *Fehr*, S. 96.

1273 *Fehr*, S. 96; Sch/Sch-*Eser/Bosch*, § 242 Rn. 55.

1274 BGH, Urt. v. 10.05.1977 – 1 StR 167/77, NJW 1977, 1460 (1460 f.); *Fischer*, § 242 Rn. 36 m. w. N.

1275 BayObLG, Beschl. v. 07.02.1992 – RReg. 2 St 248/91, NJW 1992, 2040 (2040 f.); *Fischer*, § 242 Rn. 36 m. w. N.; dazu u. zum Voranstehenden ebenso *Fehr*, S. 96 m. w. N.

1276 Sch/Sch-*Hecker*, § 303 Rn. 4.

als des Täters steht.[1277] Tathandlung sind das Beschädigen oder Zerstören sowie das unbefugte nicht nur unerhebliche und nicht nur vorübergehende Verändern des Erscheinungsbildes einer fremden Sache.[1278] Dabei beschädigt der Täter eine Sache, wenn er auf sie körperlich derart einwirkt, dass ihre Substanz oder ihre bestimmungsgemäße Brauchbarkeit nicht nur unerheblich beeinträchtigt wird.[1279] Zerstört ist eine Sache, wenn sie ihrer Substanz nach vernichtet oder so sehr in Mitleidenschaft gezogen wurde, dass sie für ihren Zweck völlig unbrauchbar wird.[1280] Das Erscheinungsbild einer Sache wird unbefugt verändert, wenn ihre visuell wahrnehmbare Oberfläche infolge direkter körperlicher Einwirkung ohne oder gegen den Willen des Berechtigten in einen anderen als den ursprünglichen Zustand gebracht wird.[1281]

Die Sachbeschädigung gemäß § 303 StGB kommt vor allem bei potentiellen Mobbinghandlungen wie etwa dem Zerschneiden von Büropflanzen, dem vermeintlich unachtsamen Verschütten von Kaffee auf die Bekleidung des Betroffenen, dem Zukleben der Türschlösser des auf dem Firmenparkplatz abgestellten Autos des Betroffenen, dem Zerkratzen seines Wagens oder dem Entsorgen seiner (Akten-)Tasche in der Müllpresse in Betracht.[1282] Uneinigkeit besteht darüber, ob auch das Löschen eines zuvor besprochenen Tonbands als Sachbeschädigung zu werten ist.[1283] Keine Sachbeschädigung liegt jedenfalls beim bloßen Entziehen der Sache durch Verbringung an einen anderen Ort oder einer Verhinderung des Zugangs vor.[1284]

c) Datenveränderung gemäß § 303a StGB

Da fast alle Büroarbeitsplätze mit einem Computer versehen sind, sei als weiteres Sachbeschädigungsdelikt noch ergänzend auf den gerade auch am Arbeitsplatz zunehmend an Bedeutung gewinnenden § 303a StGB verwiesen.[1285] Dieser schützt durch einen über den Kreis des § 303 StGB hinausgehenden Katalog von Angriffshandlungen das Interesse des Verfügungsberechtigten am Zustand der ihm gehörenden Daten und an ihrer unversehrten Verwendbarkeit.[1286] Die Daten müssen für den Täter nicht zwangsläufig fremd sein, jedoch ist der Tatbestand insofern einschränkend auszulegen, als Tatobjekt des § 303a StGB nur solche Daten sein können, an deren Unversehrtheit ein

---

1277 *Fischer*, § 303 Rn. 2; *Joecks/Jäger*, § 303 Rn. 5; *Kindhäuser*, LPK, § 303 Rn. 2 ff.; Sch/Sch-*Hecker*, § 303 Rn. 2 ff.

1278 Sch/Sch-*Hecker*, § 303 Rn 7 m. w. N.

1279 *Fischer*, § 303 Rn. 6 m. w. N.; *Joecks/Jäger*, § 303 Rn. 8 m. w. N.; *Kindhäuser*, LPK, § 303 Rn. 6 ff. m. w. N.; Sch/Sch-*Hecker*, § 303 Rn. 8 m. w. N.

1280 *Fischer*, § 303 Rn. 14 m. w. N.; *Joecks/Jäger*, § 303 Rn. 7; Sch/Sch-*Hecker*, § 303 Rn. 14 m. w. N.

1281 *Fischer*, § 303 Rn. 18 ff. m. w. N.; *Joecks/Jäger*, § 303 Rn. 18 ff. m. w. N.; Sch/Sch-*Hecker*, § 303 Rn. 16 f. m. w. N.

1282 *Fehr*, S. 96 m. w. N.; *Wolmerath*, Rechtshandbuch, § 2 Rn. 68, 71.

1283 *Fehr*, S. 97 Fn. 39: bejahend: *Merkel*, NJW 1956, 778 (778); verneinend: *Lampe*, GA 1975, 1 (16); gleichermaßen wohl *Kunz*, JuS 1977, 604 (605); *Naucke*, S. 1, 111 f.

1284 *Fischer*, § 303 Rn. 12 m. w. N.; *Joecks/Jäger*, § 303 Rn. 14; vgl. auch Sch/Sch-*Hecker*, § 303 Rn. 12 f.

1285 *Wolmerath*, Rechtshandbuch, § 2 Rn. 72; vgl. auch *Fehr*, S. 97.

1286 *Fischer*, § 303a Rn. 2 m. w. N.; *Joecks/Jäger*, § 303a Rn. 1 m. w. N.; *Kindhäuser*, LPK, § 303 Rn. 1 m. w. N.; Sch/Sch-*Hecker*, § 303a Rn. 1 m. w. N.

anderer als der Täter ein unmittelbares Interesse besitzt.[1287] Erforderlich ist ein „rechtswidriger" Eingriff in Daten i. S. d. § 202a Abs. 2 StGB[1288] durch deren Löschung, Unterdrückung, Unbrauchbarmachung oder Veränderung.[1289] Das Löschen von Daten ist das irreversible Unkenntlichmachen der konkreten Speicherung.[1290] Das Unterdrücken von Daten bedeutet, dass sie dem Zugriff des Berechtigten auf Dauer oder temporär entzogen und deshalb von diesem nicht mehr verwendet werden können.[1291] Das Unbrauchbarmachen von Daten beinhaltet ein solches Einwirken auf sie, dass sie nicht mehr bestimmungsgemäß genutzt werden können,[1292] und ein Verändern der Daten findet statt, wenn ihr Inhalt oder die Form ihrer Darstellung modifiziert wird.[1293] Zu beachten bleibt, dass es sich bei dem Löschen/Unterdrücken/Unbrauchbarmachen/Verändern mehrerer Daten in einem Arbeitsvorgang um lediglich eine Tat handelt.[1294]

Beispiele für Datenveränderungen im Rahmen eines Mobbinggeschehens sind das Löschen der Daten vom Computer des Arbeitskollegen, das unauffindbare Verschieben von Daten auf dem Computer, das Modifizieren der Daten auf dem Computer des Kollegen, so dass diese nicht mehr gebraucht werden können, oder das Verfälschen der Zugangsberechtigung, damit der Betroffene nicht mehr auf seine Computerdaten zugreifen kann.[1295] Sofern die Tat nicht vollendet wird, etwa weil sich der Mobbende beim Einwirken auf die Zugangsberechtigung beobachtet fühlt und deshalb vor dem Abspeichern der Änderungen davon absieht, seinen Plan weiter umzusetzen, ist an eine Strafbarkeit wegen versuchter Datenveränderung gemäß § 303a Abs. 2 StGB zu denken.[1296]

Darüber hinaus sollen hier nicht weitere potentielle mobbingspezifische Delikte in Zusammenhang mit Computern bzw. der Informationstechnologie behandelt werden, da dies unter anderem auch wegen der spezifischen Thematik Cybermobbing vorliegend den Rahmen sprengen würde.

4. Sonstige Straftatbestände nach dem Strafgesetzbuch

Bei den oben dargestellten Tatbeständen handelt es sich lediglich um einige der Delikte, die in den wichtigsten strafrechtlich relevanten Mobbingkonstellationen eine

1287 *Fehr*, S. 97 m. w. N.

1288 *Fischer*, § 303a Rn. 3 m. w. N.; Sch/Sch-*Hecker*, § 303a Rn. 2 m. w. N.

1289 *Kindhäuser*, LPK, § 303a Rn. 2, mit dem Hinweis auf Fallbeispiele zu den einzelnen Merkmalen bei *Eisele*, JURA 2012, 922 (930 ff.).

1290 *Fischer*, § 303a Rn. 9 m. w. N.; *Kindhäuser*, LPK, § 303a Rn. 5 m. w. N.; Sch/Sch-*Hecker*, § 303a Rn. 5 m. w. N.

1291 *Fischer*, § 303a Rn. 10 m. w. N.; *Kindhäuser*, LPK, § 303a Rn. 6 m. w. N.; Sch/Sch-*Hecker*, § 303a Rn. 6 m. w. N.

1292 *Fischer*, § 303a Rn. 11 m. w. N.; *Kindhäuser*, LPK, § 303a Rn. 7 m. w. N.; Sch/Sch-*Hecker*, § 303a Rn. 7 m. w. N.

1293 *Fischer*, § 303a Rn. 12 m. w. N.; *Kindhäuser*, LPK, § 303a Rn. 8 m. w. N.; Sch/Sch-*Hecker*, § 303a Rn. 8 m. w. N.

1294 Sch/Sch-*Hecker*, § 303a Rn. 14.

1295 *Wolmerath*, Rechtshandbuch, § 2 Rn. 76.

1296 *Wolmerath*, Rechtshandbuch, § 2 Rn. 77.

Rolle spielen können. Auf sonstige Delikte, die bei der rechtlichen Begutachtung eines Mobbinggeschehens im Einzelfall ebenfalls von Bedeutung sein können, die jedoch nur vereinzelt anzutreffen sind oder bei denen die rechtliche Bewertung keine größeren Probleme aufwirft, soll nicht näher eingegangen werden, da deren Verwirklichung fallspezifisch ist[1297] und diese Arbeit es angesichts der großen Unterschiedlichkeit und Vielzahl potentieller Mobbinghandlungen nicht leisten kann, alle erdenklichen Mobbingkonstellationen einer ausführlichen strafrechtlichen Beurteilung zuzuführen.

Theoretisch können sämtliche Straftatbestände, von deren Schutz (auch) Individualrechtsgüter umfasst sind, durch Mobbinghandlungen erfüllt werden, wobei neben dem Kernstrafrecht auch Tatbestände des Nebenstrafrechts betroffen sein können.[1298] An dieser Stelle seien lediglich noch der Betrug gemäß § 263 StGB, die Urkundenfälschung gemäß § 267 StGB, die Verletzung des Briefgeheimnisses gemäß § 202 StGB, das Ausspähen von Daten gemäß § 202a StGB, die Freiheitsberaubung gemäß § 239 StGB, die Bedrohung gemäß § 241 StGB, die falsche Verdächtigung gemäß § 164 StGB sowie die Verleitung eines Untergebenen zur Straftat gemäß § 357 StGB beispielhaft genannt.

Schließlich kann auch der zunächst scheinbar sehr fern liegende Tatbestand der unterlassenen Hilfeleistung gemäß § 323c StGB unter bestimmten Umständen in einem Mobbinggeschehen in Betracht zu ziehen sein.[1299] Denn es ist durchaus denkbar, dass im Einzelfall ein Eingreifen aus Angst vor dem Mobbingtäter oder aufgrund mangelnder Zivilcourage unterbleibt. Allerdings ist davon auszugehen, dass Dritte – losgelöst von ihrer Position am Arbeitsplatz und unbeschadet ihrer eventuellen Einordnung als „Möglichmacher“ – angesichts dessen, dass in Unglücksfällen selbst noch einem Feind geholfen wird, in Situationen, in denen Beistand erforderlich ist, grundsätzlich Hilfe leisten bzw. diese zumindest organisieren.[1300] Daher wird eine Strafbarkeit wegen unterlassener Hilfeleistung bei Mobbing mangels Vorliegen der Tatbestandsvoraussetzungen, insbesondere eines Unglücksfalls, extrem selten eine Rolle spielen.[1301]

1297 Ebenso *Mühe*, S. 77.

1298 Ebenso *Fehr*, S. 97.

1299 Der Entscheidung des BGH, Urt. v. 20.10.201 – 4 StR 71/11, lässt sich entnehmen, dass eine solche Strafbarkeit nicht grundsätzlich außen vor gelassen werden kann (*Wolmerath*, Rechtshandbuch, § 2 Rn. 171).

1300 *Wolmerath*, Rechtshandbuch, § 2 Rn. 172. (Ein Beispielfall zur unterlassenen Hilfeleistung im Rahmen von Mobbing findet sich bei *Wolmerath*, Rechtshandbuch, § 2 Rn. 170).

1301 *Wolmerath*, Rechtshandbuch, § 2 Rn. 171.

5. Straftaten gegen Betriebsverfassungsorgane und ihre Mitglieder gemäß § 119 Abs. 1 BetrVG[1302]

Neben dem Kernstrafrecht können im Rahmen eines Mobbinggeschehens auch Tatbestände des Nebenstrafrechts und hier insbesondere § 119 Abs. 1 BetrVG verwirklicht werden. Denn nicht selten sind Mitglieder der betrieblichen Interessenvertretung von Mobbing – insbesondere durch Vorgesetzte – betroffen.[1303] Sofern es sich um Mobbing durch Vorgesetzte handelt, wird die Ursache dafür zum einen im mangelnden Verständnis für die Arbeit im Betriebs- oder Personalrat gesehen.[1304] Zum anderen besteht die Vermutung, dass es einen Zusammenhang mit dem besonderen Kündigungsschutz dieser Arbeitnehmer gibt. Ihre Arbeitsverhältnisse können regelmäßig nur unter erschwerten Bedigungen[1305] oder durch eine Eigenkündigung des Mitarbeiters beendet werden.[1306]

Das Personalvertretungsrecht kennt keine Strafbarkeit des Mobbenden für Handlungen, die sich gegen die Organe der Interessenvertretungen und ihre Mitglieder richten, wohingegen das Betriebsverfassungsgesetz mit dem § 119 Abs. 1 BetrVG eine Strafandrohung beinhaltet.[1307] Dabei kann Täter im Sinne dieser Vorschrift jedermann sein, neben dem Arbeitgeber und seinen Vertretern, Belegschaftsangehörigen und sonst im Betrieb tätigen Personen, also auch betriebsfremde, außen stehende Dritte.[1308] § 119 Abs. 1 BetrVG stellt ein schlichtes Tätigkeitsdelikt dar, so dass die Tat bereits dann vollendet ist, wenn ein Handeln registriert wird, welches als Beeinflussung, Behinderung, Störung, Benachteiligung oder Begünstigung einzuordnen ist.[1309]

Zu beachten ist außerdem, dass eine Strafverfolgung gemäß § 119 Abs. 2 BetrVG nur auf Antrag eintritt.[1310]

a) Wahlbehinderung und Wahlbeeinflussung gemäß § 119 Abs. 1 Nr. 1 BetrVG

Gemäß § 119 Abs. 1 Nr. 1 BetrVG sind die Wahlbehinderung, die Behinderung oder Störung der Tätigkeit sowie die Benachteiligung oder Begünstigung von Mitgliedern

---

1302 Betriebsverfassungsgesetz (BetrVG): Ursprüngliche Fassung v. 11.10.1952, BGBl. I, S. 681; Neubekanntmachnung v. 25.09.2001, BGBl. I, S. 2518; letzte Neufassung v. 15.01.1972, BGBl. I, S. 13; letzte Änderung durch Art. 4e G v. 18.12.2018, BGBl. I, S. 2651.

1303 *Wolmerath*, Rn. 93; *Wolmerath*, Rechtshandbuch, § 2 Rn. 78.

1304 *Wolmerath*, Rn. 93; *Wolmerath*, Rechtshandbuch, § 2 Rn. 78.

1305 Grundsätzlich können Betriebsratsmitglieder gem. § 15 Abs. 1 KSchG nur außerordentlich und auch nur mit Zustimmung des Betriebsrats gekündigt werden; sofern der Betriebsrat seine Zustimmung verweigert, muss der Arbeitgeber gem. § 103 Abs. 2 BetrVG ein Zustimmungsersetzungsverfahren vor dem Arbeitsgericht einleiten. [Kündigungsschutzgesetz (KSchG): Ursprüngliche Fassung v. 10.08.1951, BGBl. I, S. 499; letzte Neufassung v. 25.08.1969, BGBl. I, S. 1317; letzte Änderung durch Art. 4 G v. 17.07.2017, BGBl. I, S. 2509, 2511].

1306 Dazu u. zum Voranstehenden *Fehr*, S. 97 Fn. 42.

1307 *Wolmerath*, Rechtshandbuch, § 2 Rn. 79.

1308 *Fitting/Engels/Schmidt/Trebinger/Linsenmaier*, § 119 Rn. 1; Richardi-*Annuß*, § 119 Rn. 4 m. w. N.; *Wolmerath*, Rechtshandbuch, § 2 Rn. 80.

1309 *Wolmerath*, Rechtshandbuch, § 2 Rn. 80 m. w. N.

1310 *Klebe/Ratayczak/Heilmann/Spoo*, § 119 Rn. 4.

betriebsverfassungsrechtlicher Organe strafbar.[1311] Unter Wahlbehinderung ist jede Beeinflussung der Wahlen durch Zufügung oder Androhung von Nachteilen oder durch Gewährung oder Versprechen von Vorteilen zu verstehen, wobei dem Begriff Wahl auch vorbereitende Maßnahmen angehören.[1312] Die Behinderung kann sowohl durch positives Tun als auch durch Unterlassen erfolgen, sofern dem Täter eine Rechtspflicht zum Handeln obliegt.[1313] Ein Beispiel für eine Wahlbehinderung wäre etwa, dass der Mobbende die Durchführung der Betriebsratswahl erschwert, indem er die Wahlurne, in der sich die Stimmzettel befinden, vernichtet.[1314]

Der Behinderung der Wahl steht eine unzulässige Beeinflussung der Wahl gleich. Eine solche ist gegeben, wenn nicht die Wahl als solche oder einzelne mit der Wahl notwendigerweise zusammenhängende Handlungen behindert werden, sondern sich in sittlich anstößiger Weise darum bemüht wird, ein ganz bestimmtes Wahlergebnis zu erreichen.[1315] Beispielsweise teilt der Geschäftsführer seiner Belegschaft in einem Schreiben mit, dass sie ab sofort leitende Angestellte seien und es ihnen damit obliege, beim Wahlvorstand ihrer Eintragung in die Wählerliste zu widersprechen.[1316]

b) Behinderung und Störung der Betriebsratsarbeit gemäß § 119 Abs. 1 Nr. 2 BetrVG

§ 119 Abs. 1 Nr. 2 BetrVG dient dem Schutz der ungestörten Amtsausführung, so dass jeder Eingriff in die Tätigkeit dieser Stellen strafbar ist, bei dem es sich um eine Behinderung oder Störung handelt.[1317] Auch hier kann der Straftatbestand sowohl in einem positiven Tun als auch – bei bestehender Rechtspflicht zum Handeln – in einem Unterlassen liegen.[1318] Ein Beispiel für eine Behinderung und Störung der Betriebsratsarbeit ist das Niederschreien jedes Redebeitrags des Betriebsratsvorsitzenden von einem Teil der Belegschaft, so dass es dem Sprechenden nicht möglich ist, über die Arbeit des Betriebsrats zu berichten.[1319]

1311 *Klebe/Ratayczak/Heilmann/Spoo*, § 119 Rn. 1 m. w. N.

1312 *Klebe/Ratayczak/Heilmann/Spoo*, § 119 Rn. 1 m. w. N.; vgl. dazu auch Däubler/Kittner/Klebe/Wedde-*Trümner*, § 119 Rn. 5 ff. m. w. N.; *Fitting/Engels/Schmidt/Trebinger/Linsenmaier*, § 119 Rn. 4 ff. m. w. N.; Richardi-*Annuß*, § 119 Rn. 11 ff. m. w. N.

1313 Richardi-*Annuß*, § 119 Rn. 14; *Wolmerath*, Rechtshandbuch, § 2 Rn. 81.

1314 *Wolmerath*, Rechtshandbuch, § 2 Rn. 82.

1315 Däubler/Kittner/Klebe/Wedde-*Trümner*, § 119 Rn. 9; *Wolmerath*, Rechtshandbuch, § 2 Rn. 83; vgl. dazu auch Richardi-*Annuß*, § 119 Rn. 17 m. w. N.

1316 *Wolmerath*, Rechtshandbuch, § 2 Rn. 84.

1317 *Fitting/Engels/Schmidt/Trebinger/Linsenmaier*, § 119 Rn. 7; Richardi-*Annuß*, § 119 Rn. 20; *Wolmerath*, Rechtshandbuch, § 2 Rn. 85.

1318 Däubler/Kittner/Klebe/Wedde-*Trümner*, § 119 Rn. 14; *Wolmerath*, Rechtshandbuch, § 2 Rn. 85.

1319 *Wolmerath*, Rechtshandbuch, § 2 Rn. 86. Außerdem verweist *Wolmerath*, Rechtshandbuch, in § 2 Rn. 87 darauf, dass nach Ansicht der Literatur die Behinderung oder Störung eines Organmitglieds bei der Ausübung seines Amtes gleichzeitig eine Beeinträchtigung der Organtätigkeit darstellt, so dass der Betriebsrat durch die Behinderung seines Vorsitzenden in der Folge ebenso beeinträchtigt wird.

c) Benachteiligung und Begünstigung gemäß § 119 Abs. 1 Nr. 3 BetrVG

Mit § 119 Abs. 1 Nr. 3 BetrVG wird die Betätigung von Mitgliedern der betriebsverfassungsrechtlichen Organe geschützt, indem diese nicht aufgrund ihrer Tätigkeit benachteiligt oder begünstigt werden dürfen.[1320] Eine Benachteiligung stellt jede faktische, persönliche oder wirtschaftliche Schlechterstellung einer in dieser Bestimmung genannten Person gegenüber anderen Arbeitnehmern dar, die nicht aufgrund von sachlichen oder sich in der Person des Betroffenen befindenden Ursachen, sondern wegen seiner Tätigkeit im Rahmen des betriebsverfassungsrechtlichen Organs stattfindet.[1321] Im Umkehrschluss dazu kann eine Begünstigung als Besserstellung definiert werden, wobei die Zusage eines Vorteils oder einer Verbesserung genügen soll.[1322] Allerdings dürfte letzteres in der betrieblichen Praxis keine Rolle spielen, da ein Mobbingbetroffener wohl kaum eine Bevorteilung erfahren wird.[1323]

Ein Beispiel für eine Benachteiligung stellt etwa die Schikane des Betriebsratsvorsitzenden durch den Geschäftsführer dar, um ersteren dazu zu bringen sein Amt niederzulegen, indem ihm unter anderem etwa Urlaub verweigert wird oder die Auszahlung von tariflichen Sondervergütungen und des Gehalts nach Belieben erfolgt.[1324]

IV. Sozialadäquanz von Mobbinghandlungen?

Für Mobbing ist es typisch, dass auf die Betroffenen mittels solcher Handlungen psychisch Druck ausgeübt wird, die vordergründig noch im Rahmen des (rechtlich) erlaubten oder sozial hinnehmbaren Verhaltens liegen.[1325] Zudem gelingt es den Mobbenden in der Praxis nicht selten, einer rechtlichen Sanktion[1326] unter Berufung darauf, es sei „doch nichts (rechtlich Relevantes)“ vorgefallen, zu entgehen. Daher ist an ein mögliches Entfallen einer Strafbarkeit unter dem Aspekt der Sozialadäquanz zu denken.[1327]

1. Die Lehre von der Sozialadäquanz als normatives Korrektiv?

Der Ursprung der von *Welzel* begründeten *Lehre von der Sozialadäquanz* beruht auf dem Gedanken, dass Handlungen, die sich innerhalb der historisch gewachsenen sozialethischen Ordnung des Gemeinschaftslebens befinden und von dieser erlaubt sind, nicht von den Deliktstatbeständen erfasst werden, obgleich sie Risiken für strafrechtlich

---

1320 Däubler/Kittner/Klebe/Wedde-*Trümner*, § 119 Rn. 17; *Wolmerath*, Rechtshandbuch, § 2 Rn. 88.

1321 Däubler/Kittner/Klebe/Wedde-*Trümner*, § 119 Rn. 18; *Wolmerath*, Rechtshandbuch, § 2 Rn. 88.

1322 *Klebe/Ratayczak/Heilmann/Spoo*, § 119 Rn. 3; vgl. dazu auch Däubler/Kittner/Klebe/Wedde-*Trümner*, § 119 Rn. 19; *Wolmerath*, Rechtshandbuch, § 2 Rn. 88.

1323 *Wolmerath*, Rechtshandbuch, § 2 Rn. 89.

1324 *Wolmerath*, Rechtshandbuch, § 2 Rn. 90.

1325 *Fehr*, S. 177.

1326 Dabei zu berücksichtigen sind nicht nur Sanktionen des Strafrechts, sondern insbesondere auch die des Zivilrechts und des Arbeitsrechts.

1327 *Fehr*, S. 177.

geschützte Güter mit sich bringen.[1328] Typische Beispiele für sozialadäquates und damit strafloses Verhalten sind Freiheitsbeschränkungen und Beeinträchtigungen des körperlichen Wohlbefindens bei der Teilnahme am modernen Massenverkehr[1329] oder Beleidigungen außenstehender Dritter im engsten Familienkreis.[1330] Als Begründung für die Lehre von der Sozialadäquanz wird angeführt, dass das Recht nicht jede Beeinträchtigung von Rechtsgütern untersage, sondern nur Schutz vor solchen Einwirkungen biete, „die das Maß der notwendig vorauszusetzenden Beeinträchtigungen übersteigt, in denen sich das geordnete Gemeinschaftsleben in lebendig-tätigen Funktionen vollzieht."[1331] Für das Vorliegen der Sozialadäquanz soll aber nicht die bloße Gebräuchlichkeit eines Verhaltens ausreichen, sondern es bedarf darüber hinaus noch der Auffassung der Gemeinschaft, dass das erprobte Verhalten im Interesse des sozialen Zusammenlebens erforderlich sowie korrekt ist und es sich damit um ein akzeptiertes Verhaltensmodell handelt.[1332]

Spricht man der Lehre von der Sozialadäquanz eine selbständige Funktion zu, kann diese allein auf Tatbestandsebene ihre rechtliche Relevanz erhalten, da es eine Frage des Tatbestands ist, ob das jeweilige Verhalten überhaupt einen strafrechtlich relevanten Verhaltensunwert beinhaltet. Denn der Tatbestand umschreibt das deliktstypische Unrecht und die Rechtswidrigkeit dient grundsätzlich[1333] dazu, den bestehenden und vorher zu schaffenden Verhaltensunwert abzuschwächen. Dieser existiert jedoch bereits dann nicht, wenn das Verhalten von der Allgemeinheit toleriert und als gänzlich harmlos bewertet wird, was das Ziel der Lehre von der Sozialadäquanz ist.[1334]

2. Anwendbarkeit auf Mobbingkonstellationen

Sofern nun die Lehre von der Sozialadäquanz anerkannt wird, kann Mobbing in Form von sozialer Ausgrenzung durch unhöfliches, unfreundliches und unkooperatives Verhalten in den meisten Konstellationen dann nicht als sozialadäquates Verhalten bewertet werden, wenn es in Zusammenhang mit den schon vorgenommenen Mobbinghandlungen und den Bedingungen am Arbeitsplatz gebracht wird:[1335] Bei der Beurteilung, welche Verhaltensformen nicht mehr zur historisch gewachsenen Ordnung des Soziallebens gehören, muss nämlich der Gesamtzusammenhang, in den sich das Verhalten einfügt – wenigstens bis zu den Faktoren, aus denen der

1328 *Welzel*, ZStW 58 (1939), 491 (516 f.); ebenso *Mühe*, S. 116 m. w. N.; vgl. insbes. BGH, Urt. v. 17.12.1954 – 1 StR 183/54, BGHSt 7, 268 (271); BGH, Beschl. v. 13.11.1963 – 4 StR 267/63, BGHSt 19, 152 (154); zu den unterschiedlichen Vorschlägen, die „welzelsche" Formel zu konkretisieren und durch weitere Kriterien auszubauen *Schaffstein*, ZStW 72 (1960), 369 (378 ff.); *Zipf*, ZStW 82 (1970), S. 633 ff.; *Peters*, FS-Welzel, S. 426 f.

1329 *Welzel*, ZStW 58 (1939), 491 (515) bzgl. einer Strafbarkeit gem. §§ 339, 240, 223 StGB.

1330 *Schaffstein*, ZStW 58 (1960), 369 (375 f.); *Hirsch*, ZStW 74 (1962), 79 (129); dazu u. zum Voranstehenden ebenso *Fehr*, S. 179.

1331 *Welzel*, ZStW 58 (1939), 491 (516); ebenso *Fehr*, S. 179.

1332 *Zipf*, ZStW 82 (1970), 633 (633); ebenso *Fehr*, S. 179 f.

1333 Mit Ausnahme von §§ 240, 253 StGB.

1334 *Mühe*, S. 117 m. w. N.; vgl. insbes. *Peters*, FS-Welzel, S. 425 ff.; *Roxin*, FS-Klug, S. 306 ff.

1335 *Mühe*, S. 120.

Erfolgseintritt gefolgert wird – einbezogen werden, da andernfalls unsachgemäße und rechtlich nicht mehr hinnehmbare Resultate erreicht werden.[1336]

Im Rahmen der rechtlichen Beurteilung von Mobbing können sich bei Berücksichtigung des Gesamtkontexts hinsichtlich der Frage nach dem sozialadäquaten Charakter der Handlungen im Vergleich zu deren separater Betrachtung zu Ungunsten der Sozialadäquanz abweichende Ergebnisse ergeben.[1337] Diese unterschiedliche Bewertung rechtfertigt sich zunächst durch den Umstand, dass das fragliche Verhalten am Arbeitsplatz und nicht im Privatleben stattfindet. Denn was im außerbetrieblichen Kontext als von der Gesellschaft toleriert und somit als sozialadäquat anerkannt ist, muss für den Arbeitsplatz nicht gleichermaßen Gültigkeit besitzen. Dort mangelt es häufig an Ausweichmöglichkeiten, um den sozial ausgrenzenden Angriffen zu entkommen. Die Mobbingopfer sind regelmäßig auf die kollegiale Zusammenarbeit angewiesen, so dass sie die Vorenthaltung des zwischenmenschlichen Miteinanders und die Aufkündigung sozialen Respekts oft mehr belastet, als es im Privatleben der Fall wäre. Daher sind die Erwartungen an das gegenseitige Verhalten der Einzelnen im Berufsleben höher als im Privatbereich und bei der Beurteilung des Verhaltens hinsichtlich seiner Sozialadäquanz ist der Umstand einzubeziehen, dass das Mobbing im Arbeitsumfeld und nicht im privaten Lebensbereich stattfindet.[1338]

Ein weiterer Grund für eine abweichende Beurteilung der Sozialadäquanz im Falle von Mobbingkonstellationen liegt darin, dass die oben aufgezeigten Verhaltensweisen zwar alleine für sich genommen als sozialadäquat angesehen werden können, allerdings sind sie Bestandteil eines systematischen, fortgesetzten, länger andauernden Vorgehens, das vorwiegend gegen eine Person vorgenommen wird, dieser das soziale Miteinander an der Arbeitsstätte verwehrt und eine unerträgliche Arbeitsatmosphäre schafft. Diese Besonderheit muss auch bei der Beurteilung der Sozialadäquanz von bestimmten Mobbinghandlungen berücksichtigt werden, weil dadurch ein erheblicher Unterschied zu herkömmlichen Konflikten[1339] besteht, welche sich durch ihre Einmaligkeit oder kurze Dauer auszeichnen.[1340]

Eine separate Bewertung jeder einzelnen Handlung wäre nicht sachgerecht, weil bei Mobbing gerade kein Versehen oder eine Unachtsamkeit angenommen werden kann, wenn der Betroffene übergangen, ihm keine angemessene Arbeit zugewiesen oder die von ihm erbrachte Leistung nicht genügend wertgeschätzt wird.[1341] Zweck und Ziel von systematisch vorgenommenen Mobbinghandlungen ist es gerade, dem Betroffenen Schaden zuzufügen, und nicht, eine mögliche Konfliktlösung herbeizuführen oder die übliche Arbeitsbelastung zu bewältigen. Die mobbingspezifischen Verhaltensweisen sind vielmehr auf eine Konflikteskalation und eine Rechtsgutbeeinträchtigung gerichtet. Daher würde bei einer separaten Beurteilung der einzelnen

1336 *Mühe*, S. 118 m. w. N.; vgl. insbes. *Frisch*, S. 237; *Daxenberger*, S. 81.
1337 *Mühe*, S. 119.
1338 Dazu u. zum Voranstehenden *Mühe*, S. 119.
1339 Teil 1, Kapitel 1, II. 3. d) dieser Arbeit.
1340 *Mühe*, S. 119; ebenso *Wolmerath*, Rn. 69.
1341 *Fehr*, S. 185.

Mobbinghandlung nicht einbezogen, dass jeder Einzelakt nur Bestandteil eines Gesamtplans ist, der bezweckt, den Betroffenen durch systematisches Mobbing auf Dauer psychisch zu entkräften, und man könnte der zugrundeliegenden Problematik in keiner Weise gerecht werden.[1342]

Schließlich wird auch von der Gesellschaft systematisches soziales Ausschließen aus einem Zwangsverbund wie der Arbeitsgemeinschaft, in dem jeder Einzelne das zwischenmenschliche Miteinander benötigt, aufgrund der fortgesetzten und länger andauernden Unhöflichkeiten, dem unkooperativen Verhalten, Übergehen und Behandeln als ein nicht gleichwertiges Mitglied der Arbeitsgemeinschaft nicht mehr als üblich und unvermeidbares Lebensrisiko angesehen, sondern als gesellschaftlich anstößig und damit gerade sozialinadäquat beurteilt.[1343] Zudem stößt die Handlungsfreiheit und damit das sozialadäquate Verhalten grundsätzlich dann an Grenzen, wenn Handlungen systematisch vorgenommen werden, um die andere Person zu schikanieren und in ihrer psychischen Verfassung zu erschüttern.[1344] Die vordergründige Sozialadäquanz einer Handlung darf keinen Deckmantel für absichtlich vorgenommene Rechtsverletzungen darstellen. Daher ist ein solches Benehmen auch dann sozialinadäquat, wenn die Rechtsgutverletzung nach außen als sozialadäquat und der Straftatbestand nur formal tangiert erscheint.[1345] Bestätigt wird diese Auffassung letztlich auch durch die vermehrt erlassenen Betriebsvereinbarungen und Verordnungen gegen Mobbing,[1346] in denen auch Mobbinghandlungen in Form sozial ausgrenzenden, unfreundlichen und unkooperativen Verhaltens als nicht anerkanntes und tolerierbares Benehmen darstellt und für Mobbende betriebliche Konsequenzen bei Zuwiderhandlung angedroht werden.[1347]

Ferner ordnet auch die Rechtsprechung[1348] Mobbing als sozialinadäquat ein, wenn mit dem Verhalten das Opfer geschädigt werden soll und die einzelnen Mobbinghandlungen systematisch ausgeführt werden, um dieses Ziel zu erreichen.[1349] Sozial- und rechtsadäquates Verhalten wiederum ist aufgrund einer objektiven Betrachtungs-

---

1342 Dazu u. zum Voranstehenden *Fehr*, S. 185; ebenso *Spamer*, S. 118 f.

1343 *Mühe*, S. 119 m. w. N.; ebenso *Stock*, in Arentewicz/Fleissner, S. 185; im Ergebnis auch *Däubler*, in Leymann (1995), S. 80, der jedoch die Sozialadäquanz v. a. aufgrund der Zielgerichtetheit des Handelns ausschließen möchte; außerdem *Wolmerath*, Rn. 68 f.

1344 *Fehr*, S. 181.

1345 *Fehr*, S. 182; *Zipf*, ZStW 82 (1970), 633 (635).

1346 Beispielsweise Senatsrichtlinie „Partnerschaftliches Verhalten an der Universität Heidelberg", in Kraft seit 01.10.2002; Betriebsvereinbarung „Partnerschaftliches Verhalten" des Volkswagen Konzerns, in Kraft seit 01.07.1996; weitere Betriebsvereinbarungen gegen Mobbing abgedruckt bei *Wolmerath*, 1. Auflage, S. 323 ff., zit. nach *Mühe*, S. 120 Fn. 232.

1347 *Mühe*, S. 119 f.

1348 Insbes. LAG Thüringen, Urt. v. 10.04.2001 - 5 Sa 403/2000, NZA-RR 2001, 347 (358); LAG Thüringen, Urt. v. 15.02.2001 - 5 Sa 102/00, BB 2001, 2061 (2061 f.); im Ergebnis wohl ebenso LAG Baden-Württemberg, Urt. v. 27.07.2001 - 5 Sa 72/01, juris, Rn. 10; vgl. dazu auch LAG Rheinland-Pfalz, Urt. v. 16.02 2018 - 1 Sa 41/17, juris, Rn. 134. Dass das Verhalten des Mobbenden noch sozialadäquat sein könnte, wird in den Entscheidungsgründen zum Teil nicht einmal in Erwägung gezogen, vgl. hierzu z. B. LAG Rheinland-Pfalz, Urt. v. 16.08.2001 - 6 Sa 415/01, juris.

1349 Vgl. *Fehr*, S. 185 f. m. w. N.

weise, also ohne Rücksicht auf das subjektive Empfinden des betroffenen Arbeitnehmers von der rechtlichen Bewertung auszunehmen.[1350] Die Grenzen zum nicht rechts- bzw. sozialadäquaten Verhalten seien erst dann überschritten, wenn Verhaltensweisen bezwecken oder bewirken, dass die Würde des Arbeitnehmers verletzt und ein durch Einschüchterung, Anfeindungen, Erniedrigungen oder Beleidigungen gekennzeichnetes Umfeld geschaffen wird.[1351] So sollen beispielsweise an sich von jedem aushaltbare Hänseleien dann nicht mehr sozialadäquat sein, sofern immer wieder derselbe Mitarbeiter von ihnen betroffen ist und sie andauernd und wiederholt sowie ausschließlich zu Schikanezwecken vorgenommen werden.[1352] Aus diesen Gründen überzeugt auch die Auffassung in der rechtswissenschaftlichen Literatur, die Mobbingverhalten, das aus sozial ausgrenzenden Verhaltensweisen wie dem Aufkündigen zwischenmenschlichen Respekts durch unhöfliches, unkooperatives Benehmen besteht, als sozialadäquat anerkennt und es für straflos erklärt,[1353] in Bezug auf Mobbing am Arbeitsplatz nicht.[1354]

Definiert man Mobbing also – wie es auch das Verständnis dieser Arbeit ist – als systematisch eingesetzte, regelmäßige und schikanierende Handlungsweisen, die das Opfer mental entkräften und vom Arbeitsplatz verdrängen sollen,[1355] so kann sich der Mobbende gerade nicht der Verantwortung mit dem Argument entziehen, dass sein Verhalten noch sozialadäquat und deshalb straflos sei. Wegen des mit den Mobbinghandlungen verfolgten rechtlich missbilligten Zwecks und der Intensität der Rechtsgutverletzung fehlt es diesen weder am Handlungs- noch am Erfolgsunrecht.[1356]

3. Soziale Adäquanz versus objektive Zurechnung

Mittlerweile hat jedoch die Lehre von der Sozialadäquanz innerhalb des Strafrechts ihre eigenständige Bedeutung ohnehin größtenteils eingebüßt.[1357] Eine erhebliche Schwachstelle ist zunächst, dass sie die Rechtssicherheit gefährdet, indem sie zu unpräzise und unbestimmt ist: So wird die Garantiefunktion des Strafrechts in Fra-

1350 BAG, Urt. v. 15.09.2016 - 8 AZR 351/15, juris, Rn. 37; BAG, Urt. v. 22.10.2015 - 2 AZR 569/14, juris, Rn. 30; BAG Urt. v. 16.05.2007 - 8 AZR 709/06, juris, Rn. 85; LAG Köln, Urt. v. 07.05.2018 - 4 Sa 482/13, juris, Rn. 144.

1351 BAG, Urt. v. 15.09.2016 - 8 AZR 351/15, juris, Rn. 37; LAG Köln, Urt. v. 07.05.2018 - 4 Sa 482/13, juris, Rn. 144.

1352 LAG Thüringen, Urt. v. 10.04.2001 - 5 Sa 403/2000, NZA-RR 2001, 347 (358); ebenso *Fehr*, S. 186.

1353 Dazu insbes. *Wolmerath*, Rn. 68 f.; *Dieball*, BB 1996, S. 483 f.; *Däubler*, BB 1995, S. 1347 ff.; *Gralka*, BB 1995, 2651 ff. (2654); *Spamer*, S. 106 ff.; *Wolmerath*, Rn. 69; darüber hinaus ordnet diese Ansicht das Mobbingverhalten zwar als sozialadäquat ein, erklärt aber im Falle von Mobbing die Lehre von der Sozialadäquanz ausnahmsweise nicht für anwendbar, da sie mit ihren Ergebnissen dieser Sonderkonstellation nicht gerecht werden würde (*Wolmerath*, Rn. 69, den Gedanken von *Däubler*, BB 1995, S. 1348; ders., in Leymann (1995), S. 80 aufnehmend; ähnlich auch *Spamer*, S. 116 ff.); begründet wird diese Ausnahme von dem Gedanken der Straffreiheit bei Mobbing mit der Wiederholung, der Systematik und dem gezielten Einsetzen der sozialadäquaten Handlungen (*Däubler*, in Leymann (1995), S. 80; *Spamer*, S. 116 f.; *Wolmerath*, Rn. 69).

1354 *Mühe*, S. 118.

1355 Teil 1, Kapitel 1, II. 3. dieser Arbeit.

1356 *Fehr*, S. 186.

1357 Sch/Sch-*Eisele*, Vor §§ 13 ff. Rn. 70; vgl. ebenso *Mühe*, S. 120 m. w. N.

ge gestellt, weil die Merkmale der Sozialadäquanz, die sich nach der Gesellschaft ausrichten, mit deren Veränderung einem stetigen Wandel unterliegen.[1358] Außerdem birgt die Lehre von der Sozialadäquanz die Gefahr in sich, allgemein verbreitete Gepflogenheiten für tatbestandslos zu erklären und die Beurteilung der Strafbarkeit des Täters in nicht mehr hinnehmbarem Maße vom Rechtsgefühl abhängen zu lassen.[1359]

Darüber hinaus wird dem unverzichtbaren Erfordernis der gebotenen Haftungsbegrenzung der strafrechtlichen Tatbestände auf deliktstypisches Unrecht[1360] – was das Ziel der Lehre von der Sozialadäquanz darstellt – auf andere Weise Genüge getan: Einerseits erfolgt eine Beschränkung der Haftung zu weiten Teilen bereits durch allgemeine Auslegungsregeln, vor allem durch die teleologische Reduktion der Straftatbestände, indem Verhaltensweisen, die zwar vom Wortlaut der Regelung, jedoch vernünftigerweise nach der rechtsgutsbezogenen Ratio des Delikts nicht vom Tatbestand erfasst werden.[1361] Andererseits wird heute Sachverhalten, die im Rahmen der Lehre von der Sozialadäquanz diskutiert werden, im Wege der in der Literatur vorherrschenden *Lehre von der objektiven Zurechnung* entsprochen. Denn mit deren Forderung, dass der Täter durch sein Verhalten eine rechtlich relevante Gefahr, welche sich im konkreten Erfolg niedergeschlagen hat, geschaffen haben muss, wird mit präziseren, am Rechtsgut orientierten und damit für die Rechtssicherheit zu bevorzugenden Kriterien die Möglichkeit eröffnet, vom Erfolgsunrechtsstrafrecht über die Festlegung des Handlungsunrechts bis hin zur Gewährleistung eines strafrechtsfreien Raums zu gelangen, wodurch das strafbare Unrecht auf Tatbestandsebene mit objektiven Kriterien abgegrenzt wird.[1362]

4. Fazit

Im Ergebnis kann festgehalten werden, dass Handlungen, die Teil eines Mobbingprozesses sind, nicht ohne Weiteres als sozialadäquat eingeordnet werden können. Vielmehr wird ihnen oftmals durch das Mobbinggeschehen, das von einem systematischen und fortgesetzten Vorgehen gekennzeichnet ist, und durch die die einzelnen Mobbingangriffe begleitenden Umstände gerade ein sozialinadäquater Charakter verliehen.[1363]

1358 *Mühe*, S. 121 m. w. N.; vgl. v. a. *Eser*, FS-Roxin, S. 295 f.; *Roxin*, FS-Klug, S. 304.

1359 *Mühe*, S. 121 m. w. N.

1360 Das Strafrecht, das den stärksten Eingriff in die Freiheitsrechte des Einzelnen darstellt, muss aufgrund des zu beachtenden Verhältnismäßigkeitserfordernisses staatlicher Eingriffe einen Handlungsfreiraum für den Bürger gewährleisten (vgl. BVerfG, Urt. v. 25.02.1975 – 1 BvF 2/74, BVerfGE 39, 1 (47); vgl. ebenso *Rath*, S. 19 ff., dies aus dem Sinn und Zweck des positiven Rechts ableitend), so dass es vor allem nicht Sinn und Zweck des Strafrechts sein kann und darf, alle verletzenden Einwirkungen zu verhindern, sondern nur diejenigen, die dem Gemeinschaftsleben zuwiderlaufen (vgl. BVerfG, Urt. v. 21.06.1977 – 1 BvL 14/76, BVerfGE 45, 187 (253); *Günther*, JuS 1978, 8 (12 f.)); vgl. dazu auch *Mühe*, S. 121.

1361 *Mühe*, S. 121; vgl. zur einschlägigen systemimmanenten Funktion der Rechtsgutslehre *Gaede*, S. 183 ff. m w. N.

1362 *Mühe*, S. 122.

1363 Ebenso *Mühe*, S. 122.

Davon abgesehen ist der Grundgedanke der Sozialadäquanz mit der Lehre von der objektiven Zurechnung heutzutage veraltet, so dass es nach hier vertretener Ansicht der Lehre von der Sozialadäquanz als selbständiges Tatbestandskorrektiv schon gar nicht bedarf. Daher müssen auch weder ihre Defizite in Kauf genommen werden, noch sind diesbezüglich Ausnahmen bei der rechtlichen Würdigung einzelner Mobbingkonstellationen erforderlich. Folglich ist die Strafbarkeit des Mobbenden nicht durch Rückgriff auf die Lehre von der Sozialadäquanz zu bewerten, sondern vielmehr anhand der Kriterien zu ermitteln, welche die Lehre von der objektiven Zurechnung für die Unrechtsbegründung festgestellt hat.[1364]

V. Weitere potentielle Begehungsformen

Mobbing kann auch im Mehrpersonenverhältnis und/oder durch Unterlassen begangen werden.

1. Mobbing im Mehrpersonenverhältnis

In Ergänzung zu den im ersten Teil dieser Arbeit dargestellten unterschiedlichen Varianten arbeitsplatzspezifischer personeller Mobbingsituationen, in denen zum Teil mehrere Personen beteiligt sind,[1365] soll auch im Rahmen der strafrechtlichen Beurteilung von Mobbing ein Blick auf das Mehrpersonenverhältnis geworfen werden. Insbesondere die Mittäterschaft und die Nebentäterschaft spielen dabei eine wesentliche Rolle. Denn, wie oben bereits angesprochen, existieren bei Mobbing unter Umständen auch Konstellationen, in denen der tatbestandliche Erfolg nicht durch mehrere Handlungen einer Person, sondern durch die Handlungen mehrerer Personen hervorgerufen wird.

a) Mittäterschaft

Bei einer mittäterschaftlichen Verbundenheit der Handelnden erfolgt eine gegenseitige Zurechnung der einzelnen Tatbeiträge gemäß § 25 Abs. 2 StGB.[1366]

Unter *Mittäterschaft* wird die gemeinschaftliche Begehung einer Straftat durch bewusstes und gewolltes Zusammenwirken verstanden. Sie basiert auf dem Grundsatz des arbeitsteiligen Vorgehens und der funktionellen Rollenverteilung, was bedeutet, dass jeder Beteiligte hier gleichberechtigter Partner für den gemeinsamen Tatplan und der gemeinsamen Tatausführung ist. Dadurch vervollständigen sich die einzelnen Handlungen zu einem einheitlichen Ganzen und der Gesamterfolg ist jedem Mit-

1364 Ebenso *Mühe*, S. 123; vgl. dazu auch *Fehr*, S. 186.
1365 Teil 1, Kapitel 1, II. 5. b) bb. (2), (4) dieser Arbeit.
1366 *Eisele/Heinrich*, Rn. 782; *Hoffmann-Holland*, Rn. 522; *Kindhäuser*, AT, § 40 Rn. 2; *Krey/Esser*, Rn. 941; *Kühl*, § 20 Rn. 100; Sch/Sch-*Heine/Weißer*, § 25 Rn. 61.

wirkenden vollständig zuzurechnen.[1367] Demgegenüber liegt bloße *Nebentäterschaft* vor, wenn mehrere Personen unabhängig voneinander, das heißt ohne bewusstes und gewolltes Zusammenwirken, den tatbestandlichen Erfolg herbeiführen.[1368]

Was den gemeinsamen Tatentschluss betrifft, muss dieser nicht ausdrücklich erfolgen, sondern es genügt bereits eine stillschweigend durch schlüssiges Handeln bekundete Übereinkunft, wofür sich die Mitwirkenden nicht einmal kennen, sondern lediglich in dem Bewusstsein handeln müssen, dass neben ihnen noch ein oder mehrere andere beteiligt sind und diese die gleiche Erkenntnis haben.[1369] Nicht notwendig für die Mittäterschaft ist, dass die Details der Tatbestandsverwirklichung von Anfang an genau festgelegt sind. Es genügt, dass der gemeinschaftliche Tatplan das Geschehen nur in groben Zügen umreißt und jeder Einzelne in der Art der Ausführung frei ist.[1370] Danach kann ein Einverständnis zwischen den Handelnden angenommen werden, wenn Mobbingmethoden angewendet werden, die schon zuvor genutzt und von allen gebilligt wurden. Davon ist gleichermaßen beim erstmaligen Einsatz von Mobbingmitteln auszugehen, wenn diese qualitativ nur unwesentlich von den bisherigen Maßnahmen abweichen.[1371]

Sofern das Spektrum der Mobbingmethoden durch einzelne Beteiligte in der Weise vergrößert wird, indem deutlich schwerwiegendere oder gefährlichere Maßnahmen zur Anwendung gelangen oder zu Mobbinghandlungen mit einer völlig neuen Angriffsrichtung übergegangen wird,[1372] ist für einen gemeinsamen Tatentschluss erforderlich, dass die übrigen Mittäter mit dieser Möglichkeit zumindest gerechnet und diese billigend in Kauf genommen bzw. von Anfang an aus Gleichgültigkeit auch ohne konkrete Vorstellung ihr ausdrückliches oder konkludentes Einverständnis mit allem abgegeben haben.[1373] Wenn dagegen ein Mobbingtäter zu Handlungen greift, die weder Bestandteil des gemeinsamen Tatplans sind noch von den übrigen Teilnehmern im Nachhinein gebilligt werden, ist ein *Mittäterexzess* gegeben. Bei diesem wird der betreffende Tatbeitrag den übrigen Beteiligten nicht über § 25 Abs. 2 StGB zugerechnet.[1374] Um keinen Exzess handelt es sich bei der Erweiterung des ursprünglichen gegenseitigen Einverständnisses. Dies kann ausdrücklich oder stillschweigend geschehen, darf jedoch nicht nur eine bloße einseitige Kenntnisnahme und Billigung durch die

1367 *Wessels/Beulke/Satzger*, Rn. 811; vgl. ebenso *Eisele/Heinrich*, Rn. 782; *Joecks/Jäger*, § 25 Rn. 79; *Kindhäuser*, AT, § 40 Rn. 2; *Kühl*, § 20 Rn. 99.

1368 *Eisele/Heinrich*, Rn. 767; *Kindhäuser*, AT, § 39 Rn. 3; *Krey/Esser*, Rn. 982; *Kühl*, § 20 Rn. 36; Sch/Sch-*Heine/Weißer*, § 25 Rn. 104.

1369 *Eisele/Heinrich*, Rn. 786; *Hoffmann-Holland*, Rn. 532 m. w. N.; *Kühl*, § 20 Rn. 104 m. w. N.; ebenso *Fehr*, S. 132 m. w. N.

1370 *Fehr*, S. 133 m. w. N.; ebenso *Hoffmann-Holland*, Rn. 532 m. w. N.; *Krey/Esser*, Rn. 947.

1371 *Fehr*, S. 133.

1372 Etwa wenn man sich zunächst auf das Verbreiten von Gerüchten über den Betroffenen bzw. auf die Abwertung seiner Arbeitsleistung beschränkt hat und dann ein einzelner Mobbender dazu überwechselt, Arbeitsergebnisse zu vernichten oder das Eigentum des Betroffenen zu beschädigen.

1373 *Fehr*, S. 133 m. w. N.

1374 *Wessels/Beulke/Satzger*, Rn. 826; vgl. ebenso *Eisele/Heinrich*, Rn. 792; *Frister*, S. 399; *Hoffmann-Holland*, Rn. 534; *Krey/Esser*, Rn. 946; *Kühl*, § 20 Rn. 117 m. w. N.; ebenso *Fehr*, S. 133.

übrigen Beteiligten sein, sondern muss sich als kollusive Willensübereinkunft zwischen allen Beteiligten darstellen.[1375]

Ferner kann der gemeinsame Tatentschluss zwischen den Mittätern auch noch während der Tatausführung hergestellt werden. Hierbei handelt es sich um eine *sukzessive Mittäterschaft*. In dem Fall hat auch derjenige, der in Kenntnis und Billigung des bisherigen Geschehens als Mittäter hinzukommt, für die Handlungen einzustehen, die vor seinem Beitritt vorgenommen wurden, da sich sein Einverständnis auf den „verbrecherischen Gesamtplan“ erstreckt.[1376] Diese Zurechnung entfällt nur dann, wenn das tatbestandliche Geschehen schon vor dem Hinzutreten des Mittäters komplett beendet ist.[1377]

Solche Konstellationen der sukzessiven Täterschaft lassen sich bei Mobbing in der Praxis öfter finden, weil die Reihe der Täter häufig nicht einen von vornherein festgelegten Kreis bildet, sondern sich der existierende Konflikt auch in personeller Hinsicht erst zunehmend verschärft. Zumeist ist es die Absicht der ursprünglichen Mobbenden, die Gruppe der Mobbingtäter zu erweitern, um den Betroffenen noch mehr gesellschaftlich ausgrenzen und schikanieren zu können. In aller Regel konnten die neu Hinzutretenden dabei zumindest in groben Zügen Kenntnis von den vorangegangenen Mobbinghandlungen erlangen, so dass bei deren eigenhändiger Mitwirkung an den Mobbingaktivitäten auch ihre Billigung des vorherigen Mobbinggeschehens anzunehmen ist.[1378]

Darüber hinaus sind die Mobbenden nach dem oben Gesagten nur dann mittäterschaftlich miteinander verbunden, wenn sie *kollusiv* zusammenwirken: Das bedeutet, jedem Beteiligten muss jedenfalls bewusst sein, dass sein Beitrag lediglich ein Element eines Ganzen bildet, und den übrigen Mobbingtätern ist klar, dass ihr Tun durch Mobbinghandlungen einer weiteren Person vervollständigt wird.[1379] Zudem darf es entsprechend der Grundsätze des BGH[1380] den übrigen Tätern nicht gleichgültig sein, ob von diesem Zeitpunkt an Mobbingaktivitäten von weiteren Personen vorgenommen werden, sondern es muss gerade ein „Unrechtsbündnis“ zwischen allen Mobbenden gegeben sein.[1381]

Bezüglich der gemeinschaftlichen Tatbegehung ergibt sich bei durch Gruppen ausgeübtem Mobbing regelmäßig die Problematik, dass sich eine Kausalität zwischen dem Beitrag jedes einzelnen Mobbenden und dem tatbestandlichen Erfolg in den

---

1375 *Fehr*, S. 133 f.; *Wessels/Beulke/Satzger*, Rn. 827; vgl. auch *Kühl*, § 20 Rn. 118 m. w. N.

1376 BGH, Urt. v. 15.01.1991 – 5 StR 492/90, BGHSt 37, 289 (292); BGH, Beschl. v. 02.10.1984 – 4 StR 551/84, NStZ 1985, 70 (71); *Fischer*, § 25 Rn. 39; *Wessels/Beulke/Satzger*, Rn. 830; vgl. ebenso *Eisele/Heinrich*, Rn. 796; *Frister*, S. 400; *Kindhäuser*, AT, § 40 Rn. 10; *Krey/Esser*, Rn. 954 f.

1377 BGH, Urt. v. 24.04.1952 – 3 StR 48/52, BGHSt 2, 344 (346); BGH, Beschl. v. 31.01.1997 – 2 StR 620/96, NStZ 1997, 336 (336); vgl. ebenso *Krey/Esser*, Rn. 955; dazu u. zum Voranstehenden auch *Fehr*, S. 134 m. w. N.

1378 Dazu u. zum Voranstehenden *Fehr*, S. 134.

1379 *Fehr*, S. 135.

1380 BGH, Beschl. v. 21.08.1991 – 2 StR 333/91, StV 1992, 160 (160 f.).

1381 *Fehr*, S. 135.

seltensten Fällen ermitteln lassen wird, so dass es auf das Kausalitätsverständnis von § 25 Abs. 2 StGB ankommt.[1382]

Der Zweck des § 25 Abs. 2 StGB liegt darin, Fälle des arbeitsteiligen Zusammenwirkens zu erfassen, in denen die einzelnen Beteiligten nur Ausschnitte des Tatbestandes eigenhändig verwirklichen, diese Bausteine sich allerdings typischerweise ergänzen und auf diese Weise der Tatbestand insgesamt realisiert wird. Daraus folgt, dass der mittäterschaftliche Anteil des Einzelnen weniger Anforderungen erfüllen muss als die Tathandlung des Alleintäters.[1383] Das Merkmal der Gemeinschaftlichkeit des § 25 Abs. 2 StGB verändert die Tatbestandsvoraussetzungen der Delikte des Besonderen Teils des Strafgesetzbuches dahingehend, dass sich der Erfolgseintritt nun nicht mehr auf die Handlung jedes einzelnen Mittäters bezieht.[1384] Ein Kausalzusammenhang zwischen der aufgrund des gemeinsamen Tatentschlusses miteinander verbundenen Gruppe und dem im Straftatbestand des entsprechenden Delikts umschriebenen Erfolg ist somit ausreichend.[1385] Die Gruppe bildet sich dabei ihrerseits über den gemeinsamen Tatentschluss, den Straftatbestand durch bewusstes und gewolltes Zusammenwirken zu realisieren. Mit Hilfe von § 25 Abs. 2 StGB können demzufolge nicht nur Tathandlungen Dritter zugerechnet werden, sondern auch das objektive Merkmal der Kausalität. Dafür ist nur erforderlich, dass der Einzelne als Teil des Kollektivs agiert bzw. seinen im Tatplan vorgesehenen Tatbeitrag geleistet hat.[1386] Zu beachten ist jedoch, dass über § 25 Abs. 2 StGB kein völliger Kausalitätsverzicht stattfindet, sondern weiterhin ein Beitrag jedes Einzelnen erforderlich ist, der ursächlich für die Bildung des Kollektivs geworden ist.[1387]

Ferner beruht die kausalitätsersetzende Wirkung von § 25 Abs. 2 StGB bezüglich des einzelnen Beitrags auf der Bedeutung der in § 25 Abs. 2 StGB genannten „gemeinschaftlichen Begehung", so dass hier insoweit eine Wertentscheidung des Gesetzgebers vorliegt, die Mittäterschaft als Haftungserweiterung im Vergleich zur Alleintäterschaft des § 25 Abs. 1 StGB auszugestalten.[1388] Mithilfe dieser Konzeption der Mittäterschaft werden Beweisschwierigkeiten umgangen, die sich beim Zusammenwirken Mehrerer gewöhnlich dadurch ergeben, dass im Nachhinein nicht mehr ermittelbar ist, welcher der Tatbeiträge letztlich ursächlich für den Erfolg war.[1389]

Folglich kann gemäß § 25 Abs. 2 StGB jeder der am Mobbinggeschehen Mitwirkenden für den Erfolgseintritt strafrechtlich zur Verantwortung gezogen werden, sofern er seine Mobbinghandlung aufgrund eines zuvor gefassten Tatplans geleistet hat und diese Handlung einen Tatbeitrag von einigem Gewicht und von Bedeutung für das

1382 Ausführlich dazu *Fehr*, S. 139 ff.

1383 Dazu u. zum Voranstehenden *Fehr*, S. 158; ebenso *Knauer*, S. 146 f.

1384 *Dencker*, S. 145 ff.; *Fehr*, S. 158.

1385 *Fehr*, S. 158.

1386 *Fehr*, S. 158 f.

1387 *Fehr*, S. 159 m. w. N.

1388 *Fehr*, S. 159, die u. a. auch auf die Potenzierung der Gefährlichkeit bzw. Risikosteigerung für das geschützte Rechtsgut durch den Zusammenschluss mehrerer Personen hinweist (vgl. dazu auch *Knauer*, S. 159).

1389 *Fehr*, S. 159 mit Verweis auf *Beulke/Bachmann*, JuS 1992, 737 (743).

Gelingen der Tat darstellt.[1390] Wenn Mobbing also in gegenseitiger Kenntnis betrieben wird und sich eigentlich nur deshalb entwickelt, weil mehrere Personen zusammenwirken, dürfte in der Regel von einer stillschweigenden Übereinkunft im Sinne eines mittäterschaftlichen Entschlusses auszugehen sein.[1391] Um keine Mittäterschaft handelt es sich demgegenüber, wenn der Mobbende zwar bemerkt, dass auch andere den Betroffenen attackieren, aber er – obgleich er das Verhalten der anderen billigt – nicht darüber nachdenkt, mit diesen kooperierend dem Mobbingopfer Schaden hinzuzufügen, und sich deshalb die Tatbeiträge der anderen auch nicht zu eigen machen möchte.[1392]

b) Nebentäterschaft

Wenn der Mobbende von den Mobbinghandlungen weiterer Personen nichts weiß oder ihm trotz Kenntnis die Tatbeiträge der übrigen mangels eines gemeinsamen Tatentschlusses nicht zugerechnet werden können, agieren mehrere Mobbende als Nebentäter, da sie unabhängig voneinander, ohne bewusstes und gewolltes Zusammenwirken, den tatbestandlichen Erfolg verursachen.[1393] Anders als bei der Mittäterschaft muss sich der Nebentäter nur für seinen eigenen Tatbeitrag strafrechtlich verantworten.[1394] Für die *Nebentäterschaft* ist alleine maßgeblich, ob der Beitrag des Nebentäters eine rechtlich relevante Gefahr geschaffen hat, die sich im tatbestandlichen Erfolg niedergeschlagen hat. Maßgeblich ist also, ob und inwieweit eigenes Verhalten, das erst durch die Kumulationswirkung mit der Aktivität eines anderen den Tatbestandserfolg hervorbringt, eine verbotene Gefahrschaffung hinsichtlich dieses Erfolgs darstellt.[1395]

In diesem Kontext spielt vor allem die *kumulative Kausalität* eine Rolle, worunter Sachverhalte fallen, in denen mehrere voneinander unabhängig vorgenommene Handlungen den Erfolg erst durch ihr Zusammenwirken herbeiführen.[1396] Mit dieser Fallgruppe sind die Konstellationen des Gruppenmobbings in Nebentäterschaft – also ohne dass die Beteiligten voneinander Kenntnis haben – durchaus vergleichbar und können ihr somit zugeordnet werden.[1397] Denn für die Fälle des Gruppenmobbings ist es gerade kennzeichnend, dass die Handlungen einer Person noch nicht ausreichen, bei dem Betroffenen deutliche psychische Reaktionen hervorzurufen. Erst die Tatsache, dass nicht nur eine Person, sondern mehrere dem Betroffenen etwa jeglichen sozialen Kontakt entziehen, führt zu einem seelischen Ausnahmezustand beim Betroffenen, in dessen Folge bereits eine weitere Mobbinghandlung, unabhängig von ihrer Schwere, das

1390 Ebenso *Fehr*, S. 160.
1391 *Mühe*, S. 141.
1392 *Mühe*, S. 141.
1393 *Mühe*, S. 141 m. w. N.; vgl. insbes. *Daxenberger*, S. 90 f.; ebenso Sch/Sch-*Heine/Weißer*, § 25 Rn. 104; *Wessels/Beulke/Satzger*, Rn. 863.
1394 BGH, Urt. v. 22.01.1953 – 4 StR 417/52, BGHSt 4, 20 (21); BGH, Urt. v. 03.11.1995 – 2 StR 225/95, NStZ 1996, 227 (228 f.); *Mühe*, S. 141; *Wessels/Beulke/Satzger*, Rn. 863; vgl. ebenso *Eisele/Heinrich*, Rn. 767; *Kindhäuser*, AT, § 39 Rn. 3 m. w. N; Sch/Sch-*Heine/Weißer*, § 25 Rn. 104.
1395 *Mühe*, S. 141 f. m. w. N.
1396 *Wessels/Beulke/Satzger*, Rn. 233.
1397 *Fehr*, S. 162.

„Fass zum Überlaufen" bringt.[1398] Problematisch ist in diesen Fällen regelmäßig, ob der eingetretene Erfolg allen Tätern in der Weise zugerechnet werden kann, dass sie aus dem vollendeten Delikt zu bestrafen sind, was letztlich eine Frage der objektiven Zurechnung und einzelfallabhängig zu ermitteln ist.[1399] Unzweifelhaft hat dabei derjenige, durch dessen Handlung der Erfolg unmittelbar verursacht wird, den Erfolg auch objektiv zurechenbar herbeiführt.[1400]

Überdies wird nicht selten der weitere Kausalverlauf des Mobbinggeschehens in aller Regel ein atypischer sein. Denn die jeweilige Handlung bildet häufig einen kleinen Part eines großen Gesamtkomplexes, der aus mehreren Handlungen verschiedener Personen besteht und dessen Entstehung nicht zu der allgemeinen Lebenserfahrung des Einzelnen zählt.[1401] Daher wird in zahlreichen nebentäterschaftlich begangenen Mobbingfällen, insbesondere noch zu Beginn des Mobbinggeschehens und wenn sich für die Mobbenden keine Anhaltspunkte in Bezug auf das Handeln anderer oder der angeschlagenen psychischen Verfassung des Opfers bieten, der Kumulationseffekt der Mobbingangriffe verschiedener Personen und der darauf beruhende Erfolg für den jeweils einzelnen Mobbenden das Produkt eines unkalkulierbaren und nicht mehr kontrollierbaren Zufalls sein. In diesen Konstellationen realisiert sich nicht die von dem einzelnen Mobbenden begründete Gefahr, sondern eine solche, die von einem oder mehreren Dritten geschaffen wurde, auf dessen Agieren der Mobbende jedoch keinerlei Einfluss hatte.[1402] Demnach kommt es in Mobbingsachverhalten, bei denen es mehrere unabhängig voneinander Handelnde gibt, oftmals zu einer Situation, in der von dem Einzelnen ein Teilbeitrag zum Gesamtgeschehen erbracht wird, welcher aber erst durch weitere Mobbingangriffe anderer vervollständigt und erst auf diese Weise nachträglich zum Bestandteil eines destruktiven Gesamtplans gemacht wird.[1403] So verhält es sich etwa, wenn eine Führungskraft den Betroffenen beleidigt oder ungerechtfertigt kritisiert, was bei Letzterem zu einer psychischen Angeschlagenheit führt, weshalb dieser auf anschließende Mobbingattacken Dritter sensibler reagiert und dadurch die psychisch instabile Konstitution des Betroffenen in Depressionen und ernstzunehmende psychosomatische Beschwerden umschlägt. In solchen Konstellationen stellt sich der Erfolg nicht als die Verwirklichung einer von

1398 *Fehr*, S. 163. Vgl. dazu außerdem *Fehr*, S. 164, die bezüglich der Metapher des überlaufenden Fasses den zutreffenden Vergleich mit der v. a. im Umweltstrafrecht geführten Diskussion über Kumulations-, Summations- bzw. Synergieeffekte zieht (vgl. z. B. *Daxenberger*; *Samson*, ZStW 99 (1987), S. 617 ff.): Denn auch im Bereich des Umweltstrafrechts kommt es oftmals nicht aufgrund einer einzelnen Aktion, sondern erst durch verschiedene, voneinander unabhängige Einzelhandlungen zur Verunreinigung von Luft, Gewässern oder Boden, so dass die Beeinträchtigung des Rechtsguts – wie beim Mobbing – jeweils durch verschiedene Faktoren, die über einen längeren Zeitraum zusammenwirken, entsteht.

1399 Vgl. *Fehr*, S. 164 f.

1400 *Fehr*, S. 165 m. w. N.; vgl. *Samson*, ZStW 99 (1987), 617 (627 f.); *Möhrenschlager*, WiVerw 1984, 47 (63 ff.); vgl. außerdem die ausführliche Streitdarstellung bezüglich des Umfangs der Erfolgszurechnung in diesen Fallgestaltungen bei *Fehr*, S. 165 ff.; vgl. diesbezgl. ebenso *Mühe*, S. 142 f.

1401 *Mühe*, S. 143 mit verschiedenen Beispielen zur Veranschaulichung.

1402 Dazu u. zum Voranstehenden *Mühe*, S. 143.

1403 *Mühe*, S. 143.

dem Mobbenden geschaffenen Gefahr dar. Der Mobbende kann für den eingetretenen Erfolg dann grundsätzlich nicht strafrechtlich sanktioniert werden.[1404]

c) Fazit

Sofern an einem Mobbinggeschehen mehrere Mobbende teilnehmen und ihr Verhalten kausal für den eingetretenen Erfolg ist, muss untersucht werden, ob sie mittäterschaftlich handeln, vor allem dann, wenn sie gegenseitige Kenntnis von dem jeweiligen Mobbingverhalten des anderen haben. Sollte dies bejaht werden können, sind dem Mobbingtäter die Mobbingaktivitäten der anderen und der darauf zurückzuführende Eintritt des tatbestandlichen Erfolgs zuzurechnen, auch wenn er selbst nicht die unmittelbar den Erfolg auslösende Handlung getätigt hat und seine Tatbeiträge isoliert betrachtet noch unterhalb der Strafbarkeitsschwelle liegen.[1405] Aufgrund des „Tatorts" Arbeitsplatz, an dem er als Kollege oder Führungskraft zugegen ist, weiß der Mobbende oftmals von dem gegen den Betroffenen bereits geführten Mobbing. Wenn der Einzelne dann sein Mobbingverhalten in einen ihm bekannten Mobbingkontext einfügt, kann es für ihn vorhersehbar sein, dass er durch sein Zutun mitursächlich für den Erfolgseintritt ist.[1406]

Ferner sind nach herrschender Ansicht Fälle, in denen Mobbing in Nebentäterschaft begangen wird, über die Grundsätze der Lehre von der objektiven Zurechnung zu lösen. Unter Umständen kann dann ein auf Mobbinghandlungen beruhender tatbestandlicher Gesamterfolg auch demjenigen zugerechnet werden, welcher lediglich einen Beitrag geleistet hat, der unter der Strafbarkeitsschwelle liegt, auf dem aber – was bekannt und erwünscht ist – die anschließenden (Mobbing-)Handlungen aufbauen, durch welche der Tatbestand letztlich verwirklicht wird.[1407] Daneben sollen mit Hilfe der Lehre von der objektiven Zurechnung aber auch solche Konstellationen aussortiert werden, in denen die Mobbenden unabhängig bzw. ohne gegenseitige Kenntnis agieren und der eingetretene Erfolg sich nicht als ihr Werk, sondern als Zufallsprodukt darstellt, welches durch das allgemeine Lebensrisiko geschaffen wird.[1408]

2. Mobbing durch Unterlassen (Nichtverhinderung und Duldung) gemäß § 13 StGB

Eine Strafbarkeit aufgrund von Mobbing ist nicht nur durch aktives Tun, sondern auch durch Unterlassen möglich, wenn trotz der Kenntnis von Mobbing gegen eine Person keine Intervention erfolgte und das Mobbinggeschehen in seinem weiteren Verlauf gegebenenfalls zu schwerwiegenden Folgen für den Betroffenen führt.[1409]

Nach der bundesweiten Repräsentativstudie erhoffen sich die Mobbingopfer fast immer Hilfe und Unterstützung: So sprachen ca. 62 Prozent der Betroffenen mit

1404 Dazu u. zum Voranstehenden *Mühe*, S, 143 f.
1405 *Fehr*, S. 173; *Mühe*, S. 144.
1406 *Mühe*, S. 144.
1407 Vgl. *Fehr*, S. 166 f.
1408 *Mühe*, S. 144.
1409 Ebenso *Fehr*, S. 187; *Mühe*, S. 219.

Kollegen, ca. drei Viertel aller Befragten wandten sich mit dem Wunsch nach Aussprache, Solidarität oder Intervention an Betriebsangehörige und mehr als zwei Drittel baten beim Betriebsrat bzw. Personalrat, fast die Hälfte beim Vorgesetzten und etwa 8 Prozent direkt bei der Führungsspitze (dem Chef oder der Geschäftsführung) um Unterstützung.[1410]

Da insbesondere *Mühe*[1411], aber auch *Fehr*[1412] in ihren Dissertationen eine ausführliche Aufarbeitung der im Zusammenhang mit Mobbing durch Unterlassen auftretenden Fragen vorgenommen haben, soll im Folgenden lediglich ein Überblick über die Unterlassensproblematik bei Mobbing gegeben werden.

a) Garantenstellung

Gemäß § 13 StGB ist Voraussetzung für eine Strafbarkeit wegen Unterlassens, „dass der Unterlassende Garant für die Abwendung des Erfolges ist, also aufgrund einer besonderen Pflichtenstellung ‚rechtlich dafür einzustehen hat, dass der tatbestandliche Erfolg nicht eintritt'."[1413] Dabei muss es sich um eine Rechtspflicht handeln, da bloße sittliche oder moralische Pflichten nicht zur Begründung der strafrechtlichen Verantwortlichkeit ausreichen.[1414] Grundsätzlich werden die Garantenverhältnisse auf zwei Grundpositionen zurückgeführt: Zum einen kann sich eine Garantenpflicht ergeben aus besonderen Schutzpflichten für bestimmte Rechtsgüter *(Obhuts- oder Beschützergarant)*, welche aus besonderen Rechtssätzen oder enger natürlicher Verbundenheit, aus einer Lebens- und Gefahrengemeinschaft, aus der freiwilligen Übernahme von Schutz- und Beistandspflichten oder aus der Stellung als Amtsträger oder Organ juristischer Personen folgen können. Zum anderen lässt sich eine Garantenpflicht aus der Verantwortlichkeit für bestimmte Gefahrenquellen *(Überwachergarant)* herleiten, welche aus Verkehrssicherungspflichten, der Pflicht zur Beaufsichtigung Dritter, einem pflichtwidrigen gefährdenden Vorverhalten *(Ingerenz)* oder dem Inverkehrbringen von Produkten folgen kann.[1415] Es ist auch möglich, dass die strafrechtliche Pflicht zum Handeln auf mehreren Garantenstellungen beruht, so dass zwischen Beschützer- und Überwachergarant Überschneidungen denkbar sind und im Einzelfall verschiedene Garantenstellungen ineinander übergehen können.[1416]

1410 *Meschkutat/Stackelbeck/Langenhoff*, S. 96 ff.

1411 Vgl. *Mühe*, S. 219 ff.

1412 Vgl. *Fehr*, S. 187 ff.

1413 *Eisele/Heinrich*, Rn. 594; *Hoffmann-Holland*, Rn. 743; *Kindhäuser*, AT, § 36 Rn. 49; *Kühl*, § 18 Rn. 41; *Wessels/Beulke/Satzger*, Rn. 1174.

1414 BVerfG, Beschl. v. 10.06.1997 – 2 BvR 1516/96, BVerfGE 96, 68 (98); BGH, Urt. v. 17.12.1954 – 1 StR 183/54, BGHSt 7, 268 (271); BGH, Urt. v. 24.02.1982 – 3 StR 34/82, BGHSt 30, 391 (394); OLG Düsseldorf, Urt. v. 07.03.1989 – 2 Ss 393/88 – 1/89 II, MDR 1989, 931 (932); OLG Karlsruhe, Beschl. v. 10.11.2000 – 3 Ws 220/99, NStZ-RR 2001, 112 (114); *Eisele/Heinrich*, Rn. 601; *Hoffmann-Holland*, Rn. 743; *Fischer*, § 13 Rn. 8; *Grünewald*, S. 48; *Mühe*, S. 221 m. w. N.; Sch/Sch-*Bosch*, § 13 Rn. 7; *Wessels/Beulke/Satzger*, Rn. 1178 m. w. N.

1415 Dazu u. zum Voranstehenden *Eisele/Heinrich*, Rn. 598 ff.; *Hoffmann-Holland*, Rn. 744; *Kindhäuser*, AT, § 36 Rn. 52; *Kindhäuser*, LPK, § 13 Rn. 18 ff., 39; *Kühl*, § 18 Rn. 44 ff.; *Krey/Esser*, Rn. 1127; *Wessels/Beulke/Satzger*, Rn. 1175, 1179 ff. m. w. N.; vgl. dazu auch *Mühe*, S. 221 m. w. N.

1416 *Kindhäuser*, LPK, § 13 Rn. 40; *Wessels/Beulke/Satzger*, Rn. 1176 m. w. N.

aa. Garantenstellung des Betriebsinhabers

Die folgenden Überlegungen gehen zur Vereinfachung und besseren Darstellung von der Annahme aus, dass es sich beim Betriebsinhaber, wie es in den meisten Konstellationen ohnehin der Fall ist, zugleich auch um den Arbeitgeber des Betroffenen handelt.[1417]

Nach der bundesweiten Repräsentativstudie werden vom Arbeitgeber bzw. Dienstvorgesetzten kaum Interventionsmaßnahmen vorgenommen, die negative Konsequenzen für den Mobbenden mit sich bringen: So hatte das Mobbing in 60 Prozent der Fälle keine nachteiligen arbeitsplatzbezogenen Auswirkungen für den Mobbingtäter. Nur in 11 Prozent der Fälle wurde der Mobbingtäter als Reaktion auf sein Handeln innerbetrieblich versetzt und in lediglich 8 Prozent erhielt der Mobbende eine Kündigung, womit die Anzahl der in das Mobbinggeschehen intervenierenden Arbeitgeber sehr gering ist. Dabei haben Arbeitnehmer öfter als Beamte nachteilige arbeitsplatzbezogene Konsequenzen zu befürchten, was vermutlich auf dem erhöhten Kündigungsschutz im Beamtenrecht beruht.[1418] In Bezug auf die Altersstruktur bekommen Mobbingtäter im Alter von 35 bis 44 Jahren öfter arbeitsrechtliche Auswirkungen zu spüren als andere, insbesondere als die Angehörigen der Altersklasse der über 55-Jährigen.[1419]

In Betracht zu ziehen als Garantenstellung des Betriebsinhabers ist aufgrund seiner Position sowohl eine eventuelle Beschützergarantenstellung, wonach es ihm obliegt, Rechtsgutsschäden an den Rechtsgütern seiner Mitarbeiter während der Erfüllung ihrer arbeitsvertraglichen Aufgaben zu verhüten, als auch eine Überwachergarantenstellung, die dem Betriebsinhaber auferlegt, Straftaten seiner Beschäftigten grundsätzlich zu verfolgen.[1420]

(1) Beschützergarantenstellung

Obgleich Mobbing und die damit zusammenhängenden Straftaten regelmäßig am Arbeitsplatz und während der Arbeitszeit gegen betriebsangehörige Arbeitnehmer stattfinden und zwischen Arbeitgeber und Arbeitnehmer arbeitsvertragliche Verbundenheit besteht sowie der Arbeitnehmer in das Unternehmen eingegliedert ist, resultiert bloß aus der arbeitsvertraglichen Fürsorgepflicht des Betriebsinhabers keine Beschützergarantenstellung dem Beschäftigten gegenüber. Eine solche wird nur dann begründet, wenn der Arbeitgeber Kenntnis von existierenden Rechtsgutsgefährdungen erlangt und gegenüber dem Mitarbeiter diesbezüglich eine konkrete Hilfszusage tätigt.[1421]

1417 Vgl. ebenso *Mühe*, S. 224.
1418 *Meschkutat/Stackelbeck/Langenhoff*, S. 91 f.; *Mühe*, S. 225.
1419 *Meschkutat/Stackelbeck/Langenhoff*, S. 91; *Mühe*, S. 225.
1420 *Mühe*, S. 224.
1421 *Mühe*, S. 231.

Es entsteht keine garantenpflichtbegründende Gefahrengemeinschaft des Betriebsinhabers und des Arbeitnehmers aufgrund der Zugehörigkeit zu derselben Betriebsgemeinschaft, da eine Garantenstellung noch nicht allein durch die bloße Vereinigung mehrerer Personen geschaffen wird, sondern erst, wenn diese sich verbünden, um wechselseitige Gefahren zu vereiteln.[1422] Obgleich sich der Betriebsinhaber und der Arbeitnehmer zu einer Betriebsgemeinschaft zusammenschließen, um ein betriebliches Ziel zu erreichen, wie etwa die Herstellung eines Produktes, stellt die gegenseitige Gefahrenabwehr keinen darüber hinausgehenden Zweck dar. Daher resultiert allein aus der Zugehörigkeit zur Belegschaft keine Beschützergarantenstellung des Arbeitgebers gegenüber seinen Mitarbeitern.[1423]

Ebenso kann grundsätzlich keine Beschützergarantenstellung des Betriebsinhabers aus der Übernahme freiwilliger Schutz- und Beistandspflichten aufgrund der zwischen Arbeitnehmer und Betriebsinhaber bestehenden gegenseitigen arbeitsvertraglichen Bindung bejaht werden. Denn aus arbeitsrechtlichen Pflichten lässt sich nicht ohne Weiteres eine strafrechtliche Garantenstellung ableiten: Zwar ergeben sich aus dem Arbeitsvertrag für den Arbeitgeber neben den Hauptpflichten auch arbeitsrechtliche Rücksichts-, Schutz- und Förderpflichten, welche regelmäßig unter dem Oberbegriff der arbeitvertraglichen Fürsorgepflicht zusammengefasst werden und als Grundpflichten des Arbeitgebers aus dem Arbeitsvertrag i. V. m. § 241 Abs. 2, § 242 BGB[1424] resultieren. Die inhaltliche Konkretisierung der arbeitsrechtlichen Fürsorgepflicht basiert dabei auf § 242 BGB und auf konkreten gesetzlichen oder arbeitsvertraglichen Regelungen.[1425] In diesem Zusammenhang entschied auch das LAG Thüringen mit Blick auf die Gewährleistung des Persönlichkeitsrechts ausdrücklich, dass dem Arbeitgeber eine Schutzpflicht gegenüber seinen Beschäftigten vor Mobbing zukommt.[1426] Daher gebietet die Wahrung des allgemeinen Persönlichkeitsrechts bei mobbingbedingter Diskriminierung, dass der Betriebsinhaber seinen Beschäftigten behilflich ist und eventuell organisatorische Maßnahmen veranlasst, die den Betriebsfrieden sicherstellen, um auf diese Weise auch seine Mitarbeiter vor Schikane durch andere Kollegen, Führungskräfte oder sonstige Außenstehende zu beschützen.[1427]

Allerdings erfordert eine strafrechtliche Garantenstellung eine erhöhte Verantwortlichkeit, die sich nicht aus der reinen Verletzung vertraglicher Pflichten und erst

1422 *Herzberg*, S. 252; *Mühe*, S. 226, 247 m. w. N; vgl. auch die Garantenstellung bei Arbeitskollegen: Teil 2, Kapitel 2, V. 2. a) cc. dieser Arbeit.

1423 *Mühe*, S. 226 m. w. N.

1424 Bürgerliches Gesetzbuch (BGB): Ursprüngliche Fassung v. 18.08.1896, RGBl., S. 195; Neubekanntmachung v. 02.01.2002, BGBl. I, S. 42, ber. S. 2909, ber. 2003 I, S. 738; letzte Änderung durch Art. 6 G v. 12.07.2018, BGBl. I, S. 1151, 1154.

1425 Dazu u. zum Voranstehenden *Mühe*, S. 227 m. w. N.; vgl. insbes. *Kort*, NZA 1996, S. 854 ff.; *Wiese*, ZfA 1996, 439 (460); außerdem *Dütz/Thüsing*, Rn. 152; Erfurter Kommentar-*Schmidt*, Art. 2 GG Rn. 68; vgl. auch in Verbindung mit den zivilrechtlichen Handlungspflichten des Arbeitgebers, insbes. bei Mobbing: *Junker*, Rn. 265 sowie *Wörlen/Kokemoor*, Rn. 204.

1426 LAG Thüringen, Urt. v. 10.04.2001 – 5 Sa 403/2000, NZA-RR 2001, 347 (354); ebenso *Fehr*, S. 190; *Mühe*, S. 228.

1427 *Fehr*, S. 191; vgl. insbes. auch *Braun*, DÖD 2002, 265 (268).

recht nicht aus der Missachtung vertraglicher Nebenpflichten ergeben kann.[1428] Aufgrund der Merkmale einer Garantenstellung (Schutzunfähigkeit des Rechtsgutsträgers, rechtliche Gebotenheit des Rechtsgutsschutzes vor der dem Rechtsgutsträger drohenden Gefahr für den Unterlassenden sowie dessen Beherrschung des zur Rechtsgutsverletzung hinführenden Geschehens aufgrund seiner Schutzposition) obliegt dem Arbeitgeber nur dann eine Schutzpflicht, wenn er hinsichtlich des tangierten Rechtsguts eine Schutzfunktion innehat, die eine tatsächliche Abhängigkeit begründet.[1429] Allerdings nimmt der Arbeitnehmer das Arbeitsverhältnis auf, um seine Lebensexistenz durch das in Aussicht gestellte Entgelt finanzieren zu können, und nicht zu dem Zweck, dass ihn der Arbeitgeber vor den erhöhten Risiken bewahrt, am Arbeitsplatz Mobbing bzw. die damit zusammenhängenden Straftaten zu erfahren.[1430] Überdies werden dem Arbeitnehmer nur aus der Eingliederung in die Betriebsgemeinschaft und der vertraglichen Beziehung mit dem Arbeitgeber keine Verteidigungsmaßnahmen vorenthalten, die ihm auch sonst gegen Rechtsgutsgefährdungen zur Verfügung stünden. Seine reduzierte Verteidigungsbereitschaft resultiert nicht aus dem Vertrauen, dass der Arbeitgeber in das Mobbinggeschehen intervenieren werde, sondern aus der Sorge vor den Folgen eines offensiven Handelns.[1431] Daher wird eine Garantenstellung kraft Übernahme erst dann gegeben sein, wenn der Betriebsinhaber von bestimmten Rechtsgutsgefährdungen erfährt und dem betroffenen Mitarbeiter zusichert, sich darum zu kümmern, woraufhin dieser eigene Schutzmaßnahmen unterlässt. Dann setzt sich das Mobbingopfer nämlich im berechtigten Vertrauen auf die Intervention des Arbeitgebers gestiegenen Risiken aus, wodurch ein Abhängigkeitsverhältnis bezüglich des Rechtsgüterschutzes geschaffen wird.[1432]

(2) Überwachergarantenstellung

In Zusammenhang mit Mobbing ensteht keine Überwachergarantenstellung aufgrund der bloßen Verantwortung über einen rechtlich geschützten Bereich. Zwar obliegen dem Betriebsinhaber als Inhaber der Sachherrschaft über den Betrieb Verkehrssicherungspflichten. Aus diesen resultiert auch die Pflicht zur Abwehr von Gefahren, die sich aufgrund des Zustandes von Sachen, Anlagen und Einrichtungen in einem bestimmten Herrschaftsbereich ergeben können.[1433] Daher liegt eine Garantenstellung unproblematisch vor, solange es sich um Gefahren handelt, die von Sachen ausgehen, welche sich in der Sachherrschaft des Betriebsinhabers befinden, weil der Arbeitnehmer darauf angewiesen ist und darauf vertrauen muss, dass der Betriebsinhaber diese Gefahren abwendet.[1434] Allerdings entsteht aus der alleinigen

1428 *Mühe*, S. 229 m. w. N.

1429 *Mühe*, S. 229 m. w. N.

1430 *Mühe*, S. 230.

1431 *Mühe*, S. 230 f.

1432 *Mühe*, S. 231, mit Beispielsfall.

1433 *Wessels/Beulke/Satzger*, Rn. 1186 m. w. N; vgl. ebenso *Eisele/Heinrich*, Rn. 630; *Frister*, S. 306 f. m. w. N.; *Hoffmann-Holland*, Rn. 777; *Kindhäuser*, AT, § 36 Rn. 59 f.; *Krey/Esser*, Rn. 1169; vgl. ebenso *Mühe*, S. 232 f.

1434 *Mühe*, S. 232 m. w. N.

Inhaberschaft des Betriebes keine von der Rechtsordnung gestattete Aufsichts- und Befehlsgewalt über die sich in den Räumlichkeiten befindenden Personen, sondern diese sind für sich und ihr Verhalten selbst verantwortlich.[1435] Außerdem wird lediglich aus dem Umstand, dass sich die Straftat in den Betriebsräumen vollzieht, keine für eine Garantenstellung erforderliche Abhängigkeit des Betroffenen vom Arbeitgeber geschaffen. Denn in dringenden Angelegenheiten, wozu Straftaten gehören, tritt das Hausrecht des Inhabers zurück und dem Betroffenen wird der staatliche Schutz nicht versagt. Somit müssen weitere Umstände dazutreten, welche per se ein garantenbegründendes Potential aufweisen, um eine Garantenstellung des Betriebsinhabers konstituieren zu können.[1436]

Ebenso wenig nimmt der Betriebsinhaber eine (Überwacher-)Garantenstellung aus Ingerenz, das heißt aus vorangegangenem gefährdenden Tun, ein, weil er den Mobbingtäter eingestellt hat.[1437] Aufgrund der ansonsten drohenden Ausweitung der Garantenstellung und der mit dem gegenwärtigen Strafrecht nicht zu vereinbarenden reinen Kausalitätshaftung ist nicht jede ursächliche Schaffung eines Gefahrenherdes ausreichend, sondern das die Garantenstellung begründende Vorverhalten muss pflichtwidrig sein.[1438] Die Einstellung eines Arbeitnehmers liegt jedoch im erlaubten Risiko, so dass es sich damit gerade nicht um ein pflichtwidriges Verhalten handelt.[1439] Dies gilt genauso für die Einstellung eines strafrechtlich bzw. mit Mobbingverhalten bereits aufgefallenen Mitarbeiters, da sich ansonsten ein Wertungswiderspruch zu dem das deutsche Strafrecht bestimmenden Tatstrafrecht ergeben würde.[1440] Anders könnte die Situation gegebenenfalls zu beurteilen sein, wenn eine Position zu besetzen ist, bei der aufgrund gebotener erhöhter Sicherheitsmaßnahmen besondere Kenntnisse oder Fähigkeiten unverzichtbar sind, welche die eingestellte Person nicht besitzt, und sie damit eine Gefahr darstellt. Eine solche Konstellation hat jedoch in Verbindung mit Mobbing keine Relevanz.[1441] Jedenfalls entsteht durch die bloße Einstellung eines Arbeitnehmers grundsätzlich keine Garantenstellung.[1442] Gleichermaßen verhält es sich bei der (erlaubten) Betriebseröffnung durch den Arbeitgeber, mit der erst die Gelegenheit für das Mobbing, das typischerweise seinen Ursprung am Arbeitsplatz findet, geschaffen wird.[1443] Denn auch bei der Eröffnung eines Betriebes handelt es

1435 *Mühe*, S. 233.

1436 *Mühe*, S. 233 m. w. N.; vgl. insbes. auch BGH, Urt. v. 24.02.1982 – 3 StR 34/82, BGHSt 30, 391 (395 f.).

1437 *Mühe*, S. 244 f. m. w. N.

1438 *Fischer*, § 13 Rn. 52; *Hoffmann-Holland*, Rn. 767 m. w. N.; *Krey/Esser*, Rn. 1146 m. w. N.; Sch/Sch-*Bosch*, § 13 Rn. 35 m. w. N.; *Wessels/Beulke/Satzger*, Rn. 1195; vgl. ebenso *Frister*, S. 308 m. w. N.; *Kühl*, § 18 Rn. 93 m. w. N.; BGH, Beschl. v. 13.11.1963 – 4 StR 267/63, BGHSt 19, 152 (153 ff.); BGH, Urt. v. 29.07.1970 – 2 StR 221/70, BGHSt 23, 327 (328); BGH, Urt. v. 23.09.1997 – 1 StR 430/97, NStZ 1998, 83 (84).

1439 Dazu u. zum Voranstehenden *Mühe*, S. 245 m. w. N.; allgemein dazu auch Lackner/Kühl-*Kühl*, § 13 Rn. 11.

1440 *Mühe*, S. 245 m. w. N.

1441 *Mühe*, S. 245.

1442 Im Ergebnis ebenso *Bottke*, S. 15.

1443 Dazu u. auch zum Voranstehenden *Mühe*, S. 245.

sich um ein Verhalten, das sich im Rahmen des erlaubten Risikos bewegt, so dass die Voraussetzungen für eine Garantenstellung aus Ingerenz mangels Pflichtwidrigkeit nicht vorliegen.[1444]

Demgegenüber kann jedoch eine Garantenstellung des Betriebsinhabers kraft seiner Autoritätsstellung bejaht werden. Der Arbeitgeber verfügt aufgrund seines Direktionsrechts[1445] gemäß § 106 GewO[1446], der ihm durch die Rechtsordnung verliehenen rechtlichen Befugnisse, seiner Kontrollmöglichkeiten, Wissens- und Organisationsmacht sowie aufgrund der gewohnheitsmäßig hohen Gehorsamsbereitschaft des Einzelnen, welche auf dem Betrieb als hierarchischem System und der existenziellen Abhängigkeit der Mitarbeiter vom Arbeitgeber beruht, über eine große Autorität seinen Beschäftigten gegenüber. Diese verpflichtet ihn dazu, Straftaten seiner Beschäftigten zu verhindern, und gestattet es letztlich, ihn als Überwachergaranten strafrechtlich zur Verantwortung zu ziehen.[1447]

Allerdings erfährt die Garantenpflicht eine Einschränkung auf betriebsbezogenes Verhalten.[1448] Das bedeutet, der Betriebsinhaber kann dann unproblematisch für Mobbingangriffe strafrechtlich zur Verantwortung gezogen werden, wenn Mobbing entweder zum Personalabbau eingesetzt wird – etwa um den Bestandsschutz des Arbeitsverhältnisses zu umgehen oder eventuelle (Abfindungs-)Kosten einzusparen[1449] – oder wenn der Mobbende die ihm durch seine Vorgesetztenstellung zugestandene Machtposition missbraucht, um dem Betroffenen Rechtsgutsverletzungen zuzufügen, was häufig in Form von sogenanntem Bossing[1450], also Mobbing durch Vorgesetzte, vorkommt.[1451] Ebenso können Fälle des Mobbings im Bereich betrieblicher Ausbildung noch einen Zusammenhang mit der betrieblichen Tätigkeit aufweisen.[1452]

Nicht maßgeblich für die Garantenpflicht des Betriebsinhabers ist, ob die Straftat im Interesse des Unternehmens liegt. Es kommt vielmehr darauf an, ob sie das Ergebnis

1444 *Mühe*, S. 245.

1445 Vgl. stellvertretend Schaub-*Linck*, § 45 Rn. 13 ff.

1446 Gewerbeordnung (GewO): Ursprüngliche Fassung v. 21.06.1869, BGBl., S. 245; Neubekanntmachung v. 22.02.1999, BGBl. I, S. 202; letzte Änderung durch Art. 2 G v. 11.12.2018, BGBl. I, S. 2354 f.

1447 *Hoffmann-Holland*, Rn. 780 m. w. N.; *Mühe*, S. 237 m. w. N.; vgl. insbes. BGH, Urt. v. 20.10.2011 – 4 StR 71/11, BGHSt 57, 42 (45); *Rogall*, ZStW 98 (1986), 573 (617 f.); *Schünemann*, wistra 1982, 41 (43 f.); vgl. im Ergebnis ebenso *Heine*, S. 116 ff.; *Hsü*, S. 241 ff.; *Neudecker*, S. 73, 76 ff., 84 ff.; *Otto*, JURA 1998, 409 (413); *Wolff-Reske*, S. 170 ff.; vgl. auch *Brammsen*, 224 (232 f.); kritisch *Köhler*, S. 223 f.; differenzierend *Schlüchter*, FS-Salger, S. 161 ff.; *Walter*, Die Pflichten, S. 140 f.; vgl. zur ausführlichen Diskussion der Überwachergarantenstellung des Betriebsinhabers kraft Autoritätsstellung *Mühe*, S. 233 ff. sowie *Fehr*, S. 193 ff.

1448 BGH, Urt. v. 20.10.2011 – 4 StR 71/11, BGHSt 57, 42 (45 f.); *Rogall*, ZStW 98 (1986), 573 (618 f.); vgl. ebenso *Hoffmann-Holland*, Rn. 780.

1449 Vgl. auch Teil 1, Kapitel 2, III. 1. a) dieser Arbeit; vgl. dazu außerdem den Beispielsfall des LAG Thüringen, Urt. v. 10.04.2001 – 5 Sa 403/2000, NZA-RR 2001, S. 347 ff.; ebenso *Volk*, S. 19 f.; *Wickler*, in Wickler, Rn. 28; *Wolmerath*, Rn. 20.

1450 Ebenso Teil 1, Kapitel 1, II. 7. a) dieser Arbeit.

1451 Ausführlich dazu *Mühe*, S. 239 f.

1452 Sch/Sch-*Bosch*, § 13 Rn. 53.

einer im Betrieb angelegten Gefahr ist. Die Bestimmung des Umfangs der Garantenpflicht nach der Betriebsbezogenheit des Handelns, wonach der Betriebsinhaber also nur für Gefahren, die seinem Betrieb eigen sind, einzustehen hat, legitimiert sich richtigerweise damit, dass der Geschäftsherr nicht für Risiken verantwortlich gemacht werden soll, die allerorts im zwischenmenschlichen Miteinander vorkommen können. Aufgrund verschiedener Auffassungen, Mentalitäten und Charaktere sind Streitigkeiten, Meinungsverschiedenheiten und daraus resultierende Straftaten überall vorzufinden, so dass diese Risiken dem Betriebsinhaber nicht auferlegt werden können.[1453] Dennoch wird Mobbing letztlich häufig die Verwirklichung einer in der Betriebsgemeinschaft angelegten Gefahr darstellen.[1454] Die Betriebs- bzw. Arbeitsgemeinschaft erlaubt es als Art Zwangsgemeinschaft überhaupt erst, dass feindselige Handlungen mehrmals ausgeführt werden und von längerer Dauer sind, worin ja gerade die schädlichen Folgen von Mobbing begründet liegen.[1455] Daneben ist die im Vergleich zum Privatleben fehlende Möglichkeit eines Rückzuges sowie das häufige Ausnutzen der Situation des Mobbenden zur Erreichung seines Ziels förderlich dafür, Opfer eines Mobbinggeschehens zu werden. Dieses Risiko und die damit verbundenen Rechtsgutsverletzungen finden daher ihre Ursache in der besonderen Situation, die mit der Teilnahme am Arbeitsleben bzw. mit der Einbindung in die Arbeitswelt einhergeht.[1456] Durch weitere konkrete Umstände, wie ein mangelhaftes Führungsverhalten, eine unzulängliche Arbeitsorganisation und/oder ein schlechtes Arbeitsklima[1457], welche sich mobbingbegünstigend auswirken,[1458] verstärkt sich dieses generell gegebene Risiko schließlich zu einem betriebs- bzw. arbeitsplatzspezifischen. Daraus folgt, dass es sich bei Mobbing im Vergleich zu gelegentlichen Auseinandersetzungen, zu denen es überall kommen kann, um ein für den Arbeitsplatz typisches Phänomen handelt.[1459] Wie bereits im ersten Teil dieser Arbeit dargestellt, sind die Ursachen dafür meist sehr vielfältig und unterschiedlich,[1460] so dass sich diese insbesondere auch in den betrieblichen Rahmenbedingungen finden lassen. Demnach kann sich in einer mobbingbedingten Rechtsgutsverletzung gerade eine dem Unternehmen bzw. den Umständen am Arbeitsplatz innewohnende Gefahr realisieren, welche zusammen mit der großen Einflussmöglichkeit des Betriebsinhabers, solche Rechtsgutsgefährdungen mit den ihm zur Verfügung stehenden arbeitsrechtlichen Maßnahmen und seiner Autorität abzustellen, zu einer Abhängigkeit

1453 Dazu u. zum Voranstehenden *Mühe*, S. 241; vgl. dazu auch BGH, Urt. v. 20.10.2011 - 4 StR 71/11, BGHSt 57, 42 (45 ff.).

1454 Vorbehaltlich der Entscheidung des BGH, Urt. v. 20.10.2011 - 4 StR 71/11, BGHSt 57, 42 (45 ff.), in welcher die grundsätzlich erforderliche Bezugstat im konkreten Fall verneint wurde, da die Körperverletzungen nur „bei Gelegenheit der Tätigkeit im Betrieb" begangen worden seien und der Geschäftsherr im Ergebnis nicht für eine insgesamt straffreie Lebensführung seiner Mitarbeiter während der Arbeitszeit verantwortlich gemacht werden könne; vgl. dazu auch *Wessels/Beulke/Satzger*, Rn. 1193.

1455 *Mühe*, S. 243.

1456 *Mühe*, S. 244.

1457 Immerhin herrscht nach der bundesweiten Repräsentativstudie in 60 Prozent der Mobbingfälle ein schlechtes Betriebsklima am Arbeitsplatz vor (*Meschkutat/Stackelbeck/Langenhoff*, S. 124).

1458 Teil 1, Kapitel 2, III. 1. a), b) dieser Arbeit.

1459 *Mühe*, S. 244.

1460 Teil 1, Kapitel 2 dieser Arbeit.

des einzelnen Beschäftigten vom Intervenieren des Arbeitgebers führt. Diese Situation in Zusammenhang mit dem durch das Beschäftigungsverhältnis geschaffenen gesteigerten Vertrauen legitimiert schließlich die Annahme einer Garantenpflicht des Arbeitgebers zur Verhinderung von strafrechtlich relevantem Mobbing.[1461]

Zu beachten sind dabei jedoch stets die konkreten Umstände des Einzelfalls, anhand deren sich in einer Gesamtschau die Betriebsbezogenheit der Bezugstat als Voraussetzung der *Geschäftsherrenhaftung*[1462] bejahen lässt. Der Betriebsbezug stellt den maßgeblichen, die Zurechnung zur betrieblichen Verantwortung begründenden Faktor dar, da der Geschäftsherr nicht für eine insgesamt straffreie Lebensführung seiner Beschäftigten während der Arbeitszeit verantwortlich gemacht werden darf. Daher muss an dieser Stelle regelmäßig zwischen „in Ausführung betrieblicher Tätigkeit" und „lediglich bei Gelegenheit betrieblicher Tätigkeit" begangenen Straftaten unterschieden werden, indem durch eine restriktive Handhabung die strafrechtliche Verantwortung des Geschäftsherrn limitiert wird.[1463]

bb. Garantenstellung des (direkten) Vorgesetzten und die Folgen für den Betriebsinhaber

Die Garantenstellung des (direkten) Vorgesetzten ist an diejenige des Betriebsinhabers angelehnt, denn überwiegend wird letzterer – insbesondere bei Unternehmen mit komplexer Organisationsstruktur bzw. mit einer größeren Beschäftigtenzahl – seine Pflichten an Abteilungs- oder Personalleiter, Geschäftsführer und Prokuristen delegieren (müssen), um jenen gerecht werden zu können. Der jeweilige Vorgesetzte rückt dann in vollem Umfang in die Garantenstellung des Betriebsinhabers auf, da der Führungskraft mit der Übertragung der Weisungsbefugnis zugleich die Überwachungspflicht des Arbeitgebers über seine Beschäftigten auferlegt wird.[1464] Auch wenn also von der Garantenstellung des Geschäftsherrn grundsätzlich der Unternehmensinhaber betroffen ist, kann die Geschäftsherrenverantwortung (zum Teil) weiter delegiert werden, so dass eine vertikale Verantwortungsdelegation an nachgeordnete Mitarbeiter oder besonders Beauftragte, aber auch eine horizontale Verantwortungsverteilung innerhalb von Kollegialorganen vorgenommen werden kann.[1465]

1461 Dazu u. zum Voranstehenden *Mühe*, S. 244.

1462 BGH, Urt. v. 20.10.2011 – 4 StR 71/11, BGHSt 57, 42 ff.; vgl. ebenso Lackner/Kühl-*Kühl*, § 13 Rn. 14 m. w. N.; *Kühl*, § 18 Rn. 118a m. w. N.; differenzierender Sch/Sch-*Bosch*, § 13 Rn. 53 f. m. w. N.; *Kindhäuser*, AT, § 36 Rn. 63 m. w. N.

1463 *Dannecker*, NZWiSt 2012, 441 (445); vgl. dazu ebenso *Kühl*, § 18 Rn. 118b m. w. N.; *Wessels/Beulke/Satzger*, Rn. 1192 m. w. N.; *Kindhäuser*, AT, § 36 Rn. 63; vgl. insbes. auch BGH, Urt. v. 20.10.2011 – 4 StR 71/11, BGHSt 57, 42 ff.

1464 Dazu u. zum Voranstehenden *Fehr*, S. 198; *Mühe*, S. 245 f. jeweils m. w. N.; dagegen eine entsprechende Garantenstellung generell ablehnend mit dem Verweis darauf, dass Vorgesetzten zwar ein Weisungsrecht gegenüber nachgeordneten Mitarbeitern zukomme, sich hieraus jedoch keine Herrschaftsposition ergebe, welche zur Begründung einer Garantenstellung ausreiche: *Otto*, JURA 1998, 409 (413); ebenso *Jäger*, JA 2012, 392 (394), der zudem betont, dass eine Betriebsbezogenheit der Straftat zwingende Voraussetzung für deren Entstehung ist; vgl. auch *Hoffmann-Holland*, Rn. 780 m. w. N.

1465 Ausführlich dazu sowie insbes. auch zur Verteilung der Geschäftsherrenhaftung bei Unternehmensträgerschaft durch Verbände: *Dannecker*, NZWiSt 2012, 441 (447 f.); vgl. ebenso allgemein die Übertragbarkeit der eine Person infolge der Beherrschung einer Gefahrenquelle treffenden Garan-

In Bezug auf die Begründung der Garantenstellung des Vertreters des Betriebsinhabers wird wohl auf eine Garantenstellung kraft freiwilliger Übernahme aus Vertrag abzustellen sein,[1466] wenn der Führungskraft explizit die Aufgabenwahrnehmung zugewiesen worden ist, sie schon diese Pflichtenstellung eingenommen hat und nicht nur bestimmte Entscheidungen treffen darf, sondern in dem ihr übertragenen Bereich außerdem die tatsächlichen Möglichkeiten hat, diese Beschlüsse auch umzusetzen.[1467] Sofern der Vorgesetzte nur für einen bestimmten Aufgabenbereich verantwortlich ist, ist seine Aufsichtspflicht auch nur auf den übertragenen Zuständigkeitsbereich begrenzt, so dass eine Führungskraft einer anderen Abteilung nicht für Straftaten von Beschäftigten eines Bereichs, der nicht in seiner Verantwortung liegt, haftbar gemacht werden kann.[1468]

Daneben endet die Garantenpflicht des Betriebsinhabers nicht, da dieser nur ein Hilfsmittel verwendet, um seine Pflichten zu erfüllen.[1469] Seine Handlungspflicht geht in eine Auswahl-, Kontroll-, Überwachungs- und gegebenenfalls in eine Eingriffspflicht über, so dass er neben dem Vorgesetzten strafrechtlich sanktioniert werden kann.[1470] Allerdings haftet er nur dann, wenn ihn bei der Auswahl oder der Überwachung der Führungskraft ein Verschulden trifft. Dies ist etwa der Fall, wenn der Betriebsinhaber dem Vorgesetzten schuldhaft unrichtige Anweisungen gegeben oder er bei Wissen vom Versagen des Übernehmenden nicht eingreift. Somit macht sich der Arbeitgeber dann strafbar, wenn er trotz seiner Kenntnis davon, dass der Vorgesetzte gegen drohende Rechtsgutsverletzungen in Verbindung mit einem Mobbingfall nicht tätig wird, selbst ebenfalls nicht einschreitet oder nicht veranlasst, dass der Vorgesetzte interveniert.[1471]

cc. Garantenstellung der Arbeitskollegen

Obwohl Kollegen oftmals Zeugen der Mobbingangriffe sind, weil sie häufig direkt mit dem Mobbingopfer zusammenarbeiten, wird allein aufgrund der Zugehörigkeit zur selben Arbeitsgemeinschaft keine zwischenkollegiale Garantenstellung geschaffen. Daher sind die Kollegen des Betroffenen nicht dazu verpflichtet, gegen Mobbing bzw. die damit verbundenen Straftaten einzuschreiten.[1472]

---

tenstellung auf eine andere Person bejahend: *Hoffmann-Holland*, Rn. 781 m. w. N.; vgl. dazu insbes. auch BGH, Urt. v. 21.04.1964 – 1 StR 72/64, BGHSt 19, 286 (289); BGH, Beschl. v. 06.03.2008 – 4 StR 669/07, BGHSt 52, 159 (163).

1466 *Fehr*, S. 198 m. w. N.; vgl. ebenso insbes. *Heine*, S. 135 ff.; *Schünemann*, wistra 1982, 41 (46).

1467 *Fehr*, S. 198; *Heine*, S. 135 f., 138 f.; Lackner/Kühl-*Kühl*, § 14 Rn. 3 f.; *Schünemann*, wistra 1982, 41 (46 f.); vgl. auch BGH, Urt. v. 17.07.2009 – 5 StR 394/08, juris: Hier wurde die Erfüllung von Schutzpflichten bereits im Zusammenhang mit der strafrechtlichen Verantwortung des Compliance Officers und leitender Angestellter bei der Übernahme unternehmensbezogener Aufgaben für möglich gehalten.

1468 *Mühe*, S. 246 m. w. N.

1469 *Mühe*, S. 246 m. w. N.; vgl. insbes. BGH, Urt. v. 21.04.1964 – 1 StR 72/64, BGHSt 19, 286 (288).

1470 *Mühe*, S. 246 m. w. N.; vgl. dazu auch *Hoffmann-Holland*, Rn. 781.

1471 *Mühe*, S. 246 m. w. N.

1472 *Fehr*, S. 188 f.; *Mühe*, S. 246 f.

Kollegen untereinander sind zum einen weder vertraglich miteinander verbunden, noch geht aus dem Vertrag mit dem Arbeitgeber eine besondere Fürsorgepflicht gegenüber den anderen Mitarbeitern hervor.[1473] Letzteres wäre allenfalls dann möglich, wenn es sich um eine aus Übernahme resultierene Rechtspflicht zur Abwendung von betriebsbezogenen Straftaten i. S. d. § 13 StGB handelt, welche etwa mit der Stellung als Beauftragter, z. B. für den Wasser-, Immissions- oder Strahlenschutz (§ 21 WHG[1474], § 53 BImSchG[1475], § 31 StrahlenschutzVO[1476]), verbunden sein kann oder sich aus dem Abschluss eines Dienstvertrages mit einem entsprechenden Pflichtenkreis ergibt, sofern diese Pflicht tatsächlich übernommen wurde.[1477] Allerdings ist in diesen Fällen zusätzlich noch ein spezifisches Vertrauensverhältnis erforderlich, das den Übertragenden gerade dazu veranlasst, dem Verpflichteten besondere Schutzpflichten zu überantworten.[1478] Dies ist im Einzelfall gesondert zu prüfen und wird die Ausnahme darstellen. Zum anderen kann in der Regel auch von vornherein zwischen Kollegen eine Garantenstellung aus „enger persönlicher Verbundenheit"[1479] ausgeschlossen werden, da diese in strafrechtlicher Hinsicht auf Beziehungen begrenzt bleiben soll, die aufgrund eines rechtlichen Bands bestehen, das ausnahmslos bei familiären Verbindungen (Ehepartner, Eltern, Großeltern, Geschwister, Kinder, Enkel, Verlobte sowie gegebenfalls bei eheähnlich Zusammenlebenden) gegeben ist, da die Gemeinschaft der Familie von Natur aus auf den gegenseitigen Schutz ihrer Mitglieder ausgelegt ist.[1480] Dagegen soll eine rein moralische Verbundenheit, wie sie etwa in einem freundschaftlichen Verhältnis oder einer Liebesbeziehung zu finden ist, gerade nicht ausreichen, selbst wenn die zwischenmenschliche Verbundenheit sehr stark ausgeprägt ist.[1481] Auch das Bestehen einer Hausgemeinschaft genügt ohne das Hinzutreten einer familiären Verbundenheit bzw. einer erkennbar über das bloße gemeinsame Wohnen hinausgehenden wechselseitigen Schutzgemeinschaft nicht, um eine strafrechtliche Garantenstellung entstehen zu lassen.[1482] Etwas anderes

1473 *Mühe*, S. 246 m. w. N.

1474 Wasserhaushaltsgesetz (WHG): Ursprüngliche Fassung v. 27.07.1957, BGBl. I, S. 1110, 1386; letzte Neufassung v. 31.07.2009, BGBl. I, S. 2585; letzte Änderung durch Art. 2 G v. 04.12.2018, BGBl. I, S. 2254, 2255.

1475 Bundes-Imissionsschutzgesetz (BImSchG): Ursprüngliche Fassung v. 15.03.1974, BGBl. I, S. 721, ber. S. 1193; Neubekanntmachung v. 17.05.2013, BGBl. I, S. 1274; letzte Neufassung v. 26.09.2002, BGBl. I, S. 3830; letze Änderung durch Art. 3 G v. 18.07.2017, BGBl. I, S. 2771, 2773.

1476 Strahlenschutzverordnung (StrahlenschutzVO): Ursprüngliche Fassung v. 24.06.1960, BGBl. 1960 I, S. 430; letzte Neufassung v. 29.11.2018; BGBl. I, S. 2034, 2036.

1477 *Kühl*, § 18 Rn. 118c m. w. N.

1478 *Kühl*, § 18 Rn. 118c m. w. N.; vgl. insbes. BGH, Urt. v. 17.07.2009 – 5 StR 394/08, BGHSt 54, 44 (49).

1479 *Joecks/Jäger*, § 13 Rn. 31 m. w. N; *Krey/Esser*, Rn. 1153 m. w. N.; Sch/Sch-*Bosch*, § 13 Rn. 17; *Wessels/Beulke/Satzger*, Rn. 1194; vgl. auch *Kühl*, § 18 Rn. 61 ff.

1480 *Fehr*, S. 188; *Wolmerath*, Rn. 116 m. w. N; vgl. insbes. BGH, Urt. v. 29.11.1963 – 4 StR 390/63, BGHSt 19, 167 (169); vgl. ebenso *Kindhäuser*, AT, § 36 Rn. 75 f.; *Frister*, S. 312 f.

1481 *Eisele/Heinrich*, Rn. 611; *Fehr*, S. 188; *Kindhäuser*, AT, § 36 Rn. 75; *Kindhäuser*, LPK, § 13 Rn. 58; Sch/Sch-*Bosch*, § 13 Rn. 17.

1482 *Fischer*, § 13 Rn. 44, 46 jeweils m. w. N.; *Fehr*, S. 188 m. w. N; *Frister*, S. 317; *Hoffmann-Holland*, Rn. 751 m. w. N.; *Joecks/Jäger*, § 13 Rn. 37 m. w. N.; Lackner/Kühl-*Kühl*, § 13 Rn. 10; *Wessels/Beulke/Satzger*, Rn. 1009; vgl. insbes. BGH, Urt. v. 07.09.1983 – 2 StR 239/83, NStZ 1984, 163 (163 f.).

kann allenfalls dann gelten, wenn der Unterlassende und der Betroffene über die gewöhnliche Kollegenschaft hinaus noch in einer verwandtschaftlichen Beziehung zueinanderstehen.[1483]

Ebenso wenig geht schließlich eine spezielle kollegiale Abwendungspflicht von Rechtsgutsverletzungen aus der bloßen Arbeitsgemeinschafts- und Betriebszugehörigkeit hervor.[1484] Denn ausschließlich die Vereinigung von Menschen zu einer bestimmten Gemeinschaft ist für die Schaffung strafrechtlicher Schutzpflichten nicht ausreichend, weil auf diese Weise noch keine gegenseitige Abhängigkeit bezüglich der Gefahrenabwehr erzeugt wird.[1485] Aus einer Arbeitsgemeinschaft lässt sich nur dann eine Garantenstellung herleiten, wenn die Wahrnehmung bestimmter Aufgaben das Vertrauen der übrigen Mitglieder in die Gefahrenabwendung schafft und tatsächlich eine Schutzpflicht für das gefährdete Rechtsgut übernommen wird.[1486] Dies ist etwa für Bergleute im Untertagebau oder Berufstaucher zu erwägen, oder gegebenenfalls auch für im Einsatz befindliche Polizeibeamte, Feuerwehrleute oder Soldaten. Auch bei diesen Berufsgruppen ist jedoch zu beachten, dass der Kreis der zu schützenden Rechtsgüter auf solche begrenzt bleibt, die durch die gefährliche Aktivität besonderen Risiken unterliegen.[1487]

dd. Garantenstellung der Betriebsratsmitglieder

Eine mögliche Garantenstellung der Betriebsratsmitglieder wird vor allem dann bedeutsam, wenn der Arbeitgeber Mobbing gegen seine Mitarbeiter verübt, da es Aufgabe des Betriebsrates bzw. seiner Mitglieder als institutionelle Arbeitnehmervertretung ist, sich für die Interessen der Arbeitnehmer gegenüber dem Arbeitgeber einzusetzen.[1488]

Allerdings ergibt sich aus der bloßen Innehabung des Betriebsratsamtes keine Garantenstellung der Betriebsratsmitglieder gegenüber der Belegschaft, welche eine strafrechtliche Sanktionierung im Falle des Nichteinschreitens bei einem Mobbinggeschehen rechtfertigen würde: Eine Beschützergarantenstellung der Betriebsratsmitglieder kraft Übernahme scheidet mangels geeigneter rechtlicher Grundlage zur Begründung einer derartigen Garantenpflicht aus. Insbesondere kann sich diesbezüglich nicht auf § 75 BetrVG – wie zum Teil vertreten[1489] – gestützt werden.[1490] Zwar haben gemäß

1483 *Fehr*, S. 188 f.; vgl. ebenso *Wolmerath*, Rn. 116 a. E. m. w. N.

1484 *Mühe*, S. 247 m. w. N.; vgl. insbes. *Brammsen*, S. 176; *Herzberg*, S. 252 f.; *Grünewald*, S. 138; Lackner/Kühl-*Kühl*, § 13 Rn. 10; *Stree*, FS-Mayer, S. 147; im Zusammenhang mit der Mobbingproblematik *Wolmerath*, Rn. 116 ff.; vgl. auch Kollmer, Rn. 177.

1485 So etwa die Rechtsprechung zur Garantenstellung aus häuslicher Gemeinschaft BGH, Urt. v. 07.09.1983 – 2 StR 239/83, NStZ 1984, 163 (163 f.); ebenso *Mühe*, S. 247.

1486 *Mühe*, S. 247 m. w. N.; Sch/Sch-*Bosch*, § 13 Rn. 25 m. w. N.; vgl. insbes. *Stree*, FS-Mayer, S. 147.

1487 BGH, Urt. v. 29.10.1992 – 4 StR 358/92, BGHSt 38, 388 (391); *Wolmerath*, Rn. 116; vgl. ebenso *Frister*, S. 315 f.; *Hoffmann-Holland*, Rn. 755; *Joecks/Jäger*, § 13 Rn. 37; *Kindhäuser*, AT, § 36 Rn. 80; *Kindhäuser*, LPK, § 13 Rn. 63; *Krey/Esser*, Rn. 1156; vgl. dazu ebenso *Fehr*, S. 189 m. w. N.

1488 *Mühe*, S. 248; vgl. auch *Fehr*, S. 198.

1489 *Wolmerath*, Rn. 115.

1490 Ausführlich dazu *Fehr*, S. 198 ff. u. *Mühe*, S. 248 ff.

§ 75 Abs. 1 BetrVG Arbeitgeber und Betriebsrat darüber zu wachen, dass alle im Betrieb tätigen Personen nach den Grundsätzen von Recht und Billigkeit behandelt werden. Insbesondere hat jede Benachteiligung von Personen aus Gründen ihrer Rasse oder wegen ihrer ethnischen Herkunft, ihrer Abstammung oder sonstigen Herkunft, ihrer Nationalität, ihrer Religion oder Weltanschauung, ihrer Behinderung, ihres Alters, ihrer politischen oder gewerkschaftlichen Betätigung oder Einstellung oder wegen ihres Geschlechts oder ihrer sexuellen Identität zu unterbleiben. Zudem müssen Arbeitgeber und Betriebsrat gemäß § 75 Abs. 2 BetrVG die freie Entfaltung der Persönlichkeit der im Betrieb beschäftigten Arbeitnehmer schützen und fördern, ebenso wie die Selbständigkeit und Eigeninitiative der Arbeitnehmer und Arbeitsgruppen.[1491] Allerdings kann aus diesen zivilrechtlichen Pflichten keine strafrechtliche Garantenpflicht abgeleitet werden. Denn eine solche erfordert zum einen nach vorzugswürdiger Ansicht ein Abhängigkeitsverhältnis zwischen Unterlassendem und Schutzbedürftigen, welches zwischen einem Betriebsratsmitglied und der Belegschaft nicht gegeben ist.[1492] Zum anderen ist es durch die Festlegung der Zusammenarbeit von Arbeitgeber und Betriebsrat im Betriebsverfassungsgesetz ohnehin nicht möglich, aus § 75 BetrVG Pflichten abzuleiten, die über die Mitwirkungs- und Mitbestimmungsrechte in den gesetzlich konkretisierten Fällen hinausgehen, vor allem, da ansonsten die genaue Umschreibung der Tatbestände, in denen dem Betriebsrat ein Anhörungs-, Beratungs- und Mitbestimmungsrecht zusteht, keinen Sinn ergeben würde.[1493] Insbesondere lässt sich aus den Angelegenheiten des Betriebsrats folgern, dass es gerade nicht Sinn und Zweck des Betriebsverfassungsgesetzes ist, ihn quasi als Schutzpatron der Belegschaft zu postieren, sondern vielmehr soll er bloß eine Vermittlerrolle zwischen Arbeitgeber und Arbeitnehmer ausfüllen. Bereits aufgrund mangelnder Schutzpflicht kann daher an das Betriebsratsamt keine Garantenstellung geknüpft werden.[1494] Darüber hinaus erwachsen aus dem Betriebsverfassungsgesetz keine Ansprüche oder Rechte des Arbeitnehmers gegenüber dem Betriebsrat, da es sich um kollektivrechtliche Vorschriften handelt. Daher existieren zwischen Betriebsrat und Arbeitnehmer keinerlei Rechtsbeziehungen und der einzelne Arbeitnehmer kann keinen Rechtsanspruch auf ein bestimmtes Verhalten gelten machen.[1495] Schließlich sind auch die Handlungsmöglichkeiten des Betriebsrates im Betriebsverfassungsrecht abschließend aufgelistet, so dass gegenüber dem Arbeitgeber und den Belegschaftsmitgliedern keinerlei Weisungs- und Sanktionsrechte existieren, welche die Möglichkeit zu einer unmittelbaren Intervention geben würden.[1496]

1491 Diese Vorschrift legt wesentliche Grundsätze für die Behandlung der Betriebsangehörigen durch Arbeitgeber und Betriebsrat sowie für die Amtsführung des Betriebsrats fest. Mit der Norm wird nicht nur das Direktionsrecht des Arbeitgebers eingeschränkt, sondern sie bildet auch eine verbindliche Grundlage für die Regelungskompetenz der Betriebsparteien sowie die Ausübung der Mitbestimmung (Däubler/Kittner/Klebe/Wedde-*Berg*, § 75 Rn. 1 m. w. N.).

1492 *Mühe*, S. 250 m. w. N.

1493 *Mühe*, S. 252 m. w. N.

1494 *Mühe*, S. 252 m. w. N.

1495 *Mühe*, S. 252 m. w. N.; vgl. ebenso *Junker*, Rn. 652 m. w. N; *Löwisch*, AuR 1972, 359 (361).

1496 *Mühe*, S. 253 f. m. w. N., vgl. dazu auch *Dütz/Thüsing*, Rn. 840.

Eine Beschützergarantenstellung der Betriebsratsmitglieder aufgrund einer Gefahrengemeinschaft ist ebenfalls abzulehnen: Einzelne Betriebsratsmitglieder, die gemäß § 8 BetrVG Betriebsangehörige sein müssen, sind nämlich in der gleichen Weise wie die übrigen Beschäftigten zu behandeln, welche in der Regel gerade keine Garantenstellung gegenüber ihren Kollegen einnehmen.[1497] Gleichermaßen auszuschließen ist eine Garantenstellung der Betriebsratsmitglieder untereinander, da der Zusammenschluss zum Betriebsrat einzig dem Zweck der Interessenvertretung bzw. Interessenwahrnehmung dient und nicht der gegenseitigen Gefahrenabwehr.[1498]

Schließlich ist auch eine Überwachergarantenstellung der Betriebsratsmitglieder kraft Autoritätsstellung zu verneinen. Denn aufgrund des das Strafrecht prägenden Prinzips der Eigenverantwortlichkeit, wonach vollverantwortliche Erwachsene für ihr Handeln oder Unterlassen gewöhnlich selbst die Verantwortung tragen, kann eine solche Garantenstellung nur dann entstehen, wenn der Unterlassende dem Täter gegenüber eine rechtlich anerkannte Aufsichts- und Befehlsgewalt innehat, kraft derer er die Kontrolle über den anderen ausübt.[1499] Zwar verfügt der Betriebsrat in Betrieben, in denen er stark positioniert ist, zweifellos über eine größere Möglichkeit der Einflussnahme auf das Agieren des Arbeitgebers, allerdings basiert diese Einflussmöglichkeit nicht auf einem bestimmten Über- oder Unterordnungsverhältnis oder einer aus der rechtlichen Unterworfenheit stammenden partiellen Unmündigkeit, sondern allein auf dem aus § 2 BetrVG resultierenden Grundsatz der vertrauensvollen Zusammenarbeit. Sofern also der Arbeitgeber einem Ansinnen des Betriebsrates entspricht, stellt das Verhältnis zwischen Betriebsrat und Arbeitnehmer allenfalls eine Triebfeder, jedoch nicht das Ergebnis einer vorhandenen Autoritätsstellung des Betriebsrats gegenüber dem Arbeitgeber dar.[1500] Demnach haben die Betriebsratsmitglieder gegenüber dem Arbeitgeber und der Belegschaft keinerlei Weisungsbefugnis und verfügen somit auch über keine Herrschaftsmacht, die eine Autoritätsstellung in Gestalt einer Willensherrschaft konstituiert, wie sie für eine Überwachergarantenstellung aufgrund des zu berücksichtigenden Prinzips der Eigenverantwortlichkeit erforderlich ist. Folglich besteht keine strafrechtliche Verpflichtung der Betriebsratsmitglieder zur Überwachung und damit auch nicht zur Verhütung von Straftaten des Arbeitgebers und der Belegschaft.[1501]

Ebenso wie an das Betriebsratsamt alleine keine Garantenstellung gegenüber den Belegschaftsmitgliedern geknüpft werden kann, dürfte dies im Ergebnis auch für die Fälle der Personalratsmitgliedschaft auf der Ebene der öffentlichen Verwaltung gelten, da diese dort eine den Betriebsratsmitgliedern im Privatwirtschaftssektor vergleichbare Position innehaben.[1502] Aufgrund beamtenrechtlicher Besonderheiten und der

1497 Teil 2, Kapitel 2, V. 2. a) cc. dieser Arbeit.
1498 *Mühe*, S. 255.
1499 *Mühe*, S. 255 m. w. N.; vgl. insbes. *Brammsen*, S. 224 ff.; *Schünemann*, S. 329 ff.
1500 Dazu u. zum Voranstehenden *Mühe*, S. 257.
1501 *Mühe*, S. 257.
1502 *Mühe*, S. 257 m. w. N.

erforderlichen thematischen Begrenzung dieser Arbeit soll darauf hier jedoch nicht weiter eingegangen werden.

b) Sonstige relevante Aspekte in Zusammenhang mit einer Begehung durch Unterlassen

Nach dem oben Dargelegten kommt eine Unterlassungstäterschaft im Zusammenhang mit Mobbing lediglich für den Betriebsinhaber oder den (direkten) Vorgesetzten in Betracht,[1503] so dass sich die folgenden Ausführungen auch auf diese beiden Personengruppen beziehen.

Die für eine Begehung durch Unterlassen erforderliche Handlungsmöglichkeit des untätig bleibenden Garanten, also die objektive Möglichkeit, den Erfolg durch die Abwendungshandlung zu vereiteln,[1504] ist für den Betriebsinhaber bzw. Vorgesetzten gegeben. Dieser verfügt über die unterschiedlichsten Möglichkeiten, seine Garantenpflicht zu erfüllen, wobei es für deren Gebotenheit auf den konkreten Fall ankommt: Die Optionen erstrecken sich von der direkten Intervention bei bestimmte Mobbinghandlungen über vorbeugende Konzepte, wie das Thematisieren von Mobbing und die Verdeutlichung, dass Mobbing im Betrieb nicht toleriert wird, den Abschluss von Betriebsvereinbarungen gegen Mobbing bzw. für kollegiale Zusammenarbeit bis hin zu arbeitsrechtlichen Schritten wie Ermahnungen, Abmahnungen oder Kündigungen.[1505] Als sehr effektiver Schutz vor Mobbing werden in der Wissenschaft Präventivmethoden in Form grundsätzlicher Vorkehrungen, wie Betriebsvereinbarungen, das Ansprechen und Diskutieren von Mobbing oder entsprechende Fortbildungsmaßnahmen für Führungskräfte, angesehen.[1506] Weitere Ausführungen dazu finden sich im dritten Teil dieser Arbeit, der sich den Präventions- und Interventionsmaßnahmen widmet.

Auch die notwendige hypothetische Kausalität kann in der Regel bejaht werden. Dafür ist in Umkehrung der *Condicio-sine-qua-non-Formel* zu ermitteln, ob die fragliche – objektiv gebotene und dem potentiellen Garanten mögliche – Handlung nicht hinzugedacht werden kann, ohne dass der Erfolg in seiner konkreten Gestalt entfiele.[1507] Denn Ermahnungen des Arbeitgebers sind zunächst ein grundsätzlich zur Beeinflussung des

1503 Ebenso *Mühe*, S. 257 f.; wie auch *Fehr*, S. 202, mit der Einschränkung, dass der unmittelbare Mobbingtäter die betriebliche Organisation oder seine Position im Unternehmen für die von ihm ausgehenden Mobbinghandlungen missbraucht.

1504 BGH, Urt. v. 22.01.1953 - 4 StR 417/52, BGHSt 4, 20 (22 ff.); *Eisele/Heinrich*, Rn. 580; *Fischer*, § 13 Rn. 77 f.; *Frister*, S. 302 m. w. N.; *Hoffmann-Holland*, Rn. 742 m. w. N.; *Krey/Esser*, Rn. 1122; *Kühl*, § 18 Rn. 30 f.; *Wessels/Beulke/Satzger*, Rn. 1168.

1505 *Mühe*, S. 258.

1506 *Mühe*, S. 259 m. w. N.; vgl. insbes. *Esser/Wolmerath*, S. 85 ff.; *Maschner*, Bundesarbeitsblatt 7–8/2002, S. 17; *Meschkutat/Stackelbeck/Langenhoff*, S. 133; *Schimmelpfennig/Schimmelpfennig*, PersV 1998, 260 (274 ff.).

1507 BGH, Urt. v. 04.03.1954 – 3 StR 281/5, BGHSt 6, 1 (2); BGH, Urt. v. 10.08.1984 – 1 StR 9/84, NStZ 1985, 26 (27); BGH, Urt. v. 16.02.2000 - 2 StR 582/99, NStZ 2000, 414 (415); *Hoffmann-Holland*, Rn. 787 f. m. w. N.; *Fischer*, Vor § 13 Rn. 39; *Kindhäuser*, AT, § 36 Rn. 12; *Kühl*, § 18 Rn. 35 f. m. w. N.; Lackner/Kühl-*Kühl*, Vor § 13 Rn. 12; *Wessels/Beulke/Satzger*, Rn. 1172.

Verhaltens des Arbeitnehmers geeignetes Mittel, da sie eine hohe Wahrscheinlichkeit dafür gewährleisten, dass der Beschäftigte sich daran hält: Zum einen aus Sorge vor dem Arbeitsplatzverlust und zum anderen, weil der Arbeitgeber aufgrund seiner Autoritätsstellung für ihn grundsätzlich eine Respektsperson ist, deren Weisungen man prinzipiell nachkommt.[1508] Eine Steigerung dazu stellt die Abmahnung dar, mit der unmittelbar eine Kündigung in Aussicht gestellt wird. Verfolgt der Arbeitnehmer trotz mehrerer erteilter Ermahnungen und Abmahnungen sein rechtsgutsverletzendes Verhalten weiter, steht dem Betriebsinhaber als Handlungsoptionen lediglich noch die Versetzung oder die Kündigung zur Verfügung. Denn damit wird der Mobbende von seinem Tatort entfernt und der Betroffene hat grundsätzlich von jenem nichts mehr zu befürchten. Demzufolge ist es dem Arbeitgeber mit Hilfe seiner ihm zustehenden arbeitsrechtlichen Instrumente grundsätzlich möglich, Straftaten seiner Belegschaft am Arbeitsplatz zu verhindern.[1509]

Hinsichtlich der erforderlichen Zumutbarkeit des Handelns[1510] ist zu berücksichtigen, dass die Zumutbarkeit der Kündigung – sofern auf diese nach wirkungslos gebliebenen Ermahnungen und Abmahnungen als einzig erfolgsversprechendes Instrument zurückgegriffen werden musste – unter dem Aspekt zu beurteilen ist, dass für den Arbeitgeber die Funktionsfähigkeit des Betriebes essentiell ist.[1511] Daher sind Einschränkungen der Zumutbarkeit einer Kündigung dann vorstellbar, wenn der Mobbingtäter ein nur schwer zu ersetzender Arbeitnehmer ist, z. B. weil er über spezielle oder betriebsspezifische Kenntnisse verfügt, von denen der reibungslose Betrieb des Unternehmens abhängt. In diesen Konstellationen ist eine gewissenhafte Abwägung vorzunehmen, ob für den Betriebsinhaber die Kündigung des Mobbingtäters tragbar ist.[1512] Jedenfalls unzumutbar für den Arbeitgeber ist es, ohne deutliche Anzeichen für das Auftreten von Mobbing und den damit in Zusammenhang stehenden Rechtsgutsgefährdungen in seinem Unternehmen prinzipiell Schutzmaßnahmen zu treffen. Andernfalls würden der unternehmerischen Freiheit zu enge Grenzen gesetzt und insbesondere in kleineren Betrieben, in denen Vorkehrungen wie z. B. Betriebsvereinbarungen nicht üblich sind, hätte dies ein Überschreiten des für den Arbeitgeber zumutbaren Maßes zur Folge.[1513] Obgleich Präventionsmaßnahmen, wie die eben genannten Betriebsvereinbarungen, zivilrechtlich geboten sein mögen, besteht dazu jedoch keine strafbewehrte Rechtspflicht. Demzufolge ist die Sorgfaltspflicht in Gestalt prinzipieller Präventivmaßnahmen nur dann angebracht, wenn bereits konkrete Indikatoren für das Auftreten von Mobbing im Unternehmen vorliegen.[1514]

1508 *Mühe*, S. 259 f.

1509 *Mühe*, S. 260.

1510 *Eisele/Heinrich*, Rn. 585; vgl. BGH, Urt. v. 25.09.1952 – 4 StR 41/52, BGHSt 3, 203 (206); BGH, Urt. v. 14.11.1957 – 4 StR 532/57, BGHSt 11, 135 (138); BGH, Urt. v. 06.11.2002 – 5 StR 281/01, BGHSt 48, 77 (89); BGH, Urt. v. 20.12.1983 – 1 StR 746/83, NStZ 1984, 164 (164).

1511 *Mühe*, S. 260.

1512 *Mühe*, S. 260 f.

1513 *Mühe*, S. 261.

1514 *Mühe*, S. 261.

Aufgrund der *Entsprechungsklausel* gemäß § 13 Abs. 1 a. E. StGB, wonach das Unterlassen der Verwirklichung eines gesetzlichen Tatbestandes einem Tun entsprechen muss, erfordern verhaltensgebundene Delikten[1515] – wie beispielsweise die mobbingtypischen Tatbestände §§ 240, 185 ff. StGB, deren Unrechtgehalt sich nicht nur in der reinen Erfolgsherbeiführung erschöpft, sondern die einen spezifischen Handlungsunwert aufgreifen – oder Straftatbestände mit handlungsspezifischen Unrechtselementen – wie etwa die Mordmerkmale in § 211 StGB – eine Prüfung im Einzelfall, ob das Untätigbleiben der Erfolgsverwirklichung durch ein bestimmtes Handeln entspricht.[1516] Daher ist bei manchen Straftatbeständen die Unterlassungstäterschaft nicht möglich. Die Erfordernisse, welche diese Delikte bezüglich des Unrechtsgehalts des strafbewehrten Verhaltens aufweisen, können nicht durch Unterlassen, sondern ausschließlich durch aktives Tun erfüllt werden. Bei diesen Tatbeständen ist von Anfang an nur eine Strafbarkeit wegen Beihilfe durch Unterlassen möglich.[1517]

Schließlich bleibt noch zu beachten, dass vorsätzliches Verhalten[1518] des Betriebsinhabers bzw. Vorgesetzten zumeist erst dann gegeben sein wird, wenn dieser durch das Mobbing einen Nutzen für das Unternehmen sieht – wie etwa eine Eigenkündigung eines lästigen Arbeitnehmers – und deshalb bei weiteren rechtsgutsverletzenden Mobbinghandlungen nichts unternimmt oder diese nicht verhindert.[1519] Das bedeutet, dass der Arbeitgeber häufig überhaupt nicht oder lediglich von einem Teil der Mobbinghandlungen erfährt, so dass es ihm vielmals nicht möglich ist, daraus auf das Vorkommen von Mobbing in seinem Betrieb zu schließen. Auch bei Kenntnis kann ihm nur dann vorsätzliches Verhalten vorgeworfen werden, wenn das Vorgehen seinem Interesse entspricht und er weitere Rechtsgutsangriffe jedenfalls billigend in Kauf nimmt. Dies wird jedoch nur ausnahmsweise der Fall sein, weil dem Betriebsinhaber prinzipiell an einem guten Betriebsklima gelegen sein dürfte.[1520] Anders verhält es sich höchstens, wenn Mobbing gerade in seinem Sinn ist, etwa bei einer dementsprechenden Unternehmenspolitik, die darauf abzielt, Mitarbeiter zur Eigenkündigung zu veranlassen. Doch häufig ist der Arbeitgeber in derartigen Konstellationen bereits Begehungstäter, beispielsweise, wenn er als Anstifter das Mobbing von anderen vornehmen lässt.[1521]

1515 Anders als es bei reinen Erfolgsdelikten wie z. B. §§ 223, 212, 303 StGB der Fall wäre, bei denen die geforderte Gleichwertigkeit bereits durch die Garantenstellung begründet wird: *Fischer*, § 13 Rn. 17; *Krey/Esser*, Rn. 1129; Lackner/Kühl-*Kühl*, § 13 Rn. 16.

1516 *Mühe*, S. 261 m. w. N.; ebenso *Eisele/Heinrich*, Rn. 587; *Hoffmann-Holland*, Rn. 792; *Krey/Esser*, Rn. 1129; *Kühl*, § 18 Rn. 123; Sch/Sch-*Bosch*, § 13 Rn. 4; *Wessels/Beulke/Satzger*, Rn. 1204.

1517 *Mühe*, S. 261 f.

1518 Vgl. stellvertretend für die Voraussetzungen des subjektiven Tatbestandes der unechten Unterlassungsdelikte *Kühl*, § 18 Rn. 125 ff. m. w. N.

1519 *Mühe*, S. 264; *Wolmerath*, Rn. 120.

1520 *Mühe*, S. 264.

1521 *Mühe*, S. 264.

Demgegenüber dürfte zwar die Fahrlässigkeit[1522] des Betriebsinhabers bzw. Vorgesetzten öfter bejaht werden können, allerdings ist hier zu beachten, dass mit Ausnahme der Körperverletzungs- und Tötungsdelikte die häufigsten durch Mobbing verwirklichten Delikte wie die Beleidigungsdelikte, die Nötigung oder die Sachbeschädigung nur vorsätzlich begangen werden können. Daher wird in Verbindung mit einem Mobbingsachverhalt und der Frage nach der Strafbarkeit des untätig bleibenden Arbeitgebers regelmäßig nur die fahrlässige Körperverletzung eine Rolle spielen.[1523] Sofern der Betriebsinhaber die Umstände erfasst hat, auf die seine Garantenpflicht beruht, agiert er zum einen dann fahrlässig, wenn er darauf vertraut, dass sich der Konflikt unter seinen Beschäftigten wieder von selbst klären wird, und er deshalb nichts unternimmt. Gleichermaßen verhält es sich, wenn er die durch Mobbing verursachte Gefahr unzutreffend bewertet und keine ausreichenden Vorkehrungen zu deren Abwendung trifft.[1524] Beispielsweise, wenn der Mobbingtäter bereits mehrere Ermahnungen wegen seiner gesundheitsbeeinträchtigenden Mobbinghandlungen erhalten hat, dieser sein Vorgehen dennoch nicht einstellt und der Betriebsinhaber daraufhin erneut mit einer Ermahnung reagiert, obwohl eine Abmahnung oder Kündigung angezeigt wäre. Allerdings dürfte dies kaum vorkommen, da eine Ermahnung aufgrund der Autoritätsstellung des Arbeitgebers und der Sorge des Mobbenden vor dem Verlust seines Arbeitsplatzes in der Regel ausreicht, den Mobbenden zum Aufhören zu bewegen.[1525] Außerdem ist im Zusammenhang mit der Frage nach der Sorgfaltspflichtverletzung noch zu berücksichtigen, dass auch Konstellationen existieren, in denen die Beschuldigung, das Opfer verübe Mobbingangriffe, den Bestandteil einer Mobbingstrategie bildet, um so etwa dessen Kündigung aufgrund der Mobbingvorwürfe zu erreichen.[1526] Aus diesem Grund müssen Zweifel über die Richtigkeit der behaupteten Mobbinghandlungen zu Gunsten des Betriebsinhabers ausfallen. Sofern sich also etwa bei weiteren Untersuchungen für die vorgeworfenen Mobbingaktivitäten keine Indizien ermitteln lassen, trifft den Betriebsinhaber keine Pflicht, in das behauptete Geschehen mit Schutzmaßnahmen einzugreifen. Andernfalls droht das Risiko, dass der Betriebsinhaber durch die unrichtige Behauptung, ein Mobbingopfer zu sein, zu einem bestimmten Verhalten gebracht wird, womit neues, nicht beabsichtigtes Unrecht begründet würde.[1527]

c) Fazit

Während also nach den obigen Ausführungen Kollegen und Betriebsratsmitglieder keine Garantenstellung einnehmen, obliegt nur dem Betriebsinhaber in seiner Funktion als Arbeitgeber und der Führungskraft, die Aufgaben für den Arbeitgeber

1522 Vgl. stellvertretend für die Fährlässigkeit der unechten Unterlassungsdelikte *Kindhäuser*, AT, § 36 Rn. 36 m. w. N.
1523 *Mühe*, S. 265.
1524 *Mühe*, S. 267 m. w. N.
1525 *Mühe*, S. 267.
1526 *Mühe*, S. 267 m. w. N.; vgl. insbes. das Beispiel bei *Warschkow/Erdmann*, AiB 1995, S. 509 ff.
1527 Dazu u. zum Voranstehenden *Mühe*, S. 267.

wahrnimmt, eine strafrechtliche Verpflichtung einzuschreiten, wenn diese vom Mobbinggeschehen und den damit zusammenhängenden Risiken weiß. Dabei darf der Betriebsinhaber bzw. der Vorgesetzte jedoch keine vorbeugenden Maßnahmen ohne jegliche Anzeichen für ein existentes Mobbinggeschehen ergreifen.[1528] Meist wird dieser die Mobbingangriffe selbst nicht unmittelbar mitbekommen, so dass sich seine Garantenpflicht bei bestehender Wiederholungsgefahr auf präventive Vorkehrungen beschränken dürfte. Ferner wird der Betriebsinhaber bzw. die Führungskraft regelmäßig nicht mit Vorsatz, sondern allerhöchstens fahrlässig agieren. Häufig spielt daher nur eine mögliche Strafbarkeit wegen Körperverletzung durch Unterlassen eine Rolle, da viele andere, im Rahmen von Mobbing verwirklichte Delikte nur vorsätzlich begangen werden können.[1529] Allerdings werden vielmals die Begleitumstände, welche die Garantenpflicht begründen, für den Betriebsinhaber bzw. den Vorgesetzten nicht überschaubar sein: Entweder erfährt er von den Mobbinghandlungen nicht oder andernfalls war für ihn nicht erkennbar, dass es dabei nicht nur um einen alltäglichen Konflikt geht, sondern die einzelnen rechtsgutsgefährdenden Handlungen vielmehr ein systematisches Angriffsverhalten in der Gestalt von Mobbing darstellen, die zu nicht unerheblichen Gesundheitsgefährdungen führen können. Demzufolge haben sich der Betriebsinhaber und der mit arbeitgeberischen Befugnissen ausgestattete Vorgesetzte, obgleich sie eine Garantenstellung innehaben, lediglich ausnahmsweise strafrechtlich zu verantworten, wenn sie nichts gegen Mobbing in ihrem Betrieb unternehmen.[1530]

C. Kapitel 3: Verfahrensrechtliche Besonderheiten bei strafrechtlich relevanten Mobbingfällen

Sollte trotz der aufgezeigten Schwierigkeiten eine materiell-rechtliche Verantwortlichkeit gegeben sein, bleiben noch verfahrensrechtliche Besonderheiten bei einem Mobbingsachverhalt zu beachten. Hindernisse, die einer Verurteilung entgegenstehen, können sich dabei insbesondere aufgrund der Notwendigkeit den Privatklageweg nach erfolglosem Sühneversuch zu verfolgen, der Verjährung von Straftaten sowie aufgrund der Beweisbarkeit der strafrechtlich erheblichen Tatsachen ergeben.[1531]

I. Privatklageverfahren

Bei einigen Delikten, die typischerweise im Zusammenhang mit Mobbing verwirklicht werden können, wie die (fahrlässige) Körperverletzung und die Beleidigungsdelikte sowie bei weiteren im Rahmen von Mobbing in Betracht zu ziehenden

1528 *Mühe*, S. 268; im Ergebnis auch *Fehr*, S. 202.
1529 *Mühe*, S. 268.
1530 *Mühe*, S. 268.
1531 Ebenso *Mühe*, S. 268 f.; *Wolmerath*, Rechtshandbuch, § 2 Rn. 186.

Straftatbeständen, wie die Sachbeschädigung und die Bedrohung, handelt es sich gemäß § 374 Abs. 1 Nr. 2, 4, 5, 6 StPO um Privatklagedelikte. Deren Zweck ist es, eine Entkriminalisierung und einen Ausschluss von Bagatellunrecht aus dem Strafrecht zu erreichen.[1532] Gemäß § 376 StPO werden diese von der Staatsanwaltschaft strafrechtlich nur dann verfolgt, wenn an der Strafverfolgung ein „öffentliches Interesse" besteht. Für die Auslegung dieses unbestimmten Rechtsbegriffs beinhaltet Nr. 86 Abs. 2 RiStBV eine für die Staatsanwaltschaft verbindliche Auslegungshilfe. Nach dieser ist die Strafverfolgung als im öffentlichen Interesse liegend anzunehmen, wenn der Rechtsfrieden über den Lebenskreis des Verletzten hinaus beeinträchtigt wird und die Strafverfolgung ein gegenwärtiges Anliegen der Allgemeinheit darstellt. Unter Umständen trifft dies schon dann zu, wenn dem Verletzten aufgrund seiner persönlichen Beziehung zum Täter nicht abverlangt werden kann, den Privatklageweg zu beschreiten. Während dabei in Bezug auf die Beleidigung gemäß Nr. 229 Abs. 1 RiStBV maßgeblich ist, ob die Ehrenkränkung von erheblichem Gewicht ist, wird bei der Körperverletzung das öffentliche Interesse regelmäßig gegeben sein, wenn die Tat roh war oder eine nicht unerhebliche Misshandlung oder Verletzung zur Folge hat.[1533]

In der Praxis wird das öffentliche Interesse grundsätzlich nur sehr restriktiv bejaht, so dass die damit zusammenhängende Übernahme des Verfahrens durch die Staatsanwaltschaft auch nur selten stattfindet. Bei einer vorgenannten Straftat, die Element eines Mobbingkomplexes ist, wird daher – obgleich heutzutage Mobbing und seine möglichen Konsequenzen von der Öffentlichkeit missbilligt werden – grundsätzlich dennoch kein gegenwärtiges Interesse der Allgemeinheit bejaht.[1534] Allerdings kann eine Annahme des öffentlichen Interesses in einem Mobbingverlauf aufgrund besonderer Umstände gerechtfertigt oder notwendig sein, etwa wenn der Mobbingtäter das strafbare Mobbingverhalten – wie typischerweise bei Mobbing – mehrfach ausführt oder private Gründe und eine persönliche Beziehung des Betroffenen zum Täter dafür sprechen. Letzteres ist vor allem dann in Betracht zu ziehen, wenn es sich bei dem Mobbingtäter um den Vorgesetzten oder Arbeitgeber des Mobbingopfers handelt, weil ihm dann wegen seiner arbeitsplatztechnischen Abhängigkeit vom Täter gegebenenfalls die Privatklage nicht zumutbar ist.[1535]

Bei Ablehnung des öffentlichen Interesses durch die Staatsanwaltschaft steht dem Betroffenen nur noch die häufig unbefriedigende Möglichkeit der Privatklage zur Verfügung. Die Beschreitung des Privatklagewegs wird in der Praxis jedoch von den Betroffenen nur sehr zurückhaltend wahrgenommen, was wohl auf den geringen Erfolgsaussichten des Privatklageverfahrens beruht, da das Verfahren überwiegend wegen Geringfügigkeit gemäß § 383 Abs. 2 StPO eingestellt wird.[1536] Die Literatur

---

1532 *Mühe*, S. 269.
1533 Meyer-Goßner/Schmitt-*Schmitt*, § 376 Rn. 1; *Mühe*, S. 269.
1534 *Mühe*, S. 269 m. w. N.; *Wolmerath*, Rn. 102.
1535 *Mühe*, S. 269 f. m. w. N.
1536 *Kühne*, Rn. 247; *Tenckhoff*, JuS 1988, 199 (199 Fn. 1); vgl. ebenso *Mühe*, S. 270 m. w. N.

misst diesem daher in der Praxis nur noch eine geringe Bedeutung bei[1537] und auch die Rechtsprechung hat bereits in Urteilen ihre Geringschätzung hinsichtlich des Privatklageverfahrens bekundet.[1538]

Daneben haften dem Privatklageverfahren auch beachtliche Nachteile in Gestalt von enormen Kostenrisiken und weiteren Schwierigkeiten an:[1539] In den Fallgruppen des § 380 Abs. 1 StPO (unter anderem auch bei der Beleidigung, Körperverletzung, Bedrohung und Sachbeschädigung) ist die Privatklage nur zulässig, wenn ein vor einer von der Landesjustizverwaltung zu bezeichnenden Vergleichsbehörde durchzuführender Sühneversuch mit dem Beschuldigten gescheitert ist, wobei Einzelheiten durch das jeweilige Landesrecht geregelt werden.[1540] Nach § 388 StPO hat der Beschuldigte ein Recht auf Widerklage und gemäß § 379 StPO i. V. m. §§ 108 ff. ZPO ist der Privatkläger verpflichtet, eine Sicherheit für die dem Beschuldigten voraussichtlich entstehenden Kosten gemäß § 379 StPO und einen Prozesskostenvorschuss gemäß § 379a StPO zu leisten. Außerdem muss er im Falle der Zurückweisung der Klage, des Freispruchs oder der Verfahrenseinstellung nach § 471 Abs. 2 StPO die Gerichtskosten und die dem Beschuldigten erwachsenen notwendigen Kosten zu tragen, was bei der hohen Einstellungsquote ein großes Risiko beinhaltet.[1541] Darüber hinaus wird ein Nichterscheinen des Privatklägers in der Hauptverhandlung gemäß § 391 Abs. 2 StPO als Zurücknahme der Privatklage gewertet und gemäß § 384 Abs. 3 StPO bestimmt auch das Gericht allein unbeschadet des § 244 Abs. 2 StPO den Umfang der Beweisaufnahme. Ein weiterer Nachteil ist schließlich, dass der Privatkläger selbst aktiv werden muss, was bedeutet, dass er selbst „ermitteln" und auch selbst als „Kläger" auftreten muss. Dabei ist er jedoch in der Effektivität seiner „Ermittlungshandlungen" sehr beschränkt, da ihm nicht die Zwangsbefugnisse zur Verfügung stehen, deren sich Polizei und Staatsanwaltschaft üblicherweise bedienen können.[1542] Insbesondere auf diese Umstände dürfte es zurückzuführen sein, dass nur etwa 10 Prozent der auf die Möglichkeit einer Privatklage verwiesenen Opfer überhaupt davon Gebrauch machen und bei lediglich 6 Prozent aller Privatklagen der Täter verurteilt wird.[1543] Letztlich bevorzugen die Betroffenen gerade wegen der schlechten Erfolgsaussichten und der damit verbundenen Kostentragungsgefahr das für sie attraktivere Zivilgerichtsverfahren, da bei diesem keine Möglichkeit

---

1537 Meyer-Goßner/Schmitt-*Schmitt*, Vor § 374 Rn. 1; *Klesczewski*, Rn. 667; *Kühne*, Rn. 254.

1538 LG Bonn, Beschl. v. 28.11.1990 – 35 Qs 11/90, NStZ 1991, 204 (205): „Beim Privatklageverfahren handelt es sich um ein Ausnahmeverfahren, welches der Durchsetzung eines vermeintlichen Strafanspruchs dient. In der gerichtlichen Praxis werden im Wege der Privatklage (...) in der Regel eher bagatellhafte private Auseinandersetzungen mit großem emotionalem Engagement einer gerichtlichen Prüfung zugeführt". Vgl. auch *Heinrich/Reinbacher*, S. 247; *Roxin/Schünemann*, § 63 Rn. 3; dazu u. zum Voranstehenden ebenso *Mühe*, S. 270 f. m. w. N.

1539 *Heinrich/Reinbacher*, S. 248; *Kindhäuser/Schumann*, StPO, § 26 Rn. 63; *Kühne*, Rn. 251; *Mühe*, S. 271 m. w. N.; *Roxin/Schünemann*, § 63 Rn. 3.

1540 Vgl. die Nachweise in Meyer-Goßner/Schmitt-*Schmitt*, § 380 Rn. 3; vgl. ebenso *Heinrich/Reinbacher*, S. 247; *Klesczewski*, Rn. 670; außerdem *Wolmerath*, Rechtshandbuch, § 2 Rn. 126 ff., bei dem sich in Rn. 127 eine Auflistung der landesrechtlich jeweils zuständigen Stellen für den Sühneversuch finden lässt.

1541 Dazu u. zum Voranstehenden *Heinrich/Reinbacher*, S. 248; *Mühe*, S. 271 m. w. N.

1542 Dazu u. zum Voranstehenden *Heinrich/Reinbacher*, S. 248.

1543 *Wolmerath*, Rechtshandbuch, § 2 Rn. 128.

der Einstellung wegen Geringfügigkeit besteht und das existierende Kostenrisiko somit kleiner ist.[1544]

II. Strafantragsfrist

Mehrere mobbingtypische Delikte sind Antragsdelikte, bei welchen für das Einschreiten der Staatsanwaltschaft gerade nicht nur wie andernfalls gemäß § 152 Abs. 1 StPO deren Kenntnis von der Tat ausreicht, sondern hier schreitet die Staatsanwaltschaft erst nach Stellung des Antrags auf Strafverfolgung seitens des Verletzten oder des sonst gesetzlich dazu Berechtigten ein.[1545] Um solche Delikte handelt es sich beispielsweise bei der oftmals in Zusammenhang mit Mobbing relevanten (fahrlässigen) Körperverletzung gemäß § 229 Abs. 1 StGB, den Beleidigungsdelikten gemäß § 194 Abs. 1 S. 1 StGB, der Sachbeschädigung und der Datenveränderung gemäß §§ 303, 303c StGB, bei dem Diebstahl geringwertiger Sachen gemäß § 248a StGB und bei der sexuellen Belästigung gemäß § 184i Abs. 3 StGB.[1546] Außerdem werden auch die Delikte gegen Betriebsverfassungsorgane und deren Mitglieder nur auf Antrag verfolgt. Diesen kann gemäß § 119 Abs. 2 BetrVG der Betriebsrat, der Gesamtbetriebsrat, der Konzernbetriebsrat, die Bordvertretung, der Seebetriebsrat, eine der in § 3 Abs. 1 BetrVG bezeichneten Vertretungen der Arbeitnehmer, der Wahlvorstand, der Unternehmer oder eine im Betrieb vertretene Gewerkschaft stellen. Die Antragsbefugnis besitzt dabei – sofern es um die Interessenvertretung mit Ausnahme der Gewerkschaft geht – ausschließlich der Betriebsrat und nicht das einzelne Betriebsratsmitglied.[1547]

Gemäß § 230 StGB kann die Staatsanwaltschaft bei den Körperverletzungsdelikten und nach § 184i Abs. 3 StGB bei der sexuellen Belästigung trotz fehlenden Strafantrags Anklage erheben, wenn sie das besondere öffentliche Interesse als gegeben erachtet, was jedoch in der Praxis regelmäßig nur sehr zurückhaltend geschieht.[1548] Denn trotz der gravierenden Folgen, die Mobbing im Einzelfall nach sich zieht, und der negativen Konsequenzen von Mobbing auf die Gesellschaft, kann die Verfolgung einer aus Mobbing resultierenden Straftat nicht vorbehaltlos als ein gegenwärtiges Anliegen der Allgemeinheit betrachtet werden. Dies dürfte allenfalls ausnahmsweise zutreffen, wenn beispielsweise ein Ausbildender nicht seiner Schutzpflicht nachkommt, seine übergeordnete Stellung ausnutzt und die ihm anvertrauten jugendlichen Auszubildenden schikaniert.[1549]

1544 *Mühe*, S. 271 m. w. N.

1545 *Mühe*, S. 271.

1546 Ebenso *Wolmerath*, Rechtshandbuch, § 2 Rn. 122; vgl. dazu auch *Mühe*, S. 270.

1547 Däubler/Kittner/Klebe/Wedde-*Trümner*, § 119 Rn. 23 m. w. N.; *Fitting/Engels/Schmidt/Trebinger/Linsenmaier*, § 119 Rn. 12 f.; *Klebe/Ratayczak/Heilmann/Spoo*, § 119 Rn. 4; Richardi-*Annuß*, § 119 Rn. 29 ff.; ebenso *Wolmerath*, Rechtshandbuch, § 2 Rn. 122.

1548 Nr. 234 RiStBV; Lackner/Kühl-*Kühl*, § 230 Rn. 4; *Mühe*, S. 271 f. m. w. N.

1549 *Wolmerath*, Rechtshandbuch, § 2 Rn. 123.

Als Ausschlussfrist beträgt die Antragsfrist für sämtliche der dargestellten Straftatbestände[1550] gemäß § 77b StGB drei Monate ab Kenntniserlangung von der Tat. Deren Nichteinhaltung steht einer Strafverfolgung und damit der Verurteilung entgegen.[1551] Vor allem bei einem verwirklichten Beleidigungstatbestand wird im Rahmen eines Mobbinggeschehens der Strafantrag verfristet sein, weil die Opfer sich erst zu spät dazu entschließen, (straf-)rechtliche Maßnahmen zu ergreifen.[1552] Das verspätete Vorgehen beruht häufig auf dem langen Verlauf des Mobbinggeschehens und der daraus resultierenden schwerwiegenden Schädigung der psychischen Konstitution der Betroffenen. Diese benötigen nämlich nicht selten erst eine gewisse Entfernung vom Mobbingprozess, um ihre psychische Verfassung zu stabilisieren und die erforderliche Kraft aufzuwenden, gegen den Mobbingtäter rechtlich vorzugehen.[1553] Zudem existieren häufig psychologische Barrieren, die aus der Arbeitgeber-Arbeitnehmer-Beziehung sowie aus der erforderlichen Zusammenarbeit resultieren können, vor allem wenn der Mobbende der Arbeitgeber oder Vorgesetzte ist und dieser ein fristgerechtes Handeln verhindert.[1554] Der Betroffene wird mangels Alternativen auf dem Arbeitsmarkt oder aufgrund einer Abhängigkeit vom Arbeitsplatz während eines bestehenden Arbeitsverhältnisses kaum initiativ einen Strafantrag stellen.[1555] Wenn es sich bei dem Mobbingtäter um den Arbeitgeber oder eine von diesem bestellte weisungsbefugte Aufsichtsperson handelt, beruht die Scheu des Mobbingopfers, sich strafrechtlich zur Wehr zu setzen, einerseits auf der Sorge, die betrieblichen Führungskräfte könnten bei Strafantragsstellung ihre Machtposition zukünftig zu Ungunsten des Betroffenen missbrauchen, und andererseits auch auf der Befürchtung, eine prinzipiell gute Betriebsatmospähre durch eine Anzeige zu trüben.[1556] Häufig trauen sich die Betroffenen erst dann, gegen den Mobbenden rechtlich vorzugehen, wenn sie nicht mehr Teil des entsprechenden Arbeitsumfelds sind und eine Stabilisierung ihrer beschädigten Selbstachtung sowie ihrer psychischen Verfassung eingetreten ist.[1557] Nicht selten ist es dann jedoch in Bezug auf die Einhaltung der Antragsfrist und der davon abhängenden strafrechtlichen Sanktionierung des Mobbingtäters zu spät.[1558]

1550 Einschließlich der Strafvorschrift des § 119 BetrVG (Däubler/Kittner/Klebe/Wedde-*Trümner*, § 119 Rn. 25; *Fitting/Engels/Schmidt/Trebinger/Linsenmaier*, § 119 Rn. 15; Richardi-*Annuß*, § 119 Rn. 32).

1551 *Mühe*, S. 272 m. w. N.; vgl. ebenso *Fischer*, § 77b Rn. 2, 10; Lackner/Kühl-*Kühl*, § 77b Rn. 1; *Kindhäuser*, LPK, § 77b Rn. 1 m. w. N.; Sch/Sch-*Bosch*, § 77b Rn. 1, 20 m. w. N.; vgl. insbes. auch BGH, Urt. v. 25.01.1994 - 1 StR 770/93, NJW 1994, 1165 (1166).

1552 *Esser/Wolmerath*, S. 174 f.; *Mühe*, S. 272; *Wolmerath*, Rn. 102.

1553 *Esser/Wolmerath*, S. 175; *Wolmerath*, Rn. 102.

1554 *Wolmerath*, Rn. 102; dazu u. zum Voranstehenden ebenso *Mühe*, S. 272.

1555 *Wolmerath*, Rechtshandbuch, § 2 Rn. 125.

1556 *Mühe*, S. 272; ebenso *Schutzbach*, S. 12.

1557 *Wolmerath*, Rn. 102.

1558 Dazu u. auch zum Voranstehenden *Mühe*, S. 272.

III. Verjährung

Zu berücksichtigen ist ferner das Risiko der Verjährung, für das es auf den relevanten Straftatbestand ankommt. Denn das Mobbinggeschehen dauert im Durchschnitt 16 Monate[1559] und die Betroffenen entschließen sich infolge der arbeitsplatztechnischen und psychischen Hinderungsgründe manchmal erst nach dessen Ende zuzüglich einer nachfolgenden Erholungsphase dazu, rechtliche Schritte einzuleiten.[1560]

Insbesondere bei der Beleidigung und der Verleumdung, deren Verjährungsfrist gemäß § 78 Abs. 3 Nr. 5 StGB lediglich drei Jahre beträgt, besteht die größte Gefahr, dass das Delikt verjährt, da die Frist bereits ab dem Tatzeitpunkt zu laufen beginnt, und zwar ungeachtet dessen, ob das Opfer von der Tat weiß. Bei der üblen Nachrede besteht zudem das Risiko, dass der Betroffene beispielsweise erst zu spät Kenntnis davon erlangt, wer das Gerücht, das Mitursache oder alleiniger Anlass des Mobbinggeschehens war, geäußert oder verbreitet hat, weil die Mobbingtäter, um unerkannt zu bleiben, häufig im Verborgenen agieren.[1561] Demgegenüber verjähren die (fahrlässige) Körperverletzung (im Amt), die (sexuelle) Nötigung, die Verleumdung, der Diebstahl und die Sachbeschädigung, ferner der sexuelle Übergriff und die sexuelle Belästigung gemäß § 78 Abs. 3 Nr. 4 StGB erst nach fünf Jahren. Damit ist die Verjährungsgefahr hier zwar auch nicht ausgeschlossen, jedoch im Vergleich zu den Beleidigungsdelikten kleiner.[1562]

IV. Beweisschwierigkeiten

Schließlich verdeutlichen bereits arbeitsgerichtliche Verfahren, deren Gegenstand ein Mobbingsachverhalt ist,[1563] dass es große Probleme bereitet, dem Mobbingtäter das angelastete Vorgehen überhaupt nachzuweisen. Zu diesen Beweisschwierigkeiten wird es auch im Strafverfahren kommen, was aufgrund der mangelnden Nachweisbarkeit letztlich zu einer Straflosigkeit des Handelnden führt.[1564]

Gemäß § 244 Abs. 2 StPO muss das Gericht sowohl im Privatklageverfahren als auch im Offizialverfahren zur Erforschung der Wahrheit die Beweisaufnahme von Amts wegen auf alle Tatsachen und Beweismittel erstrecken, die für seine Entscheidung

---

1559 *Meschkutat/Stackelbeck/Langenhoff*, S. 51. Eine Durchschnittsmobbingdauer von 15 Monaten wurde in Schweden erzielt, *Leymann* (2006), S. 84. Vgl. dazu auch die Übersicht verschiedener Studien für Deutschland bei *Zapf*, ZfAO 1999, S. 6, wobei teilweise Ergebnisse bis zu 40 Monaten Durchschnittsmobbingdauer erreicht werden.

1560 *Mühe*, S. 273.

1561 *Mühe*, S. 273; vgl. dazu auch *Wolmerath*, Rn. 34, 105.

1562 *Mühe*, S. 273.

1563 LAG Thüringen, Urt. v. 10.04.2001 – 5 Sa 403/2000, NZA-RR 2001, S. 347 ff.; LAG Thüringen, Urt. v. 15.02.2001 – 5 Sa 102/00, NZA-RR 2001, S. 577 ff.; LAG Hamm, Urt. v. 25.06.2002 – 18 (11) Sa 1295/01, NZA-RR 2003, S. 8 ff.; LAG Berlin, Urt. v. 07.11.2002 – 16 Sa 938/02, juris; vgl. auch *Wolmerath*, Rn. 105, 126, 167.

1564 Ebenso *Mühe*, S. 273.

maßgeblich sind.[1565] Die Gründe dieser Beweisprobleme sind zum einen darin zu finden, dass die meisten Mobbinghandlungen gezielt im Verborgenen oder unter Missbrauch günstiger Umstände, in denen weder Zeugen anwesend noch sonstige Beweismöglichkeiten gegeben sind, vorgenommen werden.[1566] Zum anderen werden Beobachter des Geschehens aus Angst vor negativen Folgen, wie z. B. dem Verlust der eigenen Arbeitsstelle - sofern sie gegen den Vorgesetzten bzw. den Arbeitgeber aussagen müssen - oder weil sie aus dem Lager des Mobbingtäters stammen, oftmals nicht als brauchbare Zeugen zur Verfügung stehen.[1567] Je größer die Solidarität der Kollegen mit dem Mobbingtäter und je stärker die Ausgrenzung des Mobbingopfers im Arbeitsumfeld ist, desto kleiner wird auch die Bereitwilligkeit des Zeugen sein, mit den eigenen Aussagen an der Sachaufklärung mitzuwirken.[1568] Ferner dauert das Mobbinggeschehen häufig sehr lange, zum Teil mehrere Jahre. In dieser Zeit denkt der Betroffene, der im Strafverfahren häufig der Zeuge sein wird, noch nicht daran, gegen den Mobbingtäter rechtlich vorzugehen und dafür potentielles Beweismaterial wie Urkunden oder diffamierende E-Mails sicherzustellen, weitere Zeugen zu bitten, Notizen über den Ablauf anzufertigen, oder selbst in einem Tagebuch die Mobbingangriffe zu notieren.[1569] Des Weiteren kommt es oftmals - etwa weil keine anderen Zeugen oder Beweismittel zur Verfügung stehen - maßgeblich auf die Glaubwürdigkeit des Betroffenen an, ob und inwieweit seinen Äußerungen mehr geglaubt werden kann als den Einlassungen des Mobbenden. Nicht selten steht daher das Wort des Mobbingopfers gegen das des Mobbingtäters.[1570] Darüber hinaus wird es im Zusammenhang mit den Körperverletzungsdelikten regelmäßig auch Beweisprobleme bezüglich des Nachweises geben, dass die seelischen oder psychosomatischen Beeinträchtigungen tatsächlich auf dem Handeln des Mobbingtäters beruhen. Der Grund dafür liegt darin, dass es sich bei Mobbing um einen Prozess handelt, der möglicherweise jahrelang andauert und sich aus einer Reihe einzelner Mobbingverhaltensweisen zusammensetzt, die erst nach und nach die eines Tages aufkeimende Erkrankung hervorrufen.[1571] So dürfte in einigen Fällen schwer zu ermitteln sein, ob letztendlich durch die Schikanehandlung des Mobbenden die Grenze des Tolerierbaren überschritten wurde oder durch ein anderes Geschehen, oder welche der zahlreichen Mobbinghandlungen zu den Schädigungen an der Gesundheit oder des körperlichen Wohlbefindens geführt hat.[1572] Sollte schließlich trotz alledem eine Täterschaft des Mobbenden plausibel erscheinen, führt der Grundsatz *in dubio pro*

1565 Ebenso *Wolmerath*, Rechtshandbuch, § 2 Rn. 134.

1566 *Bochmann*, ZBR 2003, 257 (264 f.); *Gamerschlag/Perband*, VersR 2002, 287 (290); *Mühe*, S. 273 f.; *Wittinger/Hermann*, ZBR 2002, 337 (341); *Wolmerath*, Rn. 105, 167; *Wolmerath*, Rechtshandbuch, § 2 Rn. 135.

1567 *Bochmann*, ZBR 2003, 257 (264 f.); *Däubler*, in Leymann (1995), S. 85 ff.; *Gamerschlag/Perband*, VersR 2002, 287 (290); *Mühe*, S. 274; *Wittinger/Hermann*, ZBR 2002, 337 (341); *Wolmerath*, Rn. 105.

1568 *Wolmerath*, Rechtshandbuch, § 2 Rn. 135.

1569 *Mühe*, S. 274; *Wolmerath*, Rn. 168.

1570 *Wolmerath*, Rechtshandbuch, § 2 Rn. 136.

1571 *Mühe*, S. 274.

1572 *Mühe*, S. 274; *Wolmerath*, Rn. 167; vgl. auch *Wolmerath*, Rechtshandbuch, § 2 Rn. 135.

reo dazu, dass die für den Angeklagten jeweils günstigste Rechtsfolge zu verhängen ist, sofern das Gericht nicht vollumfänglich von der Täterschaft bzw. von dem Vorliegen unmittelbar entscheidungserheblicher Tatsachen überzeugt ist.[1573]

V. Zusammenfassung

Im Ergebnis können bei Mobbing also auch in strafprozessualer Hinsicht gravierende Probleme auftreten, die einer strafrechtlichen Verurteilung des Mobbenden letztlich entgegenstehen. Im Fokus befinden sich dabei neben großen Beweisschwierigkeiten ferner auch die Problematik um die Strafantrags- und Privatklagedelikte, vor allem die im Rahmen eines Mobbinggeschehens sehr oft verwirklichten Körperverletzungs- und Beleidigungsdelikte.[1574] Häufig unterlässt es der Betroffene aufgrund der langen Dauer des Mobbinggeschehens, währenddessen er meist von der Sorge um den Verlust des Arbeitsplatzes oder um den Ausschluss aus der Arbeitsgemeinschaft dominiert wird, und wegen der zumeist bestehenden mobbingbedingten seelischen Instabilität, rechtzeitig die notwendigen Maßnahmen in Bezug auf das Einhalten der erforderlichen Antrags- und Verjährungsfrist einzuleiten. Sofern der Strafantrag fristgerecht gestellt wird, ergibt sich jedoch noch die Schwierigkeit, dass einzelne Delikte als Privatklagedelikte konzipiert sind, bei welchen die Staatsanwaltschaft das öffentliche Interesse nur sehr zurückhaltend für gegeben erachtet. Außerdem sind die Erfolgsaussichten einer Privatklage im Allgemeinen nicht besonders hoch, während das Kostenrisiko für den Betroffenen entsprechend groß ist, so dass der Betroffene regelmäßig den Weg des weniger risikobehafteten Zivilverfahrens wählen wird. Auf diese Weise wird das auf materiellrechtlicher Ebene gewonnene Ergebnis, wonach grundsätzlich eine (strafrechtliche) Sanktionierung mobbingtypischen Verhaltens möglich ist, relativiert durch die einer Verurteilung entgegenstehenden prozessualen Barrieren, welche vor allem aus der Aussichtslosigkeit des Privatklageverfahrens und der Verfristung des Strafantrags bestehen.[1575]

D. Kapitel 4: Besonderheiten der Strafzumessung bei einer Verurteilung

Sofern sich der Mobbende ungeachtet der oben dargestellten materiellrechtlichen und prozessualen Barrieren strafrechtlich zu verantworten hat, eröffnet § 46 StGB auf der Ebene der Strafzumessung die Möglichkeit, auch das Gesamtgeschehen Mobbing mittelbar zu würdigen, wenn die einzelne Straftat einen Bestandteil davon bildet. Das Gericht wägt gemäß § 46 Abs. 2 S. 1 StGB bei der Strafzumessung alle Aspekte gegeneinander ab, die für oder gegen den Täter sprechen. Dabei muss der Gesamteindruck aller Umstände Berücksichtigung finden und die Rechtsfolge ist anhand einer

1573 Meyer-Goßner/Schmitt-*Schmitt*, § 261 Rn. 26; *Wolmerath*, Rechtshandbuch, § 2 Rn. 137.
1574 Ebenso *Mühe*, S. 274 f.
1575 Dazu u. zum Voranstehenden ebenso *Mühe*, S. 275.

tatrichterlichen Würdigung zu ermitteln.[1576] Hierin darf sich der Richter nicht von einer formalen, schematischen Betrachtungsweise leiten lassen, sondern muss die Gegebenheiten des jeweiligen Einzelfalls angemessen würdigen. Grundvoraussetzungen der Strafzumessung bilden nach der Rechtsprechung die Schwere der Tat in ihrer Bedeutung für die verletzte Rechtsordnung und der Grad der persönlichen Schuld des Täters.[1577]

In diesem Rahmen kann der gesamte Mobbingprozess als Umstand, der sich außerhalb des eigentlichen Tatgeschehens befindet, bei der Strafzumessung dann berücksichtigt werden und damit rechtliche Relevanz erhalten, wenn er – wovon häufig auszugehen sein wird – wegen seiner engen Beziehung zur Tat Rückschlüsse auf deren Unrechtsgehalt oder die innere Einstellung des Täters gewährt oder sonst als tatrelevant anerkannt wird.[1578] Daher kann unter Berücksichtigung des gesamten Mobbinggeschehens, dessen Bestandteil die einzelne Straftat (etwa eine Beleidigung) ist, maßgeblich sein, dass diese vom Täter nicht nur willkürlich und einmalig getätigt wurde. Die einzelne Straftat gibt dann vielmehr eine schlechte Gesinnung des Täters gegenüber dem Opfer zu erkennen und es offenbart sich, dass sie aus einem systematisch gezielten Vorgehen stammt, das sich für den Handelnden nachteilig auswirken könnte.[1579]

I. Beweggründe des Mobbenden

In § 46 Abs. 2 S. 2 StGB werden ausdrücklich die Ziele und Beweggründe des Täters als Anhaltspunkte genannt, welche im Rahmen der Strafzumessung berücksichtigt werden müssen. Gemeint sind damit alle Gründe und Anreize für die Tat sowie Motive im weitesten Sinne.[1580] Für die Strafzumessung bedeutsam sind die Beweggründe vor allem unter zwei Aspekten, nämlich nach ihrer Qualität und nach ihrem Stärkegrad. Ihre Bewertung ist anhand sozialethischer Maßstäbe vorzunehmen, wobei sich die Motive je nach ihrem Wert strafmildernd oder strafschärfend auswirken können.[1581]

1576 BGH, Urt. v. 28.02.1979 – 3 StR 24/79 (L), BGHSt 28, 318 (319); *Mühe*, S. 275 m. w. N.; vgl. ebenso Lackner/Kühl-*Kühl*, § 46 Rn. 9 m. w. N.

1577 Grundlegend BGH, Urt. v. 04.08.1965 – 2 StR 282/65, BGHSt 20, 264 (266); BGH, Urt. v. 30.07.1981 – 4 StR 348/81, Beschl. v. 01.06.1981 – 3 StR 173/81, Beschl. v. 26.06.1981 – 3 StR 83/81, Beschl. v. 16.07.1981 – 4 StR 358/81, NStZ 1981, 389 (389); vgl. außerdem *Fischer*, § 46 Rn. 14; *Kindhäuser*, LPK, § 46 Rn. 1; Lackner/Kühl-*Kühl*, § 46 Rn. 9 m. w. N.; Sch/Sch-*Kinzig*, § 46 Rn. 4 m. w. N.; ebenso *Mühe*, S. 275 f.

1578 *Mühe*, S. 276 m. w. N.; vgl. insbes. BGH, Urt. v. 10.11.1953 – 1 StR 227/53, BGHSt 5, 124 (132); *Fischer*, § 46 Rn. 37 ff.

1579 *Mühe*, S. 276.

1580 *Mühe*, S. 276 m. w. N.

1581 Sch/Sch-*Kinzig*, § 46 Rn. 13 m. w. N.

Generelle Voraussetzung für eine strafschärfende Berücksichtigung der Beweggründe und Ziele des Angeklagten ist die Vorwerfbarkeit der Tatmotive[1582], wohingegen sich das bloße Fehlen eines nachvollziehbaren Anlasses für die Tat nicht strafschärfend auswirken kann.[1583] Jedenfalls werden die Motive zum Nachteil des Täters angelastet, wenn sie nach Überzeugung des Richters den sozialethischen oder sittlichen Werten zuwiderlaufen.[1584] Aufgrund der Tatsache, dass die einzelne Straftat einen Teil des gesamten Mobbinggeschehens bildet, liegt beiden in der Regel dasselbe Interesse zugrunde. So ist Mobbing nicht selten Bestandteil der Karrierestrategie und stammt vielmals aus dem Konkurrenzdenken des Mobbingtäters und der sich daraus ergebenden Absicht, den anderen als Hürde auf dem eigenen Karriereweg loszuwerden.[1585] Insofern agiert der Mobbende in der Regel aus purem Egoismus mit dem Ansinnen beruflich erfolgreich zu sein. Das ist ihm als strafschärfendes Motiv anzurechnen, weil solche mobbingmotivierenden Elemente den sozialethischen und sittlichen Werten der Gesellschaft widersprechen.[1586] Gleichermaßen strafschärfend wirkt es sich aus, wenn – wie sehr häufig – Neid der Antrieb des Mobbenden ist oder er nach finanziellen Vorteilen auf Kosten eines anderen strebt.[1587] Dies kann insbesondere dann der Fall sein, wenn der Mobbende (in Gestalt des Arbeitgebers oder Vorgesetzten) beabsichtigt, den Betroffenen zur Eigenkündigung zu veranlassen, um Abfindungen oder langwierige und kostenintensive Kündigungsprozesse zu umgehen.[1588] Ebenso müssten, wie etwa im eingangs dargestellten „Münchner Polizistinnenfall"[1589], auch frauenfeindliche Motive im Rahmen der Strafzumessung als Strafschärfungsgrund Beachtung finden, weil heutzutage die sozialethische Denkweise auch die Gleichberechtigung der Frau beinhaltet und frauenabwertendes Verhalten nicht mehr toleriert wird.[1590]

II. Außertatbestandliche Folgen

Soweit sie verschuldet, also mindestens vorhersehbar und dem Täter vorwerfbar, waren, können neben dem oben Dargelegten auf der Strafzumessungsebene außertatbestandlich erlittene Nachteile des Betroffenen in die richterliche Entscheidung einfließen.[1591]

1582 Die etwa zu verneinen wäre, wenn ihre Ursachen in einer vom Täter nicht zu vertretenden geistig-seelischen Beeinträchtigung liegen: BGH, Beschl. v. 12.3.2014 – 5 StR 69/14, NStZ-RR 2014, 140 (140) m. w. N.

1583 BGH, Urt. v. 9. 10. 2013 – 2 StR 119/13, NStZ 2014, 512 (514); *Kindhäuser*, LPK, § 46 Rn. 33 m. w. N.

1584 *Mühe*, S. 276 m. w. N.

1585 *Meschkutat/Stackelbeck/Langenhoff*, S. 118 f.; *Mühe*, S. 276; ebenso Teil 1, Kapitel 2, III. dieser Arbeit.

1586 *Mühe*, S. 276 m. w. N.; vgl. insbes. BGH, Urt. v. 02.02.1966 – 2 StR 525/65, NJW 1966, 787 (788); *Fischer*, § 46 Rn. 27.

1587 *Mühe*, S. 277; vgl. dazu Sch/Sch-*Kinzig*, § 46 Rn. 13 m. w. N.

1588 *Mühe*, S. 277.

1589 Teil 1, Kapitel 1, II. 1. b) dieser Arbeit, in welchem der Vorgesetzte die Polizistin gemobbt hat, weil er der Auffassung war, dass die Polizei „Männersache" sei und sich Frauen nicht für diesen Beruf eigneten.

1590 *Fischer*, § 46 Rn. 26b f.; *Mühe*, S. 277.

1591 BGH, Beschl. v. 25.09.1990 – 4 StR 359/90, BGHSt 37, 179 (180); BGH, Urt. v. 15.05.1985 – 2 StR 83/85, NStZ 1986, 85 (86); ebenso *Fischer*, § 46 Rn. 34 m. w. N.; *Kindhäuser*, LPK,

Dieser Strafzumessungsaspekt ist bei einer Straftat, die den Bestandteil eines Mobbinggeschehens bildet, deshalb von besonderer Bedeutung, weil Mobbing regelmäßig außertatbestandliche Konsequenzen nach sich zieht, die sich für den Betroffenen häufig gravierender auswirken als die mit dem Mobbing zusammenhängenden Verletzungen strafrechtlich geschützter Interessen. Hervorzuheben sind insoweit vor allem mobbingspezifische Beeinträchtigungen des Opfers auf beruflicher und ökonomischer Ebene sowie seiner damit verbundenen gesellschaftlichen Existenz.[1592] So machen sich nach der bundesweiten Repräsentativstudie nur bei 20 Prozent der Betroffenen keine Auswirkungen auf das Arbeitsverhältnis bemerkbar, während in 50 Prozent der Mobbingfälle Mobbing zum Ausscheiden aus dem bisherigen Arbeitsverhältnis führt oder sogar aus der Berufswelt als solcher aufgrund unfreiwilliger Versetzung (5,5 Prozent), selbstgewähltem Arbeitsplatzwechsels innerhalb des Betriebes (30 Prozent), Eigenkündigung (22,5 Prozent), Fremdkündigung (15 Prozent), Erwerbsunfähigkeit oder Frührente (7 Prozent) und in etwa 11 Prozent der Fälle gipfelte das Mobbinggeschehen sogar in der Arbeitslosigkeit.[1593] Diese außertatbestandlichen Folgen können dem Mobbenden innerhalb der Strafzumessung zum Nachteil angelastet werden, wenn sie auf dem strafbaren Handeln des Mobbingtäters beruhen und für ihn jedenfalls in ihren groben Zügen vorhersehbar waren. Beispielsweise wäre es aufgrund der für das Opfer eingetretenen Folge als strafschärfend zu bewerten, wenn der Täter behauptet, der Betroffene habe etwas gestohlen, und dieser erhält daraufhin die Kündigung.[1594]

Gleichermaßen können im Rahmen der Strafzumessung auch Störungen des psychischen Wohlbefindens, die nicht unter den Körperverletzungstatbestand zu subsumieren sind, einbezogen werden. Auf diese Weise ist es möglich, dass auch die durch Mobbing regelmäßig hervorgerufene psychisch-seelische Belastung, die nicht an das Ausmaß einer Gesundheitsschädigung herankommt, in geringem Umfang strafrechtliche Bedeutung erhalten.[1595]

III. Berufliche Konsequenzen für den Mobbenden

Auf der Ebene der Strafzumessung dürfen im Rahmen der Strafmilderung gemäß § 46 Abs. 2 S. 2 StGB auch die Folgen für das künftige Leben des Täters nicht außer Acht gelassen werden.[1596] So hat man etwa in Verbindung mit einer Straftat, die ein Element eines Mobbingsachverhalts am Arbeitsplatz bildet, zu berücksichtigen, dass der Täter arbeitsrechtliche Konsequenzen zu verantworten hat und diese für

---

§ 46 Rn. 38; Lackner/Kühl-*Kühl*, § 46 Rn. 34 m. w. N; *Mühe*, S. 277 m. w. N.; Sch/Sch-*Kinzig*, § 46 Rn. 18 ff. m. w. N.

1592 *Mühe*, S. 277 m. w. N.; vgl. ebenso *Fischer*, § 46 Rn. 34.

1593 *Meschkutat/Stackelbeck/Langenhoff*, S. 78 ff.; *Mühe*, S. 277 f.; *Zapf*, ZfAO 1999, 1 (20); ebenso *Hirigoyen*, S. 129.

1594 *Mühe*, S. 278.

1595 *Mühe*, S. 278 m. w. N.; vgl. auch *Fischer*, § 46 Rn. 34.

1596 *Fischer*, § 46 Rn. 34d m. w. N.; ebenso *Mühe*, S. 278.

ihn einen gravierenden Einschnitt in sein Berufsleben bedeuten können.[1597] Nach der bundesweiten Repräsentativstudie über Mobbing wurden 11 Prozent der Mobbingtäter als Reaktion auf ihr Verhalten versetzt und 8 Prozent aus dem Arbeitsverhältnis entlassen.[1598] Eine fristlose Kündigung kann nach der heutigen Rechtsprechung durchaus aufgrund von Mobbing und den damit in Zusammenhang stehenden Straftaten gerechtfertigt sein.[1599] Beleidigungen von Arbeitskollegen[1600] sowie Tätlichkeiten[1601] bzw. Körperverletzungen[1602], Diebstähle[1603] und Unterschlagungen sowie sexuelle Belästigungen[1604] im Betrieb legitimieren grundsätzlich eine Kündigung.[1605] Sofern es sich bei dem Mobbenden um einen Beamten handelt, müssen die beamtenrechtlichen Disziplinarmaßnahmen oder sonstigen Nachteile aufgrund von öffentlich-rechtlichen Vorschriften, bei welchen insbesondere der Verlust der Beamtenstellung eine bedeutende Rolle spielt, Berücksichtigung finden. Daher können für den Mobbingtäter berufliche Erschwernisse, wie die Kündigung aufgrund seines strafbaren Verhaltens bzw. wegen der Verurteilung oder eine zu seinen Ungunsten vorgenommene Versetzung, strafmildernd berücksichtigt werden.[1606]

IV. Fazit

Bei einer Verurteilung des Mobbingtäters können im Rahmen der Strafzumessung der Gesamtkomplex Mobbing sowie auch dessen außertatbestandliche Folgen für das Opfer in die Abwägung bei der Festsetzung der Strafe einbezogen werden, da die Straftat einen Bestandteil des Gesamtgeschehens bildet. Auf diese Weise besteht die Möglichkeit die gestiegenen psychischen Belastungen des Betroffenen, die Konsequenzen für das Arbeitsverhältnis, die systematische Gesamtsituation und die verwerflichen Absichten des Mobbenden zu berücksichtigen. Dabei kann die Strafe für den Mobbingtäter – sofern andere Strafzumessungsgründe außer Acht gelassen werden – höher ausfallen als bei einem Täter, der dieselbe Straftat begeht, die jedoch nicht zu einem Mobbinggeschehen gehört. Dennoch muss der einschlägige Straftatbestand stets die vorrangige Beurteilungsgrundlage bilden.[1607]

1597 *Mühe*, S. 278.
1598 *Meschkutat/Stackelbeck/Langenhoff*, S. 91.
1599 *Mühe*, S. 278 m. w. N.; vgl. insbes. LAG Thüringen, Urt. v. 15.02.2001 – 5 Sa 102/00, NZA-RR 2001, S. 577 ff.
1600 Schaub-*Linck*, § 127 Rn. 83 m. w. N.
1601 Vgl. *Aigner*, DB 1991, S. 596 ff.
1602 Schaub-*Linck*, § 127 Rn. 125 f. m. w. N.
1603 Schaub-*Linck*, § 127 Rn. 87a m. w. N.
1604 Schaub-*Linck*, § 127 Rn. 119 m. w. N.
1605 Vgl. ebenso *Mühe*, S. 278.
1606 *Mühe*, S. 279 m. w. N.; vgl. insbes. BGH, Urt. v. 16.12.1987 – 2 StR 527/87, BGHSt 35, 148 (149 f.).
1607 *Mühe*, S. 279.

E. Kapitel 5: Gesamtergebnis der strafrechtlichen Beurteilung von Mobbing am Arbeitsplatz und Stellungnahme zur Notwendigkeit der Einführung eines deutschen Anti-Mobbing-Gesetzes sowie insbesondere eines mobbingspezifischen Tatbestandes

I. Gesamtergebnis der strafrechtlichen Beurteilung von Mobbing am Arbeitsplatz

Wie im ersten Teil dieser Arbeit dargestellt, handelt es sich bei Mobbing um einen prozesshaften Geschehensablauf, bei welchem über eine längere Dauer wiederholt systematische, schikanierende und drangsalierende Aktivitäten erfolgen, die von dem Betroffenen auch als solche wahrgenommen werden. Dabei bewegen sich die vorgenommenen Mobbinghandlungen zu Beginn des Mobbinggeschehens in der Regel noch innerhalb der Grenzen des rechtlich Erlaubten, was sich jedoch mit der Zeit dahingehend verändert, dass die Verwirklichung von Straftatbeständen immer wahrscheinlicher wird. Das Spektrum der einzelnen potentiellen strafrechtsrelevanten Mobbingaktivitäten ist fast unendlich, da nahezu alle Individualdelikte bei der allgemeinen strafrechtlichen Beurteilung von Mobbing eine Rolle spielen können. Dennoch ist in der Praxis der gegenwärtige strafrechtliche Schutz aufgrund spezifischer materiell-rechtlicher Probleme, Beweisschwierigkeiten und/oder zum Teil wegen verfahrensrechtlicher Hürden nicht uneingeschränkt gegeben.[1608]

Typische Delikte in Verbindung mit Mobbing sind insbesondere die Körperverletzungsdelikte gemäß §§ 223 ff. StGB, die Beleidigungsdelikte gemäß §§ 185 ff. StGB und die Nötigung gemäß § 240 StGB.[1609] Daneben kann als Straftat gegen die sexuelle Selbstbestimmung, insbesondere – aber nicht nur – wenn es sich um männliche Täter und weibliche Opfer handelt, auch der Tatbestand der sexuellen Belästigung gemäß § 184i StGB eine nicht unerhebliche Rolle spielen.

Im Allgemeinen beruht die strafrechtliche Verantwortlichkeit des Mobbenden zunächst auf der Vornahme von Handlungen, die unabhängig vom Gesamtgeschehen einen Straftatbestand erfüllen, etwa bei der Verwirklichung der Beleidigung, Verleumdung oder üblen Nachrede. Des Weiteren lassen sich die Mobbingfälle häufig aber gerade dadurch charakterisieren, dass nicht eine einzelne Tat die Rechtsgutsverletzung beim Betroffenen bewirkt, sondern die Gesamtheit eines fortgesetzten und aufeinander aufbauenden Vorgehens. Letzteres ist insbesondere der Fall bei den Körperverletzungsdelikten und der Nötigung. Aus diesem Grund erfordert die Bewertung der einzelnen Mobbingangriffe auf ihre strafrechtliche Relevanz und Tatbestandsmäßigkeit hin unbedingt auch die Einbeziehung des Gesamtzusammenhangs, in welchen sich die einzelnen Handlungen einfügen.[1610]

1608 Ebenso *Fehr*, S. 203; *Mühe*, S. 279.
1609 Ebenso *Mühe*, S. 280; vgl. dazu auch *Fehr*, S. 204.
1610 Dazu u. zum Voranstehenden *Mühe*, S. 280.

Was die Körperverletzungsdelikte betrifft, ist insbesondere zu beachten, dass in deren Schutzbereich, entgegen der gegenwärtigen Rechtsprechung, die vielfach bei einem Mobbinggeschehen beeinträchtigte psychische Gesundheit fällt. Daher können dem Mobbingtäter neben den mobbingbedingten psychosomatischen Folgen auch die von ihm verursachten pathologischen psychischen Beschwerden des Opfers zugerechnet werden. Ferner ist es, wie bereits erwähnt, im Zusammenhang mit den Körperverletzungsdelikten erforderlich, die einzelnen Mobbinghandlungen auf ihre rechtliche Relevanz hin vor dem Hintergrund des Gesamtgeschehens zu bewerten. Eine solche Betrachtung kann nämlich dazu führen, dass einer Mobbinghandlung unter Umständen ihr eigentlich sozial üblicher, von der allgemeinen Handlungsfreiheit gedeckter Charakter abgesprochen werden muss. Sie gewinnt dann vielmehr auf die Weise rechtlich an Bedeutung, dass sie sich als Episode einer gezielten Zurückweisung darstellt, die dem Mobbingopfer das unverzichtbare übliche Miteinander am Arbeitsplatz verweigert, zu systematisch betriebener Schikane wird und so eine unerträgliche Arbeitsatmosphäre generiert.[1611]

Trotz des vielmals hinsichtlich der Körperverletzung geschaffenen strafbewehrten objektiven Unrechts kann der Mobbende dennoch nur selten wegen der durch sein Verhalten hervorgerufenen gesundheitlichen Beeinträchtigungen des Betroffenen strafrechtlich zur Verantwortung gezogen werden: So scheidet eine Strafbarkeit des Mobbingtäters wegen vorsätzlicher Körperverletzung vornehmlich aufgrund des mangelnden bzw. nicht nachweisbaren Körperverletzungsvorsatzes aus, da es dem Mobbenden in der Regel um andere Motive geht, als dem Opfer gesundheitlichen Schaden zuzufügen, oder er das durch sein Handeln verursachte Risiko für die Gesundheit und das körperliche Wohlbefinden schlicht nicht bemerkt. Einer Strafbarkeit wegen fahrlässiger Körperverletzung steht meist entgegen, dass der Mobbingtäter im Augenblick des Mobbingangriffs, gerade zu Anfang des Mobbingprozesses, weder den Körperverletzungserfolg noch den zu diesem hinführenden Kausalverlauf den Umständen nach vorraussehen konnte. Das Fortschreiten des Mobbinggeschehens ermöglicht jedoch eine Änderung der Rahmenbedingungen dahingehend, dass unter Einbeziehung des schon stattgefundenen Mobbings abhängig von dessen Dauer sowie der Art und Weise der Mobbinghandlungen die Vorhersehbarkeit des Körperverletzungserfolgs im Zeitpunkt der Ausführung des erneuten Mobbingangriffs ausnahmsweise gegeben sein kann.[1612]

Bei den Beleidigungsdelikten, die in einem Mobbingsachverhalt begangen werden können, steht überwiegend die einzelne Mobbinghandlung unabhängig vom Gesamtgeschehen im Fokus der Beurteilung. Denn anders als bei den Körperverletzungsdelikten werden oftmals Mobbinghandlungen vorgenommen, die ungeachtet dessen, dass sie auch den Bestandteil eines Mobbingkomplexes bilden, bereits für sich einen dieser Straftatbestände verwirklichen.[1613]

1611 Teil 2, Kapitel 2, II. 1. a) dieser Arbeit; *Mühe*, S. 280.
1612 Teil 2, Kapitel 2, II. 1. c) dieser Arbeit; *Mühe*, S. 280 f.
1613 Teil 2, Kapitel 2, III. 2. dieser Arbeit; *Mühe*, S. 281.

Hinsichtlich der Straftaten gegen die sexuelle Selbstbestimmung, die innerhalb eines Mobbinggeschehens möglicherweise stattfinden, ist der neue § 184i StGB von besonderer Bedeutung. Unter diesen Tatbestand können nun jene Mobbinghandlungen gefasst werden, die sich – wie zumeist bei Mobbing – unterhalb der Erheblichkeitsschwelle des § 184h StGB bewegen und vor dessen Einführung lediglich als Sexualbeleidigung den Beleidigungsdelikten zugeordnet werden konnten, sofern sie die dortigen Voraussetzungen, insbesondere eine über eine Schamverletzung hinausgehende, selbständige Ehrverletzung des Opfers, erfüllten.[1614]

Die Nötigung wird im Rahmen der Beurteilung der strafrechtlichen Relevanz von Mobbing eher eine untergeordnete Rolle spielen, da die Mobbingtäter kaum mit unmittelbarer Gewalt oder Drohungen agieren. Gewalt kann jedoch gegebenenfalls durch die Veränderung der psychischen Zwangslage des Opfers in psychosomatische Störungen gegeben sein. Auf eine Drohung, mit den einem empfindlichen Übel entsprechenden Mobbinghandlungen zukünftig fortzufahren, lässt sich im Einzelfall aus den bereits stattgefundenen Mobbingaktivitäten aufgrund der auffallenden Wiederholung, Systematik und Hartnäckigkeit des Vorgehens des Mobbingtäters schließen.[1615]

Im Falle eines Suizids des Betroffenen wird der Mobbende, selbst wenn der Suizidentschluss des Opfers nicht freiverantwortlich getroffen wurde, nur im absoluten Ausnahmefall strafrechtlich zur Verantwortung gezogen werden können. In der Regel besaß er nämlich keinen Tötungsvorsatz oder für ihn waren die suizidalen Absichten des Betroffenen nicht voraussehbar.[1616]

Darüber hinaus ist die zum Teil vertretene Ansicht, eine Strafbarkeit wegen der durch Mobbinghandlungen verursachten Rechtsgutsverletzungen entfällt aufgrund der Sozialadäquanz der Handlungen, abzulehnen. Denn zum einen sind die in Frage stehenden Verhaltensweisen durch das von einem systematischen und wiederholten Vorgehen gekennzeichnete Mobbinggeschehen und durch die, die einzelnen Mobbingangriffe begleitenden Umstände vielmehr als sozialinadäquat einzuordnen. Zum anderen ist der Grundgedanke der Sozialadäquanz mit der Lehre von der objektiven Zurechnung heutzutage überholt, so dass es nach hier vertretener Ansicht der Lehre von der Sozialadäquanz als selbständigem Tatbestandskorrektiv schon gar nicht bedarf.[1617]

Sofern an einem Mobbinggeschehen mehrere Mobbende beteiligt und ursächlich für den eingetretenen Erfolg sind, können bei Nachweis eines gemeinsamen Tatplans als Grundlage für eine Mittäterschaft den Handelnden jeweils die Mobbingangriffe der anderen und der darauf beruhende Erfolgseintritt gegenseitig zugerechnet werden. Daneben ist auch Mobbing in Nebentäterschaft möglich, wobei die in diesem Zu-

1614 Teil 2, Kapitel 2, III. 1. dieser Arbeit.
1615 Teil 2, Kapitel 2, II. 2. dieser Arbeit; *Mühe*, S. 281.
1616 Teil 2, Kapitel 2, II. 3. dieser Arbeit; *Mühe*, S. 281.
1617 Teil 2, Kapitel 2, IV. dieser Arbeit; ebenso *Fehr*, S. 205.

sammenhang auftretenden Schwierigkeiten über die Grundsätze der Lehre von der objektiven Zurechnung zu lösen sind.[1618]

Ferner kann Mobbing auch durch Unterlassen begangen werden, wenn ein nicht am Mobbinggeschehen unmittelbar Beteiligter trotz Kenntnis der Umstände und Möglichkeit zur Abwendung nicht in das rechtsgutsverletzende bzw. rechtsgutsgefährdende Mobbinggeschehen eingreift. Während Kollegen und Betriebsratsmitglieder mangels Garantenstellung gegenüber dem Betroffenen, die sie zum Einschreiten verpflichten würde, als Unterlassungstäter ausscheiden, kommen lediglich der Arbeitgeber bzw. die den Arbeitgeber vertretende Führungskraft als Unterlassungstäter in Betracht, sofern sie nicht jeweils gegen die Mobbingangriffe vorgehen oder gegen diese Vorkehrungen treffen. Dabei wird eine Pflicht zum Einschreiten vor allem auf vorbeugende Maßnahmen begrenzt sein, weil der Betriebsinhaber als Arbeitgeber bzw. der mit arbeitgeberrechtlichen Befugnissen versehene Vorgesetzte häufig nicht direkt von den Mobbinghandlungen erfährt. Im Allgemeinen dürfte sich der Arbeitgeber bzw. der Vorgesetzte jedoch nur selten strafrechtlich zu verantworten haben. Denn entweder hat er seine Garantenpflicht nicht vorsätzlich verletzt oder die für eine solche Obliegenheit begründenden Umstände waren für ihn nicht absehbar. Ohne konkrete Indizien dafür existiert jedenfalls keine allgemeine Pflicht zur Mobbingprävention im Unternehmen.[1619]

In strafprozessualer Hinsicht können sich vor allem insofern einer Verurteilung entgegenstehende Hürden ergeben, als es sich bei zahlreichen mobbingtypischen Delikten um Privatklage- und/oder Antragsdelikte handelt. Nicht selten erweist sich eine Strafantragsfrist als Verfahrensvoraussetzung im Rahmen von Mobbing als zu kurz, da sich der Betroffene aufgrund der besonderen Situation, welcher er ausgesetzt ist, erst zu spät entschließt, gegen den Mobbenden rechtlich vorzugehen. Darüber hinaus stellt sich zumeist auch der Privatklageweg, auf den die Betroffenen verwiesen werden, als aussichtslos dar, weil die Staatsanwaltschaft in der Regel das öffentliche Interesse an der Strafverfolgung verneint.[1620]

Im Falle einer Verurteilung kann jedoch auf Strafzumessungsebene dem Umstand Rechnung getragen werden, dass die einzelne strafbare Mobbinghandlung Bestandteil eines systematisch betriebenen Gesamtgeschehens ist und es sich nicht nur um ein zufälliges, gelegentlich auftretendes Vorkommnis handelt. Ebenso ist es auf dieser Ebene möglich, neben den mobbingtypischen und nicht als solche tatbestandsrelevanten Auswirkungen, insbesondere bezüglich des Arbeitsplatzes des Betroffenen, auch die vom Mobbenden angestrebten Ziele und seine verwerflichen Absichten in die Strafzumessungsentscheidung einzubeziehen.[1621]

1618 Teil 2, Kapitel 2, V. 1. dieser Arbeit; vgl. dazu auch *Fehr*, S. 204 f.
1619 Teil 2, Kapitel 2, V. 2. dieser Arbeit; *Mühe*, S. 282; vgl. dazu auch *Fehr*, S. 205.
1620 Teil 2, Kapitel 3 dieser Arbeit; *Mühe*, S. 282.
1621 Teil 2, Kapitel 4 dieser Arbeit; *Mühe*, S. 282.

Schließlich bleibt im Zusammenhang mit der rechtlichen Beurteilung von Mobbing generell noch zu beachten, dass es in der Praxis zu großen Beweisschwierigkeiten kommen kann. Dies betrifft zum einen das vom Opfer behauptete Verhalten und zum anderen die Kausalität dieses Handelns für den eingetretenen Erfolg, insbesondere den Körperverletzungserfolg.[1622]

II. Notwendigkeit der Einführung eines deutschen Anti-Mobbing-Gesetzes sowie insbesondere eines mobbingspezifischen Tatbestandes?

Nach den obigen Ausführungen bietet das deutsche Strafrecht gegenwärtig keinen lückenlosen Schutz gegen Mobbing. Zwar können die einzelnen Mobbinghandlungen – wenn auch erst zum Teil unter Einbeziehung des Gesamtgeschehens, dessen Bestandteil sie sind – durch das gegenwärtige Strafrecht sanktioniert werden, so dass Mobbing in einigen Fällen tatbestandliches Unrecht verwirklicht. Allerdings stehen einer strafrechtlichen Verantwortlichkeit des Mobbingtäters oftmals nicht unerhebliche verfahrensrechtliche und beweistechnische Barrieren entgegen.[1623] Zudem erfolgte die Behandlung von Mobbingsachverhalten bisher höchstens am Rande[1624] und Mobbing wurde in der Rechtsprechung der Strafgerichte nicht explizit thematisiert. Insbesondere kamen nur Mobbinghandlungen zur Anklage, die bereits alleine einen Straftatbestand erfüllten, während das Gesamtgeschehen Mobbing als solches, bei dem erst das Zusammenspiel mehrerer Verhaltensweisen die Rechtsgutsbeeinträchtigungen verursacht, nicht Gegenstand strafgerichtlicher Beurteilung war.[1625] Häufig sind es auch nur Teilaspekte des Mobbings, die der Rechtsprechung zur Beurteilung zu Grunde liegen, wie etwa einzelne Beleidigungshandlungen, so dass es ihr nicht möglich ist, das systematische, fortgesetzte und längere Zeit währende Angriffsverhalten des Mobbingtäters rechtlich zu bewerten.[1626]

Für Mobbing existiert keine eigenständige Strafnorm, die entsprechendes Verhalten spezifisch als schweres, strafwürdiges Unrecht charakterisiert und insbesondere die Konstellationen einbezieht, in denen der Betroffene am Anfang einer potentiellen Eskalationsspirale zwar massive Belästigungen erfährt, jedoch damit noch keine Straftatbestände nach dem geltenden Recht verwirklicht werden. Denn für sich alleine befinden sich die Mobbinghandlungen oftmals unterhalb der Strafbarkeitsschwelle und erst ihre Dauerhaftigkeit, ihre Wiederholung und ihr Kontext, in welchen sie sich einfügen, entfalten die bedrohliche Wirkung auf das Opfer.[1627] Gerade auf diesen spe-

1622 *Mühe*, S. 282; vgl. im Ergebnis auch *Fehr*, S. 203 ff.

1623 *Mühe*, S. 283.

1624 So etwa BGH, Urt. v. 20.10.2011 – 4 StR 71/11, BGHSt 57, 42 ff., wobei es in der Hauptsache um die Garantenpflicht eines Betriebsinhabers bzw. Vorgesetzten zur Verhinderung von Straftaten nachgeordneter Mitarbeiter ging, Mobbing jedoch nicht – insbes. auch nicht vor dem Hintergrund des Gesamtgeschehens – eigens thematisiert wurde.

1625 Ebenso *Mühe*, S. 283.

1626 *Mühe*, S. 283.

1627 *Mühe*, S. 284.

zifischen Unrechtsgehalt des für Mobbing typischen wiederholten und systematischen Schikaneverhaltens mit seinen unter Umständen schwerwiegenden Rechtsgutsverletzungen geht das geltende Strafrecht nicht ein. Vielmehr ist der Fokus der deutschen Strafverfolgungsbehörde auf die separate Bewertung einzelner Handlungen gerichtet, was die Gefahr birgt, dass das Gefährdungspotential derartiger Verhaltensmuster verkannt wird.[1628]

Unter anderem aufgrund dieses nicht zu unterschätzenden Gefährdungspotentials haben andere europäische Länder spezielle Gesetze zum Schutz vor Mobbing entwickelt, wie etwa Schweden, Frankreich, Spanien, Finnland, Norwegen, Dänemark, Belgien, die Niederlande und die Schweiz. Allerdings bedienen sich die verschiedenen Länder unterschiedlicher Methoden, um gegen Mobbing vorzugehen, und lassen voneinander abweichende Herangehensweisen erkennen. Beispielsweise verspricht sich Schweden in erster Linie viel von betriebsorganisatorisch-präventivem Schutz mittels einer besonderen Verordnung, Frankreich baut dagegen auf rechtsstaatlich-repressiven Schutz und gesetzliche Beweiserleichterungen im Arbeits-, Beamten- und Strafrecht[1629] und in Spanien lassen sich spezielle Regelungen sowohl im Arbeits-, Straf- als auch im Schulrecht finden. Eine nähere Befassung mit der Ausgestaltung der jeweiligen Normierungen im Einzelnen soll hier aufgrund der notwendigen Begrenzung dieser Arbeit unterbleiben. Allerdings stellt sich im Hinblick auf die zunehmenden Aktivitäten anderer Länder und vor allem auf den oben aufgezeigten lückenhaften (strafrechtlichen) Schutz in Deutschland vor Mobbing die Frage, ob Bedarf besteht, diese Lücke durch eine neue gesetzliche Regelung zu schließen und falls ja, in welchem Umfang und auf welche Art und Weise eine solche Norm sinnvoll wäre.

Innerhalb der Wissenschaft steigt die Anzahl der Stimmen, die sich zu diesem Thema äußern,[1630] wobei es in der diesbezüglichen Diskussion über mögliche mobbingspezifische gesetzliche Ergänzungen im Wesentlichen um solche aus dem Zivil- und Arbeitsrecht, aber nur selten um strafrechtliche Regelungen geht.[1631] In diesem Rahmen wird zum Teil ein Anti-Mobbing-Gesetz für redundant gehalten, weil die bestehenden Gesetze ausreichend Rechtsschutz böten.[1632] Andere Stimmen wiederum erachten gesetzliche Regelungen für einen effektiven Rechtsschutz als unverzichtbar.[1633] So haben

1628 *Mühe*, S. 284.

1629 *Mühe*, S. 289; *Wickler*, in Wickler, Rn. 49. Zur ausführlicheren Darstellung der Gesetzeslage in Bezug auf Mobbing in diesen beiden Ländern: *Mühe*, S. 284 ff.; *Wickler*, in Wickler, Rn. 49 ff.

1630 *Wickler*, in von Saldern, S. 133 ff.; ders., DB 2002, 477 (484); ders., in Wickler, Rn. 26 ff.; *Benecke*, NZA-RR 2003, S. 224 ff.; *Bochmann*, ZBR 2003, S. 257 ff.; *Hirigoyen*, S. 259 ff.; *Wittinger/Hermann*, ZBR 2002, S. 237 ff.

1631 *Mühe*, S. 290.

1632 *Bochmann*, ZBR 2003, 257 (266); *Maschner*, Bundesarbeitsblatt 7–8/2002, S. 17; *Wittinger/Hermann*, ZBR 2002, 337 (343); ebenso *Mühe*, S. 290.

1633 *Hirigoyen*, S. 359 ff.; *Wilhelm*, AuA 1995, S. 236; vgl. auch *Wickler*, in von Saldern, S. 138 ff.; *Wolmerath*, 1. Auflage, S. 295 ff., zit. nach *Mühe*, S. 290 m. w. N.

etwa *Wolmerath*[1634], die Bundestagsfraktion der PDS[1635] sowie zuletzt in ihren Anträgen die Fraktion Die Linke[1636] und Bündnis 90/Die Grünen[1637] einen besseren Schutz der Beschäftigten vor Mobbing[1638] gefordert und zum Teil auch ausführliche Vorschläge für ein Anti-Mobbing-Gesetz bzw. für entsprechende gesetzliche Anpassungen unterbreitet. Demgegenüber lassen sich kaum Überlegungen zu einem mobbingspezifischen Straftatbestand finden. Lediglich *Wolmerath* und *Wickler* behandeln dieses Thema und lehnen einen mobbingspezifischen Straftatbestand ab.[1639] Während *Wickler* eine konsequente zivil- oder sozialrechtliche Haftung des Mobbingtäters für effektiver hält als einen komplizierten, teilweise kaum oder überhaupt nicht umsetzbaren Straftatbestand, wie es ihn etwa in Frankreich gebe,[1640] hegt *Wolmerath* die Befürchtung, dass im Falle eines mobbingspezifischen Straftatbestands eine Verurteilung des Mobbenden die Vornahme noch subtilerer, schwerer nachweisbarer und/oder in ihren Auswirkungen noch gefährlicherer Mobbinghandlungen zur Folge haben könnte, weil sich der Täter durch das Urteil ungerecht behandelt fühlt.[1641] Schließlich gilt es als weitere Auswirkung des jeweiligen Ausgangs eines gerichtlichen Verfahrens noch zu bedenken, dass ein für den Mobbenden positives Verfahrensergebnis zu einem negativen Effekt für den Betroffenen führen kann. Denn bei dem Handelnden entsteht möglicherweise der Eindruck, sein Vorgehen sei rechtlich erlaubt, so dass er sich dadurch in seinem Tun bestärkt fühlt und ermutigt wird, sein Verhalten fortzusetzen.[1642]

Obwohl sich der deutsche Gesetzgeber, wie sich an der Einführung des Stalkingstraftatbestandes[1643] zeigt, in Bezug auf aktuelle, die Gesellschaft in jüngerer Zeit bewegende Themen aufgeschlossen verhält und sich damit auf die veränderten sozialen Bedürfnissen und Wertvorstellungen einstellt,[1644] begegnet er im Rahmen seines weiten Entscheidungsspielraums mobbingspezifischen Gesetzen ablehnend, da er der

---

1634 *Wolmerath*, 1. Auflage, S. 294 ff., 301 ff., zit. nach *Mühe*, S. 290.

1635 „Gesetz gegen psychische Belästigung am Arbeitsplatz (Psychoterror, Mobbing)": Archiv Demokratischer Sozialismus (ADS), BT-13. WP – 255, Bl. 324–328, zit. nach *Mühe*, S. 290.

1636 Antrag „Betroffene von Mobbing im Arbeitsleben besser schützen" v. 14.01.2020, BT-Drs. 19/16480: Die Bundesregierung soll einen Gesetzentwurf vorlegen, um das Arbeitsschutzgesetz im Hinblick auf Prävention zur Vermeidung von Mobbing und Bossing zu ergänzen. Dabei soll ausdrücklich der Begriff der Gesundheit der Weltgesundheitsorganisation WHO übernommen werden.

1637 Antrag „Beschäftigte vor Mobbing am Arbeitsplatz schützen" v. 28.11.2018, BT-Drs. 19/6128: In dem Antrag wird die Bundsregierung aufgefordert, ein Gesetz zum Schutz vor Mobbing am Arbeitsplatz zu erarbeiten. Mobbing soll darin als Rechtsbegriff als eine Form der Verletzung des allgemeinen Persönlichkeitsrechts definiert werden. Zudem sollen die Arbeits- und Verwaltungsgerichte mit einem solchen Gesetz eine Rechtsgrundlage analog zum AGG erhalten.

1638 Deutscher Bundestag, Anhörung „Schwierige Konkretisierung des Mobbingbegriffs" v. 27.01.2020.

1639 Vgl. *Mühe*, S. 289 m. w. N.

1640 *Wickler*, in Wickler, Rn. 53 m. w. N.

1641 *Wolmerath*, 1. Auflage, S. 297, zit. nach *Mühe*, S. 290.; ebenso *Wolmerath*, Rechtshandbuch, § 2 Rn. 139.

1642 *Wolmerath*, Rechtshandbuch, § 2 Rn. 138.

1643 Gesetzesantrag von Hessen BR-Drs. 551/04 und Schleswig-Holstein BR-Drs. 551/2/04; Gesetzesentwurf des Bundesrats BT-Drs. 15/5410; Gesetzesentwurf der Bundesregierung BR-Drs. 617/05.

1644 *Mühe*, S. 290 m. w. N.

Ansicht ist, existierende Normen genügen, um effektiven Schutz vor Mobbing zu bieten.[1645]

Darüber hinaus halten die heutigen arbeits-, zivil- und dienstrechtlichen Gesetze ein rechtliches Instrumentarium für das Opfer bereit, sich gegen Mobbingangriffe mit Hilfe von Abwehr- und Unterlassungsansprüchen zur Wehr zu setzen und für die eingetretenen mobbingbedingten Rechtsgutsbeeinträchtigungen Entschädigung in Form von Schmerzensgeld- und Schadensersatzansprüchen zu erhalten.[1646] Weiterhin kann Mobbingverhalten eine Rechtfertigung sein für durchgreifende arbeitsrechtliche Sanktionen, im Speziellen eine Abmahnung oder eine fristlose Kündigung des Mobbingtäters oder auch für disziplinarrechtliche Strafmaßnahmen. Außerdem obliegt es dem Arbeitgeber schon jetzt aufgrund seiner Fürsorgepflicht, gegen Mobbing im Betrieb vorzugehen.[1647] Ferner hat sich auch bereits gezeigt, dass Mobbing durchaus justiziabel ist, wenn auf eine isolierte rechtliche Bewertung verzichtet und stattdessen eine umfassende Beurteilung vorgenommen wird sowie eine Reduzierung der Beweislastanforderungen stattfindet.[1648] Obgleich zum Teil kritisiert wird, dass sich die in diesem Zusammenhang vom LAG Thüringen entwickelten Rechtsschutzansätze bislang noch nicht zufriedenstellend etabliert haben und daher gerade auch im Hinblick auf die bestehenden Beweisschwierigkeiten der gewählte Rechtsweg für die Opfer zumeist noch erfolglos ende,[1649] stellt die bisherige rechtliche Situation dennoch genügend Möglichkeiten zur Verfügung, Mobbing auch rechtlich wirksam zu ahnden. Bei richtiger Anwendung und der Herabsetzung der Hemmschwelle der Justiz vor dem Thema Mobbing wird somit bereits heute adäquater Mobbingrechtsschutz im Zivil-, Arbeits- und Dienstrecht geboten.[1650]

Ferner kann und soll die Notwendigkeit eines außerstrafrechtlichen gesetzlichen Schutzes aufgrund der anderweitigen Intention dieser Arbeit hier nicht weiter diskutiert werden. Von größerer Relevanz ist vorliegend vielmehr, ob und inwiefern ein mobbingspezifischer Straftatbestand für notwendig erachtet wird. *Mühe* hat sich in ihrer Dissertation diesem Thema ausführlich gewidmet und einen eigenen Vorschlag zu einem mobbingspezifischen Tatbestand unterbreitet.[1651] Eine Bewertung dieser Anregung würde jedoch den Rahmen dieser Arbeit sprengen und soll deshalb unterbleiben.

Vom Bundestag wurde mit Beschluss vom 25. Februar 2016 einer Petition aus dem Jahre 2014, die ein Mobbing-Strafgesetz mit Beweislastumkehr forderte, nicht entsprochen und das diesbezügliche Ansinnen, ein solches Gesetz zu schaffen, abge-

1645 *Mühe*, S. 338; vgl. auch Deutscher Bundestag, Beschluss des Petitionsausschusses v. 25.02.2016; ebenso Deutscher Bundestag, Abstimmung v. 20.05.2021: Ablehnung der Anträge von der Fraktion Die Linke und Bündnis 90/Die Grünen.

1646 *Mühe*, S. 309.

1647 Dazu u. zum Voranstehenden *Mühe*, S. 309.

1648 *Wickler*, in von Saldern, S. 139 f.

1649 *Mühe*, S. 309 f. m. w. N.; vgl. insbes. *Wickler*, in Wickler, Rn. 52; *Wolmerath*, Rn. 167.

1650 *Wickler*, in Wickler, Rn. 52; dazu u. zum Voranstehenden ebenso *Mühe*, S. 309.

1651 Vgl. *Mühe*, S. 341 ff., insbes. S. 346.

lehnt.[1652] Anlässlich einer Auseinandersetzung mit der Thematik des – im heutigen Zeitalter der Technik zunehmend relevant werdenen – Cybermobbings verfolgte die Petition[1653] das Ziel der Behandlung von Mobbing am Arbeitsplatz als Straftatbestand, da sie dafür dringenden Handlungsbedarf sah. Begründet wurde dies zum einen mit dem Erfordernis, den Begriff Mobbing durch den Gesetzgeber juristisch zu präzisieren, um den Opfern echte Handlungsmöglichkeiten zu geben, und zum anderen mit dem Hinweis auf weitere europäische Länder, wie Frankreich, Schweden, Norwegen, Finnland, Dänemark, Belgien, die Niederlande, die Schweiz und inzwischen auch Spanien, wo ein solches Gesetz existiert. In Deutschland sei es im Einklang mit den europäischen Richtlinien ebenfalls an der Zeit, eine diesbezügliche Norm zu erlassen, da weder das Allgemeine Gleichbehandlungsgesetz[1654] noch das Betriebsverfassungsgesetz[1655], das Bürgerliche Gesetzbuch[1656], das Strafgesetzbuch[1657], das Arbeitsschutzgesetz[1658] etc. der Problematik gerecht würden. Mit der Petition wird vor allem beklagt, dass nur einzelne Mobbingaktionen strafbar sind, was Verschleierungen erleichtere, da bei einzelnen Mobbinghandlungen der konkrete Nachweis viel schwieriger bleibe als bei einer Gesamtschau sämtlicher Aktivitäten im Zeitverlauf. Problematisch erscheine des Weiteren, dass typische Mobbingverhaltensweisen wie soziale Isolation, vorenthaltene Information, intensive Kontrolle und kleinliche Kritik für sich genommen keine juristische Relevanz besitzen. Außerdem seien Arbeitsgerichtsprozesse von zum Teil mehr als zwölf Monaten unzumutbar und auch die Körperverletzung durch psychische Gewalt dürfe nicht weiterhin nur im Wege der Privatklage[1659] geltend gemacht werden können. Schließlich sei der durch Mobbing am Arbeitsplatz entstehende volkswirtschaftliche Schaden immens.[1660]

Der Bundestag hat diesem Anliegen jedoch nicht entsprochen, da die existierenden deutschen Straftatbestände wie die Körperverletzung gemäß § 223 StGB, die Beleidigung gemäß § 185 StGB, die Verleumdung gemäß § 186 StGB und die Nötigung gemäß § 240 StGB seiner Auffassung nach ausreichend Spielräume bieten, für eine angemessene Sanktionierung, auch bei besonders schweren Fällen von Mobbing, zu sorgen. Dennoch wolle die Bundesregierung die weitere Entwicklung, auch unter dem Aspekt des gesetzgeberischen Handlungsbedarfs, nicht zuletzt im Hinblick auf Themen wie das sogenannte Cybermobbing sorgfältig beobachten.[1661]

1652 Deutscher Bundestag: Deutscher Bundestag, Beschluss des Petitionsausschusses v. 25.02.2016.

1653 openPetition Deutschland, Besonderer Teil des Strafgesetzbuches – Anerkennung von Mobbing am Arbeitsplatz als Straftatbestand v. 09.07.2014.

1654 Fn. 383.

1655 Fn. 1302.

1656 Fn. 1424.

1657 Fn. 41.

1658 Arbeitsschutzgesetz (ArbSchG): Erlassen am 07.08.1996, BGBl. I, S. 1246; letze Änderung durch Art. 427 VO v. 31.08.2015, BGBl. I, S. 1474, 1537.

1659 Wohl aufgrund der zahlreichen Nachteile und Unannehmlichkeiten, welche das Privatklageverfahren mit sich bringt: Vgl. Teil 2, Kapitel 3, I. dieser Arbeit.

1660 Dazu u. zum Voranstehenden openPetition Deutschland, Besonderer Teil des Strafgesetzbuches – Anerkennung von Mobbing am Arbeitsplatz als Straftatbestand v. 09.07.2014.

1661 Deutscher Bundestag, Beschluss des Petitionsausschusses v. 25.02.2016.

Ungeachtet dieser jüngsten Entscheidung des Bundestags gegen einen mobbingspezifischen Straftatbestand sollen im Folgenden dennoch einige allgemeine Überlegungen zur Notwendigkeit eines solchen Straftatbestandes angestellt werden:

Für einen mobbingspezifischen Tatbestand spricht zunächst der gegenwärtig begrenzte Strafrechtsschutz des Betroffenen, welcher diesen vielmals hilflos fühlen lässt und das Risiko schafft, das Vertrauen des Mobbingopfers sowie der Rechtsgemeinschaft in die Beständigkeit der Rechtsordnung nachhaltig zu beeinträchtigen.[1662] Darüber hinaus würde ein mobbingspezifischer Straftatbestand neben der Ausweitung der Präventionswirkung durch seine abschreckende Wirkung auch die Strafe gerade auf das systematische, fortgesetzte und dauerhafte Schikaneverhalten beziehen, noch nicht strafrechtlich geschützte, aber schützenswerte Interessen strafrechtlich erfassen sowie gegenwärtigen strafprozessualen Problemen entgegentreten.[1663]

Trotz dieser nicht gänzlich außer Acht zu lassenden Aspekte erscheint es im Ergebnis jedoch vorzugswürdig, auf einen mobbingspezifischen Straftatbestand zu verzichten, da es sehr zweifelhaft ist, ob mit einem speziellen Mobbingtatbestand die davon erhoffte Wirkung, nämlich insbesondere eine Verhinderung von Mobbing, erzielt würde. Zum einen besteht das Risiko der Instrumentalisierung eines solchen spezifischen Straftatbestands in Mobbingsachverhalten sowie auch bereits in Konflikten, die noch nicht als Mobbing zu charakterisieren sind. Denn, da nicht nur derjenige das Opfer sein muss, der sich als Erster beschwert, Mobbingangriffe zu erleben, könnte die Bezichtigung wegen Mobbings zu einer neuen, effektiven Ausprägung der vorgenommenen Mobbingaktivitäten werden. Die Möglichkeit, durch die bloße Behauptung, Mobbingangriffen ausgesetzt zu sein, staatsanwaltliche Ermittlungsverfahren gegen unerwünschte Führungskräfte und Mitarbeiter einzuleiten, böte potentiellen Tätern möglicherweise weitere Gelegenheit zur Schikane.[1664] Zum anderen ist die bestehende Tendenz, Strafrecht als „gesellschaftliches Allheilmittel" zu begreifen, bedenklich: Das Instrument Strafrecht mag reizvoll wirken, weil es den Eindruck erweckt, eine verhältnismäßige einfache und effiziente Problemlösung bieten zu können. Dennoch ist Vorsicht geboten, wenn zurückgehende soziale Normen und Werte mehr und mehr durch Straftatbestände ausgetauscht werden sollen.[1665] Eine funktionierende Gesellschaft eines Rechtsstaates sollte angemessen auf Schwierigkeiten reagieren können, ohne vorschnell mit ihrer schärfsten Waffe, dem Strafrecht, zu drohen. Weiterhin ist ein mobbingspezifischer Straftatbestand im Hinblick auf das Ultima-ratio-Prinzip, die Verhinderung der zu starken Kriminalisierung der Berufswelt und den das Strafrecht durchziehenden Bestimmtheitsgrundsatz abzulehnen.[1666] Insbesondere dem *Ultima-ratio-Prinzip*, nach welchem Strafvorschriften erst als letztes Mittel zur Anwendung kommen sollen, wenn andere Konfliktlösungsmöglichkeiten keinen aus-

1662 *Mühe*, S. 284.

1663 *Mühe*, S. 340.

1664 Dazu u. zum Voranstehenden *Fehr*, S. 207 m. w. N.; ähnliche Bedenken hegt auch *Wickler*, DB 2002, 477 (484).

1665 *Fehr*, S. 207 f.; vgl. *Hassemer*, S. 104 f., 115 f.

1666 MK-*Renzikowski*, Vor § 174 Rn. 36 m. w. N.; ebenso *Mühe*, S. 340.

reichenden Rechtsgüterschutz bieten,[1667] kommt dabei große Bedeutung zu. Denn gerade auch die im dritten Teil dieser Arbeit behandelten Präventions- und Interventionsmöglichkeiten können gegebenenfalls weniger einschneidende und dennoch wirksame Mittel darstellen.

Überdies vermag das bestehende Strafrecht bestimmte Mobbinghandlungen, und damit extreme Fälle, bereits heute als strafrechtliches Unrecht tatbestandlich zu erfassen. Daher sollten die Staatsanwaltschaften und die Gerichte für die Mobbingthematik weiter sensibilisiert werden, um im Rahmen der existierenden Gesetze die gegenwärtigen Möglichkeiten wahrzunehmen und zu ergreifen. Denn auch einzelne strafrechtliche Urteile, die den Mobbingkomplex als solches einbeziehen, können eine intensive Abschreckung erzielen. So würde beispielsweise die Verurteilung eines Mobbingtäters wegen Körperverletzung auch ohne vorhandene mobbingspezifische Normierung in der Gesellschaft für Aufmerksamkeit sorgen und zunächst eine intensive abschreckende Wirkung entfalten.[1668]

Sofern sich der Gesetzgeber dennoch dazu entschließen sollte einen mobbingspezifischen Straftatbestandes zu schaffen, ist insbesondere zu beachten, dass zum einen ein Gesetzestext entworfen wird, der ausreichend klar und bestimmt ist, um die strafrechtlichen Grundsätzen erfüllen zu können, der nicht mit dem verfassungsrechtlich verankerten Bestimmtheitsgebot gemäß Art. 103 Abs. 2 GG kollidiert und durch den zum anderen die allgemeine (grundrechtlich garantierte) Handlungsfreiheit nicht zu sehr begrenzt wird.[1669] Die größte Problematik stellt in diesem Zusammenhang die Tatsache dar, dass es sich bei Mobbing um ein Handlungskonglomerat handelt, das sich aus mehreren Einzelhandlungen zusammensetzt und welches aufgrund seiner im ersten Teil dieser Arbeit beschriebenen Eigenart schwer strafrechtlich abzubilden sein wird. Obgleich im Falle eines mobbingspezifischen Straftatbestandes eine mögliche Signalwirkung auf den einen oder anderen Täter nicht auszuschließen ist – sei es auch nur dergestalt, dass sich mancher erst über das Unrecht seines Verhaltens bewusst wird –, erscheint dessen Notwendigkeit, wie eben angesprochen, äußerst zweifelhaft. Überdies kann eine Entscheidung über die Erforderlichkeit eines Mobbingtatbestandes dahinstehen, wenn der mit einem solchen Gesetz verfolgte Zweck ebenso auf andere Weise erreicht werden kann.

In erster Linie handelt es sich bei den „Benefits" einer Strafbarkeit vor allem um die Unterstützung durch die Polizei, gegebenenfalls die Amtsermittlung durch die Staatsanwaltschaft, die gesetzliche Anerkennung als Opfer, die offensichtliche Anerkennung als Notwehrsituation sowie die Anprangerung der Handlungen als rechtswidrig und gesellschaftlich nicht tolerierbar. Sämtliche dieser aufgezählten Faktoren können jedoch auch unabhängig von der Normierung im Strafgesetzbuch erreicht werden mit dem Ziel, Mobbing auch außerhalb des Strafrechts als rechtswidrig und sozialschädlich zu brandmarken. Außerdem würde ein entsprechender Tatbestand als

1667 Vgl. *Hoffmann-Holland*, Rn. 11 m. w. N.; *Wessels/Beulke/Satzger*, Rn. 15 m. w. N.
1668 Dazu u. zum Voranstehenden *Mühe*, S. 340.
1669 *Mühe*, S. 340.

Sanktion aller Voraussicht nach wohl primär eine Geldstrafe zum Gegenstand haben und obgleich einer Strafnorm im Allgemeinen eine mögliche abschreckende Wirkung sowie eine Einwirkung auf den Täter durch den Druck einer Hauptverhandlung nicht abgesprochen werden werden kann, ist nicht absehbar, inwieweit diese beiden Aspekte einen möglichen Täter tatsächlich beeinflussen. Die notwendige Stigmatisierung in Bezug auf Mobbing besteht heutzutage bereits durch das gewachsene Bewusstsein der Gesellschaft für die Mobbingthematik. Verbessert werden kann der Schutz vor Mobbing zudem durch geeignete Maßnahmen wie der weiteren Sensibilisierung aller mit diesem arbeitsplatzbezogenen Phänomen in Berührung kommenden Personen und Institutionen sowie der Entwicklung eines Gesamtkonzepts, eines Maßnahmenbündels aus straf-, polizei- und zivilrechtlichen sowie insbesondere außerrechtlichen Mitteln, das eine Vielzahl von unterschiedlichsten Instrumenten miteinander verbindet und als deren Bestandteil unter anderem auch (Erst-)Anlaufstellen für Opfer schafft. Nicht zuletzt wünschten sich nach der deutschen Repräsentativstudie 98,4 Prozent der Betroffenen eine höhere Sensibilität für die Thematik am Arbeitsplatz.[1670] Demnach erscheint eine außer(straf)rechtliche präventive Mobbingbekämpfung weitaus erfolgsversprechender und sinnvoller als repressive Maßnahmen. Als Hauptanliegen dieser Arbeit bilden daher Präventions- und Interventionsmaßnahmen den Gegenstand des nachfolgenden dritten Teils.

1670 *Meschkutat/Stackelbeck/Langenhoff*, S. 105 ff.

Teil 3: Präventions- und Interventionsmaßnahmen

A. Kapitel 1: (Kriminal-)Prävention im Strafrecht

Da aufgrund der kriminologischen Schwerpunktsetzung dieser Arbeit kein außerstrafrechtlicher gesetzlicher Schutz diskutiert wird, stellt sich zunächst die Frage nach der Bedeutung des Begriffs der Prävention im Strafrecht. Denn dieser ist gerade dem Strafrecht und der Kriminologie nicht unbekannt. Die *Kriminalprävention* kann nach ihrer Zielrichtung sowohl als Spezial- als auch als Generalprävention aufgefasst werden: Die *Spezialprävention* möchte den einzelnen und insbesondere den Straftäter davon abbringen, (weitere) Kriminalität zu begehen. Demgegenüber bezweckt die *Generalprävention* Mitglieder von Gruppen von (weiteren) Straftaten abzuhalten.[1671] Je nach Einsatz der Mittel lässt sich Kriminalprävention als positive bzw. negative Prävention einordnen. Mit *negativer Generalprävention* ist dabei die Abschreckung möglicher Täter gemeint und mit *positiver Generalprävention* das Bestreben die Rechtstreue und das Vertrauen in die Rechtsordnung zu erhalten und zu vertiefen. Die *negative Spezialprävention* beinhaltet das Ziel, bei einer individuellen Person einen Rückfall zu verhindern, wohingegen die *positive Spezialprävention* die Resozialisierung des (Einzel-)Täters beabsichtigt.[1672] Ferner wird Kriminalprävention gewöhnlich in eine primäre, sekundäre und tertiäre Prävention gegliedert. Im Rahmen der *primären Prävention* geht es darum, Kriminalität als solche durch die Beseitigung ihrer Ursachen einzudämmen. Dagegen versucht die *sekundäre Kriminalprävention*, Kriminalität durch eine Modifikation von Tatgelegenheiten und Zugangschancen zu verringern, was vor allem die technische Vermeidung von Straftaten beinhaltet. Weiterhin ist die *tertiäre Prävention* aufzufassen als sachangemessener Umgang mit einem Straftäter nach seiner Tat mit der Intention der Resozialisierung.[1673]

Diese Herangehensweise lässt sich vorliegend dergestalt übertragen, als im Falle von Mobbing die Primärprävention der Bekämpfung der Ursachen dient, damit Mobbing erst überhaupt nicht zur Entstehung gelangen kann. Es soll hier also Risikofaktoren, die Mobbing begünstigen, vorgebeugt werden.[1674] Diese Thematik wird im folgenden zweiten Kapitel innerhalb der Präventionsmaßnahmen behandelt.

Bei der Sekundärprävention geht es dagegen um die Früherkennung, die vorsorgliche Beratung sowie die Unterstützung und Behandlung. In dieser Phase ist Mobbing schon mehr oder weniger stark ausgeprägt und geeignete Maßnahmen sollen eine

---

1671 Dazu u. zum Voranstehenden *Kürzinger*, Rn. 495.
1672 Dazu u. zum Voranstehenden *Kürzinger*, Rn. 495.
1673 *Kürzinger*, Rn. 495.
1674 *Nestler*, S. 117.

weitere Konsolidierung verhindern sowie Einfluss auf den Verlauf und die Dauer des Geschehens nehmen.[1675]

Die Tertiärprävention beinhaltet schließlich die Nachbetreuung und Rehabilitation, das heißt diese Maßnahmen dienen dazu, die Beeinträchtigungen, die auf Mobbing zurückzuführen sind, zu verringern und die Betroffenen ihrer Verfassung entsprechend angemessen nachzubetreuen.[1676] Beide Punkte werden Gegenstand des sich anschließenden zweiten Kapitels innerhalb der zu untersuchenden Interventionsmaßnahmen sein.

Letztlich wird kriminologisches Wissen gerade dann relevant, wenn *Prävention*, also die zukunftsorientierte Verhinderung von Straftaten, als ein wesentlicher (oder als einziger) Strafzweck angesehen wird. Denn wenn Straftaten vorgebeugt werden soll, müssen die Bedingungszusammenhänge, aus denen sie resultieren, klar sein, da sich daraus die für die Prävention geeigneten Maßnahmen ableiten lassen.[1677] Im ersten Teil dieser Arbeit wurden die Mobbingursachen untersucht, so dass nun vor diesem Hintergrund geeignete Abwehr- bzw. Verhinderungsmaßnahmen ermittelt werden sollen.

B. Kapitel 2: Psychosoziale Lösungsansätze

Im Rahmen der bundesweiten Repräsentativstudie[1678] zum Thema Mobbing am Arbeitsplatz wurden Betroffene gefragt, welche gesellschaftspolitischen und innerbetrieblichen Maßnahmen aus ihrer Sicht der Bewältigung und Verhinderung von Mobbing dienen.[1679] Drei Viertel der Betroffenen sprachen sich für die Einrichtung von öffentlichen (außerbetrieblichen) Mobbingberatungsstellen aus, fast die Hälfte hielt die Einrichtung von Beratungstelefonen sowie fast 45 Prozent die Bildung von Selbsthilfegruppen für notwendig, um gegen Mobbing vorzugehen bzw. den Betroffenen zu helfen. Ferner würden fast 40 Prozent Anti-Mobbingkampagnen und etwa 28 Prozent spezielle Mobbingkliniken begrüßen.[1680] Innerbetrieblich werden als Maßnahmen zur Bekämpfung von Mobbing vor allem Schulungen für Führungskräfte und Betriebs- oder Personalräte, aber auch für die Gesamtheit der Beschäftigten für sinnvoll erachtet. Ferner wird insbesondere in der Verbesserung der innerbetrieblichen Kommunikation eine Option gesehen, Mobbing nachhaltig vorzubeugen.[1681] Dahingehend nennen 50 Prozent der Befragten Schulungsangebote zu den Themen allgemeines Konfliktmanagement, Führungsverhalten und Mitarbeitermotivation als wichtige Maßnahme gegen Mobbing. Daneben wird von fast 50 Prozent die Erstellung einer

1675 *Nestler*, S. 118.
1676 *Nestler*, S. 119.
1677 *Bock*, Rn. 8.
1678 Vgl. *Meschkutat/Stackelbeck/Langenhoff.*
1679 *Meschkutat/Stackelbeck/Langenhoff*, S. 105 ff.
1680 *Meschkutat/Stackelbeck/Langenhoff*, S. 108 f.
1681 *Meschkutat/Stackelbeck/Langenhoff*, S. 106.

Dienst- bzw. Betriebsvereinbarung befürwortet und um den unmittelbar Betroffenen bessere Hilfe zu leisten, halten fast 60 Prozent die Einrichtung von betrieblichen Anlauf- und Beratungsstellen, 45 Prozent die Ernennung eines Mobbingbeauftragten und ca. 33 Prozent die Einrichtung einer betriebsinternen Schlichtungsstelle für zweckmäßig.[1682] Diese und weitere Präventions- und Interventionsmaßnahmen sollen nun einer eingehenderen Betrachtung unterzogen werden. Derartige Ansätze werden nicht zuletzt deshalb für besonders sinnvoll, hilfreich und nachhaltig erachtet, da im Allgemeinen bei der Suche nach einer rechtlichen Lösungsmöglichkeit für die Problematik Mobbing am Arbeitsplatz stets die Gefahr besteht, dass der Betroffene eine weitere Ausgrenzung und Stigmatisierung erfährt. Daher wird im Folgenden auf psychosozialer Ebene nach Lösungsansätzen gesucht.

I. Konflikteskalationsmodell von *Glasl* als denkbarer Lösungsansatz?

Zum Teil wird in der Literatur versucht, sich dem Phänomen Mobbing am Arbeitsplatz über stress- und konflikttheorethische Erklärungsansätze zu nähern und auf diesem Wege auch geeignete Präventions- und Interventionsmaßnahmen zu entwickeln. Eine weitergehende Befassung mit der unüberschaubaren Anzahl an Forschungsbeiträgen zu den Themen Konflikte und Stress würde hier jedoch den Rahmen sprengen. Allerdings soll beispielhaft auf eines der bekanntesten und relevantesten Konfliktkonzepte, das Konflikteskalationsmodell von dem österreichischen Organisationsberater und Konfliktforscher Friedrich *Glasl*,[1683] eingegangen werden, um über diesen Ansatz möglicherweise zu Maßnahmen gegen Mobbing zu gelangen. Zahlreiche Konfliktseminare greifen zur Erklärung und Analyse von Konflikten auf das Eskalationsmodell von Friedrich *Glasl* zurück, da der Politik- und Wirtschaftswissenschaftler ein allgemein verständliches und weithin akzeptiertes Modell entwickelt hat, das die grundlegenden psychologischen Mechanismen beschreibt, denen individuelles Verhalten in Konfliktsituationen unterliegt. Wie zu Beginn der Arbeit dargestellt, unterscheiden sich der herkömmliche Konflikt und Mobbing vor allem durch ihre grundverschiedenen Ziele, die Form ihrer Austragung, das bei Mobbing bestehende bzw. sich entwickelnde spezifische Machtungleichgewicht und die sonstigen Kriterien der Mobbingdefinition, insbesondere die kontinuierlichen und systematischen Angriffe im Rahmen des Mobbinggeschehens sowie die Absicht der psychischen Zermürbung des Opfers.[1684] Fraglich ist nun, ob trotz dieser Unterschiede die von *Glasl* entwickelten Grundsätze möglicherweise auf Mobbingkonstellationen übertragbar sind und sich daraus geeignete Präventions- und Interventionsmaßnahmen ableiten lassen.

1682 *Meschkutat/Stackelbeck/Langenhoff*, S. 107 f.

1683 *Glasl*, S. 96 ff., insbes. S. 120 f.; vgl. ebenso *Glasl*, BAKEB-Informationen 1985, Band 15, Heft 1–2, S. 4 ff.; vgl. dazu auch *Merk*, S. 174, Anl. 4.

1684 Teil 1, Kapitel 1, II. 3. d) dieser Arbeit.

1. Konflikteskalationsmodell (*Glasl*) mit Methoden zur Konfliktbehandlung

Glasls Modell, das sich auf soziale Konflikte in Organisationen bezieht, verfolgt das Ziel, diese Konflikte eingehender analysieren und während ihres Verlaufs besser auf sie reagieren zu können. Vor einer näheren Betrachtung dieses Konzepts werden zunächst dessen zentrale Grundgedanken dargestellt, um ein besseres Verständnis für diesen Ansatz zu ermöglichen.

Die Gründe für das Auftreten sozialer Konflikte in Organisationen stammen nach *Glasl* nicht nur aus der Subjekt- oder Objektsphäre, sondern vielmehr sei im Sinne eines sozial-ökologischen Ansatzes eine Multi-Kausalität anzunehmen und der Mensch sei ganzheitlich als ein dreifältiges Wesen mit einer geistigen, einer psychosozialen und einer physisch-leiblichen Dimension anzusehen.[1685] Eine besonders große Rolle für das Verständnis sozialer Konflikte spielen die seelischen Aspekte einer Persönlichkeit. Denn die Gesamtheit der Vorgänge der Wahrnehmung, der wahrgenommene Inhalt selbst, das Gefühls- und Willensleben und resultierend daraus auch das Verhalten einer Person können so stark gestört werden, dass es nicht nur zum Ausbruch eines Konflikts kommt, sondern auch regelmäßig zu dessen Eskalation.[1686]

Im Verlauf der Konfliktintensivierung verändert sich die Sicht der am Konflikt Beteiligten. Mit der Zeit verfälscht sich das Bild der Mitwirkenden von sich selbst, von den Konfliktgegnern und den Geschehnissen, wobei parallel die Raum- und Zeitperspektive begrenzt und die Aufmerksamkeit selektiv gesteuert wird. Auf diese Weise werden komplexe Zusammenhänge von den Beteiligten simplifiziert und dadurch auf eine für sie einfache und überschaubare Wirklichkeit reduziert,[1687] ohne dass diese Vorgänge den Wahrnehmenden dabei hinlänglich bewusst sind.[1688] Gleichzeitig findet eine Beeinträchtigung des Gefühlslebens statt, da sich immer mehr negative und feindselige Anschauungen durchsetzen und sich das Willensleben, also die Ziele und Motive der beteiligten Personen, innerhalb kürzester Zeit nachteilig verändern. So werden etwa ernstliche Vetrauensbeweise der Gegenseite nicht bemerkt, falsch interpretiert oder sogar ausgenutzt, was ein Aufgeben der guten Absichten nach sich zieht. Diese Modifikation der drei seelischen Faktoren geschieht während der Konflikteskalation nicht unabhängig voneinander, sondern beeinflusst und verschärft sich gegenseitig.[1689]

Im Konfliktablauf sind letztlich zahlreiche Mechanismen zeitgleich aktiv, die im Wechselspiel zu den oben erläuterten wachsenden Verzerrungen der Sinneseindrücke führen sowie die Konsolidierung der negativen und feindseligen Anschauungen und das destruktive Verhalten der Konfliktgegner nach sich ziehen. Diese Abläufe er-

1685 *Glasl*, S. 38 ff.; *Schild/Heeren*, S. 91; *Schlaugat*, S. 38 f.
1686 *Schild/Heeren*, S. 91; *Schlaugat*, S. 38 f.
1687 *Schild/Heeren*, S. 91; *Schlaugat*, S. 38; vgl. auch *Glasl*, S. 88 ff.
1688 Dazu u. auch zum Voranstehenden *Schild/Heeren*, S. 91; *Schlaugat*, S. 39.
1689 *Schild/Heeren*, S. 92 m. w. N.; *Schlaugat*, S. 39.

mittelte *Glasl* aus verschiedenen theoretischen Ansätzen, denen tiefenpsychologische, stress-, kommunikations- und konflikttheoretische Befunde zugrundelagen.[1690]

Fünf dieser Mechanismen, die „Basismechanismen der Eskalationsdynamik", bilden wichtige Faktoren, um den Eskalationsprozess voranzutreiben, und werden charakterisiert als:

„- Zunehmende Projektion bei wachsender Selbstfrustration
- Ausweitung der strittigen Themen bei gleichzeitiger kognitiver Komplexitätsreduktion
- Wechselseitige Verflechtung von Ursachen und Wirkungen bei gleichzeitiger Simplifizierung der Kausalitätsbeziehungen
- Ausweitung der sozialen Dimension bei gleichzeitiger Tendenz zur Personifizierung des Konflikts
- Beschleunigung durch Bremsen"[1691]

Das Zusammenspiel aller fünf, im paradoxen Verhältnis zueinanderstehenden Basismechanismen bewirkt eine stetig undurchsichtigere Konfliktsituation, so dass es für die Konfliktparteien immer schwieriger wird, sich im Geschehen zurechtzufinden und angemessen zu agieren. Auf diese Weise entwickelt sich ein Zirkelprozess der Konflikteskalation, der von *Glasl* in seinem „Neun-Stufen-Modell der Konflikteskalation"[1692] dargestellt wird.[1693]

Das neunstufige Modell gliedert sich in drei Ebenen mit jeweils drei Abstufungen. In der ersten Ebene können beide Konfliktparteien noch gewinnen (*Win-Win*). In der zweiten Ebene verliert eine Partei, während die andere gewinnt (*Win-Lose*) und in der dritten Ebene verlieren beiden Parteien (*Lose-Lose*).[1694]

Das Ausmaß eines Konflikts intensiviert sich stufenweise, und zwar von Stufe eins bis neun. Jedes Level wird dabei durch einen sogenannten Wendepunkt oder auch *point of no return* gekennzeichnet und von den Konfliktparteien als kritische Schwelle wahrgenommen.[1695] Außerdem entschied sich *Glasl* bewusst für eine Abwärtsbewegung des Eskalationsprozesses, da für ihn jede einzelne Stufe ein eigenes Level und die zunehmende Gewalt veranschaulichen soll. So entspricht jede Stufe einem gewissen Ausmaß an Gewaltanwendung und umfasst damit ein bestimmtes Regressionsniveau. Wenn eine Konfliktpartei diesen Wendepunkt signifikant übertritt, ebnet sie damit den Weg in eine höhere Stufe der Eskalation und ein Zurück auf die vorherige Stufe ist durch das Übertreten der Grenze problematischer geworden. Auf dieser neuen Ebene des Konflikts, die abermals durch eine Schwelle begrenzt ist, modifizieren sich neben den Normen, Maßen und Regeln auch die Wahrnehmungen,

1690 *Schild/Heeren*, S. 92 f. m. w. N.; *Schlaugat*, S. 39 f.

1691 *Schlaugat*, S. 40 m. w. N.; ausführlicher dazu *Schild/Heeren*, S. 93 m. w. N.; vgl. außerdem mit Beispielen *Glasl*, S. 87 ff.

1692 *Glasl*, S. 98 ff., insbes. 120 f.

1693 *Schlaugat*, S. 40.

1694 Medizinische Hochschule Hannover, Konflikteskalation nach Friedrich *Glasl*, S. 1; vgl. dazu auch *Glasl*, BAKEB-Informationen 1985, Band 15, Heft 1–2, S. 6 ff.

1695 *Schild/Heeren*, S. 94 m. w. N.

das Gefühls- und Willensleben, die Verhaltensweisen sowie das Selbstkonzept der Konfliktgegner.[1696]

Konkret gestaltet sich die Untergliederung der Ebenen wie folgt:

„**1. Ebene (Win-Win)**

Stufe 1 - Verhärtung
Konflikte beginnen mit Spannungen, z. B. gelegentliches Aufeinanderprallen von Meinungen. Es ist alltäglich und wird nicht als Beginn eines Konflikts wahrgenommen. Wenn daraus doch ein Konflikt entsteht, werden die Meinungen fundamentaler. Der Konflikt könnte tiefere Ursachen haben.

Stufe 2 - Debatte
Ab hier überlegen sich die Konfliktpartner Strategien, um den Anderen von ihren Argumenten zu überzeugen. Meinungsverschiedenheiten führen zu einem Streit. Man will den anderen unter Druck setzen.

Stufe 3 - Taten statt Worte
Die Konfliktpartner erhöhen den Druck auf den jeweils Anderen, um sich oder die eigene Meinung durchzusetzen. Gespräche werden z. B. abgebrochen. Es findet keine Kommunikation mehr statt und der Konflikt verschärft sich schneller.

2. Ebene (Win-Lose)

Stufe 4 - Koalition
Der Konflikt verschärft sich dadurch, dass man Sympathisanten für seine Sache sucht. Da man sich im Recht glaubt, kann man den Gegner denunzieren. Es geht nicht mehr um die Sache, sondern darum, den Konflikt zu gewinnen, damit der Gegner verliert.

Stufe 5 - Gesichtsverlust
Der Gegner soll in seiner Identität vernichtet werden durch alle möglichen Unterstellungen oder ähnliches [sic!]. Hier ist der Vertrauensverlust vollständig. Gesichtsverlust bedeutet in diesem Sinn Verlust der moralischen Glaubwürdigkeit.

Stufe 6 - Drohstrategien
Mit Drohungen versuchen die Konfliktparteien die Situation absolut zu kontrollieren. Sie soll die eigene Macht veranschaulichen. Man droht z. B. mit einer *Forderung* (10 Mio. Euro), die durch eine *Sanktion* (‚Sonst sprenge ich Ihr Hauptgebäude in die Luft') verschärft und durch das *Sanktionspotential* (Sprengstoff zeigen) untermauert wird. Hier entscheiden die Proportionen über die Glaubwürdigkeit der Drohung.

3. Ebene (Lose-Lose)

Stufe 7 - Begrenzte Vernichtung
Hier soll dem Gegner mit allen Tricks empfindlich geschadet werden. Der Gegner wird nicht mehr als Mensch wahrgenommen. Ab hier wird ein begrenzter eigener Schaden schon als Gewinn angesehen, sollte der des Gegners größer sein.

Stufe 8 - Zersplitterung
Der Gegner soll mit Vernichtungsaktionen zerstört werden.

1696 Dazu u. zum Voranstehenden *Schild/Heeren*, S. 94 m. w. N.

Stufe 9 – Gemeinsam in den Abgrund
Ab hier kalkuliert man die eigene Vernichtung mit ein, um den Gegner zu besiegen."[1697]

Es lässt sich erkennen, dass *Glasls* Eskalationsstufen die grundsätzlich negative Dynamik von Konfliktverläufen betonen, welche es immer schwieriger und schließlich unmöglich macht, zu intervenieren. Da das Modell das Verhalten zweier Konfliktparteien beschreibt, bietet es zunächst keine Lösungsmöglichkeiten für eine erfolgreiche Deeskalation an, insbesondere nicht in Konfliktfällen, in denen für beide Konfliktparteien ein Verlassen der Situation unmöglich erscheint oder eine Partei die bewusste Konflikteskalation als strategisches Mittel wählt.[1698]

Zu beachten bleibt, dass *Glasl* den Verlauf der Konflikteskalation nicht auf einer schicksalsergebenen Grundlage konzipiert hat und die Betroffenen ihnen nicht völlig hilflos ausgesetzt sind, obgleich sie durch die Konflikte möglicherweise existentiell berührt werden. Vielmehr kann bei entsprechendem Wissen von der Eskalationsdynamik sowie einzelner Stufen und Schwellen durch einen Willensakt den dynamisierenden Prozessen gegengesteuert werden und es ist möglich, dem Konflikt eine positive Richtung zu geben, womit *Glasl* zugleich auf die große Relevanz konfliktdiagnostischer und konfliktstrategischer Instrumentarien aufmerksam macht.[1699] So ordnet er den verschiedenen Eskalationsstufen folgende Strategiemodelle zur Deeskalation zu:

„- Stufe 1–3: Moderation
- Stufe 3–5: Prozessbegleitung
- Stufe 4–6: sozio-therapeutische Prozessbegleitung
- Stufe 5–7: Vermittlung/Mediation
- Stufe 6–8: Schiedsverfahren/Gerichtliches Verfahren
- Stufe 7–9: Machteingriff" [1700]

Allerdings weist das Modell Schwachstellen auf, die nicht unerwähnt bleiben dürfen: Eine sehr wichtige Rolle spielt in diesem Zusammenhang zunächst die Tatsache, dass bislang keine empirische Evaluation der aufgestellten Thesen stattgefunden hat, was auf die sehr aufwendige Konzeption und Durchführung entsprechender Studien zurückzuführen sein dürfte. Schwierig gestalten sich dabei etwa der dargestellte Wandel bei der Wahrnehmung, den Emotionen und der Absicht, welche bloß zum Teil nach außen sichtbar werden. Diese inneren Vorgänge könnten ausschließlich auf Grundlage (zeit-)intensiver Tiefeninterviews ermittelt werden.[1701] Außerdem ist nicht geklärt, inwieweit die pluralistisch wirkende Begründung für die Veränderungen der „Basismechanismen der Eskalationsdynamik" gerechtfertigt ist. Durch die von *Glasl* vorgenommene Sammlung empirischer Befunde verschiedenster Fach- und Denkrichtungen sowie deren Verbindung zu einem „Ursachenkonzept", wird es in einem

1697 Medizinische Hochschule Hannover, Konflikteskalation nach Friedrich *Glasl*, S. 1 f.
1698 Medizinische Hochschule Hannover, Konflikteskalation nach Friedrich *Glasl*, S. 2 m. w. N.
1699 *Schlaugat*, S. 41 f.
1700 Medizinische Hochschule Hannover, Konflikteskalation nach Friedrich *Glasl*, S. 2.
1701 *Schlaugat*, S. 42.

konkreten Konflikt kaum zu begründen sein, weshalb der Konflikt immer weiter eskaliert.[1702] Schon aufgrund dieser Aspekte, deren weitergehendere Untersuchung diese Arbeit nicht leisten kann, ist es nicht möglich, aus *Glasls* Modell ohne Weiteres Rückschlüsse für den Umgang mit Mobbingkonstellationen zu ziehen.

2. Übertragbarkeit auf Mobbing?

In Hinblick auf die vorstehenden Ausführungen stellt sich jedenfalls die Frage, ob und inwiefern sich die von *Glasl* entwickelte Methode überhaupt auf Mobbing übertragen lässt, um anhand dieser geeignete Präventions- und Interventionsmaßnahmen für Mobbing ermitteln zu können. Zunächst erscheint eine Übertragbarkeit vor allem aufgrund der oben genannten Unterschiede zwischen Mobbing und einem normalen Konflikt[1703] problematisch. Allerdings wird Mobbing zum Teil auch als die enger gefasste Erscheinung dem weiter definierten Phänomen „Konflikte in Organisationen" untergeordnet. Danach handelt es sich bei Mobbing um einen potentiellen Verlauf eines sozialen Konflikts am Arbeitsplatz oder um eine bestimmte Ausprägung eines eskalierenden Konflikts.[1704] Diese Auffassung entspricht mit Einschränkungen auch der von *Niedl*, welcher Mobbing als „chronofizierten Endzustand einer fehlgeschlagenen Konflikthandhabung" ansieht.[1705] Sinnvoller als der Begriff „Endzustand" wäre wohl die Bezeichnung „weit fortgeschrittener Eskalationsprozess", um zum Ausdruck zu bringen, dass ein Ungleichgewicht im Kräfteverhältnis der Konfliktbeteiligten besteht, sich also nicht länger ebenbürtige Kontrahenten gegenüberstehen. Diesen Umstand, dass eine Konfliktpartei ab einem bestimmten Moment zur Unterlegenen wird, bezieht *Glasl* nicht in seinem Modell ein und geht stattdessen von gleich starken Akteuren aus. Dies entspricht jedoch gerade nicht den Alltagserfahrungen in Organisationen, vor allem, weil bereits vorherrschende Organisationsstrukturen, wie beispielsweise Hierarchiesysteme, unausgewogene Machtverhältnisse schaffen, die eine Konfliktaustragung unter gleichgestellten Parteien verhindern.[1706] Hier bedürfte es einer Klärung dieses Widerspruches, was jedoch nicht ohne Weiteres möglich ist. Außerdem wäre eine empirische Verifizierung des Eskalationsmodells erforderlich,[1707] um daraus Präventions- und vor allem effektive Interventionsmöglichkeiten zu entwickeln. Schließlich müsste auch untersucht werden, inwiefern die von *Glasl* im Rahmen seines Konfliktmodells skizzierten Methoden zum Umgang mit Konflikten effizient auf Mobbing übertragen werden können. Diesbezüglich könnten ein solches Verlaufsmodell und damit zusammenhängende entsprechende diagnostische Instrumentarien entworfen werden, mit deren Hilfe etwa in einem konkreten Fall aus der Praxis wirksam der Mobbingprozess, einschließlich der beteiligten Parteien mit ihren jeweiligen Positionen, Beziehungen, Grundeinstellungen und Zielen, nachvollzogen werden kann. Auf

1702 *Schlaugat*, S. 42.
1703 Teil 1, Kapitel 1, II. 3. d) dieser Arbeit.
1704 *Schlaugat*, S. 43.
1705 *Niedl*, S. 31.
1706 *Schild/Heeren*, S. 99; *Schlaugat*, S. 43 f.
1707 *Schild/Heeren*, S. 101 m. w. N.

Grundlage einer solchen Rekonstruktion erscheint eine effiziente Intervention in das Mobbinggeschehen möglich.[1708] Eine derartige Untersuchung kann jedoch im Rahmen dieser Arbeit nicht geleistet werden, so dass im Folgenden losgelöst vom *Glaslschen* Konflikteskalationsmodell eine Analyse effektiver und nachhaltiger Präventions- und Interventionsmaßnahmen für Mobbing vorgenommen werden soll.

II. Präventionsmaßnahmen

Vor Überlegungen von Maßnahmen gegen bereits stattfindendes Mobbing steht der Gedanke, die Entstehung dieses Phänomens von vornherein zu verhindern, Mobbing also – wenn möglich – überhaupt nicht erst aufkommen zu lassen. Schließlich bestimmt das Vorhaben, Gefährdungen und Risiken möglichst ganz zu verhindern, den betrieblichen Arbeitsschutz. Bei einem Vergleich der im deutschen Arbeitsschutz geltenden Standards mit dem existierenden Schutz gegenüber psychischen Belastungen (z. B. durch Stress), vor allem gegen psychische Gewalt und Mobbing, schneidet letzterer jedoch deutlich schlechter ab.[1709] Diesem Umstand soll die vorliegende Arbeit Rechnung tragen.

Zunächst stellt sich die Frage danach, welchen Nutzen eine Mobbingprävention überhaupt bringt. Denn Mobbingprävention im Betrieb soll nicht den Zweck haben, soziale Konflikte in einem Unternehmen komplett zu verhindern. Bestünde die Absicht, Konflikte völlig zu unterbinden, würden damit die unterschiedlichsten Persönlichkeiten und insbesondere auch die Kreativität der Beschäftigten missachtet und eingedämmt werden, da Konflikte auch Anreize für Veränderungen liefern können und nicht notwendigerweise eskalieren müssen.[1710] Daher sollte Mobbingprävention helfen, eine andere und angemessene Handhabung sozialer Konflikten im Unternehmen zu etablieren, um eine Konflikteskalation hin zum Mobbing zu vermeiden.[1711]

In der Mobbingprävention lassen sich zwei Herangehensweisen unterscheiden: Zum einen die Verhaltensprävention, also die Erzeugung eines besseren Verhaltens durch Aufklärung und Thematisieren, und zum anderen die Verhältnisprävention, das heißt die Veränderung der Voraussetzungen und Umstände, die negatives Verhalten begünstigen.[1712] Letzteres ist zwar meistens zwingend erforderlich, allerdings zugleich ein Resultat, das für die Betroffenen selbst am schwierigsten zu verwirklichen ist.[1713]

Beide Aspekte, Verhaltens- und Verhältnisprävention, sollen vorliegend ausreichend Berücksichtigung finden.

1708 Dazu u. zum Voranstehenden *Schild/Heeren*, S. 101 m. w. N.
1709 *Esser/Wolmerath*, S. 82.
1710 *Schild/Heeren*, S. 115 m. w. N.
1711 *Schild/Heeren*, S. 115.
1712 *Grünwald/Hille*, S. 79; *Resch*, S. 153; ebenso *Schild/Heeren*, S. 152.
1713 *Resch*, S. 153.

1. Institutionalisierung eines Problembewusstseins zum Thema Mobbing

Für eine wirksame Mobbingprävention ist in erster Linie erforderlich, im Unternehmen bzw. in der Organisation ein Bewusstsein dafür zu entwickeln, wie das Phänomen konkret beschaffen ist, in welchen Erscheinungsformen es vorkommt sowie welche betrieblichen und individuellen Folgen es nach sich ziehen kann.[1714] Außerdem soll durch eine offene Kommunikationsstruktur die gebotene Sensibilität von der Belegschaft für die Mobbingthematik etabliert werden, da Aufklärungsarbeit wohl die bekannteste und bewährteste Art der Prävention darstellt.[1715] Inwiefern konkret das Bewusstsein für die Mobbingproblematik geschärft werden kann, wird im Folgenden erörtert.

2. Überprüfen der Ursachen

Für eine effiziente Mobbingprävention kommt vor allem den Ursachen von Mobbing und den Gründen der die Mobbingbereitschaft verstärkenden Faktoren entscheidende Bedeutung zu. Wie oben ausführlich dargestellt, sind die Ursachen für Mobbing sehr vielfältig und dieses Phänomen ist in der Regel auf das Zusammenwirken verschiedener belastender Umstände am Arbeitsplatz und aus dem Umfeld der Beteiligten zurückzuführen.[1716] An vielfältige mittelbare Gründe, wie der gesellschaftliche Strukturwandel, wirtschaftspolitische Fehlentscheidungen, eine problematische Arbeitsplatzsituation und eine fortschreitende Entwicklung ernstzunehmender gesellschaftlicher Defizite, reihen sich auch zahlreiche unmittelbare Ursachen. Diese sind beispielsweise ein aus einer unzureichenden Organisationsstruktur und einer fehlerhaften Sozialstruktur resultierendes schlechtes Betriebsklima aus der Sphäre des Unternehmens und nicht zuletzt auch bestimmte persönlichkeitsbezogene Faktoren aus der Sphäre der an einem Mobbinggeschehen Beteiligten. Alle diese mobbingauslösenden Umstände bilden den Hintergrund für die sich nun anschließende Ermittlung einer sinnvollen Mobbingprävention.

a) Anzeichen für ein schlechtes Betriebsklima nach *Resch*

Ein schlechtes Betriebsklima lässt sich nach *Resch* an einigen Signalen erkennen, die ein aktives Eingreifen von Seiten des Betriebs- oder Personalrates – sofern ein solcher in dem Unternehmen bzw. der Organisation vorhanden ist – und vor allem des Arbeitgebers erfordern:[1717]

„- häufige Beschwerden einzelner Mitarbeiter,
- Nachlassen gemeinsamer sozialer Aktivitäten (Geburtstagsfeiern, Betriebsausflüge, usw.),
- Lieblosigkeit im Umgang mit gemeinsam genutzten Einrichtungen,

1714 *Carotti*, S. 28 m. w. N.
1715 *Carotti*, S. 28 m. w. N.
1716 Teil 1, Kapitel 2 dieser Arbeit.
1717 Dazu u. zum Nachstehenden *Resch*, Mobbing und Konfklikte, S. 27; ebenso *Schild/Heeren*, S. 116.

- Nichtbenutzung von Pausenräumen, obwohl diese angenehm eingerichtet sind und günstig liegen,
- Nach-Außen-Tragen von Problemen zwischen den Personen oder innerhalb der Abteilung,
- Hochkochen von Gerüchten, vor allem über einzelne Personen, ohne dass die Betreffenden direkt angesprochen werden."

Diese Anhaltspunkte können als Indizien für eine schlechte Arbeitsatmosphäre im Betrieb herangezogen und im Falle ihres Vorliegens entsprechende Gegenmaßnahmen veranlasst werden.

b) Der „Stimmungs-Check" nach *Huber*

Eine weitere Alternative, die Qualität des Betriebsklimas zu beurteilen, ist die Durchführung einer Umfrage unter den Beschäftigten, wofür der „Stimmungs-Check" von *Huber*[1718] ein geeignetes, praxisnahes Instrument für die Unternehmensleitung, für Vorgesetzte, für den Personal- und Betriebsrat, insbesondere aber für die Beschäftigten selbst darstellt, um sich die Situation in Hinblick auf das vorherrschende Betriebsklima sowie bezüglich der Ursachen und Konflikte am Arbeitsplatz zu vergegenwärtigen.[1719]

Diese Checkliste enthält Fragen zu konfliktrelevanten Themen und zur Situation der Arbeitnehmer, welche anhand eines Auswertungsbogens dahingehend verarbeitet werden, ob ein Eingreifen oder Umdenken auf Seiten der vorbenannten Organisationen und Personen erforderlich ist.[1720] Zu beachten ist dabei jedoch, dass die Auswertung nur für Mitarbeiter formuliert wurde, die einen solchen Test für sich durchführen wollen. Nichtsdestotrotz besteht die Möglichkeit, die Auswertung auf die Ebene des Arbeitgebers oder des Personal- bzw. Betriebsrates zu übertragen, auch wenn dafür gegebenenfalls einige Umformulierungen bzw. Änderungen der Fragestellungen vorgenommen werden müssten.[1721] Allerdings ist ein solcher Fragebogen nur dann zweckdienlich, wenn er anonym ausgefüllt würde, da ansonsten möglicherweise falsche Angaben gemacht werden, um etwa die eigene Position nicht zu riskieren. Zudem müsste darüber nachgedacht werden, die einzelnen Fragen etwa hinsichtlich der Zeit oder der Intensität noch weiter zu differenzieren.[1722]

Die Checkliste für die Stimmung am Arbeitsplatz lautet wie folgt:

> „Die Stimmung im Team, in der Abteilung ist unserem Vorgesetzten/dem Chef/der Führungsspitze vollkommen gleichgültig. Probleme zwischen Kollegen werden gar nicht angehört – Hauptsache, alles funktioniert.
>
> Im Betrieb herrscht starker Konkurrenzdruck – wer hinauf will, braucht Ellbogen.

1718 *Huber*, S. 28 ff.
1719 *Huber*, S. 28 ff.; *Schild/Heeren*, S. 116.
1720 *Schild/Heeren*, S. 116.
1721 *Schild/Heeren*, S. 116 f.
1722 *Schild/Heeren*, S. 117.

In der Firma gibt es mindestens einen der folgenden Streßfaktoren [sic!]: Zeitdruck, Unterbesetzung, Lärm, Hitze, Schmutz oder ähnliches [sic!].

Private Kontakte zwischen Kollegen zählen eher zur Ausnahme.

Wenn der Chef/der Vorgesetzte auf einen Mitarbeiter zukommt, geht es meist um Überstunden, Kritik. Lob und Anerkennung oder ein netter Satz zwischendurch kommen ihm kaum über die Lippen.

In unserem Betrieb gelten starre Hierarchien. Eigenverantwortliches Arbeiten ist nicht gefragt, wichtige Informationen erfahren Mitarbeiter spät oder gar nicht.

Konflikte, die in der täglichen Zusammenarbeit entstehen, werden oft unter den Teppich gekehrt, keiner fühlt sich zuständig, Schwierigkeiten anzupacken.

Die Fluktuation in der Firma/der Abteilung ist hoch – viele Mitarbeiter sind frustriert und hoffen nur, möglichst schnell eine andere Stellung zu finden.

In den letzten zwölf Monaten gab es eine Umwälzung (zum Beispiel neues Firmenkonzept, Umstellung auf EDV), auf die die Mitarbeiter kaum oder nicht genügend vorbereitet wurden.

Das Team spaltet sich häufig in feste Koalitionen. Die Grüppchen untereinander tauschen sich kaum aus.

In den letzten zwölf Monaten ist es mindestens einmal vorgekommen, dass ein Mitarbeiter gekündigt hat oder ‚gegangen' wurde, weil er mit dem Team/der Chefetage angeblich nicht zurechtkam.

Gerüchte und Tuscheleien gehören zur Tagesordnung. Offene Gespräche finden kaum statt.

In unserer Firma gibt es keinen beziehungsweise keinen engagierten Betriebs-/Personalrat, an den sich jeder vertrauensvoll wenden könnte.

Die Firma befindet sich wirtschaftlich derzeit in keiner günstigen Position. Stellenabbau wurde bereits durchgeführt, angekündigt oder kann nicht mehr ausgeschlossen werden.

Wenn jemand im Team einen Fehler macht, sorgen bestimmte Kollegen dafür, dass es der Chef erfährt.

Intrigen und Neid sind in der Abteilung sehr verbreitet.

Der Chef ist oft launisch, unberechenbar oder duldet keinen Widerspruch.

In der Abteilung arbeiten fast nur Männer – einige davon scheinen von weiblichen Kolleginnen/Mitarbeiterinnen wenig zu halten, was sie beispielsweise mit geringschätzigen Blicken, Äußerungen oder zweideutigen Anspielungen deutlich machen.

Der Vorgesetzte mag ein exzellenter Fachmann sein – von seinen Mitarbeitern kapselt er sich allerdings soweit als möglich ab. An deren Meinung und Kompetenz scheint ihm nicht gelegen zu sein.

Die Anweisungen von oben sind oft unklar oder widersprüchlich. Keiner weiß so recht, was er tun bzw. wie er sich verhalten soll."[1723]

1723 *Huber*, S. 28 ff.; vgl. ebenso *Schild/Heeren*, S. 117 f.

Nach Durchführung eines solchen Fragebogens bedarf es schließlich auch einer Auswertung, um die gewonnenen Informationen verarbeiten und insbesondere für die Zukunft nutzen zu können:

> „**Auswertung**
>
> *0 bis 4 Punkte:* Mit dem Betriebsklima an Ihrem Arbeitsplatz dürfen Sie im großen [sic!] und ganzen [sic!] zufrieden sein. Die positive Stimmung scheint die meiste Zeit zu überwiegen. Kleine Spannungen oder Probleme sind im Arbeitsleben unvermeidlich und kein Grund zur Sorge, solange man sie nicht ignoriert, sondern aufmerksam verfolgt, wie sich die Dinge entwickeln. Die wenigen Schattenseiten, die Sie im Test aufgespürt haben, lassen sich möglicherweise leicht aus der Welt schaffen. Das Betriebsklima in ihrer Firma ist offensichtlich gut genug, um die Knackpunkte im Team oder mit dem Vorgesetzen zu besprechen und gemeinsam nach einer Lösung zu suchen.
>
> *5 bis 9 Punkte:* In Ihrer Firma zu arbeiten ist offensichtlich kein reines Vergnügen. Zu viele Reibungs- und Konfliktpunkte tauchen auf, die unter Umständen auch in Psychoterror ausarten können. Regen Sie – wenn möglich – Verbesserungen an, versuchen Sie, Verbündete im Betrieb zu finden, denen ebenso an einer Entschärfung des Konfliktpotentials gelegen ist. Seien Sie in jedem Fall wachsam.
>
> *10 und mehr Punkte:* Alarmstufe rot! Die Stimmung an Ihrem Arbeitsplatz ist offensichtlich äußerst gespannt. Daß [sic!] es in diesem Betriebsklima zu Aggressionen und verdeckten Konflikten kommt, ist unvermeidlich – der ideale Nährboden für Mobbing. Im Alleingang können Sie vermutlich nichts ändern. Überlegen Sie in Ruhe, wo es innerhalb der Firma noch Ansprechpartner gibt, denen Sie wirklich vertrauen können. Nur ihnen sollten Sie Ihre Befürchtungen mitteilen und gemeinsam überlegen, welche Wege noch offen stehen."[1724]

Erstrebenswert wäre, wenn bei Durchführung eines solchen „Stimmungs-Checks" zwischen null bis vier Punkten erzielt würden, weil sich danach Mobbing in diesem Unternehmen kaum etablieren könnte. Wahrscheinlich wird jedoch insbesondere aufgrund betriebswirtschaftlicher Faktoren vielmehr ein Resultat zwischen fünf bis neun und höher erreicht. Fraglich ist also, wie und mit welchen Mitteln Technik, Arbeitsorganisation, sonstige Arbeitsbedingungen, soziale Beziehungen und Umwelteinflüsse auf den Arbeitsplatz angemessen miteinander verbunden und Gefährdungen für das seelische und körperliche Wohlbefinden der Beschäftigten verhindert werden können.[1725] Dieser Frage soll anschließend innerhalb des Abschnitts über personelle und strukturell-organisatorische Maßnahmen[1726] nachgegangen werden.

c) Weitere mögliche Anhaltspunkte für Mobbing im Unternehmen

Weitere Hinweise auf erste Störungen in einer Organisationseinheit können auch statistische Auffälligkeiten, vermehrte Fehler, eine Änderung der Arbeitszeit (bei flexiblen Arbeitszeiten), Informationsdefizite, Verhaltensveränderungen, herabwürdi-

1724 *Huber*, S. 30 f.; vgl. ebenso *Schild/Heeren*, S. 118.

1725 Dazu u. zum Voranstehenden *Schild/Heeren*, S. 118 f. m. w. N.

1726 Teil 3, Kapitel 2, II. 3. dieser Arbeit.

gende Bemerkungen der Kollegen, (räumliche) Umsetzungswünsche oder auch Versetzungswünsche eines einzelnen Mitarbeiters sein.[1727]

Unter statistischen Auffälligkeiten sind in diesem Zusammenhang Diskrepanzen von langfristigen statistischen Durchschnittswerten zu verstehen, wie etwa zunehmende kurzfristige Arbeitsunfähigkeiten, eine Herabsetzung der Produktivität bei einem einzelnen Mitarbeiter, ein Anstieg des Ausschusses etc. Je besser strukturiert die Arbeitsabläufe und die Berichterstattung im Betrieb bzw. der Organisationseinheit sind, umso eher werden solche Unregelmäßigkeiten bemerkt und können als Anstoß für die Ursachenforschung genutzt werden. Denn der Arbeitgeber bzw. Vorgesetzte sollte losgelöst von einem Mobbingverdacht bei derartigen Auffälligkeiten einzelner Beschäftigter ohnehin die Ursachen ermitteln, um gegebenenfalls Maßnahmen zu ergreifen, mit denen die Schwierigkeiten behoben werden können.[1728] In gleicher Weise verhält es sich bei den anderen oben genannten Anzeichen, die ebenso Anlass dazu geben sollten, zu erforschen, auf welchen Gründen sie beruhen.

Darüber hinaus können eine Art Frühwarnsystem sowie eine Gefährdungsanalyse dabei helfen, Mobbing frühzeitig zu erkennen und zu unterbinden. Dabei ermöglichen verschiedene Entscheidungsfragen zur konkreten Arbeitsplatz- bzw. Arbeitsumfeldsituation zu ermitteln, ob Konfliktherde bestehen bzw. wie hoch die Gefahr für eine Mobbingentwicklung ist. Beide Strukturen unterstützen den Vorgesetzten darin, entsprechende Hinweise auf Mobbing richtig zu deuten, um so schnell wie möglich reagieren zu können.[1729]

Schließlich gibt auch *Kratz* Vorgesetzten einen Katalog an „Alarmsignalen“ an die Hand, welcher neben den zum Teil bereits genannten Mobbinganzeichen noch weitere Symptome für ein gestörtes Arbeitsklima enthält:

„- Die Arbeitsqualität sinkt, und das Arbeitsvolumen vermindert sich (man arbeitet nur noch auf ‚Sparflamme‘, weil Zeit und Energie für Mobbinghandlungen bzw. Abwehrmaßnahmen eingesetzt werden).
- Häufiges krankheitsbedingtes Fehlen sowie Arztbesuche während der Arbeitszeit (um allem Unerfreulichen am Arbeitsplatz aus dem Weg zu gehen).
- Wichtige Informationen werden von den Betriebsangehörigen an den Gemobbten nicht weitergeleitet, Anweisungen bleiben ‚zufällig‘, ‚unbeabsichtigt‘ und ‚ohne jegliche Hintergedanken‘ auf der Strecke.
- Ein bislang harmonisches Team zerfällt, verändert sich zu Cliquen/Seilschaften und lässt unverhofft Außenseiter und Abgelehnte (...) erkennen.
- Die Bereitschaft zum Einspringen erlahmt, wenn Kollegen geholfen werden soll (‚Das ist doch seine Aufgabe, soll er doch zusehen, dass er seine Arbeit schafft. Wofür wird er denn bezahlt?‘).
- Mangelnde Bereitschaft, an neuen Aufgaben und wichtigen Problemlösungen mitzuwirken, weil man zu sehr mit sich selbst und dem Mobbing beschäftigt ist.

1727 *Heidenreich*, S. 61 f.
1728 *Heidenreich*, S. 62 f.
1729 *Heidenreich*, S. 70 ff. mit Checklisten zur Analyse.

- Sachliche und zielgerichtete Diskussionen werden durch nerven- und zeitraubende Open-end-Debatten ersetzt.
- Sich häufende Meinungsverschiedenheiten nehmen an Intensität zu, weil es an Kompromissbereitschaft mangelt.
- Ein Mitarbeiter wird verstärkt ‚links liegen gelassen', isoliert und ausgegrenzt.
- Bisher gezeigtes kollegiales Verhalten wird durch einen zunehmend förmlichen und unhöflichen/rüden Ton ersetzt.
- Zwischenmenschliche Beziehungen außerhalb der Arbeitszeit werden eingefroren oder abgebrochen.
- Mitarbeiter beginnen sich gegenseitig zu kontrollieren und suchen intensiv nach Fehlern und schlechten Leistungen.
- Kritik wird destruktiv geübt (z. B. autoritär, persönlich, verallgemeinernd, ironisch, sarkastisch, in Gegenwart Dritter).
- Starke Absicherungstendenzen (die Anzahl von Aktenvermerken nimmt zu!) sowie fehlende Risiko- oder Entscheidungsbereitschaft aus der Angst heraus, man könne bei Fehlern ins Kreuzfeuer der Kontrahenten geraten, fallen ins Gewicht.
- Mitarbeiter beschweren sich bei Ihnen und weisen hierbei auf ein gespanntes Verhältnis in der Arbeitsgruppe hin.
- Die Mitarbeiter ziehen häufiger mit Klatsch und Tratsch übereinander her; allmählich wird in Umrissen eine Diffamierungskampagne erkennbar.
- Es kommt vermehrt zu Streitigkeiten über Zuständigkeitsregelungen.
- In der Abteilung wird durch hinterlistig geschmiedete Intrigen Unruhe geschürt.
- Mitarbeiter tragen unaufgefordert Dinge vor, die einen Kollegen in ein schlechtes Licht rücken, bzw. ergehen sich in abfälligen Bemerkungen.
- Ein Mitarbeiter wird von den Kollegen in Ihrer Gegenwart häufiger gefrotzelt und lächerlich gemacht.
- Ein Mitarbeiter macht plötzlich für ihn untypische Fehler oder lässt deutliche Leistungsschwankungen erkennen.
- Die Fluktuationsrate steigt, weil Mitarbeiter dem Psychoterror am Arbeitsplatz entfliehen."[1730]

Auch diese Liste erhebt keinerlei Anspruch auf Vollständigkeit, bietet jedoch eine Anzahl von Hinweisen auf ein mögliches Mobbingvorkommen. Inwiefern es sich bei Bejahung einzelner Punkte tatsächlich um Mobbing handelt, muss durch die bereits oben erwähnte gezielte Ursachenforschung ermittelt werden.

d) Zusammenfassung

Da ein schlechtes Betriebsklima eine der wesentlichen Ursachen für Mobbing darstellt, gilt es zunächst ein solches in einem Unternehmen zu erkennen, um daraufhin entsprechende Gegenmaßnahmen zu veranlassen. Die Qualität einer Arbeitsatmos-

1730 *Kratz*, S. 50 f.

päre kann dabei etwa durch die Auflistung der Anzeichen für ein schlechtes Betriebsklima von *Resch* oder den „Stimmungs-Check" von *Huber* festgestellt werden. Auch der Katalog an „Alarmsignalen" von *Kratz* ermöglicht es, die Verschlechterung des Arbeitsklimas zu erkennen. Mithilfe dieser Methoden lässt sich alternativ, oder auch kumulativ, ein gestörtes Betriebsklima erkennen, was dem Arbeitgeber ermöglicht, aktiv einzugreifen, um eine Verbesserung der Arbeitsatmosphäre zu erreichen.

Als weitere Anhaltspunkte, die auf Mobbing hindeuten können, sind darüber hinaus auch statistische Auffälligkeiten, Fehlerhäufungen, eine Veränderung der Arbeitszeit (bei flexiblen Arbeitszeiten), Informationslücken, Verhaltensveränderungen, abfällige Bemerkungen der Kollegen, (räumliche) Umsetzungswünsche oder auch Versetzungswünsche zu nennen. Im Allgemeinen können Checklisten im Sinne eines Frühwarnsystems für Mobbing bzw. einer Gefährdungsanalyse Vorgesetzten dabei helfen, erste Anzeichen von Mobbing frühzeitig zu erkennen und darauf entsprechend zu reagieren. Welche konkreten Mittel sich letztlich für eine Verbesserung der Arbeitsatmosphäre als effektiv erweisen, bildet im Folgenden den Gegenstand der Untersuchungen.

3. Personelle und strukturell-organisatorische Maßnahmen

Am sinnvollsten erscheint es, eine betriebliche Mobbingprävention gleichlaufend auf personeller und auf strukturell-organisatorischer Ebene zu betreiben, da bei einem eindimensionalen Vorgehen die Möglichkeiten früher erschöpft sind: Die Bemühung, lediglich die mobbingfördernden Umstände zu reduzieren, hätte zur Folge, den Menschen von seiner Pflicht zu entbinden, und der Versuch, das Benehmen der Beschäftigten zu verändern, gleichzeitig aber die bestehenden Arbeitsbedingungen beizubehalten, wäre zum Scheitern verurteilt.[1731]

Ohnehin ist es im Allgemeinen kaum möglich, eine Abgrenzung zwischen strukturell-organisatorischen und personellen Maßnahmen vorzunehmen, weil lediglich einzelne eindeutig zugeordnet werden können und stets eine Mischung aus beiden gegeben ist, die eine Wechselwirkung aufeinander entfalten. Auf diese Weise können etwa kooperative Führungsgrundlagen auf der strukturellen Ebene eine Änderung der hierarchischen Rollenverteilung im Unternehmen beinhalten, auf der personalen Ebene hingegen mehr Eigenverantwortung und in Zusammenhang damit mehr Selbstbewusstsein einzelner Beschäftigter.[1732]

Davon ausgehend sollen nachfolgend unterschiedliche Präventionsmaßnahmen zur Verhinderung von Mobbing vorgestellt und damit ein Überblick sowie Vorschläge zur Prävention gegeben werden. Diese Zusammenstellung erhebt dabei keinerlei Anspruch auf Vollständigkeit. Außerdem ist zu beachten, dass gegebenenfalls einzelne Methoden einer Anpassung an die jeweilige Organisationsstruktur bedürfen.[1733]

1731 *Schild/Heeren*, S. 119 m. w. N.
1732 *Schild/Heeren*, S. 119.
1733 *Schild/Heeren*, S. 119.

a) Aufklärung über Mobbing

Wie bereits zu Beginn dieses Abschnitts ausgeführt, gilt es in erster Linie im Unternehmen ein höheres Problembewusstsein zu schaffen.[1734] Eine große Rolle spielen dabei die Behebung etwaiger Informationsdefizite und die Sensibilisierung der Belegschaft für die Thematik, um auf diese Weise dem Phänomen Mobbing von vornherein den Nährboden zu entziehen. Ein elementarer Bestandteil bei einer gezielten Aufklärung bilden eine klare Haltung der Führungsspitze sowie eine daraus resultierende eindeutige Firmenphilosophie und -politik.[1735] Dafür müssen die Entscheidungsträger, das heißt die Personalverantwortlichen, Betriebs- und Personalratsmitglieder und Ausbilder, entsprechend qualifiziert werden, was konkret beispielsweise durch folgende Maßnahmen geschehen kann:

- Schulung bzw. Qualifizierung der Führungskräfte und Betriebsratsmitglieder in Bezug auf wesentliche Informationen zur Thematik, auf Handlungsoptionen sowie auf rechtliche Verpflichtungen und Modelle zur Konfliktlösung;
- Einladung von Sachverständigen zur Betriebsratssitzung;
- Verteilung von Infomaterialien wie Bücher und Broschüren;
- Aus- und Absprache des Betriebsrates mit der Vorgesetztenebene.[1736]

Gleichermaßen wichtig ist es darüber hinaus, Mobbing in ähnlicher Weise anhand von grundsätzlichen Informationen innerhalb der Belegschaft zu thematisieren. Dabei muss insbesondere der Begriff Mobbing konkretisiert und vom alltäglichen Tratsch oder vereinzelten Konflikten unterschieden werden. Außerdem sollten das Ausmaß sowie die negativen persönlichen und betriebswirtschaftlichen Folgen verdeutlicht werden.[1737] Neben der Relevanz des Unterschiedes zwischen einem normalen Konflikt und Mobbing sowie dem Beginn und Ablauf von Mobbing, ist für die Mitarbeiter auch von großer Bedeutung, an wen bzw. wohin sie sich im (Verdachts-)Fall zum einen innerhalb und zum anderen außerhalb des Unternehmens vertrauensvoll wenden können.[1738] Dabei sollten Auszubildende besonders im Fokus der Mobbingprävention stehen, vor allem, wenn davon eine größere Anzahl im Betrieb ist. Denn Jugendliche bringen nicht selten – entweder als Opfer oder als Täter – eine Mobbing-Vorgeschichte aus der Schule mit in das Unternehmen, welcher zu Beginn des Arbeitslebens eine Fortsetzung droht.[1739] Zudem sollten die betrieblichen Interessenvertreter eruieren, ob im Betrieb möglicherweise weitere Risikogruppen vorhanden sind, wie beispielsweise ältere oder schwerbehinderte Mitarbeiter oder solche mit einem Migrationshintergrund. In Betracht zu ziehen sind ebenfalls besondere Aufklärungsmaßnahmen für Quereinsteiger, Leiharbeitnehmer oder erstmalig eine Führungsposition innehabende Beschäftigte. Der Betriebs- bzw. Personalrat kann

1734 Teil 3, Kapitel 2, II. 1. dieser Arbeit.
1735 *Schild/Heeren*, S. 119 f.
1736 *Schild/Heeren*, S. 120.
1737 *Holzbecher/Meschkutat*, S. 30; *Schild/Heeren*, S. 120.
1738 *Esser/Wolmerath*, S. 86.
1739 *Esser/Wolmerath*, S. 86.

hierfür Aufklärungsarbeit in Form von Gesprächsangeboten leisten oder den Arbeitgeber derart beeinflussen, dass sich dieser entsprechend positioniert.[1740] Nicht zuletzt kann Mobbing Tagesordnungspunkt auf einer Betriebs- oder Personalversammlung sein, um die Thematik im Bewusstsein der Belegschaft zu halten, was vor allem bei aktuellen Problemen zu empfehlen ist, wenn von Arbeitgeberseite wenig oder keine Unterstützung erfolgt.[1741]

Zur Aufrechterhaltung der so geschaffenen Sensibilisierung eignen sich insbesondere Maßnahmen, wie

„- die Verankerung des Themas als Schwerpunkt in der Personal-/Betriebsratsarbeit
- regelmäßige Informationen in Firmenzeitschriften
- Aushänge, z. B. Zeitschriftenartikel zur Mobbingthematik
- Rundschreiben der Geschäftsführung oder des Betriebs-/Personalrats
- Faltblätter, Broschüren, usw.
- Veröffentlichung von Mobbing-Urteilen“[1742]

Zudem empfiehlt sich vor allem für größere Unternehmen

„- Durchführung einer Fragebogenaktion ‚Mobbing bei uns im Betrieb‘
- Einrichtung von ‚Mobbing-Arbeitskreisen‘
- Förderung von Gesprächsgruppen unter den Beschäftigten insbesondere im Hinblick auf Berufsanfänger, Auszubildende Neueinstellungen
- Gründung bzw. Einrichtung von Arbeitskreisen, in denen unterschiedliche betriebliche Hierarchien vertreten sind
- Einrichtung von Gesundheitszirkeln“[1743]

Ein bedeutender Bestandteil der Prävention bildet in großem Maße eine klare und eindeutige Positionierung des Arbeitgebers. Personalverantwortlichen obliegt es also aufzuzeigen, wie Mobbing zu begreifen ist und dass dies im Unternehmen nicht toleriert und entsprechend geahndet wird. Damit stellt die aktive Prävention einen wesentlichen Bestandteil der Führungsaufgaben dar.[1744]

b) Beseitigung von Mobbinganlässen durch Verbesserung der kommunikativen Infrastruktur

Die Grundvoraussetzungen für eine erfolgreiche Mobbing-Prophylaxe sind in jedem Unternehmen gegeben, da in jedem Unternehmen kommuniziert wird. Maßgeblich ist jedoch die Art und Weise der Kommunikation: Mobbing hat dann kaum eine Chance, überhaupt erst zu entstehen, wenn Konflikte rechtzeitig, bestenfalls direkt zu Beginn entdeckt und thematisiert werden und wenn Beschäftigte nicht angsterfüllt sondern gerne zur Arbeit erscheinen. Eine solche Kommunikationsstruktur kann insbesondere durch eine klare Kommunikation, einen produktiven Umgang mit

1740 *Esser/Wolmerath*, S. 86.
1741 *Esser/Wolmerath*, S. 86.
1742 *Holzbecher/Meschkutat*, S. 31.
1743 *Holzbecher/Meschkutat*, S. 31.
1744 *Holzbecher/Meschkutat*, S. 31.

Konflikten und durch das tatsächliche Leben eines kooperativen Führungsstils mit kompetenten Mitarbeitern implementiert werden.[1745]

Wie das im Einzelnen aussehen kann und welche konkreten weiteren Vorkehrungen im Unternehmen getroffen werden können, soll im Folgenden näher betrachtet werden.

aa. Führung und Kommunikation

Das Führungsverhalten und die Kommunikation in einem Unternehmen sind in großem Maße verantwortlich für die Qualität des Arbeitsklimas, so dass sich bei beidem die Frage stellt, welcher Art sie sein müssen, um Mobbing vorzubeugen.

(1) Führungsverhalten

Insbesondere drei Führungsstile werden unterschieden: Der *autoritäre Führungsstil*, bei dem klare Arbeitsanweisungen erteilt werden, welchen die Beschäftigten unabhängig von der Einsicht nachkommen müssen. Als entgegengesetztes Extrem darf beim *Laisser-faire-Führungsstil* jeder mitentscheiden und es wird von keiner Seite Druck ausgeübt, eine bestimmte Richtung einzuschlagen. Allerdings hat sich dieser Führungsstil vielmals als ineffizient erwiesen, ebenso wie der autoritäre Führungsstil in reinster Ausprägung häufig als zu streng und menschenverachtend oder verschleißend erfahren wird.[1746] Daher hat sich überwiegend der *kooperative Führungsstil* behauptet, der dadurch gekennzeichnet ist, dass hier sowohl die Aufgabenerledigung wie auch die Mitarbeiterzufriedenheit gleichsam als wichtig erachtet werden. Beide Aspekte ergänzen sich in ihrer Relevanz auch gegenseitig und haben so qualitativ hochwertige Arbeitsergebnisse sowie motivierte und zufriedene Arbeitnehmer zur Folge.[1747] Die Mitarbeiter gelten hier als gleichberechtigte Gesprächspartner und ihnen wird ein hoher Grad an Selbstständigkeit zuteil, indem sie beispielsweise mit Kompetenzen, Aufgaben und Verantwortung betraut werden. Zudem findet ein Verzicht auf persönliche Machtspiele statt. Es wird partnerschaftliches Handeln und Denken gelebt, das heißt Informationen werden nicht als Machtinstrument zurückgehalten, sondern es herrscht ein offener und vertrauensvoller Umgang.[1748] Die Führungskraft muss bei diesem Führungsstil die Bereitschaft und Fähigkeit besitzen, sich in die jeweiligen Mitarbeiter hineinzuversetzen, und daneben insbesondere über eine hohe Kommunikationsfähigkeit verfügen. In einem solchen Arbeitsumfeld wird auch eine Streitkultur gepflegt, so dass Konflikte vorkommen dürfen und sollen, damit sie gemeinsam einer Lösung zugeführt werden können. Neben Fachkompetenz benötigt eine solche Führungskraft also auch ein hohes Maß an Sozialkompetenz.[1749]

1745 *Grünwald/Hille*, S. 66 f.
1746 *Grünwald/Hille*, S. 79.
1747 *Grünwald/Hille*, S. 79.
1748 Dazu u. zum Voranstehenden *Grünwald/Hille*, S. 94.
1749 *Grünwald/Hille*, S. 94.

Unter dem Oberbegriff *soziale Kompetenz* sind mehrere soziale Kompetenzen zu verstehen: Als sehr relevante soziale Kompetenz von Führungskräften und Mitarbeitern gilt die Bereitschaft zur Verantwortungsübernahme, verbunden mit dem in die Leistungsfähigkeit von Mitarbeitern und Kollegen gesetzten Vertrauen.[1750] Für diese Befähigungen müssen weitere Voraussetzungen erfüllt sein, die gleichsam als soziale Kompetenzen eingeordnet werden:[1751] Eine dieser Fertigkeiten ist Kommunikationsfähigkeit, welche relevant ist, um aktiv zuzuhören und sich klar ausdrücken zu können. Daneben zählt Motivation dazu, und zwar in der Weise, sich überzeugend für gemeinsame Ziele einzusetzen und eine positive Haltung gegenüber anspruchsvollen Aufgaben zu haben mit der Intention, sie als Herausforderung zu meistern. Ein weiteres wesentliches Element bildet die Kooperations- bzw. Teamfähigkeit, da sie den gegenseitigen Respekt der Interaktionspartner und die Toleranz im Umgang mit abweichenden Auffassungen fördert. Kennzeichnend für die Kooperationsfähigkeit ist dabei wiederum selbstständiges Handeln ebenso wie die gegenseitige Unterstützung.[1752] Andere bedeutende Bestandteile der sozialen Kompetenz stellen Menschenkenntnis und Konfliktfähigkeit dar. In der Berufswelt hat sich letzteres zu einer Schlüsselkompetenz entwickelt. Diese Auffassung beruht auf dem Umstand, dass in den meisten Betrieben ein Generationen-Mix vorherrscht und Arbeitnehmer aus zwei, oft aus drei Generationen zusammenarbeiten, wobei deren Denk- und Verhaltensweisen und dementsprechend ihre Werte und Normen sehr verschieden sind. So kommt es zu einem gesteigerten Konfliktpotential, da die Zusammenarbeit zwischen den Beschäftigten aufgrund einer zunehmend dominierenden Teamorganisation sehr viel enger geworden ist.[1753] Eine weitere Gefahr für die Entstehung von Konflikten resultiert daraus, dass sich häufig im Umgang mit organisatorischen Strukturen, mit administrativer Technik und Abläufen, mit Kommunikationsmedien und mit Menschen Veränderungen ergeben, die ein hohes Maß an persönlicher Flexibilität von jedem Einzelnen abverlangen. Als Beispiele dafür können ständig wechselnde Arbeitskollegen und die Überforderung genannt werden, weil das lebenslange Lernen bzw. Umlernen am Arbeitsplatz zusätzlich zum Tagesgeschäft bewältigt werden muss. Der richtige Umgang mit diesen möglichen Konfliktherden erfordert gerade die soziale Kompetenz von Führungskräften und dabei vor allem deren Konfliktfähigkeit.[1754]

Zum Erwerb von sozialen Kompetenzen gibt es die unterschiedlichsten Entwicklungsmaßnahmen, insbesondere solche, die der Personalentwicklung dienen, wie beispielsweise von einem externen Coach durchgeführtes Einzelcoaching, unterschiedliche Seminare zur Problemlösung und Entscheidungsfindung, zu Rhetorik, zur Selbstwahrnehmung und Selbststeuerung, zu Teamarbeit und Teamleitung oder Führungstraining zur Motivation und Entwicklung von Mitarbeitern, das Einholen von Vorgesetztenfeedback seitens der Mitarbeiter, anspruchsvolle Sonderaufgaben oder die

1750 *Glawe*, S. 59.
1751 Dazu u. zum Nachstehenden *Glawe*, S. 59.
1752 Dazu u. zum Voranstehenden *Glawe*, S. 59.
1753 *Glawe*, S. 59 m. w. N.
1754 *Glawe*, S. 60 m. w. N.

aktive Unterstützung von einem Vorgesetzten mit Vorbildfunktion usw.[1755] Daneben existieren noch unzählige weitere Maßnahmen, deren Aufzählung hier zu weit führen würde und auch nicht den Hauptgegenstand dieser Arbeit bilden. Jedenfalls gelingt eine Personalentwicklung nur dann erfolgreich, wenn auch die Beschäftigten und Führungskräfte bereit sind, Neues zu lernen und selbstkritisch zu sein.[1756] Von großer Bedeutung ist in diesem Zusammenhang die professionelle Durchführung der entsprechenden Personalentwicklungsmaßnahme, damit die gewünschte Wirkung auch eintreten kann.[1757]

Wenn schließlich sämtliche Mitarbeiter, vor allem deren Vorgesetzte, konflikt-, kooperations- und kommunikationsfähig sind, also die wesentlichen Elemente der sozialen Kompetenz besitzen, ist eine effektivere Teamarbeit möglich und damit eine weitestgehende Verhinderung der Entstehung von Mobbing. Demzufolge bildet die spezifische Entwicklung und Förderung sozialer Kompetenzen bei Mitarbeitern und Führungskräften für eine erfolgreiche Mobbingprävention ein nicht zu unterschätzendes Konzept.[1758]

(2) Sensibilisierung und Qualifizierung von Führungskräften

Eine weitere wichtige Maßnahme zur Mobbingprävention stellt die Sensibilisierung und Qualifizierung von Führungskräften dar.

Bei den Führungskräften handelt es sich um eine quantitativ große Gruppe in einem Unternehmen, denen es obliegt, mit ihrem Vorbildverhalten[1759] das Betriebsklima positiv zu beeinflussen, und die daneben die Möglichkeit haben, soziales Fehlverhalten mit Hilfe des Arbeitgeberrechts zu ahnden.[1760] Es darf jedoch auch nicht unberücksichtigt bleiben, dass in nicht wenigen Mobbingsachverhalten Führungskräfte als Täter, als (scheiternde und überforderte) Beschwerdestelle oder als ignorante Möglichmacher, in das Geschehen eingebunden sind. Daher ist es auch eine der Hauptaufgaben des Betriebs- bzw. Personalrats, auf den Arbeitgeber dahingehend einzuwirken, dass dieser passende Qualifizierungsmaßnahmen für Vorgesetzte – z. B. im Zuge von innerbetrieblichen Fortbildungen – durchführen lässt.[1761]

Die von Vorgesetzten geforderten Führungsqualitäten beinhalten auch, dass sie befähigt sein sollten, Anzeichen von Mobbing in ihrem Verantwortungsbereich frühzeitig zu bemerken. Dabei müssen sie neben der empathischen Reaktion auf Beanstandungen und Hinweise ihrer Mitarbeiter aktiv werden und bei solchen Vorkommnissen zeitnah und konsequent in kompetenter Weise intervenieren. Führungskräfte sollten also hinsehen, zuhören und die Missstände verantwortungsvoll thematisieren.[1762]

1755 Vgl. *Glawe*, S. 61 Abb. 8.
1756 *Glawe*, S. 62.
1757 *Glawe*, S. 62.
1758 *Glawe*, S. 60 m. w. N.
1759 Teil 3, Kapitel 2, II. 3. c) aa. dieser Arbeit.
1760 *Esser/Wolmerath*, S. 87.
1761 Dazu u. zum Voranstehenden *Esser/Wolmerath*, S. 87.
1762 *Esser/Wolmerath*, S. 87.

Darüber hinaus sind Führungskräfte auch dahingehend zu sensibilisieren, dass für einen durchschnittlichen Arbeitnehmer eine herabsetzende Bemerkung seines Vorgesetzten viel schwerer wiegt als die eines gleichgestellten Mitarbeiters. Aus diesem Grund beruht unter anderem auch Stress und fehlende Arbeitszufriedenheit der Beschäftigten auf einem mangelhaften kommunikativen Führungsstil der direkten Vorgesetzten. Nicht selten beschwert sich ein Mitarbeiter über „Mobbing" der Führungskraft, während diese lediglich beabsichtigt, ihren Untergebenen etwas intensiver anzutreiben.[1763]

Im Allgemeinen kommt es letztlich auf einen offenen Umgang mit der Mobbingthematik durch die Führungskräfte an, da ein solcher das soziale Miteinander und die Arbeitsatmosphäre fördert, die Autorität des Vorgesetzten stärkt (und nicht im Geringsten untergräbt) sowie das Images des Unternehmens bzw. der Organisation für Außenstehende verbessert, etwa um soziale Standards zu gewährleisten. Eine offensive Haltung ist auch vielmehr ein Zeichen von Führungsqualität und gerade nicht von Führungsschwäche. Allerdings erfordert das von Vorgesetzten zum Teil auch, Zivilcourage gegenüber ihnen hierarchisch gleichgestellten Kollegen zu demonstrieren.[1764]

(3) Kommunikation

Kommunikation spielt zur Verhinderung von Missverständnissen, die in der Folge zu Konflikten und diese wiederum im Falle ihrer Eskalation zu Mobbing führen können, eine maßgebliche Rolle. An späterer Stelle soll noch auf das spezielle Kommunikationsverhalten von Führungskräften gegenüber ihren Mitarbeitern eingegangen werden. Hier sei jedoch zunächst auf allgemeine Regeln verwiesen, welche eine gute Kommunikation zweier Gesprächspartner erheblich erleichtern.

Insbesondere gibt es zwölf wichtige Grundsätze, die es zu beachten gilt. Nach *Grünwald/Hille* sind dies:

- Aktives Zuhören
  Aktives Zuhören stellt eine der wichtigsten Regeln dar, denn auf diese Weise kann der Standpunkt des Kommunikationspartners verstanden werden. Wichtig ist dabei, tatsächlich an der Perspektive und an der Position des Gesprächspartners interessiert zu sein und aufmerksam am Gespräch teilzunehmen.[1765] Beim aktiven Zuhören liegt der Fokus der Aufmerksamkeit nicht mehr bei der Person selbst, sondern bei der Wahrnehmung des Gegenübers, um das, was ihn beschäftigt, zu verstehen, jedoch ohne seine Person oder sein Verhalten zu bewerten. Auf diese Weise fühlt sich der Gesprächspartner akzeptiert, geschätzt und ernst genommen.[1766]

1763 *Esser/Wolmerath*, S. 87 f.
1764 Dazu u. zum Voranstehenden *Esser/Wolmerath*, S. 88.
1765 *Grünwald/Hille*, S. 67.
1766 *Graf*, S. 99 m. w. N.

- Ich-Position und Ich-Botschaften
  Der bedeutsamste Grund für die Verwendung der Ich-Position ist, auf diese Weise – im Gegensatz zu dem allgemeingültigen „man" – Verantwortung für die eigenen Äußerungen zu übernehmen. Außerdem ist es in der Ich-Position leichter, die eigenen Gedanken zu „hören".[1767] Mit Hilfe von Ich-Botschaften gelingt es mitzuteilen, was für die eigene Person wesentlich ist, ohne jedoch das Gegenüber bewerten zu müssen, was den Gesprächsteilnehmern eine objektive Kommunikation ohne überstürzte Stigmatisierung ermöglicht.[1768]

- Stimmig sein
  Verbale und nonverbale Botschaften dürfen einander nicht widersprechen, um keine Missverständnisse hervorzurufen. Denn der Klang der Stimme sowie Mimik, Gestik, Körperhaltung oder einzelne Bewegungen vermitteln dem Gegenüber die gefühlsmäßige Situation viel früher und klarer als der Inhalt der gesprochenen Worte. Widersprüchliches Verhalten wird von dem Gesprächspartner wahrgenommen und kann bei diesem leicht Ärger hervorrufen.[1769]

- Klar und spezifisch sein
  Eine unklare Terminologie sollte vermieden werden, was sowohl für Ideen, Fragen, Einstellungen, Feedbacks als auch für Gefühle gilt. Zudem muss klar, langsam und verständlich gesprochen werden.[1770]

- Kurz fassen
  Nebensächlichkeiten sollten weggelassen werden, denn konstruktive Gespräche entstehen durch gezielte und eindeutige Aussagen.[1771]

- Positives hervorheben
  Durch die Hervorhebung der positiven Aspekte einer Situation, eines Problems oder einer Person wird Respekt für den Wert der Kommunikationspartner oder anderer Dritter gezeigt und auf diese Weise eine gute Gesprächsatmosphäre geschaffen.[1772]

- Vernünftige und realistische Botschaften
  Die Kommunikation wird durch Übertreibungen oder lange Herleitungen gehemmt und oft bewirken Übertreibungen (wie etwa tausendmal, nie, immer usw.) auch Negativgefühle beim Gegenüber wie Wut, Gereiztheit oder Abneigung.[1773]

- Nachfragen
  Bei Unsicherheit, etwas nicht richtig verstanden zu haben, sollte unbedingt nachgefragt werden, da der Gesprächspartner nur dann weiß, ob er etwas

---

1767 *Grünwald/Hille*, S. 67 f.
1768 *Graf*, S. 98.
1769 *Grünwald/Hille*, S. 68.
1770 *Grünwald/Hille*, S. 68.
1771 *Grünwald/Hille*, S. 68.
1772 *Grünwald/Hille*, S. 68 f.
1773 *Grünwald/Hille*, S. 69.

wiederholen oder anders formulieren muss, damit seine Botschaft auch wie beabsichtigt ankommt.[1774]

- Mut zu einer abweichenden Meinung haben
  Wichtig ist auch stets, seine eigene Meinung zu vertreten, sogar wenn diese von der Auffassung des Gesprächspartners abweicht. Dabei sollte jedoch nicht versucht werden, den eigenen Standpunkt rücksichtslos durchzusetzen, sondern eine abweichende Meinung ist vielmehr auf freundliche und respektvolle Weise zu übermitteln.[1775]

- Zeit und Interesse
  Es ist von großer Relevanz, ausreichend Zeit für und ehrliches Interesse an dem Gespräch zu haben, da nur dann ausreichend Aufnahmebereitschaft gegeben ist. Sollte dies nicht zutreffen, ist es besser, dies offen anzusprechen und den Gesprächstermin zu verschieben.[1776]

- Bereitschaft
  Grundlegend muss auf beiden Seiten die Bereitschaft zur Kommunikation auch vorhanden sein, also beide Gesprächspartner müssen tatsächlich miteinander kommunizieren wollen.[1777]

- Humor
  Obgleich Ernsthaftigkeit für bestimmte Situationen verlangt wird und Ironie sowie Sarkasmus tunlichst zu vermeiden sind, sollte dennoch nie der Sinn für Humor abhandenkommen, da dieser jede Kommunikation auflockern und gegebenenfalls erleichtern kann.[1778]

Die Einhaltung dieser Grundregeln beeinflusst den Umgang der Beschäftigten in einem Unternehmen miteinander und damit letztlich auch das Betriebsklima in hohem Maße positiv. Auf eine solche Art und Weise der Kommunikation wird dem Gegenüber Respekt entgegengebracht und Missverständnisse können leichter vermieden werden.

bb. Beschwerde- bzw. Frühwarnsystem

Eine weitere Methode zur Verbesserung der kommunikativen Infrastruktur stellt die Installation eines klaren Beschwerde- bzw. Frühwarnsystems dar, welches „sowohl formelle Wege vorgibt als auch Möglichkeiten offenläßt [sic!], in bestimmten Situationen informelle Wege zu wählen“[1779]. Ein individuelles Beschwerdesystem kommt vor

1774 *Grünwald/Hille*, S. 69.
1775 *Grünwald/Hille*, S. 69.
1776 *Grünwald/Hille*, S. 69.
1777 *Grünwald/Hille*, S. 70.
1778 *Grünwald/Hille*, S. 70.
1779 *Holzbecher/Meschkutat*, S. 32.

allem dem Schutz der sozialen Stellung des Einzelnen im Betrieb zugute, da es ihm auch dann Schutz bietet, wenn er eine andere Meinung als die Gruppe vertritt.[1780]

Obgleich ein Beschwerderecht des Arbeitnehmers sogar gemäß § 84 BetrVG im Betriebsverfassungsgesetz normiert ist, besteht jedoch die Möglichkeit, dass sich die Ursache verschlechtert, obwohl nach dem Gesetz der Beschwerdeführer durch seine Beanstandung keine Nachteile erleiden darf.[1781] Denn auch eine auf Kommunikation und Partizipation der Beschäftigten basierende Organisation behält grundsätzlich ihre hierarchische Struktur, weshalb es stets Befangenheit bei der Konfliktaustragung in der vertikalen Beziehung geben wird, weil der Mitarbeiter aus Angst vor der Machtposition der Führungskraft oder aufgrund persönlicher Bedenken nicht den Mut aufbringt, Konfliktthemen oder auch Mobbing durch einen Vorgesetzten anzusprechen.[1782] Umgekehrt kann es Führungskräften auch bei einem kooperativen Führungsstil passieren, dass sie verborgene oder akute Spannungen in der vertikalen Beziehungsebene nicht bemerken. Daher ist es von großem Nutzen, auch kooperative Führungsformen um spezielle Beschwerdeeinrichtungen zu erweitern.[1783] Solche Institutionen haben eine umso erheblichere Relevanz, desto größer und komplexer ein Unternehmen ist. Dabei kann die Einrichtung formal oder informell als System der „offenen Tür“ erfolgen, wobei jedoch stets dem einzelnen Beschäftigten grundsätzlich ein Beschwerdeweg ermöglicht werden sollte, der seinen direkten Vorgesetzten umgeht.[1784]

Darüber hinaus kann die betriebliche Interessenvertretung sich darum kümmern, an möglichst vielen Stellen im Betrieb Personen zu kontaktieren, die für soziale Missstände sensibilisiert sind und von in Erfahrung gebrachten Mobbinggeschehnissen berichten. Neben den eigenen Ressourcen des Gremiums können dabei auch andere zur Verfügung stehende Anlaufstellen genutzt werden wie beispielsweise der betriebsärztliche Dienst, die gegebenenfalls existierende Sozialberatungsstelle, Beschäftigte in der Personalverwaltung bzw. Personalentwicklung, Fachkräfte für Arbeitssicherheit sowie alle sonstigen interessierten Mitarbeiter im Unternehmen.[1785] Von großer Bedeutung ist hierbei allerdings eine umsichtige Handhabung eines solchen Meldesystems, um einen Missbrauch durch Ausspionieren oder Denunziationen zu verhindern. Minimieren lässt sich dieses Risiko durch die Schaffung eines großen Netzwerks aus kompetenten und vertrauenswürdigen Ansprechpartnern, an welche jeder Mitarbeiter zwecks Beratung und Hilfe herantreten kann. Ein Beispiel dafür kann etwa auch eine anonyme Hotline zu einer anonymen Beratungsstelle sein, die für alle Beschäftigten bei Problemen jeglicher Art zur Verfügung steht.[1786] Als weitere Ergänzung dazu wird

1780 Dazu u. auch zum Voranstehenden *Schild/Heeren*, S. 121 m. w. N.

1781 *Schild/Heeren*, S. 121 f.

1782 *Merk*, S. 123.

1783 *Merk*, S. 123.

1784 *Merk*, S. 123.

1785 Dazu u. zum Voranstehenden *Esser/Wolmerath*, S. 88.

1786 *Esser/Wolmerath*, S. 88 f.

die Einrichtung eines „Meckerbriefkastens“ empfohlen, welcher es dem Betroffenen ermöglichen soll, mit seiner Beschwerde zunächst gänzlich anonym zu agieren.[1787]

Somit stellt die Installation eines Beschwerdesystems vor allem deshalb eine sinnvolle Mobbingprävention dar, da Beschwerdewege Konfliktmöglichkeiten verringern und damit auch das Konfliktrisiko verkleinern sowie insbesondere auch für eine größere Problemsensibilität sorgen.[1788]

cc. Entwicklung von Konfliktlösungsstrategien

Nach *Grünwald/Hille* besteht eine konstruktive Konfliktlösung, neben vornehmlich sechs Handlungsweisen zur Konfliktklärung[1789], insbesondere auch aus dem „Balance-Gesetz des Konfliktverhaltens“.[1790]

Letzteres beinhaltet zunächst die Entwicklung der Konfliktfähigkeit der Beschäftigten. Diesen müssen Wege und Möglichkeiten bekannt sein oder werden, damit sie entstehende Konflikte weitgehend eigenständig ohne die Zuhilfenahme von Instanzen konstruktiv auflösen und verändern können.[1791] Problematisch an Konflikten ist vor allem, dass sie trotz der Bemühung um Sachlichkeit regelmäßig sehr emotional sind. Umso wichtiger erscheint es deshalb, ausbalancierte Zustände anzustreben. Ausgeglichene und harmonisch empfundene Beziehungen zu unseren Mitmenschen werden im Allgemeinen als angenehm eingestuft, unausgeglichene demgegenüber als unangenehm. Daher, und weil Menschen vornehmlich bestrebt sind, angenehm empfundene Situationen zu erleben, wird ungleichgewichtigen Zuständen weitestgehend ausgewichen oder es werden Bemühungen angestellt, wieder ins Gleichgewicht zu gelangen. Dieses Verhalten betrifft dabei sowohl die eigene innere Situation als auch die Beziehungen zu anderen.[1792]

Weiterhin darf kein Schlagabtausch verletzter Gefühle stattfinden. Damit ist gemeint, dass, sofern etwa durch ein unerwartet intensives emotionales Verhalten eines Kollegen die Gefühle des Gesprächspartners verletzt wurden, dieser versucht, sich baldmöglichst zu revanchieren. Zwar wäre dann unter Umständen die Situation wieder ausgeglichen, aber das Streitgespräch verliefe für beide so unbefriedigend, wie der Auslöser geringfügig war, und letztlich ist das Beziehungsklima deutlich verschlechtert. Demzufolge bewirkt eine solche Kommunikationssituation letztlich nur eine Distanzierung der Gesprächsparteien. Deshalb sollte dem Gegenüber (nicht dem Gegner!) in Gesprächen stets vermittelt werden, dass ihm Respekt entgegengebracht wird.[1793]

1787 *Schild/Heeren*, S. 122 m. w. N.

1788 *Merk*, S. 123.

1789 *Grünwald/Hille*, S. 73, worauf sogleich noch näher eingegangen wird.

1790 *Grünwald/Hille*, S. 70 ff.

1791 *Grünwald/Hille*, S. 70.

1792 Dazu u. zum Voranstehenden *Grünwald/Hille*, S. 70 f.

1793 *Grünwald/Hille*, S. 71 f.

Besonders wichtig ist es schließlich, sachlich und wertschätzend zu bleiben: Unabhängig davon wie berechtigt der Ärger oder die Kritik gegenüber dem anderen auch sein mögen, sollte man sich um Sachlichkeit bemühen, die Gefühle des anderen achten und dafür Sorge tragen, dass beide Beteiligte gut aus der Situation herausgehen können. Die Relevanz dessen ergibt sich daraus, dass Konflikte ausschließlich auf der Sachebene gelöst werden können. Sobald Emotionen zum Tragen kommen, wird eine konstruktive Konfliktlösung schwierig bis unmöglich.[1794]

Darüber hinaus schlagen *Grünwald/Hille* die bereits erwähnten sechs Schritte der konstruktiven Konfliktlösung[1795] vor. Vorab generell zu beachten sind jedoch folgende Punkte: Zum einen spielt sich die Kommunikation auf zwei Ebenen ab, der Sachebene und der Gefühlsebene. Zum anderen sollten Konfliktgespräche am besten ungestört und unter vier Augen ablaufen. Außerdem sollten die Konfliktgespräche unbedingt sachlich geführt werden, so dass bei einer noch anhaltenden Verärgerung das Gespräch besser erst dann stattfindet, wenn sich die Emotionen beruhigt haben und eine Rückkehr auf die Sachebene möglich ist.[1796]

Bei den sechs Schritten der konstruktiven Konfliktlösung handelt es sich in der aufgezählten Reihenfolge um die Gesprächseröffnung, die Schilderung des Vorfalls, die Stellungnahme des Gesprächspartners, die *gemeinsame* Problemlösung, die Vereinbarung und die Evaluation, das heißt die Überprüfung der Umsetzung der gefundenen Lösung.[1797]

Dabei sieht die optimale Vorgehensweise nach *Grünwald/Hille* wie folgt aus:

> „**1. Gesprächseröffnung**
> Es ist nützlich, Ihren Gesprächspartner nicht sofort mit Vorwürfen zu überhäufen, sondern erst einmal den Rahmen für ein solches Gespräch zu schaffen, d. h. ungestört und in einer zumindest neutralen Atmosphäre. Wenn nötig, verlegen Sie das Gespräch aus dem Unternehmen in ein Café oder Restaurant.
>
> **2. Schilderung des Vorfalls (Ihre Ansicht)**
> Hier ist Sachlichkeit gefragt. Wenn Ihr eigener Ärger noch nicht abgeklungen ist, kann es von Vorteil sein, das Gespräch noch um einige Zeit aufzuschieben. Schildern Sie die Situation, wie Sie sie erlebt haben. Vermeiden Sie Anklagen durch nicht anwesende Dritte. ‚Man hört von Kollegen' oder ‚mir wurde zugetragen' sind äußerst schädliche Aussagen bei einer konstruktiven Gesprächsführung.
>
> **3. Stellungnahme des Gesprächspartners**
> Möglicherweise ist dem Gesprächspartner die Situation bis zu diesem Zeitpunkt nicht bewusst. Es zeugt von Respekt und Achtung, den anderen anzuhören und nicht lediglich ein anderes Verhalten anzuordnen oder zu verlangen. Bemühen Sie sich auch in dieser Phase darum, den anderen ausreden zu lassen und ihn auch wirklich zu verstehen!

1794 *Grünwald/Hille*, S. 72 f.
1795 *Grünwald/Hille*, S. 73.
1796 *Grünwald/Hille*, S. 73.
1797 *Grünwald/Hille*, S. 73 ff.

4. Gemeinsame Problemlösung
Vielleicht der wichtigste Punkt, der in den meisten Konfliktgesprächen ‚vergessen' wird: Man teilt dem anderen mit, was sich bitteschön in Zukunft ändern soll. Tatsächlich wird ein Verhalten sich nur dann ändern, wenn der andere dies auch einsieht bzw. mit der neuen Vereinbarung einverstanden ist. Daher ist es in dieser Phase nützlich, wenn der Gesprächspartner selbst einen Lösungsvorschlag entwickelt bzw. Sie beide die Lösung gemeinsam erarbeiten.
Die Chance, dass diese Lösung auch tatsächlich umgesetzt wird, ist weitaus höher, wenn beide an der Problemlösung beteiligt sind.

5. Vereinbarung
Manches Konfliktgespräch endet mit den Worten: ‚So, dann ändern Sie ′mal Ihr Verhalten!'. Sinnvoller ist es, eine eindeutige Vereinbarung zu treffen (z. B.: Was genau wird bis wann geändert?). Und welche Kriterien müssen vereinbart werden, um Schritt sechs in die Tat umzusetzen, d. h. welche Merkmale sind überprüfbar und zeigen, ob ein Konsens gefunden wurde?

Exkurs: Mögliche Lösungen eines Konflikts

Vier Varianten der Konfliktlösung können das Ergebnis eines Konfliktlösungsprozesses sein:

1. Die **Konzession** – einer gewinnt, einer verliert. 100% : 0%.
2. Die **Konfrontation** – beide Seiten rennen Türen knallend auseinander, keiner gewinnt. 0% : 0%.
3. Der **Kompromiss** – wird üblicherweise als zufrieden stellende Lösung betrachtet, obwohl jede Seite nur einen Teil erhält. 50% : 50%.
4. Der **Konsens** – beide Parteien kommen zu einer echten Lösung. 100% : 100%.

Beide Konfliktpartner müssen also für sich die Frage klären: Will bzw. kann ich mich durchsetzen (selbst behaupten) oder soll bzw. muss ich mich anpassen?
Die Antwort ergibt sich zum einen aus der Ich-Stärke der Persönlichkeit, zum anderen aus der Stärke bzw. Schwäche der Verhandlungspositionen.
Die eleganteste und sicher auch die schwierigste, für beide Parteien aber auch die befriedigendste Konfliktlösung ist die *Konsensbildung*, weil beide ihre Interessen wahren können. Dies erfordert von beiden Konfliktpartnern sowohl Kreativität als auch Kooperationsbereitschaft.

Die Konsensbildung
Ein Konsens ist dann erreicht, wenn den *Interessen* beider Konfliktparteien Rechnung getragen wird; wenn es beiden gelingt, eine Lösung zu finden, in der sie sich behaupten können. Dies ist zugegebenermaßen nicht immer einfach. Meist verhindert das Beharren auf der *eigenen Position* einen Erfolg versprechenden Lösungsansatz. Und zu oft betrachten wir das *gemeinsame Problem* nur aus unserer *eigenen Perspektive.*
Ein **Beispiel** ist hier der Sinaikonflikt, bei dem die beiden Staaten Israel und Ägypten auf ihr Recht an der Halbinsel Sinai beharrten. Die Positionen waren so nicht miteinander vereinbar, bis man nach den *Interessen* fragte, die hinter den Positionen standen.
Das Interesse Israels war ‚Sicherheit' und das Ägyptens ‚Verwaltungshoheit'; so war die *gemeinsame Lösung*, die die Interessen beider Länder berücksichtigte und schließlich zum Friedensvertrag von Camp David führte, folgende:
Der Sinai kommt zurück zum Hoheitsgebiet Ägyptens, wird und bleibt aber entmilitarisiert.
Deshalb: *Feilschen Sie nicht um Positionen, sondern verhandeln Sie Ihre Interessen!*

Der Konsens ist sicher für beide Konfliktparteien die beste Lösung, da beide ihre Interessen im Konsens verwirklicht sehen. Die Voraussetzung ist jedoch der Wille zur Zusammenarbeit, Findigkeit und Einfallsreichtum, Offenheit in Bezug auf die eigenen Interessen und Respekt vor denen des anderen.
Statt eine Position zu finden, die beiden Interessen genügt, wird allzu oft versucht, die Position anzugleichen und einen Kompromiss zu finden.

Die Kompromisslösung
Wenn es Ihnen und Ihrem Konfliktpartner nicht gelingt, zu einer Konsenslösung zu gelangen, gibt es zwei Möglichkeiten:
Sie lassen entweder die Verhandlung platzen, oder Sie und Ihr Konfliktpartner passen sich beide etwas aneinander an, kommen sich auf halben Weg entgegen.
Die Folge: Beide sind mit der Lösung des Problems unzufrieden.
Im Falle des Sinaikonflikts hätten dann vielleicht Israel und Ägypten jeweils nur die Hälfte des beanspruchten Territoriums bekommen, womit aber beiden Interessen nicht gedient gewesen wäre.
Ein Kompromiss ist **nicht** die optimale Lösung. In einem Kompromiss passen sich zwar beide Konfliktpartner an den jeweils anderen an, aber im Prinzip werden nicht die wahren Interessen berücksichtigt, sondern die Interessen *angeglichen.*
Die Folge: Ein Interessenskonflikt, bei dem beide Parteien im Prinzip mit der ‚Lösung' unzufrieden sind.

Die Konzessionslösung
Dies ist eine Konfliktlösung, bei der sich die stärkere Partei durchsetzen, also ihre Interessen behaupten kann, und die andere Partei sich bedingt anpasst. Dies ist jedoch nicht bedingungslos, wie bei einem Kompromiss, sondern ein Anpassen mit einem ‚aber…', eine Konzession (dt.: Bedingung).
Nur unter bestimmten Voraussetzungen ist also die ‚schwächere' Partei zum Nachgeben bereit, was wiederum ihre Position stärkt, weil sie den sowieso Stärkeren zu einem Zugeständnis ‚zwingen' kann, wo es für ihn nur die Alternative ‚keine Lösung' gegeben hätte. Ein wenig später werden auch die Interessen der nachgebenden Partei erfüllt (z. B., dass sich die mächtigere Partei als Bedingung in einem anderen – konkreten Fall – [sic!] ebenfalls zum Nachgeben bereit erklärt).
Wie bei der Konsenslösung wird hier dafür gesorgt, dass das allgemeine zwischenmenschliche ‚Klima' weiterhin positiv bleibt.

Die Konfrontation
Sicherlich die am wenigsten wünschenswerte Situation. Man stelle sich vor, wie beide Parteien mit hochroten Köpfen wutentbrannt auseinander rennen und denken: ‚Mit dem nicht!'. Wenn es so weit gekommen ist, wird es ungleich schwerer, sich noch einmal gemeinsam an einen Tisch zu setzen.
Je nachdem, wie festgefahren die Situation ist, hilft nur abwarten, bis die Emotionen abgeklungen sind und die Sachebene wieder erreicht werden kann.
Sinnvoll ist es häufig, hier auch einen neutralen Dritten für das nächste Gespräch hinzuzuziehen (s. auch Mediation).

Bedenken Sie bitte, dass es abzuwägen gilt, welche Lösung erstrebenswert ist. Wenn es sich eher um ‚Kleinigkeiten' handelt, kann auch ein Kompromiss für beide Seiten ausreichend sein. Wenn es aber um grundsätzliche und schwerwiegende Konflikte geht, ist meist der Konsens die einzig dauerhafte Lösung!

6. Evaluation
Einige Zeit nachdem die gemeinsame Problemlösung gefunden und umgesetzt wurde, ist es wichtig zu überprüfen, ob die Lösung die richtige war. Ist tatsächlich ein Konsens

> gefunden worden (alle Parteien sind zufrieden mit der Lösung) oder handelt es sich, wie so oft in der Politik, um einen (faulen) Kompromiss, bei dem jede Seite maximal 50% bekommt?“[1798]

Derartige Kommunikationsstrukturen ermöglichen jedenfalls einen offenen und vertrauensvollen Umgang miteinander, welcher die Lösung konstruktiver Konflikte zulässt und somit erheblich dazu beitragen kann, dass Mobbing gar nicht erst zur Entstehung gelangt.

dd. Betriebsvereinbarung

Allgemein anerkannt ist mittlerweile, dass Mobbing die betriebliche Ordnung stört und das Verhalten der Arbeitnehmer im Betrieb bzw. der Beschäftigten in der Dienststelle negativ beeinflusst.[1799] Wie bereits im zweiten Teil dieser Arbeit festgestellt, existieren keine gesetzlichen Normierungen zu Mobbing und ebenso wenig gibt es tarifvertragliche Regelungen. Daher bieten sich Betriebs- oder Dienstvereinbarungen an, um mobbingspezifische Regelungen zu treffen. Es hat sich auch gezeigt, dass Betriebs- bzw. Dienstvereinbarungen eine enorme Weiterentwicklung für den offenen Umgang mit sozialen Konflikten im Unternehmen darstellen. Denn als Teil einer betrieblichen Gesamtstrategie bewirken sie aufgrund ihrer formalen Regelung mehr Transparenz und praktikable Handlungsoptionen, die es den Beschäftigten ermöglichen, Konflikte öffentlich zu thematisieren und sich dabei auf ein rechtliches Instrumentarium beziehen zu können.[1800] Außerdem wird für potentielle Mobbingtäter eine Hemmschwelle erzeugt, die ihnen aufzeigt, dass sie mit ihren Schikanehandlungen die schriftlich formulierte Leitlinien des Unternehmens missachten und dass ihnen im Falle einer Zuwiderhandlung Konsequenzen drohen.[1801]

(1) Rechtliche Einordnung

Rechtlich handelt es sich bei einer Betriebs- oder Dienstvereinbarung um einen Vertrag,[1802] der von Betriebsrat und Arbeitgeber bzw. Personalrat und Dienststellenleiter geschlossen sowie schriftlich niedergelegt wird und dessen Geltung unmittelbar und zwingend ist, § 77 BetrVG.[1803] Darüber hinaus erstreckt sich der räumliche Geltungsbereich der Betriebsvereinbarung nur auf den oder die Betriebe, für den bzw. die sie abgeschlossen wurde und – mit Ausnahme der in § 5 Abs. 2, 3 BetrVG genannten Personenkreise und soweit sie nicht im persönlichen Geltungsbereich

---

1798 *Grünwald/Hille*, S. 74 ff.

1799 *Esser/Wolmerath*, S. 101; vgl. etwa auch LAG München, Beschl. v. 20.10.2005 – 4 TaBV 61/05, juris.

1800 *Schild/Heeren*, S. 122.

1801 *Holzbecher/Meschkutat*, S. 32.

1802 BAG, Beschl. v. 18.02.2003 – 1 ABR 17/02, NZA 2004, 337 (339); Däubler/Kittner/Klebe/Witte-*Berg*, § 77 Rn. 15 m. w. N.; *Fitting/Engels/Schmidt/Trebinger/Linsenmaier*, § 77 Rn. 13 m. w. N.; Richardi-*Richardi*, § 77 Rn. 24, 30, jeweils m. w. N.

1803 Zur Rechtswirkung einer Betriebsvereinbarung: *Klebe/Ratayczak/Heilmann/Spoo*, § 77 Rn. 8; vgl. ebenso Däubler/Kittner/Klebe/Witte-*Berg*, § 77 Rn. 14 m. w. N.; *Fitting/Engels/Schmidt/Trebinger/Linsenmaier*, § 77 Rn. 11 f. m. w. N.

beschränkt ist – erfasst sie alle Arbeitnehmer des Betriebes.[1804] Demgegenüber ergibt sich der Geltungsbereich einer Dienstvereinbarung aus ihrem Inhalt, wobei jedoch zu beachten ist, dass sie sich nicht über den Geschäftsbereich der Dienststelle erstrecken kann, deren Leiter die Dienstvereinbarung geschlossen hat.[1805]

Als Ansatzpunkt für den Abschluss einer Betriebs- bzw. Dienstvereinbarung zu Mobbing gelten in erster Linie § 87 Abs. 1 Nr. 1 BetrVG bzw. § 75 Abs. 3 Nr. 15 BPersVG[1806]. Daneben bildet das Arbeitsschutzgesetz nebst seinen Verordnungen i. V. m. § 87 Abs. 1 Nr. 7 BetrVG eine weitere Grundlage für den Abschluss einer mobbingspezifischen Betriebs- bzw. Dienstvereinbarung.[1807]

Gemäß § 87 Abs. 1 Nr. 1 BetrVG hat der Betriebsrat – soweit eine gesetzliche oder tarifliche Regelung nicht besteht – bei Fragen der Ordnung des Betriebes und des Verhaltens der Arbeitnehmer ein zwingendes Mitbestimmungsrecht. Davon erfasst wird die gesamte Ausgestaltung des Zusammenlebens und gemeinsamen Wirkens der Arbeitnehmer im Unternehmen.[1808] Das bedeutet, dass nicht nur die Normierung verbindlicher Verhaltensregeln, sondern auch deren Vollzug mitbestimmungspflichtig ist. Allerdings unterliegt das Verhalten der Arbeitnehmer dem Mitbestimmungsrecht nur insoweit, als ein Bezug zur betrieblichen Ordnung besteht,[1809] wie es etwa bei Mobbing am Arbeitsplatz der Fall sein soll.[1810] Auszuüben ist das Mitbestimmungsrecht nach § 87 BetrVG – sofern es sich auf die Normierung bestimmter Verhaltensregeln bezieht – durch Abschluss einer Betriebsvereinbarung.[1811] Für die Personalvertretung gilt Entsprechendes, da dem Personalrat gemäß § 75 Abs. 3 Nr. 15 BPersVG – soweit es keine gesetzliche oder tarifliche Regelung gibt – gegebenenfalls durch Abschluss einer Dienstvereinbarung ein Mitbestimmungsrecht über die Regelung der Ordnung in der Dienststelle und des Verhaltens der Beschäftigten zusteht.[1812]

Bei dem Arbeitsschutzgesetz nebst Verordnungen handelt es sich um Rahmenvorschriften i. S. d. § 87 Abs. 1 Nr. 7 BetrVG, so dass dem Betriebsrat bei Maßnahmen des Arbeitsschutzes ein relativ weitreichendes Mitbestimmungsrecht zukommt.[1813] Gleich-

---

1804 Däubler/Kittner/Klebe/Witte-*Berg*, § 77 Rn. 75 ff.; *Fitting/Engels/Schmidt/Trebinger/Linsenmaier*, § 77 Rn. 34 ff.; *Klebe/Ratayczak/Heilmann/Spoo*, § 77 Rn. 10; Richardi-*Richardi*, § 77 Rn. 31 ff.; dazu u. zum Voranstehenden ebenso *Esser/Wolmerath*, S. 100.

1805 *Esser/Wolmerath*, S. 100 m. w. N.

1806 Bundespersonalvertretungsgesetz (BPersVG): Erlassen am 15.03.1974, BGBl. I, S. 693; letzte Änderung durch Art. 7 G v. 17.07.2017, BGBl. I, S. 2581, 2612.

1807 Dazu u. zum Voranstehenden *Esser/Wolmerath*, S. 100 f.; vgl. auch LAG München, Beschl. v. 20.10.2005 – 4 TaBV 61/05, juris.

1808 Ebenso *Esser/Wolmerath*, S. 100 m. w. N.

1809 Richardi-*Richardi*, § 87 Rn. 184 m. w. N.

1810 Däubler/Kittner/Klebe/Witte-*Klebe*, § 87 Rn. 67 m. w. N.; *Klebe/Ratayczak/Heilmann/Spoo*, § 87 Rn. 13 m. w. N.

1811 Richardi-*Richardi*, § 87 Rn. 211.

1812 Altvater/Baden/Berg/Kröll/Noll/Seulen-*Berg*, § 75 Rn. 240 ff., insbes. Rn. 245 (Maßnahmen zum Schutz vor sexueller Belästigung); *Ilbertz/Widmaier/Sommer*, § 75 Rn. 29 ff.; *Reich*, § 75 Rn. 34 m. w. N.; *Rieger*, § 75 Erläuterungen zu Abs. 3 Nr. 15, S. 154; vgl. dazu u. zum Voranstehenden auch *Esser/Wolmerath*, S. 100 f. m. w. N.

1813 *Esser/Wolmerath*, S. 101.

zeitig ist der Betriebsrat jedoch gemäß § 80 Abs. 1 Nr. 1 BetrVG[1814] auch verpflichtet, die Einhaltung der Vorschriften zum Arbeitsschutz zu kontrollieren. Zu beachten bleibt, vor allem im Zusammenhang mit der Mobbingthematik, dass der Arbeitsschutz gemäß seinem gegenwärtigen Verständnis auch den Schutz der Arbeitnehmer vor psychischen Beeinträchtigungen miteinschließt.[1815] Was den Personalrat betrifft, gilt Entsprechendes gemäß § 75 Abs. 3 Nr. 11 BPersVG; allerdings ist diese personalvertretungsrechtliche Regelung umfangreicher ist als die betriebsverfassungsrechtliche Norm des § 87 Abs. 1 Nr. 7 BetrVG. Denn das Mitbestimmungsrecht der Personalvertretung beinhaltet – soweit keine gesetzliche oder tarifliche Regelung existiert – alle Maßnahmen zur Abwendung von Arbeits- und Dienstunfällen sowie sonstigen Gesundheitsschädigungen.[1816]

Ferner kann der Betriebsrat aufgrund des uneingeschränkten Initiativrechts in den sich aus § 87 Abs. 1 Nr. 1, 7 BetrVG ergebenden mitbestimmungspflichtigen Angelegenheiten von sich aus aktiv werden und vom Arbeitgeber den Abschluss einer Betriebsvereinbarung zur Mobbingthematik fordern. Dieser Abschluss kann notfalls sogar mit Hilfe der Einigungsstelle[1817] erzwungen werden. Für den Bereich der Personalvertretung ist diesbezüglich auf §§ 69 ff. BPersVG zu verweisen.[1818]

Darüber hinaus gilt es seit einer Entscheidung des BAG aus dem Jahr 2007[1819] als unbestritten, dass einzelne Mobbinghandlungen auch Benachteiligungen i. S. d. § 1 AGG sein können, was bedeutet, dass die Vorschriften des Allgemeinen Gleichbehand-

1814 Vgl. dazu Däubler/Kittner/Klebe/Witte-*Buschmann*, § 80 Rn. 7 ff.; *Fitting/Engels/Schmidt/Trebinger/Linsenmaier*, § 80 Rn. 5 ff.; *Klebe/Ratayczak/Heilmann/Spoo*, § 80 Rn. 1 f.; Richardi-*Thüsing*, § 80 Rn. 6 ff., jeweils m. w. N.

1815 *Esser/Wolmerath*, S. 101 m. w. N.

1816 *Esser/Wolmerath*, S. 101 m. w. N.; ebenso *Altvater/Baden/Berg/Kröll/Noll/Seulen-Berg*, § 75 Rn. 202; *Ilbertz/Widmaier/Sommer*, § 75 Rn. 157; *Reich*, § 75 Rn. 30 m. w. N.; *Rieger*, § 75 Erläuterungen zu Abs. 3 Nr. 11, S. 152.

1817 Vgl. § 87 Abs. 2 BetrVG. Geregelt ist das Einigungsstellenverfahren in § 76 BetrVG, wobei zu beachten ist, dass der Arbeitgeber gem. § 76a Abs. 1 BetrVG sämtliche Kosten der Einigungsstelle zu tragen hat; dazu ebenfalls Däubler/Kittner/Klebe/Witte-*Klebe*, § 87 Rn. 388 ff.; Däubler/Kittner/Klebe/Witte-*Berg*, § 76 Rn. 89 ff.; Däubler/Kittner/Klebe/Witte-*Berg*, § 76a Rn. 1; *Fitting/Engels/Schmidt/Trebinger/Linsenmaier*, § 87 Rn. 590 ff.; *Fitting/Engels/Schmidt/Trebinger/Linsenmaier*, § 76 Rn. 56 ff.; *Fitting/Engels/Schmidt/Trebinger/Linsenmaier*, § 76a Rn. 4 ff.; *Klebe/Ratayczak/Heilmann/Spoo*, § 87 Rn. 80; *Klebe/Ratayczak/Heilmann/Spoo*, § 76 Rn. 5 ff.; *Klebe/Ratayczak/Heilmann/Spoo*, § 76a Rn. 1; Richardi-*Richardi*, § 87 Rn. 990 ff.; Richardi-*Maschmann*, § 76 Rn. 81 ff.; Richardi-*Richardi/Maschmann*, § 76a Rn. 5 ff.

1818 Vgl. dazu etwa *Altvater/Baden/Berg/Kröll/Noll/Seulen-Berg*, §§ 69 ff., jeweils Rn. 1 ff.; *Ilbertz/Widmaier/Sommer*, §§ 69 ff., S. 776 ff.; *Rieger*, Erläuterungen zu §§ 69 ff., S. 120 ff.; dazu u. zum Voranstehenen ebenso *Esser/Wolmerath*, S. 101 f. m. w. N.

1819 Vgl. BAG, Urt. v. 25.10.2007 – 8 AZR 593/06, juris, Rn. 69: Der Achte Senat stellt in diesem Urteil fest, dass mit der Definition des Begriffs *Belästigung* der Gesetzgeber letztlich auch den Begriff des Mobbings umschrieben hat, welcher in § 3 Abs. 3 AGG definiert wird: „Eine Belästigung ist eine Benachteiligung, wenn unerwünschte Verhaltensweisen, die mit einem in § 1 genannten Grund in Zusammenhang stehen, bezwecken oder bewirken, dass die Würde der betreffenden Person verletzt und ein von Einschüchterungen, Anfeindungen, Erniedrigungen, Entwürdigungen oder Beleidigungen gekennzeichnetes Umfeld geschaffen wird". Das BAG gelangt mit dem in § 1 AGG verfolgten Ziel einer benachteiligungsfreien Arbeitswelt zu dem Ergebnis, dass der in § 3 Abs. 3 AGG umschriebene Begriff des Mobbings auf alle Fälle der Benachteiligung eines lungsgesetzes ebenfalls auf Mobbing anwendbar sind. In diesem Zusammenhang ist zu beachten, dass § 17 Abs. 1 AGG insbesondere vom Arbeitgeber sowie vom Betriebs- bzw. Personalrat verlangt, „im Rahmen ihrer Aufgaben und Handlungsmöglichkeiten an der Verwirklichung des in § 1 genannten Ziels mitzuwirken".[1820] Außerdem unterliegen Maßnahmen, die der Arbeitgeber auf der Grundlage des Allgemeinen Gleichbehandlungsgesetzes trifft, gemäß § 87 Abs. 1 Nr. 1, 7 BetrVG der Mitbestimmung des Betriebsrats bzw. gemäß § 75 Abs. 3 Nr. 11, 15 BPersVG der Mitbestimmung des Personalrats.[1821] Für die betriebliche Beschwerdestelle gemäß § 13 Abs. 1 AGG gilt dies insofern, als der Betriebsrat bei der Implementierung und Umsetzung des Verfahrens, in dem Arbeitnehmer ihr Beschwerderecht nach § 13 Abs. 1 AGG ausüben können, aufgrund von § 87 Abs. 1 Nr. 1 BetrVG mitbestimmen muss.[1822]

(2) Zentrale Eckpunkte

In einer Betriebs- oder Dienstvereinbarung wird im Einzelnen festgelegt, welcher konkrete Tatbestand geregelt wird, wer die Verantwortung für die Einführung und Überwachung der neuen Regelung trägt, wie und wann die Umsetzung überprüft und mit welchen Folgen ein Verstoß oder die Nichterfüllung sanktioniert wird.[1823] Es sollen also ethische Grundsätze über partnerschaftliches Verhalten auf der Ebene gleichgestellter Kollegen, zwischen Mitarbeitern und Führungskräften festgelegt sowie Verfahrensschritte zur Konfliktbereinigung und auch Repressalien (z. B. Abmahnungen) für identifizierte Mobbingtäter normiert werden.[1824] Zudem können Betriebsvereinbarungen ein Signal an die Belegschaft sein, dass das Unternehmen sich ernstlich mit der Thematik auseinandersetzt und ein Regelwerk zum Umgang mit Mobbingfällen erstellt.[1825]

Bei der Ausgestaltung einer mobbingspezifischen Betriebs- bzw. Dienstvereinbarung ist zu berücksichtigen, dass es ein paar Faktoren gibt, die Element einer jeden derartigen Übereinkunft sein sollten, während andere Aspekte individuell auszuarbeiten sind und keine Verallgemeinerung aufgrund der konkreten betrieblichen Umstände

---

Arbeitnehmers – und zwar gleich aus welchen Gründen – übertragen werden kann. Vgl. dazu ebenso Schaub-*Linck*, § 36 Rn. 54; *Rolfs*, 14 § 3 Rn. 11 f.; *Wörlen/Kokemoor*, Rn. 204.

1820 *Esser/Wolmerath*, S. 102.

1821 *Esser/Wolmerath*, S. 102.

1822 Ebenso *Esser/Wolmerath*, S. 102; zu beachten ist dabei allerdings, dass weder die Einrichtung einer Beschwerdestelle gem. § 13 AGG noch deren personelle Besetzung einem Mitbestimmungsrecht des Betriebsrates unterliegt, da Gegenstand der Entscheidung des Arbeitgebers nicht die Ordnung des Betriebs, sondern dessen Organisation ist; demgegenüber besteht ein Mitbestimmungsrecht gem. § 87 Abs. 1 Nr. 1 BetrVG, wenn neben der Bestimmung der zuständigen Stelle auf Tätigwerden des Arbeitgebers oder auf Anregung des Betriebsrats auch das für die Behandlung von Beschwerden anzuwendende Verfahren geregelt werden soll, so dass eine Einigungsstelle zu diesem Regelungsgegenstand gebildet werden kann: *Bauer/Krieger/Günther*, § 13 Rn. 6a m. w. N; vgl. dazu auch BAG, Beschl. v. 21.07.2009 – 1 ABR 42/08, NZA 2009, 1049 (1050 f.).

1823 *Neuberger*, S. 114.

1824 *Merk*, S. 108 f.

1825 *Merk*, S. 109.

gestatten.[1826] Außerdem darf dabei nicht außer Acht gelassen werden, dass die Voraussetzungen für die Verhandlungen und für den Abschluss einer Vereinbarung zur Mobbingthematik sehr variabel sind: Beispielsweise kann der Betriebsrat des einen Unternehmens wegen der ablehnenden Haltung des Arbeitgebers nur sehr wenige, der Betriebsrat eines anderen Unternehmens wegen der Aufgeschlossenheit und des Problembewusstseins seines Vertragspartners dagegen seine Ideen optimal umsetzen, was gleichermaßen für den Bereich der Personalvertretung gilt.[1827]

Aus den oben genannten Gründen stellen die im Folgenden angeführten **Eckpunkte für eine Betriebs- bzw. Dienstvereinbarung zur Mobbingproblematik** lediglich Orientierungshilfen dar:

> **„Überschrift:**
> - z. B. ‚Betriebsvereinbarung zu sozialem Umgang im Betrieb' oder ‚Dienstvereinbarung für ein partnerschaftliches Verhalten am Arbeitsplatz'
>
> **Präambel:**
> - Grund für den Abschluss der Betriebs- bzw. Dienstvereinbarung
> - Absichten und Ziele der Vertragsparteien
>
> **Geltungsbereich:**
> - Räumlich: für welche(n) Betrieb(e), Abteilung(en) …
> - Persönlich: für welchen konkreten Personenkreis
> - Zeitlich: sofern die Geltungsdauer der Betriebsvereinbarung (z. B. aus Gründen ihrer Erprobung) befristet sein soll
>
> **Begriffserklärung und Reichweite:**
> - Definition von Mobbing sowie psychischer Gewalt*
> - Aufzählung von beispielhaften Mobbinghandlungen sowie Erscheinungsformen psychischer Gewalt (= nicht abschließender Katalog, der bei Bedarf ergänzt werden kann)
> - Abgrenzung von Verhaltensweisen, die nicht Mobbing sind
> - Einbeziehung von Verhaltensweisen, die kein Mobbing sind (z. B. Diskriminierung, [sexuelle] Belästigung, Stalking, Denunzierung)
>
> **Hinweis:* *Da es sich bei Mobbing nur um eine Erscheinungsform psychosozialer Belastungsfaktoren am Arbeitsplatz handelt, kann eine Betriebs- bzw. Dienstvereinbarung zur Mobbingproblematik ohne größere Schwierigkeiten auf weitere psychosoziale Belastungsfaktoren (z. B. Diskriminierung, [sexuelle] Belästigung, Stalking, Denunzierung) ausgeweitet werden. Damit werden die Betriebsparteien ihrer sozialen Verantwortung gemäß § 17 Abs. 1 AGG gerecht, an der Verwirklichung des in § 1 AGG genannten Ziels einer benachteiligungsfreien Arbeitswelt mitzuwirken.*
>
> **Verhaltenskodex:**
> - Aufzählung von einzelnen Verhaltensanforderungen
> - Verbot unerwünschter Verhaltensweisen
> - Umgang mit Problemen sowie Konfliktsituationen im Betrieb bzw. in der Dienststelle

---

1826 *Esser/Wolmerath*, S. 103.

1827 *Esser/Wolmerath*, S. 103.

Betriebsklima:
- Festschreibung von Maßnahmen zur Verbesserung des Betriebsklimas
- Zeitpunkt, Ort und Art der Maßnahmen
- Freistellung für die Teilnahme an den Maßnahmen
- Kostentragung durch den Arbeitgeber

Ansprechpartner/Mobbingbeauftragte bzw. Betriebliche Anlaufstelle:
- Funktion und Aufgabe
- Stellung (z. B. Mitglied des Betriebs- bzw. Personalrats, externe Person)
- Ausstattung (z. B. Büro, Bücher, PC, Schreibkraft)
- Hinzuziehung von Experten (z. B. Rechtsanwälte, Ärzte, Sachverständige)
- Schulung und Fortbildung
- Kostentragung durch den Arbeitgeber

Konfliktlösungsverfahren:
- Regelung des Verfahrens zur Bewältigung von Konfliktsituationen
- Maßnahmenkatalog/Stufenverfahren
- Möglichkeit der Einschaltung externer Personen (z. B. Selbsthilfegruppe, Arzt, Psychologe)

Schlichtungsstelle:
- Zuständigkeit: Bei Meinungsverschiedenheiten zwischen Betriebs- bzw. Personalrat und Arbeitgeber bzw. Dienststellenleiter, die sich aus der Anwendung der Betriebs- bzw. Dienstvereinbarung ergeben
- Besetzung
- Verfahren
- Hinzuziehung von Sachverständigen
- Kostentragung durch den Arbeitgeber

Hilfe für Mobbingbetroffene:
- Angebot von (therapeutischen) Maßnahmen und Hilfen (z. B. Gespräche, Vertrauen schaffen, Ängste abbauen)
- Zeitpunkt, Ort und Art der angebotenen Maßnahmen
- Freistellung für die Teilnahme an den Maßnahmen
- Kostentragung durch den Arbeitgeber

Sensibilisierung und Qualifizierung:
- Maßnahmen zur Sensibilisierung und Qualifizierung von Vorgesetzten und Beschäftigten (z. B. Vorträge, Seminare, Gesprächskreise)
- Zeitpunkt, Ort und Art der Durchführung der Maßnahmen
- Freistellung für die Teilnahme an den Maßnahmen
- Kostentragung durch den Arbeitgeber

Sanktionen (falls gewünscht):
- Aufzeigen der Sanktionsmittel (z. B. Ermahnung, Abmahnung, Geldbuße, Versetzung, Kündigung)
- Welche Sanktionsmittel kommen wann in Betracht
- Regelung des Verfahrens der Sanktionierung (z. B. Beteiligung der Interessenvertretung, Anhörung des Betroffenen, Aufklärung des Sachverhalts, Anrufung der Schlichtungsstelle bei Meinungsverschiedenheiten)

Schlussbestimmungen:
- Information (z. B. Verteilung der Betriebs- bzw. Dienstvereinbarung an den Adressatenkreis, Aushang am Schwarzen Brett, Vorstellung der Betriebs- bzw. Dienstvereinbarung auf einer Betriebs- bzw. Personalversammlung)

- Salvatorische Klausel
- Pflicht zur Evaluation und Fortschreibung der Betriebs- bzw. Dienstvereinbarung
- Inkrafttreten (einer unbefristeten Betriebsvereinbarung; Kündigung und Nachwirkung).“[1828]

Besonders wichtig ist eine positiv formulierte Überschrift. Denn zum einen soll den Mitarbeitern nicht kollektiv unterstellt werden, mögliche Mobbingtäter zu sein, und zum anderen geht es inhaltlich um hilfreiche Strukturen zur konstruktiven Bewältigung von im Berufsleben unvermeidlichen zwischenmenschlichen Dissonanzen.[1829] Weiterhin sollte der Betriebs- bzw. Dienstvereinbarung unbedingt auch eine Präambel vorangestellt werden, in welcher die Motive und der Zweck der ganzen Angelegenheit in einer positiven Aussage dargelegt werden.[1830] Ebenso unerlässlich ist eine Definition und Erklärung von Mobbing, da jedem verdeutlicht werden sollte, welches konkrete Verhalten am Arbeitsplatz nicht erwünscht ist.[1831]

Außerdem ist es von elementarer Bedeutung für eine entsprechende Vereinbarung zu Mobbing, legitimierte Ansprechpartner festzulegen, an die man sich im Falle einer empfundenen Diskriminierung, Demütigung oder bei Mobbing wenden kann.[1832] Des Weiteren sind in der Übereinkunft auch Strukturen und Vorgehensweisen zu verankern, wie konkret zu verfahren ist, sobald sich die Hinweise auf Mobbing verdichten. Dabei müssen sich gerade Vorgesetzte selbst einbringen, wenn innerhalb ihres Verantwortungsbereichs Mobbing auftritt.[1833]

Darüber hinaus erscheint es zweckmäßig darauf hinzuweisen, dass Mobbinghandlungen auch Straftatbestände erfüllen sowie arbeits- bzw. dienstrechtliche Repressalien nach sich ziehen können.[1834] Schließlich ist noch von großer Relevanz, dass vom Betriebs- bzw. Personalrat nach dem Abschluss einer Betriebs- bzw. Dienstvereinbarung auch deren Umsetzung verfolgt und diese erforderlichenfalls fortgeschrieben oder korrigiert wird.[1835] Vergleichbares gilt für die Arbeitgeberseite, die ihrer sich aus § 77 Abs. 1 S. 1 BetrVG[1836] bzw. § 74 Abs. 1 BPersVG[1837] ergebenden Pflicht der Umsetzung der Betriebs- bzw. Dienstvereinbarung nachkommen muss.[1838]

1828 *Esser/Wolmerath*, S. 103 ff.
1829 *Esser/Wolmerath*, S. 107.
1830 *Esser/Wolmerath*, S. 107 f.
1831 *Esser/Wolmerath*, S. 108.
1832 *Esser/Wolmerath*, S. 108.
1833 *Esser/Wolmerath*, S. 108.
1834 *Esser/Wolmerath*, S. 105.
1835 *Esser/Wolmerath*, S. 106.
1836 Däubler/Kittner/Klebe/Wedde-*Berg*, § 77 Rn. 14 ff.; *Fitting/Engels/Schmidt/Trebinger/Linsenmaier*, § 77 Rn. 11 ff.; Richardi-*Richardi*, § 77 Rn. 17 ff.
1837 *Altvater/Baden/Berg/Kröll/Noll/Seulen-Berg*, § 74 Rn. 1 ff.; *Ilbertz/Widmaier/Sommer*, § 74 Rn. 1; *Reich*, § 74 Rn. 1 f.; *Rieger*, § 74 Erläuterungen zu Abs. 1, S. 133 f.
1838 *Esser/Wolmerath*, S. 106.

(3) Kritik und Durchsetzung

Kritik sieht sich der Abschluss einer Betriebs- oder Dienstvereinbarung insofern ausgesetzt, als zum einen die Abschreckungswirkung gegenüber einem möglichen Mobbingtäter als eingeschränkt betrachtet wird, da er gerade im Verborgenen agieren möchte. Zum anderen ist die Gefahr nicht ganz von der Hand zu weisen, dass die Betriebsräte mit Lappalien überhäuft werden.[1839] Weiterhin könnte gegebenenfalls auch ein negativer Effekt erreicht werden, da mit der Niederschrift die zu Mobbing zählenden Handlungen betrieblich definiert und die Eingriffsregeln preisgegeben werden, so dass ein raffinierter Mobbingtäter mit seinem Verhalten nicht der bestehenden Vereinbarung widerspricht und diese dadurch untergraben wird.[1840] Dem kann jedoch entgegengehalten werden, dass eine begrenzte Abschreckungswirkung sowie eine mögliche Überlastung der Betriebsräte mit Bagatellen angesichts der vielversprechenden Wirkung einer mobbingspezifischen Betriebs- bzw. Dienstvereinbarung, wie etwa die tatsächliche Unterstützung potentieller Mobbingopfer oder die positive Signalwirkung für die Beschäftigten, hinzunehmen sind. Zudem sei bei der Volkswagen AG nach Abschluss der dortigen Betriebsvereinbarung im Jahre 1996[1841] trotz der Sensibilisierung der Belegschaft zunächst wohl keine Überforderung der Betriebsräte zu verzeichnen gewesen.[1842]

Schließlich kann einer befürchteten Aushebelung einer solchen Vereinbarung durch ein entsprechendes Verhalten eines Mobbenden mit einer weit auszulegenden Regelung, deren Bedeutung auch gegenüber den Betriebs- bzw. Dienststellenangehörigen kommuniziert wird, entgegengetreten werden. Darüber hinaus dient eine solche Regelung trotz aller Kritik jedenfalls als Orientierungshilfe für die Handhabung sozialer Konflikte, die insbesondere darauf abzielt, dass die getroffene Übereinkunft in Bezug auf das Miteinander im Betrieb auch umgesetzt, also tatsächlich gelebt wird.[1843]

Gerade wegen der oben beschriebenen fortschrittlichen Wirkung hinsichtlich eines offenen Umgangs mit Konflikten, die eine Betriebs- bzw. Dienstvereinbarung mit sich bringt, nehmen die Bereitschaft und das Eigeninteresse vom Management zu, Vorgaben für einen fairen Umgang und gegen soziale Verfehlungen wie Mobbing einzuführen. In diesen Fällen muss daher keine „Durchsetzung“ erfolgen, sondern die Abrede wird absolut erwünscht abgeschlossen.[1844] Zum Teil müssen sich Initiatoren einer solchen Vereinbarung aber auch mit Widerständen, Verharmlosungen und Ignoranz auseinandersetzen und dementsprechende Überzeugungsarbeit leisten. Maßgeblich ist es dann, proaktiv auf die Bedenken der Arbeitgeberseite zu agieren. Oft handelt es sich bei den Sorgen um vermeintliche Imageprobleme oder es wird generell die

1839 Dazu u. zum Voranstehenden *Merk*, S. 109.
1840 *Merk*, S. 109.
1841 Teil 3, Kapitel 2, II. 3. b) dd. (4) dieser Arbeit.
1842 *Merk*, S. 109. Eine aufgrund der Zielsetzung dieser Arbeit getätigte Anfrage der Verfasserin bei der Volkswagen AG in Bezug auf die Praxiserfahrungen mit dieser Betriebsvereinbarung blieb allerdings unbeantwortet.
1843 *Schild/Heeren*, S. 122 m. w. N.
1844 *Esser/Wolmerath*, S. 106.

Existenz eines Problems geleugnet. Diesbezüglich kann der Betriebs- bzw. Personalrat in seiner Argumentation bereits vorhandene Leitbilder und Führungsrichtlinien aufgreifen, weil mit diesen eine mobbingspezifische Betriebs- bzw. Dienstvereinbarung übereinstimmen dürfte.[1845] Sofern kein Handlungsdruck wegen akuter Fälle besteht, stellt eine längere Verhandlungsphase im Übrigen keinen Nachteil dar, da diese Zeit intensiv zur Sensibilisierung von Mitarbeitern und Führungskräften genutzt werden kann. Außerdem muss allen Beteiligten verdeutlicht werden, dass es letztlich um ein partnerschaftliches Verhalten am Arbeitsplatz geht. Sollte ein solcher Appell an die Einsicht keine Wirkung zeigen, muss die Interessenvertretung sowohl von ihren betriebspolitischen als auch von den ihr zur Verfügung stehenden juristischen Mitteln Gebrauch machen.[1846]

(4) Die Anti-Mobbing-Betriebsvereinbarung von Volkswagen als wegweisendes Beispiel

Als Vorbild für sämtliche Betriebs- bzw. Dienstvereinbarungen gilt aufgrund ihrer umfassenden und ausgezeichneten Struktur auch heute noch die von der Volkswagen AG 1996 in ihrer ersten Version abgeschlossene Betriebsvereinbarung. Die Begleitbroschüre zu dieser ersten Version der Betriebsvereinbarung von 1996 enthält als spezielle Zweckbestimmung die Zusage, mit dieser Vereinbarung ein gleichberechtigtes, faires und soziales Miteinander zu gewährleisten. Dabei soll vor allem mit Schwierigkeiten am Arbeitsplatz offen umgegangen werden und die Betroffenen sollen ermutigt werden, sich zu wehren und nach Lösungen für ihre als belastend empfundene Situation zu suchen.[1847]

Die Betriebsvereinbarung der Volkswagen AG wurde in den Jahren nach ihrem erstmaligen Abschluss vielfach unter Beachtung geänderter gesetzlicher Regelungen als Grundlage für weitere Betriebs- bzw. Dienstvereinbarungen genutzt und wird auch im Folgenden als beispielhafte, adäquate Implementierung einer Betriebsvereinbarung in einem wirtschaftlichen Großunternehmen vorgestellt. Sie wurde insbesondere sowohl in Bezug auf sexuelle Belästigung als auch hinsichtlich schikanöser Handlungen unter Mitarbeitern am Arbeitsplatz umgesetzt.[1848] Beide Themenfelder haben heutzutage in keiner Weise an Aktualität verloren, so dass der Rückgriff auf gerade diese Betriebsvereinbarung in ihrer letzten Fassung umso mehr angezeigt erscheint.

> **„VW Betriebsvereinbarung Nr. 01/07**
> **Partnerschaftliches Verhalten am Arbeitsplatz in der Fassung vom 26.02.2019**
> **Gültig ab 01.01.2007**
>
> **Präambel**
> Eine Unternehmenskultur, die sich durch ein partnerschaftliches Verhalten am

1845 *Esser/Wolmerath*, S. 106 f.
1846 Dazu u. zum Voranstehenden *Esser/Wolmerath*, S. 107.
1847 *Merk*, S. 109.
1848 *Schild/Heeren*, S. 124.

Arbeitsplatz auszeichnet, bildet die Basis für ein positives innerbetriebliches Arbeitsklima und ist damit eine wichtige Voraussetzung für den wirtschaftlichen Erfolg eines Unternehmens. Respekt und Toleranz sind Teil der Unternehmenskultur und gehören zu einem partnerschaftlichen Verhalten am Arbeitsplatz.

Verstöße gegen das partnerschaftliche Verhalten am Arbeitsplatz, insbesondere jede Art von Diskriminierung durch Benachteiligung und Belästigung, vor allem in Form von sexueller Belästigung, Stalking und Mobbing, sind eine schwerwiegende Störung des Arbeitsfriedens. Diskriminierung verletzt das Persönlichkeitsrecht jedes Einzelnen und steht zudem im Widerspruch zu den in den Konzernleitlinien verankerten Werten. Damit ist sowohl jeder Beschäftigte* als auch das Unternehmen verpflichtet, Diskriminierungen zu unterbinden und ein partnerschaftliches Klima zu fördern und aufrecht zu erhalten. Dies gilt auch für Werbung und Darstellung in der Öffentlichkeit.

1. Geltungsbereich

Diese Betriebsvereinbarung gilt
- räumlich: für die Standorte der Volkswagen AG
- persönlich: für alle Beschäftigten der Volkswagen AG.

2. Grundsätze

Jeder Beschäftigte ist verpflichtet, jede Art von Diskriminierung zu unterlassen und ein respektvolles, partnerschaftliches Miteinander zu ermöglichen. Hierzu gehört, die Persönlichkeit jedes anderen zu respektieren.
Äußerungen, Verhaltensweisen und Symbole, die fremdenfeindlich, extremistisch, antisemitisch oder auf andere Weise menschenverachtend sind oder damit im Zusammenhang stehen, widersprechen Respekt und Toleranz und verstoßen gegen die Grundsätze dieser Betriebsvereinbarung.

Darüber hinaus nicht statthaft ist jede Art von Diskriminierung in Form von
- Benachteiligung oder Anweisung zur Benachteiligung,
- Belästigung und Stalking bis hin zum Mobbing sowie
- sexueller Belästigung

zum Beispiel aus Gründen der Rasse, der ethnischen Herkunft, des Geschlechts, der Religion, der Weltanschauung, einer Behinderung, des Alters oder der sexuellen Identität.

- Eine **Benachteiligung** liegt vor, wenn jemand eine ungünstigere Behandlung erfährt als eine andere Person in einer vergleichbaren Situation. Dazu gehört auch, wenn dem Anschein nach neutrale Kriterien und Verfahren zu einer Benachteiligung führen.

- Zu **Belästigungen** zählen alle Verhaltensweisen, mit denen die Würde einer Person verletzt wird oder werden soll. Alle Einschüchterungen, Anfeindungen, Erniedrigungen, Entwürdigungen oder Beleidigungen im Umfeld einer Person gehören dazu.

- **Stalking** ist das beharrliche Aufsuchen der Nähe eines anderen Menschen, so dass dessen Lebensgestaltung schwerwiegend beeinträchtigt wird.

- **Mobbing** liegt vor, wenn eine oder mehrere Personen systematisch wiederholt eine Person direkt oder indirekt anfeinden, zum Beispiel durch
  - absichtliches Zurückhalten von arbeitsnotwendigen Informationen oder sogar Desinformation oder
  - unwürdige Behandlungen durch Vorgesetzte, wie z. B. durch Zuteilung

kränkender, unlösbarer, sinnloser oder gar keiner Aufgaben.

- Unter **sexuelle Belästigung** fallen unerwünschte
  - sexuelle Handlungen und Aufforderungen zu diesen,
  - sexuell bestimmte körperliche Berührungen,
  - Bemerkungen sexuellen Inhalts sowie
  - unerwünschtes Zeigen und sichtbares Anbringen von pornographischen Darstellungen.

  Was als sexuelle Belästigung empfunden wird, ist durch das subjektive Empfinden des Betroffenen bestimmt.

Eine unterschiedliche Behandlung stellt grundsätzlich dann keine Diskriminierung dar, wenn sie der Beseitigung bestehender Nachteile dient oder aus sonstigen Gründen sachlich gerechtfertigt ist, z. B. wegen beruflicher Anforderungen.

Die genannten Grundsätze gelten gleichermaßen für das Verhalten von Beschäftigten gegenüber Dritten (z. B. Fremdfirmenangehörigen und Kunden).

Sollte ein Beschäftigter einen Verstoß gegen das beschriebene Diskriminierungsverbot wahrnehmen, so ist er verpflichtet, hierüber entweder seinen betrieblichen Vorgesetzten, das Personalwesen oder den Betriebsrat zu informieren.

3. Beratung

Jeder Beschäftigte kann sich, wenn er sich diskriminiert fühlt, an benannte Berater wenden.

Diese haben die Aufgaben:

- die Betroffenen zu beraten, zu unterstützen und ggf. zu schützen,
- auf Wunsch des Betroffenen in getrennten und/oder gemeinsamen Gesprächen mit den beteiligten Personen den Sachverhalt festzustellen und ggf. zu dokumentieren,
- über die tatsächlichen und arbeitsrechtlichen Zusammenhänge und Folgen einer Diskriminierung im vorgenannten Sinne am Arbeitsplatz aufzuklären.

Die Beratung soll möglichst zeitnah stattfinden. Sie hat das Ziel, den Konflikt einvernehmlich zu lösen.

Das Anforderungsprofil und die Auswahl der Berater werden zwischen Personalwesen und Betriebsrat festgelegt.

4. Beschwerderecht

Jeder Beschäftigte kann sich bei der zuständigen Stelle im Personalwesen beschweren, wenn er sich diskriminiert fühlt.

Die Beschwerde ist zu prüfen und das Ergebnis dem Beschäftigten mitzuteilen.

Soweit dies notwendig ist, leitet das Personalwesen erforderliche Maßnahmen ein.

Die Regelungen des Betriebsverfassungsgesetzes über das allgemeine Beschwerderecht bleiben unberührt.

Die Beschwerde darf nicht zu Benachteiligungen führen.

Anonyme Beschwerden werden grundsätzlich nicht weiterverfolgt.

5. **Vertraulichkeit**
   Über die Informationen und Vorkommnisse, persönliche Daten und Gespräche ist gegenüber Dritten, die am Verfahren nicht beteiligt sind, absolutes Stillschweigen zu bewahren.

6. **Maßnahmen**
   Verstoßen Beschäftigte gegen das Diskriminierungsverbot, so sind im Einzelfall die geeigneten, erforderlichen und angemessenen Maßnahmen nach der Arbeitsordnung oder arbeitsrechtliche Maßnahmen wie z. B. Abmahnung, Umsetzung, Versetzung oder Kündigung zu ergreifen. Die Durchführung erfolgt unter Berücksichtigung der Beteiligungsrechte des Betriebsrats.

   Zur Abhilfe kann auch ein Beratungs- oder Therapieangebot erfolgen.

7. **Fördermaßnahmen**
   - **Aus- und Fortbildung**
     Das Unternehmen gewährleistet die Erstellung zielgruppenspezifischer Schulungen und Seminare. Im Rahmen der beruflichen Aus- und Fortbildung von Volkswagen-Beschäftigten erfolgen regelmäßige, zielgruppenspezifische Schulungen im erforderlichen Umfang zum Thema Schutz und Abwehr von Diskriminierung, sexueller Belästigung und Mobbing, Rechtschutz für Betroffene und Handlungsverpflichtungen der Vorgesetzten.
     Dies gilt insbesondere für
     - betriebliche Vorgesetzte,
     - Ausbilder/Ausbilderinnen,
     - betriebliche Ausbildungsbeauftragte,
     - Beschäftigte des Personalwesens und des Gesundheitsschutzes sowie Mitglieder des Betriebsrates.
   - **Information und Aufklärung**
     Die umfassende Information und Aufklärung der Beschäftigten über partnerschaftliches Verhalten erfolgt durch zielgruppenorientierte Medien.

8. **Schlussbestimmungen**
   Die Betriebsvereinbarung tritt am 01.01.2007 in Kraft. Sie kann mit einer Frist von 3 Monaten zum Jahresende gekündigt werden.

   Im Übrigen bleiben die gesetzlichen Bestimmungen über Benachteiligungsverbote unberührt.

Wolfsburg, den 01.07.2019

Volkswagen AG

Gesamtbetriebsrat — Unternehmensleitung

Angehörige von Fremdfirmen
Die in der Betriebsvereinbarung enthaltenen Verhaltensgrundsätze sollen gleichermaßen für die bei Volkswagen tätigen Angehörigen von Fremdfirmen gelten. Eine Missachtung dieser Verhaltensgrundsätze kann ein Werksverbot für Fremdfirmenangehörige nach sich ziehen.

*Zur besseren Lesbarkeit werden geschlechtsneutrale Bezeichnungen (z. B. ‚der Beschäftigte') verwendet. Gemeint sind gleichermaßen Mitarbeiterinnen und Mitarbeiter."[1849]

Hervorzuheben sind am Inhalt der Betriebsvereinbarung der Volkswagen AG vor allem deren exakte Begriffsbeschreibung, die Einrichtung eines eindeutig geregelten Beschwerdesystems sowie die Veranschaulichung der zu erwartenden Konsequenzen bei schikanösen Handlungen und einem damit zusammenhängenden Verstoß gegen die geschlossene Vereinbarung.[1850]

Eine unlängst getätigte Nachfrage bei der Volkswagen AG danach, welche konkreten Erfahrungen mit dieser Betriebsvereinbarung im Laufe der Jahre gemacht wurden und nach Dokumentationen für messbare Verbesserungen der Kommunikation, des Führungsverhaltens sowie des Betriebsklimas insgesamt seit Existenz dieser Regelung blieb leider unbeantwort, so dass diesbezüglich keine konkreten Zahlen genannt werden können. Auf die Problematik der mangelnden empirischen Evaluation sämtlicher Präventions- und Interventionsmethoden wird darüber hinaus am Ende dieser Arbeit eingegangen.[1851]

ee. Soziale Corporate Identity

Zum Teil wird die Abfassung ethischer Grundsätze für das zwischenmenschliche Miteinander im Unternehmen kritisch betrachtet, da in der betrieblichen Praxis solche ethischen Intentionen im Rahmen einer Unternehmensphilosphie meist den finanziellen und wirtschaftlichen Interessen zu widersprechen scheinen. Allerdings muss das Verfolgen sozialer Ziele nicht mit den ökonomischen Anforderungen unvereinbar sein, sondern es kann und sollte sich hier durchaus vielmehr eine ergänzende Funktion ergeben.[1852]

Die Firmengrundsätze bringen die Unternehmensphilosophie zum Ausdruck und bilden quasi die betriebsspezifische Verfassung des Unternehmens. Diese enthält eine Sammlung der Wertvorstellungen und Verhaltensnormen, eine allgemeine Grundsatzerklärung des Managements zu den übergeordneten Zielen sowie die Bestimmung des Unternehmenszwecks und der Tätigkeitsbereiche. Dabei sollte der Mitarbeiter als elementarer Bestandteil des Unternehmens hervorgehoben und die allgemeine Verpflichtung der ganzen Belegschaft zu einer vertrauensvollen, offenen und fairen Zusammenarbeit kodifiziert werden. Denn qualifizierte und motivierte Mitarbeiter bilden den erfolgsentscheidenden Wettbewerbsfaktor, auf den ein Unternehmen für eine dauerhafte Marktteilnahme angewiesen ist.[1853]

1849 Volkswagen AG v. 01.07.2019 (Weiterentwickelte Version der Ursprungsfassung von 1996), veröffentlicht auf der Homepage der Volkswagen AG.

1850 *Schild/Heeren*, S. 124.

1851 Teil 3, Kapitel 2, VI. 1. dieser Arbeit.

1852 *Merk*, S. 110.

1853 Dazu u. zum Voranstehenden *Kratz*, S. 39.

Um Mobbing vorzubeugen, ist es zudem unumgänglich, eine *Corporate Identity* um den bereits oben hervorgehobenen Aspekt der betrieblichen Kommunikation zu erweitern, da die im Betrieb praktizierte Informations- und Kommunikationspolitik für die Qualität der sozialen Beziehungen von entscheidender Bedeutung ist. Bedingung für diese Politik ist allerdings ein klares Unternehmenskonzept, in dem die Ausrichtung und grundsätzlichen Anforderungen an die betriebliche Kommunikation niedergelegt sind, so dass die Corporate Identity ein ideales Instrument darstellt, um für den Betrieb die daraus resultierende Kommunikationsbereitschaft sowie die gewünschten Informationswege zu bestimmen und sämtlichen Mitarbeiter aufzuerlegen.[1854] Dabei kann in der Corporate Identity festgelegt werden, welche Kommunikation die Beschäftigten im Unternehmen erwarten können, wie Kommunikationswünschen vom Betrieb nachgekommen werden kann, was durch die Kommunikation erreicht werden soll, welches Feedback von der einzelnen Beschäftigtengruppe vorausgesetzt wird und welche qualitativen (möglicherweise auch quantitativen) Ansprüche an die jeweiligen Informationen zu stellen sind.[1855]

Auch der Grad an zwischenmenschlicher Wärme hängt entscheidend von der jeweils gelebten Unternehmensphilosophie ab: Bei einem offenen Umgang miteinander und partnerschaftlichen Beziehungen zwischen Vorgesetzten und Mitarbeitern ist eine faire und gerechte Behandlung üblich.[1856] Außerdem fördern klare und unmissverständliche Grundsätze, die von der Belegschaft auch anerkannt werden, zusammen mit motivierten Betriebsangehörigen den Gesamterfolg des Unternehmens.[1857]

Da Mobbing häufig nur deshalb auftritt, weil es von der Umgebung toleriert wird, sollte es schließlich erklärtes Ziel einer sozialen Corporate Identity sein – gerade auch im Zusammenhang mit der Förderung eines positiven Betriebsklimas – die Beschäftigten zu einem kollegialen Verhältnis untereinander, zu einer freundlichen Kommunikation und Zusammenarbeit sowie zur Zivilcourage zu motivieren und zu verpflichten. Auf diese Weise kann fehlorientiertem Teamgeist, passivem Verhalten der Kollegen bei Mobbingangriffen oder der Verleitung zur Mittäterschaft vorgebeugt werden. Sofern es dann noch gelingt, mithilfe einer moralischen Schranke solche Schikanen als inakzeptabel erscheinen zu lassen, wird Mobbing kaum eine Chance haben.[1858]

Von enormer Bedeutung bleibt allerdings, dass die in den Firmengrundsätzen niedergelegte Unternehmensphilosophie, mit der sich jeder Betriebsangehörige identifizieren und für die er eintreten sollte, tatsächlich auch gelebt wird. Dabei erfüllen insbesondere sämtliche mit Vorgesetztenaufgaben betrauten Beschäftigte eine Vorbildfunktion.[1859] Folglich ist eine einmal aufgestellte Corporate Identity nur dann von Nutzen, wenn die Mitarbeiter und Führungskräfte durch regelmäßige Schulungen

1854 Dazu u. zum Voranstehenden *Merk*, S. 110.
1855 *Merk*, S. 110 f.
1856 *Kratz*, S. 39.
1857 *Kratz*, S. 39.
1858 *Merk*, S. 110.
1859 *Kratz*, S. 39.

unterwiesen und bei Verstößen adäquat gemaßregelt werden.[1860] Außerdem müssen die Grundsätze der betrieblichen Corporate Identity Bestandteil eines jeden Einstellungsgesprächs sein und jedem Mitarbeiter die Verpflichtung auferlegt werden, sie einzuhalten.[1861]

Abschließend sei hier noch auf die von *Merk* zusammengefassten Grundsätze einer sozialen Corporate Identity sowie deren Umsetzung in sechs Schritten mit einem veranschaulichenden Beispiel hingewiesen:

> **„Entwicklung einer sozialen Corporate Identity, Grundsätze und Beispiel**
>
> **1. Philosophie und Ziele einer sozialen CI**
>
> - Die Qualität des Unternehmens nach innen soll verbessert werden.
> - Unter dem Gesichtspunkt einer gelebten sozialen Kompetenz sollen Grundsätze des Miteinanderumgehens fixiert und als Instrumente eingesetzt werden.
> - Eine CI soll zu einer verbesserten Mitarbeitermotivation beitragen und bisherige Einstellungen, Denk- und Handlungsweisen in einem gemeinsamen Lerneffekt positiv verändern. Damit ist CI ein fortwährender Veränderungsprozess, der nicht durch einmaliges Wirken oder einmaliges Erstellen von Grundsätzen erledigt ist, sondern der ständiges Gestalten und Einwirken erfordert und bei dem alle Mitarbeiter beteiligt werden müssen.
> - Der Nutzen liegt u. a. darin, dass Motivation und Arbeitszufriedenheit gefördert, kooperative Kompetenz gestärkt und einer Cliquenbildung entgegengewirkt werden kann. Durch die Erzeugung eines Wir-Gefühls und durch Identifikation werden Sicherheitsgefühl und Orientierung vermittelt und die Gefahr von Mobbingkonflikten gemindert.
>
> **2. Umsetzung einer CI in sechs Schritten**
>
> *1. Zielanalyse:*
> Die angestrebten Wertmaßstäbe sind zu definieren. Hierbei sind insbesondere die ökonomischen wie die humanen Ziele hinsichtlich ihrer Wertigkeit und dem Verhältnis untereinander zu klären und insbesondere auch die Bedeutung und die Inhalte der sozialen Ziele (Arbeitszufriedenheit, soz. Integration, persönl. Entwicklungsmöglichkeiten etc.) klar zu formulieren. Die sozialen Handlungsziele und ihre jeweiligen Handlungsprioritäten sind z. B. in Abhängigkeit von ökonomischen Größen wie Gewinn, Umsatz o. dgl. zu variieren.
>
> *2. Ist-Analyse der Betriebssphäre:*
> Die Stärken und Schwächen der innerbetrieblichen Organisation und Führung, ihre Arbeitsweisen und ihre Wirkungen sind zu bestimmen. Hierbei sollte der Analyseschwerpunkt bei den sozialen Beziehungen, bei den Einstellungen und den Verhaltensweisen liegen, so bei der Kooperation verschiedener Bereiche und Hierarchieebenen untereinander, beim Arbeitsklima, beim Führungs- und Leistungsverhalten.
>
> *3. Ist-Analyse der Außenbeziehungen:*
> Zu untersuchen sind u. a. das Image, die Außenwirkung auf Kunden und Lieferanten, die Produktwirkung sowie die Beziehungsverhältnisse (Kunden-

1860 *Merk*, S. 111.
1861 *Merk*, S. 111.

nähe, Kundendarstellung, Lieferantenbeziehung). Schwachpunkte und Verbesserungsmöglichkeiten sowie gegebene Zusammenhänge zur Betriebssphäre sind zu ermitteln.

4. Soll-Analyse als gemeinsame Zielfindung:
In Zusammenarbeit, bei der Belegschaftsvertreter in geeigneter Form beteiligt sein sollten, sind Leitbilder sowie Organisations- und Handlungsgrundsätze abzuleiten. Diese Aussagen verdeutlichen die anzustrebenden Zustände, die mit konkreten Maßnahmen erreicht werden sollen.

5. Entwicklung von Handlungskonzepten und ihre Ausformulierung:
Es werden konkrete Standards festgelegt und formuliert, durch die für konkrete Anlässe und Situationen des Miteinanderumgehens eine gewünschte Verhaltensweise definiert wird, z. B. in Bezug auf Führungsverhalten, Mitarbeitergespräche, Informationspflichten, Mitarbeiterbeurteilung.

6. Umsetzung einer sozialen CI:
Auf Grundlage der fixierten und für alle Betriebsangehörige maßgeblichen Leitbilder und Verhaltensstandards kann bei Vorgesetzten und Mitarbeitern eine gemeinsame Identität entwickelt werden. Sie hilft, dass sich alle Betriebsangehörige als sinnvollen Teil eines Ganzen begreifen lernen. Ein erfolgreicher Integrationsprozess trägt zu einer klaren Orientierung innerhalb des Betriebs bei und fördert zudem die Unverwechselbarkeit und das leichte Wiedererkennen für den Außenstehenden.

3. Beispiel einer CI aus der betrieblichen Praxis

Das nachfolgende Beispiel aus dem Bereich des Handels dient zur Veranschaulichung. Es ist anonymisiert und soll verdeutlichen, wie eine CI aussehen kann. Unter dem Gesichtspunkt einer sozialen CI sollten den konkreten Kommunikationsanforderungen an Vorgesetzte wie Mitarbeiter stärkeres Gewicht eingeräumt werden.

Einstieg

Wir suchen unsere Mitarbeiter unter den vielen Menschen. Wir wählen diejenigen, welche die Bedürfnisse unserer Kunden verstehen, unsere Ideen teilen und auch bereit sind, sie selbst zu verwirklichen.

Als Mitarbeiter

- hast du den Ehrgeiz, eine gute Arbeit zu leisten und den Wunsch, Verantwortung zu übernehmen und für deine Resultate einzustehen
- machst du das Beste aus deinen Fähigkeiten und Erfahrungen
- bist du freundlich und hilfsbereit und handelst stets im Interesse unserer Kunden
- bist du offen für Verbesserungen mit dem Willen, dich ständig weiterzuentwickeln
- stellst du bestehende Arbeitsweisen in Frage, wenn du selbst bessere Vorschläge hast
- legst du keinen Wert auf Status, bist offen und aufrichtig in der Zusammenarbeit mit anderen
- bist du kostenbewusst und weißt, dass alles einen Preiszettel hat

Das Unternehmen

- ermöglicht dir, in einem wachsenden Unternehmen mit einer tragenden Geschäftsidee zu arbeiten
- gibt dir die Gelegenheit, deine Fachkenntnisse in der täglichen Arbeit einzusetzen

- lässt dich zwischen vielen verschiedenen beruflichen Laufbahnen innerhalb des Unternehmens wählen
- lässt dich in einem Umfeld arbeiten, wo der Mensch und die Gemeinschaft zentrale Werte darstellen
- bietet dir eine Arbeit mir fairen und sicheren Arbeitsbedingungen und der Möglichkeit, für herausragende Leistungen auch bereits in jungen Jahren große Verantwortung zu übernehmen

Nur durch eine offene und aufrichtige Begegnung bereits in der Einstellungssituation – ein gleichberechtigtes Geben und Nehmen – erhalten wir Mitarbeiter, die sich für ihre Arbeit engagieren und eine überdurchschnittliche Leistung erbringen.

Entwicklung

Das Unternehmen braucht fachkundige Mitarbeiter, die bereit sind, eine gute Leistung zu erbringen, und deshalb einen starken Willen haben, sich weiterzuentwickeln.

Als Mitarbeiter

- übernimmst du Verantwortung für deine persönliche und berufliche Entwicklung
- lernst du ständig aus deinen eigenen und der Erfahrung anderer und löst deine Aufgaben selbständig
- entwickelst du viele eigene Fähigkeiten und bist offen für neue Herausforderungen
- bist du bereit, deine Kenntnisse und Erfahrungen mit allen Arbeitskollegen zu teilen

Das Unternehmen

- macht dich mit der Geschäftsidee und den tragenden Werten des Unternehmens vertraut
- gibt dir Handlungsfreiräume, die du in deiner Arbeit verantwortungsvoll nutzt
- lässt dich in deiner täglichen Arbeit ständig auf Lernsituationen treffen, die dich weiterentwickeln
- ist es wichtig, dass du in regelmäßigen Entwicklungsgesprächen mit deinem Vorgesetzten offen und ehrlich deine Arbeitssituation, dein Bedürfnis nach Weiterentwicklung, deine Ambitionen und Möglichkeiten analysieren kannst
- ermöglicht dir, Karriere sowohl als Spezialist wie auch als Führungskraft zu machen
- erlaubt dir, verschiedene Aufgabengebiete kennenzulernen, was dir größere Möglichkeiten eröffnet, dich innerhalb und außerhalb des Landes weiterzuentwickeln

Wir glauben an die Entwicklungsfähigkeit jedes einzelnen Menschen. Das Unternehmen wird von Mitarbeitern entwickelt, die sich selbst weiterentwickeln wollen. Wenn du wächst, wächst auch das Unternehmen.

Management und Führung

Deine Managementposition hast du von deinen Vorgesetzten erhalten. Sie haben dich zu einer Schlüsselperson in der Organisation ernannt. Du hast Rechte bekommen und sollst Verantwortung tragen. Die Managementaufgabe stellt große Ansprüche an dich. Du wirst in deiner Position als Führungskraft durch die Akzeptanz deiner Mitarbeiter bestätigt. Wenn du als Führungskraft akzeptiert wirst, werden auch deine Managementfähigkeiten von deinen Mitarbeitern geschätzt. Diese Rolle stellt große Ansprüche an dich. Der Vorgesetzte ist sowohl ein guter Manager als auch eine gute Führungskraft.

Als Manager und Führungskraft
- bist du durch dein Verhalten ein gutes Vorbild und sorgst dadurch für ein positives Arbeitsklima, in dem man sich wohlfühlt
- verfolgst du deine Abteilungsziele und berücksichtigst dabei die übergeordneten Ziele und die Geschäftsidee
- definierst und erklärst du rechtzeitig Ziele und Aufgaben, informierst über Pläne und Resultate und schaffst Verständnis für deren Bedeutung
- nimmst du dir für deine Mitarbeiter Zeit und bist stets ein guter Zuhörer
- erkennst du die speziellen Fähigkeiten, erteilst konstruktive Kritik und trägst dadurch zur Weiterentwicklung des Unternehmens bei
- beteiligst du dich an und trägst Verantwortung für die Einstellung, Ausbildung, Weiterentwicklung und Verabschiedung deiner Mitarbeiter.
- entwickelst du aktiv zukünftige Firmenmanager und Führungskräfte

Das Unternehmen
- gibt dir große Handlungsfreiräume und Gestaltungsmöglichkeiten in deiner Tätigkeit
- überträgt dir die Verantwortung für die Entwicklung anderer Menschen
- gibt dir durch erfahrene Kollegen Unterstützung für deine Führungs- und Managementfunktion. Dadurch wächst du auch selbst in eine solche Mentorenrolle hinein
- gibt dir die Möglichkeit, dich weiterzuentwickeln und deine berufliche Laufbahn innerhalb verschiedener Tätigkeitsbereiche und Länder fortzusetzen
- ermöglicht es dir, in einer vielfältigen Welt die Firmenkultur und unseren Führungsstil zu verwirklichen

Du wirst danach beurteilt, wie gut es dir gelingt, mit und durch deine Mitarbeiter gute Resultate auf kurze und lange Sicht zu erzielen, indem du eine gut funktionierende Organisation etablierst und ein positives Arbeitsklima schaffst.“[1862]

ff. Mobbingbeauftragter

Zunächst ist darauf hinzuweisen, dass die Existenz eines Mobbingbeauftragten das Vorkommen von Mobbing nicht grundsätzlich unterbinden kann. Es kommt ihm deshalb eine besondere Bedeutung in der Mobbingprävention zu, da man sich jederzeit an ihn wenden kann und auf diese Weise eine unkontrollierte Eskalation sowie die drohende psychische Zerrüttung von Betroffenen überwiegend vermieden werden können.[1863] Auf diese Weise ermöglicht eine betriebliche Anlaufstelle zum einen die Sensibilisierung der Betriebsangehörigen für die Mobbingthematik im Wege von Information, Aufklärung sowie Schulung und sie kann zum anderen für die von Mobbing Betroffenen eine beratende, unterstützende und schlichtende Wirkung entfalten.[1864]

Schon die unterschiedlichen Bezeichnungen für einen solches Amt lassen die verschiedenen Funktionen erkennen:[1865] Während der Begriff *Mobbingbeauftragter* einen demonstrativen, mitunter sogar herausfordernden Charakter hat, der verdeut-

1862 *Merk*, S. 212 ff., Anl. 17.
1863 *Esser/Wolmerath*, S. 90.
1864 *Kratz*, S. 42.
1865 Dazu u. zum Nachstehenden *Esser/Wolmerath*, S. 93.

licht, dass es um Mobbing im eigenen Betrieb geht, verkörpert *Fairnessbeauftragter* eher einen Gesamtauftrag im Sinne eines partnerschaftlichen Verhaltens am Arbeitsplatz. Demgegenüber liegt bei *Konfliktlotse* die Betonung auf der wegweisenden oder begleitenden Rolle für den Umgang mit dem Konflikt, mit gleichzeitigem Ausschluss einer leitenden Konfliktregulierung. Der neutrale Begriff *Ansprechperson* bagatellisiert die der Thematik immanenten Brisanz wohl eher. In der betrieblichen Praxis empfiehlt sich aufgrund der Möglichkeit, dass die Formulierung *Mobbingbeauftragter* für Betroffene eine Hemmschwelle bedeuten könnte, besser eine Bezeichnung wie *Konfliktbeauftragter* oder *Fairnessbeauftragter* zu wählen.[1866] Zum Teil wird zur Vermeidung von Vorurteilen und zum Ausschluss von Vorbehalten auch die Bezeichnung *Betriebsklimabeauftragter* befürwortet.[1867]

Bei den betrieblichen Aufgaben, die ein solcher Mobbingbeauftragter – dieser Begriff wird in dieser Arbeit bewusst verwandt, um die Relevanz und Dringlichkeit der Thematik hervorzuheben – zu erfüllen hat, handelt es sich im Wesentlichen um die Funktion als Botschafter für „No-Mobbing", als Info-Hotline für das Thema Konflikt, als „Falschmeldungsfilter", als Ersthelfer, als Konfliktlotse und/oder als Konfliktmoderator.[1868] Dabei setzt der Mobbingbeauftragte in seiner Rolle als Botschafter für „No-Mobbing" das Signal für den ausdrücklichen Wunsch der Interessenvertretung und des Arbeitgebers, in der Organisation kein Mobbing zu dulden. Die Funktion als Info-Hotline für das Thema Konflikte ermöglicht jedem Mitarbeiter, unverbindlich ihn drängende Fragen zu Mobbing und Konflikten an seinem Arbeitsplatz oder auch allgemein zu stellen. Dazu gehört auch die Kenntnis des Mobbingbeauftragten von weiterführenden Adressen und Informationsquellen.[1869] Die Aufgabe eines „Falschmeldungsfilters" beinhaltet einen eventuell falschen subjektiven Eindruck, Mobbing zu erleben, durch eine konkretere objektive Betrachtung zu relativieren, da der Begriff Mobbing teilweise auch leichtfertig gebraucht wird. Der Betroffene kann auf diese Weise also ein objektives Feedback zu seiner Konfliktsituation erhalten.[1870] In seiner Rolle als Ersthelfer besitzt der Mobbingbeauftragte das Image einer leicht erreichbaren, vertrauensvollen, innerbetrieblichen Ansprechperson für sämtliche Arten von Konflikten und bei sozialen Übergriffen, wobei die Sicherstellung der Vertraulichkeit eine besondere Rolle spielt. Insofern ist der Mobbingbeauftragte also primärer Ansprechpartner und Ratgeber, der erst auf ein persönliches Ersuchen hin seine Tätigkeit aufnimmt.[1871] In der fordernden Rolle als Konfliktlotse berät und unterstützt der Mobbingbeauftragte den Betroffenen bei allen Anliegen zur Konfliktbewältigung. Das erstreckt sich von der eingehenden Analyse des Sachverhalts über die Planung bis zur Umsetzung, wie konkret der Konflikt in der Praxis gelöst werden kann. Dabei tritt der Mobbingbeauftragte entweder als eine Art Coach im Hintergrund, als neutraler Vermittler im Rahmen von separat geführten Gesprächen mit den Beteiligten oder

1866 Dazu u. zum Voranstehenden *Esser/Wolmerath*, S. 93.
1867 *Kratz*, S. 43.
1868 Dazu u. zum Nachstehenden *Esser/Wolmerath*, S. 93 ff.
1869 Dazu u. zum Voranstehenden *Esser/Wolmerath*, S. 93.
1870 *Esser/Wolmerath*, S. 94.
1871 *Esser/Wolmerath*, S. 94.

als Vertrauensperson des Ratsuchenden in Erscheinung.[1872] Als Konfliktmoderator erfüllt der Mobbingbeauftragte schließlich die Aufgabe eines direkten Vermittlers zwischen den Konfliktparteien und den zuständigen Führungskräften und moderiert die Konfliktgespräche. Er ist berechtigt Vorschläge für die Bewältigung des Problems zu machen und kann die Beteiligten auch dazu verpflichten, an diesen Gesprächen teilzunehmen.[1873]

In der betrieblichen Praxis gibt es nach *Esser/Wolmerath* grundsätzlich vier Möglichkeiten, die Rolle eines Mobbingbeauftragten auszufüllen als

- **intern bestimmter Mobbingbeauftragter des Betriebs- bzw. Personalrats,**
  welcher vom Gremium der Interessenvertretung zum Mobbingbeauftragten gewählt wird. Dies beruht zumeist auf einer betriebspolitisch veranlassten Entscheidung, weil das Gremium ein innerbetriebliches Zeichen gegen Mobbing setzen möchte und/oder es an einer einvernehmlichen Regelung mit der Arbeitgeberseite mangelt.
- **betrieblicher Mobbingbeauftragter aus den Reihen des Betriebs- bzw. Personalrats,**
  auf welchen sich als Ansprechpartner in der Betriebs- bzw. Dienstvereinbarung einvernehmlich geeinigt wurde und der aus der Reihe der Mitglieder der Interessenvertretung stammt.
- **ehrenamtlicher betrieblicher Mobbingbeauftragter aus dem Kreis der Beschäftigten,**
  wobei es sich üblicherweise um arbeitgeberseitig ausgewählte Beschäftigte (z. B. aus der Personalabteilung) handelt, die zu Mobbingbeauftragten bestellt werden.
- **vom Arbeitgeber eingestellter Funktionsträger,**
  der als betriebsexterne Person vom Arbeitgeber beauftragt wird, in dem Betrieb bzw. der Dienststelle als Mobbingbeauftragter tätig zu werden.[1874]

Rechtlich gesehen haben dabei betriebsratsintern bestimmte Mobbingbeauftragte zwar den Vorteil eines vergleichsweise freien Agierens, weil sie im Rahmen dieser Aufgabe nicht dem Weisungsrecht des Arbeitgebers unterliegen, allerdings sind sie andererseits auch Vorbehalten ausgesetzt, die seitens der Vorgesetzten und der Personalabteilung gemacht werden.[1875] Sofern Betriebs- bzw. Personalratsmitglieder als Mobbingbeauftragte auf Basis einer Betriebs- bzw. Dienstvereinbarung tätig sind, müssen sie sich an die vereinbarten Regelungen bezüglich ihrer Funktionen und Kompetenzen halten. Dabei kann es bisweilen zu einem Rollenkonflikt kommen, da für sie als Mitglied der Interessenvertretung bei den sonstigen Aufgaben die im Betriebsverfassungsgesetz bzw. entsprechenden Personalvertretungsrecht normierten Rechte und Pflichten gelten.[1876]

1872 *Esser/Wolmerath*, S. 94 f.
1873 *Esser/Wolmerath*, S. 95.
1874 *Esser/Wolmerath*, S. 97.
1875 *Esser/Wolmerath*, S. 97 f.
1876 *Esser/Wolmerath*, S. 98.

Ehrenamtliche Mobbingbeauftragte aus dem Kreis der Beschäftigten erfüllen ihre Aufgabe auf Basis der jeweiligen Betriebs- bzw. Dienstvereinbarung und innerhalb des darin festgelegten Rahmens, weshalb ihre Rechte und Pflichten in der Übereinkunft detailliert geregelt sein sollten, um Meinungsverschiedenheiten zu vermeiden. In diesem Zusammenhang unverzichtbar sind Vereinbarungen bezüglich der Freistellung von der Arbeit für die Zeit der Ausübung des Beauftragtenmandats und zum Zwecke der Qualifizierung sowie die Festschreibung der Pflicht zur Verschwiegenheit gegenüber unbeteiligten Personen.[1877]

Bei einer dem Weisungsrecht des Arbeitgebers unterworfenen, fachlich qualifizierten Person (wie etwa Arzt, Psychologe oder Sozialarbeiter) als Mobbingbeauftragtem ist zwar von Vorteil, dass der Arbeitgeber das für Mobbing erforderliche Problembewusstsein hat, einen qualifizierten Mitarbeiter mit entsprechendem Zeitbudget und Befugnissen zu beschäftigen. Allerdings besteht hier die Schwierigkeit, dass bei einem solchen Mobbingbeauftragten die nötige Unabhängigkeit bei der Beurteilung von innerbetrieblichen Konflikten und bei der Zuschreibung von Verantwortlichkeiten (z. B. die Nennung des Mobbingtäters beim Namen oder das Thematisieren von betrieblichen Missständen) fehlt.[1878]

Die Lösung dafür könnte in der Einstellung eines externen Rechtsanwalts als *Ombudsperson* liegen, wie es zum Teil beim *Whistleblowing*[1879] gehandhabt wird. Ein Ombudsmann bzw. eine Ombudsfrau erfüllt die Aufgabe einer unparteiischen Schiedsperson.[1880] Insbesondere aufgrund seiner anwaltlichen Verschwiegenheitspflicht und seines Zeugnisverweigerungsrechts kann ein externer Rechtsanwalt in Mobbingsachverhalten absolute Vertraulichkeit gewährleisten. Dies wiederum führt zu einer höheren Akzeptanz bei potentiellen Opfern oder Hinweisgebern, die von dem Mobbing erfahren. Obgleich auch eine solche Ombudsperson vom Unternehmen beauftragt ist, untersteht sie als betriebsexterne Vertrauensperson in ihrer Rolle als neutraler Vermittler jedoch gerade nicht dem Weisungsrecht des Arbeitgebers und besitzt die erforderliche Unabhängigkeit, um dazu beizutragen, innerbetriebliche Konflikte vor einer Eskalation zu bewahren.

Zusammenfassend ist noch darauf hinzuweisen, dass es sich bei den oben aufgelisteten ersten drei Möglichkeiten um betriebsinterne Mobbingbeauftragte handelt, während bei der vierten Variante ein externer Fachmann tätig wird, was jeweils ein Für und Wider mit sich bringt: Zwar können die Vorteile eines externen Beraters in dessen Unabhängigkeit und in seiner Schweigepflicht gegenüber Dritten gesehen werden, allerdings kann sich ein Nachteil daraus ergeben, dass er bei einer Fallanalyse gegebenenfalls nicht gut genug über die betrieblichen Verhältnisse Bescheid weiß

1877 Dazu u. zum Voranstehenden *Esser/Wolmerath*, S. 98.

1878 *Esser/Wolmerath*, S. 98 f.

1879 „Beim Whistleblowing werden Hinweise auf Missstände in Unternehmen, Hochschulen, Verwaltungen etc. gegeben. Der Whistleblower ist meist Mitarbeiter oder Kunde und berichtet aus eigener Erfahrung. Er informiert Mittler und Medien oder direkt die Öffentlichkeit" (Gabler Wirtschaftslexikon, Stichwort: Whistleblowing, online, mit ausführlicher Erläuterung).

1880 Wikipedia, Stichwort: Ombudsmann.

und letzten Endes aufgrund mangelnder Sanktionsgewalt von der Kooperation mit betrieblichen Einrichtungen abhängig bleibt.[1881] Demgegenüber werden bei einem internen Fachmann Mobbingbedrohte umso mehr Vertrauen gewinnen und ihre Hemmschwellen abbauen, je klarer die Beauftragten zeigen, dass sie mit diesem Problem umgehen können und sie zudem eine neutrale Haltung beibehalten. Bei einer zusätzlich gegebenen Unabhängigkeit bieten daher betriebsinterne Ansprechpartner somit die besten sachlichen Bedingungen für eine zutreffende Analyse und erfolgreiche Auflösung eines Mobbingkonflikts.[1882]

Nach dem eben Dargestellten muss es sich bei dem Mobbingbeauftragten auf jeden Fall um eine vertrauenswürdige Person handeln, die das Unternehmen gut kennt, jedoch nicht in verantwortlicher Position tätig ist, da sich ansonsten Interessenskonflikte und Loyalitätsprobleme ergeben könnten. Daher bieten sich als „goldener Mittelweg" zwischen externen und internen Beratern beispielsweise auch in den Ruhestand getretene langjährige Betriebsratsmitglieder oder Personalleiter an, deren Unabhängigkeit nach dem Ende ihres Beschäftigungsverhältnisses gewährleistet ist.[1883]

Für welche der Möglichkeiten, einen Mobbingbeauftragten einzusetzen, sich ein Unternehmen auch entscheidet, sollten zur Vermeidung von Rechtsstreitigkeiten unbedingt die Stellung und die Rechte des bzw. der Mobbingbeauftragten in der Betriebs- bzw. Dienstvereinbarung niedergeschrieben sein.[1884]

Esser/Wolmerath gehen jedenfalls davon aus, dass die Einbeziehung von Mobbingbeauftragten es vermehrt ermöglicht, Mobbing und fundamentale Konflikte zu verhindern bzw. zufriedenstellend zu beenden.[1885] Nach *Merk* eröffnet die Kombination von Aufklärung mit dem Bereitstellen von Ansprechpartnern für Betroffene so eine gute Chance, eine nachhaltige Verbesserung der psychosozialen Struktur des Arbeitsumfelds zu erreichen.[1886]

gg. Supervision

Unter *Supervision* ist ein wissenschaftlich fundiertes, praxisorientiertes und ethisch gebundenes Konzept für personen- und organisationsbezogene Beratung in der Arbeitswelt zu verstehen. Es handelt sich um eine wirksame Beratungsform in Situationen hoher Komplexität, Differenziertheit und dynamischer Veränderungen, wobei Fragen, Problemfelder, Konflikte und Fallbeispiele aus dem beruflichen Alltag thematisiert werden.[1887] In diesem Rahmen werden die berufliche Rolle und das konkrete Handeln des Supervisanden in Beziehung gesetzt zu den Aufgabenstellungen und Strukturen der Organisation und zu der Gestaltung der Arbeitsbeziehungen mit Kunden und Klienten. Dabei unterstützt Supervision zum einen in gemeinsamer

1881 *Merk*, S. 107.
1882 *Merk*, S. 107.
1883 *Kratz*, S. 42.
1884 *Esser/Wolmerath*, S. 99.
1885 *Esser/Wolmerath*, S. 95.
1886 *Merk*, S. 107.
1887 DGSv, Supervision, S. 8.

Suchbewegung die berufliche Entwicklung sowie das Lernen von Berufspersonen, Gruppen, Teams, Projekten und Organisationen und zum anderen fördert Supervision die Entscheidungsfindungsprozesse.[1888]

Ursprünglich wurde Supervision zwar als professionelle Form der Beratung im Sozialwesen entwickelt, allerdings zeigte sich auch zunehmend eine Nachfrage dafür in der Wirtschaft, da in zahlreichen Gebieten eine Reflexionshilfe zweckmäßig erschien. Diesbezüglich wurde der Begriff *Coaching* eingeführt, da Manager sich häufig mit Hochleistungssportlern vergleichen. Demgegenüber wird das Anleiten durch eine Führungskraft gegenwärtig mehr als *Mentoring* bezeichnet. Allerdings wird Coaching zum Teil ebenfalls so interpretiert und angewandt.[1889]

Nach *Schild/Heeren* zeichnet sich eine Supervision außerdem insbesondere dadurch aus, dass sie

- der Entwicklung von Handlungsalternativen dient,
- der Professionalisierung beruflicher Selbstreflexion zugutekommt,
- dem Ziel der Professionalisierung beruflichen Agierens nutzt,
- Fragen ermöglicht, die im normalen Berufsalltag häufig nicht bearbeitet werden,
- ein Klima gegenseitigen Verständnisses bietet und eine Ebene der Reflexion schafft,
- eine berufsbezogene Beratung und Begleitung darstellt,
- Hintergründe von Problemen aufdeckt, Veränderungen initiieren und begleiten kann,
- die Flexibilität fördert,
- die Wahrnehmung für das eigene berufliche Handeln schärft,
- zur Rollenklärung und zur Rollenidentifikation beiträgt,
- eine persönliche Entlastung bewirken kann,
- die Chance bietet, die Zusammenarbeit mit Kollegen vertrauensvoll zu gestalten,
- die Möglichkeit schafft, in einem geschützten Raum neue Handlungsalternativen zu testen, sowie
- eine konstruktive Auseinandersetzung mit den beruflichen Zielen fördert.[1890]

(1) Ziel und Verfahren einer Supervision

Die Supervision zielt darauf ab, die berufliche Arbeit zu verbessern und damit in Zusammenhang stehend die allgemeine Arbeitszufriedenheit sowie Produktivität des Einzelnen, des Arbeitsteams und der gesamten Organisation zu steigern. Die Supervision konzentriert sich dabei vor allem auf den Arbeitsprozess an sich und der Kooperation.[1891]

1888 DGSv, Supervision, S. 8.
1889 Online-Lexikon für Psychologie und Pädagogik, Stichwort: Supervision.
1890 *Schild/Heeren*, S. 128 f.
1891 *Schild/Heeren*, S. 128 m. w. N.

Da die Supervision Situationen des Arbeitsalltags erfasst, analysiert und diskutiert, bedarf es einer gemeinsamen Problembearbeitung und Problemlösung durch alle Beteiligten. Dafür bedient sich die Supervision verschiedener Verfahren, die sich insbesondere auf soziologische, psychologische, ökonomische oder pädagogische Theorien stützen (z. B. Systemtheorie, Gruppendynamik, Kommunikationstheorie)[1892] und innerhalb deren Supervisoren neben dem Gespräch unterschiedliche Methoden und Praktiken nutzen, um die vereinbarten Ziele zu erreichen.[1893] Nicht weniger facettenreich sind auch die Techniken und Übungen einer Supervision, wie etwa Rollen- oder Planspiele, Visualisierungstechniken, Soziogramme, Organigramme, Aufstellungen oder Ähnliches.[1894] Weiterhin wird für das Vorhaben ein geeignetes Setting ausgewählt, was bedeutet, dass der Supervisor mit dem Supervisanden die Art und Weise (Zeit, Ort, Häufigkeit) und die Beratungsform zur Erreichung des gesetzten Supervisionsziels abstimmt. Häufige Formen sind die Einzelsupervison, die Gruppensupervision oder die Organisationssupervision für Arbeitsteams und Vorgesetzte.[1895]

(2) Supervision in der Mobbingprävention?

Im Zusammenhang mit der Mobbingprävention soll die Supervision dem Individuum dabei helfen, belastende Konflikte zu lösen und sich daneben mit den unterschiedlichen beruflichen Anforderungen zu befassen. Die Fortentwicklung eigener Kompetenzen stellt das Hauptaugenmerk dar, in dessen Rahmen Kooperationsfähigkeit, die Besetzung einer beruflichen Rolle, die Gestaltung von Arbeitsbeziehungen und die Veränderung von betrieblichen sowie institutionellen Arbeitsstrukturen im Fokus stehen.[1896] Außerdem liegt der Nutzen einer Supervision im Allgemeinen in der Verbesserung der Kommunikation am Arbeitsplatz und der Förderung der Team- und Projektarbeit sowie der Kooperation zwischen verschiedenen Hierarchieebenen, was unter anderem durch die Analyse von Organisations- und Arbeitsabläufen, durch das Thematisieren und Aufklären von Konflikten sowie durch die Erweiterung der Wahrnehmungsfähigkeit und von Handlungsoptionen geschieht. Damit trägt Supervision insbesondere zur Qualifizierung beruflicher Arbeit, auch in Bezug auf Aspekte der Führung, der Konzeptentwicklung oder Kundenorientierung bei.[1897] In der Organisationsentwicklung dient die Supervision zur beratenden Begleitung von Changeprozessen und in der Personalentwicklung werden dadurch Maßnahmen zur Förderung und Entwicklung der Beschäftigten unterstützt.[1898]

Nach diesen Ausführungen kann das Instrument der Supervision auch gerade für Mobbing ein effektives Mittel sein. Denn durch die vom Supervisor geförderte Darstellung unterschiedlicher Sichtweisen auf ein und dieselbe Konfliktsituation wird

1892 *Schild/Heeren*, S. 129.
1893 DGSv, Supervision, S. 10.
1894 *Schild/Heeren*, S. 129.
1895 DGSv, Supervision, S. 10.
1896 *Schild/Heeren*, S. 128 m. w. N.
1897 DGSv, Supervision, S. 9.
1898 DGSv, Supervision, S. 9.

ein vorschnell polarisierendes Denken vermieden und der auf diese Weise erzeugte Perspektivenwechsel beinhaltet die Chance, den destruktiven Konfliktverlauf zu beenden. Daher gilt Supervision als ein hervorragendes Tool, damit sich Mobbing nicht entwickelt und eine adäquate Konfliktkultur praktiziert wird.[1899] Eine professionell durchgeführte Supervision erscheint also durchaus zweckmäßig, um Mobbing effektiv vorzubeugen. Die Darstellung einzelner Verfahren einer Supervision bzw. die Frage, welches konkrete Vorgehen für Mobbing sinnvollerweise in Betracht zu ziehen ist, würde jedoch den Rahmen dieser Arbeit sprengen, so dass diesbezüglich - auch wegen der Komplexität der Materie - keine profunde Darstellung erfolgen kann.

c) Vorgesetztenverhalten

Das Verhalten der Führungskraft bildet für die Arbeitsatmosphäre und die Motivation der Beschäftigten einen maßgeblichen Faktor. Zum erfolgreichen Führen von Mitarbeitern zählen neben der fachlichen Qualifikation vor allem auch der Führungswille und das Interesse an den Menschen, für die man verantwortlich ist, so dass Führung unter anderem auch (Führungs-)Arbeit, Verständnis und Akzeptanz heißt.[1900] Jemand ist dann als Führungskraft erfolgreich, wenn er die ihm unterstellten Arbeitnehmer unterstützt, sie motivieren und fördern kann sowie erforderlichenfalls auch hinter ihnen steht, Fehler vergibt und die Mitarbeiter ihren Fähigkeiten entsprechend einsetzt, unmissverständliche Anweisungen erteilt und konsequent Leistungen verlangt.[1901]

Außerdem gehört es zum Auftrag einer jeden Führungskraft, für optimale Aufgabenerledigung bei gleichzeitig maximaler Mitarbeiterzufriedenheit zu sorgen. Daher verstößt ein Vorgesetzter gegen seine Pflichten, wenn er bei einem schwelenden Konflikt nicht einschreitet. Der Vorgesetzte hat also vorbeugend für ein gutes Arbeitsklima zu sorgen, muss bei dennoch auftretenden Mobbingaktivitäten konfliktbewältigend reagieren und sich aktiv mit der Auseinandersetzung befassen.[1902] Schließlich erzeugt ein negatives Arbeitsklima auch weniger zufriedenstellende und erst recht keine herausragenden Leistungsergebnisse.[1903] Aus diesem Grund soll im Folgenden untersucht werden, welches konkrete Vorgesetztenverhalten Mobbing möglicherweise verhindern kann.

aa. Vorbildfunktion

Wie eingangs dieser Arbeit bereits erwähnt, sind zum Teil Vorgesetzte selbst an Mobbing beteiligt oder alleinige Täter, etwa indem sie Mobbing für ein probates Mittel zur Durchsetzung ihrer Ziele halten. Sofern Vorgesetzte also Mobbing betreiben oder sich daran beteiligen, wird diese Manier nicht selten von Mitarbeitern adaptiert, vor

1899 *Kolodej*, Mobbing, S. 201.
1900 *Heidenreich*, S. 80 f.
1901 *Heidenreich*, S. 81.
1902 Dazu u. zum Voranstehenden *Kratz*, S. 49.
1903 *Kratz*, S. 49.

allem dann, wenn nicht mit Sanktionen zu rechnen ist und Mobbingangriffe in der Abteilung oder im Unternehmen alltäglich sind.[1904] Da Menschen Vorbilder benötigen, an denen sie sich orientieren, sollten Vorgesetzte mit gutem Beispiel vorangehen. Denn so wie das negative Vorbild die Gefahr von Mobbing durch andere Beschäftigte vergrößert, wird es bei entsprechendem positivem Vorbildverhalten auf ein Minimum gesenkt.[1905]

Zwar existiert keine Ideallösung, die für jeden Vorgesetzten die passende ist, jedoch empfiehlt *Heidenreich* neben der obersten Maxime, sich authentisch zu verhalten, einige Grundregeln für vorbildliches Verhalten im Umgang mit den (unterstellten) Mitarbeitern, die dazu beitragen sollen, aus einer Gruppe von Einzelpersonen ein gutes und effizientes Team zu bilden:

„- Nehmen Sie sich Zeit für Ihre Mitarbeiter
- Nehmen Sie Anteil an deren Leben, lernen Sie sie kennen
- Hören Sie ihnen zu
- Bieten Sie in der Not Unterstützung an
- Sehen Sie in Ihren Mitarbeitern die Menschen und zeigen Sie Ihnen das auch
- Denken Sie positiv und schenken Sie Vertrauen
- Akzeptieren Sie Schwächen und Fehler Ihrer Mitarbeiter, berücksichtigen Sie diese bei der Arbeitsverteilung
- Seien Sie loyal gegenüber Ihren Mitarbeitern (sonst können Sie auch keine Loyalität erwarten)
- Informieren Sie offen
- Loben Sie ihre Mitarbeiter
- Stellen Sie erkannte Missstände so schnell wie möglich ab
- Seien Sie tolerant
- Seien Sie intolerant gegenüber Mobbingansätzen“[1906]

Darüber hinaus ist eine der inzwischen meistverbreiteten Führungsmethoden das *Führen mit Zielen oder Zielvereinbarungen*.[1907] Dabei sind jedoch einige Aspekte zu beachten, um auch in diesem Rahmen das Konfliktpotential zu minimieren. Diese sollen im Folgenden nur in aller Kürze behandelt werden, da Führungsmethoden nicht den Hauptgegenstand dieser Arbeit bilden. Zunächst heißt das Prinzip von Führen mit Zielen Ziel*vereinbarung* und nicht Ziel*vorgabe*, was bedeutet, dass das anvisierte Ziel zwischen Vorgesetztem und Mitarbeiter tatsächlich verhandelt werden muss.[1908] Des Weiteren ist das Führen mit Zielen keine Einbahnstraße, das heißt es reicht nicht aus, ein Ziel zu vereinbaren und nach einer gewissen Zeit das Ergebnis zu betrachten, sondern vom Vorgesetzten wird verlangt, die Umsetzung auch zu begleiten, sich also regelmäßig nach dem Fortschritt zu erkundigen und eventuell bestehende Hindernisse gegebenenfalls gemeinsam mit den Mitarbeitern zu überwinden.[1909] Auch in diesem Zusammenhang verlangt das Führen mit Zielen einen Coach, also einen Vorgesetzten, der seine

1904 *Heidenreich*, S. 81 f.
1905 *Heidenreich*, S. 81 f.
1906 *Heidenreich*, S. 82 f.
1907 Ausführlich dazu *Heidenreich*, S. 141 ff.
1908 *Heidenreich*, S. 141.
1909 *Heidenreich*, S. 141 f.

Mitarbeiter unterstützt, berät, schult und als Ansprechperson zugegen ist. Von großer Relevanz ist außerdem ein Vertrauensverhältnis zwischen Vorgesetzten und dem Mitarbeiter, so dass kein Beschäftigter Angst vor den Folgen bei einem möglichen Misserfolg haben muss.[1910] Schließlich fördert Führen mit Zielen die Kommunikation: Vorgesetzter und Mitarbeiter sind im Grunde gezwungen, sich permanent auszutauschen, sei es bereits bei der Zielvereinbarung, als auch bei regelmäßigen Rückmeldungs- oder Feedbackgesprächen bis hin zur abschließenden Überprüfung der Zielerreichung oder gegebenenfalls der Ursachenforschung, sofern sich Ziele nicht komplett umsetzen ließen.[1911] Was die konkreten Ziele selbst betrifft, müssen diese insbesondere *SMART* sein, also S=Spezifisch, M=Messbar, A=Akzeptiert, R=Realistisch sowie T=Terminiert, damit das Führen mit Zielen gewinnbringend ist.[1912]

bb. Konflikt- und Angstmanagement

Durch einen richtigen Umgang mit Konflikten sowie ein gezieltes Angstmanagement seitens des Vorgesetzten können Unternehmen bzw. Organisationen entscheidend dazu beitragen, Mobbing vorzubeugen.

(1) Konfliktmanagement

Sowohl im privaten Umfeld als auch im beruflichen Alltag wird es immer wieder zu Spannungen in den zwischenmenschlichen Beziehungen kommen, was per se nichts Schlechtes ist, da Konflikte und Streitigkeiten eine aktivierende und auch leistungsstimulierende Wirkung auf die Beteiligten entfalten können, sofern die Auseinandersetzungen am Ende zur Zufriedenheit aller Konfliktparteien beendet werden. Erst wenn der Konflikt auf diese Weise nicht sachlich gelöst werden kann, besteht das Risiko, dass sich die Beeinträchtigungen in unkontrollierte und persönliche Feindseligkeiten wandeln und schließlich zu Mobbing führen.[1913]

Wie bereits im Rahmen der allgemeinen betrieblichen Konfliktlösungsstrategien[1914] angesprochen, hängt die Entwicklung eines Konflikts maßgeblich davon ab, wie im Unternehmen mit einem solchen umgegangen wird. An der Stelle soll besonders auf das diesbezügliche Verhalten der Führungskräfte eingegangen werden. Denn diesen obliegt es in solchen Situationen, rechtzeitig einzugreifen und möglichst eine Versöhnung zu erreichen.[1915] Das gelingt am besten, wenn der Vorgesetzte zum einen die Konfliktsignale so früh wie möglich bemerkt, was er nur kann, wenn er seine Mitarbeiter genau kennt und er jedes Abweichen vom Normalverhalten in einer bestimmten Situation auch einzuordnen weiß.[1916] Zum anderen muss es dem Vorge-

1910 Dazu u. zum Voranstehenden *Heidenreich*, S. 142.
1911 *Heidenreich*, S. 142.
1912 Ausführlich dazu *Heidenreich*, S. 142 ff., insbes. S. 145.
1913 *Merk*, S. 115.
1914 Teil 3, Kapitel 2, II. 3. b) cc. dieser Arbeit.
1915 *Merk*, S. 115.
1916 *Merk*, S. 115.

setzten möglich sein, Konflikte aufgrund eigener Sachkompetenz zu analysieren, und schließlich sollte er Konflikte bereits im Frühstadium durch Mitarbeitergespräche lenken und beenden können. Gerade die Kompetenz zur Konfliktfrüherkennung und zum Konfliktmanagement stellt ein elementares Führungsinstrument dar, um Mobbing vorzubeugen, so dass im Falle von Defiziten in diesem Bereich die Vorgesetzten unbedingt darin geschult werden sollten.[1917]

Merk schlägt dazu noch ein aus sieben Schritten bestehendes Handlungskonzept für das Versöhnungsgespräch eines Vorgesetzten vor, das wie folgt lautet:

> „1. Schritt: Konflikt wahrnehmen,
> 2. Schritt: Beteiligte und Hintergründe aufspüren,
> 3. Schritt: im gemeinsamen Gespräch Problem versachlichen (reflektieren, besprechen) und Zusammenarbeit entfeinden,
> 4. Schritt: im gemeinsamen Gespräch Problemlösung finden/erfinden, wobei der Vorgesetzte sich möglichst auf die Gesprächsführung beschränken sollte,
> 5. Schritt: Lösungsverantwortung aufschlüsseln und zuteilen,
> 6. Schritt: Lösungen einleiten,
> 7. Schritt: Erfolg überprüfen und sichern."[1918]

(2) Angstmanagement

Ausschlaggebend für das jeweilige Verhalten des Mobbingbetroffenen sowie des Mobbenden sind nicht selten Ängste in Zusammenhang mit der Arbeit, die es zu vermindern oder abzubauen gilt. Nach *Merk* kann der Vorgesetzte diesen mit seinem Verhalten bis zu einem gewissen Grad entgegensteuern:[1919]

So werden etwa in Bezug auf die *Angst vor Arbeitsplatzverlust* persönliche Ängste mittels betrieblicher Fort- und Weiterbildungen sowie mit an den Bedürfnissen der Mitarbeiter orientierten Angeboten verringert. Außerdem sollten betriebliche Veränderungen (personeller, organisatorischer oder sonstiger Art) unverzüglich durchgeführt werden, da Ängste so lange anhalten, wie Maßnahmen nicht umgesetzt sind. Gleichzeitig muss Gerüchten und Spekulationen durch eine frühzeitige, transparente und vollständige Informationspolitik entgegengewirkt werden.[1920]

Die *Angst vor Krankheit und Unfall* kann durch eine betriebliche Strategie bestehend aus Aufklärung, Einrichtung aktueller Sicherheitsmaßnahmen, Schutzvorrichtungen – deren Einhaltung kontrolliert wird – sowie eine adäquate persönliche Sicherheitsausbildung vermindert werden. Daneben sind zunehmende Krankheitssymptome als Warnsignale wahrzunehmen, auf welche kurzfristig angemessen reagiert werden muss. Außerdem sollte nach krankheitsbedingten Ausfallzeiten einem Mitarbeiter auch nicht signalisiert werden, dass ein solches Fehlen berufliche Nachteile nach sich zieht, vielmehr ist ihm im Gespräch Fürsorge zu vermitteln.[1921]

1917 *Merk*, S. 115 f.
1918 *Merk*, S. 115.
1919 *Merk*, S. 116 ff.
1920 Dazu u. zum Voranstehenden *Merk*, S. 116.
1921 *Merk*, S. 117.

Hinsichtlich der *Angst vor Fehlern* sollte der Vorgesetzte zu seinen Mitarbeitern stehen, Mitverantwortung für Fehler tragen und sich schützend vor den Mitarbeiter stellen. So ermöglicht eine größere Fehlertoleranz gegenüber den Beschäftigten diesen, aus ihren eigenen Fehlern zu lernen. Außerdem muss bei einer Fehlerbehebung der Fokus auf die Ursache, nicht aber auf den Verursacher gerichtet sein. Darüber hinaus vergrößert permanentes Kritisieren auch bei kleinen Verfehlungen Unsicherheit und schürt die Angst, weitere Fehler zu machen, was letztlich die Kreativität, die Experimentierfreude und die Eigeninitiative reduzieren würde.[1922]

Die *Angst vor Verlust von Wertschätzung und Anerkennung* kann durch unmittelbares Lob verringert werden. Dieses hat, um glaubhaft zu sein, nicht übertrieben, sondern verhältnismäßig zu erfolgen; es muss stets der Nutzen der Leistung des Mitarbeiters für den Vorgesetzten selbst herausgestellt werden (z. B. „Sie waren mir damit behilflich"). Darüber hinaus werden durch das Einhalten einfacher Regeln des allgemeinen Miteinanders persönliche Wertschätzung und Respekt zum Ausdruck gebracht, so etwa durch regelmäßiges Grüßen, Anerkennen von vermeintlichen Selbstverständlichkeiten, Zeigen von Interesse und Verständnis für Probleme der Mitarbeiter, das Anbieten von Hilfe usw.[1923]

Die *Angst vor Konkurrenten*, die sich gegebenenfalls durch Mobbingsignale äußert, kann durch gezieltes Beobachten der Beschäftigten erkannt werden. Charakteristisch sind dafür auch nonverbale Anzeichen im Mitarbeiterverhalten, wie z. B. eine verspannte Körperhaltung, Schweißperlen auf der Stirn, eine andere Stimmlage, feuchte Hände, eine beschleunigte Atmung etc.[1924]

Die *Angst vor Autoritätsverlust* von Führungskräften beruht oftmals auf der Befürchtung, dass ihre Anweisungen nicht, nicht umfänglich oder falsch ausgeführt werden. Daher sollte ihr Führungsverhalten nicht nur rational geprägt sein. Es muss dagegen die eigene Angst, Gefühle zu zeigen, bewältigt und neben Rationalität auch Emotionalität erkennbar werden. Dabei darf jedoch die eigene Unsicherheit nicht offenbart werden, sondern Anweisungen müssen verständlich und eindeutig erteilt werden und Handlungen sollten nicht widersprüchlich sein. Denn so wie eine Führungskraft Sicherheit und Autorität vermittelt, werden auch bei den Mitarbeitern eigene Ängste vermindert und stattdessen Identitätsgefühle gefördert.[1925]

Die *Angst vor neuen Techniken und Veränderungen* kann bewältigt werden, indem den Beschäftigten der spezielle Nutzen für den Betrieb und für ihn persönlich verdeutlicht wird, Mitarbeiter frühzeitig bei der Auswahl der Alternativen einbezogen werden sowie für eine hinreichende Einarbeitungsphase mit Schulung und Unterstützung gesorgt wird. Durch eine rechtzeitige Ankündigung und Verdeutlichung des Vorteils von Veränderungen und durch möglichst ausgewogene Anpassungsprozesse, die unter Umständen auch erst schrittweise mit für die Beschäftigten überschaubaren

1922 *Merk*, S. 117.
1923 *Merk*, S. 117.
1924 *Merk*, S. 118.
1925 *Merk*, S. 118.

und realisierbaren Zwischenzielen umgesetzt werden, können Widerstände und Anpassungsängste bewältigt werden.[1926]

Aufgrund der *Angst, Mitarbeitern nicht gerecht zu werden,* sollten Wahrheiten vom Vorgesetzten zur Vermeidung der Förderung von Selbstwertängsten niemals verletzend oder belehrend übermittelt, sondern transparent und sachlich informativ thematisiert werden. Allerdings ist dem Gesprächspartner gegenüber gleichzeitig die persönliche Wertschätzung zu verdeutlichen. Denn offen geäußerte unangenehme Wahrheiten ziehen bei hoher Führungsqualität weniger Unsicherheiten nach sich.[1927]

Der *Angst vor Fehlinformation* kann mit einer korrekten und vollständigen Weitergabe von Informationen begegnet werden. Die Informationen sollten quantitativ alle für die Arbeitsaufgabe erforderlichen Elemente enthalten und qualitativ so erschöpfend sein, dass sie die Arbeitsausführung verbessern, erleichtern oder generell von Nutzen sind. Dagegen sind irrelevante Informationen in einem Gespräch zu vermeiden, weil sie oftmals widersprüchlich oder missverständlich sein können und damit zu Verunsicherung führen.[1928]

Auch der *Angst vor Überforderung und Unterforderung* kann jeweils entgegengewirkt werden. So sollten bereits im Einstellungsgespräch durch klar formulierte Stellenbeschreibungen und ausführliche Abklärung der Stellenanforderung spätere Überforderungen verhindert werden. Erkannte Überforderungen hat die Führungskraft offen zu verbalisieren und sich damit auseinanderzusetzen, um entstandene Ängste abzubauen. Außerdem müssen Arbeitsplatzveränderungen gemeinsam diskutiert werden. Demgegenüber kann einer identifizierten Unterforderung durch Arbeitsplatz- oder Kompetenzerweiterung begegnet werden. Schließlich ermöglicht eine zielgerichtete Personalentwicklung die bessere Anpassung eines persönlichen Fähigkeitsprofils an ein Anforderungsprofil.[1929]

Der *Angst vor Spielraumeinengung,* die etwa durch Übertragung zusätzlicher Arbeit, steigenden Termindruck oder Anhebung der Anforderungen entsteht, kann durch eine Erweiterung des Handlungsspielraums bei gleichbleibenden Aufgaben oder durch adäquate Reduzierung der Aufgaben abgebaut werden.[1930]

Zu beachten ist, dass es sich bei diesen Verhaltensbeispielen lediglich um nicht abschließend aufgezählte Anregungen handelt. Die wichtigste Voraussetzung eines bewussten Angstmanagements bleibt stets eine ausreichende Sensibilisierung des Vorgesetzten für die Angstsituation seiner Mitarbeiter.[1931]

1926 *Merk*, S. 118.
1927 *Merk*, S. 118 f.
1928 *Merk*, S. 119; vgl. dazu auch Teil 3, Kapitel 2, II. 3. d) dd. dieser Arbeit.
1929 *Merk*, S. 119.
1930 *Merk*, S. 119 f.
1931 *Merk*, S. 120.

cc. Mitarbeitergespräche

Wie bereits mehrfach angedeutet, stellt Kommunikation eine Schlüsselqualifikation für Führungskräfte dar und in einer kommunikativen Atmosphäre können generell Aggressionen gegeneinander besser verhindert bzw. Konflikte durch persönliche Ansprache und Diskussionen einer einvernehmlichen Lösung zugeführt werden.[1932] Außerdem hat ein kooperatives, kommunikatives Führungsverhalten des Vorgesetzten einen positiven Effekt auf die Arbeitszufriedenheit der Beschäftigten und auf das Arbeitsklima. Dadurch werden langfristig negative wirtschaftliche Mobbingeffekte vereitelt. Schließlich ist es eine nicht delegierbare notwendige Aufgabe im Rahmen eines kooperativen Führungsstils, dass der Vorgesetzte Zeit für seine Mitarbeiter aufwendet.[1933] Dabei muss so kommuniziert werden, dass Raum für Emotionen bleibt und diese nicht unterdrückt werden. Denn Kommunikation soll auch zur Stärkung des Selbstbewusstseins der Beschäftigten beitragen, da fehlende Selbstsicherheit nicht selten hinter Selbstdarstellungskünsten und Einschüchterungstaktiken verborgen wird.[1934] Ein solches Verhalten kann durch ehrliches und angemessenes Feedback verhindert werden. *Feedback* meint die Information des Gegenübers darüber, wie die Verhaltensweisen dieser Person von anderen wahrgenommen werden. Dadurch können positive Verhaltensweisen unterstützt, negative Verhaltensweisen, die für den Betreffenden und die Gruppe nicht förderlich sind, verbessert und die Beziehungen der einzelnen Personen untereinander insgesamt bereinigt werden.[1935] Das Mitarbeitergespräch ist demnach generell von großer Bedeutung. Es ist in erster Linie förderlich für die Konsensbildung, die zielorientierte Führung des Mitarbeiters sowie eine sozialverträgliche Konfliktlösung im Leistungsprozess. Es sollte, um für die Mobbingprävention effektiv sein zu können, regelmäßig durchgeführt werden, da es der Führungskraft auf diese Weise erst möglich wird, zwischenmenschliche Spannungen und Konflikte zu erkennen.[1936]

Was die Gesprächsführung an sich betrifft, sind für ein erfolgreiches Gespräch nach *Heidenreich* insbesondere folgende Hinweise zu beachten:[1937] Der Vorgesetzte sollte frühzeitig zum Gespräch einladen und dem Mitarbeiter zuvor auch den Gesprächsinhalt mitteilen. Weitere Voraussetzungen sind Pünktlichkeit und das Verhindern von möglichen Störungen. Wichtig ist außerdem, dass der Vorgesetzte das Gespräch freundlich und motivierenden einleitet und sich ausschließlich auf seinen Gesprächspartner konzentriert. Der Vorgesetzte sollte konkret sagen, was er möchte oder offene Fragen stellen, das heißt solche, die nicht nur mit „ja“ oder „nein“ beantwortet werden können. Anschließend muss der Gesprächspartner auch ausreichend zu Wort kommen können, indem ihm Zeit zum Überlegen bleibt und er auch ausreden darf. Entscheidend

1932 *Merk*, S. 112.
1933 Dazu u. zum Voranstehenden *Merk*, S. 112.
1934 *Kolodej*, Mobbing, 2. Auflage (nicht in neuerer Aufl.), S. 158.
1935 *Kolodej*, Mobbing, 2. Auflage (nicht in neuerer Aufl.), S. 158.
1936 *Glawe*, S. 67 m. w. N.
1937 Ausführlich dazu *Heidenreich*, S. 95 ff.

ist insbesondere, dass der Vorgesetzte seinem Gegenüber aktiv zuhört, dessen Aussagen hinterfragt, die Aussagen bzw. (Gesprächs-)Ergebnisse zusammenfasst und am Ende das Gespräch in einer angenehmen Atmosphäre abschließt.[1938]

Je nach Gesprächssituation fungiert das Mitarbeitergespräch im Einzelnen als

- *Informationsgespräch*, bei dem die Übermittlung von Informationen, wie das Aufzeigen von Zusammenhängen, Erklären bzw. Begründen von Arbeiten oder Vorstellungen, ohne Bewertung im Vordergrund steht (z. B. Arbeitsanweisungen, Abteilungsbesprechungen, Präsentationen).[1939]
- *Problemlösungsgespräch*, bei welchem Vorgesetzter und Mitarbeiter das gleiche Ziel verfolgen, nämlich die Lösung eines arbeitsbezogenen Problems (z. B. Brainstorming, Workshop).[1940]
- *Bewertungsgespräch*, bei dem die Bewertung der Leistung des Mitarbeiters im Mittelpunkt steht oder bei dem persönliche Themen wie Konflikte zwischen Beschäftigten besprochen werden. Auch Kritik und Lob können Gegenstand dieser Aussprache sein (z. B. Beurteilungsgespräch, die Bewertung eines Arbeitsergebnisses oder des Mitarbeiters selbst).[1941]
- *Verhandlungs- oder Konfliktgespräch*, in welchem Vorgesetzter und Mitarbeiter unterschiedliche Interessen verfolgen und eine Einigung angestrebt wird. Dabei können Vorurteile, Vorbehalte und Gerüchte ausgeräumt und Konflikte aufgelöst werden.[1942]

Daneben gibt es auch das *Rückkehr- und Fehlzeitengespräch*, das bei einem offensichtlichen häufigen und vermutlich nicht krankheitsbedingten Fehlen stattfindet. In diesem Fall dient das Gespräch dazu, die Motivation der Arbeitnehmer zu erhöhen sowie arbeitsbedingte Gründe für Ausfallzeiten zu ermitteln. Dabei ist zu beachten, dass nicht alle Arbeitnehmer zu Fehlzeitengesprächen verpflichtet werden sollten, da dies eine Misstrauenskultur nach sich ziehen würde.[1943]

Beim *Beschwerdegespräch*, wenn also der Mitarbeiter mit einer Beschwerde an den Vorgesetzten herantritt, sind nach *Kratz* vor allem folgende Punkte zu berücksichtigen:[1944] Zunächst muss der Beschwerdeführer isoliert von den anderen Mitarbeitern unter Ausschluss der Öffentlichkeit angehört werden. Der Mitarbeiter sollte zum Sitzen veranlasst werden, um Ruhe in die Situation zu bringen. Des Weiteren darf der Mitarbeiter nicht unterbrochen werden. Zum einen, um ein vertrauensvolles Gespräch zu ermöglichen, und zum anderen, um neben der emotionsgeladenen Darstellung auch an Hintergrundinformationen zu gelangen. Der Vorgesetzte sollte

---

1938 Dazu u. zum Voranstehenden *Heidenreich*, S. 96 f.
1939 *Merk*, S. 112
1940 *Merk*, S. 112.
1941 *Merk*, S. 112 f.
1942 *Merk*, S. 113.
1943 *Glawe*, S. 67.
1944 Dazu u. zum Nachstehenden *Kratz*, S. 70 ff.

wichtige Aussagen notieren, um die Beschwerde auf ihren Kern zu reduzieren und dem Mitarbeiter die Ernstnahme seiner Beschwerde zu zeigen. Dem Mitarbeiter ist zu bestätigen, dass der Vorgesetzte seine Situation versteht. Denn indem der Vorgesetzte den Grund der Mitarbeiterreaktion anerkennt, bejaht er seine Person, ohne jedoch bereits selbst zur Sache Stellung zu beziehen. Die vorstehenden Empfehlungen beabsichtigen eine Eskalationsvermeidung und eine Beruhigung des Beschwerdeführers. Anschließend beginnt das Sachgespräch. Bei diesem sollte sich der Vorgesetzte um eine objektive Klärung des Sachverhaltes und schließlich um eine sozialverträgliche, dauerhafte Konfliktlösung bemühen.[1945] Was Letzteres angeht, sei auf die allgemeinen Konfliktlösungsstrategien[1946] oben verwiesen.

Schließlich können auch *Exit-Interviews*, also die zieltgerichtete Befragung ausscheidender Mitarbeiter, ein adäquates Mittel zur Mobbingprävention sein, um Schwachstellen innerhalb des Unternehmens aufzudecken.[1947]

Darüber hinaus ist zu beachten, dass es bezüglich der positiven Wirkung von Mitarbeitergesprächen nicht nur auf den jeweiligen Gesprächsinhalt ankommt, sondern vor allem auch auf die damit einhergehenden Beziehungsbotschaften, die eine Führungskraft durch ihre Gestik, Mimik, Körpersprache, Tonfall und Wortwahl zum Ausdruck bringt. Daher sind Wirkung und Erfolg einer Kommunikation als Führungsmittel sehr stark an die erforderliche persönliche Kommunikationskompetenz des Vorgesetzten gebunden.[1948]

Auf diese Weise führt nach *Merk* das mit einem kommunikativen Führungsverhalten veränderte Rollenverständnis von Führungskräften und Mitarbeitern schließlich dazu,

„- dass eine gewisse Streitkultur geschaffen wird,
- dass Meinungsverschiedenheiten und Kritik sachlicher und emotionaler Art ernst genommen, bearbeitet und im Gespräch oder in geeigneter Runde angesprochen werden,
- dass Mitarbeiter auch über ihre persönlichen Ziele und beruflichen Entwicklungswünsche befragt und diese möglichst auch berücksichtigt werden,
- dass Mitarbeiter bei der Umsetzung ihrer Aufgaben nicht sich selbst überlassen bleiben, sondern geeignete Absprachen zur Erfolgssicherung getroffen werden,
- dass Mitarbeiter ihre Meinungen und Vorbehalte einbringen können, ohne vom Vorgesetzten brüskiert oder abwertend belehrt zu werden,
- dass regelmäßig und in organisierter Form offene Mitarbeitergespräche stattfinden, wobei eine Konsensbildung, eine zielorientierte Mitarbeiterführung und sozialverträgliche Konfliktlösungen angestrebt werden,
- dass das Informations- und Kommunikationsbedürfnis der Mitarbeiter erfüllt und die gegenseitige Bereitschaft zur Kommunikation gesteigert wird,
- dass der kommunikative Dialog offen, freundlich, nicht selbstwertbedrohend geführt wird."[1949]

1945 Dazu u. zum Voranstehenden *Kratz*, S. 72.
1946 Teil 3, II. 3. b) cc. dieser Arbeit.
1947 *Glawe*, S. 68.
1948 *Merk*, S. 113.
1949 *Merk*, S. 113 f.

Demzufolge kann ein in diese Richtung verändertes Führungsverhalten von Vorgesetzten in kurzer Zeit ermöglichen, Mobbingstrukturen zu durchbrechen, da die soziale Führungskraft eine kompetente Ansprechperson für die Beschäftigten zur Lösung zwischenmenschlicher Konflikte darstellt.[1950]

Regeln, welche von einer solch kompetenten sozialen Führungspersönlichkeit zur Vorbeugung von Mobbing beherrscht werden sollten, sind nach *Merk*:

„- Der Vorgesetzte sollte auf die möglichst homogene Zusammensetzung der Arbeitsgruppe achten und seine Arbeitsgruppe so beeinflussen, dass sie zu einer sozial funktionierenden Einheit zusammenwächst.
- Es sollten Qualitätsgruppen eingerichtet werden, in denen gemeinsam ohne hierarchische Lenkung verbesserungsorientiert gearbeitet wird.
- Der Vorgesetzte sollte mit jedem Mitarbeiter regelmäßig problemorientierte Einzelgespräche führen.
- In regelmäßig stattfindenden kreativen Arbeitsgesprächen sollten Probleme aufgedeckt und gemeinsame Lösungen erarbeitet werden.
- In Arbeitsgesprächen sollten regelmäßig Arbeitsergebnisse offen diskutiert und bewertet werden und z. B. Lob und Anerkennung ausgesprochen werden. Kritik sollte nicht in Gegenwart Dritter geübt werden.
- Neue Mitarbeiter müssen mit allen übrigen Gruppenmitgliedern bekannt gemacht werden und es muss eine Integrierung ohne Reibungsverluste vorgenommen werden.
- Die Gruppenkommunikation ist zu optimieren.
- Der Vorgesetzte sollte immer für den Mitarbeiter erreichbar sein und für dessen Probleme ein offenes Interesse zeigen."[1951]

dd. Weitere Verhaltensempfehlungen für Führungskräfte

Neben den bereits dargestellten möglichen Anti-Mobbing-Maßnahmen für Vorgesetzte sollten diese auch die an sie herangetragenen Mitarbeiterbeschwerden stets ernst nehmen, Intriganten- und Denunziantentum in ihrem Verantwortungsbereich bekämpfen und eine konstruktive Fehlerkultur sowie einen adäquaten Umgang mit Lob und Kritik in Ihrem Verantwortungsbereich pflegen.

(1) Ernstnahme von Mitarbeiterbeschwerden

Wenn ein Mitarbeiter an seinen Vorgesetzten mit einer Beschwerde herantritt, dokumentiert er damit Vertrauen, das er dem Vorgesetzten entgegenbringt. Das ermöglicht dem Vorgesetzten, dem sichtbar gewordenen Handlungsbedarf in angemessener Art und Weise nachzukommen.[1952] Auch wenn der Vorfall für den Vorgesetzten geringfügig erscheint, darf er diesen nicht bagatellisieren. Denn für den Mitarbeiter ist nicht von Bedeutung, was ihm objektiv zugestoßen ist, sondern wie er es subjektiv empfindet. Daher sollte der Vorgesetzte auch in herausfordernden Situationen bedacht agieren und soziales Einfühlungsvermögen beweisen.[1953]

1950 *Merk*, S. 114.
1951 *Merk*, S. 114 f.
1952 *Kratz*, S. 68.
1953 *Kratz*, S. 68.

Konkret darf die Führungskraft der Konfliktsituation nicht ausweichen, sondern hat an der raschen Eingrenzung des Konfliktherdes und der Verhinderung der Eskalation mitzuwirken, da durch die Beschwerde eines Mitarbeiters ein Konfliktbereich offensichtlich wird, der sich Kraft raubend auf alle Beteiligten auswirkt.[1954] Daher sollte mit Beschwerden möglichst vorrangig verfahren werden, damit noch Kompromissbereitschaft besteht. Denn unnötige Verzögerungen erfordern einen zu starken Zeit- und Energieaufwand, was eine zukünftige erfolgreiche Zusammenarbeit vereiteln könnte.[1955] Besonders wichtig ist jedenfalls, dass der Vorgesetzte der konkreten Beanstandung ausreichend Zeit widmet und gegenüber dem Mitarbeiter, welcher zu Beginn seiner Beschwerde aufgrund einer intensiv emotionalen Reaktion nicht für sachliche Argumente zugänglich sein wird, eine wahrnehmbare Wertschätzung seiner Person, wie etwa durch Anteilnahme, Höflichkeit und Verständnis, zum Ausdruck bringt. Der Vorgesetzte sollte dabei unbedingt auf Bemerkungen verzichten, die die Emotionalität des Mitarbeiters anheizen können, wie etwa „Dramatisieren Sie doch nicht so!" oder „Mit solch einer Kleinigkeit kommen Sie zu mir?!".[1956] Außerdem dürfen keine Gegenvorwürfe erhoben werden, da diese die Situation nur weiter eskalieren lassen. Schließlich muss der Vorgesetzte Toleranz demonstrieren, indem er etwa auch solche Beschwerden ernst nimmt, bei denen sich herausstellt, dass sie auf einem Irrtum des Beschwerdeführers beruhen.[1957] Weitere Hinweise für ein solches Beschwerdegespräch finden sich oben im Abschnitt über die Mitarbeitergespräche.[1958]

(2) Keine Duldung von Intriganten- und Denunziantentum

Die Vorgesetzten sollten darauf achten, in ihrem Zuständigkeitsbereich kein Intriganten- und Denunziantentum zuzulassen. Während unter einer *Intrige* eine hinterlistig angelegte Praktik zu verstehen ist, mit welcher der Intrigant regelmäßig Vorteile für sich zu erlangen versucht und Tatbestände konstruiert, meldet der *Denunziant* Negatives weiter.[1959] Beide Verhaltensweisen werden von Mobbenden oft als sehr effektives Mittel angewandt. Nicht selten werden in diesem Rahmen beispielsweise falsche Beschuldigungen gegen das Mobbingopfer zu dessen Rufschädigung in Umlauf gebracht.[1960]

Für derartige Machenschaften sind nach *Kratz* meist unterschiedliche Gründe verantwortlich:[1961] So bildet ein mangelhaftes formelles Informationssystem für Gerüchte und Intrigen einen ertragreichen Nährboden. Des Weiteren hat die Intrige eine Ventilfunktion, sofern Streitigkeiten zwischen Beschäftigten oder zwischen Vorgesetztem und Mitarbeitern nicht offen ausgefochten und sozialverträglich aufgearbeitet werden. Daneben schaffen unpräzise Vorgaben, Aufträge und Zuständigkeiten, die auf unkla-

1954 *Kratz*, S. 68 f.
1955 *Kratz*, S. 69.
1956 Dazu u. zum Voranstehenden *Kratz*, S. 69 f.
1957 Dazu u. zum Voranstehenden *Kratz*, S. 70.
1958 Teil 3, Kapitel 2, II. 3. c) cc. dieser Arbeit.
1959 *Kratz*, S. 66
1960 *Kratz*, S. 66.
1961 Dazu u. zum Nachstehenden *Kratz*, S. 66.

ren organisatorischen Anordnungen beruhen, für Intriganten ein Betätigungsfeld, in dem sie unauffällig vorgehen können. Somit ist ein Vorgesetzter aufgrund der für einen Betrieb destruktiven Wirkung des Intrigantentums wegen der daraus folgenden Reibungsverluste gezwungen zu handeln, sobald der Verdacht besteht, dass Intrigen die Ursache von bestimmten Vorfällen sind.[1962]

Ähnlich verhält es sich beim Auftreten von Denunziantentum: In diesen Fällen darf für den Vorgesetzten von anderen Personen Weitergetragenes kein objektiver Maßstab sein, da Situationen nicht selten einseitig, unvollständig und absichtlich verfälscht präsentiert werden. Es ist daher stets erforderlich, dass sich der Vorgesetzte möglichst unbeeinflusst eine eigene Meinung bildet.[1963]

(3) Fehlerkultur

Die Art und Weise, wie in einem Unternehmen, insbesondere seitens der Führungskräfte, mit Fehlern umgegangen wird, trägt auch entscheidend zum Verhalten der Mitarbeiter untereinander bei.

Bei der Reaktion des Vorgesetzten auf Fehler seiner Untergebenen bedarf es in erster Linie einer Fehleranalyse und keiner oberflächlichen Suche nach dem Schuldigen. Allerdings sollte grundsätzlich noch vor der Fehleranalyse die Fehlerbereinigung stattfinden, um Schaden zu begrenzen.[1964] Bezüglich der Suche nach der Ursache des Fehlers stellt sich vor allem die Frage danach, ob es sich schlicht um Unaufmerksamkeit, um mangelnde Kenntnis oder unzureichende Kommunikation gehandelt hat. Die Ermittlung der Fehlerursache sollte dann zumindest stets gemeinsam mit den Beteiligten stattfinden. Dabei muss zwischen offensichtlichen und hintergründigen Ursachen, wie etwa mangelnder Information, differenziert werden.[1965]

Nach der tatsächlichen Identifizierung der Fehlerursache ist, um eine Wiederholung zu vermeiden, je nach dem ermittelten Grund *Heidenreich* zufolge ein unterschiedliches Vorgehen angezeigt:[1966] Unabdingbar ist, dass ein Mitarbeitergespräch mit dem involvierten Mitarbeiter unabhängig von einer möglichen Schuld stattfindet. Dieser sollte auch über das Resultat der Feststellungen des Vorgesetzten in Kenntnis gesetzt werden. Sofern fachliche Fehler des Mitarbeiters der Grund waren, kann gegebenenfalls eine ergänzende Schulung zweckmäßig sein.[1967] Bei organisatorischen Problemen dagegen müssen diesbezüglich Veränderungen vorgenommen werden, etwa durch die Konkretisierung von Zuständigkeiten, durch Umverteilung und/oder Entlastung von Arbeit oder durch Implementierung des Vieraugenprinzips. Elementar ist dabei, die Mängel und die verabredeten Maßnahmen für alle Teammitglieder offen anzusprechen, damit auch die anderen aus den begangenen Fehlern lernen

1962 Dazu u. zum Voranstehenden *Kratz*, S. 66.
1963 *Kratz*, S. 67.
1964 *Heidenreich*, S. 170.
1965 Dazu u. zum Voranstehenden *Heidenreich*, S. 170.
1966 Dazu u. zum Nachstehenden *Heidenreich*, S. 170 f.
1967 *Heidenreich*, S. 171.

können. Allerdings muss darauf geachtet werden, bei dieser Gelegenheit niemanden bloßzustellen und keine Schuldzuweisungen oder Vorwürfe zu machen. Denn auf diese Weise erlangt der Vorgesetzte das Vertrauen seiner Mitarbeiter, die sich darauf verlassen, bei einem Fehler dessen Rückendeckung vor der Geschäftsführung zu erhalten. Dann werden sie auch nicht versuchen, mit Hilfe von meist unzulänglichen Mitteln das Problem eigenständig zu beheben und zu verheimlichen.[1968]

Zusammenfassend zum Umgang mit Fehlern lässt sich somit festhalten:

1. Schritt: Fehler beheben, nachbessern, informieren
2. Schritt: Offensichtliche und hintergründige Ursachen ermitteln
3. Schritt: Abhängig von den ermittelten Ursachen
   - Führung eines Mitarbeitergesprächs
   - Durchführung von Mitarbeiterschulungen
   - Organisatorische Veränderungen vornehmen, wie etwa:
     - Umverteilung der Arbeit
     - Konkretisierung von Zuständigkeiten bzw. Verantwortung
     - Vieraugenprinzip einführen
     - Arbeitsbelastung verringern[1969]

(4) Umgang mit Lob und Kritik

Da Menschen zum einen der Anerkennung bedürfen und zum anderen wissen möchten, wo sie stehen, muss der Vorgesetzte seinen Mitarbeitern regelmäßig Feedback[1970] geben. Denn wenn Beschäftigte keinerlei Rückmeldung über ihre Arbeitsleistung erhalten, empfinden sie Ignoranz in Bezug auf die eigene Person und behandeln möglicherweise auch andere in entsprechender Weise.[1971] Außerdem eröffnet regelmäßiges Feedback auch für die Führungskraft die Chance, Stimmungen und Themen seiner Mitarbeiter wahrzunehmen und vereinbarte Ziele und deren Erreichungen zu erörtern.[1972] Nicht zuletzt können Lob und Kritik auch insofern zur Steuerung der Beschäftigten verwendet werden, als diese durch Lob in dem vom Vorgesetzten gewünschten Handeln bestärkt und bei ihnen durch Kritik unwillkommene Verhaltensweisen abgebaut werden.[1973]

In jedem Fall sollten nach *Heidenreich* die folgenden Grundsätze für Lob und Kritik beachtet werden:[1974]

Lob muss zunächst möglichst konkret sein, sich also auf ein tatsächliches Geschehen oder eine bemerkte Verhaltensweise beziehen. Dabei sollte die Anerkennung nicht

1968 Dazu u. zum Voranstehenden *Heidenreich*, S. 171.
1969 *Heidenreich*, S. 172, Abbildung.
1970 Teil 3, Kapitel 2, II. 3. c) cc. dieser Arbeit.
1971 *Heidenreich*, S. 172 f.
1972 *Heidenreich*, S. 173.
1973 *Heidenreich*, S. 173.
1974 Dazu u. zum Nachstehenden *Heidenreich*, S. 174 ff.

lediglich für eine fachliche Leistung, sondern auch für ein erwünschtes Verhalten wie etwa besonders hohen Einsatz erfolgen. Das Lob muss vom Vorgesetzten selbst kommen und kann nicht delegiert werden, da es ansonsten an Wert verlieren würde. Außerdem ist Lob prinzipiell unter vier Augen zu äußern, denn offenes Lob vor allen anderen kann für den einzelnen unter Umständen auch unangenehm sein, wenn er sich auf diese Weise etwa als Streber präsentiert sieht. Anders verhält es sich dagegen, wenn die ganze Gruppe für eine Gemeinschaftsleistung gelobt werden soll oder jeder Einzelne die Chance hatte, sich das Lob zu verdienen.[1975] Darüber hinaus muss das Lob angemessen sein, es ist also dem Ausmaß der erbrachten Leistung entsprechend anzupassen, wobei der Vorgesetzte sachlich und ohne Übertreibung die richtige Wortwahl treffen sollte. Wichtig ist auch, dass das Lob unmittelbar erfolgt, da dann der Zusammenhang mit der gelobten Tätigkeit umso deutlicher wird, was den positiven Effekt unterstützt.[1976] Das Lob muss zudem ehrlich gemeint sein, darf also nur vorgenommen werden, wenn es auch einen Anlass dafür gibt, weil Anerkennung verdient sein muss. Schließlich sollte das Lob auch klar und eindeutig sein, was bedeutet, dass der Vorgesetzte ein Lob nicht durch seine Wortwahl relativiert und keine „Aber"-Sätze verwendet.[1977] Für den Fall, dass der Mitarbeiter wiederholt gelobt wird, weil sein Engagement alle Erwartungen übertroffen hat, sollte eine über das verbale Lob hinausgehende Konsequenz gezeigt werden, wie etwa eine Gehaltserhöhung, eine Prämie oder wenigstens die Übertragung anspruchsvollerer Aufgaben.[1978]

Daneben muss auch *Kritik* möglichst konkret sein und es darf nur das bemerkte Verhalten und nicht die Person selbst kritisiert werden. Kritik ist ebenso wie Lob vom Vorgesetzten direkt zu äußern, weil vor allem unangenehme Dinge auch nicht delegiert werden dürfen. Zudem soll Kritik nur unter vier Augen getätigt werden, da die Beschäftigten ein Recht auf Vertraulichkeit und Schutz ihrer Persönlichkeit haben. Anderes kann ausnahmsweise gelten, wenn die ganze Gruppe kritisiert wird, wobei jedoch keinesfalls einzelne Mitarbeiter im Speziellen angesprochen werden sollten. Schließlich muss Kritik auch angemessen sein, das heißt Fehler dürfen weder übertrieben noch bagatellisiert werden.[1979]

Darüber hinaus ist ein Kritikgespräch von einem gewöhnlichen Feedbackgespräch zu unterscheiden. Zwar können auch bei letzterem Themen angesprochen werden, die optimierbar sind, aber die Kritik steht dabei nicht im Vordergrund.[1980] In den Fällen, in denen der Mitarbeiter entweder versehentlich einen Fehler begangen hat oder absichtlich, ohne jedoch dessen Tragweite zu erfassen, erhält er ein Feedback und Unterstützung zur Verhinderung von Wiederholungen. Hat der Mitarbeiter demgegenüber mutwillig gehandelt und mussten ihm die Folgen bewusst gewesen sein, ist ein Kritikgespräch angebracht. Auf dieses sollte sich der Vorgesetzte sorgfältig

1975 Dazu u. zum Voranstehenden *Heidenreich*, S. 174.
1976 Dazu u. zum Voranstehenden *Heidenreich*, S. 175.
1977 Dazu u. zum Voranstehenden *Heidenreich*, S. 175.
1978 *Heidenreich*, S. 176.
1979 Dazu u. zum Voranstehenden *Heidenreich*, S. 177.
1980 *Heidenreich*, S. 176.

vorbereiten, da er die beabsichtigte Verhaltensänderung dabei nur erreicht, wenn der Mitarbeiter Einsicht zeigt und die Kritik annimmt.[1981] Daher muss sich der Vorgesetze für das Kritikgespräch genügend Zeit nehmen und insbesondere für absolute Ungestörtheit für die Dauer des Gesprächs sorgen. Außerdem muss dem Mitarbeiter währenddessen die Möglichkeit gegeben sein, sich ebenfalls zur Sache äußern und die Dinge aus seiner Sicht darzulegen.[1982] Schließlich sollten gemeinsam die Folgen, das weitere Vorgehen, die konkret erwarteten Änderungen, mögliche Strategien oder Unterstützungsmaßnahmen sowie Konsequenzen im Falle einer Wiederholung besprochen werden.[1983]

ee. Zusammenfassung

Führungskräfte können mit ihrem Verhalten dazu beitragen, Mobbing in ihrem Betrieb vorzubeugen. Zum einen kommt ihnen eine Vorbildfunktion zu, was bedeutet, dass sie mit gutem Beispiel vorangehen, mit ihrem Führungsstil für ein gutes Arbeitsklima sorgen sollten. Zum anderen obliegt es ihnen, auf Konflikte und Ängste ihrer Mitarbeiter in der richtigen Art und Weise einzugehen. Dabei muss rechtzeitig in sich entwickelnde Konflikte eingegriffen und möglichst eine Versöhnung der daran beteiligten Parteien erreicht werden. Außerdem hat sich der Vorgesetzte darum zu bemühen, die unterschiedlichen Ängste seiner Mitarbeiter, die sie im Zusammenhang mit dem Arbeitsplatz haben, abzubauen, um dadurch bedingtes Mobbingverhalten frühzeitig zu verhindern.

Da Kommunikation eine wichtige Schlüsselfunktion für Führungskräfte ist, stellt das Mitarbeitergespräch ein wirksames Mittel zur Mobbingprävention dar. Je nach Gesprächssituation erfüllt das Mitarbeitergespräch unterschiedliche Funktionen, denen der Vorgesetzte mit einem entsprechenden Verhalten gerecht werden muss. Dabei hängt die positive Wirkung eines solchen Gesprächs nicht nur vom Gesprächsinhalt, sondern in nicht unerheblicher Weise auch vom nonverbalen Kommunikationsverhalten des Vorgesetzten ab.

Darüber hinaus sollte eine Führungskraft zur Minimierung des Mobbingrisikos Mitarbeiterbeschwerden stets mit dem notwendigen Ernst begegnen und in ihrem Verantwortungsbereich weder Intriganten- noch Denunziantentum dulden. Schließlich schaffen sowohl eine vernünftige Fehlerkultur in einem Unternehmen als auch vom Vorgesetzten angemessen geäußertes Lob bzw. konstruktiv geübte Kritik das notwendige Vertrauen für einen offenen Umgang miteinander, der Mobbing entgegenwirkt.

1981 Dazu u. zum Voranstehenden *Heidenreich*, S. 176.
1982 *Heidenreich*, S. 178.
1983 *Heidenreich*, S. 178.

Zusammenfassend handelt es sich bei den wichtigsten Anforderungen an Führungskräfte nach *Merk* um folgende:

„- *Vorgesetzter als Coach:*
  Mitarbeiter müssen zum erfolgreichen Arbeiten angeleitet werden und die hierfür notwendigen Hilfen erhalten.
- *Vorgesetzter als Vorbild:*
  Mitarbeiter benötigen Orientierungsmaßstäbe, die ihnen Rückhalt und Sicherheit vermitteln und dadurch Ansporn geben.
- *Vorgesetzter als Konfliktmanager:*
  Mitarbeiter benötigen eine konflikt- und emotionsfreie Arbeitsatmosphäre zur vollen Entfaltung ihres Arbeitsvermögens. Konfliktsituationen müssen frühzeitig erkannt und versöhnend aufgelöst werden.
- *Vorgesetzter als soziale Kompetenz:*
  Mitarbeiter müssen als Mensch und Partner geschätzt und in ihrem Selbstwertgefühl gestärkt werden.
- *Vorgesetzter als Kommunikator:*
  Mitarbeiter müssen in ihrer Zusammenarbeit und Kooperation gefördert werden, denn nur gemeinsam kommt eine Gruppe zum Erfolg.
- *Vorgesetzter als Repräsentant:*
  Mitarbeiter benötigen ein Sprachrohr, das ihre Interessen nach außen vertritt, und eine Stütze, die sie sowohl nach außen hin verteidigt wie nach innen hin stärkt.
- *Vorgesetzter als Zukunftsdenker:*
  Mitarbeiter benötigen Visionen und Zukunftsziele, mit denen sie sich identifizieren können und durch die sie mitgerissen und weiterentwickelt werden.
- *Vorgesetzter als Problemlöser:*
  Mitarbeiter müssen sich voll auf ihre Arbeit konzentrieren können. Störungen und die Arbeit behindernde Umstände und Probleme sind zielgerichtet frühzeitig auszuräumen.
- *Vorgesetzter als Dienstleister und Koordinator:*
  Mitarbeiter benötigen einen Helfer, der sich innerhalb des Betriebes um zeitliche, räumliche, sachliche und verwaltungsmäßige Belange kümmert, damit stets die notwendigen Arbeitsvoraussetzungen gegeben sind.
- *Vorgesetzter als Motivator:*
  Mitarbeiter müssen motiviert und angespornt werden, denn nur mit Arbeitsfreude und bei Zufriedenheit sind sie zu besonderen und herausragenden Leistungen befähigt.
- *Vorgesetzter als produktiver Lenker:*
  Mitarbeiter müssen entsprechend ihrer Fähigkeiten, nach Möglichkeit auch nach ihren Wünschen und Neigungen, eingesetzt und beschäftigt werden.“[1984]

Zur raschen Verbesserung der Beziehungen zu ihren Mitarbeitern empfiehlt *Merk* den Vorgesetzten darüber hinaus:

„- Stärkeren Kontakt zu seinen Mitarbeitern unterhalten und so ein Zusammengehörigkeitsgefühl erzeugen.
- Seine Mitarbeiter durch angemessene Anerkennung und Korrektur fördern.
- Kritik stets sachlich vorbringen.
- Seine Mitarbeiter nach ihren Fähigkeiten einsetzen und fördern.
- Arbeitsanweisungen verständlich, eindeutig und unmissverständlich geben und jeweils mit Begründungen versehen, so dass ein Mitarbeiter ihren Sinn und den Zusammenhang versteht.

1984 *Merk*, S. 229 ff., Anl. 22.

- Gegenüber seinen Mitarbeitern Besonnenheit zeigen sowie in allen Situationen Ruhe und Sicherheit ausstrahlen.
- Seine Personalentscheidungen stets sachlich treffen und voreiliges Handeln dadurch verhindern, dass einem Mitarbeiter eine Rechtfertigungsmöglichkeit gegeben wird.
- Jeden Mitarbeiter mit seinem Namen anreden.
- Die Meinungen seiner Mitarbeiter anhören und bedenken.
- Für die dienstlichen wie privaten Belange seiner Mitarbeiter Verständnis aufbringen und dies auch zeigen sowie Hilfsbereitschaft anbieten.
- Seine Mitarbeiter gut informieren.
- Vertrauen zu seinen Mitarbeitern haben.
- Jedem Mitarbeiter das Gefühl geben, gleich wichtig zu sein.
- Seinen Mitarbeitern ein Vorbild sein.
- Eigene Fehler auch gegenüber seinen Mitarbeitern offen eingestehen.
- Auf die richtige Zusammenstellung von Arbeitsgruppen achten.
- Die Zuständigkeit und Befugnis seiner Mitarbeiter organisatorisch und inhaltlich eindeutig abgrenzen und die eigene Vertretung bei Abwesenheit klar regeln.
- Gegenüber seinen Mitarbeitern nicht nachtragend sein.
- Seinen Mitarbeitern gegenüber Außenstehenden Schutz und Rückhalt geben.“[1985]

In ähnlicher Weise rät *Kolodej* Führungskräften zur Mobbingprävention:

„- Pflegen Sie einen demokratischen Führungsstil, in dem Ihre MitarbeiterInnen die Möglichkeit haben, Unmut und Unzufriedenheit offen zu artikulieren und ihre Meinung einbringen zu können.
- Regeln Sie Zuständigkeiten und Kompetenzen klar.
- Machen Sie (abteilungsinterne) Entscheidungsprozesse transparent.
- Sorgen Sie für größtmögliche Handlungs- und Entscheidungsspielräume Ihrer MitarbeiterInnen. Je geringer die intellektuelle und motivationale Tätigkeit selbst, desto größer sollte der Handlungsspielraum der Entscheidung sein, um ‚Langeweile-Mobbing‘ vorzubeugen.
- Machen Sie die Unternehmensziele transparent. Je klarer diese sind, desto höher ist die Motivation, im Sinne dieser zu arbeiten und die Kollegialität verbessert sich.
- Sorgen Sie für regelmäßige Besprechungen.
- Schulen Sie Ihre MitarbeiterInnen in ihrer Kommunikationsfähigkeit, Team- und Kooperationsfähigkeit sowie Konfliktlösungskompetenz, indem Sie Seminare und Schulungen anbieten.
- Sensibilisieren Sie die Führungskräfte und die Betriebsräte für das Thema Konflikt und Mobbing. Bieten Sie entsprechende Schulungen an.
- Etablieren Sie Personalentwicklungsinstrumente zur Prävention von Mobbing (z. B. Einführungsprogramme für neue MitarbeiterInnen, MitarbeiterInnengespräche, Exit-Interviews usw.).
- Machen Sie deutlich, dass Mobbing im Unternehmen absolut unerwünscht und mit Sanktionen verbunden ist.
- Informieren Sie über Mobbing, Gegenstrategien und Sanktionen.
- Etablieren Sie ‚Verhaltensgrundsätze‘ in entsprechenden Unternehmensleitbildern und Betriebsvereinbarungen.
- Etablieren Sie Ansprechstellen und sichern Sie die Schulung der beauftragten Personen.
- Pflegen Sie ein Betriebsklima, das die gegenseitige Unterstützung wertschätzt.
- Etablieren Sie unterschiedliche Formen der Anerkennung.

1985 *Merk*, S. 230 f., Anl. 22.

- Beobachten Sie das soziale Geschehen regelmäßig und nehmen Sie Verhaltensänderungen einzelner MitarbeiterInnen wahr.
- Signalisieren Sie Konfliktbereitschaft, legen Sie Konflikte offen und versuchen Sie, diese lösungs- und zukunftsorientiert zu lösen.
- Achten Sie auf eine Konfliktkultur, in der sach- und inhaltsbezogen, jedoch nicht personenbezogen argumentiert wird.
- Unterbinden Sie das Verbreiten von Gerüchten, wenn die unmittelbar betroffenen Personen nicht Stellung beziehen können.
- Schreiten Sie ein, wenn Ihre MitarbeiterInnen einen Konflikt selbst nicht mehr lösen können oder unterstützen Sie diese, indem Sie externe KonfliktberaterInnen hinzuziehen."[1986]

d) Weitere strukturell-organisatorische Vorkehrungen: Mobbing-Prophylaxe

Weitere strukturell-organisatorische Vorkehrungen zur Mobbing-Prophylaxe sind eine gezielte Personalauswahl und Personalschulungsmaßnahmen, die Schaffung bestimmter Strukturen in der Arbeitsorganisation und von Verantwortung in der Hierarchie, ein durchdachtes Veränderungsmanagement, eine offene Informationspolitik, die Schaffung von Motivation und Arbeitszufriedenheit sowie weitere Maßnahmen, die das Betriebsklima positiv beeinflussen.

aa. Maßnahmen im Bereich der Personalauswahl und Personalförderung

Motiviertes und leistungsfähiges Personal kann für ein Unternehmen den entscheidenden Wettbewerbsvorteil darstellen, so dass darauf ein besonderes Augenmerk liegen sollte.

(1) Personalauswahl

Schon bei der Neubesetzung einer Stelle kann ein Unternehmen eine gezielte Personalauswahl vornehmen, um potentielle Mobbingtäter oder Mobbingopfer gegebenenfalls rechtzeitig zu identifizieren. Durch eine eingehende Analyse der Bewerbungsunterlagen und des Lebenslaufs, strukturierte Bewerberinterviews oder psychologische Eignungsuntersuchungen besteht die Möglichkeit, bereits im Vorfeld zu erkennen, ob die betreffende Person schon bei ihren vorherigen Arbeitsstellen Schwierigkeiten mit Kollegen oder Vorgesetzten hatte und als Mobbingtäter – etwa als rücksichtsloser Karrierist, alternativ als lästiger Querulant – oder als Mobbingopfer durch Krankheitsfehlzeiten und Probleme bei der Arbeitsbewältigung in Erscheinung getreten ist.[1987] Sofern eine schriftlich vorliegende *Corporate Identity* existiert, sollte Mobbing anhand dieses Dokuments thematisiert und die persönliche Grundhaltung des Kandidaten hierzu kritisch hinterfragt werden.[1988]

1986 *Kolodej*, Mobbing, S. 206 f.

1987 *Zuschlag*, S. 158; vgl. ebenso *Merk*, S. 123 f.; *Schild/Heeren*, S 136 m. w. N.

1988 *Merk*, S. 123 f.

Unter Umständen lassen sich etwaige Bedenken ausräumen, wenn die Mobbingthematik an früheren Arbeitsplätzen vorrangig aus den dortigen Arbeitsbedingungen und/oder aus dem mangelndem bzw. fehlorientierten Teamgeist resultierte – vorausgesetzt, dass dieselben Gründe nicht auch im neuen Betrieb gegeben sind.[1989] Anders verhält es sich demgegenüber, wenn das Merkmal als Täter bzw. Opfer von Mobbing auf die Persönlichkeit zurückzuführen ist, weil dann schon bekannte Schwierigkeiten vermutlich wieder vorkommen, wenn es nicht gelingt, diese durch Psychotherapie oder betrieblich veranlasste, zielgerichtete Schulungen aufzuarbeiten.[1990]

Abgesehen davon sollte jeder Beschäftigte vor Abschluss des Arbeitsvertrages seine spätere unmittelbare Arbeitsumgebung, wie den konkreten Arbeitsplatz, den direkten Vorgesetzten und die Teamkollegen kennengelernt haben und über die Unternehmenskultur sowie über die allgemeinen Rahmenbedingungen (Organisation, Führungsstil usw.) unterrichtet werden. Auf diese Weise lässt sich zum beiderseitigen Vorteil abklären, ob der Bewerber sich in die Sozialstruktur des Betriebes einfügt und ob eine Einstellung eine Gefahr in Bezug auf erfüllbare Erwartungen oder absehbare Spannungen birgt.[1991]

(2) Einführung neuer Mitarbeiter

Eine erfolgreiche Zusammenarbeit kann bereits bei der Einstellung neuer Mitarbeiter in die richtige Bahn gelenkt werden werden: So sollten unbedingt noch vor Arbeitsantritt des Kollegens die Zuständigkeiten eindeutig bestimmt werden. Denn wenn Aufgaben, Kompetenzen und Verantwortung rechtzeitig geregelt sind, werden diesbezügliche Streitigkeiten von vornherein vermieden.[1992] Daher erscheint es sinnvoll, bereits eine aussagekräftige und aktuelle Arbeitsplatzbeschreibung mit Informationen über die Zielsetzung der Position, die Anforderungen an den Bewerber, die jeweiligen Bezeichnungen des unmittelbaren Vorgesetzten, der direkt untergeordneten Mitarbeiter sowie des Vertreters, mit Angaben über die selbst zu übernehmende Stellvertretung, mit der Erläuterung der fachlichen Aufgaben sowie speziellen Weisungen, Vollmachten und Berechtigungen zu versehen.[1993] Außerdem sollte ein geeigneter Mitarbeiter als Mentor für den Neuzugang fungieren, um diesem durch Informationen und Ratschläge vielfältige Unterstützung zukommen zu lassen und ihn schneller in die bestehende Arbeitsgruppe zu integrieren. Auf diese Weise erfährt der Neue auch direkt von etwaigen Schwierigkeiten und Abneigungen der Kollegen, so dass ihm ermöglicht wird, sich hierauf entsprechend einzustellen.[1994] Ebenso wichtig ist es daneben, (verborgene) Vorbehalte und Sorgen etablierter Kollegen zu verringern, indem diese frühzeitig mit Informationen über die Person des neuen Kollegen versehen werden. Beispielsweise kann eine kurze Darstellung von dessen Ausbildung und

---

1989 *Zuschlag*, S. 158.
1990 *Zuschlag*, S. 159.
1991 *Merk*, S. 124.
1992 *Kratz*, S. 53.
1993 *Kratz*, S. 53.
1994 *Kratz*, S. 53.

seines bisherigen beruflichen Werdegangs sinnvoll sein. Auf jeden Fall sollte eine zweifelsfreie Erörterung der zukünftigen Aufgaben, Kompetenzen und Zuständigkeit des neuen Mitarbeiters stattfinden.[1995] Schließlich muss bei etwaigen anfänglich ungeschickten oder undiplomatischen Verhalten des Neuen, ebenso wie bei potentiellen Fehlerquellen und Startschwierigkeiten im fachlichen Bereich, einfühlsam interveniert und Hilfe angeboten werden.[1996]

Ein neuer Mitarbeiter hat es umso schwerer, je eingespielter das bestehende Team ist, weshalb es wichtig ist, ihn bei seinem Einstieg so gut es geht zu unterstützen. Dafür hat *Heidenreich* zu den bereits genannten Ratschlägen noch weitere Hinweise zusammengefasst:[1997] Neben der vorab stattfindenden eben beschriebenen Information der etablierten Mitarbeiter über die Neueinstellung sollte der neue Kollege persönlich begrüßt und der Arbeitsgruppe vorgestellt werden. Wichtig ist es, dem Neuen am ersten Tag einen gelungenen Einstieg zu ermöglichen, indem etwa der Arbeitsplatz mit sämtlichem erforderlichen Zubehör bereit gestellt wird.[1998] Des Weiteren ist der neue Mitarbeiter zwar mit Hilfe eines Einarbeitungspaten zu unterstützen, dennoch sollte sich der direkte Vorgesetzte auch selbst genügend Zeit für ihn nehmen, etwa durch regelmäßige Gespräche, um ihm zu vermitteln, dass ein aufrichtiges Interesse an seiner Entwicklung besteht. Darüber hinaus muss ausreichend Zeit für das Onboarding vorgesehen sein und ein konkreter Plan für die Einarbeitung aufgestellt werden.[1999] Schließlich ist regelmäßiges Feedback gerade für neue Mitarbeiter von großer Bedeutung, da diese nur so erfahren, an welchen Themen sie noch arbeiten müssen und an welchen Stellen das Verhalten anders als erwartet ist, so dass ihnen frühzeitig die Gelegenheit zur Anpassung und zur Erfüllung der Erwartungen gegeben wird.[2000]

(3) Personalentwicklung

Eine weitere effektive Vorbeugemaßnahme gegen Mobbing stellt eine durchdachte Personalentwicklung, also eine bewusste Karriereförderung der Mitarbeiter durch das Unternehmen dar. Denn in einem Unternehmen, in dem die berufliche Entwicklung einzelner Mitarbeiter keine Unterstützung findet, steigt das Risiko innerbetrieblicher Beeinträchtigungen in Form von abnehmender Leistung oder einer hohen Fluktuation.[2001]

Sachgerechte und aufeinander abgestimmte Fort- und Weiterbildungsprogramme unterstützen zudem die Entwicklung eines stärkeren Selbstvertrauens der Beschäftigten: Dadurch können zum einen potentielle Sorgen, die Anforderungen der Arbeitsstelle nicht mehr erfüllen zu können oder sich gegen Angriffe anderer zur Sicherung der

1995 Dazu u. zum Voranstehenden *Kratz*, S. 54.
1996 *Kratz*, S. 54.
1997 Dazu u. zum Nachstehenden *Heidenreich*, S. 180 ff.
1998 *Heidenreich*, S. 180.
1999 Dazu u. zum Voranstehenden *Heidenreich*, S. 181.
2000 Dazu u. zum Voranstehenden *Heidenreich*, S. 181 f.
2001 *Merk*, S. 125; *Schild/Heeren*, S. 137 f.

eigenen Existenz wehren zu müssen, verhindert werden und zum anderen fördert die Stärkung der Qualifikation ein selbstbewussteres Auftreten des Mitarbeiters.[2002] Auf Arbeitnehmer wirken verweigerte, nicht angebotene oder schlechte Aufstiegs- und Entwicklungsmöglichkeiten stresserzeugend, was wieder zu einem spannungs- und konfliktreichen Betriebsklima führen kann. Als Folge breitet sich vor allem der mobbingfördernde Faktor Neid[2003] auf andere begünstigte oder bevorzugte Beschäftigte aus, was unbedingt vermieden werden sollte.[2004]

(4) Mitarbeiter-Coaching

Auch Mitarbeiter-Coaching kann entscheidend dazu beitragen, Mobbing in einem Unternehmen zu verhindern. Der Begriff *Coach* stammt aus dem amerikanischen Sportgeschehen und wird übersetzt mit „Trainer“[2005]. Hauptaufgabe des *Coachings* ist es, „den lebendigen Kontakt des/der Gecoachten zu allen im Beziehungsnetz Beteiligten einzuleiten, Auseinandersetzungen anzuregen und zu unterstützen. Es geht um ein dialogisches Entwickeln und Erreichen konkreter Ziele bei grösstmöglicher [sic!] Selbständigkeit und Selbstverantwortung in einem konstruktiven Klima.“[2006]

Coaching findet sowohl durch externe Konsultanten, die die Führungskräfte als neutrale, außenstehende Ratgeber begleiten, als auch durch betriebsinterne Berater statt. Letzteres stellt einen Aspekt von Führung dar, indem der Vorgesetzte seinen Mitarbeitern Unterstützung bei der Arbeitsausführung anbietet, was jedoch nur im Rahmen eines entsprechenden Vertrauensverhältnisses zwischen der Führungskraft und seinen Untergebenen möglich ist. In diesem Zusammenhang ist Führung weniger im traditionellen Sinne, sondern vielmehr als Mentoring, also die Förderung der Potentiale der Mitarbeiter und der Schaffung einer guten Arbeitsatmosphäre zu verstehen.[2007] Ein Fokus des Mitarbeiter-Coachings muss deshalb gezielt auf die Hilfe zur Selbsthilfe durch die Führungskraft gelegt werden, wobei Prozesse der Selbstorganisation, das Lösen von Wahrnehmungsblockaden sowie die Handhabung mit Konflikten den Schwerpunkt bilden sollten.[2008] Außerdem erscheint es hinsichtlich der Mobbingprävention sinnvoll, den Mitarbeitern durch Unterweisung zu lehren, ihre Kompetenzen als Einzelperson oder Team für die Erfüllung von Arbeitsanforderungen zu verbessern und Problemlösungen effizienter zu gestalten, um auf diese Weise schikanösem Handeln entgegenzuwirken.[2009] Darüber hinaus lässt sich beim Coaching noch zwischen dem *Fachcoaching*, das der besseren Erfüllung der Sachaufgabe dient, und dem *Sozialcoaching*, das auf eine Verbesserung des Betriebsklimas

2002 *Merk*, S. 125.
2003 Teil 1, Kapitel 2, III. 2. a) dieser Arbeit.
2004 *Merk*, S. 125; *Schild/Heeren*, S. 138 m. w. N.
2005 *Schild/Heeren*, S. 138.
2006 *Kälin*, S. 123.
2007 Dazu u. zum Voranstehenden *Kolodej*, Mobbing, S. 202.
2008 *Schild/Heeren*, S. 138 m. w. N.
2009 *Schild/Heeren*, S. 138 m. w. N.

gerichtet ist, differenzieren.[2010] Der Einsatz der jeweiligen Vorgehensweise ist je nach individuellem Bedarf einzeln oder in Kombination einzusetzen. Schließlich ist Coaching neben der fachlichen bzw. persönlichen Entwicklungsförderung einzelner Mitarbeiter und bei personellen Neueinstiegen auch bei Rollenveränderungen innerhalb des Betriebes von Bedeutung, also etwa wenn der Kollege zum Vorgesetzten wird und Verunsicherungen im Umgang mit diesem auftreten.[2011]

Im Allgemeinen nimmt ein Coach in einer Kombination aus individueller und unterstützender Problembewältigung eine Rolle als Prozessberater ein, wobei in der Beratung keine direkten oder schablonenhaften Lösungsvorschläge existieren, sondern mit jedem Klienten eigene Lösungswege entwickelt werden und der Coach nur die Funktion als unabhängiger Berater und kompetenter Feedbackgeber inne hat.[2012]

Konkrete Gründe, die für die Durchführung eines Coachings sprechen, sind nach *Merk* insbesondere:

„- Verbesserung der sozialen Kompetenz, der Management- und Führungskompetenz,
- Auflösung unangemessener Verhaltens-, Wahrnehmungs- und Beurteilungstendenzen,
- Abbau von Leistungs-, Kreativitäts- und Motivationsblockaden, z. B. innere Kündigung,
- allgemeine Erweiterung des Verhaltensrepertoires,
- Umgang mit persönlichen (Sinn-) Krisen, z. B. bei Beziehungskonflikten mit anderen Personen,
- Überprüfung der Lebens- und Karriereplanung,
- Unterstützung bei aktuellen Konflikten, z. B. bei Beziehungskonflikten mit anderen Personen,
- Bearbeitung von durch Organisationsstrukturen oder Organisationsentwicklungsmaßnahmen bedingten Problemen, z. B. der Umgang mit neuen Rollen, Integration neuer Mitarbeiter, veränderter Umgang in einer flexiblen und schlanken Organisation,
- Vorbereitung auf neue Aufgaben und Situationen,
- Umgang mit strukturbedingten Stillständen der gesamten Organisation (z. B. Umsatzstagnation) und der individuellen Entwicklung (Karrierestillstand),
- Unterstützung bei Einführung/Veränderung eines Führungsstils,
- Förderung von Teamarbeit, bereichsübergreifenden Arbeitsgruppen und Projekten,
- Konfliktbearbeitung für Einzelne oder innerhalb der Gruppen,
- Bearbeitung von Diskrepanzen zwischen formulierter Unternehmenskultur und beobachtbaren [sic!] Verhalten der Mitarbeiter.“[2013]

bb. Arbeitsorganisation und Verantwortung in der Hierarchie

Die Gestaltung der Arbeitsorganisation bildet einen wichtigen Faktor, welcher der Entstehung von Mobbing bereits von vornherein entgegenwirken kann, da gut strukturierte Arbeitsplätze mit wenigen Beeinträchtigungen und großen Handlungs- und

2010 *Kolodej*, Mobbing, S. 202.
2011 *Kolodej*, Mobbing, S. 203.
2012 *Merk*, S. 196, Anl. 14.
2013 *Merk*, S. 196, Anl. 14 m. w. N.

Entscheidungsspielräumen keinen Anlass geben, nach einem Ventil für angestauten Arbeitsstress zu suchen.[2014]

Im Folgenden sollen daher Maßnahmen zur Mobbingprävention aus dem Bereich der Arbeitsverteilung, der Unterstützung sozialer Arbeitsbeziehungen, der Entscheidungskompetenz und der Zuständigkeit einer näheren Betrachtung unterzogen werden.

(1) Gestaltung der organisatorischen Arbeitsbedingungen

Für eine wirksame Mobbingprävention gelten eine transparent gestaltete Arbeitsorganisation, eine Reduzierung von Über- und Unterforderung der Beschäftigten sowie die Schaffung günstiger Umgebungsbedingungen als besonders erfolgsversprechend.

(a) Transparenz der Arbeitsorganisation

Zur Gewährleistung einer transparenten Arbeitsplatzorganisation bedarf es detaillierter ausführlicher Arbeitsplatz- und Tätigkeitsbeschreibungen innerhalb des Unternehmens. Von besonderer Relevanz ist dabei die ausführliche Erläuterung der Aufgabenbereiche, Anforderungen, Fähigkeiten und Tätigkeitsanweisungen. Eine solche schriftliche Vereinbarung stellt die Regelung der innerbetrieblichen Beziehungen sicher und Missverständnisse, Rollenkonflikte und Überschneidungen können vermieden werden. In gleicher Weise sollten zur Verhinderung von Ziel- und Rollenkonflikten sowie von mangelnder Motivation auch die betrieblichen Bereichs- und Gesamtziele transparent gehalten werden.[2015]

(b) Über- und Unterforderung

Zum optimalen Einsatz von Mitarbeitern muss beachtet werden, dass diese zwar gefordert, jedoch weder über- noch unterfordert werden wollen und sollen.[2016]

Eine *Überbelastung* entsteht zumeist durch einen dauerhaften Personalmangel oder aufgrund eines falschen Einsatzes von Arbeitnehmern.[2017] Dagegen kommt es zu einer *Unterforderung*, wenn die Mitarbeiter weit unter ihren individuellen Qualifikationen beschäftigt werden oder bei monoton ausgestalteten Positionen, bei denen der Sinngehalt der Arbeit abhanden kommt.[2018]

Sowohl Über- als auch Unterforderung ziehen vergleichbare negative Auswirkungen nach sich: Sie verursachen dieselben gesundheitlichen Beeinträchtigungen und zerstören die Motivation des Arbeitnehmers. Ein überforderter Mitarbeiter sorgt sich davor zu versagen und/oder vor dem Verlust seines Arbeitsplatzes, den er mit allen Mitteln – auch auf Kosten anderer – verteidigen wird, und stellt so einen möglichen

2014 *Resch*, S. 141.
2015 Dazu u. zum Voranstehenden *Kolodej*, Mobbing, S. 196.
2016 *Heidenreich*, S. 116.
2017 *Kolodej*, Mobbing, S. 197.
2018 *Kolodej*, Mobbing, S. 197.

Mobbingtäter dar.[2019] Demgegenüber langweilt sich der unterforderte Mitarbeiter, fühlt sich vielleicht überflüssig, nicht anerkannt und entwickelt möglicherweise Neidgefühle auf andere Kollegen, die es vermeintlich besser haben; sofern er in dieser Situation anderweitig nach Anerkennung sucht, kann es schnell zu Mobbingverhalten kommen.[2020]

Um diesen Tendenzen entgegenzuwirken, bedarf es zunächst einer erhöhten Aufmerksamkeit den Mitarbeitern gegenüber, zum einen um Anzeichen von Über- und Unterforderung frühzeitig zu erkennen und zum anderen um den einzelnen Mitarbeiter besser kennenzulernen und ihn entsprechend seiner Fähigkeit einsetzen zu können.[2021] Des Weiteren sollte von vornherein auf eine Anforderungsvielfalt der Aufgaben geachtet werden. Mit Anforderungsvielfalt ist vor allem die Gelegenheit gemeint, zur Erfüllung der Arbeitsaufgaben verschiedene Fähigkeiten und Kenntnisse nutzen zu können, sowie die Chance, durch die Arbeit neues Wissen zu erwerben, was eine einseitige Beanspruchung und damit mobbingfördernde Monotonie verhindert.[2022] Sofern es in einem Unternehmen aufgrund seiner Strukturen möglich sein sollte, ist in diesem Zusammenhang auch an das „Prinzip der differenziellen Arbeitsgestaltung“ zu denken. Danach werden parallel unterschiedliche Arbeitsstrukturen angeboten, zwischen denen die Arbeitnehmer wählen können. Dieser Grundsatz soll für eine bestmögliche Entwicklung der Persönlichkeit vor dem Hintergrund verschiedener Charaktere in Auseinandersetzung mit der Tätigkeit am Arbeitsplatz sorgen.[2023] Darüber hinaus benötigt es einer Arbeitsplatzgestaltung, bei der es den Arbeitnehmern möglich ist, umfangreiche Berufserfahrung zu sammeln, in der ihre persönliche Lernfähigkeit unterstützt wird sowie eigenständiges und kreatives Handeln Platz findet. Dabei spielt die Durchführung von Team- und Gruppenarbeiten eine besondere Rolle. Diese sollen nämlich eine stärkere Identifizierung der Beschäftigten mit den Unternehmenszielen, ein größeres Verständnis für betriebliche Entscheidungen sowie einen optimierten innerbetrieblichen Informationsfluss fördern. Nicht zuletzt verringern Gruppenarbeiten auch Kommunikationsverzerrungen und tragen zu Kreativität, Toleranz und Fairness der Beschäftigten bei.[2024] Schließlich muss auf eine gerechte Arbeitsverteilung geachtet werden, wobei gerecht nicht unbedingt heißen muss, dass jeder Mitarbeiter die gleiche Menge an Arbeit hat, sondern vielmehr, dass die Leistungsunterschiede der Beschäftigten und unterschiedliche Faktoren wie etwa das Alter des einzelnen Arbeitnehmers, Einschränkungen durch körperliche Behinderungen, intellektuelle Fähigkeiten, zeitliche Limitierungen (z. B. Alleinerziehende) usw. berücksichtigt werden. Dazu gehört auch, dass geprüft wird, ob eventuell ein zusätzlicher Schulungsbedarf bei den einzelnen Beschäftigten besteht, wenn diese mit neuen Aufgaben betraut werden.[2025]

2019 Dazu u. zum Voranstehenden *Heidenreich*, S. 116.
2020 *Heidenreich*, S. 116 f.
2021 *Heidenreich*, S. 117.
2022 *Carotti*, S. 33 m. w. N.
2023 *Carotti*, S. 33 f. m. w. N.
2024 *Kolodej*, Mobbing, 2. Auflage (nicht in neuerer Aufl.), S. 151 m. w. N.
2025 *Heidenreich*, S. 119 f.

(c) Gesundheitszirkel

Der Gesundheitszirkel besteht aus Beschäftigten, Vorgesetzten, dem Betriebsrat, Arbeitsschutzexperten und einem Mitglied der Betriebsleitung und wird in der Regel von speziell ausgebildeten Moderatoren geleitet. Inhaltlich entwerfen die Mitwirkenden des Gesundheitszirkels Vorschläge zur Reduzierung von Belastungen, welche zuvor meist durch Befragung der Belegschaft ermittelt wurden. Derartige Gesundheitszirkel bewirken jedoch nur dann eine Verbesserung der Arbeitssituation, wenn auch tatsächlich krank machende Faktoren in einer Abteilung thematisiert und deren Optimierung in Angriff genommen wird.[2026]

Wie der Einzelne mit Problemen und Konflikten am Arbeitsplatz umgeht, ob er diese als Herausforderung oder Überforderung sieht, hängt nicht nur von seinen individuellen Ressourcen ab, sondern daneben sind vor allem drei Elemente für das individuelle Wohlbefinden am Arbeitsplatz von großer Bedeutung:[2027] Zum einen ist der soziale Beistand von Kollegen elementar für die psychische und physische Gesundheit. Denn geschätzte soziale Beziehungen mildern Arbeitsstress und vermindern so das Erkrankungsrisiko. Zum anderen bildet der Grad an Entscheidungs- und Mitbestimmungsspielraum im Berufsleben einen maßgeblichen gesundheitsrelevanten Aspekt. Des Weiteren hängen stressreduzierende Arbeitsbedingungen wesentlich von den innerbetrieblichen Umgebungsfaktoren Geräuschpegel, Temperatur, Sauberkeit und Gefahrenstoffen ab und nicht zuletzt ist auch eine mögliche Unfallgefahr von Bedeutung. Gerade Stresssituationen, die aufgrund entsprechender Rahmenbedingungen entstehen, können nämlich durch eine Konfliktverlagerung Mobbing hervorbringen.[2028]

Eine fundamentale Überlegung der Gesundheitsförderung ist daher die Reduzierung zerstörerischer umweltbedingter Stressfaktoren wie Lärm und Schmutz, der Aufbau innerbetrieblicher sozialer Kontakte sowie die Vergrößerung des individuellen Handlungsspielraums als Voraussetzung für mentale, körperliche und emotionale Gesundheit. Für diese wichtige Aufgabe spielen Gesundheitszirkel eine bedeutende Rolle, sofern diese praxisbezogen und mitarbeiterorientiert ausgerichtet sind.[2029] Dabei können Gesundheitszirkel sowohl punktuell, bei akuten Schwierigkeiten, als auch als generell gesundheitsfördernde Maßnahme eingerichtet werden. Die mögliche Palette an derartigen betrieblichen Maßnahmen ist sehr groß und reicht beispielsweise von firmeneigenen Kureinrichtungen und Rehabilitationszentren über Sport- und Freizeitgruppen bis hin zu betrieblichen Sucht- oder Krisenberatern. Bei betrieblich eingerichteten Beschwerdestellen ist besonders wichtig, dass sich mit der vorgebrachten Kritik auseinandergesetzt wird und erkennbare Veränderungen stattfinden.[2030] In Hinblick auf Mobbing bieten sich im Kontext von Gesundheitszirkeln beispielsweise Schulungen und Seminare zur Sensibilisierung für diese Thematik an, ebenso die Einrichtung besonders geschulter innerbetrieblicher Ansprechpartner in der Personalabteilung und – soweit

2026 Dazu u. zum Voranstehenden *Resch*, S. 143.
2027 Dazu u. zum Nachstehenden *Kolodej*, Mobbing, S. 198.
2028 Dazu u. zum Voranstehenden *Kolodej*, Mobbing, S. 198.
2029 *Kolodej*, Mobbing, S. 198 f.
2030 Dazu u. zum Voranstehenden *Kolodej*, Mobbing, S. 199.

noch nicht geschehen – die Aushandlung von Betriebsvereinbarungen.[2031] Insbesondere muss gerade in Bezug auf Mobbing präventiv der Zusammenhang zwischen kurzzeitigen Erleichterungsstrategien (z. B. der übermäßige Verzehr von Alkohol, Zigaretten, Medikamentenmissbrauch etc.) und deren dauerhaften gesundheitlichen Beeinträchtigungen verdeutlicht werden.[2032] Durch die konkrete Beschreibung der psychischen und physischen Begleiterscheinungen sollten nicht nur dem Mobbingtäter die Konsequenzen seines Handelns vor Augen geführt werden, sondern vor allem auch den Betroffenen gegenüber das Gefühl der Kontrolle über den Genesungsprozess vermittelt werden. Unverzichtbar ist dabei, Handlungsmöglichkeiten darzulegen sowie stets die individuellen psychischen Befindlichkeiten und subjektiven Wahrnehmungen gleichermaßen wie das soziale Umfeld der Betroffenen zu berücksichtigen.[2033]

Als besonderes Beispiel ist in diesem Zusammenhang auf das Modell „Gesundes Krankenhaus“[2034] hinzuweisen. Dabei handelt es sich um ein von der Weltgesundheitsorganisation gefördertes Projekt für Betriebe, welche auch die Gesundheit ihrer Beschäftigten schützen wollen. So fand etwa in einem dieser Modellkrankenhäuser in Hamburg auf einer Belegschaftsversammlung neben der Besprechung der Verbesserung der Pflege für die Patienten auch eine Diskussion über die Verbesserung der Arbeitsbedingungen für das Personal statt. Die einzelnen Vorschläge dazu wurden anschließend ausgearbeitet und deren Umsetzung in der Folgezeit überwacht. Gerade die im Pflegebereich oft herrschende schlechte Arbeitsatmosphäre konnte so – neben dem Effekt der langfristigen Kostenersparnis für den Arbeitgeber aufgrund verminderter Fluktuation – verbessert und damit Mobbing entgegengewirkt werden.[2035]

Derartige Beteiligungsmodelle der Belegschaft, wie es auch Projektgruppen und andere Diskussionsrunden sind, führen zu kollektiven Veränderungsmöglichkeiten, womit Beschäftigte die Gestaltung ihrer Arbeitsbedingungen beeinflussen können.[2036] Das wirkt sich letztlich vor allem aufgrund des verminderten Konfliktpotentials mobbingverhindernd aus.

(2) Unterstützung produktiver sozialer Arbeitsbeziehungen

Abgesehen von den bereits beschriebenen Möglichkeiten, die sozialen Arbeitsbeziehungen produktiv zu unterstützen, der Supervision oder des (Mitarbeiter-)Coachings, bieten sich als weitere probate Mittel zur Verhinderung von Mobbing das Führungskräfte- und das Konfliktfähigkeitstraining an.

2031 *Kolodej*, Mobbing, S. 199.
2032 *Kolodej*, Mobbing, S. 199.
2033 *Kolodej*, Mobbing, S. 199.
2034 Dazu u. zum Nachstehenden *Resch*, S. 144.
2035 *Resch*, S. 144.
2036 *Resch*, S. 143 f.

(a) Führungskräftetraining

Das Führungskräftetraining dient der Förderung der fachlichen und sozialen Kompetenz der Vorgesetzten. Dies erscheint vor allem auch deshalb erforderlich, weil sich die Anforderungen an Führungskräfte heutzutage dahingehend gewandelt haben, dass die interdisziplinäre Zusammenarbeit unabdingbare Bedingung geworden ist, um wettbewerbsfähig zu bleiben. Führung hat sich immer mehr zur Koordination von Spezialisten entwickelt, wodurch die Anforderungen an die Vorgesetzten steigen, Integrationsaufgaben zu wahrzunehmen und Konflikte konstruktiv zu lösen. Der richtige Umgang mit Konflikten bildet daher den Schwerpunkt moderner Führung. Führungskräfte müssen dabei die Schwierigkeiten nicht eigenständig bewältigen, sondern es ist vielmehr ihre Aufgabe, den Problemlöseprozess anzustoßen und zu lenken.[2037]

Dafür bedarf es zweckgerichteter Schulungen, welche die Konfliktlösungskompetenzen fördern, da Führungskräfte aufgrund der stetigen Veränderungsprozesse und der damit entstehenden neuen Erfordernissen der Führung einem hohem Druck ausgesetzt sind.[2038] Wenn aufgrund dessen Arroganz, Feindseligkeiten, abweisende Verhaltensweisen, übermäßige und unangebrachte Kritik zum Ventil für Überforderung und fehlende Konfliktlösungskompetenz werden, kann das Führungsverhalten selbst zu einer schlechten Arbeitsatmosphäre führen.[2039] Von großer Bedeutung ist daher neben der Schulung fachlicher Fertigkeiten und der Erhöhung der Konfliktlösekompetenzen das Kommunikationstraining im Rahmen des Führungskräftetrainings zur Verbesserung der sozialen Kompetenzen.[2040]

(b) Konfliktfähigkeitstraining

Die Konfliktfähigkeit von Mitarbeitern und Vorgesetzten kann zwar auch einen Bestandteil des oben beschrieben Mitarbeiter-Coachings bilden, ist jedoch generell für die Mobbingprävention von hoher Relevanz.

Ziel eines solchen Trainings ist die Befähigung kompromissvoll Konflikte auszutragen und konstruktive Teamarbeit zu leisten. Zur Förderung der Teamfähigkeit muss die soziale Kompetenz der Beschäftigten trainiert werden, denn je stärker diese ausgebildet ist, desto besser sind die Mitarbeiter in der Lage, sich und andere konstruktiv zu behandeln.[2041] Dabei beinhaltet die soziale Kompetenz vor allem die Bereitschaft zur Selbstreflexion, zur Verantwortungsübernahme und Hilfeleistung, zum Verständnis, zu Empathie, ebenso wie die Fähigkeit zur Kooperation, Konfliktlösung, Kommunikation und Kritik.[2042]

Neben der Schulung der eben genannten Fähigkeiten lernen die Trainingsteilnehmer auch die Ursachen von schwierigen Situationen und deren Einflussfaktoren zu erken-

---

2037 Dazu u. zum Voranstehenden *Kolodej*, Mobbing, S. 204 f. m. w. N.
2038 *Kolodej*, Mobbing, S. 205.
2039 *Kolodej*, Mobbing, S. 205 m. w. N.
2040 *Kolodej*, Mobbing, S. 206.
2041 *Kolodej*, Mobbing, S. 207.
2042 *Kolodej*, Mobbing, S. 207 m. w. N.

nen: Die im Unternehmen sich ergebenden zwischenmenschlichen Probleme werden gedanklich vorweggenommen und gemeinsam effektive Bewältigungsalternativen entwickelt.[2043] Dafür eignen sich die unterschiedlichsten Methoden, wobei eine der effektivsten Techniken das Rollenspiel darstellt, da die Teilnehmer den Perspektivenwechsel kennenlernen, was gerade für Mobbing besonders relevant ist. Denn je mehr das Mobbingopfer zu einer Person mit eigenen Gefühlen, Vorstellungen, Ängsten und Wünschen wird, desto leichter kann man sich mit diesem identifizieren, und umso schwerer fällt es, ihm willentlich Schaden zuzufügen.[2044]

(3) Entscheidungskompetenz und Verantwortung

In einem Unternehmen bzw. einer Organisation muss unbedingt eindeutig geregelt sein, was der einzelne Mitarbeiter entscheiden darf und in welchen Situationen er den Vorgesetzten einbeziehen muss.[2045] Neben einer vernünftigen Fehlerkultur[2046] ist es zur Vermeidung von Missverständnissen – und in deren Folge möglicherweise von Konflikten – notwendig, klare Richtlinien vorzugeben und die Kompetenzen des Einzelnen genau zu bestimmen.[2047] Grundsätzlich spricht dabei nichts gegen Zeit- oder Wertgrenzen, bis zu denen der Mitarbeiter eigenverantwortlich handeln kann, jedoch sollten diese nicht strikt eingehalten werden. Vielmehr muss diesbezüglich ein permanenter Austausch mit der Führungskraft stattfinden, da nur auf diese Weise die Mitarbeiter in ihren Entscheidungen sicherer und routinierter werden können. Dabei ist vor allem auch darauf zu achten, die Beschäftigten bei den ihnen überlassenen Entschlüssen zwar zu beraten, sie jedoch die Entscheidung selbst treffen zu lassen, um sie in ihrer Entscheidungsfähigkeit zu stärken.[2048]

(4) Klare Zuständigkeiten

In Zusammenhang mit den Entscheidungskompetenzen stellt sich auch die Frage nach klaren Zuständigkeiten, da ein Beschäftigter nur dann Verantwortung für etwas übernehmen kann, wenn er dazu auch berechtigt ist.[2049] Dabei sollen sich die Mitarbeiter keineswegs nur um die Angelegenheiten kümmern, für die sie auch zuständig sind. Es muss vielmehr stets klar sein, wer die Verantwortung trägt, und diese Person ist zwingend einzubeziehen, sofern in ihrem Verantwortungsbereich Probleme auftreten.[2050]

2043 *Kolodej*, Mobbing, S. 208.
2044 *Kolodej*, Mobbing, S. 208 m. w. N.
2045 *Heidenreich*, S. 120.
2046 Teil 3, Kapitel 2, II. 3. c) dd. (3) dieser Arbeit.
2047 *Heidenreich*, S. 121.
2048 Dazu u. zum Voranstehenden *Heidenreich*, S. 121.
2049 *Heidenreich*, S. 122 f.
2050 *Heidenreich*, S. 122 f.

(5) Klare, kurze Hierarchiestufen

Gerade bei dem von Unternehmen zunehmend bevorzugten *Lean Management*, also der straffen Organisation mit flachen Hierarchien, bei der Zwischenebenen abgeschafft werden und die Anzahl der einer Führungskraft untergeordneten Beschäftigten zunimmt, gilt es weitere Faktoren zu beachten, um Mobbing vorzubeugen:[2051] Zwar zwingt eine solche Straffung der betrieblichen Organisation dazu, die Mitarbeiter mit mehr Eigenverantwortung und Entscheidungskompetenzen auszustatten, allerdings bleibt auf der anderen Seite der Führungskraft nur noch wenig Zeit für den einzelnen Mitarbeiter bei gleichzeitig gestiegener Verantwortung, so dass es aufwendiger ist, der Führungsverantwortung nachzukommen. Damit ein solches Führungsverhalten erfolgreich ist, müssen viel häufiger regelmäßig Gespräche mit den Mitarbeitern geführt werden, da diese einen anderen, insbesondere größeren Informationsbedarf haben, wenn sie ihre Arbeit zufriedenstellend erledigen sollen.[2052] Außerdem erforderlich sind eine ausreichende Motivation der Mitarbeiter und die Förderung der Teamarbeit. Die Einführung kurzer Hierarchiestufen, wie etwa beim Lean Management, benötigt daher unbedingt weitere begleitende Maßnahmen, die Mitarbeiter und Führungskräfte gleichermaßen unterstützen, um nicht die Motivation sämtlicher Beschäftigten zu vernichten und mobbingbegünstigendes Konfliktpotential zu generieren.[2053]

cc. Veränderungsmanagement

Veränderungen im Unternehmen führen bei den Mitarbeitern zunächst einmal regelmäßig zu Ängsten (Angst um den Arbeitsplatz, die neuen Aufgaben nicht bewältigen zu können, oder davor das vertraute Umfeld und die sozialen Kontakte zu verlieren etc.) und da Angst als möglicher Auslöser für Mobbingangriffe gilt,[2054] können betriebliche Umstrukturierungen Mobbing im Unternehmen begünstigen.[2055] Die meisten Ängste entstehen dabei aus Unsicherheit, so dass eine der wichtigsten Gegenmaßnahmen eine transparente Informationspolitik im Unternehmen ist,[2056] auf die im Anschluss noch gesondert eingegangen wird. Auch wenn sich Ängste nie vollständig vermeiden lassen, müssen Umstrukturierungen gründlich geplant und offen kommuniziert werden, das heißt es müssen vor allem klare, nachvollziehbare Angaben gemacht werden, um jegliche Gerüchteküche und Legendenbildung auszuschließen. Gleichzeitig bedarf es einer raschen Umsetzung der geplanten Maßnahmen, damit die Zeit der Ungewissheit möglichst kurz ist.[2057]

Demnach muss das Ziel eines vernünftigen Veränderungsmanagements auf der einen Seite sein, die organisatorische Durchführung zu gewährleisten, und auf der anderen

2051 *Heidenreich*, S. 123.
2052 Dazu u. zum Voranstehenden *Heidenreich*, S. 123 f.
2053 *Heidenreich*, S. 124.
2054 Teil 1, Kapitel 2, III. 2. c) sowie Teil 1, Kapitel 2, III. 3. a) dieser Arbeit.
2055 *Heidenreich*, S. 128.
2056 *Heidenreich*, S. 128.
2057 *Heidenreich*, S. 129.

Seite sind die Beschäftigten frühzeitig zu informieren und auch in den Veränderungsprozess einzubeziehen, wozu auch zählt, ihnen gegebenenfalls Perspektiven aufzuzeigen.[2058] Dabei spielt die Mitteilung der Hintergründe der geplanten unternehmerischen Maßnahme eine wesentliche Rolle: Die Beschäftigten müssen die Ursachen dafür begreifen und nachvollziehen können, denn dann sind sie auch bereit, daran mitzuwirken und die Entscheidung mitzutragen.[2059] In diesem Zusammenhang ist auch darauf zu achten, dass ihr Gerechtigkeitsempfinden nicht verletzt wird, indem z. B. die Unternehmensleitung nicht angemessen bei ausgerufenen Sparmaßnahmen eingebunden wird.[2060]

Die Beteiligung der Mitarbeiter hat in der Weise stattzufinden, dass diese den Eindruck erhalten, ihre Meinung und ihre Fähigkeiten seien von einigem Gewicht und sie könnten tatsächlich Einfluss auf die Maßnahmenumsetzung ausüben.[2061] Die Diskussion muss grundsätzlich auch auf allen Hierarchieebenen geführt werden, was auf unterschiedliche Weise geschehen kann: Beispielsweise ist an die Betriebsversammlung oder die Nutzung eines umgekehrten Schneeballsystems zu denken. Bei letzterem wird das Thema in jedem Arbeitsteam erörtert, ein Gruppenmitglied bringt dann die Ergebnisse dieser Diskussion in einen solchen Kreis auf Abteilungsebene ein, deren Resultate wiederum durch einen Vertreter auf Bereichs- oder Betriebsebene repräsentiert werden.[2062]

Was darüber hinaus geplante positive Veränderungen in einem Unternehmen betrifft, also etwa Maßnahmen zur Steigerung der Motivation oder der Gesundheit der Beschäftigten, empfiehlt *Heidenreich* insbesondere vier Schritte einzuhalten:[2063] Zunächst ist eine Bestandsaufnahme vorzunehmen (Was funktioniert gut, was ist dagegen verbesserungsfähig, etc.). Danach müssen Mängel und Probleme klar identifiziert werden und in einem weiteren Schritt sind dementsprechende Lösungsmöglichkeiten zu suchen. Schließlich sind die gefundenen Lösungen tatsächlich und vor allem zeitnah umzusetzen sowie nach einiger Zeit auf ihre Wirksamkeit hin zu überprüfen.[2064]

Die Einhaltung dieser Vorgaben bezweckt eine Stärkung des Vertrauens der Mitarbeiter in ihr Unternehmen, damit sie von vornherein weniger mobbingfördernde Ängste entwickeln.[2065]

dd. Information

Ein zu jedem Zeitpunkt und für jede Sachlage enorm wichtiger Aspekt für ein gutes Betriebsklima stellt eine offene Informationspolitik in einem Unternehmen dar. Insbesondere in schwierigen Zeiten und bei bevorstehenden Veränderungen im Unterneh-

2058 *Heidenreich*, S. 130.
2059 *Heidenreich*, S. 131.
2060 *Heidenreich*, S. 132.
2061 *Heidenreich*, S. 133.
2062 *Heidenreich*, S. 133.
2063 Ausführlich dazu *Heidenreich*, S. 134 ff.
2064 Dazu u. zum Voranstehenden *Heidenreich*, S. 136.
2065 Vgl. dazu auch Teil 3, Kapitel 2, II. 3. c) bb. (2) dieser Arbeit.

men herrscht ein deutlich erhöhtes Informationsbedürfnis der Belegschaft, so dass die betriebliche Informationspolitik noch mehr intensiviert werden muss, um der Sorge vor Arbeitsplatzverlust und Veränderungsängsten bewusst vorzubeugen.[2066] Denn wie bereits mehrfach erwähnt, stellt Angst einen der möglichen Auslöser für Mobbing dar. Angst selbst kann aus unterschiedlichen Gründen entstehen. Wesentliche Kriterien sind dafür zweifellos Unsicherheit und Ungewissheit. Diese werden oft durch Gerüchte hervorgerufen, deren Entstehung wiederum auf mangelnde konkrete Information zurückzuführen ist.[2067] Daher sollte in einem Unternehmen offen mit Informationen umgegangen werden. Das bedeutet gleichwohl nicht, dass keine vertraulichen Gespräche mehr möglich sind oder dass Vorhaben schon vorab ausführlich vor allen kundgetan werden müssen. Vielmehr ist zu unterscheiden, welche Informationen streng vertraulich zu behandeln sind, weil sonst ein Schaden droht, bei welchen Informationen es egal ist, wenn sie frühzeitig bekannt werden, und welche Informationen unbedingt schnell und rechtzeitig den Beschäftigten gegenüber mitgeteilt werden müssen.[2068] Dabei heißt ein offener Umgang mit Informationen auch, unangenehme Dinge mitzuteilen, jedoch stets gleichzeitig Perspektiven aufzuzeigen und Auswirkungen zu erklären.[2069]

Im Allgemeinen ist es stets hilfreich, mit größtmöglicher Offenheit so frühzeitig wie möglich zu anstehenden Veränderungen zu informieren, unumgängliche Maßnahmen unverzüglich umzusetzen, eine weitestgehend mitarbeitergerechte und entsprechend differenzierte Ausgestaltung von Anpassungsprozessen sowie deren Erläuterung vorzunehmen und für eine bestmögliche Detailaufklärung der Betroffenen zu sorgen.[2070]

Im Hinblick auf Firmendaten sollten für die Mitarbeiter stets einfache Standardinformationen, wie Umsatz- und Mitarbeiterzahlen, Standorte, Geschäftsentwicklung, geplante Fusionen, der Aktienkurs etc., und bei besonderen Entwicklungen auch Hintergrundinformationen sowie gegebenenfalls Argumentationshilfen leicht erhältlich sein, wie z. B. über das Intranet.[2071] Daneben sind aber auch die wesentlichen fachlichen Informationen für die Arbeitsdurchführung erforderlich, wobei aufgrund der Menge der Informationen eine Vorselektion in der Weise stattfinden muss, dass die Informationen neben dem ausführlichen Spezialwissen stets auch generelles Wissen enthalten, damit die Beschäftigten ihre eigene Tätigkeit im Gesamtkontext sehen können.[2072] Außerdem sollte zwischen *Muss-Information* und *Kann-Information* differenziert werden: Erstere ist unabdingbar zur Aufgabenerfüllung und zweitere ist zwar relevant, wird jedoch nur gelegentlich benötigt.[2073] Auch sind neben der Fachinformation stets Hintergrundinformationen zu übermitteln, damit die eigentliche Information besser erfasst werden kann. Die Verantwortung für die Vorauswahl der Fachinformation obliegt dabei der Führungskraft und diese muss auch dafür sorgen, dass die Betroffenen

2066 *Merk*, S. 129.
2067 *Heidenreich*, S. 137.
2068 *Heidenreich*, S. 139.
2069 *Heidenreich*, S. 139.
2070 *Merk*, S. 129.
2071 *Heidenreich*, S. 139 f.
2072 *Heidenreich*, S. 148 f.
2073 *Heidenreich*, S. 149.

die Muss-Information schnellstmöglichst erhalten. Wichtig ist dabei, dass immer die Möglichkeit für Rückfragen oder Unterstützung bei Umsetzungsproblemen besteht.[2074] Des Weiteren müssen den Mitarbeitern nicht nur ihre eigenen Zielvorgaben klar sein, sondern sie sollten auch die Unternehmensziele kennen. Denn nur so begreifen sie, welchen Anteil sie ganz persönlich an der Erreichung dieser Ziele tragen, was maßgeblich ihre Motivation fördert. Unter Umständen bedarf es bei den Unternehmenszielen, je nach deren Formulierung, noch einer näheren Erläuterung und Bedeutungserklärung, was in den Aufgabenbereich der Führungskräfte fällt.[2075] Ähnlich verhält es sich mit vom Unternehmen geplanten Vorhaben (z. B. Termine und Berichte, etwa von einer Hauptversammlung, von Bilanz-Pressekonferenzen, oder auch Unternehmenszusammenschlüsse etc.), auch hier sollten die Mitarbeiter besser vorher, jedoch spätestens zeitgleich mit der Herausgabe der Presseinformationen unterrichtet werden.[2076] Zu beachten ist in diesem Kontext allerdings, dass eine Information der Mitarbeiter vor der Öffentlichkeit nicht mit aktienrechtlichen Publikationspflichten kollidieren darf, wie etwa der Pflicht zur *ad-hoc-Publizität* gemäß Art. 17 Abs. 1 Unterabs. 1 MMVO[2077] oder der Meldepflicht für *Directors'Dealings* gemäß Art. 19 MMVO.

Gerüchten darf von vornherein kein Raum gelassen werden, was gerade durch eine gute Informationspolitik erreicht werden kann. Gerüchte beruhen nämlich vor allem auf einem Mangel an essentiellen Informationen oder gefährlichen Halbinformationen, welche dann einfach ergänzt und frei interpretiert werden. Auch hier kommt es deshalb auf einen möglichst kurzen Informationsweg an.[2078] Prinzipiell sollte in einem Team ohnehin eine regelmäßig stattfindende Teambesprechung abgehalten werden, welche auch konsequent durchzuführen ist und wobei je nach Thema unter Umständen Zeit für Diskussionen und Fragen vorgesehen werden muss.[2079] Zudem bietet es sich an, ein kurzes Ergebnisprotokoll mit den wichtigsten Punkten zusammenzustellen, um auch die Information der nicht anwesenden Mitarbeiter zu gewährleisten.[2080]

Darüber hinaus ist generell darauf zu achten, dass ein Informations*austausch* stattfindet, der Informationsfluss also in beide Richtungen läuft, was bedeutet, dass die Mitarbeiter nicht nur Informationsempfänger sind, sondern diese auch weitergeben. Die Unternehmensleitung bzw. die Führungskräfte haben daher die Informationen von den Mitarbeitern aufmerksam entgegenzunehmen und zu Gunsten des Unternehmens zu verarbeiten, gerade auch weil die Mitarbeiter näher an dem entsprechenden Problem

2074 Dazu u. zum Voranstehenden *Heidenreich*, S. 149.

2075 Dazu u. zum Voranstehenden *Heidenreich*, S. 140.

2076 *Heidenreich*, S. 146.

2077 Marktmissbrauchsverordnung (MMVO): Verordnung (EU) Nr. 596/2014 des Europäischen Parlaments u. des Rates v. 16.04.2014 über Marktmissbrauch u. zur Aufhebung der Richtlinie 2003/6/EG des Europäischen Parlaments u. des Rates u. der Richtlinien 2003/124/EG, 2003/125/EG u. 2004/72/EG der Kommission, ABl. L 173 v. 12.06.2014, S. 1–61.

2078 *Heidenreich*, S. 146.

2079 *Heidenreich*, S. 146

2080 *Heidenreich*, S. 147.

sind.[2081] Dies ist beispielsweise der Fall bei aufkeimender Unzufriedenheit in der Belegschaft oder schwelenden Konfliktherden in einer bestimmten Arbeitsgruppe.

Gleichermaßen wichtig ist es, die Information adressatengerecht zu übermitteln, so dass je nach Qualität und Bildungsniveau der Beschäftigten eine andere Ansprache und Aufbereitung erforderlich sein kann.[2082] Schließlich sind die potentiellen Wege, auf denen sämtliche Informationen an die Beschäftigten vermittelt werden, sehr verschieden. Im Wesentlichen findet heute in den Unternehmen die Informationsübermittlung über das Intranet oder gegebenenfalls per E-Mail statt.[2083] Ebenso möglich sind daneben etwa auch Informations- und Vortragsveranstaltungen, Schulungen und Seminare, Problemausschüsse, Betriebsversammlungen, organisierte Zusammenkünfte wie z. B. gemeinsame Abende, Ausflüge bzw. Fahrten aller Art außerhalb der Arbeitszeit, die Firmen- oder Hauszeitung, Informationsblätter, Umlaufdokumente, einzelne Benachrichtigungen an den Betriebsrat bzw. ausgewählte Informationsmultiplikatoren, Anhänge zur Lohn- und Gehaltsabrechnung, persönliche Briefe oder Bekanntmachungen am schwarzen Brett.[2084]

Die mit problematischen betrieblichen Situationen zusammenhängenden Konflikte, Ängste und Motivationsverluste sind zwar unausweichlich, können aber umso besser gelöst werden, je positiver das vorherrschende Betriebsklima ist, je kooperativer die Führung ausfällt, je weniger hierarchisch und je stärker mitarbeiterorientiert die vorhandene Organisationsstruktur ist und je besser die sozialen Arbeitsbedingungen innerhalb eines Betriebes sind. Denn in einem Unternehmen mit hoher Betriebsloyalität, die sich aus den vorgenannten Aspekten ergibt, verhalten sich die Beschäftigten solidarischer, wodurch Situationsveränderungen letztlich erfolgreicher gemeistert werden können.[2085]

ee. Motivation

Der Begriff *Motivation* stammt vom lateinischen Ausdruck *in movitum ire* ab und bedeutet so viel wie „in das einsteigen, was den Menschen bewegt".[2086] Psychologisch wird Motivation charakterisiert als innere und äußere, das menschliche Verhalten veranlassende und steuernde Vorgänge. Dabei wird zwischen der *intrinsischen* und der *extrinsischen Motivation* unterschieden. Erstere entwickelt sich sozusagen aus dem Menschen selbst heraus, wie beispielsweise Interesse und Freude an etwas oder die Sinnhaftigkeit einer Tätigkeit, während die extrinsische Motivation durch äußere Anreize entsteht, z. B. durch Geld oder Anerkennung. Bei der Arbeitsmotivation spielen grundsätzlich beide Faktoren in gleichem Maße eine Rolle, wobei jedoch optimalerweise die intrinsische Motivation vorherrschen sollte.[2087] Relevante Bestandteile der Moti-

2081 *Heidenreich*, S. 148.
2082 Dazu u. zum Voranstehenden *Heidenreich*, S. 149.
2083 *Heidenreich*, S. 150.
2084 *Merk*, S. 129.
2085 Dazu u. zum Voranstehenden *Merk*, S. 130.
2086 *Motzkuhn*, S. 3 m. w. N.
2087 Dazu u. zum Voranstehenden *Poppelreuter/Mierke*, Rn. 396.

vation bilden die Richtung, die Intensität und die Ausdauer des Handelns, so dass eine für den Arbeitsprozess optimale Motivation bei einem zielorientierten, intensiven und ausdauernden Arbeiten gegeben ist.[2088] Allerdings stellt die Motivation ein individuelles Phänomen dar, das heißt die effektivste Motivation kann bei jedem Beschäftigten unterschiedlich sein.[2089] Was einen Menschen motiviert, wird sowohl von seinen Genen bestimmt, ist demnach angeboren, als auch von der Sozialisation, das heißt der Erziehung und den erworbenen Erfahrungen. Dennoch existieren mehrere Bedürfnisse, die in der Regel alle Menschen – sei es auch in unterschiedlicher Ausprägung – gemeinsam haben.[2090]

Die höchste Motivation eines Beschäftigten kann ohnehin nur bei Kenntnis seiner individuellen Bedürfnisse und Fähigkeiten, seiner allgemeinen Arbeitsleistung, seiner familiären Situation und seines gesellschaftlichen Umfelds erreicht werden.[2091] Das Wissen um derartige Informationen, zumindest in groben Zügen, ist dem Aufgabenbereich des jeweiligen Vorgesetzten zuzuordnen, so dass dieser die Motivation seiner Untergebenen entscheidend beeinflussen kann.[2092]

Im Folgenden soll die Darstellung vor allem auf Faktoren beschränkt bleiben, die generell als motivierend bzw. motivationsvernichtend gelten. Diese allgemeinen Motivationsfaktoren können unterteilt werden in solche, die sich auf Persönliches beziehen, und in solche, die die Arbeit des Beschäftigten betreffen.[2093]

In persönlicher Hinsicht gilt es zunächst die Mitarbeiter stets ernst zu nehmen, was bedeutet, dass sich der Vorgesetzte mit deren Beschwerden und Vorschlägen gründlich befassen muss. Im Falle der Nichtumsetzbarkeit von vorgebrachten Ideen oder Anregungen sind den Beschäftigten die Gründe dafür daher auch nachvollziehbar darzulegen.[2094]Außerdem sollte den Mitarbeitern aktiv zugehört werden, nicht nur bei fachlichen Belangen, sondern auch bei privaten, persönlichen Anliegen. Damit einhergehend müssen Arbeitnehmer mit ihren jeweiligen unterschiedlichen Stärken und Schwächen als wertschöpfende und wichtige Bestandteile des Unternehmens behandelt werden. Aufgrund ihrer Diversität sind ihre jeweiligen Besonderheiten zu berücksichtigen. Sie sollten nach ihrem Können und ihren Vorlieben sowie unter Berücksichtigung ihrer Persönlichkeit und Neigungen beschäftigt werden, denn richtig eingesetzt bieten sie dem Unternehmen ein großes Spektrum an Potentialen.[2095] Weiterhin ist auch bei der Mitarbeitermotivation die Vorbildfunktion des Vorgesetzten gefordert: Er muss selbst motiviert sein, um andere motivieren zu können, damit er Glaubwürdigkeit, Authentizität und Überzeugungskraft vermittelt.[2096] Schließlich ist in persönlicher Hinsicht

2088 *Poppelreuter/Mierke*, Rn. 396.
2089 *Heidenreich*, S. 152; vgl. *Poppelreuter/Mierke*, Rn. 398; mit Beispielen *Poppelreuter/Mierke*, Arbeitswelt 4.0, S. 202.
2090 *Heidenreich*, S. 152.
2091 Vgl. *Poppelreuter/Mierke*, Rn. 398; *Poppelreuter/Mierke*, Arbeitswelt 4.0, S. 201.
2092 Vgl. *Poppelreuter/Mierke*, Rn. 399; *Poppelreuter/Mierke*, Arbeitswelt 4.0, S. 201
2093 Vgl. dazu *Heidenreich*, S. 159 ff.
2094 *Heidenreich*, S. 159 f.
2095 Dazu u. zum Voranstehenden *Heidenreich*, S. 160.
2096 *Poppelreuter/Mierke*, Rn. 402; *Poppelreuter/Mierke*, Arbeitswelt 4.0, S. 204; vgl. auch dies., S. 202.

noch wichtig, den Beschäftigten grundsätzlich auch zu vertrauen, solange es keinen erwiesenen Grund gibt, der dagegen spricht. Denn wenn einem Menschen Vertrauen entgegengebracht wird, tut er in der Regel alles dafür, dieses zu rechtfertigen.[2097]

Motivationsfaktoren in Bezug auf die Arbeit sind zuächst gute Arbeitsbedingungen, also ein attraktives Umfeld hinsichtlich der Räumlichkeiten, der Arbeitsmittel und der Sicherheit am Arbeitsplatz sowie das konsequente Unterbinden krankmachender Umstände.[2098] Einen nicht unwesentlichen Motivationsfaktor stellt ferner die Bezahlung der Mitarbeiter dar. Diese sollte gerecht sein. Auch wenn Tarifverträge oder Stellenpläne der Möglichkeit, einen einzelnen Mitarbeiter aufgrund besonderer Leistung besser zu entlohnen, entgegenstehen, muss sich dennoch um eine weitestgehend gerechte Entlohnung etwa über entsprechende Zulagen oder sonstige Zuwendungen (Dienstreisen, Dienstwagen, Tantiemen, Prämien etc.) bemüht werden.[2099] Auch hier empfehlen sich aufgrund der Individualität der Motivation keine pauschalen Lösungen, sondern die Anreize müssen sich an den Bedürfnissen des jeweiligen Mitarbeiters orientieren, um sein Engagement und seine Leistungsbereitschaft zu erhöhen.[2100] Zu beachten ist an dieser Stelle allerdings, dass bei Beschäftigten des öffentlichen Dienstes in der Regel keine monetären bzw. materiellen Zuwendungen erlaubt sind, so dass hier anderweitige Motivierungen erforderlich sind. Ungeachtet dessen wird zum Teil ohnehin kritisiert, dass bei finanziellen Anreizen lediglich die Personalzusatzkosten steigen, während das eigentliche Ziel, nämlich die Sicherstellung einer dauerhaft hohen und stabilen Arbeitsmotivation der Beschäftigten, oftmals nicht erreicht wird.[2101] Daher erscheint es statt der Anwendung materieller Anreizsysteme zweckmäßiger, die intrinsische Motivation der Beschäftigten zu reizen, was beispielsweise über die Sinnstiftung in der Arbeit, das Zugeständnis von Handlungsspielräumen und Verantwortungsbereichen geschieht.[2102] Positive Effekte auf die Motivation über Sinnstiftung belegt gerade das Engagement vieler Beschäftigter in sogenannte Non-Profit-Unternehmen wie z. B. *Amnesty International*: Dort werden auch ohne extrinsische Anreizsysteme sehr gute Arbeitsleistungen erbracht.[2103]

Darüber hinaus sollte, wie bereits an anderer Stelle schon erwähnt, weder eine langfristige Über- noch Unterforderung der Beschäftigten stattfinden. Vielmehr ist für zu bewältigende Herausforderungen zu sorgen. Zeiten mit großer Beanspruchung müssen sich abwechseln mit Zeiten, in denen die Ziele leicht erreichbar sind.[2104] Misserfolge und Fehler lassen sich nicht völlig verhindern, was jedoch nicht negativ empfunden werden soll, sondern als eine Chance für Veränderung und Optimierung, um Misserfolg in

---

2097 *Heidenreich*, S. 161.

2098 *Heidenreich*, S. 161.

2099 *Heidenreich*, S. 162.

2100 *Poppelreuter/Mierke*, Rn. 402; *Poppelreuter/Mierke*, Arbeitswelt 4.0, S. 204; vgl. dies., S. 202.

2101 *Poppelreuter/Mierke*, Rn. 410; *Poppelreuter/Mierke*, Arbeitswelt 4.0, S. 205.

2102 *Poppelreuter/Mierke*, Rn. 410; *Poppelreuter/Mierke*, Arbeitswelt 4.0, S. 205.

2103 *Poppelreuter/Mierke*, Rn. 411; dazu u. zum Voranstehenden auch *Poppelreuter/Mierke*, Arbeitswelt 4.0, S. 205 f.

2104 *Heidenreich*, S. 162 f.

Erfolg und Fehler in korrekte Arbeitsabläufe umzuwandeln.[2105] Des Weiteren müssen die Mitarbeiter Unterstützung finden, welche von der gemeinsam getroffenen Zielvereinbarung über die Hilfe bei der Umsetzung der Ziele, gegebenenfalls durch Angebote zusätzlicher Schulungsmaßnahmen, bis hin zur Förderung der Karrierechance des Einzelnen reichen sollte, sofern entsprechendes Potential vorhanden ist.[2106] Aufgaben und Ziele der Mitarbeiter müssen möglichst eindeutig definiert werden, damit der Mitarbeiter weiß, was das Ergebnis seiner Tätigkeit sein soll und was von ihm erwartet wird. Maßgeblich ist dabei, nicht nur das Endziel genau zu benennen, sondern auch Zwischenziele mit festen Terminen zu vereinbaren, um Fehlentwicklungen frühzeitig zu identifizieren und ihnen gegensteuern zu können.[2107] Für die Motivation der Mitarbeiter sind ferner auch die erteilten Aufträge und deren Hintergründe zu erklären. Die Mitarbeiter sollten stets wissen, wie relevant der ihnen erteilte Auftrag für das Unternehmen ist. Denn je besser ein Beschäftigter über die Hintergründe und Zusammenhänge informiert ist, desto besser wird das von ihm gelieferte Resultat sein.[2108] Als weiterer wichtiger Motivationsfaktor ist die Anerkennung der geleisteten Arbeit zu nennen. Gute Arbeit sollte nicht als selbstverständlich hingenommen, sondern auch ausdrücklich gelobt werden.[2109] Da nichts so sehr anspornt wie Erfolg, sollte dieser durch Lob und Anerkennung hervorgehoben und eine Zielerreichung so genutzt werden, um weitere Motivation zu generieren.[2110] Im Allgemeinen nimmt die Rückmeldung, ob im positiven oder im negativen Sinne, einen hohen Stellenwert ein. Lob und Anerkennung sind daher gleichermaßen konstruktiv wie Kritik und das Thematisieren von Fehlern vorzunehmen. Dabei muss das Feedback stets an konkretes Verhalten anknüpfen, kurz und prägnant sein sowie die Erwartungen an das zukünftige Verhalten enthalten.[2111] Schließlich ist es erforderlich, die Solidarität in der Gruppe zu aktivieren, um Konkurrenzsituationen zu verhindern. Unter der Voraussetzung einer gerechten Arbeitsverteilung sollten die Gemeinsamkeiten im Team betont, das gemeinschaftliche Ziel vor Augen geführt und gegenseitige Unterstützung verstärkt werden.[2112]

Alle genannten Faktoren tragen maßgeblich dazu bei, die Motivation der Beschäftigten zu fördern, was letztlich zu zufriedenen Mitarbeitern führt, in deren Gemeinschaft kein Platz für sozialwidrige Verhaltensweisen wie Mobbing ist. Umgekehrt wird die Motivation der Mitarbeiter zerstört, wenn gerade gegen die vorbenannten Kriterien verstoßen wird. Dabei beschädigt ein einzelnes negatives Vorkommnis die Motivation in der Regel nicht nachhaltig, solange es nicht auf Dauer besteht.[2113] Überdies beeinflussen *weiche Faktoren* wie die soziale Einbindung, das Verhältnis zum Vorgesetzten und zu den

---

2105 *Poppelreuter/Mierke*, Rn. 402; *Poppelreuter/Mierke*, Arbeitswelt 4.0, S. 204.

2106 *Heidenreich*, S. 163.

2107 Dazu u. zum Voranstehenden *Heidenreich*, S. 163 f.; vgl. auch *Poppelreuter/Mierke*, Rn. 402; *Poppelreuter/Mierke*, Arbeitswelt 4.0, S. 204.

2108 *Heidenreich*, S. 164.

2109 *Heidenreich*, S. 164.

2110 *Poppelreuter/Mierke*, Rn. 402; vgl. auch *Poppelreuter/Mierke*, Arbeitswelt 4.0, S. 204.

2111 *Poppelreuter/Mierke*, Rn. 402; *Poppelreuter/Mierke*, Arbeitswelt 4.0, S. 205.

2112 *Heidenreich*, S. 164.

2113 *Heidenreich*, S. 166.

Kollegen sowie die Art der Zusammenarbeit die Motivation weitaus mehr als die *harten Faktoren* wie etwa die Arbeitsbelastung, so dass auf erstgenannte ein besonderes Augenmerk zu legen ist. Nicht zuletzt hängt die Bedeutung und Wirkung einzelner Motivationsfaktoren auch von der Unternehmensgröße ab.[2114]

Als einige besonders gravierende und häufig vorkommende Motivationskiller gelten nach *Heidenreich* schließlich:[2115]

- Die mangelnde Akzeptanz durch Führungskräfte, indem etwa der Mitarbeiter nicht als Mensch wahrgenommen wird, er keine adäquate Rückmeldung über seine Arbeitsleistung erhält oder bei gegebener fehlender Anerkennung und/oder einem vorherrschenden autoritären Führungsstil.
- Eine unfaire Behandlung, also bei nicht gerechtfertigter Kritik sowie bei der Bevorzugung einzelner Mitarbeiter und/oder einer ungleichmäßigen Verteilung der Arbeit.
- Eine inadäquate Arbeitsbelastung, womit Über- oder Unterforderung, Langeweile und/oder unrealistische Ziele gemeint sind.
- Organisatorische Defizite, wie unklare Zuständigkeiten, keine oder mehrfach vergebene Verantwortungen, Informations- und Kommunikationsmängel, zahlreiche Hierarchiestufen und/oder keine eigenen Entscheidungsmöglichkeiten.
- Mangelnde Entwicklungsmöglichkeiten, also bei fehlenden Schulungen und keinen Aufstiegschancen trotz hohem Engagement.
- Ein schlechtes Image des Unternehmens.
- Fehlendes Vertrauen der Mitarbeiter in die Unternehmensleitung.

ff. Sonstige Methoden

Als weitere Methoden zur Verhinderung von Mobbing im Unternehmen gelten auch das *Management of Diversity* und das Prinzip der „Internen Kundenorientierung".

(1) Management of Diversity

Unter *Management of Diversity* ist die Absicht zu verstehen, ein Umfeld zu erschaffen, zu welchem alle Talente Zugang haben und welches darauf beruht, durch eine vielfältige *(diverse)* Belegschaft spezielle Marktvorteile zu generieren. Dabei bezieht sich die Vielfältigkeit nicht nur auf Rasse oder Geschlecht, sondern es ist damit eine multidimensionale, sich permanent erneuernde Zusammensetzung von Charakteren, Verhaltensweisen und Begabungen gemeint, also eine Mischung, die sowohl Ähnlichkeit als auch Unterschiedlichkeit zum Inhalt hat.[2116] Diversity Management bedeutet neben dem Umgang mit Unterschieden vor allem auch das Vergegenwärtigen von Gemeinsamkeiten, wodurch Kooperation und Zusammenhalt der Beschäftigten untereinan-

2114 Dazu u. zum Voranstehenden *Heidenreich*, S. 166.

2115 Dazu u. zum Nachstehenden *Heidenreich*, S. 166 f.; vgl. dazu auch *Poppelreuter/Mierke*, Rn. 403 ff.; *Poppelreuter/Mierke*, Arbeitswelt 4.0, S. 202 f.

2116 *Glawe*, S. 98 m. w. N.

der gestärkt werden. Es darf jedoch keinesfalls Gleichheit durch Überbetonung von Ähnlichkeiten erzeugt werden, sondern vielmehr bezweckt Diversity Management, im Unternehmen einen Ausgleich zwischen dem Bewahren von Gemeinsamkeiten und der Förderung von Unterschiedlichkeiten herzustellen und zu halten.[2117] Denn divergierende Denk- und Handlungsweisen von Beschäftigten zeugen von Kreativität und Innovation, was letztlich für das Unternehmen auf dem Markt zu Wettbewerbsvorteilen führt, so dass derartige Verschiedenheiten von den Mitarbeitern unterstützt werden sollten. Sofern also im Wege eines effektiven Diversity Managements Ähnlichkeiten und Unterschiede von Teams und deren Mitgliedern vergegenwärtigt, respektiert und deren wirtschaftliche Vorteile bemerkt werden und sich dadurch dieses wertschätzende Verhalten auch bei der Belegschaft etabliert, wird ein Ausschluss von Mitarbeitern wegen Andersartigkeit vermindert und somit in dieser Hinsicht Mobbing vorgebeugt.[2118]

(2) Das Prinzip der „Internen Kundenorientierung"

Das Prinzip der „Internen Kundenorientierung" wurde ursprünglich in Verbindung mit dem *Total Quality Management* entwickelt, dessen Fundament die Überlegung bildet, wie man den wachsenden Ansprüchen an die Produkt- und Herstellungsqualität der Endprodukte gerecht werden kann, um dauerhaft die Wettbewerbsfähigkeit des Unternehmens zu gewährleisten.[2119] Dafür muss das Total Quality Management die Abstimmung sämtlicher individuellen Arbeitsleistungen der im Betrieb Tätigen optimieren sowie die Motivation und Bereitschaft zur Kooperation aller Mitarbeiter intensivieren, wobei vor allem der Wunsch nach mehr Selbstständigkeit und Verantwortlichkeit einzubeziehen ist. Für die Umsetzung dieses ganzheitlichen Denk- und Handlungsansatzes bedarf es nicht lediglich weitreichender Umstrukturierungen, sondern vor allem auch einer Unternehmensphilosophie, welche die „Interne Kundenorientierung" zum Inhalt hat.[2120] Im Rahmen dieser soll jedem Beschäftigten die Abhängigkeit des internen Lieferanten von seinen internen Kunden, also den direkten Kollegen, bewusst werden, wodurch zum einen die Anonymität sowie die Ausgrenzung einzelner Mitarbeiter gehemmt und zum anderen sowohl die Bedeutsamkeit als auch die Verantwortlichkeit jedes Einzelnen für den Prozess der Leistungserstellung hervorgehoben wird.[2121] Denn auf der einen Seite kann der Beschäftigte als interner Kunde Einfluss auf die Qualität der Zusammenarbeit ausüben und andererseits in der Rolle des internen Lieferanten persönliche, arbeitsbezogene Bedürfnisse formulieren, da sich ein verantwortungsbewusster interner Lieferant bei beabsichtigter Kundenfreundlichkeit mit seinem internen Kunden in Verbindung setzen muss. Jeder Mitarbeiter ist also gleichzeitig interner Kunde als auch interner Lieferant, was zu einem

2117 *Glawe*, S. 98 f. m. w. N.
2118 Dazu u. zum Voranstehenden *Glawe*, S. 99 m. w. N.
2119 *Glawe*, S. 99.
2120 Dazu u. zum Voranstehenden *Glawe*, S. 99 f. m. w. N.
2121 *Glawe*, S. 100 m. w. N.

größeren Verständnis für mögliche Schwierigkeiten der jeweils anderen führt.[2122] Durch das Verhaltensmodell der Internen Kundenorientierung wird letztlich das Bewusstsein für gegenseitige Abhängigkeit verbessert und zu einem respektvollen und vernünftigen Umgang mit den Kollegen angehalten. Demnach handelt es sich hierbei um einen formalisierten, respektvollen und höflichen Verhaltenskodex, der im Idealfall zu freundschaftlichem Umgang miteinander und ungünstigstenfalls zu sachlicher Distanz führt, so dass dieses Modell folglich eine gute Grundlage für eine Streitkultur ohne Mobbing bilden kann.[2123]

gg. Zusammenfassung

Zur Verhinderung von Mobbing bieten sich zunächst Maßnahmen im Bereich der Personalauswahl und Personalförderung an. Schon bei der Neubesetzung einer Stelle kann eine gezielte Personalauswahl vorgenommen und bei der Einführung neuer Mitarbeiter diesen die Integration in das bestehende Arbeitsteam durch entsprechende Schritte erleichtert werden. Daneben sollten eine bewusste Karriereförderung der Mitarbeiter betrieben sowie gezielte Coaching-Maßnahmen einzelner Beschäftigter zu ihrer persönlichen und fachlichen Entwicklung angeboten werden. Im Bereich der Arbeitsorganisation spielt im Rahmen der Gestaltung der organisatorischen Arbeitsbedingungen deren Transparenz eine große Rolle. Nicht weniger bedeutend ist in diesem Zusammenhang die Vermeidung von langfristiger Über- oder Unterforderung und gegebenenfalls die Einrichtung von Gesundheitszirkeln. Bei Bedarf sind Führungskräfte- und Konfliktfähigkeitstrainings durchzuführen. Überdies müssen Entscheidungskompetenzen und Zuständigkeiten zur Vermeidung von konfliktträchtigen Missverständnissen eindeutig geregelt sein. Des Weiteren wirkt im Falle von Umstrukturierungen ein durchdachtes Veränderungsmanagement Ängsten der Beschäftigten entgegen, ebenso wie eine offene Informationspolitik. Außerdem ist auch von großer Relevanz, stets für eine ausreichende Motivation der Mitarbeiter zu sorgen. Dies kann vor allem durch die grundsätzliche Beachtung ihrer jeweiligen persönlichen Besonderheiten, durch die Anerkennung ihrer Leistung, durch das Angebot von Unterstützung sowie die Bereitstellung guter Arbeitsbedingungen, durch eine gerechte Entlohnung und nicht zuletzt durch persönlichkeitsbezogene Faktoren wie das Entgegenbringen von Vertrauen und das aktive Zuhören geschehen.

Neben diesen (Einzel-)Aktionen ermöglichen es schließlich ganzheitliche Denkansätze wie das *Management of Diversity* oder das Prinzip der „Internen Kundenorientierung", bei entsprechend strategischer Ausrichtung ein verbessertes, respektvolleres und konfliktärmeres Betriebsklima zu erreichen.

2122 *Glawe*, S. 100 m. w. N.
2123 *Glawe*, S. 100 m. w. N.

4. Gesamtfazit zu Präventionsmaßnahmen

Die dargestellten Maßnahmen zur Verhinderung von Mobbing auf personeller und strukturell-organisatorischer Ebene tragen allgemein dazu bei, das Niveau zu verbessern, auf dem im Betrieb miteinander umgegangen wird.

Neben der Schaffung eines Problembewusstseins für Mobbing sind es vor allem eine gute kommunikative Infrastruktur, das Vorgesetztenverhalten und die Arbeitsorganisation eines Unternehmens, welche die Arbeitsatmosphäre entscheidend beeinflussen. Von großer Bedeutung ist dabei, dass alle Mitarbeiter und Führungskräfte im Betrieb regelmäßig und hinlänglich über alle die gesamte Organisation, die Abteilung und den eigenen Arbeitsbereich betreffenden Entwicklungen unterrichtet werden.[2124] Daneben muss eine eindeutige sachbezogene und qualifikationsorientierte Kompetenzregelung vorherrschen, um sich durch Missverständnisse ergebenden Schwierigkeiten vorzubeugen. Weiterhin sollten ein kooperativer Führungsstil gelebt und autoritäres Vorgehen nur auf solche Ausnahmesituationen begrenzt werden, in denen unter hohem Zeitdruck, ohne dass eine vorherige Abstimmung mit anderen Beteiligten möglich war, sofort eine Entscheidung getroffen werden muss. Letzteres ist dann jedoch stets nachträglich vor den Beschäftigten zu rechtfertigen ist.[2125] Im Rahmen der betrieblichen Möglichkeiten und Erfordernisse muss weiterhin eine Gleichbehandlung von sämtlichen Arbeitnehmern und Vorgesetzten stattfinden und allen sollte der begründete Eindruck der Akzeptanz, der Wertschätzung und der Sicherheit des Arbeitsplatzes durch entsprechende Vereinbarungen, Motivationsmaßnahmen, ein sachgerechtes Management sowie durch eine konsequente Personalentwicklungsplanung vermittelt werden.[2126]

Eine entscheidende Rolle, um Mobbing von vornherein keinen Nährboden zu geben, spielen damit die Art der Führung und der Kommunikation in einem Unternehmen, die Motivation der Beschäftigten sowie die Transparenz und die Information über die Abläufe in dem Betrieb. Wenn es gleichzeitig noch gelingt, im Unternehmen bzw. in der jeweiligen Organisation eine Balance zwischen der Bewahrung von Ähnlichkeiten und der Förderung von Unterschiedlichkeiten herzustellen und zu halten sowie bei der Belegschaft ein Bewusstsein für gegenseitige Abhängigkeiten zu schaffen und die Mitarbeiter zu einem respektvollen Umgang miteinander anzuhalten, entsteht ein Betriebsklima, in welchem das Risiko der Entwicklung von überall vorkommenden Konflikten zu Mobbing weitestgehend minimiert wird.

III. Interventionsmaßnahmen

Während es im Wege der Prävention darum geht, die Entstehung von Mobbing von vornherein zu verhindern, wird bei der Intervention aktiv in ein laufendes Mobbing-

2124 Ebenso *Zuschlag*, S. 162.
2125 Dazu u. zum Voranstehenden ebenso *Zuschlag*, S. 162.
2126 Ebenso *Zuschlag*, S. 162.

geschehen eingegriffen.[2127] Durch die Interventionsmaßnahmen soll das Unternehmen bzw. die Organisation jedoch keinesfalls zu einem konfliktfreien Raum gemacht werden, sondern es geht um eine Konfliktreduzierung, die Mittel zum Zweck ist, um eine weitere Schädigung der Betroffenen und des Betriebes zu vermeiden.[2128]

In diesem Abschnitt geht es in erster Linie um Maßnahmen, die in einer Mobbingsituation von den verschiedenen an einem Mobbinggeschehen beteiligten Parteien ergriffen werden können. Im Anschluss daran soll – für den Fall einer unterbliebenen oder zu spät erfolgten Intervention – die Möglichkeit einer medizinischen und psychosozialen Rehabilitation des Betroffenen näher betrachtet werden.

1. Handlungsmöglichkeiten der mit dem Mobbinggeschehen in Zusammenhang stehenden Parteien

Im Folgenden werden die Handlungsmöglichkeiten der unterschiedlichen Parteien, die mit dem Mobbinggeschehen in Berührung kommen, untersucht, wobei insbesondere auch der Zeitpunkt des Eingreifens in einen Mobbingprozess berücksichtigt wird.

a) Handlungsmöglichkeiten des Betroffenen

Zu Beginn verschafft eine Situationsanalyse Klarheit über die persönliche Wahrnehmung des Betroffenen. Daher sollte dieser eine Bestandsaufnahme seiner persönlichen Belastungsempfindung vornehmen. Je nach Stadium, also am Anfang, wenn das Geschehen etwas vorangeschritten ist oder nach längerer Dauer eines Mobbingprozesses, stehen dem Betroffenen jeweils unterschiedliche Reaktionsmöglichkeiten zur Verfügung.

aa. Situationsanalyse

Eine genaue Analyse der Situation ermöglicht dem Betroffenen, seine gegenwärtige Lebens- und Arbeitssituation zu begutachten.[2129] Denn wenn sich der Betroffene an seinem Arbeitsplatz gemobbt fühlt, ist für ihn entscheidend herauszufinden, welche Person das Mobbing gegen ihn betreibt, wie häufig und intensiv dies mit welchen konkreten Handlungen geschieht und welche Zielsetzung sich hinter dem Vorgehen verbirgt.[2130]

Mit einem Selbsttest kann der Betroffene seinen Verdacht schließlich überprüfen und dabei für sich auch erste Anhaltspunkte erhalten, wie er reagieren möchte. *Grünwald/Hille* schlagen dafür einen Katalog von 25 Fragen vor, die von dem Betroffenen jeweils mit „ja“ oder „nein“ zu beantworten sind. Diese lauten wie folgt:

2127 Ebenso *Schild/Heeren*, S. 143.
2128 *Prosch*, S. 127 m. w. N.
2129 *Kratz*, S. 86.
2130 *Grünwald/Hille*, S. 108.

„1) Sagt mir mein Arbeitsplatz so zu, dass ich ihn noch mehrere Jahre behalten möchte?
2) Sehe ich Aufstiegsmöglichkeiten?
3) Kann ich mit dem in der Einrichtung/im Unternehmen praktizierten Führungsstil leben?
4) Kommt mein Können auf dem gegenwärtigen Arbeitsplatz voll zur Geltung?
5) Verfüge ich über umfangreiches Know-how, das beim jetzigen Arbeitsplatz nicht benötigt wird und zunehmend verkümmert?
6) Sind die Zukunftsperspektiven des Unternehmens/der Branche positiv zu bewerten, so dass ich mit einem sicheren Arbeitsplatz rechnen kann?
7) Gibt es ständig Auseinandersetzungen mit meinem Vorgesetzten?
8) Kommt es häufiger zu Reibereien mit meinen Kollegen?
9) Habe ich oft mit meinen Mitarbeitern Konflikte?
10) Kann ich zurzeit erfolgreich arbeiten?
11) Sind die gegen mich gerichteten Attacken so massiv, dass ich sie auf Dauer nicht ertragen kann?
12) Kann ich persönlich etwas an meinem Verhalten ändern, um die Situation positiv zu beeinflussen?
13) Kann ich von Betriebsangehörigen Unterstützung erwarten?
14) Ist noch mit einer längeren Betriebszugehörigkeit der Personen zu rechnen, die mich ständig attackieren?
15) Ist für mich ein anderer Einsatz im Unternehmen möglich, so dass ich von meinem Kontrahenten getrennt wäre?
16) Würde ein Arbeitsplatzwechsel meine langfristige Laufbahnplanung unterstützen?
17) Wird bei einem Wechsel des Arbeitgebers die Verweildauer so kurz sein, dass jeder neue Arbeitgeber zu negativen Überlegungen angeregt wird?
18) Würde der Wechsel des Arbeitsortes meinen Privatbereich (z. B. schulpflichtige Kinder, Grundbesitz etc.) empfindlich stören?
19) Würde ein Arbeitsplatzwechsel eine von mir nur schwerlich zu bewältigende Umstellung bedeuten?
20) Ist es realistisch, dass ich bald einen anderen Arbeitsplatz finde, der meinen Bedürfnissen entspricht?
21) Bin ich u. U. bereit, Arbeitslosigkeit zu akzeptieren, weil ich trotz Bewerbungsaktivitäten nicht mit einem schnellen Erfolg rechnen kann?
22) Schaffe ich mir durch einen Arbeitsplatzwechsel neue Probleme, die mich intensiv belasten werden?
23) Belasten mich nicht-berufsbedingte Umstände, die mir das Leben auch ohne berufliche Ärgernisse schon schwer genug machen?
24) Bin ich wirklich zu einer Änderung bereit, d. h. bereit zu agieren statt zu reagieren?
25) Welche Konsequenzen hätte ein aktives Bekämpfen des Mobbing [sic!], sowohl im positiven als auch im negativen Bereich?“[2131]

bb. Wahrnehmung der persönlichen Belastungsempfindung

Zur Veränderung der eigenen Situation muss sich der Betroffene zunächst über seine Beschwerden und damit sein eigenes psychisches und körperliches Wohlbefinden sowie über mögliche Zusammenhänge bewusst werden.

2131 *Grünwald/Hille*, S. 108 ff.; vgl. dazu auch die Situationsanalyse bei *Kratz*, S. 86 ff.

Beim Auftreten von Beeinträchtigungen des Wohlgefühls sollte sich der Betroffene nach *Resch* daher fragen

- wann solche Beschwerden vorkommen, ob nur an Werk- oder auch an Feiertagen, ob sie zu bestimmten Zeiten, nach einer gewissen Arbeitszeit unter Anspannung oder unter hoher Arbeitsbelastung erscheinen,
- ob sich die Belastungssituation während der Urlaubszeit verändert, ob der Betroffene im Urlaub beschwerdefrei leben kann, wann die Symptome wieder zu Tage treten und ob es auch dann zu Erkrankungsanzeichen kommt, wenn der Betroffene in der freien Zeit an die bald wieder bevorstehende Arbeit nur denkt,
- seit welchem Zeitpunkt der Betroffene die Beeinträchtigungen als solche empfindet, ob diese vorher bereits bei einer anderen Arbeitsstelle aufgetreten sind oder es unter einer anderen Belastungssituation zu ähnlichen Problemen kam und
- ob die Beeinträchtigungen mit der Zeit zunehmen, weitere dazu kommen und welche Ereignisse in die Zeit fallen, in der neue Schwierigkeiten aufgetreten sind.[2132]

Eine solche Analyse wird durch die Führung eines Tagebuchs über den eigenen Gemütszustand erleichtert, da das Festhalten der Ereignisse Zusammenhänge verdeutlichen kann.[2133] Außerdem ermöglicht es dem Betroffenen, sich traumatische Ereignisse zur besseren Verarbeitung „von der Seele zu schreiben".[2134]

Darüber hinaus erfüllt ein Mobbingtagebuch nach *Kratz* auch noch weitere wichtige Funktionen:[2135] Für den Fall, dass der Betroffene zu Rechtsmitteln greifen sollte, dient es der Beweissicherung. Unabhängig davon ist es bereits bei Konfliktgesprächen und Beschwerdeverfahren hilfreich, da sich noch nach langer Zeit nachvollziehen lässt, wie im Einzelnen alles konkret abgelaufen ist. Durch die Auflistung aller Vorkommnisse erinnert sich der Betroffene besser an das Mobbinggeschehen im Detail und erhöht dadurch auch seine Glaubwürdigkeit. Außerdem werden durch eine solche Dokumentation die Mobbingaktivitäten gegenüber dem Betroffenen in ihrer Gesamtheit erkennbar, womit auch Zusammenhänge belegt werden können. Schließlich ermöglicht es auch Dritten (wie etwa Führungskräften, Betriebs-/Personalräten, Frauen-/Gleichstellungsbeauftragten, Anti-Mobbingbeauftragten, Richtern, Rechtsanwälten, Beratern, Sozialdiensten, Ärzten etc.) genau nachzulesen, was sich auf welche Art und Weise tatsächlich zugetragen hat.[2136]

Um diesen Nutzen tatsächlich zu erbringen, empfiehlt es sich nach *Resch* bei den Aufzeichnungen darauf zu achten, dass folgende Punkte enthalten sind:

2132 *Resch*, S. 155.
2133 *Resch*, S. 155.
2134 *Kratz*, S. 90.
2135 Dazu u. zum Nachstehenden *Kratz*, S. 90.
2136 Dazu u. zum Voranstehenden *Kratz*, S. 90.

- Datum und Uhrzeit des Angriffs,
- eine genaue Beschreibung des Sachverhalts und der Mobbingaktivitäten (womit auch Belästigungen in der Freizeit des Betroffenen, wie etwa Telefonterror, Diffamierung bei der Familie, Freunden etc. gemeint sind),
- Angaben darüber, welche Person/Personen den Betroffenen angegriffen haben und welche Positionen diese im Unternehmen innehaben,
- Spekulationen über die Motive des Mobbingtäters (etwa, ob dieser in fremdem Auftrag oder aus freien Stücken handelt, da bisweilen Hintermänner gefügige Kollegen zu Angriffen animieren),
- Informationen, wer wann zugegen war (ob gegebenenfalls jemand später als Zeuge angegeben werden kann),
- zu welchen körperlichen oder gesundheitlichen Folgen es beim Betroffenen kam und in welchen zeitlichen Abständen zu der Mobbinghandlung sich diese zeigten,
- wahrgenommene Arzttermine des Betroffenen, in denen er auf Mobbing zurückzuführende gesundheitliche Beschwerden therapieren ließ,
- Tage, an denen der Betroffene nicht zur Arbeit erschien (aufgrund von Krankheit, Urlaub, Dienstreise etc.), sowie
- Tage, an welchen der Mobbingtäter nicht im Unternehmen war.[2137]

cc. Maßnahmen zur eigenen Entlastung

In einer Mobbingsituation sollte zunächst die Stabilisierung der körperlichen und seelischen Verfassung des Betroffenen im Vordergrund stehen. Als Maßnahmen, zu welchen der Betroffene greifen kann, um sich in einer Mobbingsituation selbst zu entlasten und die entstandenen Stressempfindungen abzubauen, kommen insbesondere unterschiedliche Anti-Stress-Methoden, gesundheitsgerechtes Verhalten und soziale Unterstützung in Betracht.[2138]

(1) Gesundheitsfördernde Bewältigungsmethoden

Da mit Mobbinghandlungen unter anderem beabsichtigt wird, das Selbstbewusstsein des Betroffenen zu verringern, ist es für ihn besonders wichtig, diesem Ansinnen durch die Stärkung seiner Eigenkompetenzen entgegenzuwirken.[2139]

Eine Möglichkeit, um psychische Belastungen am Arbeitsplatz besser verarbeiten zu können, stellen vor allem unterschiedliche Entspannungstechniken dar. Es existieren zahlreiche Methoden, die sich vom autogenen Training über viele ruhige, auf Tanz aufbauende oder dynamische Meditationsmethoden bis hin zu unterschiedlichen Yoga-Arten, Tai Chi, Quigong, Eutonie, Reiki, Atementspannung, progressiver Muskelentspannung etc. erstrecken.[2140] Aufgrund ihrer relativ leichten Erlernbarkeit

2137 *Kratz*, S. 91.
2138 *Resch*, S. 156.
2139 *Kolodej*, Mobbing, 2. Auflage (nicht in neuerer Aufl.), S. 122.
2140 *Graf*, S. 104.

bieten sich davon insbesondere die Entspannung durch Reiki[2141], die Entspannung durch autogenes Training[2142] und die progressive Muskelentspannung[2143] als effektive Übungen an.[2144] Sämtliche dieser Entspannungsübungen sollen dazu verhelfen, subjektive Stressbelastungen intensiver wahrzunehmen, und sie zeigen Möglichkeiten, um den individuellen Stress, der langfristig zu psychosomatischen Beschwerden und Krankheiten führt, besser verarbeiten zu können.[2145] Alle Entspannungsübungen gegen Stress und psychosomatische Beeinträchtigungen enthalten einige Regeln, welche während der Übungsausführungen eingehalten werden müssen, um den Zweck eines solchen Programms zu erfüllen, wofür auch ein regelmäßiges Training stets unerlässlich ist.[2146] Bei richtiger Anwendung verhelfen die Techniken dem Übenden zu innerer Ausgeglichenheit und Gelassenheit, was besonders bei Mobbing für eine persönliche Entlastung des Betroffenen förderlich ist, um eine Eskalation der Situation zu verhindern.[2147] Außerdem mildern diese Methoden häufig auch psychosomatische Beschwerden. Sofern es sich jedoch um tiefgreifende psychische oder physische Störungen handelt, ist die professionelle Hilfe eines Arztes oder Therapeuten unausweichlich. Letztlich sollten Mediations- und Entspannungsübungen neben weiteren persönlichen Erholungsstrategien wie etwa Sport oder sonstigen Hobbys nur eine unterstützende Maßnahme zur Mobbing- und Stressbewältigung sein.[2148]

(2) Unterstützung im sozialen Umfeld suchen

Wenn der Betroffene das Ziel von Mobbingangriffen ist, werden sich seine Gedanken ständig um seine problematische Situation drehen und aufgrund der persönlichen starken emotionalen Involviertheit ist er unweigerlich nicht mehr in der Lage, objektiv zu sein. Dies kann zu Fehlentscheidungen oder unangebrachten Verhaltensweisen des Geschädigten führen, welche den Mobbingtäter wieder zu neuen Mobbinghandlungen veranlassen.[2149] Demgegenüber verfügen Vertrauenspersonen aus dem sozialen Umfeld des Opfers über ausreichend Abstand zu der Situation und sind besser im Stande, ihm objektive Ratschläge zu erteilen und ihn gegebenenfalls auch auf Vorgehensweisen aufmerksam zu machen, die zu einer Klärung des Konflikts beitragen.[2150] Denn je mehr soziale, emotionale und moralische Unterstützung der Betroffene aus seinem Umfeld erfährt, desto besser wird es ihm gelingen, die Situation zu meistern. Als Verbündete können beispielsweise der Lebenspartner, Verwandte, Bekannte und

2141 *Graf*, S. 104 ff.
2142 *Graf*, S. 109 ff.
2143 *Graf*, S. 112 ff.
2144 *Graf*, S. 104 ff., jeweils mit ausführlicher Darstellung der drei Methoden.
2145 *Graf*, S. 116 m. w. N.
2146 *Graf*, S. 116.
2147 *Graf*, S. 116.
2148 Dazu u. zum Voranstehenden *Graf*, S. 116.
2149 *Kratz*, S. 97.
2150 *Kratz*, S. 97.

Freunde etc. aktiviert werden, wobei vor allem wichtig ist, dass ein Vertrauensverhältnis zu der (bzw. den) gewählten Bezugsperson(en) besteht.[2151]

Problematisch wird es, wenn sich im Laufe des Mobbinggeschehens die Zahl der Unterstützer reduziert: Möglicherweise ziehen sich Freunde und Familienmitglieder des Betroffenen von diesem zurück, weil sie aufgrund des dauernden Klagens überfordert sind. In dem Falle wird angeraten, sich außerhalb des Familien- und Freundeskreises Hilfe zu suchen, etwa in Form von Selbsthilfegruppen, die emotionalen Rückhalt geben.[2152]

(3) Therapeutische Unterstützung

Neben der Unterstützung aus dem privaten Umfeld kann das Mobbingopfer gemeinsam mit einem Therapeuten versuchen, durch eine andere Sichtweise auf die Mobbingsituation für sich Erleichterung zu finden. Typische Fragestellungen in diesem Kontext können dabei nach *Schild/Heeren* etwa sein:

- Von welchen Aktivitäten der anderen Mitarbeiter sich der Betroffene am meisten verletzt fühlt, warum er an dieser Stelle so leicht verwundbar ist und was er tun kann, um weniger angreifbar zu sein.
- Welche Gedanken, Einschätzungen und Emotionen die Verhaltensweisen der Kollegen bei dem Mobbingopfer auslösen und weshalb er so auf ihr Benehmen reagiert.
- Welche Vorstellungen und Bewertungen der Betroffene bei den anderen Beschäftigten erwartet, ob er diese Annahme überprüft hat und er überhaupt tatsächlich weiß, was seine Kollegen über ihn denken.
- Was der Geschädigte selbst von seinen Kollegen hält, welche Gefühle von Hass, Verachtung und Rache er persönlich hegt und wie er damit umgeht.
- Ob sich der Betroffene für die Entwicklung des Konflikts mitverantwortlich fühlt und wie er mit dem Gefühl, schuldig zu sein, umgeht.[2153]

In einem fortgeschrittenen Stadium von Mobbing erleidet das Opfer häufig schwerwiegende psychische und physische Beeinträchtigungen, deren Chronifizierung psychotherapeutische bzw. ärztliche Hilfe unumgänglich werden lässt.[2154] Darauf sowie auf den Extremfall eines stationären Aufenthaltes soll erst später im Rahmen der medizinischen und psychosozialen Rehabilitation eingegangen werden.

(4) Vermeidung untauglicher Mittel zum Stressmanagement

Gerade in Krisensituationen erhöht sich das Risiko der Annahme, durch Suchtmittel könne scheinbar eine Entlastung erreicht werden. Problematisch daran ist vor allem,

---

2151 *Kratz*, S. 97 f.

2152 *Schild/Heeren*, S. 154 f. m. w. N.; vgl. dazu auch *Kratz*, S. 97.

2153 *Schild/Heeren*, S. 154 m. w. N.

2154 Vgl. *Kolodej*, Mobbing, S. 130 ff. m. w. N.

dass nach einer Phase der Gewöhnung sowohl stoffgebundene (wie etwa Alkoholismus oder Abhängigkeit von Medikamenten) als auch stoffungebundene (wie etwa Spielsucht) gesundheitsschädigende Süchte entstehen und der Betroffene sich mit der Zeit immer mehr mit dem Befriedigen seiner Sucht befasst, anstatt einen tatsächlichen Ausweg aus der eigentlichen Krise zu suchen.[2155] Auch die in der Gesellschaft sonst bekannten Bewältigungsmechanismen wie Rauchen oder übermäßiges Essen sind gesundheitsschädigend und verschaffen zwar zeitweise subjektive Erleichterung, verschlechtern jedoch auf Dauer die bereits geschwächte psychische und physische Konstitution des Betroffenen.[2156] Daher sollte dringend auf jegliche solcher untauglicher Mittel zur Stressbewältigung verzichtet werden. Vielmehr müssen Mobbingopfer zunehmend auf ihre Gesundheit achten und für Entspannung, z. B. im Wege der oben vorgeschlagenen Methoden, sorgen.[2157] Neben der Verminderung der Risiken für psychosomatische Erkrankungen hat gesundheitsförderndes Verhalten außerdem den positiven Effekt, das Selbstwertgefühl zu stärken sowie das Gefühl für den eigenen Körper und Lebensfreude zurückzuerlangen.[2158]

dd. Reaktionsmöglichkeiten des Betroffenen in den verschiedenen Stadien des Mobbingprozesses

Parallel zu den oben genannten Maßnahmen der persönlichen Entlastung des Betroffenen sowie zur Stabilisierung seiner psychischen und physischen Konstitution ist unbedingt auch darauf zu achten, die von außen kommenden stressauslösenden Bedingungen zu minimieren. Angelehnt an die zu Beginn dieser Arbeit vorgestellten Phasenmodelle[2159], die Mobbing übereinstimmend als einen sich mit zunehmender Dauer verschlimmernden Prozess darstellen, werden im Folgenden Reaktionsmöglichkeiten in unterschiedlichen Stadien eines Mobbingprozesses betrachtet.[2160] Zur Vereinfachung der Darstellung erfolgt hier losgelöst von den konkreten Phasenmodellen eine Einteilung in ein frühes, mittleres und spätes Stadium:[2161] In ersterem bildet sich Mobbing allmählich erst heraus, es kommt zu Streitigkeiten zwischen zwei Mitarbeitern. Im mittleren Stadium wird der ursprüngliche (Sach-)Konflikt zweitrangig, während die attackierte Person als Problem in den Fokus des Geschehens rückt und ihre beginnende Isolierung bemerkbar wird. Im späten Stadium hat der Ausgrenzungsprozess ein hohes Niveau erreicht und der Betroffene ist hier meist erheblich gesundheitlich in Mitleidenschaft gezogen.[2162]

2155 *Schild/Heeren*, S. 155 m. w. N.
2156 *Kolodej*, Mobbing, 2. Auflage (nicht in neuerer Aufl.), S. 122.
2157 *Kolodej*, Mobbing, 2. Auflage (nicht in neuerer Aufl.), S. 122.
2158 *Resch*, S. 157 f.
2159 Teil 1, Kapitel 1, II. 6. dieser Arbeit.
2160 *Schild/Heeren*, S. 156.
2161 Dazu u. zum Nachstehenden *Schild/Heeren*, S. 156.
2162 *Schild/Heeren*, S. 156.

(1) Frühes Stadium

In einem noch frühen Stadium, also noch bevor sich die Mobbingaktivitäten etabliert haben, muss versucht werden, den Konflikt konstruktiv beizulegen, um eine weitere Eskalation zu verhindern.[2163]

Zunächst sollte sich der Betroffene insofern einer selbstkritischen Prüfung unterziehen, als er der Frage nachgeht, ob er möglicherweise – schuldhaft oder ohne eigenes Verschulden – Anstoß für das Verhalten des Mobbenden geliefert hat. So kann es sich beispielsweise nach *Zuschlag* bei den nachstehenden Faktoren um von Mobbingopfern selbst stammende Konfliktanlässe handeln.

Beim Aussehen:

„- ungewöhnliche Körpergröße (‚Liliputaner', ‚Riese')
- ungewöhnliches Körpergewicht (‚Spinewipp', ‚Elefant')
- Hautfarbe (schwarz, weiß, gelb etc.)
- Körperbehinderungen (Klumpfuß, Amputationen, Buckel, behinderter Rollstuhlfahrer etc.)
- Krankheiten (Hautausschlag, Hinken, Tremor, Kurzsichtigkeit, Einäugigkeit etc.)
- Haarwuchs und Frisur (Glatze, Skin-head-Frisur [sic!], ‚Mähne', grüne Haarfarbe etc.)
- Garderobe (auffällig, schlicht bzw. ungepflegt, hypermodern, auffällig bzw. skurril etc.)"[2164]

Beim Verhalten:

„- arrogantes, großspuriges Auftreten
- schüchternes, gehemmtes oder verschrobenes Auftreten
- Besserwisserei, anderen über den Mund fahren
- gegen andere intrigieren, tratschen
- Unpünktlichkeit, Unzuverlässigkeit
- rigide, unbeweglich, kompromisslos
- autoritär, herrschsüchtig, dominierend, kommandierend,
- hinterlistig und hinterhältig
- andere bedrohend, nötigend, erpressend
- rücksichtsloses Karrierestreben (‚der geht über Leichen')"[2165]

Bei der Arbeitsweise:

„- fehlerhafte, schlampige Arbeitsweise
- zu langsame Arbeitsweise (‚Schneckentempo')
- hektische, chaotische Arbeitsweise
- ein eigenes Leistungsvermögen überschätzendes Vorgehen
- Verweigerung der Umstellung der eigenen Arbeitsweise auf neue Anforderungen und Techniken"[2166]

Beim beruflichen Bildungsstand:

„- mangelhafte Ausbildung für die spezielle Tätigkeit
- Kenntnisstand völlig veraltet

2163 *Schild/Heeren*, S. 157.
2164 *Zuschlag*, S. 130.
2165 *Zuschlag*, S. 130.
2166 *Zuschlag*, S. 130 f.

- keine Fortbildungsbereitschaft
- täuscht gar nicht vorhandenen Bildungsstand vor"[2167]

Beim familiären Hintergrund:

„- Aufsteiger, stammt aus sehr einfacher, proletarischer Familie
- zur Familie gehören Menschen mit zweifelhaftem Ruf (z. B. Huren, Dealer, Straftäter, NS-Verbrecher, STASI-Mitarbeiter)
- zur Familie gehören herausragende bzw. bekannte Persönlichkeiten (z. B. Nobel-Preisträger [sic!], Minister, Präsident, Wissenschaftler, Schauspieler, Leistungssportler)
- Herkunft aus jüdischer, kurdischer, italienischer etc. Familie, über die bestimmte Vorurteile herrschen"[2168]

Ein Blick auf diese (nicht abschließende) Liste verdeutlicht, dass das Mobbingopfer in manchen Fällen etwas unternehmen kann, um das Konfliktpotential zu verkleinern oder es sogar völlig zu eliminieren (z. B. Kleidung), in anderen wiederum nicht (z. B. Hautfarbe). Im Falle der Möglichkeit, selbst verursachte Konfliktanlässe zu beseitigen, besteht die maßgebliche Problematik darin, dass der Betroffene diese Chance überhaupt erst einmal bemerkt. Daher sollte er sich selbst und – sofern möglich – auch eine Vertrauensperson fragen, ob und in welchem Ausmaß die eigene Person bzw. das eigene Verhalten Anlass für das Handeln anderer bieten.[2169] Oftmals bringt gerade der Abgleich des eigenen Selbstbilds mit dem Fremdbild der Vertrauensperson neue Erkenntnisse für den Betroffenen hinsichtlich seiner Außenwirkung auf andere.[2170]

Darüber hinaus ist auch die Kenntnis der Gruppennormen, die in dem Betrieb bzw. dem entsprechenden Arbeitsteam gelten, in dem man sich befindet, nicht unwesentlich. Denn jede Gruppe hat ihre eigenen, ungeschriebenen Gesetze, deren Missachtung schnell zur Isolation des Regelbrechers führen kann.[2171]

Eine Verletzung der Gruppennorm bewirkt eine Enttäuschung bei der Gruppe, welche diese Disziplinlosigkeit unter Umständen mit mobbingähnlichen Verhaltensweisen sanktioniert.[2172] Der Betroffene sollte sich auf jeden Fall die Frage stellen, ob die vorherrschenden Gruppennormen mit den persönlichen Wertvorstellungen, Lebensanschauungen und Verhaltensgewohnheiten vereinbar sind sowie ob und bis zu welchem Grad er sich selbst an diese Bedingungen anpassen kann.[2173] Eine solche Anpassung ist allerdings spätestens dann limitiert, wenn es um unveränderliche Tatsachen, wie etwa körperliche Defizite geht.[2174] In solchen Fällen, also bei unverschuldeten Konfliktanlässen, sind Verständnis, Toleranz und Akzeptanz erforderlich. Dem von Mobbing Betroffenen bleiben dann nach *Zuschlag* beispielsweise folgende Möglichkeiten:

2167 *Zuschlag*, S. 131.
2168 *Zuschlag*, S. 131.
2169 Dazu u. zum Voranstehenden *Zuschlag*, S. 131.
2170 *Grünwald/Hille*, S. 111 f.
2171 *Grünwald/Hille*, S. 111.
2172 *Kratz*, S. 111.
2173 *Zuschlag*, S. 132.
2174 *Zuschlag*, S. 133.

„- die Grundlosigkeit der Vorurteile erst sich selbst und dann den anderen bewusst machen,
- die anderen sachlich aufklären über die eigenen Probleme, um deren Verständnis und ggf. Hilfsbereitschaft zu wecken,
- durch Bewusstmachen von für ‚normal' gehaltenen Eigenarten der anderen, diese Normalität relativieren und dadurch Toleranz und wechselseitige Akzeptanz zu wecken
- die Ungefährlichkeit der von anderen attackierten Eigenarten für diese verdeutlichen, damit ihnen klar wird, dass die Mobbing-Attacken die Probleme nicht lösen, sondern nur zu weiteren Schwierigkeiten führen"[2175]

Unabhängig von einem vorhandenen möglichen Konfliktanlass besteht im frühen Stadium eines Mobbingprozesses noch die Chance, durch eine klärende Aussprache der Parteien eine Eskalation des Konflikts zu verhindern.[2176] Sofern es dem Betroffenen möglich ist, ein Gespräch unter vier Augen (auf keinen Fall vor dem gesamten Team!) zu führen, sollte versucht werden, den Dissenz zu benennen, die gegenseitigen Interessen zu klären, über Lösungen nachzudenken und/oder sich auf einen neutralen Schlichter zu verständigen.[2177] Ein solches Gespräch darf niemals im Affekt, sondern sollte nach einer gründlichen Vorbereitung und unter Beachtung der gebotenen kultivierten Umgangsformen geführt werden. Dabei ist der Betroffene gehalten, sehr bestimmt aufzutreten und sachlich zu bleiben, also – sofern es ihm (noch) möglich ist – keine Gefühlsausbrüche zulassen.[2178] Die dem Widersacher vorgehaltenen Mobbingangriffe müssen stichhaltig belegbar sein und sollten in ruhiger und beherrschter Tonlage aufgezeigt werden. Es ist wichtig, in dem Gespräch auf eine konstruktive Einigung abzuzielen, indem der Betroffene schon vorab nachgedacht hat, auf welche Weise der sich abzeichnende Dauerkonflikt für beide Parteien akzeptabel beigelegt werden kann.[2179]

Sofern der sich zu bereinigende Konflikt auf einer sachlichen Ebene befindet, empfiehlt *Kratz* folgenden stufenweisen Gesprächsaufbau:

„1. Was sind die Ziele? Ihr Ziel? Mein Ziel?
2. Ist überhaupt eine Einigung zwischen uns erforderlich? Wenn nein, neutralen Umgang miteinander vereinbaren, wenn ja – weiter mit Nummer 3.
3. Lassen sich unsere individuellen Ziele zu einem gemeinsamen Ziel zusammenfassen?
4. Welche Wege führen zu diesem gemeinsamen Ziel?
5. Welchen Weg wollen wir beschreiten?"[2180]

Daneben spielt auch das persönliche Auftreten und Verhalten des Betroffenen eine maßgebliche Rolle: Eine selbstsichere Körperhaltung, ein offener Blick, eine klare und verständliche Sprechweise sowie gegebenenfalls eine gewisse Schlagfertigkeit verdeutlichen dem Mobbenden, dass dieser den Betroffenen nicht einfach beliebig behandeln

2175 *Zuschlag*, S. 133.
2176 *Schild/Heeren*, S. 157 m. w. N.
2177 *Resch*, S. 174.
2178 *Kratz*, S. 100.
2179 Dazu u. zum Voranstehenden *Kratz*, S. 100.
2180 *Kratz*, S. 101.

kann.[2181] Das Mobbingopfer sollte daher Unsicherheitsgesten (wie z. B. ein gesenkter Blick, wiederholtes Zupfen an der Kleidung, permanentes Herumrutschen auf dem Stuhl etc.) vermeiden und stattdessen auch in Stresssituationen eine Haltung wahren, welche Gesprächs- und Kooperationsbereitschaft vermittelt. Denn dadurch, dass man seinen Mitmenschen freundlich, offen und optimistisch gegenübertritt, entsteht eine unmittelbare persönliche Beziehung.[2182] Kombiniert werden kann ein solches Auftreten auch mit einer deutlichen Grenzziehung des Betroffenen, indem er dem Gegenüber ausdrücklich oder konkludent vermittelt, die abwertende Behandlung nicht zu dulden, sondern Konsequenzen, etwa in Form von Beschwerden beim Vorgesetzten, folgen zu lassen.[2183]

Schließlich bietet es sich an, außenstehende Dritte als vermittelnde Instanzen in die Konfliktlösung einzubinden, sofern der Betroffene meint, sich bei einer direkten Auseinandersetzung gegenüber der anderen Partei nicht behaupten zu können. Potentielle Ansprechpartner dafür wären etwa der Vorgesetzte oder andere Vertrauenspersonen im Betrieb (z. B. Kollegen oder ein eventuell vorhandener Mobbingbeauftragte),[2184] wobei sich der Betroffene vorher konkret überlegen sollte, was er von der Hilfsperson erwartet,[2185] um dies auch kommunizieren zu können.

Für den Fall, dass es sich bei dem Mobbingtäter um den Vorgesetzten handelt, kann der Betroffene zwar versuchen, sich an den nächsthöheren Vorgesetzten zu wenden, was jedoch unter Umständen riskant für ihn sein kann (z. B. bei Mobbing als probatem Mittel zum Personalabbau). Daher wird angeraten, dies nicht ohne weitere Unterstützung, etwa mit Hilfe des Personal-/Betriebsrats, zu tun.[2186]

(2) Mittleres Stadium

Im mittleren Stadium ist die Person des Mobbingopfers als Problem in den Vordergrund gerückt und die Mobbinghandlungen haben sich bereits manifestiert. Sofern der Betroffene dennoch von stabiler psychischer und physischer Verfassung ist, sei auf die Handlungsmöglichkeiten des ersten Stadiums verwiesen. Erfahrungsgemäß wird sich der Betroffene mit anhaltender Dauer des Mobbingprozesses allerdings zunehmend beeinträchtigt und geschwächt fühlen, so dass die Wahrscheinlichkeit, sich aus eigenen Kräften aus der Situation zu befreien, eher gering ist und die Einschaltung dritter Instanzen meist unumgänglich ist.[2187] Mögliche Ansprechpartner sind dabei insbesondere Kollegen, Vorgesetzte, der Betriebs- bzw. Personalrat, die Personalabteilung bzw. das Management oder auch weitere zur Verfügung stehende Vertrauenspersonen wie etwa der Betriebsarzt, der betriebliche Sozialdienst oder

2181 *Grünwald/Hille*, S. 112.
2182 *Kratz*, S. 105.
2183 *Schild/Heeren*, S. 158 m. w. N.
2184 *Schild/Heeren*, S. 158 m. w. N.
2185 Vgl. *Resch*, S. 174.
2186 *Resch*, S. 175.
2187 *Schild/Heeren*, S. 158 m. w. N.

Gewerkschaftsfunktionäre.[2188] Wenn sich der Stigmatisierungsprozess noch nicht zu weit fortentwickelt hat, besteht die Möglichkeit, einzelne, von den anderen Beschäftigten geschätzte Kollegen um Unterstützung zu bitten, die z. B. ein Schlichtungsgespräch initiieren oder durch die Verurteilung des Vorgehens den Mobbenden in seine Schranken weisen. Daneben können Vorgesetzte insbesondere ein Klärungsgespräch zwischen den Kontrahenten veranlassen oder externe Berater hinzuziehen, sofern sie sich selbst überfordert fühlen.[2189] Für den Fall, dass die Mobbingangriffe vom Vorgesetzten ausgehen, empfiehlt es sich, übergeordnete Führungskräfte oder den Betriebsrat um Hilfe zu bitten. Insbesondere an letzteren kann jeder Mitarbeiter eine Beschwerde richten. Daneben hat der Betriebsrat aber auch die Möglichkeit, selbst aktiv zu werden, um zu schlichten oder sich gemeinsam mit dem Betroffenen beim Arbeitgeber um Abhilfe zu bemühen.[2190] Nicht zuletzt wird der Beschwerde eines Betroffenen von der Arbeitgeberseite durch die Einschaltung des Betriebs- bzw. Personalrates oftmals mehr Objektivität zugestanden, als wenn der Betroffene sich alleine an den Arbeitgeber wendet.[2191] Schließlich kann der Betroffene auch direkt bei der Personalabteilung oder beim Management auf die Mobbingproblematik hinweisen und um Unterstützung bitten.[2192]

(3) Spätes Stadium

Im späten Stadium eines Mobbingverlaufs, in welchem der Betroffene schon in hohem Maße der Isolation und gesundheitlichen Beeinträchtigung ausgesetzt ist – während im Unternehmen offensichtlich kein Interesse daran besteht, dem Mobbing entgegenzuwirken – wird es dem Mobbingopfer kaum mehr möglich sein, sich der Situation aus eigener Kraft zu entziehen.[2193] In diesem Stadium wird dem Betroffenen daher geraten, sowohl Rechtsberatung als auch psychologische Hilfe in Anspruch zu nehmen, um zum einen die berufliche Situation rechtlich zu klären (z. B. Einschaltung des Betriebs- bzw. Personalrates bei einer Kündigung, Durchsetzung einer Abfindung oder des Rechts auf ein positives Arbeitszeugnis) und zum anderen die Krise zu überwinden sowie die durch das Mobbing entstandenen Verletzungen kurieren zu können.[2194]

b) „Selbsthilfemaßnahmen" für Mobbende

Nicht unerwähnt bleiben soll, dass es im Ausnahmefall auch vorkommt, dass Menschen, die ihren Intentionen und ihrer Selbstwahrnehmung nach überhaupt keine Mobbingtäter sind, nur zu Unrecht von anderen als solche empfunden werden, sei

2188 *Schild/Heeren*, S. 159 f. m. w. N.
2189 Dazu u. zum Voranstehenden *Schild/Heeren*, S. 159 m. w. N.
2190 Dazu u. zum Voranstehenden *Schild/Heeren*, S. 159 m. w. N.
2191 *Kratz*, S. 129.
2192 *Schild/Heeren*, S. 159 m. w. N.
2193 *Resch*, S. 176; *Schild/Heeren*, S. 162 m. w. N.
2194 *Resch*, S. 177; *Schild/Heeren*, S. 162 m. w. N.

es aufgrund ungerechtfertigter Vorurteile von vermeintlichen Betroffenen, sei es aufgrund von Selbstunsicherheit und Angst vor Autoritäten.[2195] Solche sich grundlos selbst als Mobbingopfer fühlende Personen reagieren dann etwa durch Ausweichen oder Gegenangriff auf den vermeintlichen Mobbingtäter, der sich nun wiederum seinerseits aus Selbstschutz dagegen wehrt, so dass sich ein Teufelskreis entwickelt, dessen Ursprung nach einer Weile bei verhärteten Fronten selten noch bestimmbar ist.[2196] Nicht selten schreckt etwa autoritäres, selbstsicheres, engstirniges, inflexibles und selbstunkritisches Verhalten andere ab, die sich dann so gut wie möglich gegen die vom vermeintlichen Mobbenden ausgehenden ständigen Bevormundungen, Attacken und Eingriffe in die eigene Privatsphäre zu wehren versuchen. Daher sollte derjenige, der den Verdacht hegt, dass sein grundsätzlich gut gemeintes Verhalten von anderen Menschen als schikanös empfunden wird, diesbezüglich Selbstreflexion betreiben, um den oben dargestellten Teufelskreis zu durchbrechen.[2197] Als geeignete „Selbsthilfemaßnahmen" für derartige ungewollten Mobbingtäter, die gewissermaßen aus Versehen zu solchen wurden, weil sie es nicht besser wussten oder konnten, empfiehlt *Zuschlag*:

„- Möglichst vorurteilsfrei bei aktuellen Konfliktsituationen festzustellen versuchen, aus welcher Ursache das Problem (z. B. ein Streit, eine Strafaktion, eine Disziplinarmaßnahme) entstanden ist.

- Bei allen Ursachenanalysen die Ursache des Konflikts nicht zuerst und nicht ausschließlich bei anderen, sondern erst einmal bei sich selbst zu suchen.

- Die Position und die Vorwürfe anderer unbedingt ernst nehmen und deren Berechtigung so sachlich wie möglich prüfen.

- Wo immer möglich, am Konflikt nicht unmittelbar Beteiligte fragen, welche Ursachen sie für den Konflikt verantwortlich machen.

- Eventuell sogar gezielt fragen, was man (d. h. ‚ich') zur Lösung dieses Konfliktes beitragen könnte. (Diese Frage bringt – auch bei Abhängigkeiten – eher wirklich ursachenspezifische Vorschläge als die Frage nach dem Schuldigen, die aus Angst oder Rücksichtnahme oft nur sozial erwünscht – und das heißt: falsch – beantwortet wird.)

- Wenn vermeidbare Konfliktursachen in der eigenen Person liegen, diese nicht (z. B. wegen Peinlichkeit) leugnen und verdrängen, sondern zielstrebig und konsequent dagegen angehen. Gegebenenfalls die Unterstützung durch Familienangehörige oder Freunde in Anspruch nehmen.

- Vor allem bei Unmöglichkeit oder Versagen solcher Selbsthilfemaßnahmen professionelle Hilfe von Experten in Anspruch nehmen – z. B. psychologische Beratungsstellen aufsuchen.

- Falls wegen eingetretener Neurotisierung psychotherapeutische Maßnahmen empfohlen werden, nicht davor zurückschrecken, sondern die Möglichkeiten der Verhaltensänderung und -optimierung nutzen."[2198]

2195 *Zuschlag*, S. 171.
2196 *Zuschlag*, S. 171.
2197 Dazu u. zum Voranstehenden *Zuschlag*, S. 172.
2198 *Zuschlag*, S. 172 f.

c) Handlungsmöglichkeiten von Kollegen

Häufig bleiben nicht unmittelbar am Mobbinggeschehen beteiligte Kollegen untätig, vor allem aufgrund von mangelnder Zivilcourage, Gleichgültigkeit oder der Angst, selbst ins Kreuzfeuer der Kritik zu geraten.[2199] Dabei machen sie sich zumindest moralisch mitschuldig, indem sie durch ihr Zuschauen den Mobbingtäter stillschweigend in der Rechtmäßigkeit seines Tuns bestärken, und werden damit zu „Möglichmachern".[2200] Außerdem befördern diese Kollegen durch ihr Nicht-Einschreiten eine mit Mobbing regelmäßig verbundene Verschlechterung der Arbeitsatmosphäre und nehmen damit indirekt auch negative Folgen für die eigene Person in Kauf.[2201] Daher dürfen Kollegen schon in ihrem eigenen Interesse nicht die Augen vor Mobbing verschließen und sollten im Rahmen ihrer Möglichkeiten intervenieren. Sie können Schritte ergreifen, um gegen die Ausgrenzung des Betroffenen vorzugehen, also Maßnahmen, die für ihn eine Hilfe darstellen. Das ist beispielsweise bereits bei einem Ansprechen des Opfers, der Klarstellung kursierender Gerüchte und dem Angebot emotionaler Unterstützung der Fall. Denn gerade das Gefühl, im Kollegenkreis auf Verständnis zu stoßen, hilft dem Betroffenen, die psychischen Belastungen besser zu verkraften.[2202] Die Kollegen sollten sich also bestenfalls mit dem Mobbingopfer solidarisieren und Offenheit, Aufrichtigkeit, Mitgefühl und Engagement erkennen lassen sowie das Handeln des Mobbenden als verwerflich verurteilen.[2203] Daneben können die Kollegen auch versuchen, an Mitläufer heranzutreten und sie zu sensibilisieren, um auf diese Weise zum einen dem Isolationsprozess entgegenzusteuern und zum anderen weitere Kollegen zu mobilisieren, um das Kräfteverhältnis im Mobbinggeschehen zu modifizieren.[2204] Auch kann dem Betroffenen von Kollegen dazu geraten werden, sich Unterstützung von außen zu holen oder sich zu einem Gespräch mit dem Vorgesetzten begleiten zu lassen.[2205] Weiterhin können sich anerkannte Kollegen durch eine klare Missbilligung der Feindseligkeiten für den Betroffenen einsetzen oder ein deeskalierendes Konfliktgespräch initiieren. Sofern eine solche Aussprache im Kollegenkreis nicht möglich erscheint, sollten Vorgesetzte oder andere Ansprechpartner auf die Mobbingproblematik hingewiesen werden, damit diese die Situation zu klären versuchen.[2206] Die Erfolgschancen für ein direktes Eingreifen in die Konfliktsituation sind dabei stets umso größer, je weniger weit fortgeschritten der Mobbingprozess ist.[2207]

2199 *Schild/Heeren*, S. 163 m. w. N.
2200 *Kolodej*, Mobbing, 2. Auflage (nicht in neuerer Aufl.), S. 72 m. w. N.
2201 *Kratz*, S. 124.
2202 *Schild/Heeren*, S. 163 f. m. w. N.
2203 *Kratz*, S. 124.
2204 *Schild/Heeren*, S. 164 m. w. N.; vgl. auch *Kratz*, S. 124.
2205 *Schild/Heeren*, S. 164 m. w. N.; vgl. auch *Kratz*, S. 124.
2206 *Schild/Heeren*, S. 164 m. w. N.
2207 *Schild/Heeren*, S. 164 m. w. N.

d) Handlungsmöglichkeiten von Interessenvertretern

Im Rahmen ihres gesetzlichen Auftrags obliegt es den Interessenvertretungen zum einen grundsätzlich, darüber zu wachen, dass alle Mitarbeiter nach den Grundprinzipien von Recht und Billigkeit behandelt werden, und zum anderen müssen sie gemeinsam mit dem Arbeitgeber die freie Entfaltung der Persönlichkeit der im Betrieb Beschäftigten schützen und fördern, vgl. § 75 Abs. 1, 2 BetrVG. Aus diesem Grund werden Personalvertretungen nicht nur bestrebt sein, Mobbing durch verschiedene Maßnahmen zu verhindern, sondern insbesondere auch im konkreten Mobbingfall einschreiten, da es zu ihren Aufgaben zählt, Mobbingopfer zu beraten und zu unterstützen.[2208]

Neben sachgerechten Ratschlägen für den Betroffenen und gegebenenfalls der Vermittlung externer professioneller Beratungsangebote kann der Betriebs- bzw. Personalrat entweder alleine in das Geschehen intervenieren, etwa durch Einzel- oder ein Schlichtungsgespräche, oder er hat die Möglichkeit, gemeinsam mit dem Arbeitgeber einzugreifen, beispielsweise durch die Vornahme organisatorischer Veränderungen oder die Einleitung arbeitsrechtlicher Schritte gegen den Mobbingtäter.[2209] Dabei ist insbesondere dann eine Intervention der Personalvertretung angezeigt, wenn das Mobbing vom Vorgesetzten ausgeht. Denn gerade in diesen Fällen fehlt den Betroffenen oft aus Sorge um ihren Arbeitsplatz der Mut, gegen die Führungskraft vorzugehen.[2210]

e) Handlungsmöglichkeiten von Führungskräften und des Arbeitgebers

Reaktionsmöglichkeiten der Führungskräfte und des Arbeitgebers sind insofern nicht eindeutig voneinander zu trennen, als es sich dabei grundsätzlich um dasselbe „Lager" handelt, aus dem die Maßnahmen stammen. Dennoch wird im Folgenden dahingehend eine Unterscheidung vorgenommen, welche konkreten Handlungen jeweils von den Führungskräften vorgenommen werden können und welche Maßnahmen vom Arbeitgeber bzw. dem Unternehmen als übergeordneter Organisationseinheit auszugehen haben bzw. einzuleiten sind, um einem Mobbinggeschehen effektiv zu begegnen. Überschneidungen sind dabei mangels einer scharfen Trennlinie freilich möglich.

aa. Führungskräfte

Vorgesetzte sind näher am Mobbinggeschehen und können daher unmittelbarer eingreifen, als es der Arbeitgeber von übergeordneter Stelle könnte, so dass zunächst deren Handlungsmöglichkeiten im Mittelpunkt der Betrachtungen stehen.

2208 Dazu u. zum Voranstehenden *Kratz*, S. 128.
2209 *Kratz*, S. 128.
2210 *Kratz*, S. 129.

Die wichtigste Voraussetzung für ein gezieltes Einschreiten ist, dass ein schwelender Konfliktherd bzw. die Indikatoren eines Mobbingprozesses, wie etwa die Verbreitung von Gerüchten, die Zunahme verbaler Entgleisungen, die eklatante Ausgrenzung eines Mitarbeiters, eine unerklärbare Leistungsreduzierung und/oder ein gestiegener Krankenstand, überhaupt erst wahrgenommen werden.[2211] Daraufhin muss unverzüglich gehandelt werden, damit das Unternehmen oder der betreffende Beschäftigte möglichst keinen Schaden erleidet oder ein solcher so gering wie möglich bleibt.[2212]

(1) Situationsanalyse

Zunächst bedarf es einer eingehenden Analyse der Situation, um den Verdacht verifizieren und anschließend nach einer Reflexion und Rekonstruktion der Vorkommnisse die passende Vorgehensweise ermitteln zu können. Zur Analyse der Situation dienen dabei allgemeine Orientierungsfragen, wie etwa

„- Wer sind die Mobbing-Kontrahenten?
- Wann ist der Konflikt entstanden?
- Was war der mögliche Konfliktauslöser?
- Welche Mobbing-Handlungen treten auf?
- In welchem Stadium befindet sich der Konflikt?
- Welche Macht haben die Mobber?
- Wie hoch ist deren Gesprächs- und Klärungsbereitschaft?
- Wie sind die Sympathien verteilt?
- Was wurde bisher unternommen?“[2213]

In diesem Zusammenhang wird dem Vorgesetzten auch angeraten, ein Beobachtungstagebuch zu führen, in dem er seine Indikatoren für Mobbingaktivitäten notiert, was ihm sowohl bei eventuell erforderlichen Gesprächen mit den Beteiligten als auch bei der Beweissicherung behilflich ist, sofern sich der Mobbingverdacht bestätigen sollte.[2214]

Um den Sachverhalt konkreter zu bewerten, kann sich der Vorgesetzte darüber hinaus der „sechs Felder der Mobbing-Analyse“[2215] bedienen, welche ihn sowohl in dem Erkennen (Phase A) als auch der Entwicklung von Gegenmaßnahmen (Phase B) unterstützt:

Phase A beinhaltet die Felder eins bis drei und Phase B die Felder vier bis sechs. In Feld eins sollte sich zunächst ein klares Bild darüber gemacht werden, ob Mobbing vorliegt oder nicht. Dabei ist der Vorgesetzte auf eine Vielzahl von Informationen angewiesen, die sich aus eigenen Beobachtungen sowie Berichten von Außenstehenden und Erfahrungen des Betroffenen ergeben. Entscheidend ist bei der Informationssammlung, kritisch und klar zwischen Fakten und Meinungen zu differenzieren.[2216]

2211 *Schild/Heeren*, S. 167.
2212 *Heidenreich*, S. 91.
2213 *Schild/Heeren*, S. 167 f. m. w. N.
2214 *Heidenreich*, S. 93.
2215 Vgl. *Grünwald/Hille*, S. 84 ff.
2216 *Grünwald/Hille*, S. 84.

In Feld zwei geht es darum, dass der Vorgesetzte ein Täterprofil anfertigt, indem er sich in den Mobbingtäter hineinversetzt. Hier stellt sich also die Frage nach den Ursachen für das Verhalten des Mobbenden, nach seinen Motiven und Beweggründen, die ihn antreiben.[2217] Im Anschluss an die Erstellung eines solchen Täterprofils geht es in Feld drei darum zu überlegen, welchen Nutzen der Mobbingtäter von einer Verhaltensänderung haben wird. Der Vorgesetzte sollte antizipativ, also ohne direktes Ansprechen des Mobbenden, herausfinden, was letzteren dazu bewegen könnte, seine Mobbingaktivitäten dauerhaft zu unterlassen.[2218]

Im Anschluss daran beginnt **Phase B**, in der Überlegungen dazu angestellt werden, wie sich nun zu verhalten ist: In Feld vier geht es darum, Lösungsansätze zu entwickeln, wobei strategische Überlegungen hilfreich sind, wie etwa

> „Über welche Stärken verfügt der Gemobbte?
>
> Welche Schwächen lassen sich beim Mobber feststellen?
>
> Welche Lösungsansätze sind sinnvoll und realisierbar, welche bedeuten nur Verschwendung von Zeit und Energie?
>
> Wie hoch ist die Wahrscheinlichkeit, dass der Gemobbte selbst die Lösung herbeiführen kann?
>
> Ist eine allgemeine Lösung des Mobbing in absehbarer Zeit zu erwarten (z. B. wird der Mobber befördert, pensioniert oder betriebsbedingt gekündigt werden)?
>
> Was spricht dafür bzw. dagegen, dass Sie als Personalverantwortlicher aktiv in den Prozess eingreifen? Sollten Sie lieber im Hintergrund agieren oder externe Mobbingberater einschalten?
>
> Taucht Mobbing erstmals oder bereits wiederholt im Unternehmen auf?
>
> Mit welcher Unterstützung seitens der Geschäftsführung ist zu rechnen?
>
> Können grundsätzliche Weichen im Unternehmen gestellt werden, um Mobbing einzuschränken?“[2219]

In Feld fünf sollte der Vorgesetzte über Handlungsmöglichkeiten des Mobbingopfers nachdenken, um dieses darin zu unterstützen, selbst Lösungsansätze zu entwickeln und Versuche zu unternehmen, sich aus der Situation zu befreien. Dadurch will man dem Betroffenen wieder zu mehr Selbstbewusstsein verhelfen und ihm gleichzeitig Vorschläge für ein mögliches Vorgehen vermitteln.[2220] Feld sechs betrifft schließlich das Ausloten der Handlungsmöglichkeiten des Unternehmens, also beispielsweise Fragen nach dem Vorhandensein einer Mobbing-Sprechstunde bzw. eines Mobbingberaters, nach der Existenz einer diesbezüglichen Betriebsvereinbarung und verneinendenfalls, ob derartiges in das Leben gerufen werden kann. Weiterhin stellt sich hier die Frage nach dem Umgang mit Konflikten und einer Streitkultur im Unternehmen, nach der Möglichkeit, einen Mediator einzusetzen, nach der Existenz einer Vertrau-

2217 *Grünwald/Hille*, S. 84 f.
2218 *Grünwald/Hille*, S. 85.
2219 *Grünwald/Hille*, S. 86.
2220 *Grünwald/Hille*, S. 86 f.

ensperson im Unternehmen, nach dem Kontakt zu externen Beratungsstellen, nach der Einleitung rechtlicher Schritte und diesbezüglichen Erfahrungswerten, nach der Trennung der Kontrahenten durch die Zuteilung unterschiedlicher Aufgabenbereiche sowie nach der Unterstützung seitens der Geschäftsführung, um dem Thema aktiv zu begegnen.[2221]

Die Führungskraft selbst sollte darauf achten,

- Abstand zum Sachverhalt zu halten,
- gegenüber dem Mobbingopfer vertrauenswürdig aufzutreten,
- aktiv zuzuhören,
- sich in die Situation des Betroffenen hineinzuversetzen, ohne mitzuleiden,
- keine vorschnellen Lösungsvorschläge zu machen,
- sachlich über Mobbing und Beratungsstellen zu informieren,
- Denkanstöße zu liefern und keine vorgefertigten Schubladenlösungen zu präsentieren,
- Handlungsalternativen zu nennen,
- nach Problemlösungen für die Zukunft zu suchen, anstatt nach der Schuld zu fragen,
- bei der Mobbinganalyse vorsichtig vorzugehen,
- die Durchführung der Konfliktlösung gründlich vorzubereiten,
- Kriterien aufzuweisen, welche Aufschluss über das genaue Ende des Mobbings geben, sowie
- Konsequenzen zu berücksichtigen, wenn das Mobbing trotz sämtlicher Maßnahmen (z. B. Kündigung oder Versetzung von einem oder mehreren Involvierten) nicht aufhört.[2222]

Maßgeblich ist grundsätzlich, dass sich der Vorgesetzte zuerst ein umfangreiches Bild von dem Geschehen macht, bevor er entscheidet, welches Vorgehen und welche konkreten Schritte für den jeweiligen Fall angezeigt sind.[2223]

Eine ähnliche, auch noch etwas ausführlichere Bewertung der Situation stellen die von *Esser/Wolmerath* bevorzugten „3 x 3 Schritte der Mobbinganalyse“ (jeweils drei Schritte auf den drei Ebenen „Ein klares Bild des Mobbing gewinnen“, „Die Beweggründe für das Mobbing herausfinden“, „Das betriebliche Kräftesystem ausloten“)[2224] dar, die allerdings das Eingreifen externer Akteure beinhalten:

Im ersten Analyseschritt wird die Sachlage ermittelt, indem möglichst viele Informationen detailliert zusammengestellt werden, was sich in den letzten Monaten (oder möglicherweise Jahren) ereignet hat und was die Vermutung zulässt, dass es sich

2221 *Grünwald/Hille*, S. 87 f.
2222 *Grünwald/Hille*, S. 88 f.
2223 *Grünwald/Hille*, S. 89.
2224 *Esser/Wolmerath*, S. 217, Abb. 26.

um Mobbing handelt.[2225] Dies kann geschehen mittels Tiefeninterviews mit dem Betroffenen, wobei dessen Sach- und Emotionsstand eruiert werden, mittels einer von ihm angefertigten Dokumentation (gegebenenfalls in Form eines Mobbingtagebuchs oder alternativ in Form von Aufzeichnungen im Verlauf des Beratungsgesprächs), mittels der Erstellung eines Organigramms des Mobbings, also welche Personen in welcher arbeitsmäßigen, organisatorischen und kommunikativen Verbindung mit dem Mobbingopfer stehen, mittels eines Mobbingkalenders, welcher die bereits gewonnenen Informationen strukturiert und so leichter überschaubar macht, sowie mittels sonstiger Informationsquellen, wie etwa eigene Beobachtungen des Ratgebers, Aussagen aus dem Arbeitsbereich (z. B. von Kollegen, Führungskräften), Berichte von Außenstehenden (z. B. vom Betriebsarzt, Therapeut, Seelsorger, von der Beratungsstelle), sachliche Beweise und Indizien (z. B. E-Mails, abwertende Beurteilungen, schikanöse Weisungen) oder durch eine Befragung derjenigen, die das Mobbing ausüben sollen.[2226] Allerdings ist bei der Informationssammlung darauf zu achten, auf eine frühzeitige Befragung des Mobbenden zu verzichten, weil das Mobbingopfer dadurch unvorbereitet in eine Zuspitzung der Auseinandersetzung geraten kann.[2227]

Im zweiten Analyseschritt erfolgt eine Einschätzung des Problems, also eine erste inhaltliche Bewertung der gesammelten Informationen, ob es sich tatsächlich um Mobbing handelt.[2228]

Im dritten Analyseschritt soll das Ziel bestimmt werden: Dem Mobbenden gegenüber ist klar zu kommunizieren, welches Verhalten zukünftig erwartet wird und welche negativen Verhaltensweisen zu unterlassen sind. Diese Forderungen müssen so formuliert sein, dass insbesondere unbeteiligte Dritte es als normal empfinden, so arbeiten zu wollen.[2229]

Mögliche Zielrichtungen bei Mobbing sind nach *Esser/Wolmerath*:

> „**Verwandlung in einen sachlich lösbaren Konflikt**, z. B. durch
> - Erzwingen eines offiziellen Schlichtungsverfahrens
> - Umwandlung des personenbezogenen Mobbing in einen Sachkonflikt
> - Festlegung auf soziale und berufliche Standards im gegenseitigen Umgang
>
> **Wirkungsvolle persönliche Gegenwehr**, z. B. durch
> - Veränderung des Kräfteverhältnisses
> - ‚Immunisierung' des Betroffenen gegen die Angriffe
> - Den Mobber mit seinen eigenen Mitteln schlagen, seine ‚Leichen im Keller' finden
>
> **Erfolgreiche Unterdrückung weiterer Mobbingangriffe**, z. B. durch
> - einhellige Missbilligung von Mobbing, offene Solidarisierung mit dem Betroffenen
> - betriebliche Öffentlichkeitsarbeit (z. B. Bloßstellen der Mobbingangriffe)
> - Abmahnung des Mobbers durch den Arbeitgeber

2225 *Esser/Wolmerath*, S. 217.
2226 *Esser/Wolmerath*, S. 218 ff.
2227 *Esser/Wolmerath*, S. 224.
2228 *Esser/Wolmerath*, S. 225 ff. mit einer ausführlichen Darstellung, wie Mobbing klassifiziert werden kann.
2229 *Esser/Wolmerath*, S. 228 f.

Wiederherstellung des guten Rufs, z. B. durch
- eine Ehrenerklärung des Arbeitgebers
- Wiedereinsetzung in alte Rechte

Wiedergutmachung erlittener beruflicher Nachteile, z. B. durch
- Einsatz in dem bisherigen Bereich
- Ausgleich von finanziellen Nachteilen
- Angebot einer beruflichen Qualifizierung

Geordneter eigener Rückzug (bei einer großen Verletzungsmacht des Mobbers), z. B. durch
- eigene Versetzung in einen unproblematischen Arbeitsbereich
- Ausspruch einer Kündigung
- Auflösung des Arbeitsvertrags

Trennung der Konfliktparteien, z. B. durch
- Veränderung der Arbeitsorganisation oder der Anwesenheitszeiten
- Versetzung der Konfliktparteien

Sanktionierung des Mobbers, z. B. durch
- eine Abmahnung oder Versetzung des Mobbers
- soziale Verurteilung des Mobbers im Betrieb bzw. in der Dienststelle."[2230]

Im vierten Analyseschritt sollte durch ein Hineinversetzen in den Mobbingtäter versucht werden, dessen Motive für sein Handeln zu ergründen. Relevant ist dies vor allem, um den Betroffenen von Selbstvorwürfen zu befreien und um Aufschluss über eventuelle Schwachstellen, Ängste und Sorgen, Inkompetenzen, Überforderungen, Zwängen sowie Hoffnungen und Absichten des Mobbingtäters zu gewinnen. Dabei bedeutet ein Einfühlen in den Handelnden jedoch nicht, dass sein Verhalten in irgendeiner Weise akzeptiert wird.[2231]

Im fünften Analyseschritt erfolgt eine Aufstellung der Kosten-/Nutzen-Rechnung des Mobbings. An dieser Stelle werden Vorteile (z. B. keine Beschwerden mehr, keine Sanktionen) und Nachteile (z. B. Gesichtsverlust, Machteinschränkung, verminderter Respekt ihm gegenüber, Scheitern persönlicher Pläne, Befürchtung beruflicher Nachteile) für die Beendigung von Mobbing aus Sicht des Mobbenden zusammengestellt. Letztere werden dabei typischerweise überwiegen, was sowohl für die Menge an Vor- und Nachteilen als auch für die Wichtigkeit der einzelnen Punkte gilt, so dass es für den Mobbenden zunächst kaum einen Grund geben dürfte, freiwillig aufzuhören.[2232]

Eine Lösung aus diesem Dilemma bietet der sechste Analyseschritt: Hier sollte dem Mobbenden eine goldene Brücke gebaut werden, indem überlegt wird, welche weiteren Vorteile ihm angeboten werden können, damit er mit dem Mobbing aufhört und sich auf eine einvernehmliche nachhaltige Einigung einlässt. Denkbar bleibt zum Beispiel, dass ihm eine Übereinkunft als Charakterstärke angerechnet wird, der neue Mitarbeiter besser eingearbeitet wird, um den Mobbenden in dieser Hinsicht zu entlasten, oder die Sachmittelausstattung verbessert wird. In dieser Phase geht es

2230 *Esser/Wolmerath*, S. 229.
2231 *Esser/Wolmerath*, S. 230 ff.
2232 *Esser/Wolmerath*, S. 232 ff.

jedoch nicht um ein Verhandeln mit dem Mobbingtäter, sondern lediglich um das Zurechtlegen besserer Argumente für ein später mit ihm stattfindendes Gespräch.[2233]

Der siebte Analyseschritt behandelt die Ohnmacht und Stärken des Betroffenen. Das bedeutet, dass Mobbingopfer zum einen darin unterstützt werden sollten, sich ihre Schwächen zu vergegenwärtigen und diese dem Zugriff des Mobbenden zu entziehen. Denn das Ausnutzen dieser Schwachpunkte stellt das einzige machtvolle Instrument dar, mit dem der Mobbende seinen Einfluss auf die psychische Verfassung seines Opfers geltend machen kann. Zum anderen ist ein Stärkenprofil des Betroffenen zu erstellen (z. B. Charakter, Intelligenz, Fachwissen, Witz, Erfahrung, Ehrgeiz, Neugier, soziale Kompetenzen, Können etc.), welches ihm hilft, sich dem Mobbing entgegenzustellen, beispielsweise durch einen kreativen Umgang mit seinen Schwachstellen oder durch die Entwicklung von Ideen, um den Mobbingangriffen des anderen zuvorzukommen.[2234]

Im achten Analyseschritt wird ein Blick auf die Macht und die Schwachstellen des Mobbingtäters geworfen. Als mögliche Wurzeln der Macht des Mobbenden können etwa ökonomische und juristische Gründe genannt werden (z. B. finanzielle Abhängigkeit, Weisungsrecht), soziale Ursachen (z. B. ältere Rechte, Verankerung in gesellschaftlichen Strukturen, Herdentrieb), fachliche Gründe (z. B. Erfahrung, Kompetenz, Wissensvorsprung) und/oder psychologische Auslöser (z. B. Informationsprivilegien, persönliche Sicherheit, Autorität, Konfliktbereitschaft, Gewaltbereitschaft).[2235] Dennoch hat jeder Mobbende – selbst wenn es sich um den Vorgesetzten handeln sollte – Schwachstellen (beispielsweise Pflichtwidrigkeiten, mangelhafte Arbeitsleistung etc.), die es aufzudecken gilt und durch die gegebenenfalls ein gewisser Druck erzeugt werden kann. Dies darf jedoch keinesfalls zu einer unrechtmäßigen Erpressung führen. Meist ist bereits eine offizielle Bekanntmachung dieser Schwachstellen oder der Hinweis auf legitime Konsequenzen ausreichend.[2236]

Im neunten Analyseschritt werden schließlich interne und externe Ressourcen betrachtet. Hier geht es um eine Bestandsaufnahme vorhandener Mittel und einen Ausblick auf unterstützende Faktoren, die erst noch aktiviert werden müssen. Mit innerbetrieblichen Ressourcen sind insbesondere dem Mobbingopfer wohlgesonnene Personen gemeint, also Kollegen und Führungskräfte, die sich dem Betroffenen gegenüber weiterhin fair verhalten oder sogar Zivilcourage zeigen. Bei den außerbetrieblichen Ressourcen handelt es sich zum einen um Personen, die zuhören, wie Freunde, Verwandte und zum anderen um Faktoren wie Geselligkeit, Freizeitaktivitäten, Sport und Entspannung, gute Ernährung, medizinische Begleitung usw.[2237]

Unabhängig von der Entscheidung für die konkrete Art der Situationsanalyse ist jedenfalls ein systematisches sowie gründliches Vorgehen erforderlich, das auf den

2233 *Esser/Wolmerath*, S. 234 f.
2234 *Esser/Wolmerath*, S. 236 ff.
2235 *Esser/Wolmerath*, S. 240.
2236 *Esser/Wolmerath*, S. 241.
2237 *Esser/Wolmerath*, S. 241 f.

jeweiligen Mobbingfall abgestimmt und gebenenfalls entsprechend angepasst werden muss.

(2) Rolle des Konfliktmanagers

Konfliktmanagement wird für Führungskräfte zunehmend wichtiger, da die Notwendigkeit von Kooperation sowie das Selbstbewusstsein von Mitarbeitern größer werden. Mit der Übernahme der Rolle des Konfliktmanagers muss die Führungskraft die Konflikte jedoch nicht selbst lösen, sondern vielmehr obliegt es ihr, den Problemlöseprozess zu initiieren und zu steuern. Dabei soll der richtige Umgang mit dem Konflikt durch die Führungskraft psychische Spannungen, Stress sowie Widersprüche zwischen den Beteiligten vermindern und zu neuen Ansätzen bezüglich eines Interessenausgleichs verhelfen.[2238] Mit ihrem Eingreifen muss die Führungskraft vor allem bei der Thematisierung des bisherigen Mobbing- bzw. Konfliktverlaufs und der Schaffung einer neuen Basis für den Umgang miteinander besondere Dringlichkeit an den Tag legen.[2239]

Bezüglich des Konfliktmanagements von Vorgesetzten sei zudem auf den betreffenden Abschnitt im Rahmen der Präventionsmaßnahmen verwiesen,[2240] da ein sich entwickelnder Konflikt bestenfalls frühzeitig beigelegt wird, bevor er gegebenenfalls zu Mobbing ausartet. Dennoch gelten diese Regeln weiterhin und sollten - sofern möglich - auf alle Fälle, unabhängig von dem Stadium, in dem sich der Konflikt befindet, zur Anwendung gebracht werden.

(a) Gespräche

Eine auf die Auflösung des Konflikts abzielende Handlungsmöglichkeit, welche insbesondere in einem frühen Stadium des Mobbingverlaufs gute Erfolgschancen verspricht, ist das Führen von (Vermittlungs-)Gesprächen, in denen die Beteiligten jeweils ihre Sichtweise auf die Situation darlegen und gewünschte Verhaltensänderungen kommunizieren können.[2241]

Sinnvoll erscheint es dafür, zunächst Einzelgespräche mit dem Mobbingopfer und dem (bzw. den) Mobbingtäter(n) zu führen. Vor allem bei dem Gespräch mit dem Betroffenen ist viel Einfühlungsvermögen erforderlich, da dieser selbst bei einem guten Verhältnis zum Vorgesetzten häufig dazu neigt, die Schwierigkeiten zu relativieren und gegebenenfalls auch die Kollegen in Schutz zu nehmen, um nicht als „Petze“ dazustehen oder sich weiteren Angriffen auszusetzen.[2242] Daher sollte der Vorgesetzte auch zwischen den Zeilen lesen und darauf achten, ob der Mitarbeiter etwa über die Vorfälle, auf die er angesprochen wurde, scherzt oder versucht, diese zu bagatellisieren, ob es an schlüssigen Begründungen, etwa für seine Verhaltensänderungen,

---

2238 *Brinkmann*, S. 99.

2239 *Brinkmann*, S. 100.

2240 Teil 3, Kapitel 2, II. 3. c) bb. (1) dieser Arbeit.

2241 *Resch*, S. 179 f.; *Schild/Heeren*, S. 168 m. w. N.; vgl. auch *Heidenreich*, S. 93 ff.

2242 *Heidenreich*, S. 94.

mangelt, ob er oft die „ja, aber…“-Taktik verwendet und/oder ob er sich auffallend reserviert über die in Verdacht stehenden Mitarbeiter äußert.[2243]

Sofern der Vorgesetzte sicher ist, dass tatsächlich Mobbing betrieben wird, muss er unnachgiebig bleiben, sein Interesse an den Vorfällen erläutern und sich unter Umständen nach einer nicht zu langen Bedenkzeit zu einem Folgegespräch bereit erklären. Weiterhin sollte er seine Beobachtungen und die von ihm daraus gezogenen Schlussfolgerungen schildern sowie unbedingt darlegen, welche Auswirkungen Mobbing für das Unternehmen und für alle, auch die unbeteiligten, Beschäftigten entfaltet.[2244] Gleichzeitig muss der Vorgesetzte verdeutlichen, dass Mobbing von der Unternehmensleitung nicht toleriert wird. Auf alle Fälle ist stets zumindest der Versuch zu unternehmen, die Ursachen für das Verhalten zu beleuchten und eine gemeinsame Aussprache mit allen Parteien anzubieten.[2245]

Bei bestätigtem Mobbingverdacht sollte der Vorgesetzte in einem weiteren Schritt das Gespräch mit dem (bzw. den) Mobbingtäter(n) suchen, wobei zur Vermeidung der Solidarisierung mehrerer Täter auch das Einzelgespräch zu favorisieren ist. Das meint nicht zwangsläufig ein Vieraugengespräch, da es unter Umständen zweckmäßig sein kann, z. B. einen Mitarbeiter der Personalabteilung, ein Betriebsratsmitglied oder den nächsthöheren Vorgesetzten hinzuzuziehen. In diesem Gespräch ist die Analyse der Ursachen von besonderer Bedeutung, da die Konsequenzen andere sein müssen, wenn die Gründe für das Verhalten im betrieblichen Umfeld (also etwa wegen geplanter Entlassungen oder Umstrukturierungen) liegen, als wenn persönliche Motive ausschlaggebend waren.[2246]

Im Allgemeinen sollten dabei jeweils die Grundregeln für ein erfolgreiches Gespräch zwischen Vorgesetztem und Mitarbeiter eingehalten werden, wie etwa

- die rechtzeitige Einladung zu dem Gespräch und die Information über den Gesprächsinhalt,
- pünktliches Erscheinen zum Gesprächstermin,
- das Verhindern von Störungen,
- eine freundliche und motivierende Gesprächseinleitung,
- die absolute Konzentration auf den Gesprächspartner,
- die Formulierung konkreter Aussagen oder konkreter Fragen,
- dem Gesprächspartner die Möglichkeit zu geben, ausreichend zu Wort zu kommen,
- das Ausredenlassen des Gesprächspartners,
- aktives Zuhören,
- das Hinterfragen von Aussagen,

2243 *Heidenreich*, S. 94.
2244 Dazu u. zum Voranstehenden *Heidenreich*, S. 94 f.
2245 Dazu u. zum Voranstehenden *Heidenreich*, S. 95
2246 *Heidenreich*, S. 95.

- die Zusammenfassung von Aussagen bzw. Ergebnissen sowie
- ein ordentlicher Gesprächsabschluss.[2247]

Neben den Einzelgesprächen gibt es für den Vorgesetzten noch die Möglichkeit, Gesprächsrunden abzuhalten. Diese bieten sich insbesondere - aber nicht nur - dann an, wenn das Handeln des Täters nicht so schwerwiegend war, dass eine sofortige Entlassung geboten ist, aber dennoch - was regelmäßig der Fall ist - das Konfliktpotential nach Möglichkeit dauerhaft entschärft werden muss. Dabei gilt es, sämtliche Beschäftigte der Abteilung oder des Teams einzubeziehen, wenn die Ursachen für das Mobbing auf betrieblicher Ebene zu finden sind, da dann mit allen mittelbar oder unmittelbar Beteiligten eine künftige reibungslose Zusammenarbeit ohne Mobbinggefahr angestrebt werden muss.[2248] Liegen die Gründe dagegen eher im persönlichen Bereich, ist zu klären, ob diese durch gemeinsame Gespräche dauerhaft ausgeräumt werden können. Wenn dies offensichtlich nicht möglich ist, sollte wenigstens eine räumliche und arbeitsmäßige Trennung der Kontrahenten erfolgen und der Vorgesetzte muss dem Täter mit Nachdruck verdeutlichen, dass sein Agieren keinesfalls geduldet wird und eine Wiederholung einschneidende Konsequenzen nach sich ziehen würde.[2249] Bestenfalls finden derartige Gesprächsrunden regelmäßig statt, z. B. im Rahmen einer wöchentlichen Teambesprechung, wobei die Relevanz dieses offenen Austausches den Mitarbeitern in einem eigenen Tagesordnungspunkt verdeutlicht werden muss.[2250]

Auch in diesem Zusammenhang gilt es gewisse Richtlinien einzuhalten, wie insbesondere

- ein pünktlicher Beginn der Gesprächsrunde,
- dasselbe Recht für jeden, seine Meinung zu äußern,
- keine Wortunterbrechungen,
- eine auf eine bestimmte Zeitspanne festgelegte Redezeit je Beitrag,
- eine sachliche Kritikäußerung, das heißt nur der Inhalt der Beiträge und nicht die Personen sollten kritisiert werden sowie
- die sofortige Klärung von Störungen innerhalb der Gruppe.[2251]

Darüber hinaus hängt der erfolgreiche Verlauf solcher Gesprächsrunden maßgeblich davon ab, dass den Kontrahenten keine Lösung aufgedrängt wird, sondern sie aktiv an der Lösungsfindung beteiligt sind, da ansonsten die Konflikte in absehbarer Zeit erneut auszubrechen drohen.[2252] Daher sollte der Vorgesetzte im Gespräch unbedingt den tatsächlichen Auslöser der Kontroverse ermitteln und anschließend die Lösungsmöglichkeiten von den Konfliktparteien selbst entwickeln und auch bewerten lassen.

2247 *Heidenreich*, S. 96 f.
2248 *Heidenreich*, S. 97 f.
2249 *Heidenreich*, S. 98.
2250 *Heidenreich*, S. 98.
2251 *Heidenreich*, S. 99 f.
2252 *Heidenreich*, S. 100.

Anschließend ist gemeinsam der beste Vorschlag zu eruieren und daraufhin die gefundene Lösung von beiden Parteien umzusetzen. Zeitgleich mit dem Aufstellen des Lösungsplans müssen außerdem unbedingt auch Folgegespräche festgelegt werden, um Fortschritte beobachten oder bei Bedarf nachbessern zu können.[2253]

(b) Grenzen setzen

Unabhängig von der in den Gesprächen auszufüllenden Vermittlerrolle muss der Vorgesetzte auch klare Grenzen setzen und die notwendige Entschlossenheit demonstrieren, dem Mobbing entgegenzutreten. Dies kann geschehen, indem er immer wieder verdeutlicht, dass er Mobbingaktivitäten in seinem Verantwortungsbereich nicht toleriert und ernsthafte, gegebenenfalls arbeitsrechtliche, Konsequenzen bzw. Sanktionen für ein Zuwiderhandeln androht.[2254]

(c) Einschaltung der Interessenvertreter

Generell sollten die Führungskräfte sowohl bei akuten Mobbingfällen als auch bereits im Rahmen der Mobbingprävention mit den Interessenvertretern (Betriebs- bzw. Personalrat) kooperieren. Deren Anhörung ist ohnehin erforderlich, wenn dem Mobbingtäter die Kündigung ausgesprochen werden soll.[2255] Unabhängig davon kann der Vorgesetzte in geeigneten Fällen auch die Vermittlung zwischen den Beteiligten durch ein Betriebsratsmitglied initiieren. Dabei sollte die Einschaltung als Vermittler jedoch nur im ausdrücklichen Einvernehmen mit den Beteiligten erfolgen.[2256]

Darüber hinaus ist es ratsam, bereits frühzeitig eine Betriebsvereinbarung zum Thema Mobbing abzuschließen, um eine gerechte und gleichartige Handhabung von Mobbingfällen zu gewährleisten. Dann muss der Betriebsrat aber auch aktiv an der Umsetzung einer solchen Betriebsvereinbarung beteiligt werden, z. B. durch Stellung von Mobbingbeauftragten, Mobbing-Sprechstunden etc.[2257]

(d) Externe Unterstützung

Sofern der Vorgesetzte sich nicht sicher ist, ob er tatsächlich unbefangen sein kann, ob er für alle Involvierten die gleichen Sympathien hegt, ob ihm keine eigenen Versäumnisse vorgehalten werden können oder wenn er für solche Problemgespräche schlicht nicht ausgebildet ist bzw. sich dazu nicht in der Lage fühlt, sollte er sich unbedingt externer Unterstützung durch sachkundige, aber nicht (persönlich) betroffene Experten bedienen.[2258]

2253 Dazu u. zum Voranstehenden *Heidenreich*, S. 100 f.
2254 *Resch*, S. 180.
2255 *Heidenreich*, S. 103.
2256 *Heidenreich*, S. 103.
2257 *Heidenreich*, S. 104.
2258 *Heidenreich*, S. 102.

Extern bedeutet dabei nicht zwingend betriebsfremd, so dass z. B. ein Mitarbeiter der Personalabteilung bei entsprechender Eignung diese Rolle übernehmen könnte. Allerdings ist in einer sehr konfliktbeladenen Situation, wie es ein Mobbingfall ist, ein außerbetrieblicher Fachmann vorzuziehen. Ein solcher kann vor allem auch bei Konflikten mit Vorgesetzten in Einzelgesprächen mit allen Beteiligten die tatsächlichen Gründe unbeeinflusst ausfindig machen. Dabei dürfen lediglich das Ergebnis der Recherche und das daraus zu ziehende Fazit an die Führungskraft oder generell an das Unternehmen übermittelt werden, keinesfalls jedoch Einzelheiten der Gesprächsinhalte, diese sind vertraulich zu behandeln.[2259] Für einen außenstehenden, nicht mit dem Unternehmen verbundenen Experten ist es in der Regel auch einfacher, das für ein offenes Gespräch notwendige Vertrauen der einzelnen Mitarbeiter zu gewinnen. Außerdem haben nicht selten Vorschläge externer Berater beim Management größere Chancen auf Akzeptanz und Umsetzung.[2260]

Im Vergleich zu den Führungskräften selbst stellen gerade in fortgeschrittenen Mobbingverläufen solche externen, für diese Aufgabe speziell qualifizierten und darin erfahrenen Vermittler oftmals die bessere Wahl dar, um eine Lösung für die verfahrene Situation zu finden. Als optimale Bedingungen gelten dafür, dass

- sich die Beteiligten auf Augenhöhe begegnen,
- sich beide Parteien auf den Vermittler einigen können,
- die Stellung des Vermittlers insofern berücksichtigt wird, als dieser aufgrund seiner betrieblichen Position nicht einer Konfliktpartei gegenüber befangen oder auf diese angewiesen sein darf,
- das Schlichtungsverfahren dem Arbeitsrecht entspricht und
- die Beteiligten über mögliche Sanktionen informiert sind, die verhängt werden können, wenn es an Kompromissbereitschaft fehlen sollte.[2261]

(e) Arbeitsrechtliche Maßnahmen

Unabhängig vom Ausgang eines Mobbingprozesses – also auch sofern es zu einer einvernehmlichen Einigung der Beteiligten kommt – muss dem Mobbingtäter gegenüber unbedingt verdeutlicht werden, dass Mobbing keine Bagatelle ist, die sanktionslos begangen werden kann. Dabei hängt die Art der Reaktion gegenüber dem Mobbenden von verschiedenen Faktoren ab, vornehmlich vom Ausmaß der Mobbingaktivitäten und den Gründen für ein derartiges Handeln.[2262] Ebenso muss die Einsichtsfähigkeit des Täters berücksichtigt werden und ob er sich entschuldigt und plausibel vermittelt hat, dass sich solche Handlungen nicht mehr wiederholen werden. Der Vorgesetzte darf keinesfalls eine nachhaltige Störung des Betriebsfriedens dulden, weshalb allen Beschäftigten gegenüber aufzuzeigen ist, dass jegliche Mobbingaktivität stets sanktio-

---

2259 Dazu u. zum Voranstehenden *Heidenreich*, S. 102 f.
2260 Dazu u. zum Voranstehenden *Heidenreich*, S. 103.
2261 *Resch*, S. 180 f. m. w. N.
2262 *Heidenreich*, S. 104.

niert werden wird.[2263] Was das richtige Mittel der Wahl ist, muss letztlich einzelfallbezogen unter Einbeziehung sämtlicher Umstände des konkreten Sachverhalts entschieden werden. In Betracht kommen beispielsweise eine Ermahnung, eine Abmahnung, eine Versetzung, ein Aufhebungsvertrag oder eine Kündigung.[2264] Eine Darstellung der jeweiligen arbeitsrechtlichen Besonderheiten unterbleibt an dieser Stelle, da eine solche zu weit führen würde und nicht Gegenstand dieser Arbeit ist.

(f) Nacharbeit

Schließlich gilt es, die aufgrund der Vorkommnisse möglicherweise tiefsitzenden Ängste und Verunsicherungen bei den anderen Mitarbeitern zu bekämpfen. Daher sollte das Geschehen offen diskutiert und die getroffenen Maßnahmen erläutert werden, um eine Legendenbildung zu verhindern.[2265] Sofern der bisherige Vorgesetzte der Mobbingtäter war, müssen die Beschäftigten dabei unterstützt werden, wieder Vertrauen in die Führung zu fassen. Wenn die unbeteiligten Mitarbeiter bereits Traumatisierungen erlitten haben, ist es möglicherweise ratsam, einen Psychologen für Gruppengespräche hinzuzuziehen.[2266] Gegebenenfalls kann auch eine Neustrukturierung des betroffenen Arbeitsbereiches mit einem neuen Konzept, anderen Führungskräften, einer modifizierten Zusammensetzung der Mitarbeiter und eventuell einer veränderten Aufgabenverteilung sinnvoll sein. Allerdings sind die offene Kommunikation und umfassende Information über die Vorhaben eine unerlässliche Bedingung, um nicht neue Verunsicherungen bei den Mitarbeitern hervorzurufen.[2267]

bb. Arbeitgeber

Im Vergleich zu den Führungskräften, die das Mobbinggeschehen aus unmittelbarer Nähe erfahren, sind die Interventionsmöglichkeiten des Arbeitgebers bzw. des Unternehmens vornehmlich organisatorischer Natur.

(1) Frühwarnsystem

Ein frühes Eingreifen in die Situation erfordert auch ein rechtzeitiges Entdecken der Konflikte. Dies gestaltet sich aufgrund unbemerkter Spannungen, die meist nicht direkt zu erkennen sind – wie gerade bei Mobbing –, häufig schwierig. Dennoch gibt es auch dann immer wieder Indizien, die wahrgenommen werden müssen, um eine größere Konflikteskalation zu verhindern.[2268] Erleichtert wird dies durch die Einrichtung eines Warnsystems zur laufenden Erforschung und Identifikation von verdecktem Konfliktpotential. Dabei handelt es sich letztlich um ein Informationssystem, das zukünftige Risiken anzeigt und dadurch ein frühzeitiges Reagieren ermöglicht. Ein sol-

2263 Dazu u. zum Voranstehenden *Heidenreich*, S. 104.
2264 Vgl. *Heidenreich*, S. 104 ff. mit einer ausführlichen Darstellung dieser Maßnahmen.
2265 *Heidenreich*, S. 109.
2266 Dazu u. zum Voranstehenden *Heidenreich*, S. 109.
2267 Dazu u. zum Voranstehenden *Heidenreich*, S. 109.
2268 *Prosch*, S. 128 m. w. N.

ches Informationssystem kann in verschiedenster Weise institutionalisiert werden.[2269] Zur Informationsgewinnung bieten sich insbesondere die bereits im Rahmen der Präventionsmöglichkeiten genannten Maßnahmen, wie die Einrichtung einer Vertrauensstelle für Konfliktbetroffene oder ein Beschwerdesystem an.[2270] Darüber hinaus eignen sich dafür aber etwa auch Institutionen, wie ein betriebliches Vorschlagwesen, das die Beschäftigten dazu animieren soll, sich aktiv mit den Schwierigkeiten in ihrem Tätigkeitsbereich zu befassen und zur Optimierung der Arbeitssituation Vorschläge zu unterbreiten, und/oder periodische Betriebsklimauntersuchungen, die die persönliche Einstellung zur Arbeit, zu den Kollegen und Führungskräften erfassen sowie die allgemeine Arbeitszufriedenheit ermitteln soll.[2271] Auf der Grundlage der auf diese Weise gewonnenen Informationen wird dem Unternehmen also eine frühzeitige Interventionsmöglichkeit geboten. Welche konkreten Maßnahmen daraufhin getroffen werden können, soll im Folgenden einer näheren Betrachtung unterzogen werden.

(2) Situationsanalyse und Ursachenklärung

Bezüglich der Situationsanalyse kann nach oben zu den Handlungsmöglichkeiten der Führungskräfte verwiesen werden,[2272] da diese in der Regel auch von den Vorgesetzten durchgeführt wird. Für den Ausnahmefall, dass der Vorgesetzte der Mobbingtäter ist, wird diese Aufgabe auf die nächsthöhere Führungsebene übertragen.

Von großer Relevanz ist in jedem Fall, dass zum einen durch die Analyse eine Klärung der Ursachen für die Mobbingaktivitäten vorgenommen und zum anderen die Unternehmensleitung umfänglich von dem Ergebnis informiert wird, um geeignete Gegenmaßnahmen veranlassen zu können.

Sofern die Führungskräfte aufgrund ihrer Nähe zum Mobbinggeschehen neben den Betroffenen „betriebsblind“ geworden sein sollten, kann versucht werden, die Gründe für Mobbing im Brainstorming und durch methodische Bewertung aller Systemkomponenten (wie etwa die persönlichen Interessen der Belegschaft, die Unternehmensorganisation, die Wettbewerbssituation, die Motivanreize und etwaige Hemmnisse, die Arbeitsbedingungen etc.) unter Anleitung eines betriebsfremden Moderators zu ermitteln und aus den Resultaten mit allen Beteiligten gemeinsam praktikable Lösungspläne zu entwickeln.[2273]

(3) Beseitigung von Mobbinganlässen

Nachdem die tatsächlichen Ursachen für das Mobbinggeschehen festgestellt wurden, gilt es im nächsten Schritt seitens des Unternehmens die ermittelten mobbingfördernden betrieblichen Rahmenbedingungen zu verändern. Dabei kann keine allge-

2269 *Prosch*, S. 128 m. w. N.
2270 *Prosch*, S. 129 m. w. N.
2271 *Prosch*, S. 129 f. m. w. N.
2272 Teil 3, Kapitel 2, III. 1. e) aa. dieser Arbeit.
2273 *Zuschlag*, S. 170.

meingültige Aussage darüber getroffen werden, welche konkreten Maßnahmen unter den unternehmensspezifischen Gegebenheiten im konkreten Einzelfall anzuwenden sind, um das Mobbing erfolgreich zu beenden. Daher sei in diesem Zusammenhang lediglich beispielhaft auf die von *Zuschlag* zusammengestellte Auflistung möglicher Maßnahmen zur Lösung von Mobbingkonflikten am Arbeitsplatz verwiesen:

> **„Konfliktträchtige Organisationsstrukturen verbessern:**
> - Revision einer konfliktinduzierenden Unternehmens-Philosophie vornehmen
> - konfliktträchtige Hierarchiestrukturen so optimieren, dass Konfliktpotential reduziert wird
> - sozial integrative Führungsstrategien einsetzen
> - ausreichende Personalqualifikation bei Personaleinstellung sicherstellen und durch regelmäßige Fortbildung erhalten
>
> **Konfliktträchtige Arbeitsbedingungen zweckmäßig verändern:**
> - konfliktträchtige Arbeitsabläufe laufend erfassen und so optimieren, dass Konfliktpotential reduziert wird
> - durch Teamveränderungen Konfliktpotential abbauen
> - durch Konflikttraining mit kritischen Teams bestehende Konfliktpotentiale reduzieren
>
> **Kooperationsmotivation des Personals verbessern:**
> - überzeugende Arbeitsplatzsicherung betreiben
> - kooperative Arbeitsmotivation verstärken durch darauf ausgerichtetes Belohnungs- und Personalentwicklungskonzept
> - destruktive durch konstruktive Kritik ersetzen
> - inneren Zusammenhalt stärken durch Fokussierung der Konzentration der Beteiligten auf externe Angriffe (Prinzip: Sammeln der Kräfte zur Abwehr eines äußeren Feindes stärkt den inneren Zusammenhalt der eigenen Gruppe)
> - dem Entstehen von unnötigem Stress vorbeugen und bereits entstandenen Stress konsequent und systematisch abbauen
> - Konfliktstrategien und Mobbing scharf sanktionieren."[2274]

(4) Punktuelle Eingriffsmaßnahmen

Nach der Feststellung eines manifesten Mobbingkonflikts bieten sich neben den bereits genannten Handlungsmöglichkeiten der Führungskräfte weitere punktuelle Eingriffsmaßnahmen seitens des Arbeitgebers an, um eine Lösung der Problematik herbeizuführen.

(a) Externe Beratungsstellen kontaktieren

Gerade wenn im Unternehmen noch keine Erfahrungswerte in Hinblick auf Mobbing vorliegen, ist es angeraten, externe Beratungsstellen zu kontaktieren, da es dort eine Fülle an Informationen, Muster- und Präzedenzfällen usw. gibt, die Vorschläge für Maßnahmen unterbreiten können, sowohl was den Umgang mit der Situation betrifft als auch in rechtlicher Hinsicht.[2275]

2274 *Zuschlag*, S. 169.
2275 *Grünwald/Hille*, S. 89.

(b) Vertrauensperson, Mobbing-Sprechstunde, Ombudsperson

Je nach Unternehmensgröße bietet es sich an, entweder eine Vertrauensperson zur Verfügung zu stellen, die für die verschiedenen Belange der Mitarbeiter ein offenes Ohr hat, und/oder eine spezielle Mobbing-Sprechstunde einzurichten. In ersterem Fall muss der als Vertrauensperson fungierende Mitarbeiter jedoch unbedingt zum Thema Mobbing geschult und sich mit der aktuellen Rechtsprechung auskennen sowie Kenntnis von Anlaufstellen haben, bei welchen weitere Informationen und Hilfestellung zu bekommen sind.[2276]

Bei der Einrichtung einer Mobbing-Sprechstunde ist zu beachten, dass die dafür ausgewählten Personen vertrauenswürdig und trotz eines rücksichtsvollen Verhaltens handlungsfreudig sind. Außerdem erfordert eine gute Mobbingberatung hinreichend Zeit sowie eine Beraterpersönlichkeit, die zuhört, unterstützt und sich in das Gegenüber hineinversetzen kann, ohne selbst emotional zu werden.[2277] In erster Linie geht es dabei um Hilfe zur Selbsthilfe, so dass es wichtig ist, sachlich über Mobbing aufzuklären, Informationsquellen zu empfehlen und Handlungsmöglichkeiten aufzuzeigen.[2278]

Darüber hinaus sei hier auch auf die vorstehenden Ausführungen zum Mobbingbeauftragten im Rahmen der Präventionsmöglichkeiten verwiesen.[2279] Gleichermaßen wie dort bietet sich nämlich auch hier als erfolgsversprechende Interventionsmaßnahme insbesondere die Beauftragung eines externen Rechtsanwalts als Ombudsperson an. Denn durch dessen berufliche Stellung (Verschwiegenheitspflicht, Zeugnisverweigerungsrecht) können sowohl Vertraulichkeit als auch aufgrund seiner Unabhängigkeit vom Unternehmen Neutralität sichergestellt werden. Gleichfalls kann daneben der Einsatz von einem in den Ruhestand getretenen langjährigen Betriebsratsmitglied bzw. einem ehemaligen Personalleiter, dessen Unabhängigkeit nach Beendigung des Arbeitsverhältnisses gewahrt ist, als neutrale Schiedsperson in Erwägung gezogen werden.

(c) Schlichtungsverfahren

Das Ziel der Schlichtung als mögliche Interventionsmaßnahme zwischen den Kontrahenten durch eine Vertrauensstelle ist es, eine für alle Beteiligten akzeptable Einigung zu treffen. Dabei kommt der Vertrauensperson in erster Linie die Funktion als Verhandlungsleitung zu und die Lösung des Problems sollte zunächst von den Konfliktparteien entwickelt werden.[2280] Die Vertrauensperson muss also an sich eine neutrale Position einnehmen, hat jedoch dann eine Schutzfunktion für eine Partei auszuüben, wenn diese offensichtlich unterlegen ist. Sofern eine Schlichtung misslingt, obliegt es der Vertrauensstelle, dies an die Führungskraft und die Personalabteilung zu berichten und

2276 *Grünwald/Hille*, S. 91.
2277 *Grünwald/Hille*, S. 91.
2278 Dazu u. zum Voranstehenden *Grünwald/Hille*, S. 92.
2279 Teil 3, Kapitel 2, II. 3. b) ff. dieser Arbeit.
2280 *Kolodej*, Mobbing, 2. Auflage (nicht in neuerer Aufl.), S. 146 m. w. N.; *Prosch*, S. 132 m. w. N.

gegebenenfalls eine Versetzung des Betroffenen oder eine Kündigung des Mobbingtäters zu empfehlen.[2281]

(d) Supervision

Supervision kann nicht nur in der Prävention,[2282] sondern auch in der Intervention eine taugliche Maßnahme darstellen, um Mobbing entgegenzuwirken. Dabei soll das Zusammenspiel aus der *Innensicht* der Beteiligten und der *Außensicht* des Supervisors zu einer *Übersicht* über das Mobbinggeschehen führen, was sowohl im Einzelsetting als auch in der Gruppe geschehen kann.[2283] Insbesondere wenn frühzeitige Methoden zur Bewältigung des Mobbingproblems nicht mehr helfen, erscheint Supervision als Krisenintervention sinnvoll, da auf diese Weise die Handlungskompetenzen der Betroffenen ausgebaut werden können. Maßgeblich ist dafür neben der Aufklärung über die seelischen und körperlichen Auswirkungen von Mobbing vor allem eine gemeinsame Erarbeitung kognitiver und verhaltensbezogener Strategien für einen angemessenen Umgang mit den bestehenden Schwierigkeiten.[2284]

Sofern sich der Mobbingprozess schon in einem weit vorangeschrittenen Stadium befindet, sollte für die Betroffenen eine Einzelbetreuung sichergestellt werden, in die gegebenenfalls Angehörige miteinbezogen werden, da zu diesem Zeitpunkt meist auch das Familien- und Beziehungsleben von der Thematik stark beeinflusst wird und es die Genesung des Betroffenen fördert, wenn gemeinsam Arbeits- und Lebensbewältigungsstrategien konzipiert werden.[2285]

(e) Mediation

Unter bestimmten Voraussetzungen kann die Mediation als weitere punktuelle Eingriffsmaßnahme geeignet sein, einen Mobbingprozess nachhaltig zu beenden. Aufgrund des großen Umfangs dieser Materie beschränken sich die folgenden Ausführungen jedoch lediglich auf die Grundzüge des Mediationsverfahrens und dessen Nutzen für die Mobbingthematik.

(aa) Definition

Während der Begriff der *Mediation* ursprünglich aus der lateinischen und griechischen Sprache stammt und verstanden wurde als „keiner Partei angehörend", „sich neutral verhaltend" oder „einen Mittelweg einschlagend", hat er heute die Bedeutung des aus dem Englischen in das Deutsche übernommenen Ausdrucks, nämlich die Hinzuziehung einer neutralen – von allen Seiten akzeptierten – außenstehenden

---

2281 Dazu u. zum Voranstehenden *Kolodej*, Mobbing, 2. Auflage (nicht in neuerer Aufl.), S. 146 f. m. w. N.; *Prosch*, S. 132 m. w. N.

2282 Teil 3, Kapitel 2, II. 3. b) gg. dieser Arbeit.

2283 *Kolodej*, Mobbing, 2. Auflage (nicht in neuerer Aufl.), S. 134.

2284 *Kolodej*, Mobbing, 2. Auflage (nicht in neuerer Aufl.), S. 134 f. m. w. N.; vgl. dazu auch *Prosch*, S. 132.

2285 *Kolodej*, Mobbing, S. 201.

Person, die keine Entscheidungskompetenz in der Sache besitzt und in Zwei- oder Mehrparteienkonflikten vermittelt, damit die Kontrahenten selbst ein gütliche Einigung erarbeiten.[2286]

Erforderlich sind vor allem die Bereitschaft zur Kooperation sowie ein Mindestmaß an Ausdrucksvermögen und Selbstbehauptungsfähigkeit beider Parteien, da es Ziel eines Mediators ist, dass diese wieder direkt miteinander kommunizieren. Diese sollen in die Lage versetzt werden, nach einer Phase der Beschreibung und der Reflexion des Geschehenen gemeinsam eine Lösung ihrer Schwierigkeiten zu entwickeln, wobei bestenfalls keine Seite durch das Ergebnis eine Benachteiligung erfährt.[2287] Aufgabe des Mediators ist vornehmlich also das Eingrenzen und Steuern des Handelns. Der Vorteil der Führung solcher überwiegend inhaltsgebundener Verhandlungen über den Beauftragten liegt letztlich darin, dass die Kontrahenten damit ihre Emotionen reflektieren können, ohne unmittelbar den Verlauf des Konflikts nachteiligen zu beeinflussen.[2288] Im Unterschied zum Schlichtungsverfahren unterbreitet der Mediator selbst keine Vorschläge zur Konfliktlösung. Vielmehr hilft er den Parteien durch Fragen und Moderation des Gesprächs dabei, ihre Probleme eigenständig zu lösen.[2289]

(bb) Grundgedanken des Mediationsverfahrens

Grundprinzipien der Mediation sind nach *Wermke/Winheller/Kittl* neben der aktiven Beteiligung aller Konfliktparteien:

- Das Prinzip der Verantwortungsübernahme (die Beteiligten treffen die Entscheidungen in ihrer Angelegenheit möglichst selbstständig),
- das Prinzip der Informiertheit (die Notwendigkeit, dass die Parteien aktiv ihre Interessen vertreten sowie sich mit den Bedürfnissen des Kontrahenten auseinandersetzen),
- das Prinzip der Freiwilligkeit (entspricht dem Willen und der Freiheit zur Selbstbindung, sowohl seitens der Parteien als auch seitens des Mediators),
- das Prinzip der Vertraulichkeit (die Verpflichtung aller Beteiligten, die gewonnenen Informationen vertraulich zu behandeln),
- das Prinzip der Kooperationsbereitschaft (die Parteien sollten grundsätzlich bereit sein, zu kooperieren),
- das Prinzip der Ergebnisoffenheit (die Medianten müssen befähigt sein, Bewertungen und persönliche Ergebniswünsche zurückzustellen),
- das Prinzip der Zukunftsorientierung (die Erkenntnis der Parteien, dass mit der Mediation nicht die Vergangenheit bewältigt werden soll, sondern es ein vorrangiges Ziel ist, interessengerechte Bestimmungen für die Zukunft zu erarbeiten),
- das Prinzip der Neutralität/Allparteilichkeit des Mediators (der Vermittler macht sich weder für die eine noch für die andere Seite stark),

2286 *Wermke/Winheller/Kittl*, Rn. 147 m. w. N.
2287 *Schild/Heeren*, S. 169 f. m. w. N.
2288 *Kolodej*, Mobbing, 2. Auflage (nicht in neuerer Aufl.), S. 135.
2289 *Heidenreich*, S. 101.

- das Prinzip der Akzeptanz (der Mediator muss den Kontrahenten zeigen, dass sie mit ihrem Anliegen gehört und unterstützt werden).[2290]

Die Mediation orientiert sich an einem Phasenmodell, welches eine charakteristische Struktur, konkrete Regeln zum Vorgehen und ein bestimmtes Rollenverständnis des Mediators aufweist und sich grundsätzlich in einen Vorbereitungsteil, fünf Phasen sowie einen Umsetzungsteil gliedert:[2291]

In der Vorbereitung ist es die Aufgabe des Vermittlers, die Konfliktparteien für eine Teilnahme an einem Gespräch zu motivieren und die Mediation vorzubereiten.

Phase eins beinhaltet sodann den Abschluss des Mediationsvertrages, die Einleitung der Mediation, die Bestimmung des Ziels, die Konzeption sowie die Schaffung eines positiven Arbeitsklimas, das eine konstruktive Kommunikation und Zusammenarbeit ermöglicht. Insbesondere finden hier die gegenseitige Vorstellung der Beteiligten, die Kontaktherstellung und der Beginn des Beziehungs- und Vertrauensaufbaus statt. Außerdem wird der Mediationsprozess erläutert und es werden offene Fragen oder Bedenken der Medianten aufgearbeitet bzw. ausgeräumt. Regelmäßig kommt es auch zu einer Vereinbarung von Gesprächsregeln (z. B. Ausreden lassen, Zuhören, Ich-Botschaften etc.).[2292]

In Phase zwei erfolgen eine Bestandsaufnahme, die Sammlung der Themen und die Bestimmung der Reihenfolge der Bearbeitung. Hier können die Medianten das Problem aus ihrer Sicht darstellen und jeder erhält die Möglichkeit, auf den Vortrag des jeweils anderen einzugehen. Im Falle von eskalierenden Konflikten bietet der Mediator den Kontrahenten Unterstützung, indem er Anschuldigungen und Standpunkte in nicht wertende Fragen oder Problemdefinitionen umformuliert.[2293]

Phase drei umfasst die Schaffung von Verständnis und die Interessensfindung, die Beschäftigung mit den Konfliktfeldern, einen Perspektivenwechsel und die Erweiterung des Blickwinkels. Diese Phase bildet den Schwerpunkt der Mediation, deren Ziel es ist, dass die Parteien sich gegenseitig verstehen und ihre Bedürfnisse verdeutlichen.[2294]

In Phase vier stehen die Konfliktlösung und eine Einigung im Vordergrund. Mit Hilfe eines Brainstormings sammeln und ermitteln die Mediandan verschiedene Handlungsoptionen.[2295]

Phase fünf enthält die Niederschrift des Ergebnisses nach der Einigung der Parteien und die Beendigung des Verfahrens. Die entwickelte Lösung wird konzipiert, das heißt sie wird präzisiert, detailliert, überprüft, kritisch hinterfragt und die Einigungsinhalte werden dokumentiert.[2296]

2290 *Wermke/Winheller/Kittl*, Rn. 159 ff. m. w. N.

2291 Dazu u. zum Nachstehenden *Wermke/Winheller/Kittl*, Rn. 169 ff. m. w. N. mit einer ausführlichen Darstellung der verschiedenen Phasen.

2292 *Wermke/Winheller/Kittl*, Rn. 172 ff. m. w. N.

2293 *Wermke/Winheller/Kittl*, Rn. 176 f. m. w. N.

2294 *Wermke/Winheller/Kittl*, Rn. 179 m. w. N.

2295 *Wermke/Winheller/Kittl*, Rn. 189 m. w. N.

2296 *Wermke/Winheller/Kittl*, Rn. 209 m. w. N.

Schließlich erfolgt in einem letzten Akt auch die Umsetzung des Mediationsergebnisses. Eine gewisse Zeit danach kann sich der Mediator mit den Parteien nochmals in Verbindung setzen und gegebenenfalls bei Bedarf nachbessern bzw. nachverhandeln und auch nach Abschluss der Mediation bleibt der Mediator als Ansprechperson erreichbar.[2297]

(cc) Erfolgsaussichten einer Mediation bei Mobbing

Grundsätzlich kann das Mediationsverfahren eine effektive Maßnahme zur Klärung eines eskalierenden Konflikts wie Mobbing darstellen. Ein großer Vorteil ist insbesondere darin zu sehen, dass sowohl dem Mobbingtäter als auch dem Mobbingopfer ermöglicht wird, von den Sichtweisen, Emotionen und Interessen der Gegenseite zu erfahren. Während dem Täter die Dimension seines Handelns veranschaulicht wird, erlangt das Opfer Kenntnis von dessen Absichten und das offene Gespräch darüber ermöglicht einen gegenseitigen Vertrauensgewinn, was das Finden einer gemeinsamen Lösung in gegenseitigem Einvernehmen erleichtert.[2298]

Allerdings können mobbingspezifische Schwierigkeiten einem erfolgreichen Mediationsverfahren entgegenstehen: Zunächst ist eine zentrale Voraussetzung für das gemeinsame Entwerfen einer Lösung die beiderseitige Bereitschaft zur Kooperation. Im Hinblick auf das Mobbinggeschehen erscheint es ungewiss, inwieweit eine solche Bereitwilligkeit gegeben ist bzw. ob ein Mediator in der Lage ist, diese herbeizuführen. Das dafür notwendige Vertrauen kann durch schwerwiegende Mobbingangriffe bereits frühzeitig so weit verloren gegangen sein, dass kein Gespräch mit der Gegenpartei möglich ist. Dieses Risiko besteht erst recht in einer späten Phase, wenn das Opfer drastisch isoliert und seine körperliche und mentale Konstitution in hohem Maße beeinträchtigt ist. Wenn der Mediator in solchen Fällen keine Kooperationsbereitschaft erreichen kann, ergibt auch eine Mediation keinen Sinn.[2299]

Ebenso problematisch ist ein Mediationsverfahren, wenn der Vorgesetzte in das Mobbing involviert ist, da in solch einer Konstellation ein Machtgefälle zwischen den Beteiligten vorherrscht, was das Risiko des Missbrauchs dieser Machtposition birgt. Eine Schlichtung macht in dieser Konstellation nur Sinn, wenn auf die Möglichkeit der Machtausübung seitens des Vorgesetzten verzichtet wird oder das Machtungleichgewicht etwa durch den Hinweis auf alternative, juristische Schritte ausgeglichen wird.[2300]

Eine weitere Schwierigkeit ist darüber hinaus gegeben, wenn das Mobbing von mehr als einer Person ausgeht. Dann kann entweder versucht werden, mehrere Vermittlungsgespräche oder eine größere, entsprechend vorbereitete Aussprache der

2297 *Wermke/Winheller/Kittl*, Rn. 210 f. m. w. N.

2298 *Schild/Heeren*, S. 173.

2299 Dazu u. zum Voranstehenden *Schild/Heeren*, S. 173 f. m. w. N.

2300 *Schild/Heeren*, S. 174 m. w. N.

gesamten Gruppe zu führen. Ferner kann der Hauptakteur unter den Mobbingtätern ermittelt werden, da seine Einsicht auch eine solche der Mitläufer bewirken kann.[2301]

Schließlich gilt es bei einem Mobbinggeschehen zu bedenken, dass die Ausgrenzung des Mobbingopfers kontinuierlich zunimmt und sich dadurch möglicherweise im Unternehmen die Meinung manifestiert hat, das Opfer habe seine Situation selbst zu verantworten. In diesem Fall würde eine lediglich auf die Täter-Opfer-Beziehung bezogene Vermittlung wohl nicht ausreichen, da auch im gesamten betrieblichen Umfeld zwingendmobbingbeauftragter ein Umdenkungsprozess angestoßen werden müsste.[2302]

Demzufolge können mit dem Mobbing Nebenfolgen zu Tage treten, welche einem gelungenem Mediationsverfahren entgegenstehen. Zweckmäßig erscheint eine Mediation bei Mobbing dennoch, wenn eine freiwillige Kooperationsbereitschaft beider Parteien gegeben ist und das Mobbingopfer in seiner physischen und psychischen Verfassung noch nicht so stark in Mitleidenschaft gezogen ist, dass bereits eine deutlich verminderte Resilienz zu verzeichnen ist.[2303] Außerdem müssen die Mobbingfolgen noch zu überblicken sein und im Falle einer weit fortgeschrittenen Isolation bedarf es zusätzlicher Maßnahmen zur Wiedereingliederung des Betroffenen in die Arbeitsgemeinschaft.[2304]

(f) Organisationsentwicklung

Eine der Mediation ähnliche Interventionsmaßnahme stellt die Organisationsentwicklung dar. Dabei handelt es sich um ein interdisziplinäres, handlungsorientiertes Konzept, das Veränderungsprozesse in Organisationen in Gang setzt, steuert und überprüft.[2305] Der Organisationsentwickler bietet keine Lösung bei Problemen, sondern ist vielmehr unterstützend tätig: Er hat die Aufgabe, die passenden Rahmenbedingungen unter Zuhilfenahme der ihm verfügbaren Mittel so zu schaffen, dass die Beschäftigten der Organisation zu ihren eigenen Beratern werden, um ihre Vorhaben mit dem maximalen Erfolg erreichen zu können.[2306]

Da die Organisationsentwicklung alle Teilsysteme einer Organisation einbindet, insbesondere das politische Steuerungssystem, das soziale System, das technische System sowie das Produkt-Markt-System, bildet diese Methode einen effizienten Ansatz, um das multifaktorielle Problem Mobbing durch Veränderung der mobbingbegünstigenden Bedingungen zu beheben.[2307] Dies geschieht in mehreren Abschnitten, die sich im Wesentlichen aus einer Problemanalyse, einer Datensammlung und einer daraus folgenden Organisationsdiagnose zusammensetzen. Letztere wird den Betroffenen mitgeteilt, um bei diesen ein Problembewusstsein zu schaffen, aufgrund dessen

2301 Dazu u.zum Voranstehenden *Schild/Heeren*, S. 174 m. w. N.
2302 Dazu u. zum Voranstehenden *Schild/Heeren*, S. 174.
2303 *Schild/Heeren*, S. 174.
2304 *Schild/Heeren*, S. 174.
2305 *Kolodej*, Mobbing, S. 190.
2306 *Kolodej*, Mobbing, S. 190.
2307 *Kolodej*, Mobbing, S. 190 m. w. N.

sie sich aktiv an einer Verbesserung beteiligen.[2308] Notwendig dafür ist zum einen, dass Vorgesetzte aller Entscheidungsebenen einbezogen sind und zum anderen die Beschäftigten auch an einer Teilnahme interessiert sind. So können im Wege der Organisationsentwicklung sachliche, persönliche und zwischenmenschliche Konflikte aufgelöst und neue Erkenntnisse, Einstellungs- und Verhaltensweisen gewonnen werden. Als letzter Schritt werden nach einer Erprobung der umgesetzten Veränderungen die getroffenen Maßnahmen schließlich noch bewertet.[2309]

(g) Freisetzung

Für den Fall, dass sich der Konflikt nicht mehr auflösen lässt, ist an eine *Freisetzung (Outplacement)* des Mobbingtäters oder des Mobbingopfers zu denken. Gemeint ist damit eine einvernehmliche Trennung zwischen dem Betrieb und einem Beschäftigten zu gewährleisten, indem ein externer Berater eingesetzt wird, welcher dem Betreffenden zur Seite steht, um nach einem neuen Tätigkeitsfeld außerhalb der Organisation zu suchen. Dabei wird gezielt versucht, der betreffenden Person aus einem ungekündigten Arbeitsverhältnis heraus und finanziell abgesichert eine ihren Eignungen und Neigungen entsprechende neue Arbeitsstelle zu vermitteln.[2310]

Der Betroffene durchläuft nach der beiderseitigen Einigung ein Trainingsprogramm, das folgende Entwicklungsstufen enthält:

„1. Psychologische Betreuung des Kandidaten;
2. Ermittlung des Eignungs- und Zielprofils und Analyse des Stärken- und Schwächenprofils;
3. Erhebung und Auswertung von Informationen über relevante Teilarbeitsmärkte;
4. Durchführung bzw. Ermittlung von Personalentwicklungsmaßnahmen;
5. Verbesserung der Präsentationsfähigkeiten;
6. Unterstützung bei der eigentlichen Stellensuche."[2311]

Der Nutzen dieser Strategie ist aus betrieblicher Sicht darin zu sehen, dass zusätzliche Reibungsverluste verhindert, Lohnfortzahlungen durch Verkürzung des Trennungsprozesses eingespart werden und mit der Freisetzung meist eine geringere Abfindung zu zahlen ist.[2312] Für den Mitarbeiter liegt der Nutzen zum einen darin, dass diesem in der Zeit, in der er faktisch ohne Beschäftigung ist, professionell geholfen wird, einen adäquaten neuen Arbeitsplatz zu finden. Zum anderen ist das Arbeitsverhältnis erst nach Abschluss des neue Arbeitsvertrags beendet, so dass der Betroffene finanziell abgesichert ist.[2313] Überdies besteht auch die Möglichkeit, dass die professionelle Analyse von Kompetenzen und Erfahrungen ergibt, dass die bisherige Arbeit überhaupt nicht mit den persönlichen Stärken übereinstimmt, was zum Verständnis für das erlebte Mobbinggeschehen beitragen und eine berufliche Neuorien-

2308 *Kolodej*, Mobbing, S. 190.
2309 Dazu u. zum Voranstehenden *Kolodej*, Mobbing, S. 190.
2310 *Prosch*, S. 133; vgl. dazu auch *Kolodej*, Mobbing, S. 191.
2311 *Prosch*, S. 133 m. w. N.
2312 *Prosch*, S. 133; vgl. dazu auch *Kolodej*, Mobbing, S. 191.
2313 Dazu u. zum Voranstehenden *Prosch*, S. 133; vgl. dazu ebenso *Kolodej*, Mobbing, S. 191.

tierung erleichtern kann.[2314] Allerdings bildet diesbezüglich die Hinzuziehung eines externen professionellen Beraters einen nicht unerheblichen Kostenfaktor für das Unternehmen, weshalb diese Methode kaum praktische Bedeutung hat oder bei ihrer Anwendung überwiegend nur von Mobbing betroffene Führungskräfte berücksichtigt werden.[2315]

f) Handlungsmöglichkeiten des Gesetzgebers und der Gesellschaft

Bei den Rahmenbedingungen, unter denen Mobbing in der Arbeitswelt stattfindet, sind nicht nur die Verhältnisse am Arbeitsplatz von maßgeblicher Bedeutung, sondern auch der rechtliche Kontext, der die Berufstätigkeit normiert. Dabei wird das Zusammenleben der Menschen im Staat zum einen durch Gesetze und Rechtsverordnungen und zum anderen von den in der langen kulturellen und zivilisatorischen Tradition entstandenen Normensystemen geordnet, welche mehr oder weniger verbindlich das erwünschte Verhalten in der Gemeinschaft festlegen.[2316] Damit die Entstehung eines von Mobbing geprägten Klimas im Allgemeinen keine Chance hat, empfiehlt *Zuschlag*:

> „Jeder sollte sich an seinem Platz
> in Wirtschaft, Politik und Gesellschaft,
> aber natürlich auch in seiner eigenen Familie
> aktiv einsetzen:
> für — Humanität, Toleranz, Flexibilität,
> Kooperation, Rücksichtnahme und Demokratie
> und gegen — Menschenverachtung, Intoleranz, Borniertheit,
> Rigorismus, Egoismus, autoritäre Selbstherrlichkeit,
> Rücksichtslosigkeit und Machtmissbrauch."[2317]

Darüber hinaus hat *Zuschlag* weitere mögliche Anti-Mobbing-Maßnahmen von Gesetzgeber und Gesellschaft zusammengestellt, die zwar als selbstverständlich erscheinen mögen, es seiner Ansicht nach jedoch keinesfalls sind, da es eines ständigen selbskritischen Bemühens aller bedarf, um ein vernünftiges Zusammenleben zu gewährleisten.[2318] Nach *Zuschlag* kommen daher insbesondere folgende Handlungsmöglichkeiten von Gesetzgeber und Gesellschaft in Betracht:

> **„Tolerante Gesetzgebung zum Schutz von Individuum und Gesellschaft**
> - Gesetzliche Verankerung der Demokratie.
> - Schutzregelungen, wie im Grundgesetz der Bundesrepublik Deutschland, zur Erhaltung eines ‚Rechtsstaates'.
> - Keine Rechtsgrundlagen schaffen für ‚Beschnüffeln' der Bürger (vgl. z. B. STASI in der ehemaligen DDR).
> - Ausreichende Gesetze erlassen, um Mobbing-Aktivitäten von Einzelpersonen oder Interessengruppen nachhaltig zu unterbinden.

2314 *Prosch*, S. 147 f.
2315 *Kolodej*, Mobbing, S. 191.
2316 *Zuschlag*, S. 173 f.
2317 *Zuschlag*, S. 174.
2318 Vgl. *Zuschlag*, S. 176.

Unabhängige Rechtsprechung zum Schutz von Individuum und Gesellschaft

- Eine unabhängige Rechtsprechung gewährleisten, die sich nicht durch ‚Machthaber' zu rechtswidrigen Urteilen missbrauchen lässt.
- Konsequente Sanktionierung von Mobbing, wenn Einzelpersonen oder Gruppen (z. B. Ausländer, Asylsuchende, Randgruppen der Gesellschaft) schikaniert und unter Druck gesetzt werden.
- Auch für Mobbing-Straftäter angemessene Resozialisierungsmöglichkeiten schaffen.

Toleranz und Gesetzeskonformität der Politik

- Politische Zielsetzungen konsequent verfolgen, die den Rechtsstaat erhalten und den Individuen die freie Entfaltung ihrer Persönlichkeit unter Beachtung der Rechte und Interessen der anderen Menschen sichern.
- Gesetzeskonformes, vorbildliches Verhalten der Politiker und anderer Identifikationsfiguren der Gesellschaft gewährleisten.

Toleranz von nationalen, rassischen und religiösen/weltanschaulichen Interessengruppen

- Die eigenen nationalen, rassischen, religiös/weltanschaulichen Interessen pflegen, ohne sie allen anderen (notfalls mit Gewalt) aufzunötigen.

Unabhängigkeit, Toleranz, Seriosität und Gesetzeskonformität der Medien

- Unabhängige Berichterstattung und Meinungsvielfalt der Medien gewährleisten.
- Selbstkontrolle der Medien im Hinblick auf Respektierung der Privatsphäre der Bürger.

Sachgerechte Kontrolle und Überwachung

- Armee und Polizei unter sachgerechter Kontrolle der dafür im Rechtsstaat eingerichteten Organe halten.
- Überwachung der Einhaltung des Grundgesetzes durch unabhängige und engagierte Recherchen der Medien bei Verdacht auf Verstöße."[2319]

2. Medizinische und psychosoziale Rehabilitation

Betroffene, die über einen längeren Zeitraum Mobbingaktivitäten erleiden mussten, haben regelmäßig mit sozialen, wirtschaftlichen und psychischen Beeinträchtigungen zu kämpfen, welche im Rahmen der Interventionsmaßnahmen nicht außer Acht gelassen werden dürfen. Zum einen ist meist das soziale Netzwerk, das etwa aus der Unterstützung seitens der Familie oder durch die Anerkennung im Freundeskreis besteht, größtenteils belastet.[2320] Zum anderen kommt es aufgrund von Arbeitslosigkeit oder hohen Behandlungskosten zu finanziellen Schwierigkeiten. In der Summe führt dies wiederum zu einem schwindenden Selbstbewusstsein und letztlich zu schwerwiegenderen psychischen Problemen, die eine medizinische und psychosoziale Rehabilitation des Betroffenen erforderlich machen.[2321]

2319 *Zuschlag*, S. 175 f.

2320 *Schild/Heeren*, S. 174.

2321 *Schild/Heeren*, S. 175.

a) Umfangreiche Anamnese und Vorbereitung der Rehabilitation

Zunächst muss auch aus medizinischer Sicht die gesamte Krankengeschichte des Betroffenen erfasst werden, was mit einer umfangreichen Anamnese, also der professionellen Erfragung von potentiell medizinisch relevanten Informationen durch Fachpersonal, erreicht werden kann.

Für eine erfolgreiche medizinische und psychosoziale Rehabilitation wird ein Vorgehen in mehreren Schritten empfohlen:[2322] Zuerst lässt sich am besten mit Hilfe einer Falldokumentation ermitteln, was genau vorgefallen ist, um mögliche Gründe für psychosomatische Erkrankungen und Stressreaktionen zu identifizieren. Daraufhin sollte eine Entstigmatisierung des Mobbingopfers stattfinden, indem das Ansehen des Betroffenen in seinem Umfeld wiederhergestellt wird, um seine Chance auf eine Wiedereinstellung zu vergrößern. In diesem Zusammenhang gilt es konkret herauszufinden, was behauptet wird, wie es in Umlauf gebracht wird und wer dafür verantwortlich ist.[2323] Ein weiterer wichtiger Teil der Vorbereitung der Rehabilitation ist zudem eine gründliche medizinische Untersuchung, um körperliche Defizite als Ursache für Stresssymptome ausklammern zu können. Schließlich erscheint in einigen Fällen, in denen weder der Arbeitgeber noch die Krankenkassen die Kosten einer Rehabilitation übernehmen möchten, eine wirtschaftliche Alternativkalkulation im Vorfeld sinnvoll. Denn das Verdeutlichen der Summe, auf welche sich die Ausgaben beliefen, wenn der Betroffene nicht behandelt würde, schafft bei den Verantwortlichen möglicherweise einen Anreiz dafür, doch die Behandlungskosten zu tragen.[2324]

b) Rehabilitation

Gerade langjähriges Mobbing hat auch behandlungsbedürftige psychiatrische Probleme zur Folge. Die dafür notwendige Rehabilitationsphase beinhaltet die psychische, medizinische und berufliche Rehabilitation sowie eine Psychotherapie und Krisengespräche.[2325] Die *psychische Rehabilitation* soll es dem Patienten ermöglichen, eine neue Vorstellung von seiner berufliche Zukunft zu entwickeln, da sich durch die extreme Stresserfahrung und die tiefsitzende Angst zuvor seine Konzentrationsfähigkeit vermindert und sein Blickwinkel stark verengt hat. Dabei muss die psychologische Behandlung individuell auf den Betroffenen zugeschnitten werden und sollte für eine Erhöhung der Konzentrationsfähigkeit sorgen sowie zu einem gesteigerten Vertrauen in die Entwicklung alternativer Zukunftsperspektiven führen.[2326] Daneben ist einzellfallabhängig zu entscheiden, ob parallel dazu eine *medizinische Rehabilitation* stattfinden soll. In deren Rahmen können etwa Spannungszustände durch eine Physiotherapie verringert werden, während ein Medikamenten- oder Alkoholmissbrauch

2322 Dazu u. zum Nachstehenden *Schild/Heeren*, S. 175 m. w. N.
2323 Dazu u. zum Voranstehenden *Schild/Heeren*, S. 175 m. w. N.
2324 Dazu u. zum Voranstehenden *Schild/Heeren*, S. 175 m. w. N.
2325 *Schild/Heeren*, S. 176 m. w. N.
2326 *Schild/Heeren*, S. 176.

eine andere spezifische Behandlung beansprucht.[2327] Ebenso individuell zu entscheiden ist über den Einsatz und die Art der Psychotherapie und der Krisengespräche. Die Psychotherapie soll zum einen das Mobbingopfer psychisch so stabilisieren, dass dieses der Belastung standhält, der es in der Rolle des Klägers hinsichtlich erlittener Rechtsübergriffe ausgesetzt ist. Zum anderen ist es wichtig, dass das durch die Mobbingattacken ausgelöste Trauma erfolgreich verarbeitet wird.[2328] Schließlich kann die *berufliche Rehabilitation* meist erst später erfolgen, da zuvor eine Einigung über die berufliche Zukunft erzielt werden muss und es oftmals einer Besserung der psychischen Beeinträchtigungen bedarf, bevor die Umsetzung der beruflichen Lösung sinnvoll ist. Dabei gestaltet sich die berufliche Rehabilitation so unterschiedlich, wie es die betroffenen Mobbingopfer sind: Manche können übergangslos wieder in das Berufsleben zurückkehren, während andere zunächst versäumte Entwicklungen in ihrem Tätigkeitsgebiet nachholen oder eine völlig neue Berufsausbildung absolvieren müssen.[2329]

c) Ärztliche Beratung und Behandlung

Insbesondere bei schweren Mobbingfällen wird eine ärztliche Beratung und Behandlung des Betroffenen angeraten.

Eine Beschränkung auf eine professionelle psychologische Unterstützung kann möglicherweise dann ausreichen, wenn die Ursachen für das Mobbing nicht hauptsächlich in der Person des Mobbingopfers zu finden sind. Sofern der Betroffene jedoch viktimologische Merkmale – also solche, die eine Person mit hoher Wahrscheinlichkeit zum Mobbingopfer vorherbestimmen – besitzt, ermöglichen es geeignete psychotherapeutische Maßnahmen, diese unvorteilhaften Wesenszüge und Verhaltensweisen gegebenenfalls zu ändern.[2330]

Inwieweit generell eine ambulante (Psycho-)Therapie ausreichend oder eine stationäre Behandlung von Nöten ist, muss einzelfallbezogen bestimmt werden. Jedenfalls ermöglicht die stationäre Behandlung einem Betroffenen, der durch die Mobbingangriffe in seiner Berufsausübung sehr beeinträchtigt oder aus dem Berufsleben komplett ausgeschlossen war, sich wieder an einen strukturierten Tagesablauf zu gewöhnen, der kaum Zeit für destruktives Grübeln lässt und auf diese Weise eine durchgehende Therapie garantiert.[2331]

Mittlerweile gibt es in Deutschland viele psychosomatische Kliniken, die eine auf Mobbingopfer abgestimmte Behandlung anbieten. Zu finden sind diese unter anderen bei den entsprechenden Mobbingberatungsstellen oder im Internet, insbesondere unter *http://kurklinikverzeichnis.de/indikationen/mobbing.*

2327 *Schild/Heeren*, S. 176.

2328 Dazu u. zum Voranstehenden *Schild/Heeren*, S. 176 m. w. N.

2329 Dazu u. zum Voranstehenden *Schild/Heeren*, S. 176 m. w. N.

2330 *Zuschlag*, S. 182.

2331 *Schild/Heeren*, S. 176 f. m. w. N.

Auf die unterschiedlichen Arten der Behandlung kann hier aufgrund der notwendigen Begrenzung der Arbeit nicht eingegangen werden.

Erfolge, die eine Psychotherapie bei Mobbingpatienten erzielen kann, sind jedenfalls nach *Zuschlag* insbesondere, dass

- der Betroffene wieder neuen Lebensmut gewinnt und seine Depressionen überwindet,
- der Patient die zwischenzeitig aufgetretenen sozialen Belastungen in Familie, Beruf und Freizeit bewältigt,
- er seine mobbingfördernden oder sogar mobbingprovozierenden Verhaltensgewohnheiten abstellt,
- er lernt, sich gegen Übergriffe des Mobbingtäters angemessen zu wehren,
- sich seine psychosomatischen Störungen vermindern oder ganz ausbleiben,
- er zunehmend entbehrliche Medikamente weglassen kann,
- er sich psychotherapeutische Selbstmanagement-Methoden aneignet, die ihn in Zukunft vor Rückfällen schützen können.[2332]

3. Fazit zu Interventionsmaßnahmen

Ziele einer erfolgreichen Intervention sind insbesondere das Auflösen und die Versachlichung des Konflikts, eine Veränderung des Kräfteverhältnisses zugunsten des Betroffenen und das nachhaltige Verhindern erneuter Mobbingangriffe. Zur Verwirklichung dieser Ziele haben fast alle mit dem Mobbing in Zusammenhang stehenden Parteien die Möglichkeit, einen Beitrag zu leisten.

Der Mobbingbetroffene selbst kann dabei in erster Linie Maßnahmen zur eigenen Entlastung in Form gesundheitsfördernder Bewältigungsmethoden sowie der Annahme von Unterstützung aus dem sozialen Umfeld und/oder therapeutischer Art ergreifen. Die Möglichkeiten direkter Reaktionen auf die Mobbingangriffe hängen insbesondere von der körperlichen und psychischen Konstitution des Betroffenen ab, welche ihm – je nach Persönlichkeit – in der Regel zu Beginn des Mobbingprozesses noch einen größeren Handlungsspielraum lässt als später mit dem Fortschreiten des Geschehens.

In den seltenen Fällen, in denen ungewollte Mobbingverhaltensweisen von dem Handelnden ausgehen, sollte sich dieser mit derartigen Vorwürfen auseinandersetzen und sich gezielt um entsprechende Verhaltensänderungen bemühen.

Bei am Geschehen nicht direkt beteiligten Kollegen, die das Mobbing jedoch mitbekommen, ist insbesondere Zivilcourage gefragt und Interessensvertreter haben sogar die Pflicht, zugunsten des Mobbingbetroffenen mit den im Rahmen ihrer Möglichkeiten liegenden Unterstützungsmaßnahmen einzuschreiten.

Den größten Einfluss darauf, ein Mobbinggeschehen nachhaltig zu beenden, hat letztlich das Unternehmen bzw. die jeweilige Organisation als Arbeitgeber. Dieser

2332 *Zuschlag*, S. 183.

kann nach einer ausführlichen Analyse der Ursachen für das Mobbing in erster Linie über seine Führungskräfte Interventionsmaßnahmen umsetzen lassen sowie nach einer Ursachenbewertung mobbingfördernde Organisationsstrukturen im Betrieb verändern. Daneben bieten sich auch punktuelle Eingriffsmaßnahmen wie die Einschaltung externer Beratungsstellen, die Einrichtung einer Mobbing-Sprechstunde, das Schlichtungsverfahren, die Supervision, unter bestimmten Voraussetzungen die Mediation, die Organisationsentwicklung oder die Freisetzung an. Welche konkrete Maßnahme in der konkreten Situation das richtige Mittel der Wahl ist, muss dabei einzelfallabhängig beurteilt werden. Schließlich darf vor allem bei schwereren oder länger andauernden Mobbingfällen auch die medizinische und psychosoziale Rehabilitation des Betroffenen nicht außer Acht bleiben, so dass gegebenenfalls eine dahingehende Beratung und Behandlung zu veranlassen ist.

IV. Soziales Management als Führungskonzept zur Mobbingvermeidung

Bei den oben beschriebenen Methoden zur Prävention oder Intervention handelt es sich zunächst um auf die Mobbingthematik bezogene Einzelmaßnahmen. Das Vorgehen aus einer gründlichen Analyse von Alarmzeichen bzw. erkannten Mobbingkonflikten und den daraus entwickelten Präventions- und Interventionsmaßnahmen erscheint in der Tat geeignet, um wirksam und nachhaltig Mobbing entgegenzuwirken. Allerdings bleiben die einzelnen Schritte, solange sie nicht in ein Gesamtsystem eingebettet sind, selbst bei einer konzeptionellen Abstimmung aufeinander, nur sporadische und situationsbezogene Einzelaktionen.[2333]

Nach *Merk* ist deshalb insbesondere die Gefahr gegeben, dass

„– Maßnahmen sich nur isoliert auf einzelne Gruppen oder Personen beziehen und kein wirksames Konzept für den Gesamtbereich gegeben ist,
- Maßnahmen als Einzelaktionen keine durchgreifende Wirkung haben,
- Maßnahmen nicht aufeinander abgestimmt sind und ihre Gesamtwirkung zeitlich, räumlich und hinsichtlich ihrer Effektivität nur begrenzt bleibt,
- Maßnahmen aufgrund unzureichender Kontroll- und Rückkoppelungsmechanismen falsch konzipiert werden und deshalb die gewünschten Wirkungen nicht oder nur zum Teil eintreten,
- Maßnahmen nicht plangerecht oder nur unvollkommen durchgesetzt werden,
- Maßnahmen nicht ausreichend und konsequent von der Betriebsleitung unterstützt werden und Vorgesetzte wie Mitarbeiter sich ihnen entziehen oder sie gar boykottieren können,
- Maßnahmen in ihrer Wirkung falsch eingeschätzt werden.“[2334]

Um derartige Risiken zu vermeiden, ist die Mobbingthematik nach *Merk* zielgerichtet in das Führungskonzept des Gesamtbetriebes einzubeziehen. Sie geht dabei von der Annahme aus, „dass eine weitere Leistungssteigerung nur möglich ist, wenn der Mensch als entscheidender Produktionsfaktor optimal ‚genutzt‘ wird und die in

2333 Ebenso *Merk*, S. 143.
2334 *Merk*, S. 143 f.

seinem persönlichen Leistungsvermögen, in seiner Kreativität und in seiner vertrauensvollen Kooperation und Vernetzung mit anderen liegenden Ressourcen voll ausgeschöpft werden."[2335] Dieses menschliche Potential müsse aktiviert und gestärkt werden. Ersteres könne unter anderem geschehen durch die Schaffung von Motivation, Begeisterung und Identifikation, durch die Erfüllung persönlicher Bedürfnisse, durch die Vermeidung von Ängsten, sozialem und organisatorischem Stress sowie durch die Eliminierung verborgener sozialer Konflikte. Daneben ermöglichen es insbesondere die Förderung des Selbstwertgefühls, der Kontakt- und Dialogfähigkeit sowie der sozialen und moralischen Kompetenz, das Potential des Einzelnen zu erhöhen.[2336] Daher beinhalten Überlegungen für ein soziales Management als Führungskonzept vor allem ein Regelsystem für das Unternehmen, in welchem neben betriebswirtschaftlichen und ansonsten für relevant gehaltenen Faktoren gerade auch die sozialen Belange eines Unternehmens im Führungswesen in angemessenem Maße Beachtung finden. Schwierig ist dabei, die Balance zu bestimmen, um für einen dauerhaften Erfolg die unternehmerische Leistung bestmöglich zu mobilisieren.[2337] Da dieses Maximum gegebenenfalls betriebsspezifisch sehr verschieden ausfällt, kann auch der menschliche Aspekt in jedem Unternehmen eine unterschiedliche Wertigkeit haben. Indikatoren für eine nicht ausreichende Berücksichtigung der sozialen Sphäre (und damit einer suboptimalen Ausschöpfung der Mitarbeiterressourcen als menschlicher Produktionsfaktor) stellen dabei vor allem ein schlechtes Arbeitsklima und das Auftreten häufiger Mobbingfälle in unterschiedlichen Betriebseinheiten dar.[2338]

Nach *Merk* geht ein soziales Management zunächst von einer systematischen Zusammenstellung und Analyse von Alarmzeichen sowie einer sich darauf beziehenden Entwicklung und Umsetzung von Maßnahmen gegen Mobbing aus, welche zugleich auch dem Sozialklima zuträglich sind und die betrieblichen Mitarbeiterressourcen mobilisieren.[2339] Diese Vorgänge sollten in ein betriebliches Managementsystem integriert werden, das zum einen in der Lage ist, mit Sofortmaßnahmen zu intervenieren und zum anderen durch aufeinander aufbauende Abläufe die soziale Qualität der betrieblichen Arbeitsbedingungen und Sozialbeziehungen insgesamt zu verbessern. Maßgeblich ist dafür das Ziel, dass Führungskräfte und Mitarbeiter einen kooperativ und partnerschaftlich geprägten Umgang miteinander pflegen. Dieses Vorhaben beinhaltet, Mitarbeiter zu mehr Selbständigkeit, Reife, Kompetenz, Dialogfähigkeit und Verantwortungsbereitschaft auszubilden und Führungskräfte durch Förderung ihrer persönlichen und sozialen Kompetenz zu einer besseren kooperativen und kommunikativen Haltung zu bringen.[2340] Demzufolge sind die Grundsätze eines sozialen Managements personenorientiert und zielen darauf ab, dass ein sozial orientierter Manager durch die Förderung und Unterstützung seiner Mitarbeiter auch diesen ein verändertes Rollenverständnis vermittelt, welches letztlich den Erfolg der Zusammen-

2335 *Merk*, S. 144.
2336 Dazu u. zum Voranstehenden *Merk*, S. 144 f.
2337 *Merk*, S. 145.
2338 Dazu u. zum Voranstehenden *Merk*, S. 145.
2339 *Merk*, S. 146.
2340 Dazu u. zum Voranstehenden *Merk*, S. 146.

arbeit deutlich optimiert.[2341] Im Wesentlichen soll Führung im Sinne des sozialen Managements ein oftmals problembelastetes Verhältnis zwischen Vorgesetzten und Mitarbeitern sowie die Beziehung der Beschäftigten untereinander zum Positiven hin verändern, indem die jeweilige Führungskraft für das Sozialklima in ihrer Unternehmenseinheit verantwortlich ist, sie frühzeitig auf verborgene Ängste und Konflikte aufmerksam wird und mit entsprechenden Maßnahmen darauf reagiert. Darauf basierende Führungsrichtlinien seitens der Unternehmensleitung gewährleisten zudem das Aufdecken von Verhaltensfehlern und das auf adäquaten Reaktionen oder Sanktionen beruhende Erzeugen einer Reifeentwicklung oder Situationsverbesserung.[2342]

Fester Bestandteil einer solchen sozialen Führung ist vor allem auch die schriftliche Fixierung der Grundsätze und Intensionen dieses Führungsstils, die Vorgaben für das Führungsverhalten von Vorgesetzten sowie für das Zusammenwirken aller Beschäftigten enthält und in einer für die Gesamtbelegschaft verbindlichen Form normiert wird.[2343] In diesem Rahmen sind von der Unternehmensleitung insbesondere folgende Punkte zu reglementieren

„- das zukünftige Rollenbild eines Vorgesetzten sowie seine hiermit verbundenen Pflichten gegenüber seinen Mitarbeitern und umgekehrt die von seinen Mitarbeitern zu erfüllenden Pflichten,
- die Grundsätze zur Schaffung guter Beziehungen zwischen Vorgesetzten und Mitarbeitern,
- die Grundsätze von Mitarbeitergesprächen in ihren Zielsetzungen und Abläufen,
- die Grundsätze der Dienstaufsicht und Kontrolle,
- die Grundsätze der Information hinsichtlich Inhalt, Umfang und Flussrichtung,
- die Grundsätze für die Anwendung von Anerkennung und Kritik sowie für ein Beurteilungswesen und eine betriebliche Weiterbildung,
- die Grundsätze einer Arbeitsplatzgestaltung,
- die Grundsätze für ein betriebliches Vorschlagswesen,
- die Grundsätze für die Einführung neuer Mitarbeiter,
- die Regeln des Beschwerdewesens.“[2344]

Wichtig ist dabei vor allem, dass die Regelungen allgemein verständlich formuliert, eventuell durch praktische Beispiele ergänzt und diesen ein Vorwort vorangestellt wird, welches das Bestreben sowie Vorteile des beabsichtigten Führungskonzepts erläutert.[2345] Außerdem muss ihre Befolgung von der Unternehmensleitung überwacht und bei Missachtung entsprechend sanktioniert werden. Überdies ist eine fortlaufende Überarbeitung dieser Normen und Anpassung an die betriebliche Entwicklung erforderlich.[2346] Diese, wie auch eine erstmalige Formulierung, wird zur Erreichung einer besseren Akzeptanz optimalerweise durch eine aktive Einbeziehung der Belegschaft vorgenommen.[2347] Dies kann geschehen durch ein unterstützendes Team an

2341 *Merk*, S. 147.
2342 Dazu u. zum Voranstehenden *Merk*, S. 147.
2343 *Merk*, S. 147.
2344 *Merk*, S. 147 f.
2345 *Merk*, S. 148.
2346 Dazu u. zum Voranstehenden *Merk*, S. 148.
2347 *Merk*, S. 148.

Mitarbeitern, welches als beratendes Organ der Unternehmensleitung agiert und insoweit auch echte Mitsprache- und Gestaltungsrechte besitzt, aus Beschäftigten unterschiedlicher Abteilungen besteht und in seiner Struktur ungefähr den Querschnitt der Belegschaft repräsentiert, fünf bis zehn Mitarbeiter umfasst sowie selbstorganisiert ist und regelmäßig (z. B. monatlich) zusammenkommt.[2348] Die Mitwirkung sollte sich dabei insbesondere auf Angelegenheiten beziehen wie die Entwicklung von Zielen und Unternehmensgrundsätzen, die Folgerung von Grundsätzen und Richtlinien, die Umsetzung und Überprüfung der Befolgung, die Konzipierung von Schulungen sowie die Vermittlung von Informationen mit Multiplikatorfunktion in der Belegschaft.[2349]

Zur Optimierung eines solchen Managements können in ein derartiges Führungskonzept schließlich – soweit je nach Unternehmensart und Unternehmensgröße möglich – auch die übrigen oben dargestellten Präventions- und Interventionsmaßnahmen weitestgehend implementiert werden. In diesem Zusammenhang sollten psychosoziale Kennwerte ohnehin grundsätzlich in der Gestaltung der Arbeitsprozesse Berücksichtigung finden.

An erster Stelle steht die Schaffung eines Problembewusstseins im Unternehmen für die Mobbingthematik. Denn eine größere Sensibilität für zwischenmenschliche Spannungen vereinfacht den Umgang mit diesen und ermöglicht es frühzeitig, den Konflikt aufzulösen. Des Weiteren ist daran zu denken die, im Rahmen der Präventionsmaßnahmen vorgestellten, personellen und strukturell-organisatorischen Methoden[2350] der jeweiligen Eigenart des Betriebes entsprechend anzupassen und im Rahmen des eigenen Führungskonzeptes umzusetzen. Oberste Priorität genießen dabei stets eine klare Kommunikationspolitik und die Transparenz der Vorgänge für die Belegschaftsmitglieder. Einen weiteren Ansatzpunkt für Motivation und Gesundheit der Mitarbeiter kann darüber hinaus das Angebot unterschiedlichster, in die jeweilige Betriebsstruktur passender Tätigkeitsanreize darstellen. Schließlich ist die jeweils gelebte Unternehmenskultur maßgeblich für das Betriebsklima, welches wiederum großen Einfluss auf die Leistungsfähigkeit der Mitarbeiter hat, so dass insgesamt eine hohe Qualität der Arbeitsbedingungen gefordert ist.

Zugute zu halten ist einem solchen sozialen Management als Führungskonzept insbesondere dessen Personenorientiertheit. Inwiefern es jedoch tatsächlich eine wirksame und nachhaltige Mobbingvermeidungsstrategie darstellt, kann an dieser Stelle mangels Verifizierbarkeit nicht beantwortet werden. Auf die Problematik der fehlenden empirischen Erfolgsnachweisbarkeit sämtlicher in dieser Arbeit vorgestellten Methoden wird zu einem späteren Zeitpunkt gesondert eingegangen.[2351]

2348 *Merk*, S. 149.
2349 *Merk*, S. 148.
2350 Teil 3, Kapitel 2, II. 3. dieser Arbeit.
2351 Teil 3, Kapitel 2, VI. 1. dieser Arbeit.

V. Präventions- und Interventionsmaßnahmen für Klein(st)betriebe

Nicht alle Unternehmen verfügen aufgrund einer entsprechenden Größe über die Möglichkeiten und Infrastrukturen sowie die finanziellen Mittel, um sämtliche der oben dargestellten Präventions- und Interventionsmethoden in der beschriebenen Art und Weise umzusetzen. Daher stellt sich die Frage, welche Maßnahmen Klein- oder Kleinstbetrieben mit nur wenigen Mitarbeitern[2352] zur Verfügung stehen, um die Entstehung von Mobbing zu verhindern bzw. Mobbingaktivitäten frühzeitig zu erkennen und zu beenden.

Gleichermaßen wie bei großen bzw. mittelständischen Unternehmen kommen als Präventionsmaßnahmen insbesondere auch die Schaffung des Problembewusstseins bei allen Mitarbeitern[2353] sowie ein den obigen Ausführungen entsprechendes Kommunikations- und Führungsverhalten[2354] in Betracht. Zudem muss auch in kleinen Betrieben ein Fokus auf die Motivation der Mitarbeiter gelegt werden,[2355] etwa durch explizite Anerkennung ihrer Leistung, der Äußerung von Lob und Kritik in angebrachtem Maße und der rechten Art und Weise,[2356] der Übertragung von Verantwortung oder dem Angebot entsprechender Weiterbildungsmaßnahmen in fachlicher wie auch persönlicher Hinsicht.[2357] Weiterhin spielt ebenso wie in großen Betrieben die Gestaltung der organisatorischen Arbeitsbedingungen eine maßgebliche Rolle, so dass die Arbeitsabläufe transparent gestaltet und insbesondere klare Zuständigkeiten gegeben sein sollten. Auch bzw. gerade bei wenigen Mitarbeitern müssen diese gerecht behandelt werden, es darf keine Bevorzugung einzelner stattfinden und im Allgemeinen sollte jedem Mitarbeiter auch stets das Gefühl vermittelt werden, dass er als Mensch wahrgenommen wird. Auf diese Weise wird das Vertrauen in die Betriebsleitung gefördert, was erheblich zu einer positiven Arbeitsatmosphäre beiträgt. Einer

2352 An dieser Stelle sollen die Bezeichnungen Klein- und Kleinstbetrieb jedoch keiner exakten Definition zugeführt werden, da die Begriffe in unterschiedlichen Zusammenhängen uneinheitlich beschrieben werden: So klassifiziert z. B. die EU für ihre Förderprogramme Unternehmen mit weniger als fünfzig Mitarbeitern und einem Umsatz oder einer Jahresbilanz von bis zu zehn Millionen Euro als Kleinbetrieb und Unternehmen mit weniger als zehn Mitarbeitern und einem Umsatz oder einer Jahresbilanz von weniger als zwei Millionen Euro als Kleinstbetrieb (GründerLexikon, Wie unterscheiden sich Kleinstunternehmen, Kleinunternehmen, Einzelunternehmen und Nebengewerbe?). Demgegenüber gelten im Betriebsverfassungsrecht Unternehmen mit weniger als fünf ständig wahlberechtigten Arbeitnehmern gem. § 1 Abs. 1 S. 1, § 4 Abs. 2 BetrVG als Kleinstbetriebe. Daneben grenzt das Kündigungsschutzgesetz ohne genaue Bezeichnung des Betriebes für seine Anwendbarkeit danach ab, ob mehr als fünf bzw. zehn Arbeitnehmer (§ 23 KSchG) beschäftigt werden. Daher werden vorliegend unter Klein(st)betrieben solche Firmen verstanden, die so klein sind, dass Aufgaben wie die in dieser Arbeit beschriebenen Maßnahmen nicht von einer organisatorischen Einheit strukturell übernommen werden können, sondern unmittelbar bei der Betriebsleitung angesiedelt sind und in der allgemeinen Betriebsführung aufgehen. Dabei soll es nicht auf die konkrete Anzahl der Beschäftigten ankommen, sondern vielmehr auf die betriebliche Arbeitsaufteilung und die konkreten Arbeitsabläufe.

2353 Teil 3, Kapitel 2, II. 1. dieser Arbeit.

2354 Teil 3, Kapitel 2, II. 3. b) aa. dieser Arbeit.

2355 Teil 3, Kapitel 2, II. 3. d) ee. dieser Arbeit.

2356 Teil 3, Kapitel 2, II. 3. c) dd. (4) dieser Arbeit.

2357 Teil 3, Kapitel 2, II. 3. d) aa. dieser Arbeit.

solchen ebenso zuträglich ist die Vereinbarung und schriftliche Fixierung von Verhaltensregeln für einen respektvollen und wertschätzenden Umgang miteinander.[2358]

Letzlich dürfte es in kleinen Unternehmen aufgrund der dort zwangsläufig herrschenden flachen Hierarchien und der Möglichkeit des direkten persönlichen Kontakts mit allen Mitarbeitern einfacher sein, für eine gute Kommunikation und Information, eine strukturierte und transparente Arbeitsorganisation und damit für ein gutes Betriebsklima zu sorgen. Der (gegebenenfalls einzige) Vorgesetzte bzw. Geschäftsführer/Betriebsinhaber sollte eine Vorbildfunktion einnehmen, das direkte Gespräch mit seinen Mitarbeitern suchen, deren Beschwerden und Anliegen ernst nehmen, verdeutlichen, dass im Betrieb kein Intriganten- und Denunziantentum geduldet wird und bei Fehlern oder Problemen gemeinsam mit den Kollegen Lösungswege entwickeln. Gerade kleine Betriebe haben aufgrund der geringen Mitarbeiteranzahl eine gute Chance, ohne großen organisatorischen Aufwand eine familiäre Atmosphäre zu schaffen, in der etwaige Unterschiedlichkeiten anerkannt und gefördert werden, gegenseitige Unterstützung gewährleistet sowie das Gemeinschaftsgefühl dahingehend gestärkt wird, sich für einen gemeinsamen Erfolg einzusetzen. Denn sofern der Betriebsinhaber in ständigem Austausch mit seinen Mitarbeitern steht und ihm über den eigentlichen Unternehmenszweck hinaus deren Wohl am Herzen liegt, ist es für ihn wesentlich leichter, mögliche Unstimmigkeiten frühzeitig zu erkennen, zeitnah ein direktes Gespräch diesbezüglich zu suchen und die Problematik einer Lösung zuzuführen, als es in einem Betrieb mit komplexen Strukturen der Fall wäre.

Sofern allerdings bereits spezifische Mobbingaktivitäten aufgetreten sind, müssen auch in kleinen Betrieben zunächst die Ursachen ermittelt werden, um im Anschluss daran entsprechend reagieren zu können.[2359] Auch in kleinen Unternehmen sind als weitere Interventionsmethoden Überlegungen hinsichtlich einer Veränderung der Organisationsstrukturen anzustellen und soweit als möglich umzusetzen bzw. erkannte Mobbinganlässe zu beseitigen.[2360]

Darüber hinaus ist es dem Geschäftsführer/Betriebsinhaber bei einer geringen Mitarbeiterzahl gut möglich, selbst die Rolle des Konfliktmanagers[2361] einzunehmen und schlichtend einzugreifen. Auch hier sollte ein konstruktives Gespräch mit den Beteiligten das erste Mittel der Wahl sein. Ähnlich wie bei einer Mediation[2362] kann jedoch auch eine externe, nicht dem Betrieb angehörige Person als neutraler Schlichter hinzugezogen werden, sofern der Geschäftsführer/Betriebsinhaber dies aufgrund der konkreten Situation für geeignet erachtet.

Einen erheblichen Vorteil gegenüber größeren Unternehmen stellt auch der Umstand dar, dass die in Klein- oder Kleinstbetrieben gegebene unmittelbare Nähe der Be-

2358 Teil 3, Kapitel 2, II. 3. b) ee. dieser Arbeit.

2359 Insofern kann sich an den obigen Ausführungen zur Situationsanalyse und Ursachenklärung verwiesen werden: Teil 3, Kapitel 2, III. 1. e) bb. (2) dieser Arbeit.

2360 Teil 3, Kapitel 2, III. 1. e) bb. (3) dieser Arbeit.

2361 Teil 3, Kapitel 2, III. 1. e) aa. (2) (a), (b) sowie (d) bis (f) dieser Arbeit.

2362 Teil 3, Kapitel 2, III. 1. e) bb. (4) (e) dieser Arbeit.

legschaft zueinander sowie die einfachen und übersichtlichen Strukturen es dem Geschäftsführer/Betriebsinhaber erleichtern, die Vorgänge in seinem Betrieb zu überblicken, auf schädliche Entwicklungen früher aufmerksam zu werden und zeitnah geeignete Gegenmaßnahmen zu ergreifen. Eine gelungene Kommunikation und ein vorbildliches Führungsverhalten sind dabei auch hier Schlüsselfaktoren, um ein gesundes Betriebsklima zu schaffen, in dem sozialschädlichen Verhaltensweisen wie bei Mobbing kein Nährboden geboten wird.

VI. Schwachpunkte der vorgestellten Methoden

Den vorgestellten Präventions- und Interventionsmaßnahmen kann jedoch nicht völlig unkritisch begegnet werden: Insbesondere sind zum einen der Nachweis ihres Erfolges und zum anderen ihr Verhältnis zum strafrechtlichen Rechtsgüterschutz auf den Prüfstand zu stellen.

1. Keine empirische Erfolgsnachweisbarkeit

Beim Betrachten sämtlicher oben dargestellter Präventions- und Interventionsmaßnahmen drängt sich zunächst die Frage auf, inwiefern es gerechtfertigt ist, diese Methoden heranzuziehen, bzw. ob überhaupt auch zu verzeichnende nachweisbare Belege für deren Effektivität existieren.

Um die Wirksamkeit einer Methode im Allgemeinen zu attestieren, erfordert es eine empirische Nachweisbarkeit dahingehend, dass die mit ihr beabsichtigten Ziele auch tatsächlich erreicht werden können. Dabei ist die Qualität einer Maßnahme nicht daran zu bemessen, ob überhaupt irgendeine Veränderung eingetreten ist, sondern daran, wie genau – womit sowohl die Art als auch die Dauer der eingesetzten Mittel gemeint sind – die spezifischen Ziele bzw. Verbesserungen der betreffenden Situation erreicht werden können.

In der Mobbingforschung existieren zwar empirische Studien, jedoch beziehen sich diese auf das Vorkommen und die Auswirkungen von Mobbing.[2363] Demgegenüber lassen sich keine wissenschaftlich erprobten Nachweise für die Effektivität der vorgestellten Präventions- und Interventionsmethoden finden. Zudem wird auch seitens der Fachliteratur zur Mobbingprävention eingestanden, dass vor allem aufgrund der Verschiedenartigkeit der Fälle und der Individualität der beteiligten Personen nicht gewährleistet werden kann, dass in jedem Einzelfall die empfohlenen Maßnahmen gegen Mobbing zu dem gewünschten Ergebnis führen: Auch wenn alle angebotenen Bewältigungsstrategien realisiert werden, bleibe stets ein Restrisiko bestehen, dass es dennoch zu einer Zuspitzung des zunächst unschädlichen Konflikts komme.[2364]

2363 Vgl. z. B. *Meschkutat/Stackelbeck/Langenhoff*, Der Mobbing-Report. Repräsentativstudie für die Bundesrepublik Deutschland oder *Eisermann/de Constanzo*, Die Erfassung von Mobbing – Eine Konstruktvalidierung aktueller Datenerhebungsverfahren.

2364 *Kratz*, S. 5.

Dies bedeutet jedoch nicht, dass den Maßnahmen positive Effekte abzusprechen sind. Sie wurden überwiegend von verschiedenen Experten der Konflikt- und Mobbingforschung aus den unterschiedlichen Wissenschaften wie etwa der (Arbeits-)Psychologie, der Pädagogik, der Soziologie oder der Betriebsökonomie entwickelt. Zur Herleitung der jeweiligen Methoden hat dabei die Mehrheit der Autoren auf die gewonnenen – empirisch belegten – Erkenntnisse zur Entstehung von Mobbing zurückgegriffen. Auch betreiben immer mehr Unternehmen einen nicht unerheblichen (organisatorischen und finanziellen) Aufwand, um zwischenmenschliche Störungen zu verhindern bzw. zu minimieren. Dies lässt auf eine auf Eigeninteresse basierte und damit authentische Überzeugung der mit dem Phänomen (zwangsläufig) befassten Akteure von der Wirksamkeit verschiedener Methoden schließen.

Überdies dürfte eine große Schwierigkeit für eine Wirksamkeitsevaluation auch darin liegen, dass es sich bei Mobbing um ein Phänomen mit hoher Komplexität handelt, das zahlreichen Einflussfaktoren ausgesetzt ist. Aufgrund dessen gestaltet es sich äußerst problematisch, die unmittelbare Auswirkung von vorbeugenden Maßnahmen auf das Auftreten von Mobbing nachzuweisen. Denn zum einen kann nicht mit Sicherheit eine Aussage darüber getroffen werden, weshalb Mobbing gerade nicht aufgetreten ist, und zum anderen ist es im Rahmen eines Programms nicht realisierbar, alle Einflussfaktoren entsprechend zu modifizieren.[2365] Teilweise gelingt es gegebenenfalls noch, Festellungen über die Effektivität von Interventionsmaßnahmen in einer sehr frühen Phase des Mobbings zu treffen. Allerdings dürfte sich eine Messung umso schwieriger gestalten, je weiter man sich in der Reihe von Einflussfaktoren vom Schauplatz des Geschehens und vom Zeitpunkt der jeweiligen Mobbingaktivität entfernt. Dann erscheint es kaum möglich, einen konkreten Effekt der entsprechenden Maßnahme auf das Problem nachzuweisen.[2366] Es bedürfte also einer sehr aufwendigen Konzeption und Durchführung einer entsprechenden Studie zu den unterschiedlichen Methoden, um zu messbaren Ergebnissen zu gelangen. Letztlich kann hier, auch weil im Rahmen dieser Arbeit keine Evaluation leistbar ist, keine vollständig befriedigende Antwort auf die Frage nach der tatsächlichen und konkreten Effektivität der Maßnahmen gegeben werden.

Obgleich also nicht übersehen werden darf, dass empirische Nachweise ausstehen, geht die Fachwissenschaft von der Effektivität der Methoden aus und auch die von zunehmend mehr Unternehmen getroffenen Vorkehrungen gegen Mobbing indizieren deren Erfolg.

2365 *Hafen*, S. 12.
2366 *Hafen*, S. 12.

2. Verhältnis zum strafrechtlichen Rechtsgüterschutz

Bei den Autoren der oben vorgestellten Präventions- und Interventionsmaßnahmen handelt es sich vornehmlich um (Arbeits-)Psychologen,[2367] Pädagogen,[2368] Soziologen,[2369] aber auch um Verwaltungswirte[2370], Juristen[2371] oder Betriebsökonomen,[2372] die in der Mobbingforschung tätig sind.

Nicht nur, aber insbesondere die von den Ökonomen vorgeschlagenen Anti-Mobbing-Methoden erwecken dabei den Eindruck, dass das mit den Maßnahmen verfolgte Ziel vornehmlich darin bestünde, die enormen Kosten, die ein Mobbinggeschehen für ein Unternehmen mit sich bringt,[2373] zu vermeiden bzw. so gering wie möglich zu halten. Daher und weil Faktoren zur Kostensenkung in der Wirtschaft generell eine bedeutende Rolle spielen, stellt sich die Frage, inwieweit ein solches Ziel mit dem strafrechtlichen Zweck des Rechtsgüterschutzes zu vereinbaren ist.

Als Schutzrecht besteht die Aufgabe des Strafrechts darin, bestimmte Rechtsgüter zu schützen. Unter Rechtsgütern werden solche Werte verstanden, die durch die Rechtsordnung bewahrt werden sollen, wobei es sich sowohl um Rechtsgüter des Einzelnen (wie etwa das Leben, die körperliche Unversehrtheit, die Freiheit) als auch um solche der Allgemeinheit (z. B. die Rechtspflege, die Umwelt) handeln kann.[2374] Die bei Mobbing vor allem in Betracht kommenden Tatbestände der Körperverletzung, Beleidigung, Nötigung oder der sexuellen Belästigung[2375] betreffen mit ihren Schutzgütern der körperlichen Unversehrtheit, der Ehre, der Freiheit bzw. der sexuellen Selbstbestimmheit Rechtsgüter des Einzelnen. Deren Schutz dürfte durch die vorgestellten Maßnahmen nicht gefährdet werden.

Eine solche Gefährdung ist jedoch nicht ersichtlich, da die Methoden erkennen lassen, dass das Wohl aller bzw. des einzelnen Beschäftigten im Fokus steht: Insbesondere die Präventionsmaßnahmen, wie beispielsweise die Empfehlungen für das Führungs- und Kommunikationsverhalten, für den Inhalt einer Betriebsvereinbarung oder einer sozialen Corporate Identity, die verschiedenen Vorschläge im Bereich der Personalförderung oder der Arbeitsorganisation sind darauf gerichtet, für eine gute körperliche und seelische Verfassung des Einzelnen sowie für ein gedeihliches Miteinander bzw. eine produktive Zusammenarbeit sämtlicher Beschäftigten zu sorgen. Auch bei den Interventionsmaßnahmen wie z. B. den angeratenen Reaktionsmöglichkeiten für den Betroffenen und den verschiedenen Unterstützungsvarianten durch das Unternehmen bzw. die Führungskräfte (Mediation, Supervision, medizinische und psychosoziale

2367 So etwa *Carotti*, *Esser* von Esser/Wolmerath, *Heidenreich*, *Kolodej*, *Neuberger*, *Poppelreuter* u. *Mierke*, *Resch*, *Zuschlag*.

2368 So etwa *Heidenreich*, *Schild* u. *Heeren*.

2369 So etwa *Kolodej*.

2370 So etwa *Grünwald* von Grünwald/Hille, *Kratz*, *Prosch*.

2371 So etwa *Hille* von Grünwald/Hille, *Wolmerath* von Esser/Wolmerath.

2372 So etwa *Glasl*, *Glawe*, *Merk*.

2373 Teil 1, Kapitel 3, II. 4. dieser Arbeit.

2374 *Eisele/Heinrich*, Rn. 9; *Hoffmann-Holland*, Rn. 10 m. w. N.; vgl. ebenso *Krey/Esser*, Rn. 5 ff.; *Wessels/Beulke/Satzger*, Rn. 9, 11 m. w. N.

2375 Teil 2, Kapitel 5, I. dieser Arbeit.

Rehabilitation usw.) geht es zentral um die Verbesserung der (gesundheitlichen) Verfassung des Betroffenen sowie – zum Wohle der einzelnen Mitarbeiter – des Betriebsklimas im Ganzen. Damit fördern sämtliche Mobbingvermeidungsstrategien den Schutz der Werte, die durch sämtliche Straftatbestände, welche bei Mobbing eine Rolle spielen können, bewahrt werden sollen. Sofern daneben eine weitere oder sogar die eigentliche Intention für die Entwicklung und Anwendung der Methoden ist, Kosten zu senken (etwa durch die Steigerung der Leistungsfähigkeit der Mitarbeiter, weniger Krankheitsausfälle etc.), schadet das nicht, da dieses Vorhaben in keinem Widerspruch zum strafrechtlichen Rechtsgüterschutz steht.

C. Kapitel 3: Resümee

Mobbing, das sowohl in personeller Hinsicht als auch in der Art und Weise seines Vorkommens sehr vielfältig sein kann, ist ein prozesshaftes Geschehen, bei dem es über einen längeren Zeitraum immer wieder zu systematisch eingesetzten, vom Opfer als schikanierend empfundenen Handlungen kommt, die darauf abzielen, den Betroffenen sozial zu isolieren, ihn zunehmend zu schwächen, zu zermürben und ihn letztlich aus dem Sozialgefüge am Arbeitsplatz zu stoßen. In der Regel ist Mobbing auf einen unverarbeiteten Ausgangskonflikt zurückzuführen, der mit fortschreitender Dauer eskaliert ist und bei dem im Laufe der Zeit statt der Sache die Person des Mobbingopfers in den Mittelpunkt des Geschehens rückt. Die Folgen von Mobbing sind vor allem für den Betroffenen immens, da nicht nur dessen berufliche Existenz, sondern auch regelmäßig seine körperliche und seelische Verfassung stark in Mitleidenschaft gezogen wird. Zudem ergeben sich auch für das Unternehmen, in dem Mobbing auftritt, erhebliche, vor allem finanzielle, Belastungen, die es zu vermeiden gilt.

In strafrechtlicher Hinsicht bewegen sich die eingesetzten Mobbinghandlungen zu Beginn des Prozesses meist noch im Bereich des rechtlich Erlaubten, was sich jedoch mit zunehmender Dauer dahingehend verändert, dass sich die Wahrscheinlichkeit der Verwirklichung von Straftatbeständen erhöht. Angesichts der verschiedenen Mobbinghandlungen können die unterschiedlichsten Delikte in Betracht gezogen werden. Typischerweise spielen in Zusammenhang mit Mobbing die Körperverletzungs-, Nötigungs- und Beleidigungsdelikte eine wesentliche Rolle. Daneben kann auch der relativ junge Straftatbestand der sexuellen Belästigung im Rahmen eines Mobbinggeschehens eine nicht unerhebliche Bedeutung erlangen.

Die große Besonderheit und auch Schwierigkeit bei der strafrechtlichen Bewertung von Mobbing stellt der Umstand dar, dass einzelne Handlungen oft noch nicht die Schwelle zur Strafbarkeit überschreiten, sondern erst im Gesamtkontext ihre für das Opfer schädigende Wirkung entfalten. Vor allem aufgrund dessen brachte die strafrechtliche Untersuchung von Mobbing das Ergebnis, dass eine strafrechtliche Sanktionierung nach dem gegenwärtigen deutschen Strafrecht zwar durchaus möglich, aber nicht vollkommen lückenlos ist. Entgegen vereinzelter Forderungen nach der Schaffung eines Mobbingtatbestandes sollen nach hier vertretener Ansicht jedoch schwindende soziale Normen und Werte gerade nicht zunehmend durch Straftatbestände ersetzt werden. Zum einen bietet das deutsche Strafrecht in Extremfällen bereits strafrechtlichen Schutz,[2376] welcher durch das von der 23. Bundesregierung der Bundesrepublik Deutschland geplante Unternehmenssanktionsrecht[2377] noch weiter an Relevanz gewinnt, da in der Regel wohl eine von der Rechtsprechung bereits geforderte Bezugsstraftat[2378] vorliegen wird. Zum anderen genießen ohnehin nach dem Ultima-Ratio-Prinzip[2379] zunächst außerstrafrechtliche Lösungen Vorrang vor dem Strafrecht „als schärfstem Schwert des Staates". Sinnvoller und erfolgsversprechender als repressive Maßnahmen erscheint daher vielmehr ein präventiver Ansatz zur Vermeidung von Mobbing. Auch ausgehend vom kriminologischen Standpunkt und vor allem mit Blick auf das Mobbingopfer, dem durch eine strafrechtliche Auseinandersetzung eine weitere Stigmatisierung droht und das durch die Eigenart des Mobbinggeschehens bereits ohnehin der sozialen Isolation ausgesetzt ist, sollte die Lösung der Mobbingthematik somit vorzugsweise auf psychosozialer Ebene gesucht werden.

Innerhalb der Präventions- und Interventionsmaßnahmen gegen Mobbing, die den Gegenstand des dritten Teils dieser Arbeit bilden, lässt sich keine strikte Trennung

2376 Teil 2, Kapitel 2 bzw. Kapitel 5, I. dieser Arbeit.

2377 In Deutschland wird seit geraumer Zeit über die Einführung der strafrechtlichen Verantwortlichkeit von Unternehmen und Verbänden kontrovers diskutiert. Ein solches Unternehmenssanktionsrecht würde Unternehmen selbst zur Verantwortung ziehen und zu Adressaten von Strafen machen. Aufgrund ihrer Breite kann diese Thematik hier nicht ausführlich erörtert werden. Hingewiesen sei in diesem Zusammenhang dennoch auf die wesentliche Entwürfe für ein solches Gesetz, nämlich auf den (stark kritisierten) nordrhein-westfälischen Entwurf aus dem Jahr 2013 (Land Nordrhein-Westfalen, Gesetzesantrag: „Entwurf eines Gesetzes zur Einführung zur strafrechtlichen Verantwortlichkeit von Unternehmen und sonstigen Verbänden") sowie auf den Kölner Entwurf aus dem Jahr 2017 (Universität zu Köln, „Kölner Entwurf eines Verbandssanktionsgesetzes"). Nachdem auch im Koalitionsvertrag der Bundesregierung vom 07.02.2018 eine Neuregelung des „Sanktionsrechts für Unternehmen" im Rahmen des Kapitels zur Rechtspolitik (Zeilen 5895–5920) vereinbart wurde, publizierte das Bundesministerium der Justiz und für Verbraucherschutz (BMJV) am 21.04.2020 einen Referentenentwurf eines „Verbandssanktionengesetz – VerSanG-E" unter dem Titel „Gesetz zur Stärkung der Integrität in der Wirtschaft". Dieser wurde trotz massiver Kritik seitens verschiedener Verbände und Organisationen am 16.06.2020 unverändert als Regierungsentwurf von der Bundesregierung beschlossen. Kern dieses Gesetzes war die Neuregelung der Sanktionierung von Unternehmen bei betriebsbezogenen Mitarbeiterstraftaten (Verbandssanktionengesetz). Danach sollten etwa Steuerhinterziehung, Förderung von Scheinselbständigkeit, Marktmanipulation, Korruption oder Mindestlohnverstöße zu Geldsanktionen von bis zu 10 Prozent des Jahresumsatzes führen können. Nach Einbringung des Entwurfs in den Bundestag am 21.10.2020 geriet der Gesetzgebungsprozess allerdings ins Stocken. In der 19. Legislaturperiode des Deutschen Bundestags durch die 23. Bundesregierung der Bundesrepublik Deutschland ist daher nicht mehr mit einem solchen Gesetz zu rechnen.

2378 Vorbehaltlich der Entscheidung des BGH, Urt. v. 20.10.2011 – 4 StR 71/11, BGHSt 57, 42 (45 ff.), in welcher die grundsätzlich erforderliche Bezugstat im konkreten Fall abgelehnt wurde, da die Körperverletzungen nur „bei Gelegenheit der Tätigkeit im Betrieb" begangen worden seien und der Geschäftsherr im Ergebnis nicht für eine insgesamt straffreie Lebensführung seiner Mitarbeiter während der Arbeitszeit verantwortlich gemacht werden könne. Dazu auch bereits Teil 2, Kapitel 2, V. 2. a) aa. dieser Arbeit.

2379 *Wessels/Beulke/Satzger*, Rn. 15 m. w. N.; vgl. ebenso *Hoffmann-Holland*, Rn. 11.

der einzelnen Methoden vornehmen, da die verschiedenen Strategien nicht selten ineinanderübergehen. In erster Linie sollte jedenfalls versucht werden, im Wege der Prävention Mobbing überhaupt nicht erst zur Entstehung gelangen zu lassen bzw. dem Mobbinggeschehen schon in einer frühen Phase Einhalt zu gebieten, um die schädlichen Konsequenzen von Mobbing soweit wie möglich zu vermeiden. Sobald mobbingtypische oder mobbingähnliche Verhaltensweisen – für die die ganze Belegschaft zuvor unbedingt sensibilisiert werden sollte – auftreten, bedarf es umgehend einer Ursachenanalyse, welche ein ursachenspezifisches Vorgehen ermöglicht und zum Ziel hat, durch entsprechende Veränderung der Bedingungen Mobbing auf allen Hierarchieebenen konsequent zu unterbinden.

Eine Betrachtung der oben dargestellten Präventions- und Interventionsmethoden lässt erkennen, dass vor allem zwei Aspekten eine Schlüsselrolle zukommt, nämlich der Kommunikation und der Führung in einem Unternehmen. Neben den verschiedenen Einzelmaßnahmen, die sich explizit auf diese beiden Faktoren beziehen, erscheint auch das vorgestellte Modell des sozialen Managements als Gesamtkonzept durchaus geeignet, eine nachhaltige Lösungsmöglichkeit für die Mobbingproblematik zu bieten. Bei diesem Ansatz steht der einzelne Mitarbeiter auf gleicher Relevanzstufe mit den sonstigen – vornehmlich ökonomischen – Unternehmenszielen, wie z. B. insbesondere der Erhöhung der Profitabilität. Dieser Umstand kommt nicht zuletzt wieder insofern dem Unternehmen selbst zugute, als gesundes Humankapital in der heutigen Zeit den entscheidenden Wettbewerbsvorteil darstellen kann. In jedem Fall muss es ein langfristiges Ziel für sämtliche Unternehmen bzw. Organisationen sein, dass neben einem erweiterten Tätigkeitsverständnis von der Arbeit, welches über die klassische Erwerbstätigkeit hinausgeht, die oben genannten Personalauswahlkriterien wichtiger Bestandteil der Organisationspolitik werden.

Letztlich ist ein Unternehmen bzw. eine Organisation, sei es aus betriebsexternen oder betriebsinternen Gründen, ständigen Veränderungen unterworfen, so dass auch eine erfolgreiche Mobbingbekämpfung einen fortwährenden Prozess darstellt. Sofern jedoch die skizzierten (Management-)Methoden – obgleich nicht übersehen werden darf, dass empirische Nachweise dafür ausstehen – von allen Mitarbeitern auch tatsächlich umgesetzt und gelebt werden, kann die Entstehung von Mobbing von vornherein mit großer Wahrscheinlichkeit signifikant erschwert werden. Im Rahmen des wirtschaftlich Möglichen können auf diese Weise sowohl in personeller als auch in strukturell-organisatorischer Hinsicht mobbingauslösende Stressoren vermieden und Mobbing somit weitestgehend verhindert werden.

Literaturverzeichnis

Abdi-Herrle, Sasan
Ein Nein reicht aus, in ZEIT ONLINE vom 07. Juli 2016. Siehe Internetquellen

Aigner, Martin
Tätlichkeiten im Betrieb, in DB 1991, S. 596 ff.

Albrecht, Peter-Alexis
Kriminologie. Eine Grundlage zum Strafrecht, 4. Auflage, München 2010

Altvater, Lothar / *Baden*, Eberhard / *Berg*, Peter / *Kröll*, Michael / *Noll*, Gerhard / *Seulen*, Anna
Bundespersonalvertretungsgesetz mit Wahlordnung und ergänzenden Vorschriften sowie vergleichenden Anmerkungen zu den Landespersonalvertretungsgesetzen, 9. Auflage, Frankfurt am Main 2016; zit.: Altvater/Baden/Berg/Kröll/Noll/Seulen-Bearbeiter, § Rn.

Amelung, Knut
Die Ehre als Kommunikationsvoraussetzung, Baden-Baden 2002

Amtsblatt der Europäischen Union (EU)
RICHTLINIE (EU) 2019/1937 DES EUROPÄISCHEN PARLAMENTS UND DES RATES vom 23. Oktober 2019 zum Schutz von Personen, die Verstöße gegen das Unionsrecht melden. Siehe Internetquellen

Antidiskriminierungsstelle (ADS) des Bundes
Forschung der ADS auf einen Blick: Sexuelle Belästigung am Arbeitsplatz – Vorkommen, Wissenstand und Umgangsstrategien (2015). Siehe Internetquellen

Antidiskriminierungsstelle (ADS) des Bundes
Sexuelle Belästigung am Arbeitsplatz. Ergebnisse einer repräsentativen Umfrage unter Beschäftigten in Deutschland (2015). Siehe Internetquellen

Antidiskriminierungsstelle (ADS) des Bundes
Sexuelle Belästigung am Arbeitsplatz. Umfrage unter 667 Personalverantwortlichen und Betriebsräten (2015). Siehe Internetquellen

Arentewicz, Gerd / *Fleissner*, Alfred
Arbeitsplatzkonflikte. Mobbing als Psychoterror am Arbeitsplatz. Ursachen, Folgen und Formen der Hilfe, Frankfurt am Main 2003

Arzt, Gunther / *Weber*, Ulrich / *Heinrich*, Bernd / *Hilgendorf*, Eric
Strafrecht Besonderer Teil, Lehrbuch, 3. Auflage, Bielefeld 2015; zit.: Arzt/Weber/Heinrich/Hilgendorf-Bearbeiter, § Rn.

Asbjørn, Mathiesen
Cybermobbing und Cybergrooming. Neue Kriminalitätsphänomene im Zeitalter moderner Medien, in Jahrbuch des Kriminalwissenschaftlichen Instituts der Leibniz Universität Hannover, 2014. Siehe Internetquellen

Aul, Michael Markus
Stalking – Phänomenologie und strafrechtliche Relevanz, Dissertation, Gießen 2008

Ausfelder, Trude
Mobbing. Konflikte am Arbeitsplatz erkennen, offen legen und lösen, 2. Auflage, München 2001

Bayer, Diana / *Kern*, Angela
Broschüre des Frauenbüros der Stadt Ulm, Ulm 2002. Siehe Internetquellen

Bauer, Jobst-Hubertus / *Krieger*, Steffen / *Günther*, Jens
Gleichbehandlungsgesetz und Entgelttransparenzgesetz, Kommentar, 5. Auflage, München 2018; zit.: Bauer/Krieger/Günther, § Rn.

Beck, Karl
Die sexuelle Handlung, Stuttgart 1988

Benecke, Martina
„Mobbing" im Arbeitsrecht, in NZA-RR 2003, S. 225 ff.

Bertelsmann, Klaus
Sexuelle Beeinträchtigung im Betrieb, in AiB 1987, S. 123 ff.

Beulke, Werner / *Bachmann*, Gregor
Die Lederspray-Entscheidung – BGHSt 37, 106, in JuS 1992, S. 737 ff.

Betriebskrankenkasse (BKK)
BKK Gesundheitsatlas 2015, Gesundheit in Regionen – Blickpunkt Psyche. Siehe Internetquellen

Blum, Heike / *Beck*, Detlef
No blame appoach: Mobbing-Intervention in der Schule, Praxishandbuch, 4. Auflage, Köln 2014

Bochmann, Günter
Mobbing und die hergebrachten Grundsätze des Berufsbeamtentums, in ZBR 2003, S. 257 ff.

Bock, Michael
Kriminologie, 5. Auflage, München 2019

Bosetzky, Horst / *Heinrich*, Peter / *Schulz zur Wiesch*, Jochen
Mensch und Organisation. Aspekte bürokratischer Sozialisation. Eine praxisorientierte Einführung in die Soziologie und Sozialpsychologie der Verwaltung, 6. Auflage, Stuttgart 2002

Bottke, Wilfried
Haftung aus Nichtverhütung von Straftaten Untergebener in Wirtschaftsunternehmen de lege lata, Berlin 1994

Brammsen, Joerg
Die Entstehungsvoraussetzungen der Garantenpflichten, Berlin 1986

Braun, Stefan
Mobbing, in DÖD 2002, S. 265 ff.

Brinkmann, Ralf
Mobbing, Bullying, Bossing. Treibjagd am Arbeitsplatz, 3. Auflage, Heidelberg 2011

Brockhaus-Enzyklopädie
Enzyklopädie in 24 Bänden, 17. Auflage, Band 16 (Rit-Scho), Wiesbaden 1973

Brommer, Ulrike
Mobbing. Psycho-Krieg am Arbeitsplatz und was man dagegen zun kann, München 1995

Brunnhuber, Stefan / *Lieb*, Klaus
Psychatrie, 5. Auflage, München 2004

Bundesregierung
Koalitionsvertrag der Bundesregierung vom 07. Februar 2018. Siehe Internetquellen

Burisch, Matthias
Das Burnout-Syndrom. Theorie der inneren Erschöpfung, Berlin/Heidelberg 1994

Buß, Sebastian
Der Weg zu einem deutschen Stalkingtatbestand. § 238 StGB, Dissertation, Hamburg 2008

Carotti, Chantal
Mobbing im Unternehmen. Möglichkeiten der Prävention und Intervention, Saarbrücken 2007

Coser, Lewis A.
Theorie sozialer Konflikte, Neuwied/Berlin 1972

DAK-Gesundheit
DAK Psychoreport 2015. Deutschland braucht Therapie. Herausforderung für die Versorgung. Siehe Internetquellen

DAK-Gesundheit
DAK Gesundheitsreport 2016. Analyse der Arbeitsunfähigkeitsdaten. Schwerpunkt: Gender und Gesundheit. Siehe Internetquellen

Dallinger, Wilhelm
Aus der Rechtsprechung des Bundesgerichtshofs in Strafsachen, in MDR 1966, S. 196 ff.

Dannecker, Christoph
Die Folgen der strafrechtlichen Geschäftsherrenhaftung der Unternehmensleitung für die Haftungsverfassung juristischer Personen. Zugleich Besprechung von BGH, Urteil vom 10. Juli 2012 – VI ZR 341/10, in NZWiSt 2012, S. 441 ff.

Danwitz, von Klaus-Stephan
Examens-Repetitorium Kriminologie, Heidelberg 2004

Däubler, Wolfgang
Mobbing und Arbeitsrecht, in BB 1995, S. 1347 ff.; zit.: Däubler, BB 1995, S.

Däubler, Wolfgang
Arbeitsrecht. Ratgeber für Beruf, Praxis und Studium, 9. Auflage, Frankfurt am Main 2011; zit.: Däubler, Rn.

Däubler, Wolfgang
Zurückhaltung des Rechts, Mobbing und das Arbeitsrecht – eine Bestandsaufnahme, in Leymann: Der neue Mobbing-Bericht, Reinbek bei Hamburg 1995, S. 76 ff.; zit.: Däubler, in Leymann (1995), S.

Däubler, Wolfgang / *Kittner*, Michael / *Klebe*, Thomas / *Wedde*, Peter (Hrsg.)
BetrVG. Betriebsverfassungsgesetz. Kommentar für die Praxis mit Wahlordnung und EBR-Gesetz, 16. Auflage, Frankfurt am Main 2018; zit.: Däubler/Kittner/Klebe/Wedde-Bearbeiter, § Rn.

Daxenberger, Matthias
Kumulationseffekte – Grenzen der Erfolgszurechnung im Umweltstrafrecht, Baden-Baden 1997

Deckers, Rüdiger
Zur Reform des Sexualstrafrechts durch das StÄG 2016, in StV 2017, S. 410 ff.

Delhees, Karl
Interpersonelle Konflikte und Konflikthandhabung in Organisationen, Bern 1979

Dencker, Friedrich
Kausalität und Gesamttat, Berlin 1996

Deutsche Gesellschaft für Supervision e. V. (DGSv)
Supervision – ein Beitrag zur Qualifizierung beruflicher Arbeit. Siehe Internetquellen

Deutscher Bundestag
Ausschuss für Arbeit und Soziales, Anhörung „Schwierige Konkretisierung des Mobbingbegriffs" (27.01.2020). Siehe Internetquellen

Deutscher Bundestag
Beschluss des Petitionsausschusses des Deutschen Bundestages zur Petition: Besonderer Teil des Strafgesetzbuches – Anerkennung von Mobbing am Arbeitsplatz als Straftatbestand (25. Februar 2016). Siehe Internetquellen

Deutscher Bundestag
Dokumente, Abschließende Beratungen ohne Aussprache; zit.: Deutscher Bundestag, Abstimmung. Siehe Internetquellen

Deutscher Bundestag
Recht und Verbraucherschutz/Ausschuss: „Nein heißt Nein" im Sexualstrafrecht (06. Juli 2016). Siehe Internetquellen

Deuschle, Miriam
Mobbing am Arbeitsplatz – mehr als nur ein wirtschaftlicher Schaden, Bachelorarbeit an der Hochschule für öffentliche Verwaltung und Finanzen Ludwigsburg im Studienjahr 2010/2011. Siehe Internetquellen

Dieball, Heike
Mobbing und Arbeitsrecht, Bemerkungen zu Gralka, BB 1995, 2651, in BB 1996, S. 483 f.

Diergarten, Eckhard
Mobbing. Wenn der Arbeitsalltag zum Alptraum wird, Köln 1994

Dietl, Markus
Mobbing im Heim. Gewaltfreie Lösungswege, Wiesbaden 2015

Dingeldey, Thomas
Anmerkung zu BGH, Beschluss vom 08.10.1981 – StR 449/450/81 (LG Heidelberg), in NStZ 1982, S. 160 f.

Dollard, John / *Miller*, Neal E. / *Doob*, Leonhard / *Mowrer*, O. / *Sears*, Robert
Frustration und Aggression, 4. Auflage, Weinheim/Berlin/Basel 1972

Duden, online-Wörterbuch
Standardnachschlagewerk zur deutschen Sprache, Stichwort: Drangsalieren. Siehe Internetquellen

Dunckel, Heiner / *Zapf*, Dieter
Psychischer Stress am Arbeitsplatz. Belastungen, gesundheitliche Folgen, Gegenmaßnahmen, Köln 1986

Dütz, Wilhelm / *Thüsing*, Gregor
Arbeitsrecht, 23. Auflage, München 2018

Eckardstein, von Dudo / *Lueger*, Günter / *Niedl*, Klaus / *Schuster*, Brigitte
Psychische Befindensbeeinträchtigungen und Gesundheit im Betrieb. Herausforderungen für Personalmanager und Gesundheitsexperten, München 1995

Eiden, Joachim
§ 238 StGB: Vier neue Absätze gegen Stalker, in ZIS 2008, S. 123 ff.

Eisele, Jörg
Der Kernbereich des Computerstrafrechts, in JURA 2012, S. 922 ff.

Eisele, Jörg / *Heinrich*, Bernd
Strafrecht Allgemeiner Teil für Studienanfänger, Stuttgart 2017

Eisenberg, Ulrich / *Kölbel*, Ralf
Kriminologie, 7. Auflage, Tübingen 2017

Eisermann, Jens / *de Costanzo*, Elisabetta
Die Erfassung von Mobbing – Eine Konstruktvalidierung aktueller Datenerhebungsverfahren (Projekt F 2128 – im Auftrag der Bundesanstalt für Arbeitsschutz und Arbeitsmedizin), 2011. Siehe Internetquellen

Eriksson, Björn
Mobbning. En sociologisk diskussion, in Sociologisk Forskning. Bd. 2001, Nr. 2, S. 8 ff.

Eser, Albin
„Sozialadäquanz“: eine überflüssige oder unverzichtbare Rechtsfigur? Überlegungen anhand sozialüblicher Vorteilsgewährungen, in Festschrift für Claus Roxin zum 70. Geburtstag am 15. Mai 2001, hrsg. v. Schünemann, Bernd / Achenbach, Hans / Bottke, Wilfried / Haffke, Bernhard / Rudolphi, Hans-Joachim, Berlin 2001, S. 199 ff.

Esser, Axel / *Wolmerath*, Martin
Mobbing und psychische Gewalt. Der Ratgeber für Betroffene und ihre Interessenvertretung, 8. Auflage, Frankfurt am Main 2011; zit.: Esser/Wolmerath, S.

Esser, Axel / *Wolmerath*, Martin
Mobbing – Handlungsmöglichkeiten des Betriebsrats, in AiB 1996, S. 540 ff.; zit.: Esser/Wolmerath, AiB 1996, S.

Esser, Werner M.
Individuelles Konfliktverhalten in Organisationen, Stuttgart 1975

Euler, Hans-Peter
Das Konfliktpotential industrieller Arbeitsstrukturen, Opladen 1977

Europäisches Parlament
Generaldirektion Wissenschaft, Arbeitsdokument „Mobbing am Arbeitsplatz“, SOCI 108 DE, 2001; zit.: Europäisches Parlament, SOCI 108 DE, S.

Fehlau, Eberhard G.
30 Minuten Mobbing, 2. Auflage, Offenbach 2012

Fehr, Anja
Mobbing am Arbeitsplatz. Eine strafrechtliche Analyse des Phänomens Mobbing, Dissertation, Gießen 2005

Filipp, Sigrun-Heide
Kritische Lebensereignisse, München 1981

Fischer, Thomas
Strafgesetzbuch. StGB mit Nebengesetzen, Kommentar, 66. Auflage, München 2019

Fitting, Karl / *Engels*, Gerd / *Schmidt*, Ingrid / *Trebinger*, Yvonne / *Linsenmaier*, Wolfgang
Betriebsverfassungsgesetz mit Wahlordnung, Handkommentar, 29. Auflage, München 2018; zit.: Fitting/Engels/Schmidt/Trebinger/Linsenmaier, § Rn.

Freudenberg, Dagmar
Maßnahmen zum Schutz von Stalking-Opfern, in NJ 2006, S. 535 ff.

Freudenberg, Dagmar
Vorschläge des Deutschen Juristinnenbundes für ein sinnvolles Vorgehen gegen Stalking, in NK 2005, S. 84 ff.

Frisch, Wolfgang
Tatbestandsmäßiges Verhalten und Zurechnung des Erfolgs, Heidelberg 1988.

Frister, Helmut
Strafrecht Allgemeiner Teil, 8. Auflage, München 2018

Gabler Wirtschaftslexikon, SpringerGabler Verlag (Hrsg.)
Stichwort: Whistleblowing. Siehe Internetquellen

Gaede, Karsten
Kraft und Schwächen der systemimmanenten Legitimationsfunktion der Rechtsguttheorie am Beispiel des Subventionsbetrugs, in Hefendehl, Roland / Hirsch, Andrew von / Wohlers, Wolfgang (Hrsg.): Die Rechtsgutstheorie – Legitimationsbasis des Strafrechts oder dogmatisches Glasperlenspiel?, Baden-Baden 2003, S. 183 ff.

Gamber, Paul
Konflikte und Aggressionen im Betrieb, München 1992

Gamerschlag, Hans-Karl / *Perband*, Inga
Mobbing – verstärkter Rechtsschutz gegen ein Massenphänomen in der Arbeitswelt, in VersR 2002, S. 287 ff.

Gaspar, Claudia / *Hollmann*, Dieter
Bedeutung der Arbeit. Ein Kooperationsprojekt von GfK-Verein und Bertelsmann Stiftung (2015). Siehe Internetquellen

Gebauer, Karl
Mobbing in der Schule, Weinheim 2009

Geilen, Gerd
Suizid und Mitverantwortung, in JZ 1974, S. 145 ff.

Glasl, Friedrich
Die Dynamik der Konflikteskalation, in BAKEB-Informationen 1985, Band 15, Heft 1–2, S. 4 ff.; zit.: Glasl, BAKEB-Informationen 1985, Band 15, Heft 1–2, S.

Glasl, Friedrich
Selbsthilfe in Konflikten. Konzepte. Übungen. Praktische Methoden, 8. Auflage, Stuttgart 2017; zit.: Glasl, S.

Glawe, Anniek
Mobbing. Eine betriebswirtschaftliche Analyse, Saarbrücken 2008

Gockel, Barbara
Mobbing aus pädagogisch-systematischer Perspektive. Analyse mobbingfördernder Elemente und Darstellung mobbingpräventiver und -bewältigender Maßnahmen in Arbeitssystemen, Hamburg 2004

Goffmann, Erving
Asyle. Über die soziale Situation psychosomatischer Patienten und anderer Insassen, 21. Auflage, Frankfurt am Main 2018

Goldfuß, Jürgen W.
Schluss mit Mobbing! Über Motive, Methoden und den Mut zur Gegenwehr, Würzburg 2002

Göppinger, Hans / *Bock*, Michael
Kriminologie, 6. Auflage, München 2008

Gössel, Karl Heinz / *Dölling*, Dieter
Strafrecht, Besonderer Teil 1, 2. Auflage, Heidelberg 2004

Graf, Alexander
Arbeitsbelastungsfaktor Mobbing. Ursachen, Folgen, Präventions- und Interventionsmöglichkeiten, Kassel 1999

Gralka, Peer
Mobbing und Arbeitsrecht, in BB 1995, S. 2651 ff.

Grawe, Klaus
Psychologische Therapie, Göttingen 1998

Groeblinghoff, Dieter
Störungen am Arbeitsplatz – Ursachen und Lösungen, in AUA 1999, S. 162 ff.;
zit.: Groeblinghoff, AuA 1999, S.

Groeblinghoff, Dieter
Psychatrische und sozialmedizinische Begutachtung von Mobbingbetroffenen, in Arentewicz, Gerd / Fleissner, Alfred: Arbeitsplatzkonflikte. Mobbing als Psychoterror am Arbeitsplatz. Ursachen, Folgen und Formen der Hilfe, Frankfurt am Main 2003, S. 159 ff.;
zit.: Groeblinghoff, in Arentewicz/Fleissner, S.

Gropp, Walter
Strafrecht Allgemeiner Teil, 4. Auflage, Berlin 2015

GründerLexikon
Wie unterscheiden sich Kleinstunternehmen, Kleinunternehmen, Einzelunternehmen und Nebengewerbe? Siehe Internetquellen

Grünewald, Anette
Zivilrechtlich begründete Garantenpflichten im Strafrecht?, Berlin 2001

Grunewald, Benno
Mobbing – arbeitsrechtliche Aspekte eines neuen Phänomens, in NZA 1993, S. 1071 ff.

Grünwald, Marietta / *Hille*, Hans-Eduard
Mobbing im Betrieb. Abwehrstrategien und Handlungsmöglichkeiten, München 2003

Günther, Hans-Ludwig
Die Genese eines Straftatbestandes – Eine Einführung in die Frage der Strafgesetzgebung, in JuS 1978, S. 8 ff.

Hafen, Martin
Prävention von Mobbing – so schwierig wie notwendig, SuchtMagazin 1/07.
Siehe Internetquellen

Hage, Marion / *Heilmann*, Joachim
Psychische Belastungen am Arbeitsplatz – Ursachen, Folgen und Handlungsmöglichkeiten, in Festschrift für Wolfgang Däubler zum 60. Geburtstag, hrsg. v. Klebe, Thomas / Wedde, Peter / Wolmerath, Martin, Frankfurt am Main 1999, S. 666 ff.

Halama, Peter
Mobbing. Aktuelle und vergleichende Ergebnisse über Schikane am Arbeitsplatz, Frankfurt am Main 1997

Haller, Robert / *Koch*, Ulrike
Mobbing – Rechtsschutz am Arbeitsplatz, in NZA 1995, S. 356 ff.

Hartmann, Tanja
Eigenmächtige und fehlerhafte Heilbehandlung, Betrachtung zu §§ 229, 230 des Entwurfs eines sechsten Strafrechtsreformgesetzes, Baden-Baden 1999

Hassemer, Wilfried
Freiheitliches Strafrecht, Berlin 2001

Heckhausen, Heinz
Motivation und Handeln, Berlin/Heidelberg/New York 1980

Heeg, Franz J.
Moderne Arbeitsorganisation. Grundlagen der technischen Gestaltung von Arbeitssystemen bei Einsatz neuer Technologien, Köln 1991

Heidenreich, Jürgen
Kostenfaktor Mobbing. Wie Manager Ursachen erkennen und erfolgreich vorbeugen, Weinheim 2007

Heine, Günter
Die strafrechtliche Verantwortlichkeit von Unternehmen, Baden-Baden 1995

Heinrich, Bernd
Strafrecht. Allgemeiner Teil, 5. Auflage, Stuttgart 2016

Heinrich, Bernd / *Reinbacher*, Tobias
Examinatorium Strafprozessrecht, 2. Auflage, Baden-Baden 2017

Herzberg, Dietrich
Die Verantwortung für Arbeitsschutz und Unfallverhütung im Betrieb, Köln (u. a.) 1984; zit.: Herzberg, S.

Herzberg, Dietrich
Grundfälle zur Lehre von Täterschaft und Teilnahme, in JuS 1974, S. 346 ff.; zit.: Herzberg, JuS 1974

Hillenkamp, Thomas
Anmerkung zu BGH Urteil vom 14. Mai 1986 – 3 StR 504/85, in JR 1987, S. 126 ff.; zit.: Hillenkamp, JR 1987

Hillenkamp, Thomas
Zur Reichweite der Beleidigungsdelikte, in Festschrift für Hans Joachim Hirsch zum 70. Geburtstag am 11. April 1999, hrsg. v. Weigend, Thomas / Küpper, Georg, Berlin (u. a.) 1999, S. 555 ff.; zit.: Hillenkamp, FS-Hirsch, S.

Hirigoyen, Marie-France
Wenn der Job zur Hölle wird. Seelische Gewalt am Arbeitsplatz und wie man sich dagegen wehren kann, München 2002

Hirsch, Hans Joachim
Soziale Adäquanz und Unrechtslehre, in ZStW 74 (1962), S. 78 ff.

Hirsch, Hans-Joachim
Anmerkung zu BGH Urteil vom 30. März 1995 – 4 StR 768/94 (LG Arnsberg), in NStZ 1996, S. 35 ff.

Hoffmann, Klaus
Scheinbare Anschläge – Zur Strafbarkeit sog. Trittbrettfahrer, in GA 2002, S. 385 ff.

Hoffmann-Holland, Klaus
Strafrecht Allgemeiner Teil, 3. Auflage, Tübingen 2015

Holzbecher, Monika / *Meschkutat*, Bärbel
Mobbing am Arbeitsplatz. Informationen, Handlungsstrategien, Schulungsmaterialien, in Schriftenreihe der Bundesanstalt für Arbeitsschutz und Arbeitsmedizin, Sonderschrift 49, 9. Auflage, Dortmund/Berlin/Dresden 2005

Honsa, Hans-Jürgen
Mobbing und sexuelle Belästigung im öffentlichen Dienst. Ursachen – Auswirkungen – Bekämpfungsstrategien, 2. Auflage, Berlin 2008

Hörnle, Tatjana
Das Gesetz zur Verbesserung des Schutzes sexueller Selbstbestimmung, in NStZ 2017, S. 13 ff.

Hoyningen-Huene, von Gerrick
Belästigungen und Beleidigungen von Arbeitnehmern durch Vorgesetzte, in BB 1991, S. 2215 ff.

Hsü, Yü-hsiu
Garantenstellung des Betriebsinhabers zur Verhinderung strafbarer Handlungen seiner Angestellten, Pfaffenweiler 1986

Huber, Brigitte
Psychoterror am Arbeitsplatz, Mobbing, Niedernhausen 1994

Hueck, Alfred / *Nipperdey*, Hans Carl
Lehrbuch des Arbeitsrechts, 7. Auflage, Berlin (u. a.) 1963

Ilbertz, Wilhelm / *Widmaier*, Ulrich / *Sommer*, Stefan
Bundespersonalvertretungsgesetz mit Wahlordnung unter Einbeziehung der Landespersonalvertretungsgesetze, 14. Auflage, Stuttgart 2018; zit.: Ilbertz/Widmaier/Sommer, § Rn.

Ingelfinger, Ralf
Zeitliche Grenzen ehelicher Garantenpflichten, in NStZ 2004, S. 409 ff.

Jäger, Christian
Von mobbenden Kollegen und betriebsblinden Vorgesetzten, in JA 2012, S. 392 ff.; zit.: Jäger, JA 2012

Jäger, Herbert
Individuelle Zurechnung kollektiven Verhaltens, Frankfurt am Main 1985; zit.: Jäger (1985), S.

Jäger, Herbert
Makrokriminalität, Studien zur Krimonologie kollektiver Gewalt, Frankfurt am Main 1989; zit.: Jäger (1989), S.

Jannan, Mustafa
Das Anti-Mobbing-Buch. Gewalt an der Schule – vorbeugen, erkennen, handeln, 4. Auflage, Weinheim 2015

Jarass, Hans D. / *Pieroth*, Bodo
Grundgesetz für die Bundesrepublik Deutschland, Kommentar, 15. Auflage, München 2018; zit.: Jarass/Pieroth-Bearbeiter, Art. Rn.

Joecks, Wolfgang / *Jäger*, Christian
Studienkommentar StGB, 12. Auflage, München 2018

Joecks, Wolfgang / *Miebach*, Klaus (Hrsg.)
Münchener Kommentar zum Strafgesetzbuch, Band 1 und Band 3, 3. Auflage, München 2017

Junker, Abbo
Grundkurs Arbeitsrecht, 18. Auflage, München 2019

Kahl, Wolfgang / *Waldhoff*, Christian / *Walter*, Christian (Hrsg.)
Bonner Kommentar zum Grundgesetz, Loseblattsammlung, Stand: Juni 2016; zit.: Bonner Kommentar-Bearbeiter, Art. Rn.

Kaiser, Günther / *Schöch*, Heinz / *Kinzig*, Jörg
Kriminologie, Jugendstrafrecht, Strafvollzug, 8. Auflage, München 2015

Kälin, Kurt (Hrsg.)
Captain oder Coach? Neue Wege im Management, Thun 1995

Karsten, Maria Eleonora
Mobbing zwischen Frauen und Männern – ein ungleich verteiltes Problem, in Saldern, Matthias von: Mobbing – Theorie – Empirie – Praxis, Baltmannsweiler 2002, S. 85 ff.

Kasper, Horst
Mobbing in der Schule. Probleme annehmen, Konflikte lösen, Lichtenau 1998

Katz, Petra / *Schmidt*, Andreas
Wenn der Alltag zum Problem wird: Belastende Alltagsprobleme und Bewältigungsmöglichkeiten, Stuttgart 1991

Katzer, Caterina
Cybermobbing. Wenn das Internet zur W@ffe wird, Berlin 2014

Kellner, Hedwig
Konflikte verstehen, verhindern, lösen. Konfliktmanagement für Führungskräfte, München/Wien 1999

Kerbein, Björn / *Pröbstin*, Philipp
Stalking, in ZRP 2002, S. 76 ff.

Kern, Eduard
Die Äußerungsdelikte, Tübingen 1919

Kerst-Würkner, Brigitte
Das schleichende Gift „Mobbing" und die Gegenarznei, in AuR 2001, S. 251 ff.

Killias, Martin / *Kuhn*, André / *Aebi*, Maecelo F.
Grundriss der Kriminologie. Eine europäische Perspektive, 2. Auflage, Bern 2011

Kindhäuser, Urs
Lehr- und Praxiskommentar zum Strafgesetzbuch, 7. Auflage, Baden-Baden 2017; zit.: Kindhäuser, LPK, § Rn.

Kindhäuser, Urs
Strafrecht Allgemeiner Teil, 8. Auflage, Baden-Baden 2017; zit.: Kindhäuser, AT, § Rn.

Kindhäuser, Urs / *Neumann*, Ulfrid / *Paeffgen*, Hans-Ullrich (Hrsg.)
Strafgesetzbuch, Band 2, 5. Auflage, Baden-Baden 2017; zit.: Kindhäuser/Neumann/Paeffgen-Bearbeiter, § Rn

Kindhäuser, Urs / *Schumann* Kay H.
Strafprozessrecht, 5. Auflage, Baden-Baden 2019; zit.: Kindhäuser, StPO, § Rn.

Kinzig, Jörg
Stalking – Ein Fall für das Strafrecht?, in ZRP 2006, S. 255 ff.

Kirsch, Claudia
S-Klasse, in Zeitschrift Forbes, Heft 6/1994, S. 121 ff.

Klebe, Thomas / *Ratayczak*, Jürgen / *Heilmann*, Micha / *Spoo*, Sibylle
Betriebsverfassungsgesetz, Basiskommentar mit Wahlordnung, 20. Auflage, Frankfurt am Main 2018; zit.: Klebe/Ratayczak/Heilmann/Spoo, § Rn.

Klesczewski, Diethelm
Strafprozessrecht, 2. Auflage, München 2013

Knauer, Christoph
Die Kollegialentscheidung im Strafrecht, München 2001

Knorz, Carmen
Mobbing – eine Extremform von sozialem Stress am Arbeitsplatz (unveröffentlichte Diplomarbeit), Gießen 1994

Knorz, Carmen / *Zapf*, Dieter
Mobbing – eine extreme Form sozialer Stressoren am Arbeitsplatz, in ZfAO 1996, S. 12 ff.

Köhler, Michael
Strafrecht. Allgemeiner Teil, Berlin (u. a.) 1997

Kohlrausch, Eduard / *Lange*, Richard
Strafgesetzbuch mit Erläuterungen und Nebengesetzen, bearbeitet von Richard Lange, 43. Auflage, Berlin 1961

Kollmer, Norbert
Mobbing im Arbeitsverhältnis. Was Arbeitgeber dagegen tun können – und sollten, 4. Auflage, Heidelberg/München/Landsberg/Berlin 2007

Kolodej, Christa
Mobbingberatung. Fallbeispiele und Lösungen für BeraterInnen und Betroffene, Wien 2008; zit.: Kolodej, Mobbingberatung, S.

Kolodej, Christa
Mobbing. Psychoterror am Arbeitsplatz und seine Bewältigung, 2. Auflage, Wien 2005; zit.: Kolodej, Mobbing, 2. Auflage (nicht in neuerer Aufl.), S.

Kolodej, Christa
Mobbing. Psychoterror am Arbeitsplatz und in der Schule, 3. Auflage, Wien 2018; zit.: Kolodej, Mobbing, S.

Kort, Michael
Inhalt und Grenzen der arbeitsrechtlichen Personenfürsorgepflicht, in NZA 1996, S. 854 ff.

Kratz, Hans-Jürgen
Mobbing. Erkennen, Ansprechen, Vorbeugen, 3. Auflage, München 2003

Kraus, Wolf-Dieter / *Kraus*, Renate
Mobbing – Die Zeitbombe am Arbeitsplatz, 4. Auflage, Renningen 2003

Krey, Volker / *Esser*, Robert
Deutsches Strafrecht Allgemeiner Teil, 6. Auflage, Stuttgart 2016

Krümpelmann, Justus
Die Bagatelldelikte. Untersuchungen zum Verbrechen als Steigerungsbegriff, Berlin 1966

Kube, Edwin
Phänomene der Gewalt, in Kriminalistik 1999, S. 161 ff.

Kühl, Kristian
Die Bedeutung der Rechtsphilosophie für das Strafrecht, Baden-Baden 2001; zit.: Kühl (2001), S.

Kühl, Kristian
Strafrecht Allgemeiner Teil, 8. Auflage, München 2017; zit.: Kühl, § Rn.

Kühne, Hans-Heiner
Strafprozessrecht, Eine systematische Darstellung des deutschen und europäischen Strafverfahrensrechts, 9. Auflage, Heidelberg 2015

Kunz, Karl-Ludwig
Das strafrechtliche Bagatellprinzip. Eine strafrechtsdogmatische und kriminalpolitische Untersuchung, Berlin 1984; zit.: Kunz, Bagatellprinzip, S.

Kunz, Karl-Ludwig
Die prestigefördernde Computermanipulation, in JuS 1977, S. 60 ff.; zit.: Kunz, JuS 1977, S.

Kunz, Karl-Ludwig / *Singelnstein*, Tobias
Kriminologie. Eine Grundlegung, 7. Auflage, Bern 2016

Küper, Wilfried
Das Verbrechen am Seelenleben. Feuerbach und der Fall Kaspar Hauser in strafrechtsgeschichtlicher Betrachtung, Heidelberg 1990

Küper, Wilfried / *Zopfs*, Jan
Strafrecht Besonderer Teil. Definitionen mit Erläuterungen, 10. Auflage, Heidelberg 2018

Kürzinger, Josef
Kriminologie. Eine Einführung in die Lehre vom Verbrechen, 2. Auflage, Stuttgart/München 1996

Lackner, Karl / *Kühl*, Kristian
Strafgesetzbuch, Kommentar, 29. Auflage, München 2018

Lampe, Ernst-Joachim
Die strafrechtliche Behandlung der sog. Computer-Kriminalität, in GA 1975, S. 1 ff.

Land Nordrhein-Westfalen
Gesetzesantrag: Entwurf eines Gesetzes zur Einführung der strafrechtlichen Verantwortlichkeit von Unternehmen und sonstigen Verbänden („Nordrhein-westfälischer Entwurf eines Unternehmensstrafrechts 2013"). Siehe Internetquellen

Lattmann, Charles
Die verhaltenswissenschaftlichen Grundlagen der Führung des Mitarbeiters, Bern/Stuttgart 1982

Laubenthal, Klaus
Handbuch Sexualstraftaten. Die Delikte gegen die sexuelle Selbstbestimmung, Heidelberg 2012

Laufhütte, Heinrich Wilhelm / *Rissing-van Saan*, Ruth / *Tiedemann*, Klaus (Hrsg.)
Strafgesetzbuch. Leipziger Kommentar, Band VII, Teilband 2, 12. Auflage, Berlin/Boston 2015; zit.: LK-Bearbeiter, § Rn.

Lazarus, Richard S.
Stress and Emotion: a new syntheses, New York 2006

Lazarus, Richard S. / *Folkman*, Susan
Stress, Appraisal, and Coping, New York 2006

Lazarus, Richard / *Launier*, Raymond
Stressbezogene Transaktionen zwischen Personen und Umwelt, in Nitsch, Jürgen (Hrsg.): Stress, Theorien, Untersuchungen, Maßnahmen, Bern 1981, S. 213 ff.

Leymann, Heinz
Mobbing. Psychoterror am Arbeitsplatz und wie man sich dagegen wehren kann, 13. Auflage, Reinbek bei Hamburg 2006; zit.: Leymann (2006), S.

Leymann, Heinz
Der neue Mobbing-Bericht, Reinbek bei Hamburg 1995; zit.: Leymann (1995), S.

Leymann, Heinz / *Niedl*, Klaus
Mobbing. Psychoterror am Arbeitsplatz. Ein Ratgeber für Betroffene, Wien 1994

Löhr, Gerda
Zur Notwendigkeit eines spezifischen Anti-Stalking-Straftatbestandes in Deutschland, Dissertation, Heidelberg 2008

Löwisch, Manfred
Schutz und Förderung der freien Entfaltung der Persönlichkeit der im Betrieb beschäftigten Arbeitnehmer (§ 75 Abs. 2 BetrVG 1972), in AuR 1972, S. 359 ff.

Lüder, genannt *Lühr*, Jürgen
Das Stresslexikon, Heidelberg 1998

Maasch, Ernsthelmut
Machtkampf und Intrige im Betrieb, Heidelberg1968

Marstedt, Gerd / *Mergner*, Ulrich
Psychische Belastungen in der Arbeitswelt, Darmstadt 1986

Martin, Ernst / *Ackermann*, Ursula / *Udris*, Ivars / *Oeggerli*, Konrad
Monotonie in der Industrie, Bern 1980

Maschner, Ulrike
Konfliktprävention sinnvoller als besondere Schutzgesetze, in Bundesarbeitsblatt 7–8/2002, S. 16 ff.

Maurach, Reinhart / *Schroeder*, Friedrich-Christian / *Maiwald*, Manfred
Strafrecht Besonderer Teil. Teilband 1: Straftaten gegen die Persönlichkeits- und Vermögenswerte, 10. Auflage, Heidelberg 2009

Medizinische Hochschule Hannover
Konklikteskalation nach Friedrich Glasl (09. November 2010). Siehe Internetquellen

Meier, Bernd-Dieter
Kriminologie, 5. Auflage, München 2016

Merk, Katja
Mobbing. Praxisleitfaden für Betriebe und Organisationen, Wiesbaden 2014

Merkel, R.
Ist rechtswidriges Löschen von Tonbändern Sachbeschädigung?, in NJW 1956, S. 778

Meschkutat, Bärbel / *Stackelbeck*, Martina / *Langenhoff*, Georg
Der Mobbing-Report. Eine Repräsentativstudie für die Bundesrepublik Deutschland, 6. Auflage, Dortmund/Berlin/Dresden 2005

Meyer-Goßner, Lutz / *Schmitt*, Bertram
Strafprozessordnung mit GVG und Nebengesetzen, Kommentar, 62. Auflage, München 2019; zit.: Meyer-Goßner/Schmitt-Bearbeiter, § Rn.

Mitsch, Wolfgang
Strafrechtsdogmatische Probleme des neuen Stalking-Tatbestandes, in JURA 2007, S. 491 ff.

Mittelstaedt, Inga
Mobbing und Emotionen. Aspekte einer Organisationssoziologie, München (u. a.) 1998

Möhrenschlager, Manfred
Kausalitätsprobleme im Umweltstrafrecht des Strafgesetzbuches, in WiVerw 1984, S. 47 ff.

Mosbacher, Andreas
Nachstellung – § 238 StGB, in NStZ 2007, S. 665 ff.

Motzkuhn, Mario
Motivation von Mitarbeitern. Begriffserklärung und Modelle, Norderstedt 2013

Mühe, Christiane
Mobbing am Arbeitsplatz – Strafbarkeitsrisiko oder Strafbarkeitslücke?, Dissertation, Heidelberg 2006

Müller-Glöge, Rudi / *Preis*, Ulrich / *Schmidt*, Ingrid (Hrsg.)
Erfurter Kommentar zum Arbeitsrecht, 19. Auflage, München 2019; zit.: Erfurter Kommentar-Bearbeiter, Art. Rn.

Müller, Franzsika
Mobbing im Sozialraum Schule, München 2013

Naase, Christian
Determinanten und Reduzierungsmöglichkeiten von Konflikten in der Organisation, Stuttgart 1978

Naucke, Wolfgang
Strafrecht. Eine Einführung, 10. Auflage, Neuwied 2002

Nestler, Christina
Mobbing am Arbeitsplatz. Erkennen – Handeln – Reagieren, Wien 2001

Neubacher, Frank
Kriminologie, 3. Auflage, Baden-Baden 2017

Neubacher, Frank
An den Grenzen des Strafrechts – Stalking, Graffiti, Weisungsverstöße, in ZStW 2006, Band 118, S. 855 ff.

Neubacher, Frank / *Seher*, Gerhard
Das Gesetz zur Strafbarkeit beharrlicher Nachstellungen (§ 238 StGB), in JZ 2007, S. 1029 ff.

Neuberger, Oswald
Mobbing. Übel mitspielen in Organisationen, 3. Auflage, München (u. a.) 1999

Neudecker, Gabriele
Die strafrechtliche Verantwortlichkeit der Mitglieder von Kollegialorganen: dargestellt am Beispiel der Geschäftsleitungsgremien von Wirtschaftsunternehmen, Frankfurt am Main/ Berlin (u. a.) 1995

Neumann, Karl
Strukturwandel und Strukturpolitik. Wirtschaftlicher und gesellschaftlicher Wandel sowie Möglichkeiten und Grenzen der Strukturpolitik, Frankfurt am Main 1976

Niedl, Klaus
Mobbing/Bullying am Arbeitsplatz, München 1995

Noelle-Neumann, Elisabeth / *Strümpel*, Burkhard
Macht Arbeit krank? Macht Arbeit glücklich?, München 1984

Online-Lexikon für Psychologie und Pädagogik
Stichwort: Supervision. Siehe Internetquellen

Online-Lexikon für Psychologie und Pädagogik
Stichwort: Phobie. Siehe Internetquellen

openPetition Deutschland
Online-Petition: Besonderer Teil des Strafgesetzbuches – Anerkennung von Mobbing am Arbeitsplatz als Straftatbestand (09. Juli 2014). Siehe Internetquellen

Otto, Harro
Die Haftung für kriminelle Handlungen im Unternehmen, in JURA 1998, S. 409 ff.

Papathanasiou, Konstantina
Reform des Sexualstrafrechts – Der verabschiedete Gesetzesentwurf zur Verstärkung der Rechte der Opfer von Sexualdelikten, in jurisPR-StrafR 17/2016 Anm. 1. Siehe Internetquellen

Paruch, Julia
Definition und Beschreibung der Symptomatik Agrophobie, Früherkennungs- und Therapiezentrum für psychische Krisen (FETZ), Köln. Siehe Internetquellen.

Pechstaedt, *von* Volkmar
Stalking – Strafbarkeit nach englischem und deutschem Recht, Göttingen (u. a.) 999

Peters, Karl
Sozialadäquanz und Legalitätsprinzip, in Festschrift für Hans Welzel zum 70. Geburtstag am 25. März 1974, hrsg. v. Stratenwerth, Günter, Berlin (u. a.) 1974, S. 415 ff.

Pittroff, Esther
Whistle-Blowing-Systeme in deutschen Unternehmen. Eine Untersuchung zur Wahrnehmung und Implementierung, Dissertation, Wiesbaden 2011

Poppelreuter, Stefan / *Mierke*, Katja
Psychische Belastungen am Arbeitsplatz. Ursachen – Auswirkungen – Handlungsmöglichkeiten, 4. Auflage, Berlin 2012; zit.: Poppelreuter/Mierke, Rn.

Poppelreuter, Stefan / *Mierke*, Katja
Psychische Belastungen in der Arbeitswelt 4.0. Entstehung – Vorbeugung – Maßnahmen, Berlin 2018; zit.: Poppelreuter/Mierke, Arbeitswelt 4.0, S.

Prosch, Alexandra
Mobbing am Arbeitsplatz: Literaturanalyse mit Fallbeispiel, Konstanz 1995

Puppe, Ingeborg
Die Erfolgszurechnung im Strafrecht, Baden-Baden 2000

Rath, Jürgen
Gesinnungsstrafrecht. Zur Kritik der Destruktion des Kriminalunrechtsbegriffs in der Rechtsprechung des Bundesgerichtshofs, Hamburg 2002

Reich, Andreas
Bundespersonalvertretungsgesetz, Kommentar, Bad Honnef 2001; zit.: Reich, § Rn.

Reiserer, Kerstin / *Lemke*, Thomas
Verbessserter Rechtsschutz für Mobbingopfer – Handlungsmöglichkeiten der Betroffenen, in MDR 2002, S. 249 ff.

Renzikowski, Joachim
„Nein! – Das neue Sexualstrafrecht", in NJW 2016, S. 3553 ff.

Resch, Martin
Mobbing und Konflikte am Arbeitsplatz, in Informationen zur Angestelltenpolitik, Heft 3/97, Deutscher Gewerkschaftsbund Bundesvorstand (Hrsg.); zit.: Resch, Mobbing und Konflikte, S.

Resch, Martin
Wenn Arbeit krank macht. Arbeit und Gesundheit. Mobbing – was ist das? Sind die Opfer selber schuld? Konfliktbewältigung. Hilfsmöglichkeiten und -angebote, Frankfurt am Main (u. a.) 1994; zit.: Resch, S.

Richardi, Reinhard (Hrsg.)
Betriebsverfassungsgesetz. BetrVG mit Wahlordnung, Kommentar, 16. Auflage, München 2018; zit.: Richardi-Bearbeiter, § Rn.

Richter, Gabriele
Psychische Belastungen am Arbeitsplatz, AuR 2001, S. 46 ff.

Rieble, Volker / *Klumpp*, Steffen
Mobbing und die Folgen, in ZIP 2002, S. 369 ff.

Rieger, Rudolf
Bundespersonalvertretungsgesetz, Textausgabe mit Erläuterungen, 3. Auflage, München 2000

Rogall, Klaus
Dogmatische und kriminalpolitische Probleme der Aufsichtspflichtverletzung in Betrieben und Unternehmen (§ 130 OWiG), in ZStW 98 (1986), S. 573 ff.

Rolfs, Christian
Arbeitsrecht, Studienkommentar, 4. Auflage, München 2014; zit.: Rolfs, Ordnungsnummer § Rn.

Roxin, Claus
Bemerkungen zur sozialen Adäquanz im Strafrecht, in Festschrift für Ulrich Klug zum 70. Geburtstag, Band 2, Strafrecht, Prozeßrecht, Kriminologie, hrsg. v. Kohlmann, Günter, Köln 1983, S. 303 ff.

Roxin, Claus / *Schünemann*, Bernd
Strafverfahrensrecht, 29. Auflage, München 2017

Ruberg, Bernd
Überlegungen zu Interventionsmitteln der Arbeitsgerichte, wenn statt der Sache die Person „erledigt" werden soll, in AuR 2002, S. 201 ff.

Sachs, Michael (Hrsg.)
Grundgesetz Kommentar, 8. Auflage, München 2018; zit.: Sachs-Bearbeiter, Art. Rn.

Sack, Fritz / *König*, René
Kriminalsoziologie, 3. Auflage, Frankfurt am Main 1979

Säcker, Franz Jürgen / *Rixecker*, Roland / *Oetker*, Hartmut / *Limperg*, Bettina (Hrsg.)
Münchener Kommentar zum Bürgerlichen Gesetzbuch, Band 6, Schuldrecht Besonderer Teil IV, 7. Auflage, München 2017; zit.: MüKo-Bearbeiter, § Rn.

Sadtler, Susanne
Stalking – Nachstellung. Entwicklung, Hintergründe und rechtliche Handlungsmöglichkeiten, Dissertation, Bonn 2009

Saldern, Matthias *von*
Mobbing. Theorie – Empirie – Praxis, Baltmannsweiler 2002

Samson, Erich
Kausalitäts- und Zurechnungsprobleme im Umweltstrafrecht, in ZStW 99 (1987), S. 617 ff.

Schaffstein, Friedrich
Soziale Adäquanz und Tatbestandslehre, in ZStW 72 (1960), S. 369 ff.

Schaub, Günter (Hrsg.)
Arbeitsrechthandbuch, 17. Auflage, München 2017; zit.: Schaub-Bearbeiter, § Rn.

Schauer, Renate
Mobbing. Kostspielige Kränkungen am Arbeitsplatz, Wiesbaden 1998

Schendzielorz, Bernd
Umfang und Grenzen der straffreien Beleidigungssphäre, München 1993

Scherer, Klaus
Der aggressive Mensch. Ursachen der Aggression in unserer Gesellschaft, Königstein 1979

Schild, Ihno / *Heeren*, Andreas
Mobbing – Konflikteskalation am Arbeitsplatz. Möglichkeiten der Prävention und Intervention, 3. Auflage, München 2003

Schimmelpfennig, Adam / *Schimmelpfennig*, Sigrid
Mobbing als Problem von Kollegen, Vorgesetzten und Personalvertretung, in PersV 1998, S. 260 ff.

Schlachter, Daniela
Eine kritische Analyse des deutschen Stalking-Straftatbestandes – § 238 StGB, Dissertation, Tübingen 2010

Schlaugat, Kerstin
Mobbing am Arbeitsplatz. Eine theoretische und empirische Analyse, München 1999

Schlüchter, Ellen
Der Kaufmann als Garant im Rahmen der unerlaubten Gewässerverunreinigung, in Straf- und Strafverfahrensrecht, Recht und Verkehr, Recht und Medizin, Festschrift für Hannskarl Salger zum Abschied aus dem Amt als Vizepräsident des Bundesgerichtshofs, hrsg. v. Eser, Albin / Kullmann, Hans J. / Meyer-Gossner, Lutz / Odersky, Walter / Voß, Rainer, Köln/München (u. a.) 1995, S. 139 ff.

Schmidt, Matthias
Geleitwort in Pittroff, Esther: Whistle-Blowing-Systeme in deutschen Unternehmen. Eine Untersuchung zur Wahrnehmung und Implementierung, Dissertation, Wiesbaden 2011, S. V f.

Schönke, Adolf / *Schröder*, Horst
Strafgesetzbuch Kommentar, 30. Auflage, München 2019; zit.: Sch/Sch-Bearbeiter, § Rn.

Schroeder, Friedrich-Christian
Schreien als Gewalt und Schuldspruchberichtigung durch Beschluß – BGH, NJW 1982, 189, in JuS 1982, S. 491 ff.; zit.: Schroeder, JuS 1982

Schroeder, Friedrich-Christian
Begriff und Rechtsgut der „Körperverletzung“, Festschrift für Hans Joachim Hirsch zum 70. Geburtstag am 11. April 1999, hrsg. v. Weigand, Thomas / Küpper, Georg, Berlin (u. a.) 1999, S. 725 ff.; zit.: Schroeder, FS-Hirsch, S.

Schroeder, Friedrich-Christian
Der Täter hinter dem Täter, Berlin 1965; zit.: Schroeder, S.

Schröder, Horst
Die Addition strafloser Handlungen zu einer Straftat, in JZ 1972, S. 651 ff.

Schubarth, Wilfried
Gewalt und Mobbing an Schulen: Möglichkeiten der Prävention und Intervention, 3. Auflage, Stuttgart 2019

Schünemann, Bernd
Grund und Grenzen der unechten Unterlassungsdelikte, Göttingen 1971; zit.: Schünemann, S.

Schünemann, Bernd
Strafrechtsdogmatische und kriminalpolitische Grundfragen der Unternehmenskriminalität, in wistra 1982, S. 41 ff.; zit.: Schünemann, wistra 1982

Schutzbach, Axel
Die strafrechtliche Verantwortung für Betriebsunfälle, Berlin 1983

Schwarz, Gerhard
Konfliktmanagement. Konflikte erkennen, analysieren, lösen, 9. Auflage, Wiesbaden 2014

Schwind, Hans-Dieter
Kriminologie und Kriminalpolitik. Eine praxisorientierte Einführung mit Beispielen, 23. Auflage, Heidelberg 2016

Seemann, Hans-Jürgen / *Meier*, Rainer
Das Prinzip Bosheit. Die Alltäglichkeit der Schikane, Weinheim 1988

Seiler, Matthias
§ 238 StGB – Analyse und Auslegung des Nachstellungstatbestandes, Dissertation, Tübingen 2010

Selye, Hans
Stress beherrscht unser Leben. Das Standardwerk des Pioniers der Stressforschung, München 1991; zit.: Selye, S.

Selye, Hans
Stress. Lebensregeln vom Entdecker des Stress-Syndroms, Reinbek bei Hamburg 1977; zit.: Selye, Stress, S.

Semmer, Norbert
Stressbezogene Tätigkeitsanalyse. Psychologische Untersuchungen zur Analyse von Stress am Arbeitsplatz, Weinheim 1984

Sodan, Helge (Hrsg.)
Grundgesetz Kommentar, 4. Auflage, München 2018; zit.: Sodan-Bearbeiter, Art. Rn.

Sommerfeld, Michael / *Voß*, Thomas
Stalking als Straftatbestand – zu unbestimmt und überflüssig?, in Schleswig-Holsteinische Anzeigen, Justizministerialblatt für Schleswig-Holstein, Teil A, 2005, S. 326 ff.

Spamer, Hansgeorg
Mobbing am Arbeitsplatz. Ansprüche des betroffenen Arbeitnehmers gegenüber Arbeitskollegen und Arbeitgeber, Frankfurt am Main 2000

Staatssekretariat für Wirtschaft, Direktion für Arbeit, Bereich Arbeitsbedingungen der Schweiz
Mobbing und andere psychosoziale Spannungen am Arbeitsplatz in der Schweiz, Oktober 2002; zit.: Staatssekretariat der Schweiz, S.

Staehle, Wolfgang
Management, München 1991

Stock, Remmert
Rechtliche Handlungsmöglichkeiten für Mobbingbetroffene, in Arentewicz, Gerd / Fleissner, Alfred: Arbeitsplatzkonflikte. Mobbing als Psychoterror am Arbeitsplatz. Ursachen, Folgen und Formen der Hilfe, Frankfurt am Main 2003, S. 183 ff.

Stree, Walter
Garantenpflicht kraft Übernahme, in Beiträge zur gesamten Strafrechtswissenschaft: Festschrift für Hellmut Mayer zum 70. Geburtstag am 01. Mai 1965, hrsg. v. Geerds, Friedrich / Naucke, Wolfgang, Berlin 1966, S. 145 ff.

Taddicken, Ina
Mobbing als Krankheitsauslöser. Definition, Auswirkungen, Vorbeugung, Saarbrücken 2012

Tag, Brigitte
Der Körperverletzungstatbestand im Spannungsfeld zwischen Patientenautonomie und lex artis, Berlin (u. a.) 2000

Tajfel, Henry
Gruppenkonflikt und Vorurteil. Entstehung und Funktion sozialer Stereotypen, Bern 1982

Tenckhoff, Jörg
Grundfälle zum Beleidigungsrecht, in JuS 1998, S. 199 ff.

Thomas, Rudolf F.
Chefsache Mobbing. Souverän gegen Psychoterror am Arbeitsplatz, Wiesbaden 1993

Universität Heidelberg
Senatsrichtlinie „Partnerschaftliches Verhalten an der Universität Heidelberg" vom 01. Oktober 2002. Siehe Internetquellen

Universität zu Köln (*Henssler*, Martin / *Hoven*, Elisa / *Kubiciel*, Michael / *Weigand*, Thomas)
Kölner Entwurf eines Verbandssanktionengesetzes 2017. Siehe Internetquellen

Utsch, Miriam
Strafrechtliche Probleme des Stalking, Dissertation, Münster 2007

Vander, Sascha
Stalking – Aktuelle Entwicklungen und Tendenzen zur Schaffung eines speziellen Tatbestandes, in Kritische Justiz, Vierteljahreszeitschrift für Recht und Politik, 2006, S. 81 ff.

Verres, Rolf / *Sobez*, Ingrid
Ärger, Aggressionen und soziale Kompetenz, Stuttgart 1980

Vogt, Stefan / *Vogt*, Thomas
Adressspionage in strafrechtlicher und zivilrechtlicher Sicht, in JuS 1980, S. 860 ff.

Volk, Georg
Determinanten von Mobbing am Arbeitsplatz. Der Einfluss der Führung und des Betriebsklimas auf die negative Kommunikation, Wiesbaden 2004

Volkswagen AG
VW Betriebsvereinbarung Nr. 01/07, Partnerschaftliches Verhalten am Arbeitsplatz in der Fassung vom 26. Februar 2019, gültig ab 01. Januar 2007. Siehe Internetquellen

Wagner, Christian
Bundesratsiniative von Hessen und Baden-Württemberg zur Schaffung eines Stalking-Straftatbestandes – § 238 StGB, in Familie/Partnerschaft/Recht, Heft 5/2006, S. 139 ff.

Wagner-Link, Angelika
Sackgasse Stress? Bewältigungsstrategien bei Krankheit und während der Genesung. Mit persönlicher Stressanalyse und Übungsanleitungen, Stuttgart 1996

Walter, Andreas
Mobbing. Psychoterror am Arbeitsplatz. Ursachen. Folgen. Auswege, Bergisch Gladbach 1998; zit.: Walter, Mobbing, S.

Walter, Henry
Mobbing – Kleinkrieg am Arbeitsplatz. Konflikte erkennen, offenlegen und lösen, Frankfurt am Main 1993; zit.: Walter, Kleinkrieg, S.

Walter, Stefan
Die Pflichten des Geschäftsherrn im Strafrecht, Frankfurt am Main 2000; zit.: Walter, Die Pflichten, S.

Waniorek, Linda / *Waniorek*, Axel
Mobbing: Wenn der Arbeitsplatz zur Hölle wird, München/Landsberg am Lech 1994

Warschkow, Sigurd
Schikanen, Belästigungen, Psychoterror – Rechtliche Möglichkeiten gegen Mobbing in der Dienststelle, in PersR 1995, S. 365 ff.

Warschkow, Sigurd / *Erdmann*, Gaby
Mobbing unterbinden. Rechtliche Möglichkeiten gegen Mobbing im Betrieb, in AiB 1995, S. 509 ff.

Weltgesundheitsorganisation (WHO)
Definition Gesundheit. Übersetzte Satzung der Weltgesundheitsorganisation vom 22. Juli 1946. Siehe Internetquellen

Welzel, Hans
Studien zum System des Strafrechts, in ZStW 58 (1939), S. 491 ff.

Wermke, Christian / *Winheller*, Andreas / *Kittl*, Denis
Mediation. Mit Erläuterungen zum MediationsG, einer Einführung in das Verhandeln nach dem Harvard-Konzept und einem Werkzeugkoffer zum Erlernen exzellenter Kommunikation, Würzburg 2013

Wessels, Johannes / *Beulke*, Werner / *Satzger*, Helmut
Strafrecht. Allgemeiner Teil. Die Straftat und ihr Aufbau, 48. Auflage, Heidelberg 2018

Wessels, Johannes / *Hettinger*, Michael / *Engländer*, Armin
Strafrecht. Besonderer Teil/1. Straftaten gegen Persönlichkeits- und Gemeinschaftswerte, 42. Auflage, Heidelberg 2018

Wickler, Peter
Wertorientierung in Unternehmen und gerichtlicher Mobbingschutz, in DB 2002, S. 477 ff.; zit.: Wickler, DB 2002, S.

Wickler, Peter (Hrsg.)
Handbuch Mobbing-Rechtschutz, Heidelberg 2004; zit.: Bearbeiter, in Wickler, S.

Wickler, Peter
Erkenntnisse, Thesen und Erfordernisse zur Mobbingbekämpfung durch Justiz und Gesetzgeber, in Saldern, Matthias von: Mobbing - Theorie - Empirie - Praxis, Baltmannsweiler 2002; S. 131 ff. zit.: Wickler, in von Saldern, S.

Wiese, Günther
Der personale Gehalt des Arbeitsverhältnisses, in ZfA 1996, S. 439 ff.

Wikipedia
Stichwort: Ombudsmann. Siehe Internetquellen

Wilhelm, Thorsten
Rechtliche Möglichkeiten gegen Mobbing, in AuA 1995, S. 234 ff.

Winterfeld, Ulrich
Gewalt in der Gesellschaft - ein Thema für Psychologen, in Report Psychologie, Jahrgang 32, Nr. 11–12/2007, S. 481

Wisede, Günter
Soziologie abweichenden Verhaltens, Stuttgart 1993

Wittchen, H.-U. / *Müller*, N. / *Pfister*, H. / *Winter*, S. / *Schmidtkunz*, B.
Affektive, somatoforme und Angststörungen in Deutschland - Erste Ergebnisse des bundesweiten Zusatzsurveys „Psychische Störungen“, in Gesundheitswesen 61 (1999) Sonderheft 2, S. 216 ff.

Wittinger, Michaela / *Herrmann*, Dirk
Mobbing und Beamtenrecht, in ZBR 2002, S. 337 ff.

Wohlers, Wolfgang
Generelle Kausalität als Problem richterlicher Überzeugungsfindung, in JuS 1995, S. 1019

Wolff-Reske, Monika
Berufsbedingtes Verhalten als Problem mittelbarer Erfolgsverursachung, Baden-Baden 1995

Wolfslast, Gabriele
Psychotherapie in den Grenzen des Rechts, Stuttgart 1985

Wolfslast, Gabriele / *Schmeisser*, Katja
Anmerkung zu BGH, Urteil vom 30. März 1995 - 4 StR 768/94, in JR 1996, S. 335 ff.

Wolmerath, Martin
Mobbing im Betrieb. Rechtsansprüche und deren Durchsetzbarkeit ergänzen, 2. Auflage, Baden-Baden 2004; zit.: Wolmerath, Rn.

Wolmerath, Martin
Mobbing. Rechtshandbuch für die Praxis, 5. Auflage, Baden-Baden 2019; zit.: Wolmerath, Rechtshandbuch, § Rn.

Wolter, Jürgen (Hrsg.)
Systematischer Kommentar zum Strafgesetzbuch, Band IV: §§ 174–241a StGB, 9. Auflage, Köln 2017; zit.: SK-StGB-Bearbeiter, § Rn.

Wörlen, Rainer / *Kokemoor*, Axel
Arbeitsrecht, 12. Auflage, München 2017

Zapf, Dieter
Mobbing in Organisationen – Überblick zum Stand der Forschung, in ZfAO 1999, S. 1 ff.; zit.: Zapf, ZfAO 1999, S.

Zapf, Dieter
Mobbing – eine extreme Form sozialer Belastungen in Organisationen, in Mushal, Hans-Peter / Eisenhauer, Thomas: Psychologie der Arbeitssicherheit / 10. Workshop 1999, Heidelberg/Kröning 2000, S. 142 ff.; zit.: Zapf, 2000, S.

Zipf, Heinz
Rechtskonformes und sozialadäquates Verhalten im Strafrecht, in ZStW 82 (1970), S. 633 ff.

Zippelius, Reinhard
Juristische Methodenlehre, 11. Auflage, München 2012

Zuschlag, Berndt
Mobbing. Schikane am Arbeitsplatz, 3. Auflage, Göttingen (u. a.) 2001

Internetquellen

Letztes Abrufdatum: 06. Juni 2021

Verfasser der Internetquelle	Titel des Artikels URL
Abdi-Herrle, Sasan	Ein Nein reicht aus (07. Juli 2016)
	www.zeit.de/gesellschaft/2016-07/sexualstrafrecht-ueberblick-vergewaltigung-sexuelle-belaestigung-abschiebung
Amtsblatt der Europäischen Union (EU)	RICHTLINIE (EU) 2019/1937 DES EUROPÄISCHEN PARLAMENTS UND DES RATES vom 23. Oktober 2019 zum Schutz von Personen, die Verstöße gegen das Unionsrecht melden
	https://eur-lex.europa.eu/legal-content/DE/TXT/PDF/?uri=CELEX:32019L1937&from=EN
Antidiskriminierungsstelle (ADS) des Bundes	Forschung der ADS auf einen Blick: Sexuelle Belästigung am Arbeitsplatz – Vorkommen, Wissenstand und Umgangsstrategien (2015); zit.: ADS des Bundes, Factsheet, S.
	https://www.antidiskriminierungsstelle.de/SharedDocs/downloads/DE/publikationen/Factsheets/factsheet_sexuelle_belaestigung_am_arbeitsplatz.pdf;jsessionid=5C3FD6F8AF4A9DA77C792B1A9B3EE930.intranet232?__blob=publicationFile&v=3
Antidiskriminierungsstelle (ADS) des Bundes	Sexuelle Belästigung am Arbeitsplatz. Ergebnisse einer repräsentativen Umfrage unter Beschäftigten in Deutschland (2015); zit.: ADS des Bundes, Umfrage unter Beschäftigten, S.
	https://www.antidiskriminierungsstelle.de/SharedDocs/downloads/DE/publikationen/Umfragen/handout_umfrage_sex_belaestigung_am_Arbeitsplatz_beschaeftigte.html
Antidiskriminierungsstelle (ADS) des Bundes	Sexuelle Belästigung am Arbeitsplatz. Umfrage unter 667 Personalverantwortlichen und Betriebsräten (2015); zit.: ADS des Bundes, Umfrage unter Personalverantwortlichen und Betriebsräten, S.
	http://www.antidiskriminierungsstelle.de/SharedDocs/Downloads/DE/publikationen/Umfragen/Handout_Umfrage_sex_Belaestigung_am_ArbPlatz_Personalverantw.html?nn=6570946.

Asbjørn, Mathiesen	Cybermobbing und Cybergrooming. Neue Kriminalitätsphänomene im Zeitalter moderner Medien, in Jahrbuch des Kriminalwissenschaftlichen Instituts der Leibniz Universität Hannover, 2014 https://www.jura.uni-hannover.de/fileadmin/fakultaet/Institute/KI/Jahrbuecher/2014_-_Band_I_-_AM_-_Endfassung.pdf
Bayer, Diana / *Kern*, Angela	Broschüre „Sexuelle Belästigung am Arbeitsplatz", Frauenbüro der Stadt Ulm 2002 https://www.uni-ulm.de/fileadmin/website_uni_ulm/zuv/beauftragte/chancengleichheit/Broschuere_Sexuelle_Belaestigung_am_Arbeitsplatz.pdf
Betriebskrankenkasse (BKK)	Gesundheitsatlas 2015, Gesundheit in Regionen – Blickpunkt Psyche, hrsg. v. Kliner, Karin / Rennert, Dirk / Richter, Matthias, Berlin 2015 https://www.bkk-dachverband.de/fileadmin/Artikelsystem/Publikationen/2019/BKK_Gesundheitsatlas_2015.pdf
Bundesregierung	Koalitionsvertrag der Bundesregierung vom 07. Februar 2018 https://www.bundesregierung.de/Content/DE/_Anlagen/2018/03/2018-03-14-koalitionsvertrag.pdf?__blob=publicationFile&v=1
DAK-Gesundheit	DAK Psychoreport 2015, Deutschland braucht Therapie. Herausforderung für die Versorgung; zit.: DAK Gesundheit, Psychoreport 2015, S. https://www.dak.de/dak/download/dak-psychoreport-2015-1718180.pdf
DAK-Gesundheit	DAK Gesundheitsreport 2016, Analyse der Arbeitsunfähigkeitsdaten. Schwerpunkt: Gender und Gesundheit; zit: DAK Gesundheit, Gesundheitsreport 2016, S. https://www.dak.de/dak/download/gesundheitsreport-2016---warum-frauen-und-maenner-anders-krank-sind-1782660.pdf
Deuschle, Miriam	Mobbing am Arbeitsplatz – mehr als nur ein wirtschaftlicher Schaden, Bachelorarbeit an der Hochschule für öffentliche Verwaltung und Finanzen Ludwigsburg im Studienjahr 2010/2011. https://opus-hslb.bsz-bw.de/frontdoor/deliver/index/docId/239/file/Bachelorarbeit_richtig.pdf
Deutsche Gesellschaft für Supervision e. V. (DGSv)	Supervision – ein Beitrag zur Qualifizierung beruflicher Arbeit http://www.supervision-dresden.com/Grundlagenbroschuere_2012.pdf
Deutscher Bundestag	Dokumente, Abschließende Beratungen ohne Aussprache; zit.: Deutscher Bundestag, Abstimmung v. 20.05.2020. https://www.bundestag.de/dokumente/textarchiv/2021/kw20-de-abschliessende-beratungen-840222

Deutscher Bundestag	Beschluss des Petitionsausschusses des Deutschen Bundestages zur Petition: Besonderer Teil des Strafgesetzbuches – Anerkennung von Mobbing am Arbeitsplatz als Straftatbestand (25. Februar 2016); zit.: Deutscher Bundestag, Beschluss des Petitionsausschusses v. 25.02.2016. https://www.openpetition.de/petition/blog/besonderer-teil-des-strafgesetz buches-anerkennung-von-mobbing-am-arbeitsplatz-als-straftatbestand
Deutscher Bundestag	Recht und Verbraucherschutz/Ausschuss: „Nein heißt Nein" im Sexualstrafrecht (06. Juli 2016); zit.: Deutscher Bundestag, „Nein heißt Nein" im Sexualstrafrecht, Recht und Verbraucherschutz/Ausschuss v. 06.07.2016. https://www.bundestag.de/presse/hib/201607/-/434604
Deutscher Bundestag	Ausschuss für Arbeit und Soziales: Anhörung „Schwierige Konkretisierung des Mobbingbegriffs" (27. Januar 2020); zit.: Deutscher Bundestag, Anhörung „Schwierige Konkretisierung des Mobbingbegriffs" v. 27.01.2020. https://www.bundestag.de/dokumente/textarchiv/2020/kw05-pa-arbeit -mobbing-arbeitsplatz-669582
Duden, online-Wörterbuch	Standardnachschlagewerk zur deutschen Sprache, Stichwort: Drangsalieren https://www.duden.de/rechtschreibung/drangsalieren
Eisermann, Jens / *de Costanzo*, Elisabetta	Die Erfassung von Mobbing. Eine Konstruktvalidierung aktueller Datenerhebungsverfahren (Projekt F 2128 – im Auftrag der Bundesanstalt für Arbeitsschutz und Arbeitsmedizin), 2011 https://www.baua.de/DE/Angebote/Publikationen/Berichte/F2128.pdf?__blob =publicationFile&v
Gabler Wirtschaftslexikon, SpringerGabler Verlag (Herausgeber)	Stichwort: Whistleblowing http://wirtschaftslexikon.gabler.de/Archiv/576005965/whistleblowing-v5.html
Gabler Wirtschaftslexikon, SpringerGabler Verlag (Herausgeber)	Definition Whistleblowing http://wirtschaftslexikon.gabler.de/Archiv/576005965/whistleblowing-v5.html
Gaspar, Claudia / *Hollmann*, Dieter	Bedeutung der Arbeit – Ein Kooperationsprojekt von GfK Verein und Bertelsmann Stiftung (2015) https://www.bertelsmann-stiftung.de/fileadmin/files/user_upload/Bedeutung_ der_Arbeit_final_151002_korr.pdf
GründerLexikon	Wie unterscheiden sich Kleinstunternehmen, Kleinunternehmen, Einzelunternehmen und Nebengewerbe? https://www.gruenderlexikon.de/checkliste/informieren/gruendungsstrategie/ nebengewerbe/unterschied-nebengewerbe-kleinunternehmen/

Hafen, Martin	Prävention von Mobbing – so schwierig wie notwendig, SuchtMagazin 1/07 https://www.suchtmagazin.ch/tl_files/templates/Suchtmagazin/user_upload/texte_old/text1-07.pdf
juris	BGH, Urteil vom 17. Juli 2009 – 5 StR 394/08 – BGHSt 54, 44–52 – Beihilfe zum Betrug durch Unterlassen: Garantenpflicht des Leiters der Innenrevision einer Anstalt des öffentlichen Rechts bezüglich der Unterbindung betrügerischer Abrechnungen https://www.juris.de/perma?d=KORE306182009
juris	BGH, Beschluss vom 01. August 2002 – III ZR 277/01 – Amtshaftung: Haftung des Bundeslandes Bayern nach Selbstmord einer Polizeibeamtin wegen fortgesetzten „Mobbings" durch Vorgesetzte https://www.juris.de/perma?d=KORE313332002
juris	BAG, Urteil vom 15. September 2016 – 8 AZR 351/15 – „Mobbing" – Auslegung von Klageanträgen – Ersatz des materiellen Schadens – Entschädigung – Gesundheitsverletzung – Verletzung des allgemeinen Persönlichkeitsrechts – vermögenswerter Bestandteil des allgemeinen Persönlichkeitsrechts – ideeller Bestandteil des allgemeinen Persönlichkeitsrechts https://www.juris.de/perma?d=KARE600051743
juris	BAG, Urteil vom 22. Oktober 2015 – 2 AZR 569/14 – BAG 153, 111–125 – Außerordentliche Kündigung – Arbeitsverweigerung https://www.juris.de/perma?d=KARE600049143
juris	BAG, Urteil vom 28. Oktober 2010 – 8 AZR 546/09 – Mobbing – offenkundige oder gerichtskundige Tatsachen – Hinweispflicht – Anspruch auf rechtliches Gehör https://www.juris.de/perma?d=KARE600032545
juris	BAG, Urteil vom 24. April 2008 – 8 AZR 347/07 – Schadensersatzanspruch – Selbstmord des Arbeitnehmers https://www.juris.de/perma?d=KARE600022914
juris	BAG, Urteil vom 25. Oktober 2007 – 8 AZR 593/06 – BAGE 124, 295–313 – Mobbing – Schmerzensgeld – Entlassung des Störers https://www.juris.de/perma?d=KARE600020630
juris	BAG, Urteil vom 16. Mai 2007 – 8 AZR 709/06 – BAG 122, 304–336 – Persönlichkeitsverletzung – Mobbing – Ausschlussfrist https://www.juris.de/perma?d=KARE600019632

juris	LAG Köln, Urteil vom 07. Mai 2018 – 4 Sa 482/13 – Belästigung im Sinne des AGG – Mobbing – Ersatz immaterieller und materieller Schäden – Verpflichtung https://www.juris.de/perma?d=JURE180012074
juris	LAG Rheinland-Pfalz, Urteil vom 16. Februar 2018 – 1 Sa 41/17 – Schadensersatz wegen Mobbing https://www.juris.de/perma?d=JURE180006128
juris	LAG Rheinland-Pfalz, Urteil vom 18. August 2016 – 5 Sa 61/16 – Schmerzensgeld und Schadensersatz wegen Mobbings https://www.juris.de/perma?d=JURE160016708
juris	LAG Rheinland-Pfalz, Urteil vom 06. Juni 2016 – 1 Sa 189/15 – Schadenersatz wegen Mobbing https://www.juris.de/perma?d=JURE160010684
juris	LAG Niedersachsen, Urteil vom 09. März 2009 – 9 Sa 378/08 – Mobbing durch eine Vorgesetzte – arbeitsübliche Konfliktsituation https://www.juris.de/perma?d=JURE090034086
juris	LAG München, Beschluss vom 20. Oktober 2005 – 4 TaBV 61/05 – Zuständigkeit der Einigungsstelle – Betriebsvereinbarung zum Thema Mobbing https://www.juris.de/perma?d=KARE600015220
juris	LAG Berlin, Urteil vom 07. November 2002 – 16 Sa 938/02 – Mobbing Schadensersatz und Schmerzensgeld https://www.juris.de/perma?d=KARE600007160
juris	LAG Rheinland-Pfalz, Urteil vom 16. August 2001 – 6 Sa 415/01 – Mobbing und Schmerzensgeld https://www.juris.de/perma?d=KARE600004276
juris	LAG Baden-Württemberg, Urteil vom 27. Juli 2001 – 5 Sa 72/01 – Unterlassung von aus sachlichen Gründen nicht gebotenen Gründen – Mobbing https://www.juris.de/perma?d=KARE600004977
juris	LAG Hamm, Urteil vom 27. September 2000 – 14 Sa 1163/00 – Probezeitkündigung – Schadensersatz wegen Mobbing https://www.juris.de/perma?d=KARE600002579

juris	LAG Sachsen-Anhalt, Urteil vom 27. Januar 2000 – 9 Sa 473/99 – Außerordentliche Kündigung wegen Mobbing https://www.juris.de/perma?d=KARE600001649
juris	LAG Hamburg, Urteil vom 08. Dezember 1999 – 3 Sa 17/97 – Krankheitsbedingte Kündigung https://www.juris.de/perma?d=KARE600002871
Land Nordrhein-Westfalen	Gesetzesantrag: Entwurf eines Gesetzes zur Einführung der strafrechtlichen Verantwortlichkeit von Unternehmen und sonstigen Verbänden („Nordrheinwestfälischer Entwurf eines Unternehmensstrafrechts 2013“) http://www.strafrecht.de/media/files/docs/Gesetzentwurf.pdf
Medizinische Hochschule Hannover	Konklikteskalation nach Friedrich Glasl (09. November 2010) https://www.mh-hannover.de/fileadmin/zentrale_einrichtungen/betriebliche_sozialberatung/download/Mediation/Konflikteskalation.pdf
Online-Lexikon für Psychologie und Pädagogik	Stichwort: Supervision http://lexikon.stangl.eu/2497/supervision/
Online-Lexikon für Psychologie und Pädagogik	Stichwort: Phobie http://lexikon.stangl.eu/1084/phobie/
openPetition Deutschland	Online-Petition: Besonderer Teil des Strafgesetzbuches – Anerkennung von Mobbing am Arbeitsplatz als Straftatbestand (09. Juli 2014) https://www.openpetition.de/petition/blog/besonderer-teil-des-strafgesetz buches-anerkennung-von-mobbing-am-arbeitsplatz-als-straftatbestand
Papathanasiou, Konstantina	Reform des Sexualstrafrechts – Der verabschiedete Gesetzesentwurf zur Verstärkung der Rechte der Opfer von Sexualdelikten (18. August 2016) https://www.juris.de/jportal/portal/page/homerl.psml?nid=jpr-NLSFADG0010 16&cmsuri=/juris/de/nachrichten/zeigenachricht.jsp
Paruch, Julia	Definition und Beschreibung der Symptomatik Agrophobie, Früherkennungs- und Therapiezentrum für psychische Krisen (FETZ), Köln www.fetz.org/Agrophobie.pdf
Universität Heidelberg	Senatsrichtlinie „Partnerschaftliches Verhalten an der Universität Heidelberg“ vom 01. Oktober 2002 http://www.uni-heidelberg.de/intern/partnerschaftliches-verhalten.html

Universität zu Köln (*Henssler*, Martin / *Hoven*, Elisa / *Kubiciel*, Michael / *Weigend*, Thomas)	Kölner Entwurf eines Verbandssanktionsgesetzes, 2017
	http://www.jpstrafrecht.jura.uni-koeln.de/sites/iss_juniorprof/Projekte/Koelner_Entwurf_eines_Verbandssanktionengesetzes__2017.pdf
Volkswagen AG	VW Betriebsvereinbarung Nr. 01/07, Partnerschaftliches Verhalten am Arbeitsplatz in der Fassung vom 26. Februar 2019, gültig ab 01. Januar 2007
	https://www.volkswagenag.com/presence/nachhaltigkeit/documents/policy-intern/BV_2007_01_Partnerschaftliches_Verhalten.pdf
Weltgesundheitsorganisation (WHO)	Definition Gesundheit. Übersetzte Satzung der Weltgesundheitsorganisation vom 22. Juli 1946
	www.admin.ch/ch/d/sr/i8/0.810.1.de.pdf
Wikipedia	Ombudsmann
	https://de.wikipedia.org/wiki/Ombudsmann

FSC
www.fsc.org
MIX
Papier | Fördert gute Waldnutzung
FSC® C083411

Kolibri 360 GmbH
Ferdinand-Jühlke-Straße 7
99095 Erfurt, Deutschland
produktsicherheit@kolibri360.de